Gaodengji Gonglu Jixiehua Shigong Jishu

高等级公路机械化施工技术

（第二版）

郭小宏　编著

人民交通出版社

内 容 提 要

本书以高等级公路机械化施工为核心，系统地介绍了高等级公路机械化施工中施工机械的选择、路基机械化施工技术、路面机械化施工技术、施工机械管理技术。重点论述了铲土运输机械、挖掘机械、压实机械、路面机械基本作业方法、施工作业方法、施工组织方法；加强了对公路工程机械化施工与管理有重大影响的技术基础知识的叙述，特别是路面机械化施工技术，以及自然灾害后的路面修复技术；用新的公路技术标准与规范、施工工艺与机械化施工技术替代已经过时的标准、规范、工艺与技术。

本书可供从事交通基础设施施工与维护技术人员及管理人员参考，也可作为道路与铁路工程、管理科学与工程、交通建设与装备等专业本科生、研究生的教学参考书。

图书在版编目（CIP）数据

高等级公路机械化施工技术 / 郭小宏编著．--2 版
-- 北京：人民交通出版社，2012.4
ISBN 978-7-114-09638-9

Ⅰ．①高⋯　Ⅱ．①郭⋯　Ⅲ．①道路工程－机械化施工－施工技术　Ⅳ．① U41

中国版本图书馆 CIP 数据核字（2012）第 019461 号

书　　名：高等级公路机械化施工技术（第二版）
著 作 者：郭小宏
责任编辑：高　培
出版发行：人民交通出版社股份有限公司
地　　址：（100011）北京市朝阳区安定门外外馆斜街 3 号
网　　址：http://www.ccpress.com.cn
销售电话：（010）59757973
总 经 销：人民交通出版社股份有限公司发行部
经　　销：各地新华书店
印　　刷：北京市密东印刷有限公司
开　　本：787×1092　1/16
印　　张：24.5
字　　数：588 千
版　　次：2001 年 7 月　第 1 版
2012 年 2 月　第 2 版
印　　次：2017 年 3 月　第 2 次印刷　累计第 8 次印刷
书　　号：ISBN 978-7-114-09638-9
定　　价：49.00 元

第二版前言

本书在保留第一版特色的基础上，总结了国内外近年来高速公路和一级公路、二级公路施工中的机械化施工与管理技术。在内容选取上，加强了对公路工程机械化施工与管理有重大影响的技术基础知识的叙述，特别是路面机械化施工技术以及自然灾害后的路面修复技术；在施工新技术方面，用新的公路技术标准与规范、施工工艺与机械化施工技术替代已经过时的标准、规范、工艺与技术；在内容联系方面，以公路工程机械化施工工艺和管理程序为主线，叙述循序渐进，主线贯穿整个内容。

本书内容分四大部分：第一部分为基础知识（第1章至第3章），主要介绍公路机械化施工与管理的概念、施工机械的一般知识、施工机械的选择。第二部分为路基工程机械化施工（第4章至第10章），主要介绍路基机械化施工作业方法。第三部分为路面工程机械化施工（第11章至第13章），主要介绍路面机械化施工作业方法。第四部分为施工机械管理技术（第14章至第20章），主要介绍施工机械的装备、使用、维修、经济与统计管理。

在本书的编写中，引用了作者近20年来在公路机械化施工、公路机械化养护以及施工（养护）管理中的一些技术成果；同时引用了国内外同行的部分技术文献，在此对这些文献的作者表示衷心感谢。

由于我国公路机械化施工与管理技术的飞速发展，新技术、新方法不断涌现，而作者掌握的资料有限，书中缺点与疏漏在所难免，敬请同行专家和使用本书的单位与个人提出宝贵意见。

作　者

2011年12月

第一版前言

随着高等级公路建设的不断发展，以现代化生产方式修建公路是当今公路建设的发展方向，而机械化施工则是实现公路建设向现代化大生产模式转变的最主要方式。本书作者结合近年来我国高等级公路的施工实践及一系列的理论研究成果，参考国外公路施工经验，系统地介绍了高等级公路机械化施工中施工机械的选择、路基机械化施工技术、路面机械化施工技术、施工机械管理技术。重点论述了铲土运输机械、挖掘机械、压实机械、路面机械基本作业方法、施工作业方法、施工组织方法等。针对我国目前公路施工企业施工机械的管理情况，特别介绍了适用于公路施工部门机械管理的一整套方法，它包括机械选型、预购置、购置、更新、使用、经济核算、维修、统计直到报废等机械后半生的管理理论与方法。以及机械化施工中，机械互相之间技术的性能匹配，机械与工程任务之间配置的关系及解决方法。

本书可作为交通土建工程、道路与铁路工程、管理科学与工程等专业本科生、研究生的教学参考书。也可供从事公路、铁路、市政、水电施工的技术人员及管理人员参考。

本书由重庆交通学院郭小宏教授、广东省长大公路工程有限公司朱战良高级工程师、鞠萍会计师、陈楚宣高级会计师共同编写。其中：第十四、十六章由朱战良编写，第十五、十九章由鞠萍编写，第十七、二十章由陈楚宣编写，其余各章由郭小宏编写。全书由郭小宏统稿。在本书编写过程中，得到了重庆交通学院卢亦昭、陈幼林、刘唐志、孙高磊的大力协助，在此表示感谢。

由于我国高等级公路机械化施工技术的飞速发展，新技术、新方法不断涌现，我们掌握的资料不够全面，书中缺点与疏漏在所难免，希望同行专家和使用本书的单位与个人提出宝贵意见，以利适时修订。

作　者

2001年3月26日

目　录

第一部分　基础知识

第二部分　路基工程机械化施工

第三部分　路面工程机械化施工

第四部分　施工机械管理技术

第一部分　基础知识

第1章 高等级公路机械化施工综述

随着我国现代化建设事业的不断发展，公路建设事业有了长足的进步，公路交通以其自身独有的优势，在国家“大交通”体系中占有十分重要的地位。

高等级公路（包括高速公路、一级公路、二级公路）建设的不断增加，使公路建设的基本特点越来越被人们所认识。当前公路建设的特点是工程量浩大，工程质量要求高，施工工艺复杂，建设工期短。随着招投标制度在我国的普及，施工企业更加注重施工的经济效益。

以现代化生产方式修建公路是当今公路建设的发展方向，而机械化施工是实现公路建设向现代化生产模式转变的重要措施，是公路建设事业发展的必然趋势。

1-1 公路工程机械化施工的意义

公路机械化施工，是指通过合理地选用施工机械，科学地组织施工，完成工程作业的全过程。公路机械化施工的度量用机械化程度表示，即

$$\text{机械化程度} = \frac{\text{利用机械完成的实物工程量（或工作量）}}{\text{全部工程量（或工作量）}} \times 100\%$$

由机械完成的实物工程量在总工程量中所占比例越大，就说明工程施工的机械化程度越高。但是，机械化施工程度高也并不完全说明采用机械施工的优越性所在，在进行交通基本建设工程施工中，不同施工企业会由于管理水平、施工技术和施工组织上的不同，在机械化程度相当的情况下，表现出完成相同工作量，在节约劳动力、施工进度和技术经济效果等方面出现较大的差别。没有一定的机械化程度，某些施工内容是难以完成的，但机械化施工，并不是停留在仅仅为了代替人的劳动、或完成人工无法完成的施工作业的阶段。机械化施工有着更为广泛的内涵，不仅体现在机械化程度，而且更注重于机械化的水平上，机械化施工应当理解为涉及施工机械、施工技术、施工组织及施工管理等多学科的现代施工技术。

首先，在公路工程的机械化施工中，提高机械化装备水平是首要任务。没有机械，机械化施工就无从谈起。对可以采用机械作业的，应尽可能地采用机械，以代替或减轻人繁重的体力劳动，达到节约劳动力、改善劳动条件的目的。在人力不及的场合使用机械，有利于克服和减少公害，扩大施工范围。不仅如此，更要注意根据不同的施工对象和要求，选择最适宜的机种和机型，进行各种不同机械的合理组合，充分发挥不同机械的效能，加快施工进度，降低消耗和施工成本，保证工程质量，最终取得明显的经济效益。

其次，要有合理的施工组织计划指导工程施工。公路工程不仅受各种自然因素的影响很大，而且线路长、工程量大、运用机械数量多、种类繁杂。如没有周密计划、合理组织和科学管理，势必将会产生各项分部工程、各道作业工序之间相互矛盾，机械和劳动力调配紊乱，导致各种消耗增加、工期迟缓。甚至出现重复搬运的无效劳动，质量和安全难以保证。所以运用先进的管理科学技术，对施工组织计划进行优化，以最佳的施工方案组织施工，才能更好地发挥机械化施工的作用，体现其优越性。

此外，不断采用先进的机械设备，取代机械性能落后的施工机械，加强使用、维修管理，也是提高机械化施工水平的重要内容。随着科学技术水平不断发展，具有更多功能、更高质量和更高效率的施工机械将不断出现，以满足公路建设高标准、高速度的需要。结合实际条件，用先进的施工机械装备施工队伍，是提高机械化施工水平的重要途径。

1-2　高等级公路机械化施工的特点和要求

机械化施工是减轻工人劳动强度、提高施工工效、加快建设速度、保证工程质量、节约资金和降低成本的重要手段，与人力施工相比，具有其特殊性，因而，在施工的技术、组织和管理上有更高的要求。

一、机械化施工的特点

(1)能完成独特的施工任务：采用机械化施工技术，能够完成公路建设中的大部分施工任务。对于有些人力所无法完成的，或者具有一定危险性的工作，必须借助于机械施工，才能达到工程设计要求。

(2)能改善劳动条件：使用操作灵活、威力巨大的机械可以代替大量的体力劳动，并能在一定工期内，在有限的工作面上完成大量的作业。

(3)能大幅度提高劳动生产率：一台斗容 $0.5m^3$ 的挖掘机，可以替代 80～90 人的体力劳动；一台中型推土机一个台班的工作能力，等于 100～200 人的工作总量。由此可见，机械施工与人力施工相比，其效率可提高几十倍甚至百倍以上。

(4)机动灵活：在公路工程施工中，随着工程的进展，施工队伍转移是经常的，相对而言，机械的调转比起大批的人员转移方便得多，适用于流动性大的工程施工。

二、机械化施工的要求

(1)需要有严密的施工组织：公路工程施工工程量巨大，参与施工的机械的种类与数量都较多，沿施工线路分布。要保证机械的正常运行，需要充足的燃料、附属设施和维修设备、良好的零配件供应及相适应的运输条件，更需要配备具有一定业务专长的技术干部和技术工人。

(2)施工机械的种类和数量能够满足工程施工：在整个施工过程中，要做好各作业、各工序间施工机械的种类和数量的均衡与协调。为了保证各个施工作业能够按施工组织的要求有序推进，需要有足够数量、种类的机械设备，投资巨大。

1-3 施工机械与装备

高等级公路的施工范围广泛，作业条件复杂，使用施工机械的种类、型号很多。按照我国工程机械制造业通常的分类，包括挖掘机械、铲土运输机械、压实机械、混凝土机械、路面机械、凿岩机械、工程起重机械、机动工业车辆、桩工机械、钢筋和预应力机械、装修机械、气动工具、线路机械、市政工程与环卫机械、军用工程机械、电梯和扶梯、专用工程机械、其他专用工程机械共18大类。目前，公路施工企业常用的施工机械包括挖掘机械、铲土运输机械、压实机械、混凝土机械、路面机械、凿岩机械、工程起重机械、桩工机械、钢筋和预应力机械9大类。

施工队伍所拥有设备的数量、适应性、先进性和配套性等因素决定着企业综合机械化施工的水平。随着科学技术的发展，为适应各种工程建设的需要，施工机械正向着高速、大功率、高效的方向发展，出现了专用大型化、多能小型化、液压化、组装化、机电气液一体化的发展趋势，机械的质量也不断提高。

专用大型化是指发展大功率、大容量、大能力的专门用途的机种，以提高生产率和适应大型工程的需要，如大型的沥青混合料搅拌设备、大吨位压实设备。

多能小型化是为了适应不同的工程对象、不同的作业要求而发展起来的多功能、利用率高、机动轻便的小型施工机械，如挖掘机通过更换正铲、反铲、拉铲、起重、打桩、钻孔等工作装置，可完成多种作业。

液压化就是在各种施工机械上广泛采用液压与液力传动技术，由于运用液压与液力传动，可简化传动结构，减轻机械质量，便于实现标准化、系列化和通用化，使机械的设计制造和操纵维修较为方便，机械作业平顺可靠，因而发展较为迅速。

组装化是某些具有一定性能、独立存在的组件，在施工现场按作业需要进行组合安装，成为所需工作性能的机械。各组件相互联合，结构简单，撤换方便，有利于组织专业化、系统化，满足多种机械的需要。

机电气液一体化是指采用现代电子与液压技术，发展无线电遥控、自动控制、自动测量计量、安保控制等，以提高机械的自动化程度，是施工机械的发展趋势。

对于一个施工企业，具备拥有与每一项工程任务完全相适应的机械设备，是比较困难的，而且也没有必要。机械的拥有量和机种机型的配备，应根据有利于施工生产需要，又要使机械设备充分得到利用，发挥最大效益的原则出发，结合长远的发展规划进行装备，以期达到最佳的技术经济效果。因此，在确定装备配置或进行装备规划时，应考虑以下几点：

(1)要按专业化和生产协作的原则，从全局出发，统一制定装备的配置标准，不断提高专业化程度，不要片面追求“大而全”。

(2)要形成一定机械联合作业能力，以确保完成一般的施工任务。机械的种类、规格、数量要适当，比例要协调，以达到经济合理。

(3)要有与施工机械装备情况相适应的维修能力，保证机械经常保持良好的技术状况，以使机械能安全高效地发挥作用。

(4)在制定装备规划时，要从实际情况出发，逐步改变企业机种短缺、数量不足、设备老旧等情况，要依据实际情况，切实可行地逐步提高机械装备水平。

1-4 施工机械与管理

施工机械在公路施工中占有十分重要的地位。从某种意义上讲，施工机械对公路工程施工起着决定性的作用。因此，加强施工机械的管理工作，是施工企业机械管理各级职能部门的一项重要任务。要把企业的机械用好，使之在使用过程中达到高产、高效、低成本的效果，必须依靠科学的管理工作。

施工机械管理的目的，在于按照机械固有的工作规律，同时也按照客观的经济规律，使其经常处于完好状态，以达到提高机械生产率和利用率、延长机械使用寿命、不断降低成本的目的。力求最大限度地发挥每一台机械设备的效能，从而高速度、高质量地为各项建设服务，这是机械设备管理工作的重大意义所在。

施工机械管理，从工作内容来说，应该包括设备运动全过程的管理。即从选购、投入生产领域以及在生产领域内使用、维修及其补偿、直至报废退出施工生产领域的全过程。按物质的运动形态要进行技术管理，按价值运动形态要进行经济管理。所以，现代的施工机械管理，包含了技术管理与经济管理两项管理内容。要按自然和经济两大规律办事，既要尊重技术规律，又要讲究经济效益。涉及施工机械管理各部门的分工，只是在职能上各有侧重而已。

选用设备是管理工作中重要的一环，其可靠性、经济性、可维修性等，对设备的运行、维修，以及使用费用的影响很大。若设备本身在设计与制造中存在先天不足，那么即使后天通过维护、修理，甚至改造也难以解决问题。因此，应从设备选型开始管起，才能保证设备的管理费用最低。

施工机械是企业固定资产的重要组成部分，一般占施工企业固定资产投资总额的70%～80%；同时，随着机械化施工的发展，施工机械费用在工程成本中所占的比重也越来越大，施工机械管理的好坏，不仅会影响施工企业的技术经济指标，而且直接影响到施工进度和工期，严重时会影响到建设投资能否尽早产生经济效益。

施工机械管理的具体内容有：

(1)合理选用机械，发挥机械效能。设备管理部门应与企业的生产经营部门一起，以企业的中长期生产经营目标为基础，根据企业的生产任务、现有的机械装备水平，共同做好新施工机械的选用。要避免性能不好，或不符合施工现场使用要求的机械设备入选，要杜绝不当的选用而造成机械设备大量积压，或者机械使用费用的浪费。

(2)正确使用，提高生产率。设备就其价值而论，主要在使用阶段，这是设备寿命周期中最长的一段时间，也是决定寿命周期长短的主要环节。任何施工机械都有一定的使用范围和特定的使用条件，如土方机械的经济运距、限制坡度、超载等，只有按照一定的标准和规定，正确使用机械，才能保证安全生产，并取得较好的经济效益。

(3)做好维修工作，提高机械完好率。施工机械在使用过程中，由于设备的物质运动，必然会产生技术状况的不断变化，以及某些不可避免的不正常现象，如松动、干摩擦、声响异常等，这些设备的隐患如不及时处理，会造成设备过早磨损，甚至导致严重事故。做好设备的维修工作，及时处理发生的问题，随时改善设备的技术状况，防患于未然，把事故消灭在发生之前，就能稳操主动权。实践证明，机械的寿命在很大程度上决定于维修的好坏。

（4）加强配件管理，做到合理储备。设立专门的配件仓库并由专人负责管理，对配件进行合理储备。配件管理人员要深入调查，统计所属机型易磨损、易损坏的配件，并向技术人员要求提供这方面的资料，以便做到合理储备。

（5）更新改造，满足生产发展的需要。更新改造，就是把机型老化、生产效率低、能源消耗高的机械淘汰，代之以结构先进、技术完善、效率高、性能好、能源消耗低的机械设备。机械设备陈旧，不但生产效率低，而且也会使企业背着沉重的固定资产包袱，影响企业的经济效益。

第2章 施工机械的一般知识

2-1 施工机械的动力装置——内燃机

施工机械要运动,就要消耗一定的能量,要使机械连续不断地运动,就要不断地给机械补充能量。这种能量补充,实质是给机械提供动力。给机械供应动力的装置称为发动机。在施工机械上,发动机以内燃机为主。

一、内燃机的定义、分类与作用

1. 内燃机的定义

内燃机是一种把燃料和空气在汽缸内部进行燃烧,使燃烧的化学能转变成热能,再通过一定的机构将热能转化为机械能的一种机器。

同其他发动机相比,内燃机轻便、容易起动、效率高。所以在无电源供应的工程上大多采用内燃机作为施工机械的原动机。另外它还可以拖动其他机械,产生另外的能源,再由此能源去直接驱动机械设备。例如可用内燃机拖动发电机发电,然后通过电动机分别驱动机械的各个机构等。

2. 内燃机的分类

内燃机的划分有以下方法:

(1)按燃烧的燃料分类:有柴油机、汽油机、煤气机等。柴油机是通过燃烧柴油来得到动力的内燃机;汽油机是通过燃烧汽油来得到动力的内燃机;煤气机是通过燃烧煤气来得到动力的内燃机。从目前施工机械上所使用的内燃机来看,以柴油机为大多数。

(2)按完成一个工作循环所需要的行程分类:有四冲程内燃机和二冲程内燃机。施工机械上主要使用四冲程内燃机。

(3)按汽缸数分类:有单缸机和多缸机。施工机械上主要使用多缸机,例如四缸、六缸或八缸内燃机。

(4)按进气是否增压分类:有增压式内燃机和非增压式内燃机。增压式内燃机是使进入内燃机汽缸内的空气压力增高,因此汽缸内的空气量增多,以此提高内燃机的功率。施工机械上两种形式的内燃机均有。一般小型机械采用非增压式,而中、大型机械采用增压式。

(5)按冷却方式分类:有水冷式和空冷式。水冷式是通过循环水作为传热介质,将受热零件的热量传出后再散发于大气中。空冷式是通过流动的空气直接散去受热零件的热量。施工

机械上主要使用水冷式内燃机。

3. 内燃机的作用

内燃机为施工机械提供源源不断的能量，并使机械正常运转，这种能量即为机械能，这里称为动力。

二、内燃机的构造

施工机械主要采用柴油机为动力机，所以这里仅介绍柴油机的构造。

图2-1所示为单缸四冲程柴油机简图。单缸四冲程柴油机主要由曲柄连杆机构、配气机构、燃料供给系、燃料供给系辅助装置、润滑系、冷却系等组成。

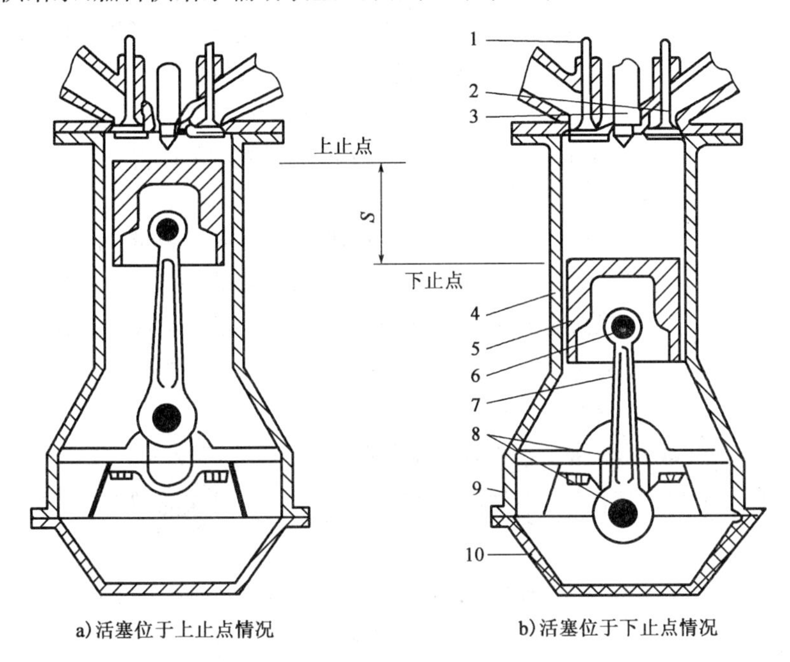

图2-1　单缸四冲程柴油机简图

1-排气门；2-进气门；3-喷油嘴；4-汽缸；5-活塞；6-活塞销；7-连杆；8-曲轴；9-上曲轴箱；10-下曲轴箱

1. 曲柄连杆机构

作用：进行热功转换的主要机构。

进行热功转换的第一步是使燃料燃烧放出热能，这就要求在结构上有一个进行燃烧的场所，这个燃烧的场所由汽缸体、汽缸盖、活塞等组成，称为燃烧室；第二步是把热能转变成机械能，燃料燃烧使燃烧室内的气体膨胀，推动活塞向下作直线运动，再通过连杆、曲轴使直线运动变成曲轴的旋转运动，实现机械能即动力的输出，这部分功能由活塞连杆、活塞销、曲轴来完成。

构造：曲柄连杆机构由汽缸体、汽缸盖、活塞、活塞连杆、活塞销、曲轴等组成。

2. 配气机构

柴油机要在汽缸内部将燃料燃烧，必须吸入一定数量的空气，使柴油与空气混合后进行燃烧，并将燃烧后的废气排出。实现柴油机吸气与排气功能的机构，称为配气机构。

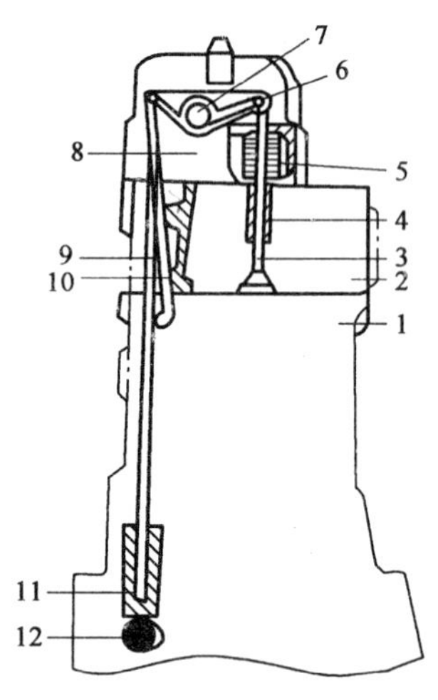

图 2-2 柴油机配气机构图

1-汽缸体;2-汽缸盖;3-气门,4-气门导管;5-气门弹簧;6-摇臂,7-摇臂轴,8-摇臂架;9-推杆;10-减压顶杆;11-挺杆;12-凸轮轴

作用:根据工作过程的需要,准时地开启、闭合进气门和排气门。

当汽缸要吸入空气时,进气门被打开;当缸内燃烧进行时,气门都要闭合;当燃烧结束要排出废气时,排气门被打开。

构造:配气机构由进气门、排气门、凸轮轴、挺杆、推杆、摇臂、气门弹簧等组成,如图 2-2 所示。

凸轮轴、挺杆、推杆、摇臂及气门弹簧是用来保证气门准确开启和关闭的,如图 2-3 所示。

3. 燃料供给系

要在柴油机汽缸内产生燃烧,就必须向汽缸的燃烧室内供应柴油。燃料供给系就是负责供给柴油的。

作用:根据柴油机负荷工作情况所决定的燃油量,按照燃烧室结构所要求的供油规律和雾化方式,适时将柴油喷入柴油机燃烧室。

要完成这一工作,燃料供给系必须具备定时产生高压燃油的装置(喷油泵)和形成喷束、雾化燃油的装置(喷油器)。另外还应有油箱、输油泵、燃油滤清器、油管等辅助装置来配合工作。

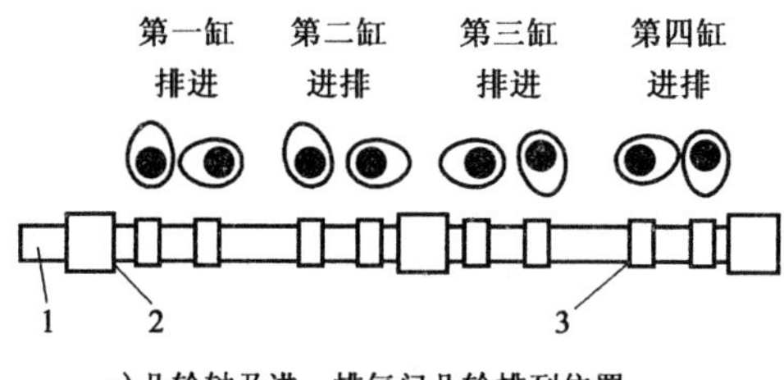

a)凸轮轴及进、排气门凸轮排列位置

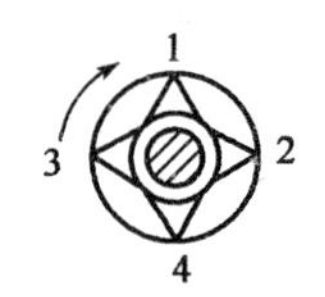

b)凸轮轴的凸轮相位图

图 2-3 柴油机凸轮轴

1-接盘;2-凸轮轴轴颈;3-凸轮

构造:由油箱、油管、输油泵、滤清器、喷油泵、喷油器等组成,如图 2-4 所示。

输油泵是将油箱内的柴油通过油管传输到高压油路中去的低压泵,它使低压油路中产生一定的输送压力,以克服粗细滤清器和油路中的阻力,保证连续不断地向高压油路供油。未被利用的剩余的低压油则经回油管返回油箱。油箱、输油泵、粗滤清器、细滤清器和低压油管等共同组成燃料供给系的低压油路,喷油泵、喷油器、高压油管等共同组成燃料供给系的高压油路。

柴油的流向为:油箱→输油泵→细滤清器→喷油泵→喷油器→燃烧室。

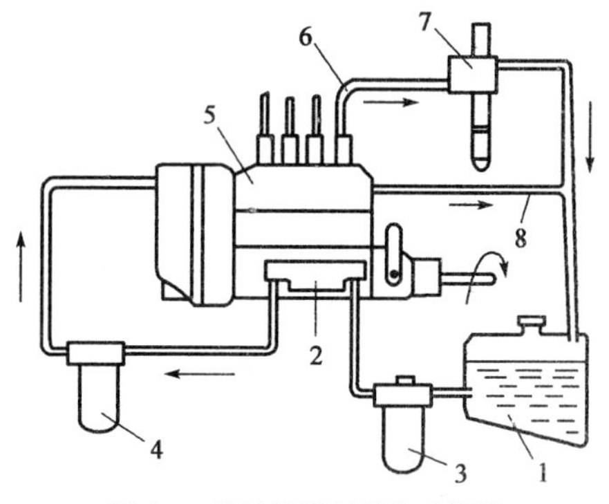

图 2-4 柴油机燃料供给系简图

1-油箱;2-输油泵;3-粗滤清器;4-细滤清器;5-喷油泵;6-高压油管;7-喷油器;8-回油管

4. 燃料供给系辅助装置

燃料供给系辅助装置主要由空气滤清器、进排气支管、排气消声器等组成。

空气滤清器的作用：主要作用是清除进入柴油机的空气中的尘土异物；其次是消除进气的噪声。

进气歧管的作用：将吸入的新鲜空气供给柴油机各个汽缸。

排气歧管的作用：将各汽缸燃烧结束后的废气导出柴油机机体之外。

排气消声器的作用：消除排气噪声（当排气门打开时，废气中的温度为 400～900℃，压力为 0.2～0.5MPa，并有极大的脉冲性质，如直接排入大气中，将形成强烈的噪声，污染环境）。

5 润滑系

柴油机工作时，各部件所组成的运动副（如活塞与汽缸壁、各轴颈与轴承等）均以很小的间隙作高速运动，相互之间产生剧烈的摩擦。如不进行润滑，则各相对运动的表面，将因不断的磨损而失去配合精度。运动中进入柴油机体内的磨屑，如夹于相互运动表面，会使零件迅速损坏。摩擦产生的热量使零件受热膨胀，导致配合间隙消失而使运动副“卡死”。另外，如零件直接与空气接触，难免被氧化生锈，故应用润滑油（又称机油）将零件表面密封。

作用：减少摩擦、磨损，冲洗相对运动的零件表面，冷却受热零件，以及密封防锈。

由于柴油机体内各运动零部件的位置及工作情况不同，采用的润滑方式也不同。

（1）压力润滑：将机油以一定的压力送至摩擦面，以确保该运动副的可靠润滑。如主轴承、连杆轴承、气门等处的润滑。

（2）飞溅润滑；利用柴油机体内运动的零件（主要是连杆大头和曲轴曲柄）激溅油底壳中的机油，飞溅的油滴与油雾落到运动零件的表面，进而通过相互运动的零件对运动副进行润滑。

（3）润滑脂润滑：利用润滑脂对于一些负荷小、摩擦力不大的部件进行润滑。如对起动机及水泵等处的滚动轴承润滑。

润滑系的构造如图 2-5 所示，该系统由油底壳、机油泵、机油粗细滤清器、油管及机油冷却器等组成。

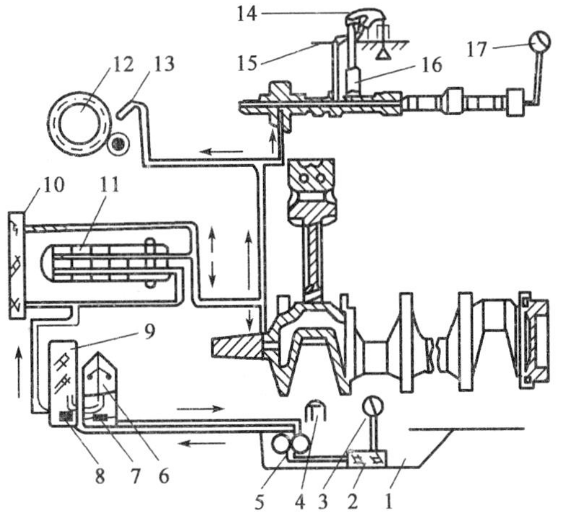

图 2-5　某柴油机润滑系简图

1-油底壳；2-粗滤网；3-油温表；4-加油口；5-机油泵；6-机油细滤清器；7-限压阀；8-旁通阀；9-机油粗滤清器；10-风冷式机油冷却器；11-水冷式机油冷却器；12-正时齿轮；13-喷嘴；14-气门摇臂；15-汽缸盖；16-气门挺杆；17-油压表

润滑油的流向有两条油路：

第 1 条油路：机油经机油泵、滤清器到冷却器，通过冷却器再到曲轴中心油路，最后到达各连杆曲颈。

第 2 条油路：机油通过机油泵、滤清器、冷却器，再到正时齿轮处，对正时齿轮进行润滑；或到凸轮轴，最后到达气门及凸轮等处。

活塞与缸壁间、连杆与活塞销之间等处依靠飞溅的机油润滑。

6. 冷却系

柴油机工作时，其燃烧过程中的瞬间温度可达1700～2500℃，直接与高温气体接触的零件如不采取相应的冷却，则过高的温度会使金属材料强度下降；零件受热膨胀而正常运动间隙消失，出现运动零件“卡死”现象；润滑油因高温变质或黏度下降，导致运动零件接触表面磨损加剧。

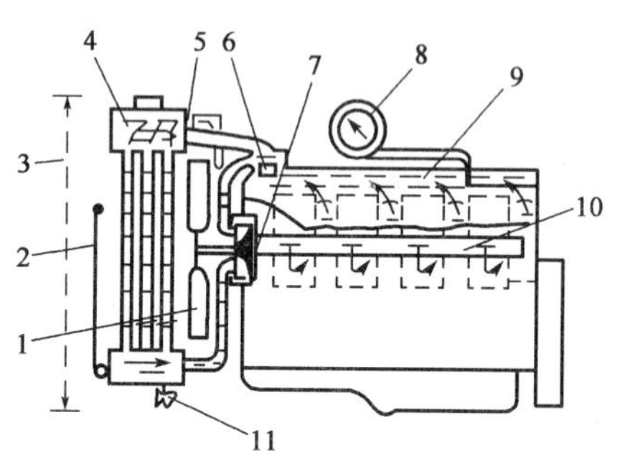

图2-6　水冷却系简图

1-风扇；2-保温帘；3-散热器罩；4-散热器；5-蒸汽空气阀；6-节温器；7-水泵；8-冷却液温度表；9-水套；10-分水管；11-放水开关

冷却系的作用是冷却受高温作用的零件。

目前冷却方式有水冷和空冷之分。水冷式是通过循环水作为传热的介质，将受热零件的热量传出后散发于大气中。水冷却系主要由散热器（又称水箱）、水管以及缸体与缸盖内的水套等构成。构造简图如图2-6所示。目前施工机械用柴油机基本上采用此种冷却方式。

空冷式是通过流动的空气直接散去受热零件的热量。一般二冲程汽油机采用此种冷却方式。

三、内燃机的工作原理

（一）内燃机的常用术语

柴油机的几个常用术语。

（1）工作循环：四冲程内燃机由进气、压缩、做功和排气四个行程完成一个完整的工作过程，称为一个工作循环，如图2-7所示。

（2）上止点：活塞顶在汽缸中离曲轴中心距离最远的位置，称为上止点。

（3）下止点：活塞顶在汽缸中离曲轴中心距离最近的位置，称为下止点。

（4）活塞行程：活塞从上止点到下止点所移动的距离（图2-1中用s表示），称为活塞行程（曲轴旋转180°）。如果用符号“R”表示曲轴的回转半径，则活塞行程等于曲轴回转半径R的2倍，即$s=2R$。

（5）汽缸工作容积：活塞在汽缸中从上止点移到下止点所包容的容积，称为汽缸的工作容积。

（6）燃烧室容积：活塞在上止点时，活塞顶上部的汽缸容积，称为燃烧室容积。

（7）汽缸总容积：活塞在下止点时，活塞顶上部的汽缸容积，称为汽缸总容积。汽缸总容积为燃烧室容积与汽缸工作容积之和。

（8）压缩比：汽缸总容积与燃烧室容积之比，称为压缩比。它是内燃机的一个重要技术指标（压缩比高，热效率亦高）。一般汽油机的压缩比为6～10；柴油机的压缩比为16～21。

（二）单缸四冲程柴油机的工作原理

四冲程内燃机是由进气、压缩、做功和排气四个行程完成一个工作循环。图2-7所示为单缸四冲程柴油机的工作循环图。

1. 进气行程（图2-7a）

当曲轴7转动，活塞5由上止点向下止点移动时，由于汽缸容积逐渐增大（此时进气门开启，排气门关闭），新鲜空气在汽缸内外压力差的作用下被吸入汽缸4内。当活塞移到下止点

时，进气门2关闭，进气行程终了(曲轴旋转180°)。

2. 压缩行程(图2-7b)

曲轴继续转动，活塞便由下止点向上止点移动，这时由于进、排气门均关闭，汽缸容积不断缩小，受压缩的气体温度和压力不断升高(气体压力为2.94～4.90 MPa，气体温度为500～700℃)，为喷入柴油自行着火燃烧创造了良好的条件。当活塞移动到上止点时，压缩行程便结束(曲轴旋转180°)。

3. 做功行程(图2-7c)

当压缩行程接近结束时，由喷油嘴向燃烧室喷入一定数量的高压雾化柴油，雾化柴油遇到高温高压的空气后，边混合边蒸发，迅速形成可燃混合气并自行着火燃烧。由于燃烧气体的温度高达1 500～2 000℃，压力高达5.88～11.76 MPa，因此，受热气体膨胀推动活塞由上止点迅速向下止点移动，并通过连杆6迫使曲轴旋转而产生动力，故此行程为做功行程(至此，曲轴共旋转一圈半，即540°)。

4. 排气行程(图2-7d)

当做功行程终了时，汽缸内充满废气。由于飞轮的惯性作用使曲轴继续旋转，推动活塞又从下止点向上止点移动。在此期间排气门1打开，进气门2仍关闭。由于做功后的废气压力高于外界大气压力，废气在压力差及活塞的排挤作用下，经排气门迅速排出汽缸外。当活塞移到上止点时，排气行程结束，(至此，曲轴共旋转两圈，即720°)。

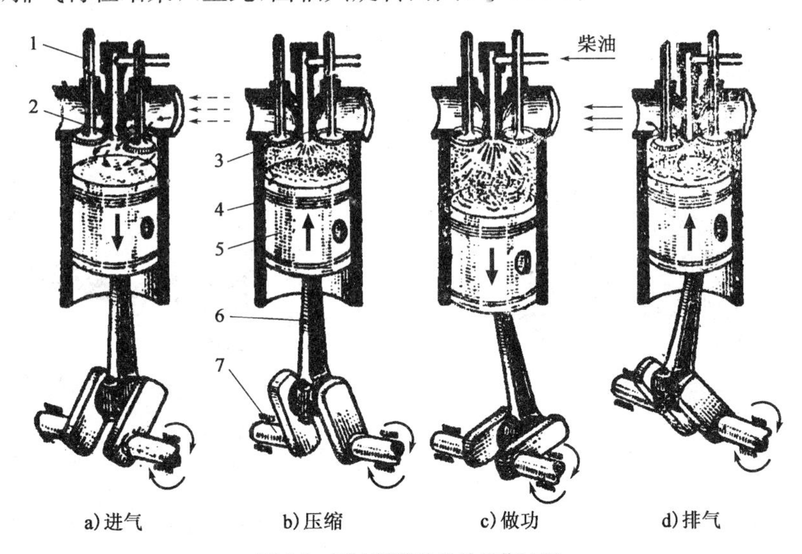

图2-7 四冲程柴油机的工作过程

1-进气门；2-排气门；3-喷油嘴；4-汽缸；5-活塞；6-连杆；7-曲轴

活塞经过上述四个连续行程后，即完成了内燃机的一个工作循环。当活塞再次从上止点向下止点移动时，又重新开始了下一个工作循环。这样周而复始地继续下去，柴油机就能保持连续运转而做功。

四冲程内燃机每完成一个工作循环，其中只有一个是做功行程，其余三个都是做功行程的辅助行程，是消耗动力的。由于曲轴在做功行程时的转速大于其他三个行程的转速，因此，单缸内燃机的工作不平稳。

(三)多缸四冲程柴油机的工作原理

单缸四冲程柴油机在四行程的运动中,只有一个行程是做功行程,其他三个行程为非做功行程。这样柴油机工作中,需积蓄功(能量)来维持这三个非做功过程,这就必须配用较大的飞轮来积蓄能量,才能使柴油机运转平稳。

为了即使柴油机达到运转平稳,又不必配用笨重的飞轮,从而减轻机器本身的质量,目前在施工机械上大多采用多缸柴油机。就是使两个缸以上的所有活塞与连杆都装连在一根曲轴上,让各缸依次做功,驱使曲轴旋转。这样,在发出相同功率的情况下,既可使机器制造得较小,又可使机器运转的较均匀,从而达到平稳运转的目的。

四冲程四缸柴油机曲轴转两转有四个缸爆发做功,也就是说曲轴每半转就有一个缸的行程为做功行程。因此相对于四个缸的曲轴曲柄应相互叉开 180°,而四个连杆轴颈中线应处于同一平面上。为了使曲轴受负荷较均匀,四个缸的工作顺序并不是按 1—2—3—4 安排,而是尽可能做到有较均匀的间隔。对四个缸的工作顺序较好的只能有 1—3—4—2 或 1—2—4—3 两种。目前四冲程四缸柴油机的工作次序都是按上述次序安排的。适应这两种行程次序的曲轴如图 2-8 所示。

四冲程六缸柴油机的曲轴应是每转 120°就要有一个缸爆发做功。这样,它们的曲柄应该是相互错开 120°,每两个连杆曲颈中线处在一个平面上,六个连杆轴颈中线分别处在相互成 120°的三个平面上。如图 2-9 所示,这种曲轴有两种形状。第一种形状曲轴的工作顺序为 1—5—3—6—2—4,第二种形状曲轴的工作顺序为 1—4—2—6—3—5。因为它们都没有毗邻两个缸连续工作,即使曲轴受载均匀,内燃机运转平稳,曲轴的主轴颈及其轴承磨损较均匀,又可使混合气或空气较均匀进入各缸。

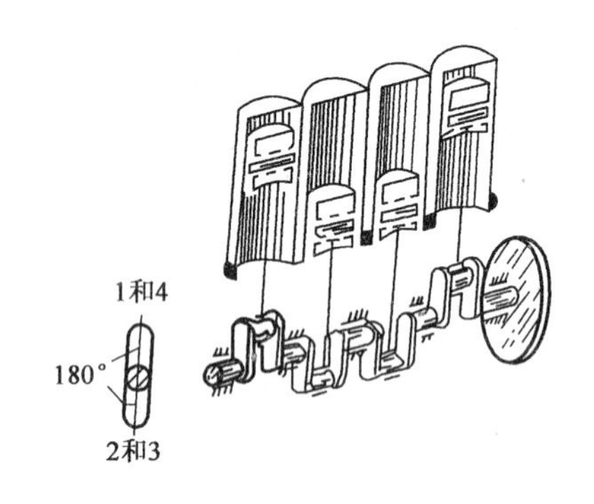

图 2-8　四冲程四缸柴油机曲轴形状

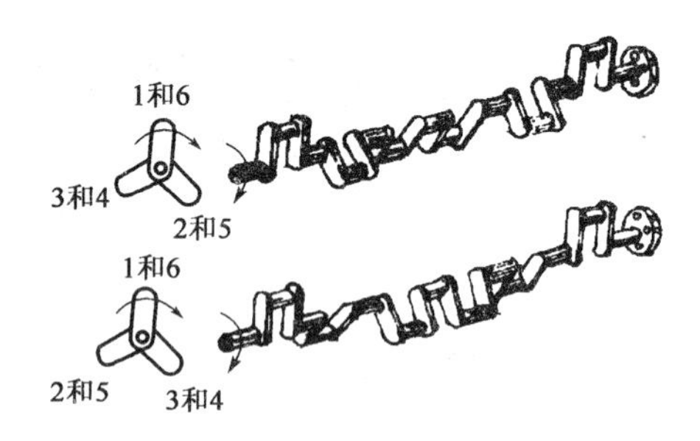

图 2-9　四冲程六缸柴油机曲轴形状

四、内燃机的主要性能指标

内燃机的主要性能通常是指它的动力性和经济性。在内燃机产品的铭牌和使用说明书中,都标有几种有代表性的性能指标,便于使用人员了解内燃机的性能,达到合理使用内燃机的目的。下面介绍内燃机的几个主要性能指标。

1. 有效转矩 M_e

内燃机飞轮对外输出的转矩,称为有效转矩,用 M_e 表示,单位为“牛顿· 米”(N·m)。

它是指发动机克服内部各运动件的摩擦阻力和驱动各辅助装置（水泵、油泵、风扇、发电机等）后，在飞轮上可以供给外界使用的转矩。

2. 有效功率 P_e

内燃机正常运转时从输出轴输出的功率，称为有效功率，用 P_e 表示，单位为“千瓦”（kW）。

有效功率是内燃机最主要的性能指标之一，它是内燃机的有效转矩 M_e 与转速 n 的乘积，可用式(2-1)来计算，即

$$P_e = \frac{2\pi n}{60} M_e \times 10^{-3} \tag{2-1}$$

式中：P_e——内燃机有效功率，kW；

M_e——曲轴转矩，N·m；

n——曲轴转速，r/min。

根据内燃机的不同用途，我国规定了 15min 功率、l h 功率、12 h 功率、持久功率四种标定功率的方法，其中 12 h 功率又称额定功率，用 P_e 表示。工作中应严格按照规定的功率范围使用内燃机，否则，易使内燃机发生故障或缩短其使用寿命。

3. 耗油率 g_e

耗油率表示内燃机每发出 1kW 有效功率，在 1h 内所消耗的燃油克数，用 g_e 表示。它是衡量内燃机经济性的重要指标。耗油率越低，内燃机的经济性越好。

耗油率 g_e 可用式(2-2)来计算，即

$$g_e = \frac{G}{P_e} \times 10^3 \tag{2-2}$$

式中：g_e——内燃机耗油率，g/kW·h；

G——发动机每小时消耗的燃油量，k/h。

内燃机的上述三个性能指标中，前两个表示其动力性，后一个表示其经济性。

2-2　基础传动部件及施工机械传动机构的组成

柴油机发出的动力要传给施工机械的驱动轮，就需要通过传动机构。而基础传动部件使传动机构的功能得以实现。下面就先讨论基础传动部件。

一、基础传动部件的几种形式

1. 带传动

带传动的形式：有平带传动和 V 形带传动。

带传动的构造：平带传动由一根宽平带和一对装在各自轴上的鼓轮所组成，如图 2-10、图 2-11 所示；V 形带传动由两根以上的梯形截面的 V 形带和一对装在各自轴上的多槽轮所组成。

带传动的原理：传动带装在两个带轮上，其中一个为主动轮，另一个为从动轮。主动轮通过摩擦力（带轮与传动带之间的摩擦作用）将动力传递给传动带，而传动带又通过与从动轮之

间的摩擦作用将动力传递给从动轮。

带传动中应注意以下几点：

(1)在带传动中，动力由主动轮传递给传动带、由传动带再传递给从动轮，动力的传递都是依靠摩擦力完成的。为了使带轮与传动带之间产生足够的摩擦力，传动带在装到两个带轮上时，必须要有一定的张紧力和一定的包角 α(即传动带和带轮的接触弧所对的中心角)。如果传动带的张紧力不足，将引起传动时的打滑，造成传动不平稳和传动带的大幅度抖动，而且因过度摩擦，还会造成剧烈发热和强烈磨损，结果不能传递应有的动力和速度。如果传动带张力太大，则会大大增加轴承的负荷，造成功率损失过多，甚至还会使传动带失去应有的弹性。

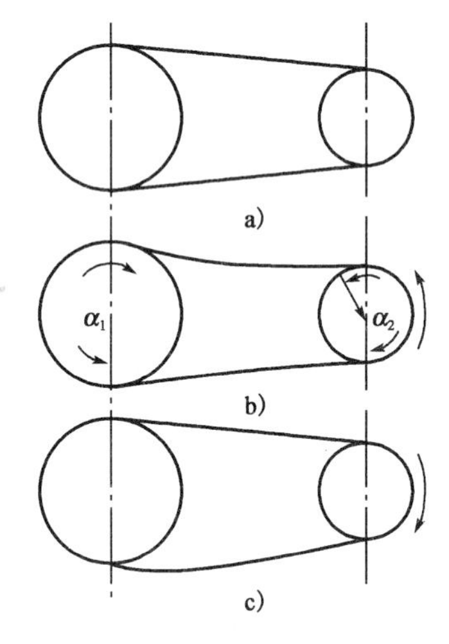

图 2-10　开口皮带传动

(2)传动带包角 α 越大，产生摩擦也越大，传动效果越好。在安装开口传动带传动时，为了增加一些包角，应尽可能将拉紧的主动边放在下面，如图 2-10b)所示。这样，在上面的从动边下垂时就可增加一些包角。假使上面为主动边，下面为从动边，如图 2-10c)所示，则从动边下垂，包角将减小。

在开口传动带传动中，小轮上的包角要比大轮上的为小，所以平常以包角来评论传动效果时都以小轮的包角为依据。包角值可用图解法直接量得。

(3)一般 V 形带传动应使 $\alpha>120°$。两轮中心距的大小以及传动比的大小都影响着包角。轮距越小以及传动比越大，包角越小。当轮距过小或传动比过大时，为使仍有较好的传动效果，常采用带张紧轮的传动带传动和两级式传动带传动。

带张紧轮的开口传动带传动(见图 2-11)就是在传动带的从动边另外加装一个自由旋转的张紧轮。这样，就可大大增加小轮的包角。张紧轮可由弹簧或重物通过杠杆使之经常靠紧传动带从动边的外表面，这样当传动带因用久而松弛，张紧轮还可起到自动调节传动带紧度的作用。

两级式传动带传动(见图 2-12)就是在主动轮、从动轮之间另外加了一个双联带轮。此双联带轮是在同一轴上，有一对不同直径的带轮，它起过桥作用，所以又称过桥轮。这种传动必须有两根传动带和三根轴。主动轮先通过第一根传动带与双联过桥轮中的大轮相连，而双联过桥轮中的小轮又通过第二根传动带与从动轮相连。这样，主动轮就能以较大的传动比向从动轮传递动力。这种两级式传动带传动也常因主动轴、从动轴之间的地点条件所限制而设计的。

(4)交叉传动带传动(见图 2-13)：在其传动比和轮距方面与开口传动带传动相同的情况下，交叉传动带传动其传动带包角要比后者为大，这是交叉传动带的优点。但是交叉传动带的主、从动边要在两个不同平面上弯曲，它们朝不同方向运动时会在两轮之间相遇，从而会使传动带受到磨损。传动带越宽，运动的线速度越快，此情况越严重。

在平带传动中，如不考虑平带沿轮面的滑动，其传动比 i 即为从动轮直径 D_2 对主动轮直径 D_1 之比，即

$$i=\frac{D_2}{D_1} \tag{2-3}$$

但是在带传动过程中，其主动边经常处于张紧状态，它要比从动边长一些，这就不可避免地会使传动带沿轮面滑动。通常从动轮的实际转速要比无滑动时的应有转速小 1.5%～2.5%。当其他条件相同时，所传递的功率越大，滑动也越大。所以不能得到准确的传动比是带传动的一个缺点。不过这个缺点对于决定采用带传动的场合都影响不大。

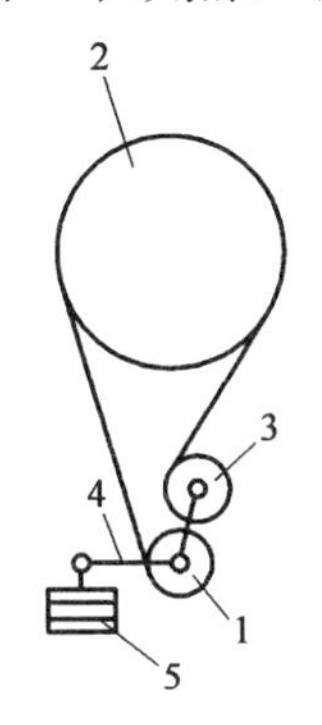

图 2-11　带张紧轮的传动带传动

1-主动轮；2-从动轮；3-张紧轮；4-杠杆；5-重物

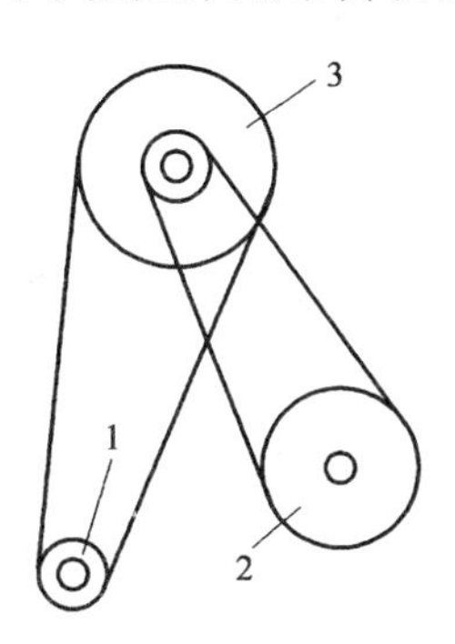

图 2-12　两级式传动带传动

1-主动轮；2-从动轮；3-双联过桥轮

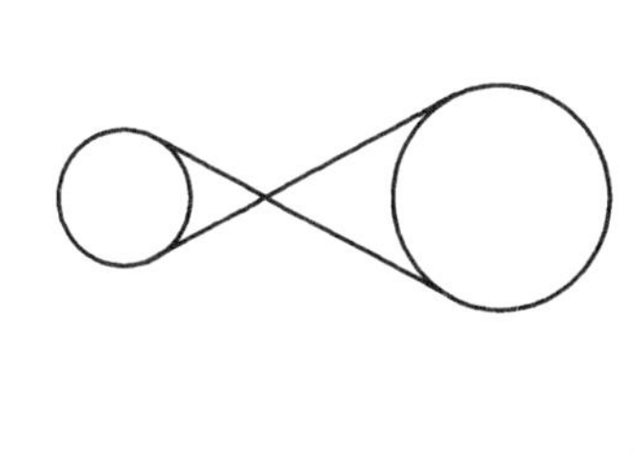

图 2-13　交叉传动带传动

2. 啮合传动

啮合传动的形式：主要有齿轮传动和蜗轮蜗杆传动。

图 2-14 所示为齿轮传动的两种基本形式：圆柱齿轮传动和锥齿轮传动。

圆柱齿轮的轮齿形状有直齿、斜齿、和人字齿三种。直齿制造较简单，但它在工作中噪声较大。斜齿的啮合面积相对来说较大，可传递较大转矩，工作噪声小，但工作时会产生轴向分力，使轴承的轴向负荷较大。人字齿的啮合面积更大，可传递更大的转矩，而且没有轴向分力，但由此使齿轮必须制造得很宽，一般只在某些特殊情况下使用它。锥齿轮的轮齿形状一般有直齿和螺旋形齿两种。后者较前者接触面较大，传递转矩较大，工作噪声也较小，但制造较难，要使用专门机床加工。

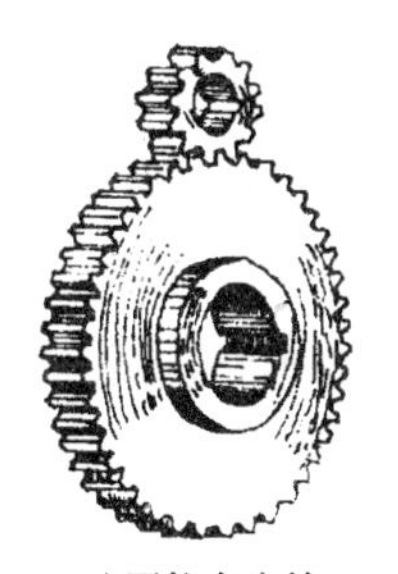

a）圆柱直齿轮

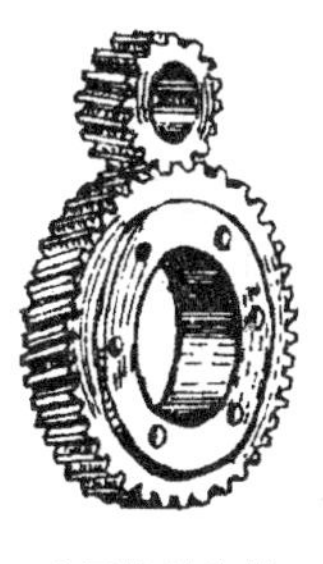

b）圆柱斜齿轮

c）圆柱人字齿轮

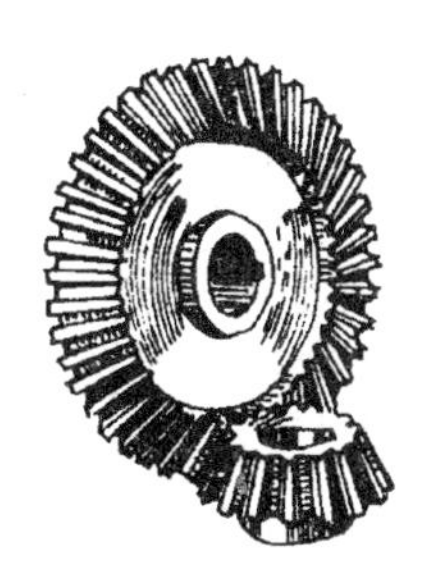

d）圆锥直齿齿轮

e）圆锥螺旋齿轮

图 2-14　齿轮传动

齿轮传动中，主动轮的轮齿推着从动轮的轮齿进行传动。在传动过程中，一对相互啮合的轮齿在脱离啮合之前，另一对轮齿就已进入啮合，因此齿轮的旋转是连续的。

图 2-15 所示为传递两轮在空间直交的旋转运动，称蜗轮蜗杆传动。它由一根绕有梯形螺纹的螺杆（称为蜗杆）1 和一个外缘带螺旋齿的齿轮（称为蜗轮）2 所组成。一般是由蜗杆驱动

蜗轮旋转而传递转矩。蜗杆上的螺旋与蜗轮上的螺旋齿相啮合，好像是一根螺旋杆拧在一个螺母中一样，不过此时的螺母沿其外圆方向已被切割去大部分，只剩下一小部分螺旋齿弧与螺杆相接触。这样，当螺杆旋转时，其螺旋推着螺母移动，这样就产生了蜗轮的旋转。

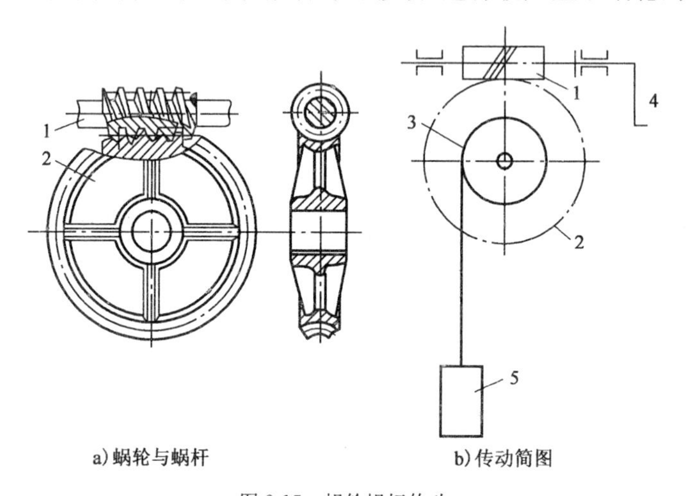

图 2-15　蜗轮蜗杆传动

1-蜗杆；2-蜗轮，3-绳轮；4-手摇把；5-重物

3. 液压传动（见图 2-16）

液压传动的基本工作特征：液压传动有两个基本工作特征：依靠液体的压力来实现力的传递，使从动件产生直线运动或旋转运动；主、从动部分的容积变化应相等，视它们截面积的大小决定各自的运动速度。

液压传动的组成：直线往复运动的液压传动主要组成部分为两组液压缸与活塞组，或一个液压泵与一至数组液压缸-活塞组。此外就是一些相应的附属装置，如油箱、控制阀和调速系统等。

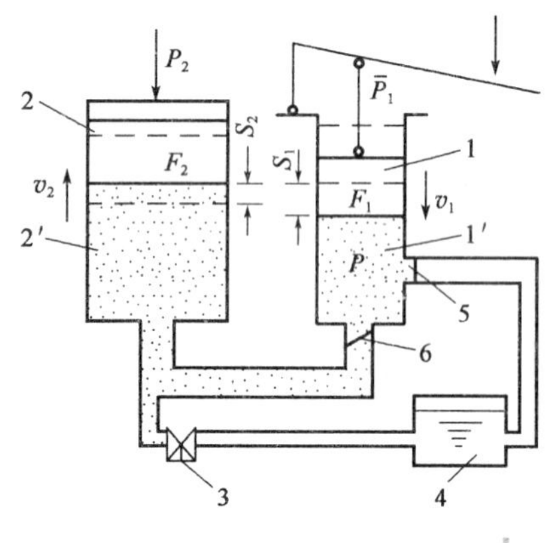

图 2-16　液压千斤顶的工作原理图

1、2-活塞；3-旁通阀；4-油箱；5-吸入阀；6-压出阀；1′、2′-油腔

液压传动的工作原理：以千斤顶的工作来说明其工作原理，如图 2-16 所示。小活塞 1 为主动件，大活塞 2 为从动件，它们可在各自的液压缸内上下运动。当活塞 1 由外力 P_1 使它向上运动时，其液压缸下油腔 1′的容积增大，压力下降，此时压出阀 6 被关闭，吸入阀 5 被打开，于是油箱中的油液在压力差（箱内油面上的大气压与油腔 1′内负压）的作用下被吸入油腔 1′内。当活塞 1 由外力 P_1 使它向下运动时，油腔 1′内的压力升高，此时吸入阀关闭，而压出阀打开。于是油腔 1′中的压力油，通过管道被压入另一液压缸的下油腔 2′内（此时通向油箱的旁通阀被关闭）。进入油腔 2′内的压力油，此时推着活塞 2 在其缸内向上运动，克服着载荷 P_2，使它也升高。这就是千斤顶顶升载荷的情况。如将分通阀打开，则油腔 2′内的油液在活塞 2 上的载荷作用下通过旁通阀和回油管而流回油箱中，这就是千斤顶卸荷的情况。

千斤顶的工作过程就是力 P_1 通过活塞而传给液体，然后由液体再通过活塞而作用于载荷 P_2 上。这样，在油腔 1′与 2′内的液体分别受力 P_1 与 P_2 的作用。根据巴斯葛原理，如果不计液体沿程的损失，并假定活塞是稳定运动的话，两个油腔内液体表面所受的单位压力应处处相等。

设液体表面所受单位压力 P，受作用力 P_1 的活塞横截面积为 F_1，受载荷 P_2 作用的活塞横截面积为 F_2，此时

$$P_1 = P \times F_1$$

$$P_2 = P \times F_2 \tag{2-4}$$

整理后，即得

$$P_2 = \frac{F_2}{F_1} \times P_1 \tag{2-5}$$

上式是液压传力的基本方程式，由此得出下述两个结论：

(1)液体所受单位压力 P 是由输出端的荷载(包括活塞本身重量)P_2 所引起，而被输入端的动力 P_1 所克服，P_1 是随荷载 P_2 的大小变化的。

(2)动力 P_1 与所能克服荷载 P_2 的大小，是同液体与活塞相接触的表面积 F_1、F_2 的大小成正的。如 $F_2 > F_1$，就能达到千斤顶省力的效果，F_2、F_1 的比值越大，越省力。这是液压千斤顶的基本情况之一。

在液压传动中，如果不计液体的压缩(理论上液体不受压缩)、缸体与管路的微量变形以及液体的漏损等，则油腔 1′内所压出的油量应等于油腔 2′所压入的油量。这就是说，工作过程中活塞 1 向下运动所扫过的液压缸容积 F_1S_1，应等于活塞 2 向上运动所扫过的液压缸容积 F_2S_2，即

$$F_1S_1 = F_2S_2 \tag{2-6}$$

当千斤顶工作时，两个活塞运动时间 t 是相同的。将式(2-6)等号前后各除以 t，得

$$\frac{F_1S_1}{t} = \frac{F_2S_2}{t}$$

即

$$\frac{v_2}{v_1} = \frac{F_1}{F_2} \tag{2-7}$$

式中：S_1、S_2——分别为活塞 1、2 的行程；

v_1、v_2——分别为活塞 1、2 的运动速度。

上式表明：两个活塞的运动速度与它们的横截面积大小成反比。如果 v_1 为给定值，$\frac{F_2}{F_1}$ 比值越大，v_2 的值越小，这是液压千斤顶的基本情况之二。

动力输入端的驱动元件(主动件)，也可由回转式液压泵来代替液压缸而进行连续供油，使活塞产生直线运动(见图 2-17)。此时，齿轮油泵或叶片液压泵在压油过程中各齿间(或叶片间)的容积变化(由大变小)总和，随时等于液压缸中容积变化(由小变大)。当液压缸中的容积变到最大值时，连续工作的液压泵泵出的压力油经过溢流(安全)阀流回油箱中。这种液压传动形式广泛应用于施工机械的液压操纵系统。常常是一个液压泵可供数个液压缸工作。

当从动件(执行元件)为旋转式液压传动时，由液压泵向旋转式的液压马达供给压力油，从

而使它产生旋转运动而输出转矩（见图 2-18）。它可用于施工机械的行走机构和需要作旋转运动的部分。

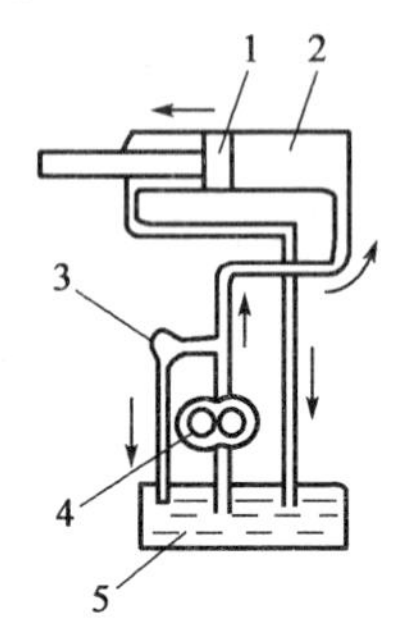

图 2-17　油泵-液压缸式液压传动简图

1-活塞；2-液压缸；3-溢流（安全）阀；4-液压；5-油箱

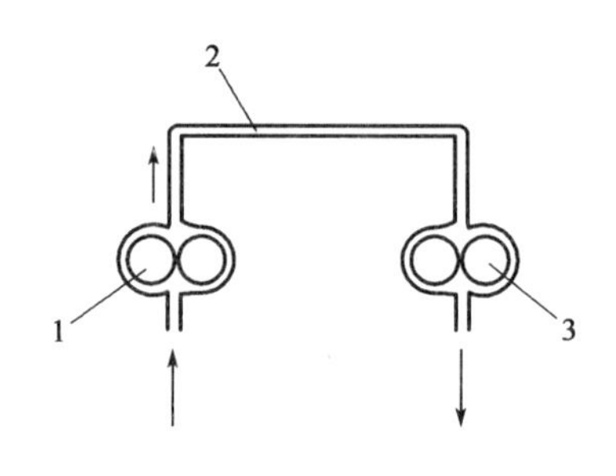

图 2-18　液压泵-液压马达式液压传动图

1-液压泵；2-油管；3-液压马达

4. *液力传动*

液力传动是利用液体在运动中的动力，去冲击另一从动部分，使之产生旋转运动，因此常称它为动液传动。

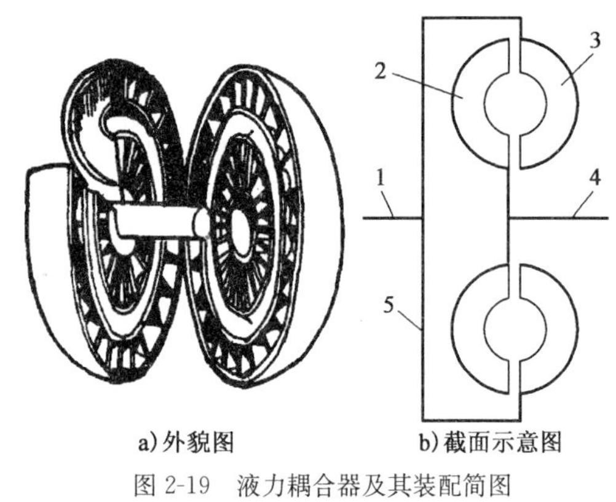

图 2-19　液力耦合器及其装配简图

1-主动轴；2-涡轮；3-泵轮；4-从动轴；5-接盘

如图 2-19 所示，液体由一个与主动轴相连的泵轮所泵出，接着就输入与它毗邻的涡轮，冲转涡轮，从而由涡轮轴出转矩。

液力传动工作过程：

图 2-19 所示为两个碗状叶轮。其一为泵轮，另一为涡轮。两个轮面对面地毗邻安装。两个轮贴面装合后（具有端面间隙为 3～4mm）再共同装在一个盛油的封闭壳体内（图中未示出），此时两个轮的内腔共同构成一个圆形或椭圆形的环状空腔，此空腔称为循环圆，使油液可在其中循环流动。泵轮 3 接主动轴 1，涡轮 2 接出一根从动轴 4。这样，当主动轴驱使泵轮旋转时，泵轮就带着其中的油液绕轴 1 的轴心线一起旋转而做圆周运动，又使油液沿其叶片，自中央径向甩出（因离心力作用），再从涡轮的外缘进入涡轮，冲击其叶片后流向涡轮的中心，然后又返回泵轮的中心，再次被泵轮的叶片甩向其外缘。这就是说，油液随泵轮的旋转做圆周运动的同时，又在循环圆中环流不息，这种装置称为液力耦合器。

在液力传动中还有一种称为液力变矩器（见图 2-20），这就是在泵轮 1 和涡轮 2 之间另外增加一个固定不动的导向轮（简称导轮）3 ，由三个轮的内腔共同构成一个循环圆。液力变矩器在工作时，液流从泵轮外缘出口处斜冲涡轮外缘的进口处，使涡轮产生一个与泵轮转矩大小及方向都相同的转矩，液流自涡轮中心出去先冲向导轮，然后再流回泵轮，从而完成它在循环圆中的环流。此液流冲击导轮时也使导轮受一转矩，但由于导轮是固定的，它便以一个大小相等而方向相反的反作用转矩作用于涡轮上。所以此时涡轮所受的总转矩为泵轮所给转矩与导轮所给转矩之和，这就是说，液力变矩器有增大转矩的作用，故它适用于低速、大转矩工作的施工机械。

5. 变速器

变速器的作用：在道路施工中，施工条件变化多端。这就要求施工机械的驱动力和车速能在相当大范围内变化。也就是说要在施工机械传递动力的装置中有这样一个机构，它能够改变转矩和转速，使施工机械在不同的施工环境下都能正常使用。在机械不行驶的情况下，使内燃机能够启动以及进行运转。就是说，在这种情况下，内燃机和传动系统是分离的。

变速器的作用为：改变内燃机传到驱动轮上的转矩和转速；在机械不行驶时，保证内燃机和传动系统的分离。

变速器的类型：有无级变速器（如前面讲述的液力耦合器与液力变矩器）、有级变速器（如齿轮变速器），如图 2-21 所示。

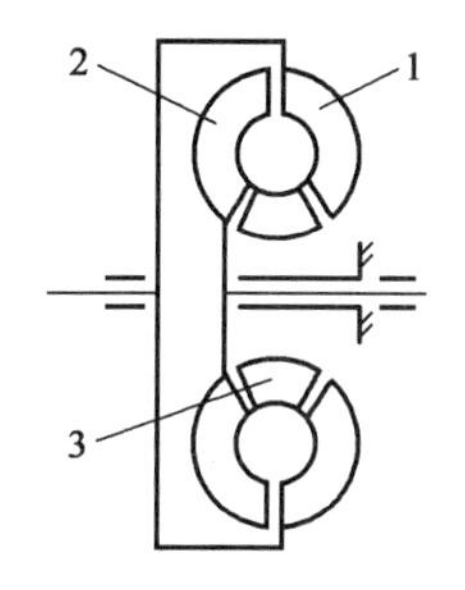

图 2-20 液力变矩器简图
1-泵轮；2-涡轮；3-导轮

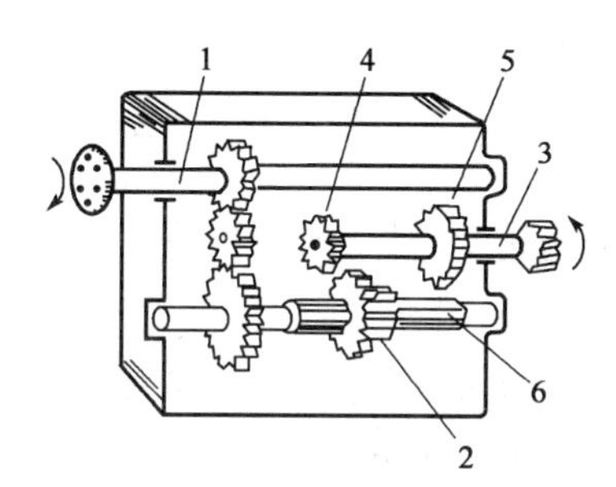

图 2-21 二挡变速器原理图
1-主动轴；2-变速齿轮；3-从动轴；
4、5-从动齿轮；6-中间轴

齿轮变速器的工作原理：图 2-21 所示为二速（常称二挡）变速器简图，主、从动轴之间要经过惰轮和具有两种传动比的二级传动。中间轴上的双联变速齿轮可做轴向移动，当其大齿轮与从动轴上的小齿轮啮合时，总传动比较小，为高速挡；当它向右移动到使其小齿轮与从动轴上的大齿轮啮合时，总传动比较大，为低速挡。这就是变速器的变速原理。图示的主动轴与中间轴之间转向相同，而与从动轴之间则转向相反。假如去掉惰轮传动，让主动齿轮与中间轴上的齿轮直接啮合，或者是再增加一个中间齿轮，则主、从动轴的转向将相同，这就是变速器还可担任机械前进与倒退换向的工作原理。

齿轮变速器的传动比：对于一对啮合传动的齿轮，在相同的时间内，两个齿轮参加啮合的轮齿数必定相等，即

$$n_1 z_1 = n_2 z_2 \tag{2-8}$$

式中：n_1、n_2——分别为主动轮 1 和从动轮 2 的转速；

z_1、z_2——分别为主动轮 1 和从动轮 2 的齿数。

则

$$\frac{n_1}{n_2} = \frac{z_2}{z_1} \tag{2-9}$$

$\frac{n_1}{n_2}$ 称为主动轮与从动轮的传动比，用 i 表示，则

$$i = \frac{n_1}{n_2} = \frac{z_2}{z_1} = \frac{z_{从}}{z_{主}} \tag{2-10}$$

在物理学中，功率 P 与转矩 M 和转速 n 有关，它们的关系为

$$P = Mn$$

由此可知,主动齿轮的功率为

$$P_1 = n_1 M_1$$

从动齿轮的功率为

$$P_2 = n_2 M_2$$

根据能量守恒定律,若不计其他能量损失,则有

$$P_1 = P_2$$

$$n_1 M_1 = n_2 M_2$$

整理得

$$\frac{n_1}{n_2} = \frac{M_2}{M_1} = i$$

故

$$i = \frac{n_1}{n_2} = \frac{M_2}{M_1} = \frac{z_2}{z_1} = \frac{z_{从}}{z_{主}} = \frac{M_{从}}{M_{主}} \tag{2-11}$$

这就是齿轮变速器变速、变转矩的依据。变化不同的传动比 i,就可以得到不同的速度与转矩。

6. 万向传动简介

在某些施工机械上,当动力从变速器传出后,需要一个中间环节将动力传送到后面的驱动桥部分。在机械运行中,变速器与后驱动桥之间的距离是经常变化的,当机械转向行驶时,变速器的输出轴与驱动桥不在一个平面内,并且变速器的输出轴与驱动桥不在一轴心线上。要适应这些条件并传递动力给驱动桥,就必须使用一种传动方式,这一的传动方式就是万向传动。万向节简图如图 2-22 和图 2-23 所示。

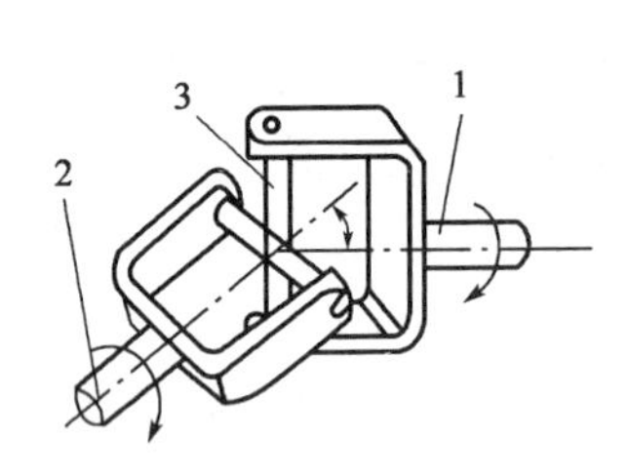

图 2-22　十字轴式万向节简图

1、2-节叉;3-十字轴

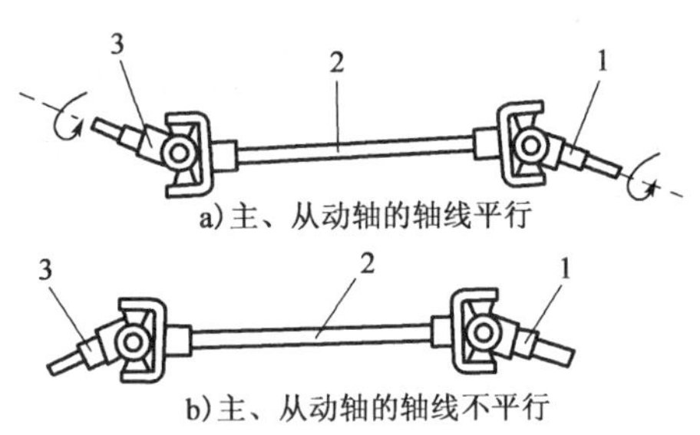

图 2-23　双万向节等速传动图

1-主动轴;2-中间轴;3-从动轴

万向转动的作用为:在两轴距离变化并交叉成一定角度的情况下,将动力传递给驱动桥。

万向传动的组成:由万向节、中间轴、从动轴等组成。

万向传动原理:主动轴带动第一个万向节转动,第一个万向节带动中间轴转动,中间轴又带动第二个万向节转动,把动力传递到与驱动桥相连接的从动轴上。中间轴由两根互相套在一起的轴组成,两轴的连接用滑动花键,其长度可以变化。

7. 离合器

离合器的作用:离合器通常和发动机曲轴安装在一起,后接变速器,其作用主要是能够在必要时中断动力的传递。

(1)施工机械起步前,在内燃机启动时,变速器这时保持在空挡位置,内燃机与驱动轮之间的联系断开。待内燃机启动运转一定时间后,才可将变速器换入一定挡位使机械起步。机械由静

止进入行驶过程，速度由零逐渐增大，如果传动系统与内燃机刚性连接，则一旦换上挡时，机械将会由于突然受动力作用而猛烈向前窜动。这时内燃机上的阻力非常大，转速很快下降，进而熄火不能工作，当然机械就不能起步。那么是否可以在内燃机与变速器之间装上一种装置，在机械起步之前，使内燃机与变速器之间分离，将变速器换上适当的挡位，然后让内燃机与变速器之间逐步接合，使传到内燃机的阻力逐渐加大，这时由于阻力变化较缓慢，内燃机的速度变化就较小。随着对内燃机燃料供应的增加，内燃机传给驱动轮的动力也就增加了，从而保证机械平稳起步。这样一种设置就叫做离合器。所以具体来讲，离合器的首要作用是保证机械平稳起步。

(2)当机械进入正常行驶以后，为了适应不断变化的行驶情况，需要经常改变机械的行驶速度。在齿轮变速器中，传动比的变化(换挡)通常是通过拨动齿轮来实现，使原来处于某一挡位的齿轮退出传动，而后再使另一挡位的齿轮进入工作。为此，在换挡前应使内燃机与变速器分离，以便顺利换挡，减轻啮合时的冲击。换挡完毕后，内燃机与变速器又逐渐接合，以使机械速度不致发生突然的变化。这也只有通过离合器才能实现，所以离合器的第二作用是保证传动系统换挡时工作平稳。

(3)当机械进行紧急制动时，如果没有离合器，则内燃机与传动系统刚性连接而不能急剧地降低其转速，内燃机中传出的巨大转矩对传动系统造成很大的冲击性载荷，这些冲击载荷将使传动系统的某些部件损坏。有了离合器，出现这种情况时就可以使离合器的主、从动盘相对滑动，从而消除了传动系统的过载可能。所以离合器的第三个作用是限制传动系统所能承受的最大转矩，防止传动系统过载。

离合器的形式：机械式、液力式等。

液力式即是前面讲的液力耦合器，这里主要介绍机械式。

(1)单片式圆盘摩擦离合器。

①单片式圆盘摩擦离合器。单片式圆盘摩擦离合器(图2-24)在施工机械上大多属于毗连于发动机的传动系统第一道传动部件，它实际上是由三个盘组成。主动盘就是发动机的飞轮或单独连接于飞轮的主动盘2，以花键连接于从动轴1(一般称为离合器轴)上的从动盘3(其两面有摩擦衬片)，从动盘是由外力通过其后面的压盘将它紧压在主动盘上。这样，从动盘两面分别和主动盘与压盘都产生了摩擦力矩，这时离合器处于接合状态，它通过离合器轴传递出发动机的转矩。如果解除了对压盘的推压外力，三个盘就分开，这时离合器处于分离状态，它就不再传递转矩。

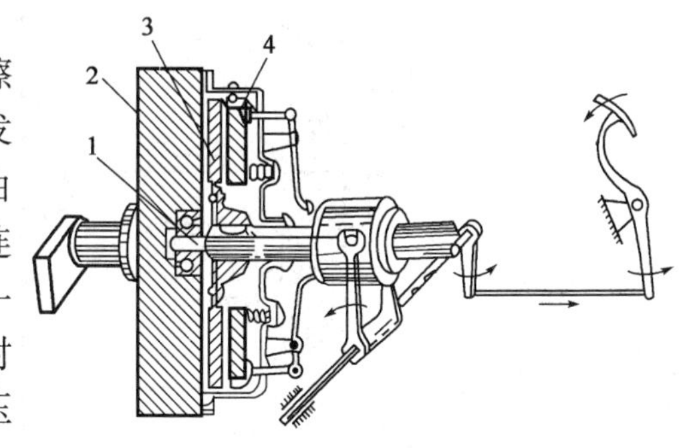

图2-24　弹簧压紧式离合器的工作原理图

1-从动轴；2-主动盘；3-从动盘；4-压盘

推压压盘的机构称为压紧机构，它也是离合器的主要组成部分之一。推动压盘推紧之力有利用弹簧，也有利用操纵杠杆。利用弹簧的办法是在压盘与离合器盖之间分布着许多圆柱螺旋形压紧弹簧，离合器盖则用螺栓装连在飞轮的端面(盖与压盘都是随飞轮一起旋转的)。因此，弹簧是经常推着压盘，把从动盘压紧于主动盘上，使离合器处于常接合状态。通常称这种离合器为弹簧压紧式或常合式离合器。

离合器的分离是由外力通过分离操纵机构进行的。此机构包括：踏板、拉杆、分离叉、分离套、分离轴承、分离杠杆和分离拉杆等零件。分离杠杆的中部用销铰装在离合器盖后面的支架上，可绕销摆动；其前端与分离拉杆相连，两者共同组成一个分离压爪，用以分离离合器。压爪共有三个，沿圆周120°分布在压盘后面，其前端可顶在压盘后面，故而压爪可随离合器盖和压盘一起旋转。压爪的尾端正对着分离轴承的前端面，当离合器处于完全接合状态时，两者之间保留一定的间隙。如果将分离轴承向前推移，其端面顶在三个压爪的尾端，使压爪拉着压盘，克服了许多压紧弹簧的张力而向后移动，离开从动盘，于是离合器就被分离了，分离套是不旋转的。但在踏板上施以外力后，通过拉杆和左右两个分离叉可使它沿离合器轴向前移动。这样就使其前端面可顶在压爪上，分开离合器。此时踏板和分离轴承之间各连接件的运动情况如图2-24中箭头所示。如果解除了踏板上的外力后，踏板由一个复位拉簧(图中未示)使之复位，此时各压紧弹簧压压盘，使离合器仍回到接合状态。分离机构其余零件也各复原位。这就是这种离合器的分离操纵情况。

②杠杆压紧式离合器。由外力通过杠杆才能使离合器接合和分离的离合器，称为杠杆压紧式或非常合式离合器，如图2-25所示。它与前一种离合器的区别是离合动作随人的意愿，完全由人进行控制。因此，它在构造上是以杠杆系统代替压紧弹簧。这种杠杆系统由三个均布的压爪和三个弹性推杆组成，二者铰接。压爪的前端可压在压盘的背后，弹性推杆的内端铰接在分离套上，分离套可用操纵杆通过杠杆-拉杆系统使它作轴向移动。分离套向后移，压爪前端离开压盘背面，离合器分离；分离套向前移，通过三个弹性推杆的向前顶，使三个压爪前端紧压在压盘后端面，就可使离合器接合。此时必须使分离套将弹性推杆推到越过垂直位置，因为此位置是接合不稳定的状态，可能因机械的振动仍被振回到分离位置。

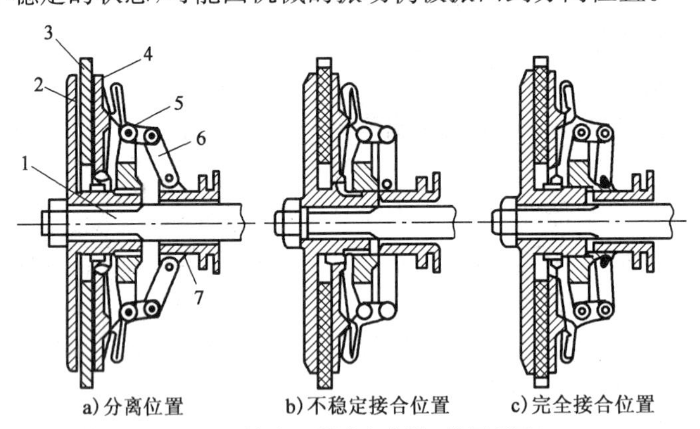

图2-25 杠杆压紧式离合器工作原理图

1-离合器轴；2-从动盘；3-主动盘；4-压盘；5-压爪；6-弹性推杆；7-分离套

这种离合器的主动盘处于从动盘和压盘之间，它以周缘的齿啮合于飞轮的内齿齿圈内，或以5～6块弹性连接块连接于飞轮轮缘上。弹性连接块可补偿飞轮与离合器轴之间同轴性的安装偏差。主动盘的两面铆有摩擦衬片。从动盘以花键及螺母固定于离合器轴上。压盘又以其内齿与从动盘之轮毂上的外齿相啮合，使压盘做作轴向移动，并与从动盘一起旋转。

弹簧压紧式离合器大多用于轮式行驶底盘和汽车上。杠杆压紧式离合器大多用于履带式工程机械的传动系统。

单片式圆盘摩擦面越多，所传递的转矩越大；另一方面，在传递的转矩为一定的情况下，摩擦面越多，其尺寸越小，从而可减小整个结构尺寸。在工程机械的传动系统中，常常需要传递

转矩大，又要求尺寸小的情况，因此常需要采用一片以上的多片摩擦离合器。

(2)多片摩擦离合器。双片圆盘摩擦离合器有两个主、从动盘和一个压盘，主、从动盘相互交替排列，共有四个摩擦面，n 片圆盘摩擦离合器有 n 个主、从动盘，有 $2n$ 个摩擦面，它们之间用最外端的一个压盘压紧。图 2-26 所示为多片摩擦离合器。

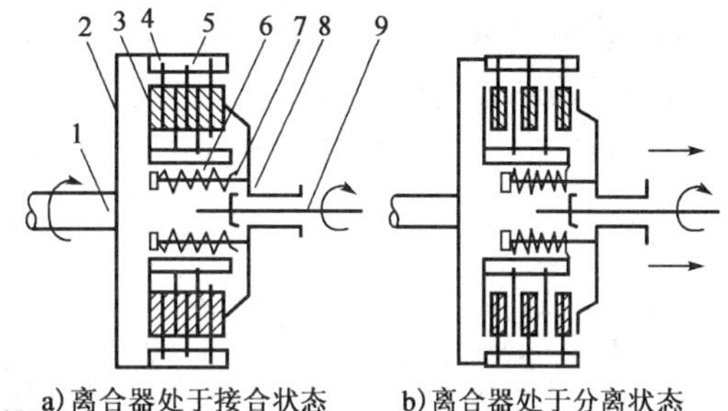

图 2-26　多片摩擦离合器

1、9-传动轴；2-带内齿的外鼓；3-带外齿的内鼓；4、5-离合器片；6-压紧弹簧；7-拉杆；8-压盘

多片摩擦离合器由一个带内齿的外鼓、一个带外齿的内鼓、两组数目相同的离合器片、一个压盘以及压紧弹簧等组成，外鼓和与它相连的轴以及内鼓和与它相接的轴可任意作为主动件或从动件，两组离合器片交替地安装在外鼓与内鼓之间，其中一组离合器片的外缘带齿，它们套在外鼓的内齿上，可做轴向移动和与外鼓一起转动。另一组离合器片的内缘带齿，它们套在内鼓的外齿上，可做轴向移动和与内鼓一起旋转。内鼓的内侧带凸缘，外侧的轴上套有压盘，两级离合器片就补夹在内鼓凸缘与压盘之间，并通过装在压盘上的许多根拉杆和装在内鼓鼓毂内壁上的压紧弹簧，使它们相互压紧，这样安装后离合器就处于常接合状态。如由外力将压盘按图 2-26b)所示的箭头方向拉开，离合器就分离。

二、施工机械传动机构的组成

1.轮胎式机械传动机构

轮胎式机械传动机构由离合器、液力耦合器(或变矩器)、变速器及万向节等组成，如图 2-27 所示。

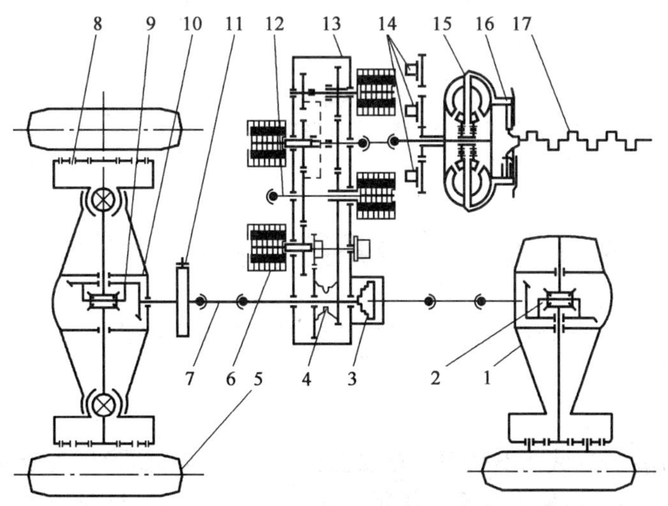

图 2-27　轮式基础车传动系统简图

1-后驱动桥；2、9-带差速器的中央传动器；3-后驱动桥离合器(脱开机构)；4-高低挡变速器(双凸爪离合器)；5-车轮，6-换挡离合器；7-万向节传动轴；8-行星式最终传动；10-前驱动桥；11-驻车制动器；12-动力绞盘传动轴；13-动力换挡变速器；14-油泵；15-变矩器；16-锁紧离合器；17-柴油机

内燃机的动力传递路线为：

内燃机→离合器→耦合器（或变矩器）→变速器→万向节→驱动桥→驱动轮。

2.履带式传动机构

履带式传动机构由离合器、联轴器、变速器等组成，如图 2-28 所示。

内燃机的动力传递路线为：

内燃机→离合器→联轴器→变速器→驱动桥→驱动轮。

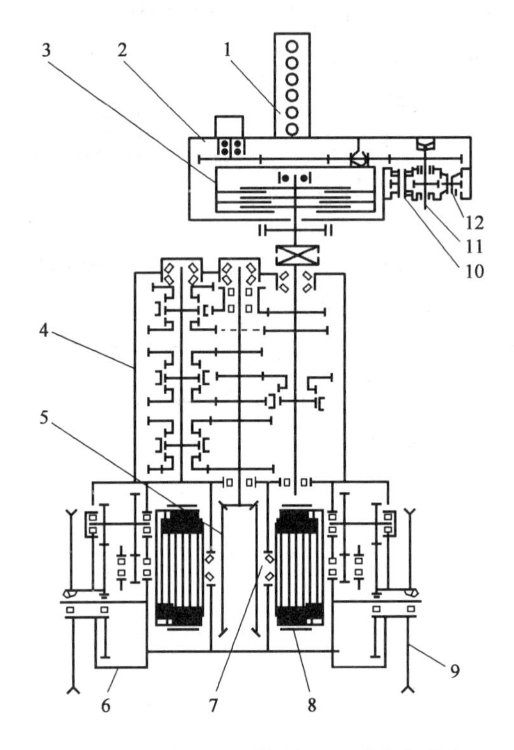

图 2-28 液压操纵的履带式推土机底盘传动图

1-柴油机；2-齿轮箱；3-主离合器；4-变速器；5-中央传动器；6-最终传动装置；7-横传动轴；8-转向离合器；9-链轮；10-主离合器泵驱动轴；11-转向离合器泵驱动轴；12-工作装置液压泵驱动轴

2-3 施工机械控制系统的构造及工作原理

施工机械的控制系统包括制动系统、转向系统及工作装置操作系统。

一、制动系统

制动系统的作用：当机械在不平坦的路面上行驶时，通常要减速；当遇到危险情况时要立即停车；当下长坡时，由于机械本身重力作用而使车速不断加速，这时应限速。这些情况下虽然可用变速器换空挡、分离离合器来达到一定要求，但当情况紧急时是不行的。因为机械本身的惯性作用不可能立即达到限速、停车，这时必须使驱动轮、从动车轮制动不转，这只能由制动系统来完成。所以制动系统的作用为限速、制动停车。

施工机械制动系统的类型有机械式与液压式。

1. 机械式

图2-29所示为某型号履带式推土机上的行车制动器及其拉杆-杠杆式操纵机构。其传力机构的组成为踏板、前后二根拉杆与双臂杠杆等。执行元件为浮式外带制动器(包括一个制动鼓与一根其固定端随制动鼓的转向而定的制动带)。在制动鼓外圆面上的制动带(两者有一定间隙)两端通过前、后支撑销分别支撑在支架的上、下凹槽中。前后支撑销又通过双臂杠杆连接于后拉杆尾端。当踩下制动踏板时,前后两拉杆和双臂杠杆的上端都始终向前拉动和摆动。但是制动带的活动端与固定端则随制动鼓的转向而定。当推土机前进,制动鼓按图2-29所示的逆时针方向旋转时,制动带的上端被固定在支架的下凹槽内,此时双臂杠杆向前摆动,后臂就成为活动端而离开支架上凹槽,拉着带向后上方移动,使它抱紧制动鼓,实现了制动。如果推土机向后退,制动鼓按顺时针方向旋转时,制动带的下端被固定在支架的上凹槽中,此时双臂杠杆向前摆,却使前臂成为活动端而离开支架下凹槽,拉着制动带抱紧制动鼓,实现了制动。

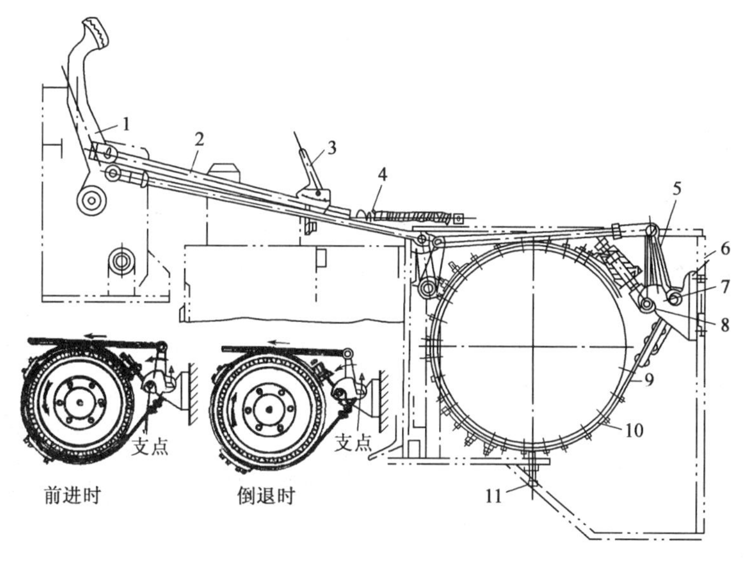

图2-29 推土机行车制动器简图

1-制动踏板;2-齿条;3-卡爪;4-复位弹簧;5-双臂杠杆;6-支架;7、8-后、前支撑销;9-制动鼓;10-制动带;11-支撑螺钉

这种制动器被称为浮式制动器,其制动带随鼓转向不同而改变固定端,并起良好制动作用的工作原理是:只要带同鼓一经接触,它们之间的微小摩擦力就会产生带随鼓一起旋转的趋势,使带向鼓的转动方向自行拉动,结果就越拉越紧,起到良好的效果。这种现象称为“自行增力”,它可减轻制动踏板上所需的人力。

当消除制动踏板的外力时,复位弹簧使各部分复位,制动带不再起到制动作用。齿条与卡爪用来使制动器固定在某一位置。

2. 液压式

图2-30所示为轮式机械上采用的液压制动系统工作原理图。这种液压制动系统虽很简单,但是高效而耐用。它主要由一个制动主缸和数个(与制动轮同数)制动轮缸两大部分组成。制动主缸为活塞泵,它上面连着储油室,平时当制动活塞在后面位置时,储油室的油液从其下

面的进油孔进入主缸的前部分，并充满其前面所有管路和数个制动轮缸中。当踩下制动踏板，推着制动活塞向前移动，并越过储油室下的进油孔时，活塞前面的油被压缩，从而传力于各制动轮缸。制动轮缸内装有两个对称的小活塞，它们外边的活塞杆分别顶在两块制动蹄片的活动端。该制动蹄对称地装在制动鼓内(图中未示出)，并以一端固定在承盘上。这是一种内张式制动器，当各制动轮缸中部受有油压后，两个小活塞同时向外移动，顶着制动蹄片的活动端向外张。使它们与制动鼓的内圆面产生摩擦，起到制动作用。

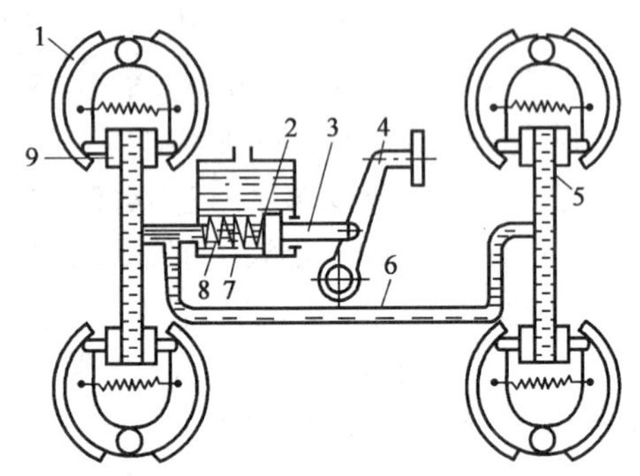

图 2-30　液压制动系统工作原理图

1-制动蹄片；2-制动主缸活塞；3-活塞杆；4-制动踏板；5-制动轮缸(制动分泵)；6-制动油管；7-制动主缸；8-复位弹簧；9-制动轴油缸活塞

在解除了制动踏板上的压力后，制动主缸内的复位弹簧使活塞仍回归到后面位置，与此同时，各制动轮缸中的小活塞也因一对制动蹄片上的复位弹簧的拉力作用，使它们向内移动至原位。此时一对制动蹄片的活动端向内收拢，仍与制动鼓内圆面保持一定间隙，于是就消除了对车轮的制动状态。

二、转向系统

施工机械转向系统的作用是：改变施工机械的行驶方向，保持机械稳定的直线行驶。

施工机械转向系统的类型有机械式与液压式。

1. 机械式

图 2-31 所示为机械式前轮转向机构，它由转向盘、蜗杆-蜗轮(齿扇)式转向器、转向垂臂、直拉杆、转向臂、转向节、转向节臂、横拉杆等组成。转动转向盘上的人力通过蜗杆机构的减速、增扭矩后传给转向垂臂，使它前后摆动，再使铰接于垂臂下端的直拉杆前后运动，并通过转向臂使转向节转动，从而带动车轮转动，与此同时，又通过左转向节臂、横拉杆和右转向节臂使右转向节也以相应的转角绕右垂直主销转动。于是左右前轮就可同步地向左或向右偏摆一定的角度，执行转向任务。

左、右转向节臂，横拉杆与前轴共同组成一个铰接的梯形四联杆机构，它们的尺寸和左右转向节臂安置角应正确选择，以保证左右前轮无侧滑的滚动。

2. 液压式

图 2-32 所示是压路机上的液压随动操纵的转向系统原理图。这是一种带滑阀式随动机构的液压操纵系统。如图所示，施于转向盘上的人力通过万向节传动轴、传动套管和蜗杆-齿扇机构，使转向臂摆动。转向臂的端头是通过小杠杆连接于车轮的转向立轴上的(图中未表示出)，因而转向臂的摆动就可使车辆偏转。但是这样纯机械式传动，必须施力很大。如系统中装有液压随动机构就可使操纵很省力。此时如转向盘上施力很小，不足以克服车辆的转向阻力，则蜗杆沿齿扇的转动将变成它的少许轴向移动(因蜗杆后端是以传动套管与键连接，容许它轴向移动少许)，从而通过其前端的连接杆使滑阀杆也在阀体内轴向移动少许，打开阀体上的过油路，让压力油通过油管进入转向液压缸内。因为转向液压缸缸体是固定的，于是通过活塞在缸内的轴向移动，活塞杆推着或拉着(视转向的方向而定)转向臂摆动(活塞杆端头与转向

臂端头铰接)，从而使车轮偏转少许。与此同时，齿扇也随着转动少许，并推着蜗杆连同滑阀杆移回原位。于是滑阀内的油通道又被阻断(阀杯在阀体内仍处于中立位置)。因此必须连续转动转向盘，才能连续重复上述过程，直到达到所需转向的角度为止。

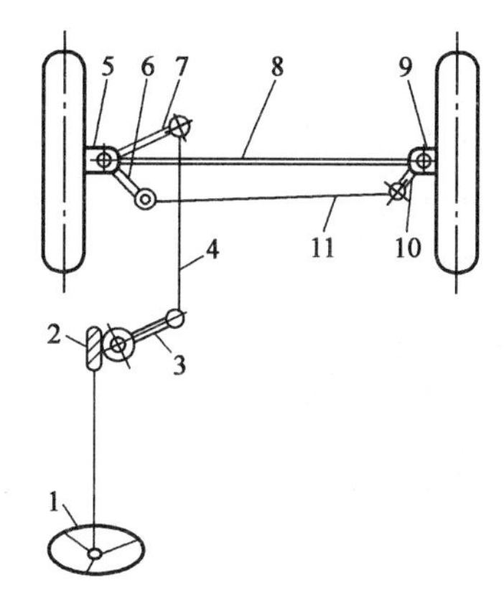

图 2-31 前轮转向机构

1-转向盘；2-蜗杆-蜗轮(齿扇)式转向器；3-转向垂臂；4-直拉杆；5、9-左、右转向节；6、10-转向节臂；7-转向臂；8-前轴；11-横拉杆

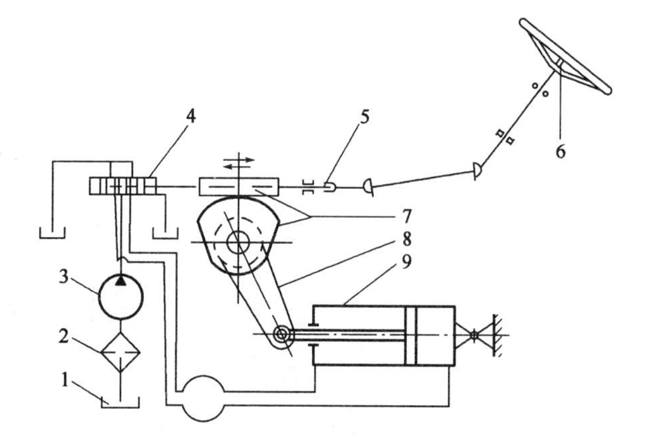

图 2-32 液压随动操纵转向系统原理图

1-油箱；2-滤油器；3-液压泵；4-随动控制滑阀；5-传动套管；6-转向盘；7-蜗杆-齿扇机构；8-转向臂；9-转向液压缸

三、工作装置操作系统

施工机械工作装置操作系统的作用是：据工程作业的要求，将施工机械工作装置处在相应位置。

施工机械工作装置操作系统的类型有机械式与液压式。

1. 机械式

图 2-33 所示是 W60 型挖掘机反铲工作装置操作系统。该系统由铲斗、斗柄与动臂组成。前支架的下端铰接在挖掘机的转台上，上端由可调节的拉杆或钢索来支撑。动臂有单杆与双杆两种，动臂中部装有牵引钢索的导向滑轮，顶部铰装着斗柄。斗柄的尾端装有动滑轮，由斗柄升降钢索吊着，这样斗柄连同动臂一起被悬挂在机前。斗柄的下端装有铲斗，反铲斗有斗底可开启与斗底不可开启两种形式。钢索的一端，在动力绞盘的钢索卷筒上，当动力绞盘转动时，通过钢索和卷筒使动臂与铲斗升降，并可固定在任一位置。

2. 液压式

液压式操纵机构使用起来十分省力，轻便而灵活，仅用手指之力就可执行操作。它分直接液压操纵和液压助力两种，如图 2-34 所示。前者是利用液压执行元件，直接传力给需要操作的装置。后者是通过一种液压随动机构(常称为伺服机构)，帮助杠杆传动和齿轮传动，以达到非常省力的目的。目前在液压操纵式的工程机械上，对于工作装置和制动器大多采用液压随动助力。此处则讨论液压直接传动的操纵机构。

液压直接传动的操纵机构由油箱、液压泵、液压缸或液压马达、各种操纵阀和油管等组成。图 2-34 所示是用液压直接操纵工作装置的液压系统工作原理图。

图 2-34a)所示为采用液压缸传动的操作系统。液压泵从油箱内吸出油液，并以压力油供

入操纵阀中。这个阀有四个操作位置:向液压缸上端供油,下端回油,活塞推动工作装置下降;向液压缸下端供油,上端回油,工作装置提升;不向液压缸供油(即两端闭死),工作装置被固定在某上位置;通过操作阀使液压缸两端与进出油管互通,于是活塞处于自由运动状态,工作装置随外界阻力而运动,即"浮动"位置。

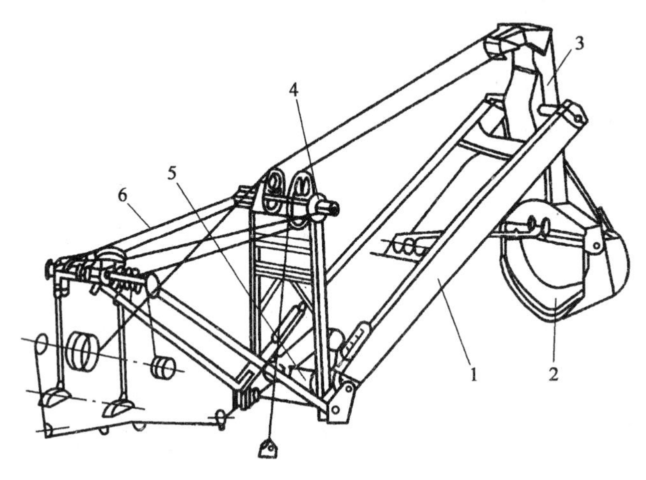

图 2-33　W60 型挖掘机反铲工作装置操作系统简图

1-动臂;2-铲斗;3-斗柄;4-前支架;5-牵引机构;6-钢索

图 2-34b)是用液压马达来代替液压缸来实现工作装置的旋转运动。操作阀同样有四个操作位置,可以使液压马达实现正转、反转、销死(不转)和自由旋转。

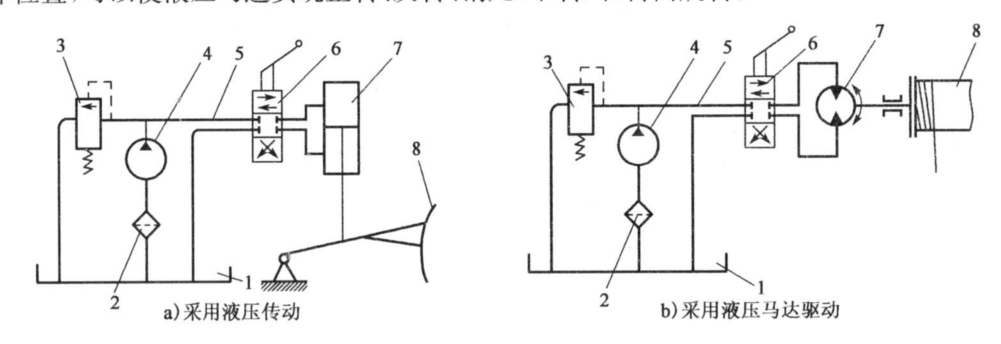

图 2-34　液压直接操纵工作装置的工作原理图

1-油箱;2-滤网;3-溢流阀;4-液压缸;5-压力油管;6-操纵阀;7-双作用液压缸(a 图)或液压马达(b 图);8-铲刀(a 图)或钢索卷筒(b 图)

四、液压传动的优点

(1)可使内燃机与工作部分之间的传动件达到最少而传力比则很大。

(2)将内燃机或液压泵的旋转运动很简便地转化为液压缸的往复运动。

(3)防止内燃机及其他机构的过载。

(4)各液压元件易于个别独立布置,通过管路(软、硬管子)连接,不像机械传动那样非要形成一个传动链不可。

(5)采用了分配阀控制液流,在液压泵转向不变情况下易于变换工作部件的运动方向。

(6)系统简单、紧凑、操作省力而灵敏,可应用于自控系统。

目前施工机械已广泛采用液压操纵机构,对主要工作部件几乎已废弃机械式操纵。

2-4 行走装置及传动特点

内燃机和传动系统分别解决了施工机械的动力和动力传递问题,但是,这时的动力还没有传递到驱动轮及克服外界阻力使机械行驶。要使施工机械行驶,必须依靠行走装置。

施工机械行走装置的作用是:承受并传递动力(或者说承受传递作用在车轮及路面间的力和力矩),缓和不平路面对机械的冲击,减轻机械行驶的振动。

施工机械行走装置的类型有轮式和履带式。

一、轮式行走装置及传动

1. 构造

轮式行驶装置(见图 2-35)由车架、车桥、车轮和悬架四大部分组成。它用在自行式或拖式轮式机械上。

机架是若干槽钢与角钢焊接或铆接成的框架,有两根纵梁和数根横梁及角撑等。它是全机(车)的装配基体,把机械上的所有零件连接成一个整体。

车桥有前后桥之分,一般前桥作为从动桥,后桥作为驱动桥。从动桥只是一根固定轴,两端装有从动车轮。

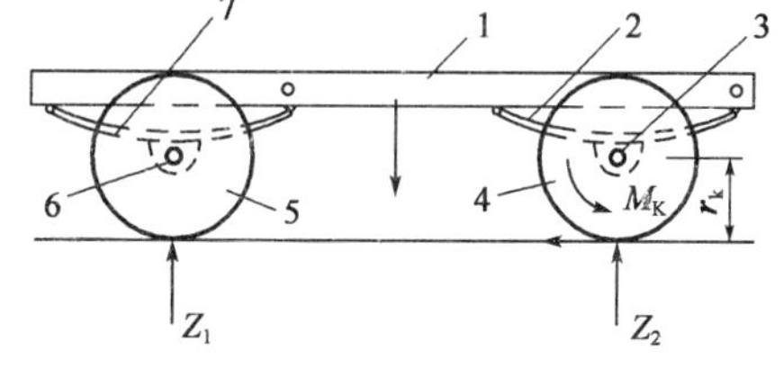

图 2-35 行驶装置组成部分及其受力情况简图

1-机架;2-后悬架;3-驱动桥;4-驱动车轮;5-从动车轮;6-从动桥;7-前悬架

驱动桥除了两端装有驱动车轮外,还有相应的中央传动(锥齿轮传动),差速器和主、右半轴(驱动轴)等传动机构。这些传动机构都安装在一个后桥壳内。前、后车桥用前、后悬架悬挂在机架下。悬架有弹性悬架(大多为多片长短不同的钢板叠装而成)和刚性悬架。前者用于快速行驶的机械上,后者用于慢速行驶的机械上。

车轮支撑着全机量力并将其传递给地面。此时要引起地面分别作用于前、后车轮上的垂直反作用力 Z_1、Z_2,这是地面对机械重力 G 的支承力。

2. 行驶原理

驱动轮是由柴油机传给的转矩 M_K 而转动,此时通过它与地面的附着作用,就在轮缘上产生一个圆周力 P_K $\left(P_K=\frac{M_K}{r_K}, r_K\right.$——以 m 为计算单位的滚动半径$\left.\right)$。此力是地面作用于轮缘上的纵向反作用力,推动着机械行驶。如果 M_K 的方向为如图示的逆时针方向,P_K 方向朝前,机械前进;反之,则机械倒退。

机械行驶过程中要克服各种阻力:车轮的滚动阻力 $W_{滚}$、上坡阻力 $W_{坡}$、加速阻力 $W_{加速}$、工作阻力 $W_{工}$、转向时的转向阻力 $W_{转}$。

上述各种阻力在理论上可以同时发生(在某些偶然的短时间),但实际上不会同时全部产生。

3.传动

柴油机的动力经主离合器、变速器、万向传动装置而传递到驱动桥。又经驱动桥中的差速器将动力分别传递给左右半轴(传力轴),从而带动驱动轮转动。

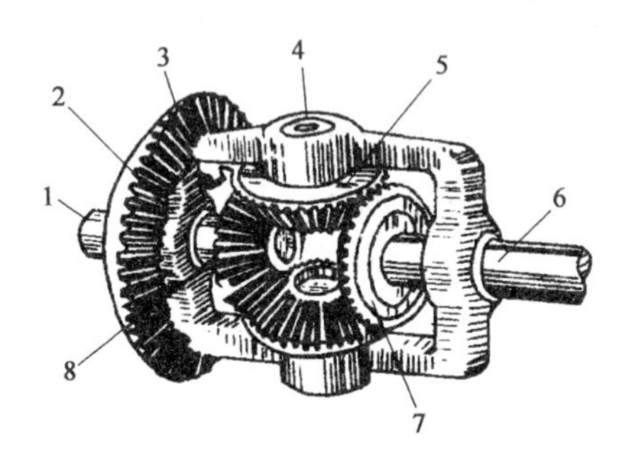

图2-36 行星锥齿轮式差速器

1-左半轴;2-差速器壳;3-中央传动从动锥齿轮;4-行星齿轮轴;5-行星锥齿轮;6-右半轴;7-右半轴齿轮;8-左半轴齿轮

那么,差速器是如何将来自万向转动装置的动力分解成左右传力轴的动力呢?它的作用是什么?下面就讨论这个问题:

(1)作用:差速器的功用是使左、右驱动轮在遇到阻力不同时,容许以不同的转速旋转。

目前使用最多的差速器是行星锥齿轮式差速器,如图2-36所示。中央传动的从动锥齿轮与差速器壳连在一起旋转。在差速器壳上装有2个或4个行星锥齿轮,它们与左右两个半轴(差速)齿轮相啮合。左右半轴分别以花键装在左、右半轮齿轮上。

(2)构造:由左右半轴及齿轮、行星锥齿轮、锥齿轮、差速器壳等组成。

(3)工作原理:当左、右驱动轮所遇地面阻力相同时,各行星锥齿轮只起连接销的作用,随着差速器壳的旋转而带着左、右半轴齿轮连同左、右半轴以同速旋转。如果左、右驱动轮所遇地面阻力不同时,受阻力较大的轮子将要减速,于是就促使各行星锥齿轮在绕着半轴轴线公转的同时,又绕其本身的轴自转。这一结果就使另一边的半轴以较慢的速度旋转。这样,左、右驱动轮就能以不同速度旋转。

如果进一步研究差速器的差速原理,就会发现:在任何情况下,左、右半轴齿轮的转速之和始终等于差速器壳转速(即中央传动的从动齿轮转速)的2倍,即

$$n_{左半轴} + n_{右半轴} = 2n_{壳}$$

这是普通齿轮式差速器的特性方程式。

二、履带式行走装置及传动

1.组成

机架有全机架和半机架之分。全机架(见图2-37a)是由纵横梁构成的全框架。半机架(图2-37b)只是由两根纵梁焊在后桥壳上,以后桥壳作为机架的后横梁。

履带总成包括:履带、支重轮、驱动链轮、履带张紧装置的引导轮以及托带轮等。这四种轮子分布在机架两侧的前后上下四方,由两条履带分别包围着它们,从而构成左、右两个履带总成,再由悬架安装于机架上,此方式称为悬挂。悬架将机架上的重力传给履带总成,并承受来自地面的冲击。

在履带式机械上目前有两种悬挂形式:半刚性与弹性。半刚性悬挂(见图2-37b)就是在机架的前部以一副钢板弹簧安装在左、右两个大台车架上。在此台车架上集中装着若干支重轮,两个托带轮和一个履带张紧装置的引导轮。装有左右驱动链轮的后桥左、右半轴则以左、右端轴承装在左、右车架的后端。这样,前面由一副钢板弹簧用销轴连接于机架中央,而成为弹性连接,后面则以后桥上的左、右半轴与台车架刚性连接,从而形成三点连接的半刚性悬挂。

这种悬挂形式容许左、右两履带总成单独地绕各自后面的端轴承轴心线作上、下摆动，以适应地面不平的情况，从而使机架上部各部件保持平稳。台车架上安装的支重轮、托带轮及引导轮的总成称为履带台车，用来支承着整机重力，并执行行驶任务。

弹性悬挂形式（见图 2-37a）只是将各支重轮成对地装成四个小台车，再分别装在机架中部的前后两根台车横梁的两端轴颈上（该台车横梁也就是机架中部的加固横梁）。成对的支重轮分别装在两根台车平衡臂的下端，二平衡臂通过台车轴来铰接，其上端装有平衡弹簧。这样成对的支重轮即可绕轴相互转动，又可使整个台车绕台车横梁的轴颈转动（见图 2-38），从而使履带对地面不平度的适应性更好，机架上部能更好保持平稳。这种形式的引导轮和托带轮都直接安装在机架左右组梁的两侧，与台车架无关。

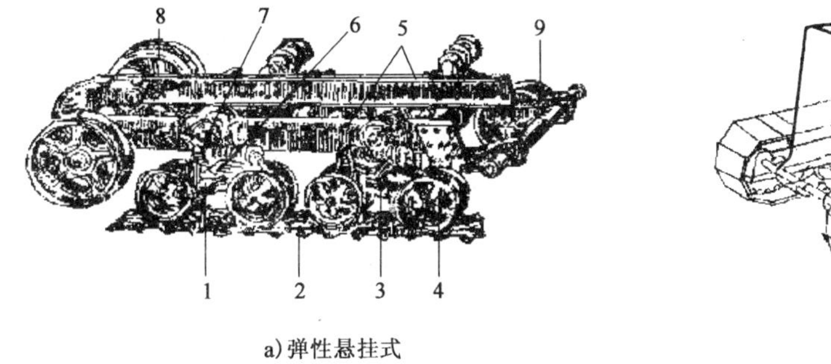

a）弹性悬挂式　　b）半刚性悬挂式

图 2-37　履带式行驶装置

1-台车轴；2-履带；3-台车平衡臂；4-支重轮；5-机架；6-平衡弹簧，7-托带轮；8-引导轮；9-驱动链轮；10-半轴端轴承；11-台车架；12-销轴；13-钢板弹簧

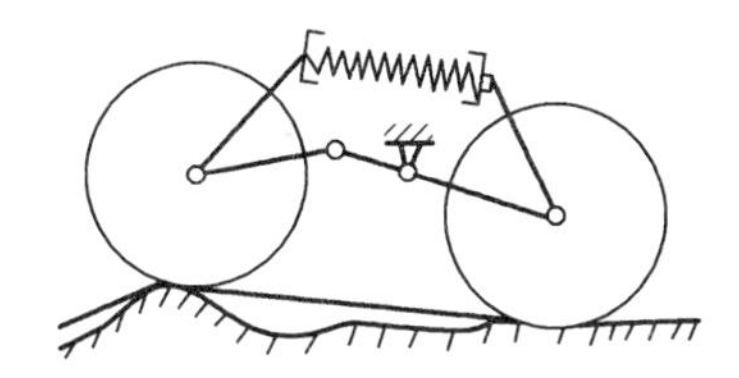

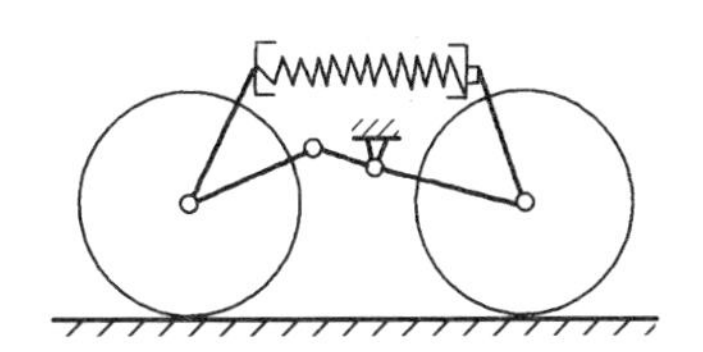

图 2-38　弹性悬挂小台车在行驶过程中的运动情况

履带行驶装置各组成部分的功能如下：

支重轮：用来支承机械的重力，将重力传给履带并在履带的两根轨面上滚动，以保证机械的行驶。此外，它还夹持着履带，不让横向滑出，但在机械转弯时，由于它夹持着履带，迫使其在地面上横向滑移。一般在每侧装有 4～6 只。

托带轮：用来支托履带上半部分的重力，不让它下垂过多，以减少履带运转时的跳动，同时它也引导着履带上部的运动方向，防止它侧向滑落。

引导轮：既是履带的导向轮（引导着履带在运动时正确卷绕），也是履带的张紧轮。在机械行驶过程中若履带前面遇有障碍物时，它向后回缩少许，对履带起缓冲作用，所以在其后要装有张紧-缓冲装置。

张紧-缓冲装置：张紧-缓冲装置是用来使引导轮向外伸张，让它保持足够的张紧度，既防止履带在运转过程中脱落，又减小其振跳。当履带遇有障碍物时，该装置可以让引导轮后移小许，以免履带过于张紧，额外消耗动力。

履带：用来将机械的全重传给地面，供行驶之需。整个履带包绕在上述四种轮子外面，由驱动链轮驱使它绕着各轮转动。

2. 传动

履带行驶装置的传动机构（见图2-39）集装在后桥壳内。后桥壳内分成三室：中室为盛有润滑油的中央传动室，两边为左、右转向离合器室（不盛油）。在桥壳的两侧为最终传动室。由变速器传至中央传动器的动力，向左右送到转向离合器。该离合器是多片常接合式，动力由它们再分别输往桥壳左右外侧的最终传动装置。最终传动是为了最后一次增大转矩而设计的，一般为外啮合的圆柱齿轮传动，有单级传动和两级传动，视机械所需最终扭矩的大小而定。最后一级最终的从动齿轮向箱外接出驱动半轴，该半轴上装有履带驱动链轮。动力流就是这样由中央传动一直传送到驱动链轮。如果将一边的转向离合器分离，切断该边的动力，使该边履带在没有动力的情况下暂时空转，机械就向该边作半径较大的转弯；如果在分离转向离合器后再加以制动，使该边转向离合器的从动鼓停转，机械就进行小转弯。其转弯半径视制动力的大小而定，以立刻完全制动时达到最小，如果一直完全制动着，则机械就以该边履带中点为中心作360°的原地旋转。

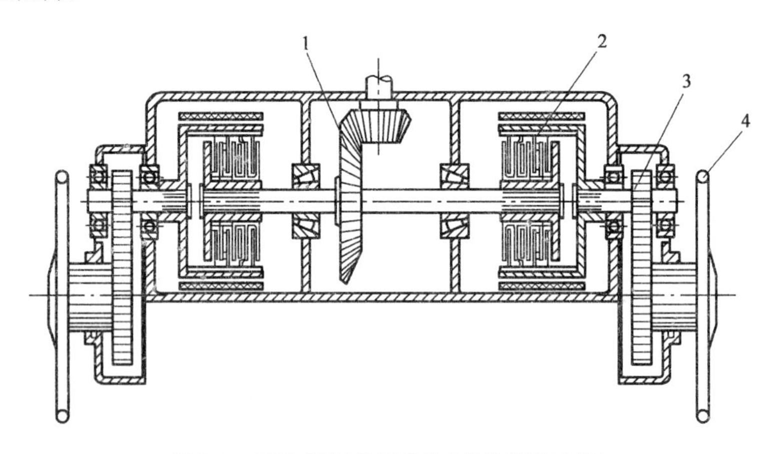

图2-39　履带式行驶装置的传动机构（即驱动桥）

1-中央传动器；2-转向离合器；3-最终传动装置，4-驱动链轮

三、轮式与履带式行走装置的比较

轮式行驶装置的结构较简单，机构总的摩擦阻力较小，轮胎的滚动阻力较小，且吸振性能好，所以宜用于快速行驶的机构上。但由于机重通过轮胎传给地面的单位压力较大，要求地面有较大的承载力。此外其附着性能较履带式行驶装置差，所以它不宜于行驶在松软的地面并进行繁重作业。为了克服这一缺点，采用超低压宽轮胎来代替一般轮胎，使轮式机械的应用场合大大增加。

履带式行驶装置结构复杂而繁重，但履带的接地面积大，对地面的单位压力很小，而且附着力较大，所以它很适合于行驶在松软地带并进行繁重的作业。但由于它的传动机构总摩擦阻力较大，而且装置的各组成元件都属刚性件，吸振性能很差，所以大多只供低速行驶用。

第3章 施工机械的选择

3-1 施工机械的使用性能

公路工程施工系统，实际上是由众多不同种类和型号的施工机械所组成的机械化施工系统。各种施工机械都有其独特的技术性能，而施工机械的使用性能，是机械性能的重要技术指标之一，是表示该机械在使用中可以发挥出的技术性能。因此，了解施工机械的使用性能，对正确地使用机械是非常重要的。

施工机械的使用性能主要有：牵引性、动力性、机动性、稳定性和经济性等。

一、牵引性

牵引性是反映施工机械牵引性能和燃料经济性最基本的指标。牵引性以牵引性图解曲线形式表示，它反映在一定的地面条件下，在水平地段以全油门作等速运动时，机械各挡速度下的牵引功率、实际速度、牵引效率、发动机油耗量、发动机功率等。它直接影响着机械的作业性能与作业效率。

牵引性曲线是施工机械的基本技术指标，无论在机械设计中还是机械的使用中都是十分重要的。在使用过程中，牵引性有助于合理地使用机械，有效地发挥它们的生产，在组织机械化施工时，牵引性也常常是解决各种机种进行合理配合的基本依据。

对土方工程机械来说，牵引性反映的是在各种作业速度下能够发出的最大牵引力。它直接影响着这些机械的作业性能与作业效率。牵引性是用牵引功率和牵引效率来评价的，后者表明土方工程机械在工作时发动机功率利用的有效程度。

在铲土运输机械使用过程中，牵引性有助于合理地使用机械，有效地发挥它们的生产率。例如，推土机工作中突然遇到阻力增大时，往往由于驾驶人来不及调整铲土深度，而不得不脱开主离合器，否则会导致发动机熄火。这样不但损失机械的有效工作时间，而且频繁地操纵也会增加驾驶人的劳动强度和紧张状态，最终导致机械的生产率下降。而正确地掌握各种机械的牵引性，就便于掌握一定的切土深度，使机械尽可能地在接近额定有效牵引力的范围内作业。

二、动力性

动力性是反映施工机械在不同挡位行驶时所具有的加速性能，以及所能达到的最大行驶速度和爬坡能力，动力性直接影响机械的生产效率。

动力性的指标用动力因素 D 来评价，即

$$D=\frac{F_k-F_w}{m_s} \tag{3-1}$$

式中：F_k——切线牵引力；

F_w——风阻力、坡度阻力、惯性阻力等总和；

m_s——机械总质量。

动力因素反映了在除去风阻力、坡度阻力、惯性阻力后，机械单位机重所能获得的切线牵引力。因此在机械使用中应注意利用低挡起步，中挡作业、高挡行驶。在机械设计规定的最大坡度角度内工作，才能充分发挥机械的效能，确保机械稳定、安全生产。

三、机动性

机动性是反映施工机械在直线行驶时的稳定性和狭窄地点转向和通过的能力。机动性与操纵性有很大关系。操纵性是以最小转弯半径来评价的。机动性影响施工机械的适用程度。

四、稳定性

稳定性是表明施工机械作业时，在坡道上行驶时抵抗纵向和横向倾翻和滑移的能力。

五、经济性

经济性主要表示施工机械在作业过程中燃料消耗是否经济合理。它通常用两个指标来评价：一个指标是发动机油耗率，即每千瓦小时所消耗燃料的克数，这一指标可以用来比较相同机种不同型号机械经济性的好坏；另一个指标是发动机油耗量，即发动机每小时所消耗燃料的千克数，这一指标可以用来核算作业成本。

3-2 施工机械的生产率

一台施工机械1h或一个台班（以8h计）完成的工作量称为生产率。它是编制施工计划、估算施工费用以及进行机械组合配套的依据。

一般在施工现场所配备的施工机械，由于作业情况和生产故障，并不是所有机械都在运行中，即使运行中的机械，其实际作业时间也不尽相同，作业效率也不一样。假定运行效率为 K_n、作业时间利用率为 K_B、作业效率为 k_q、机械工作装置的容量为 V_q，则一台施工机械在单位时间内完成的工作量为

$$Q=V_qK_nK_Bk_q \tag{3-2}$$

假定运行效率 $K_n=1$ 则

$$Q=V_qK_Bk_q \tag{3-3}$$

如以台班计算，则

$$Q_B=\left(\frac{8\times60}{t_r}\right)V_qK_Bk_q \tag{3-4}$$

式中：Q_B——机械一个台班的生产率，m^3/d 或 m^2/d；

t_r——机械每工作一个循环的时间，min。

作为施工计划基础的生产率有三种：

1. 理论生产率 Q_L

理论生产率是指机械在设计的标准条件下，连续不断地进行工作的生产率。理论生产率与机械的构造有关，它不考虑施工的具体条件。一般机械使用说明书上的生产率即为该机械的理论生产率，其计算公式为

$$Q_L=\left(\frac{8\times60}{t_r}\right)V_q \tag{3-5}$$

2. 技术生产率 Q_J

技术生产率是指在具体施工条件下，机械连续工作的生产率。它考虑了工作对象的性质、状态以及机械能力发挥的程度等因素。这种生产率是可以争取达到的生产率。如在某一时期内，测定到的正常损失时间为 t_R，实际作业时间为 t_N，则在具体的施工条件下，正常作业时间效率 K_W 可用下式表示

$$K_W=\frac{t_N}{t_N+t_R} \tag{3-6}$$

用正常时间效率修正后的施工机械理论生产率成为技术生产率。它与理论生产率之间的关系如下式

$$Q_J=K_WQ_L \tag{3-7}$$

3. 实际生产率 Q_S

实际生产率是指在具体的施工条件下，考虑施工组织及施工现场的具体生产条件时，机械所能达到的生产率，其计算公式为

$$Q_S=K_BQ_J \tag{3-8}$$

式中：K_B——时间利用系数，即机械的作业时间利用率。

通常在编制施工组织计划和平衡各项工程的施工机械作业能力时，应使用理论生产率和技术生产率，而实际生产率可作为工程计划和估价的基础。

3-3　施工机械的产量定额

机械产量定额又称定额生产率，是我国或某一基建部门按同类型平均水平而制定的统一标准。它是施工预算和竣工决算的依据，也是衡量施工生产率高低的尺度。

定额生产率，它分单项和综合两种，前者多用在对具体施工点选择机型和确定机械使用数量时作为依据，后者多用于施工预算和竣工决算。土方机械产量定额如表 3-1 所示（表中为推土机推挖土方定额）。

每 100m³ 的机械台班定额　　表 3-1

项目			运距在下列数字以内(m)							序号
			20	30	40	50	60	70	80	
摊土机功率(kW)	75 以内	松土	$\frac{0.255}{3.92}$	$\frac{0.333}{3}$	$\frac{0.414}{2.42}$	$\frac{0.514}{1.95}$	$\frac{0.625}{1.6}$	$\frac{0.749}{1.34}$	$\frac{0.89}{1.12}$	一
		普通土	$\frac{0.303}{3.3}$	$\frac{0.388}{2.58}$	$\frac{0.477}{2.1}$	$\frac{0.586}{1.71}$	$\frac{0.708}{1.41}$	$\frac{0.844}{1.18}$	$\frac{0.997}{1.003}$	二
		硬土	$\frac{0.4}{2.5}$	$\frac{0.498}{2.01}$	$\frac{0.601}{1.66}$	$\frac{0.726}{1.38}$	$\frac{0.865}{1.16}$	$\frac{1.02}{0.98}$	$\frac{1.19}{0.84}$	三
	90 以内	松土	$\frac{0.195}{5.13}$	$\frac{0.254}{3.94}$	$\frac{0.317}{3.15}$	$\frac{0.389}{2.57}$	$\frac{0.472}{2.12}$	$\frac{0.571}{1.75}$	$\frac{0.688}{1.45}$	四
		普通土	$\frac{0.222}{4.5}$	$\frac{0.287}{3.48}$	$\frac{0.354}{2.82}$	$\frac{0.432}{2.31}$	$\frac{0.522}{1.92}$	$\frac{0.628}{1.59}$	$\frac{0.754}{1.33}$	五
		硬土	$\frac{0.286}{3.5}$	$\frac{0.359}{2.79}$	$\frac{0.435}{2.3}$	$\frac{0.524}{1.91}$	$\frac{0.625}{1.6}$	$\frac{0.745}{1.34}$	$\frac{0.885}{1.13}$	六
	105 以内	松土	$\frac{0.145}{6.9}$	$\frac{0.188}{5.32}$	$\frac{0.236}{4.24}$	$\frac{0.292}{3.42}$	$\frac{0.356}{2.81}$	$\frac{0.43}{2.33}$	$\frac{0.517}{1.93}$	七
		普通土	$\frac{0.167}{5.99}$	$\frac{0.213}{4.69}$	$\frac{0.264}{3.79}$	$\frac{0.325}{3.08}$	$\frac{0.395}{2.53}$	$\frac{0.474}{2.11}$	$\frac{0.568}{1.76}$	八
		硬土	$\frac{0.215}{4.65}$	$\frac{0.267}{3.75}$	$\frac{0.326}{3.07}$	$\frac{0.395}{2.53}$	$\frac{0.474}{2.11}$	$\frac{0.563}{1.78}$	$\frac{0.668}{1.5}$	九
	135 以内	松土	$\frac{0.118}{8.47}$	$\frac{0.152}{6.58}$	$\frac{0.191}{5.24}$	$\frac{0.236}{4.24}$	$\frac{0.287}{3.48}$	$\frac{0.347}{2.88}$	$\frac{0.416}{2.4}$	十
		普通土	$\frac{0.136}{7.35}$	$\frac{0.173}{5.78}$	$\frac{0.214}{4.67}$	$\frac{0.263}{3.8}$	$\frac{0.319}{3.13}$	$\frac{0.383}{2.61}$	$\frac{0.458}{2.18}$	十一
		硬土	$\frac{0.175}{5.71}$	$\frac{0.217}{4.61}$	$\frac{0.265}{3.77}$	$\frac{0.32}{3.13}$	$\frac{0.383}{2.61}$	$\frac{0.455}{2.2}$	$\frac{0.539}{1.86}$	十二
	165 以内	松土	$\frac{0.088}{11.4}$	$\frac{0.113}{8.85}$	$\frac{0.142}{7.04}$	$\frac{0.174}{5.75}$	$\frac{0.212}{4.72}$	$\frac{0.256}{3.91}$	$\frac{0.308}{3.25}$	十三
		普通土	$\frac{0.101}{9.9}$	$\frac{0.129}{7.75}$	$\frac{0.159}{6.29}$	$\frac{0.195}{5.13}$	$\frac{0.236}{4.24}$	$\frac{0.284}{3.52}$	$\frac{0.339}{2.95}$	十四
		硬土	$\frac{0.132}{7.58}$	$\frac{0.163}{6.13}$	$\frac{0.198}{5.05}$	$\frac{0.238}{4.2}$	$\frac{0.285}{3.51}$	$\frac{0.339}{2.95}$	$\frac{0.401}{2.49}$	十五
	240 以内	松土	$\frac{0.064\,5}{15.5}$	$\frac{0.082\,9}{12.1}$	$\frac{0.103}{9.71}$	$\frac{0.127}{7.87}$	$\frac{0.154}{6.49}$	$\frac{0.185}{5.41}$	$\frac{0.221}{4.52}$	十六
		普通土	$\frac{0.073\,3}{13.6}$	$\frac{0.093\,2}{10.7}$	$\frac{0.115}{8.7}$	$\frac{0.14}{7.14}$	$\frac{0.17}{5.88}$	$\frac{0.203}{4.93}$	$\frac{0.243}{4.12}$	十七
		硬土	$\frac{0.093}{10.8}$	$\frac{0.115}{8.7}$	$\frac{0.14}{7.14}$	$\frac{0.169}{5.92}$	$\frac{0.202}{4.95}$	$\frac{0.239}{4.18}$	$\frac{0.283}{3.53}$	十八
编号			1	2	3	4	5	6	7	

注：(1)本定额采用复式表，表中分子分母分别表示：

$$\frac{\text{时间定额(台班)}}{\text{台班产量}}$$

(2)每一台班按 8h 计算。

(3)表中所示定额为原交通部 1997 年 6 月颁布的《公路工程施工定额》(公设字[1997]134 号)。

3-4 施工机械的合理选择与组合

施工机械种类、规格繁多，各种机械又有着自身独特的技术性能和作业范围，一种机械可能有多种用途，而某一施工内容往往可以采用不同的机械来完成，或者需要若干机种的机械联合工作。为了获得最佳的技术经济效果，根据具体的施工条件，对施工机械进行的合理选择和组合，使其发挥尽可能大的效能，是机械化施工中一个非常重要的环节。

一、选择施工机械的原则

工程量和施工进度是合理选择机械的重要依据。一般情况下，为了保证施工进度和提高经济效益，施工量大时采用大型机械，施工量小时则采用中、小型机械。

选择施工机械应遵循下述原则：

1.施工机械与工程的具体实际相适应

在路基路面工程中，选用的施工机械一方面其类型应适合于施工区域的气候、施工现场的地形、土质、场地大小、运输距离、施工断面形状尺寸、工程质量要求等；另一方面，机械的容量要与工程进度及工程量任务相符合，尽量避免因机械工作能力不足或剩余，造成延缓工期或机械利用效率太低的现象，在条件允许的情况下，尽量选择最能满足施工内容的机种和机型。

2.使用机型应有较好的经济性

施工机械经济性选择的基础是施工单价，主要与机械固定资产消耗及运行费等因素有关。固定资产消耗与施工机械的投资成正比，包括折旧费、大修费和投资的利息等费用；而机械的运行费则是与完成施工量成正比的费用，包括劳动工资、直接材料费、燃料费、润滑材料费、劳保设施费等。选用大型机械进行施工，虽然一次性投资大，但它可以分摊到较大的工程量当中，对工程成本影响较小。因此在选择机械时，必须权衡工程量与机械费用的关系，同时要考虑机械的先进性和可靠性，这是影响施工经济效益的重要因素。采用先进的机械设备，其技术性能优良，易于操作，故障与维修费大大降低，最终可取得较好的经济效益。

3.应能保证工程质量要求和施工安全

这是与上述两点密切相关的，根据工程的技术要求，选择合适的施工机械是保证工程质量的重要因素之一。对于技术要求高的作业项目，应考虑采用性能优良或专用的机械，以保证工程质量和较高的生产率。但应注意不可片面追求高性能专用机械，应在满足工程质量要求的前提下，与机械的通用性相结合。同时，机械应具有可靠的安全性能，如行驶稳定、有翻车或落体保护装置、防尘隔声、危险施工项目可遥控作业等。此外，在保证施工人员、设备安全的同时，应注意保护自然环境。施工现场及其附近已有的其他建筑设施，不应因所采用机械施工而受到破坏或质量降低。

4.机械的合理组合

合理的进行机械组合是发挥机械设备效能的重要因素，也是机械化施工的一个基本要求，它包括技术性能和机械类型及其数量两个方面配置。

(1)主要机械与配套机械的组合　与主要机械相配套的配套机械，其工作容量、数量及生产率应稍有储备。机械的工作能力应配合适宜,以充分发挥主要机械的生产率。例如,挖掘机与运输车辆配合作业,挖掘机的铲土容量与运输车车厢容量应协调,一般以3~5斗能装满运土车车厢为宜,以保证作业的连续性。

(2)牵引车与配套机具的组合　路基施工中,经常会有些辅助性机具或拖式机械没有独立的动力行走装置,需要配以另外的牵引车牵引工作,这时,两者组合要协调和平衡,避免动力剩余过大,造成浪费,或动力不够而不能完成要求的作业。

(3)配合作业机械组合数尽量少　组合数越多,其总的效率就越低,例如,两台效率均为0.9的机械组合时,其总效率只有:0.9×0.9=0.81,而且每一组合中,当其中一台发生故障停车时,组合中的其他机械便无法正常工作。因此,在能完成作业内容的前提下,应尽量减少机械组合的数量。

为了避免上述不利情况的发生,应尽可能地组织多个系列的组合,并列进行施工,从而减少因组合中一台机械停驶而造成全面停工的现象,减少配合机械工作能力的损失。

(4)尽量选用系列产品　整个机械化施工中,应减少同一功能机械的品种类型,尽可能使用统一、标准化的系列产品,以便于维修和管理,降低使用成本。

除此之外,施工企业要结合机械装备情况及完好率、新购机械的可能性等具体实际,进行机械的选择和组合,因地制宜,机械化与半机械化相结合,确实做到技术上合理和经济上有利,达到两方面的有机统一。

二、施工机械的选择方法

在公路工程施工中,根据机械的技术性能,针对各项作业的具体情况,可从下述几个方面出发,进行机械的合理选择。

1.根据作业内容选择

路基工程施工作业内容包括土石方挖掘、装载、运输、填筑、压实、整形及挖沟等基本内容,以及伐树除根、松土、爆破、表层清理和处置等辅助性作业,每种作业都由相应的施工机械完成。表3-2列出各项作业内容选择机械的种类,可供参考。

实践表明,对于中小型工程,选择通用性较好的机械较为经济合理,而大型工程,应当更注重根据作业内容进行选择,才能获得最佳的技术经济指标。具体选择时,首先选定作业的主要机械,根据其生产能力、工作参数及施工条件选择辅助机械,以保证工程连续均衡地开展。

2.根据土质条件选择

土石是机械施工的主要对象,其性质和状态直接影响施工机械作业的质量、工效及成本等,因此,土质条件是选择施工机械的一个重要的依据。

(1)根据机械通行能力决定　所谓通行能力是用以表示车辆(特别是工程车辆)在土质等条件限制下,在工地行驶的可能程度。机械通行能力与土壤的承载能力有很大关系。

(2)根据土质的工程特性选择　土质条件不仅对机械的通行能力有影响,而且也左右着进行各种作业时,机械施工的可能性和难易程度。

为了便于选择施工机械,我们称较为干燥的黏土、砂石、砂砾石、软石、块石和岩石等为硬土;称淤泥、流沙、沼泽土和湿陷性大的黄土、黑土及软弱黏土(含水量较大)等为软土。硬土开挖、运输、压实时,机械选择如表3-3所示。软土开挖时,机械选择如表3-4所示。各种土壤压

实时，机械选择如表3-5所示。

根据作业内容选择施工机械 表3-2

工程类别	作业内容	选择的机械设备
准备工作	(1)清基(树丛、草皮、淤泥、黑土、岩基、冰雪等清除)和料场准备 (2)松土、破冻土(<0.2m)	伐木机、履带式拖拉机和推土机、挖掘机、装载机、水泵、高压水泵、松土器、大犁、平地机
土方开挖	(1)底宽>2.5m的河渠、基坑、池塘、港口、码头、采土场等 (2)小型沟渠和基坑	推土机、铲土机、挖掘机、装载机、冲泥机、吸泥机、开挖机、清淤机
石方开挖	(1)砾石开采 (2)岩石开采 (3)石料破碎	挖掘机、推土机 移动式空气压缩机、凿岩机、挖掘机、推土机、爆破设备等 破碎机、筛分机
冻土开挖	河渠、基坑、池塘、港口、码头	推土机、冻土犁、冻土锯、冻土拍、冻土钻、冻土铲
土石填筑	(1)大中型堤坝、高质量路基、场地、台阶等 (2)小型堤坝、路基、梯田、台阶	推土机、铲运机、羊足碾、压路机。夯板碾压机、洒水车、平地机、推土机、平地机、铲运机
运输	(1)机械设备调运 (2)土石运输	火车、轮船、平板运输车、汽车、起重机 推土机、铲运机、装载机、汽车
整形	(1)削坡 (2)平整	平地机、大犁、推土机、铲运机、挖掘机 平地机、推土机、铲运机、装载机

3. 根据运距选择

根据运距选择机械，主要针对铲土运输机械而言，考虑上述土的状态、性质及工程规模，结合现场和条件，可参考表3-6和图3-1选用。

硬土开挖和运输机械的选择 表3-3

土质 \ 施工机械	推土机	铲运机	正铲挖掘机	反铲挖掘机	装载机	松土器	开沟机	平地机	自卸汽车	钻孔机	凿岩机
黏土和壤土	√	△	√	√	√	√	√	√	√		
砂土	√	√	√	√	√	√	√	√	√		
砂砾石	√	×	√	√	√	×	△	△	√		
软岩和块岩	△	×	√	△	△	×	×	×	√	√	√
岩石	×	×	×	×	△	×	×	×	√	√	√

注：√——适用；△——尚可用；×——不适用。

软土开挖机械选择 表 3-4

机械 水分状况	通用推土机	低比压推土机接地比压(kPa)			水陆两用挖掘机	挖泥船
		19.6～29.4	11.8～19.6	<11.8		
湿地	△	√	√	√	√	×
轻沼泽地	×	√	√	√	√	×
重沼泽地	×	×	△	√	√	△
水下泥地	×	×	×	√	√	√

注:√——适用;△——尚可用;×——不适用。

适合相应土质的压实机械 表 3-5

土质名称 机械名称	块石、圆石、砾石	砾石土	砂	砂质土	黏土、黏性土	混杂砂石的黏土、黏性土	非常软的黏土、黏性土	非常硬的黏性土	备　注
静力式压路机	B	A	A	A	B	B	C	C	用于路基、路面
自行式轮胎压路机	B	A	A	A	A	A	C	B	最经常使用
牵引式轮胎压路机	B	A	A	A	A	A	C	B	用于坡面、坡长5～6m时最有效率
振动式压路机	A	A	A	A	C	B	C	C	用于路基、基层
冲击式压路机	A	A	B	A	A	A	C	C	用于路基
夯实机	A	A	A	A	C	B	C	C	用于狭窄地点的碾压作业
夯锤	B	A	A	A	B	B	C	C	用于狭窄地点的碾压作业
推土机	A	A	A	A	B	B	C	A	用于推平作业
沼泽地区推土机	C	C	C	C	B	B	A	C	用于含水量高的土壤

注:A——适合使用;B——无适合的机械时使用;C——不适合使用。

施工机械经济运距 表 3-6

机　　械	履带推土机	履带装载机	轮胎装载机	自行式铲运机	轮 式 拖 车	自 卸 汽 车
经济运距(m)	<100	<100	<150	200～1 000	>2 000	>2 000
道路条件	土路不平	土路不平	土路不平	土路不平	平坦路面	一般路面

4.根据气象条件选择

气象条件也是影响机械施工的因素之一,如雨季、冬季施工时,应特别加以考虑。

(1)雨季施工　雨或积雪融水会直接影响土的状态,从而导致机械通过能力下降,工作性能变坏。我国大部分地区都有程度不同的连续降雨天气,即雨季。在此期间,如不停工就不得不考虑使用效率较差的履带式机械,代替干燥条件下机动灵活、效率较高的轮胎式机械进行作业。

(2)冬季施工　进行冻土开挖、填筑、碾压等作业时,应选用与破冻土等特殊作业相适应的机械,如松土器、冻土犁。冬季施工时,要注意内燃机的起动性能。

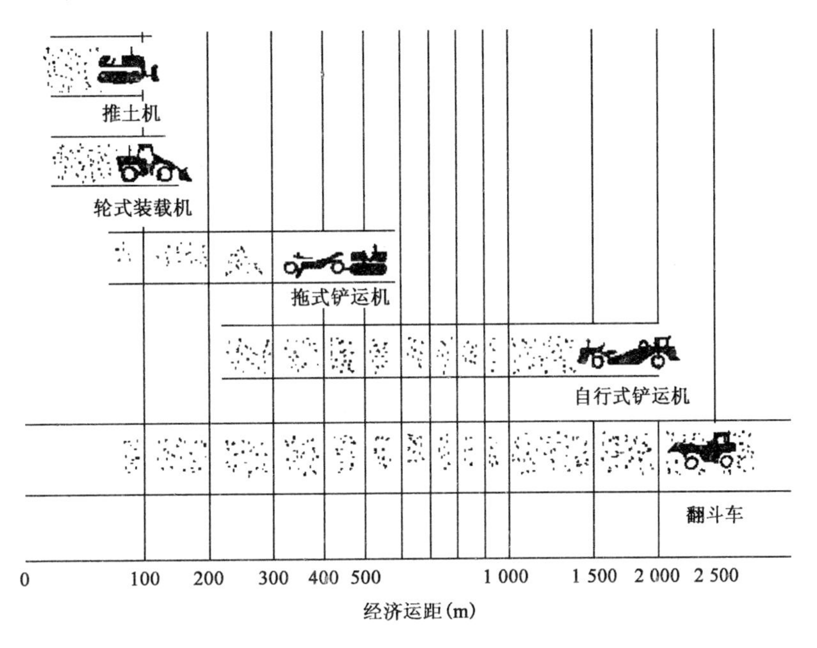

图3-1　各种机械经济运距示意图

(3)高原地区施工　高原地区施工时,因空气稀薄,动力装置应配备高原型内燃机。

5. 作业效率

在计算施工机械生产率时,一般都是假定在标准工作条件下进行的,但实际工程施工中,机械的工作条件是千变万化的。那么,在特定的施工条件下,机械的工作能力(生产率),应是在计入作业效率后而确定。

对于不同的机械,在相同条件下,作业效率是不相同,准确地求出作业效率值是困难的,表3-7是在不同作业条件和机械技术状况下作业效率的参考值。

施工机械作业效率参考值　　表3-7

作业条件	机械技术状况				
	优秀	良好	普通	较差	很差
优秀	0.83	0.81	0.76	0.70	0.63
良好	0.78	0.75	0.71	0.65	0.60
普通	0.72	0.69	0.65	0.60	0.54
较差	0.63	0.61	0.57	0.52	0.45
很差	0.52	0.50	0.47	0.42	0.32

第二部分　路基工程机械化施工

第4章 推土机施工

推土机是以履带式或轮式拖拉机牵引车为主机，再配置悬式铲刀的铲土运输机械。推土机是路基土方工程中最常用机械，它的特点是：所需作业面小，机动灵活，转移方便，短距离运土效率高，干湿地都可以独立工作，同时也可以配合其他机械施工，因此在土方工程机械化施工中得到广泛的应用。

推土机的工作装置由铲刀、顶推架和操纵装置组成，如图4-2所示。其动力机械目前均采用履带式或轮式工业拖拉机。

4-1 推土机的类型及工作装置的操作

一、推土机的类型

按行走机构形式分类；分为履带式推土机和轮式推土机，如图4-1所示。

按工作装置形式分类：分为固定式推土铲刀（又称直铲式铲刀）和回转式推土铲刀（又称斜铲式铲刀），如图4-2所示。所谓固定式推土铲刀，是指推土铲刀（安装位置垂直于拖拉机纵向轴线）的位置是固定不变的，仅在切削用时可作小量调整；而回转式推土铲刀，其安装位置与基础车横向轴线以及地面之间，可以调节一定范围的角度。配置直铲式铲刀的推土机，称为直铲式推土机；配置斜铲式铲刀的推土机，称为斜铲式推土机。

a）履带式推土机

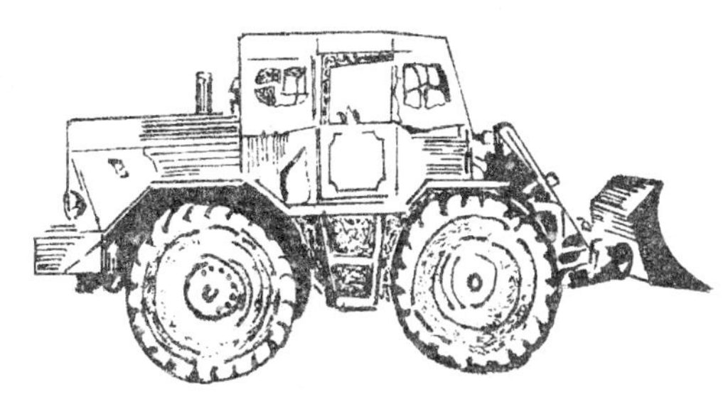

b）轮式推土机

图4-1 推土机外貌

按着陆情况分类：分为推土机有陆上行驶与湿地行驶等形式的推土机，如图4-1、图4-3所示。在沼泽地带施工时，需用湿地推土机。

按功率大小分类：功率在235kW以上者为大型推土机；功率在74～235kW之间者为中型

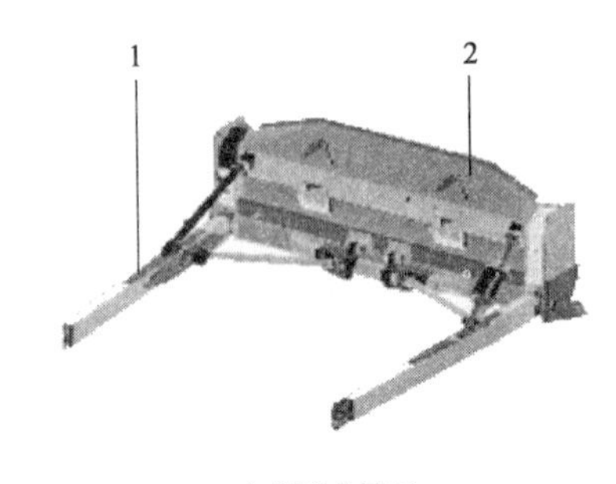

a）直铲式铲刀

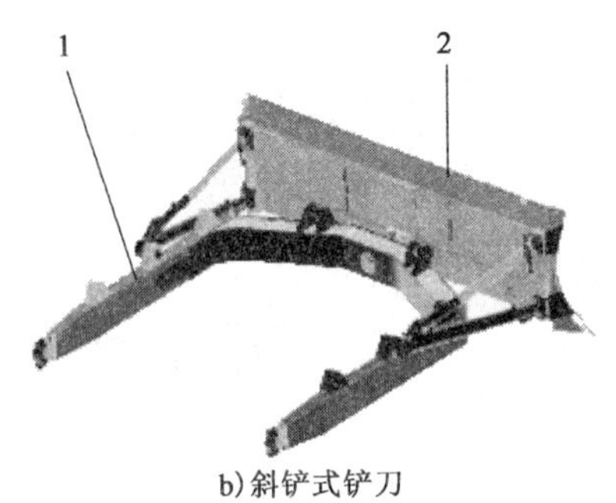

b）斜铲式铲刀

图 4-2　推土机工作装置
1-顶推架；2-铲刀

推土机；功率 74kW 以下者为小型推土机。

在公路施工中，一般选用中型推土机或大型推土机，其接地比压 $q=0.6\sim0.85\mathrm{kg/cm^2}$。在湿地或沼泽地区施工时，采用湿地推土机，其接地比压 $q=0.3\mathrm{kg/cm^2}$。

图 4-3　湿地推土机

二、工作装置的操作

目前公路施工用推土机多采用液压式推土机，其工作装置的操作及工作原理见 2-3 节控制系统的组成及工作原理等有关内容。

4-2　推土机基本作业

推土机的基本作业是：铲土、运送、卸土和空回四个工作过程，如图 4-4 所示。

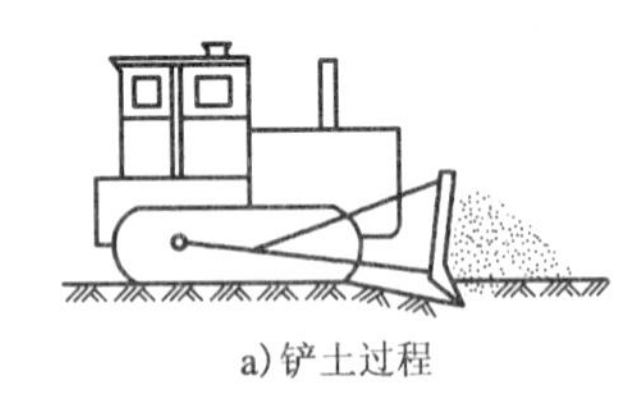
a）铲土过程

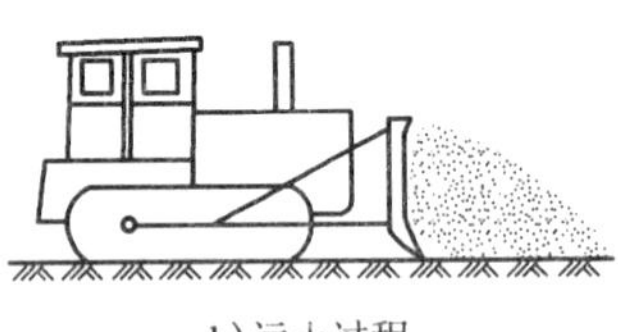
b）运土过程

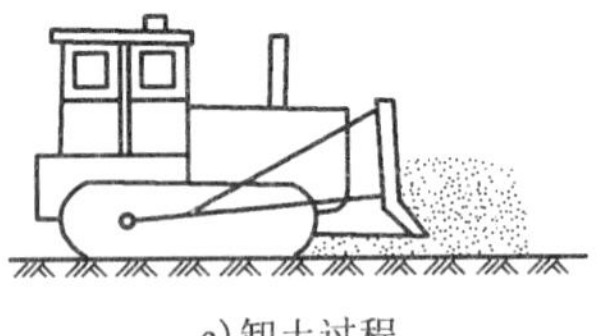
c）卸土过程

图 4-4　推土机的基本作业

提高推土机作业效率的原则是：铲土时应以最短时间、最短距离铲满土；运送时应尽量减少土壤漏损，使较多的土运送到卸土点；卸土时应根据施工条件采取不同的卸土方法，以达到施工技术要求和施工安全；空回时应以较快的速度驶回铲土处。

一、直铲式推土机的基本作业

1. 推土机的铲土作业

在此作业过程内，使铲刀切入土中一定深度，以最短的时间、最短的距离，使其铲刀前堆满

土壤，并用铲刀推动。

推土机铲土的深度，视土壤的类别而不同，一般Ⅰ、Ⅱ级土壤铲土深度为20cm，铲刀的铲土角可以陡一些，为60°～65°；在Ⅲ级土壤中铲土深度为10～15cm，其铲土角可用52°～57°；至于在Ⅳ级以上的黏性土壤中则铲土深度应在0～15cm范围内变动，铲土角应调至45°，这样所得效果最好。

为了在最短的时间、最短的距离内铲满土或多铲土，一般常用接力铲土法。这种铲土法是分次铲土、叠堆推运，分次的目的是使柴油机有喘息接力的含义。按铲土距离的不同，此法又分四次、六次接力铲土，如图4-5所示。

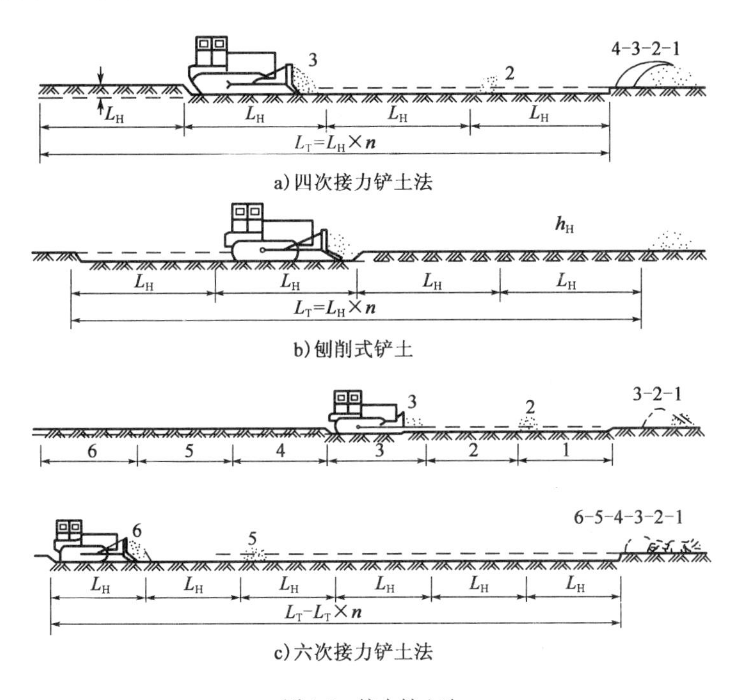

图4-5 接力铲土法

L_H-铲土长度；h_H-铲土深度；L_T-工作地段总长（$L_T=L_H\times n$，n为分段数）

推土机第一次铲土时，应以最大可能深度切入土中，以刨削式铲土为好，从靠近填土处开始。铲土时，当柴油机稍有超负荷现象时即停止铲土，然后退回。推土机以同样方法进行第二次铲土，接着第三次铲土，并沿着前进方向把第一、二次所留的土推送到填土处。这样可以使柴油机功率得到充分利用。此法若与沟槽推土法配合，可以减少土壤的漏损，大大提高推土效率。

2.推土机的运土作业

在此作业过程中，为了尽可能地减少运土损失，常用的有沟槽运土（或推土）法、推土机并列推土法，以及下坡推土法。

（1）沟槽推土法　在运送土壤时，为了尽可能地减少运土损失，可在一固定作业线上多次推运使之形成一条土槽，或者利用铲刀两端外漏的土壤所形成的土埂进行运土，如图4-6所示，一般槽深不大于铲刀的高度。

（2）并列推土法　即两台以上同类型的推土机同步推土前进，如图 4-7 所示。这样可以减少运土损失。但两铲刀间隔不宜太小或过大，一般为 15～20cm。采用这种方法要求驾驶人操作技术熟练，作业时要注意两者的行进速度和方向，避免碰车。

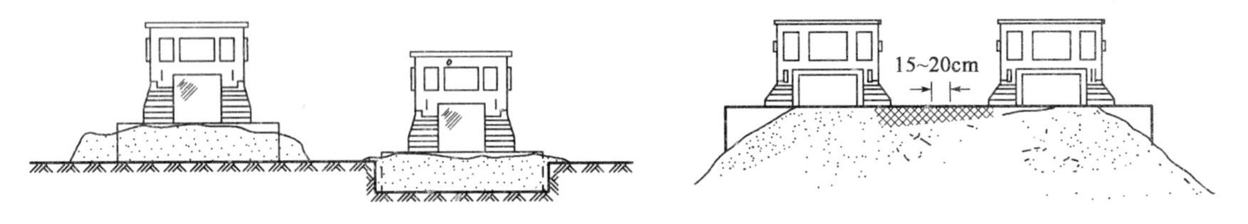

图 4-6　沟槽运土（推土）法　　图 4-7　推土机并列推土法

（3）下坡推土法　即利用下坡时推土机产生的重力分力，加速铲土过程和增大送土量以提高效率。但下坡角不宜过陡，一般不超过 20°，否则空车后退爬坡困难，反而使效率降低，如图 4-8 所示。

3. 推土机的卸土作业

此作业过程是以提升铲刀来进行的，卸土的方法视施工条件不同而异。图 4-9 所示为推土机在分层填土行驶时卸土的情况。推土机在前进中渐次地徐徐地提升刀架来卸土，铲刀提升的高度应等于所填土层的厚度。卸土路程的长度为 4～6m。

图 4-8　下坡推土法

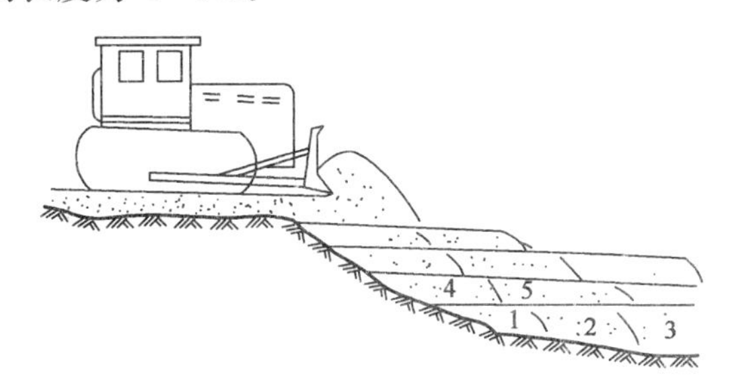

图 4-9　推土机分层填土卸土法

图 4-10 所示为推土机自路侧取土坑或自路堑运土填筑路堤过程中，在推土机前进或停止后，将推土机铲刀慢慢地高高提升，以达卸土之目的，有时又将铲刀重新放下，让推土机倒退行驶将土堆拖平。

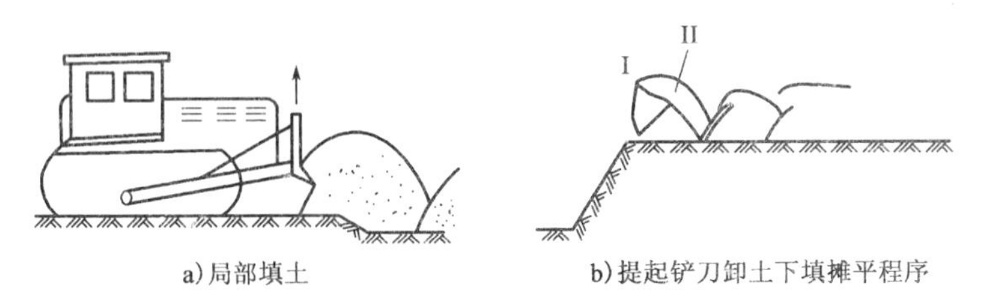

a）局部填土　　b）提起铲刀卸土下填摊平程序

图 4-10　推土机局部填土卸土法

图 4-11 所示为自路堑取土填筑堑沟、山坑以及填筑路堤时，推土机卸土时应以迅速的提升铲刀，实现快速卸土。

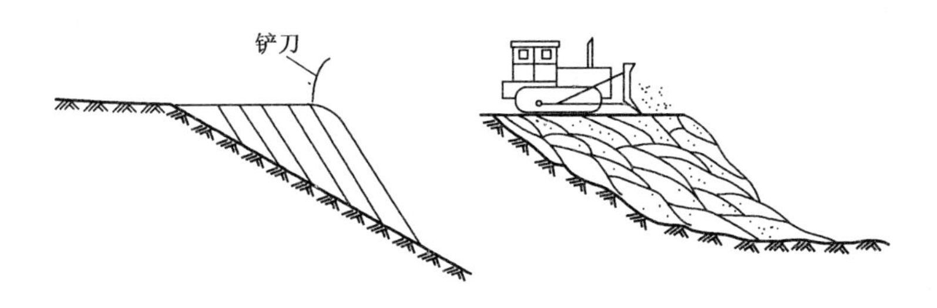

图 4-11 快速卸土法

二、斜铲式、湿地式推土机的基本作业

斜铲式推土机可以作为直铲式推土机使用，作为直铲式推土机使用时，其基本作业与直铲推土机相同。

斜铲式推土机更适合于傍山挖土填筑路堤，以及在狭窄处回填沟槽和平整场地等作业。由于斜铲推土机的铲土、运土、卸土三个行程是同时连续进行的，其工作情况与平地机的工作基本相似。在进行平整土壤面层等工作时，大都是采用低挡进行。

斜铲平面角(见图 4-12)的大小，根据所进行工作的对象不同而不同。一般在推土时为 90°(直铲)，平土时为 60°，填土时为 40°。

斜铲推土在傍山取土时，应将铲刀调整为 60°平面角，然后向坡外平斜，并使其较坡面前端稍有下倾，以便在推土过程中，造成内倾的横向坡度，使机械安全运行。在挖土过程中坡上的土壤被内角切取后，就沿刀片卸于坡外，形成一条行驶道。随着此道的加宽，当超过刀宽较多时，推土机在切取土壤后就要向外侧转向，卸土于坡下，一次完成全断面的推卸工作。这比直铲推土的效率要高。

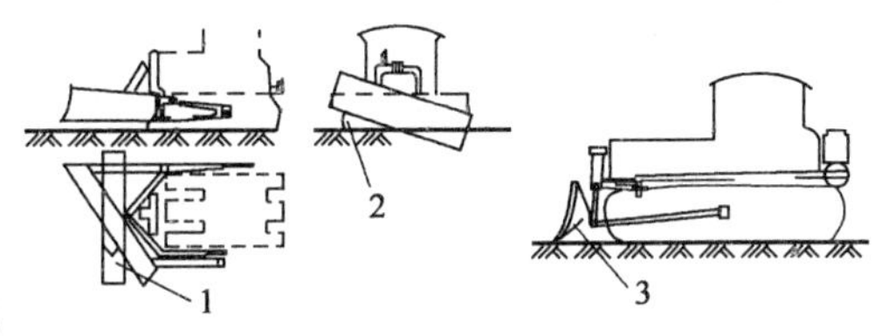

图 4-12 斜铲式推土法

1-平面角；2-倾角；3-铲土角

湿地式推土机的基本作业可以参考直铲式推土机，它与一般推土机不同的是采用了三角形加宽履带板，使接地比压由 1.3×109 N/m^2 降低至 0.3×109 N/m^2。这种履带板有以下特点：

(1)随着土壤硬度的变化，接地面积变化。三角履带板在硬土壤上压入深度浅，接地面积小，接地比压高。反之，接地比压低。

(2)三角履带在软土上压入的深度深，接地面积大，接地比压小。因此在松软的地面上作业效果较好。同时土壤剪力的增加有助于发挥机械的牵引力。

(3)由于三角履带板的顶角大于 90°，所以不易黏结土壤，且易剥落，使履带本身起到自洁作用。

湿地推土机，不但可以用于沼泽地区施工，而且也可以用于一般性质土壤的施工。

4-3 推土机施工作业

一、填筑路堤

推土机填筑路堤的作业方式，一般均为直接填筑，施工方法主要有两种，即横向填筑与纵向填筑。在平原地区多采用横向填筑，而在丘陵和山区多采用纵向填筑。

1.横向填筑路堤

这种作业方式是推土机在路堤的两侧或一侧取土，向路堤依次移送土壤。单台或多台推土机施工时，最好采用分段进行，这样可以增大工作面。分段长度一般以20～40m为宜，每段也可以按班组的能力划分。

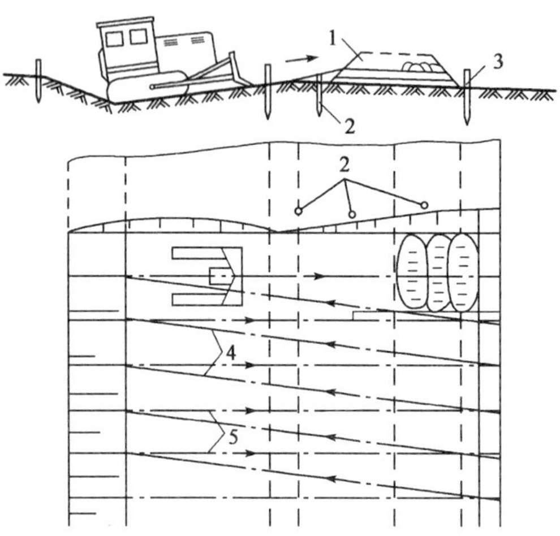

图4-13 推土机从一侧取土坑取土填筑路堤

1-路堤；2-标定桩；3-间距为10m的高标杆；4、5-推土机"穿梭"作业运行线

在一侧取土时，每段一台推土机，作业线路可采用"穿梭"法进行，如图4-13所示。在施工中，推土机推满土后，可向路堤直送到路堤坡脚，卸土后按原推土路线退回到挖土始点。这样在同一线路中按沟槽运土法送二、三刀就可挖到0.7～0.8m深。此后推土机作小转弯倒退，以便向一侧移位，仍按同法推邻侧的土壤。以此类推地向一侧转移，直至一段路堤完工。然后推土机反向侧移，推平取土坑所遗留的各条土埂。

当推土机由两侧取土坑推土时，每段最好用两台并以同样的作业法，面对路堤中心线推土，但双方一定要推过中心线一些，并注意路堤中心线的压实，图4-14所示为从两侧取土时的作业线路图，当路堤填高时，应分层有序的进行，一般每层厚度为30～40mm，并分层压实。

当推土机单机推土填筑路堤高度超过1m时，应设置推土机进出坡道，如图4-15所示。通道的坡度应不大于1∶2.5，宽度应与工作面宽度相同，长度为5～6m。当采用综合机械化施工时，路堤填筑高度超过1m后，多用铲运机完成。

2.纵向填筑路堤

这种作业方法多用于移挖作填工程，其开挖深度与填筑高度可按设计标高规定，不受其他限制，只要挖方的土壤性质适用于填筑路堤即可。这种施工方法最经济，但应注意开挖部分的坡度不能大于1∶2，开挖中应随时注意复核路基标高和宽度，避免出现超挖和欠挖。在填土过程中，应根据施工地段的施工条件，分层填筑、分层压实。

纵向填筑作业法如图4-16所示。

3.综合作业法填筑路堤

这种作业法实际上是横向纵向联合作业。将路堤沿线路每60～80m分为若干段，在每段

的中部设一横向送土道，采用横向填筑法，将土壤由通道送到路堤上，再由推土机纵向推送，分层填筑，分层压实，如图 4-17 所示。

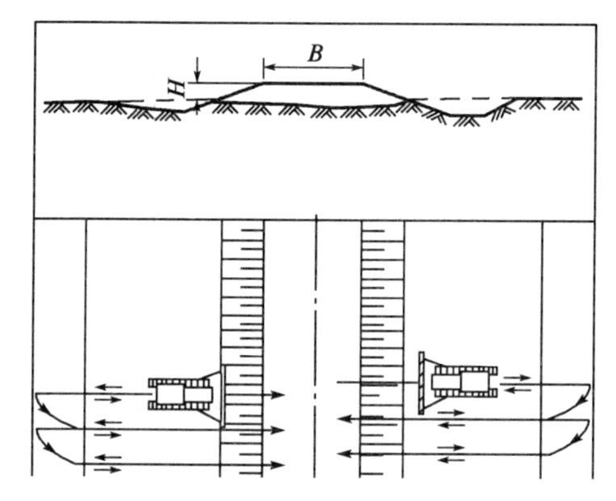

图 4-14 推土机从两侧取土坑取土填筑路堤作业线路
B-路基宽；H-路基高

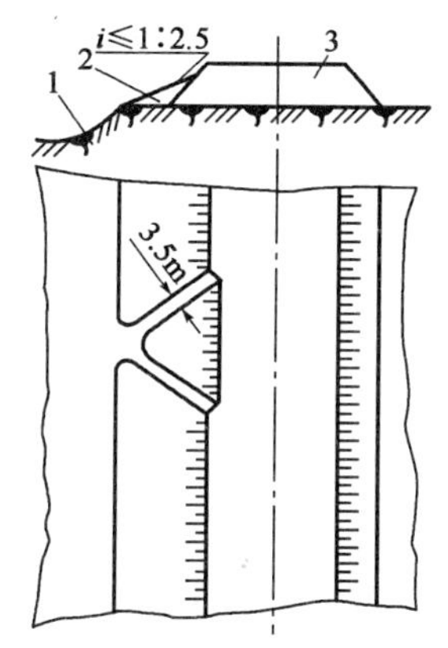

图 4-15 推土机作业坡道设置
1-取土坑；2-进入坡道；3-路堤

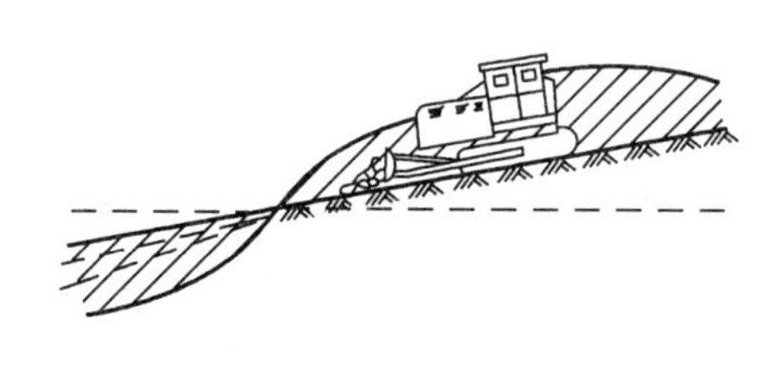

图 4-16 推土机纵向移挖作业填筑路堤作业法

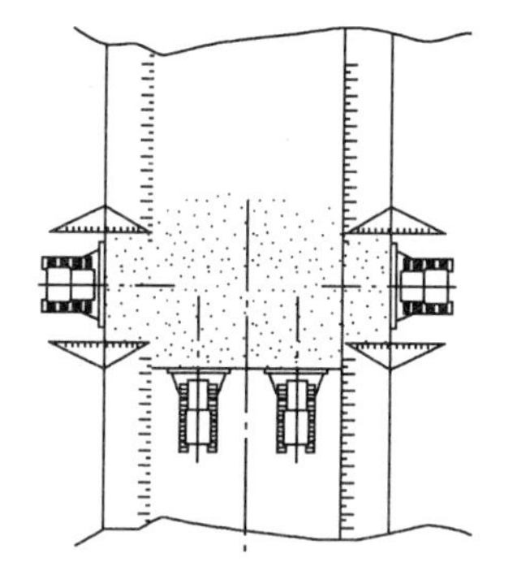

图 4-17 推土机横向纵向联合作业填筑路堤

二、开挖路堑

用推土机开挖路堑有两种施工情况：一种是在平地上挖浅路堑；另一种是在山坡上开挖路堑或移挖作填开挖路堑。

1. 横向开挖路堑，平地上两侧弃土

用推土机横向开挖路堑，其深度在 2m 以内为宜，如图 4-18 所示。开始推土机以路堑中线为界，向两侧横向按“穿梭”作业法进行，将路堑中挖出的土送至两侧弃土堆，最后，再做专门的清理与平整。如开挖深度超过 2m，则需与其他机械配合施工。

此外，对上述施工作业，推土机也可用环形作业法施工，如图 4-19 所示。施工时推土机可按椭圆形或螺旋形路线运行，这种运行路线可以对弃土堆进行分层平整和压实。

不论采用何种开挖路堑和施工作业方法，都应注意排水问题，绝对不允许使路堑的中部下凹，以免积水。在整个路堑的开挖段上，应做出排水方向的坡度以利排水。在接近挖至规定断面时，应随时复核路基的标高和宽度，以免出现超挖或欠挖。

通常在挖出路堑的粗略外形后，多采用平地机来整修边坡和边沟。

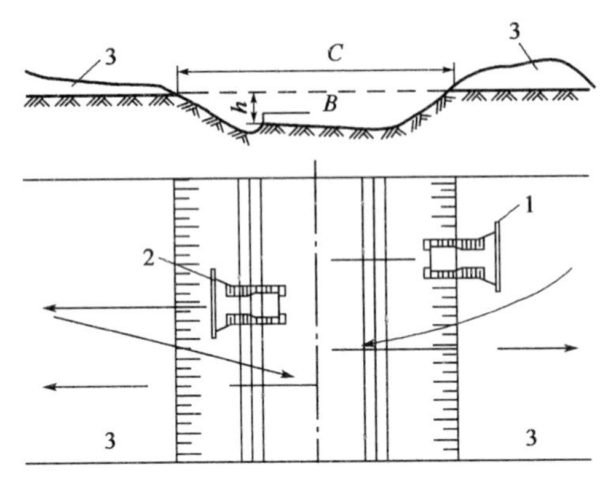

图 4-18　推土机在平地横向开挖路堑施工作业图

1、2-两台推土机采用“穿梭”作业法；3-弃土堆

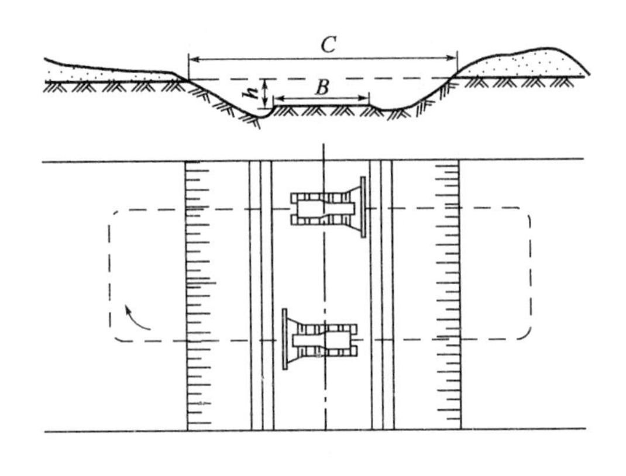

图 4-19　推土机环行作业法开挖路堑施工作业图

2.纵向开挖山坡路堑

纵向开挖山坡路堑有开挖傍山半路堑和深路堑的区别。

(1)开挖傍山半路堑　一般多用斜铲推土机进行，开挖时先由路堑边坡上部开始，沿路中线行驶，渐次由上而下、分段分层将土送至坡下填筑路堤处，由于推土机沿山边施工，要特别注意安全。推土机应在坚实稳定的土壤上行驶，填土时应保持道路内侧低于外侧，行驶纵坡坡度不要超过推土机的最大爬坡角。

推土机的平面角应根据土壤的性质来调整，在Ⅰ、Ⅱ级土壤上施工时，可调至 60°，Ⅲ、Ⅳ级土壤上可调至 45°，推土时用铲刀的右角切入土壤，使被切下的土壤沿刀身向外送出。

推土机开挖山边半路堑时，如果山坡不大(25°以下)也可用直铲推土机，但在下坡送土时，最好铲土数次后，再将土壤堆成堆，最后再将土壤一起推送到边坡前沿，这样不但可以提高生产率，而且也较安全。

(2)开挖深路堑　一般开挖深路堑与运土填筑路堤施工是一起进行的。开挖深路堑时，应首先做好准备工作，要在开挖路堑的原地面线顶端各点和填挖相间的零点，都立起小标杆，同时挖平小丘，使推土机可以进入施工现场，如果推土机能够沿斜坡驶至最高点时，则可以由路堑的顶点开始，逐层开挖推送至路堤处。

开挖时可用 1～2 台推土机沿路中心线的平行线进行纵向堆填，如图 4-20a)所示。等路堑挖至其深度的一半时，再用 1～2 台推土机，横向分层推削路堑斜坡，如图 4-20b)所示。由斜坡上往下推的土壤仍由下面的推土机送到填土区，这样挖到路堑与路堤全部完成为止。这种深路堑的开挖顺序，如图 4-21 所示。而且每层可按沟槽推土法开挖，并尽量利用地形做到下坡推土。

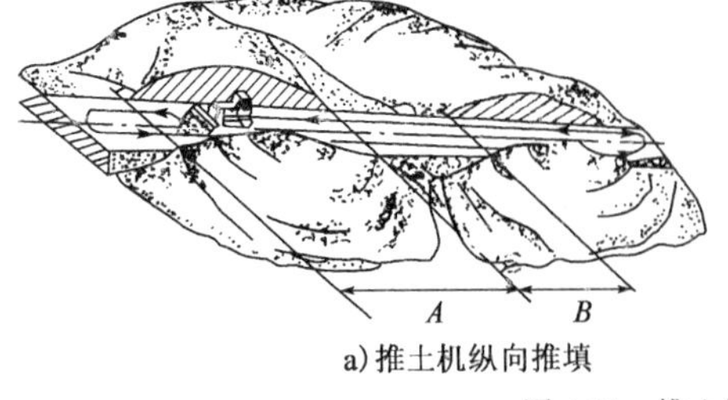

a)推土机纵向推填

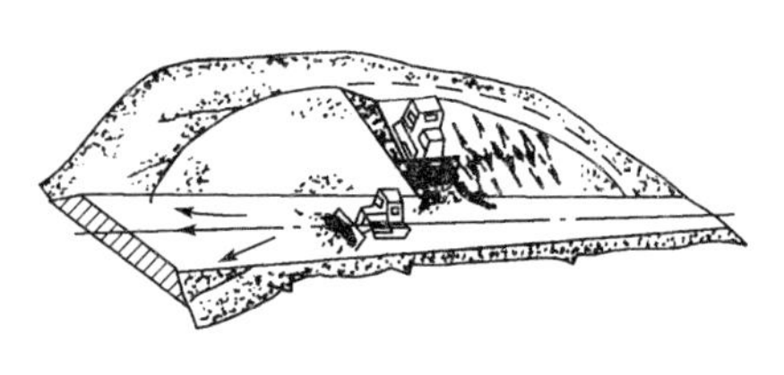

b)纵向横向协作推填

图 4-20　推土机深挖路堑作业

A-挖方区；B-填方区

三、推土机其他辅助作业

推土机不但可以进行大土方量的工程施工，而且也可以进行其他辅助工作，如平整场地和回填土作业。

在平整场地时，应选用斜铲推土机，在Ⅰ、Ⅱ级土壤上平面角可调至60°。开始平整时，推土机应从已经平整过的，相当于设计标高的平坦部位开始。绝对不能在不平的位置处开始平整。否则当推到较远距离时，很容易形成一个斜面。若平整场地较大，最好分若干小区，再在各小区中选定标高，放平推土机再进行平整。

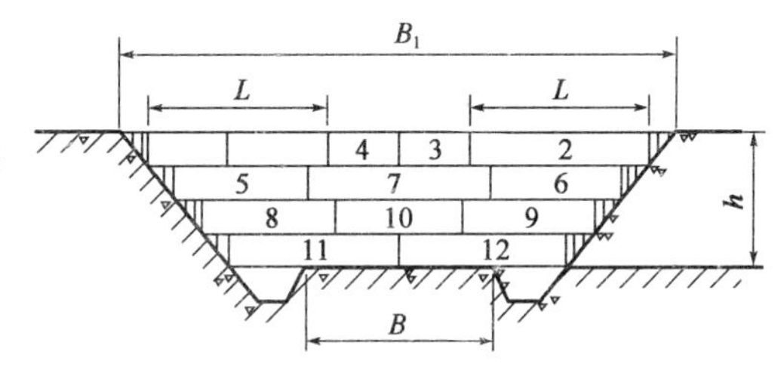

图4-21 推土机开挖路堑通行顺序横断面图

如果场地是松散土壤，不平度也较小，也可用直铲推土机，将铲刀松放在地面上，以倒驶的方法拖平。总之在场地平整中，不论是前进还是倒驶拖平，均应随时注意分块比平，以便随时纠正。

推土机进行涵洞回填时，也应选用斜铲推土机。回填时从涵洞的两侧交替推土，并尽可能地分层进行，以免压裂涵管。如用直铲推土机回填时，推土机驶离卸土位置时不要提升铲刀，应顺势后拖，顺便摊平土堆。当涵洞上面填土高过1m后，方可在涵洞上行驶。

4-4 推土机使用范围

推土机在公路工程施工中，主要用于填筑路基、开挖路堑、平整场地、管道和沟渠的回填以及其他辅助作业。其运距一般不超过100m，而在30～50m以内效果较好，经济效果也较好，运距过大或过小均会降低生产率，如图4-22所示，当运土距离超过75m时其生产效率显著降低。此外作业土壤宜为Ⅰ、Ⅱ级，如Ⅲ级以上应预翻松。如土壤中有少量的孤石，应首先破碎再进行作业，孤石过多时不宜使用推土机，否则将使机械产生剧烈振动和磨损，大大缩短机械的使用寿命。

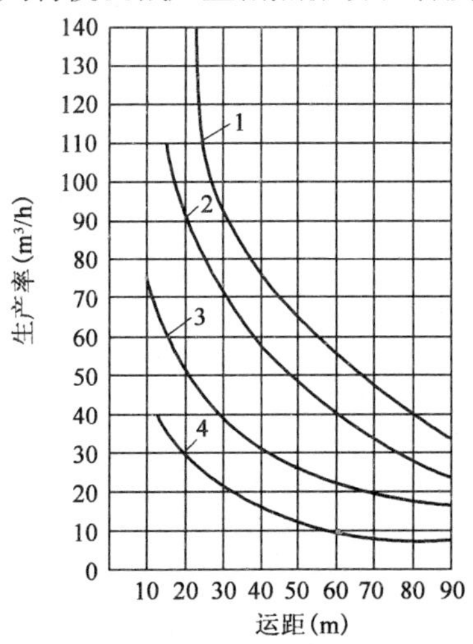

图4-22 推土机生产率与施工条件的关系

1-下坡20°；2-下坡10°；3-水平行驶；4-上坡10°

4-5 推土机生产率的计算

推土机生产率的计算方法,应根据推土机施工作业方式不同而有所不同。当用直铲推土机作业时,其计算单位是 m^3/h 或 m^3/d。用斜铲推土机进行铺平和侧向送土时,它的作业方法与平地机基本相同,因此其生产率可参照平地机生产率计算公式计算。

推土机用直铲作业时生产率的计算公式为

$$Q=\frac{60VK_{B}K_{Y}}{t_{r}} \tag{4-1}$$

式中:Q——推土机直铲作业时生产率,m^3/h;

K_B——时间利用系数,一般为 0.80~0.85;

K_Y——坡度影响系数,平地为 1,上坡坡度 5%~10%时为 0.5~0.7,下坡度 5%~15%时为 1.3~2.3;

t_r——每完成一个工作循环的时间,min。

铲刀前土堆的体积 V,是按铲刀结构的几何尺寸和土壤在刀前形成的自然坡度角 φ 时的土壤体积来计算的。土堆的纵断面如图 4-23 所示。其计算公式如下

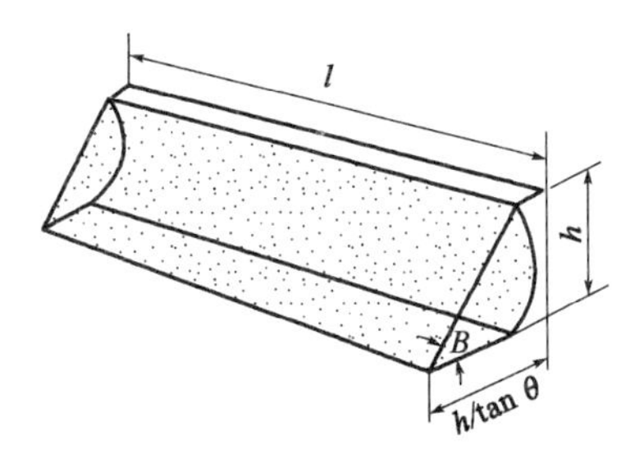

图 4-23 推土机铲刀前土堆体积

$$V=\frac{lh^{2}K_{n}}{2K_{s}\tan\varphi} \tag{4-2}$$

式中:l——铲刀刀身宽度,m;

h——铲刀刀身高度,m;

φ——刀前土堆的自然坡角(°);

K_s——土壤的松散系数,见表 4-1;

K_n——推运时土壤的漏损系数,为 0.75~0.95,运距大时取大值。

土的松散系数(K_s) 表 4-1

土的种类和等级		土的松散系数 K_s		土的种类和等级		土的松散系数 K_s	
		标准值	平均值			标准值	平均值
Ⅰ	植物性以外的土	1.08~1.17	1.10	Ⅲ	—	1.24~1.30	1.25
Ⅰ	植物土、泥炭黑土	1.20~1.30	1.10	Ⅳ	除软石灰石外	1.26~1.32	1.30
Ⅱ	—	1.14~1.28	1.20	Ⅳ	软石灰石	1.33~1.37	1.30

推土机每完成一个循环所需时间 t_r 为

$$t_{r}=\frac{L_{1}}{V_{1}}+\frac{L_{2}}{V_{2}}+\frac{L_{1}+L_{2}}{V_{3}}+t_{0}+t_{1} \tag{4-3}$$

式中:L_1——铲土地段长度,一般为 6~10m;

L_2——运土地段长度,m;

V_1——铲土时行驶速度(Ⅰ挡),m/min;

V_2——运土时行驶速度(Ⅰ~Ⅱ挡),m/min;

V_3——空车行驶速度(Ⅲ～Ⅳ挡),m/min;

t_0——换挡所需时间,min;

t_1——转向调头所需时间,min。

推土机用斜铲平整场地时生产率计算公式为

$$Q=\frac{60L(l\sin\varphi-b)K_B}{n\left(\frac{L}{V}+t_1\right)} \tag{4-4}$$

式中:Q——平整场地时生产率,m^2/h;

L——平整地段长度,m;

l——铲刀刀身宽度,m;

φ——铲刀平面回转角,(°);

b——两相邻平整地段的重叠部分宽度,一般为0.3～0.5m;

K_B——时间利用系数,一般为0.80～0.85;

n——在同一地点上重复次数,次;

V——推土机行驶速度,m/min;

t_1——推土机转向调头时间,min。

图4-24、图4-25、图4-26分别为部分推土机或湿地推土机作业时运距与生产率的关系图。

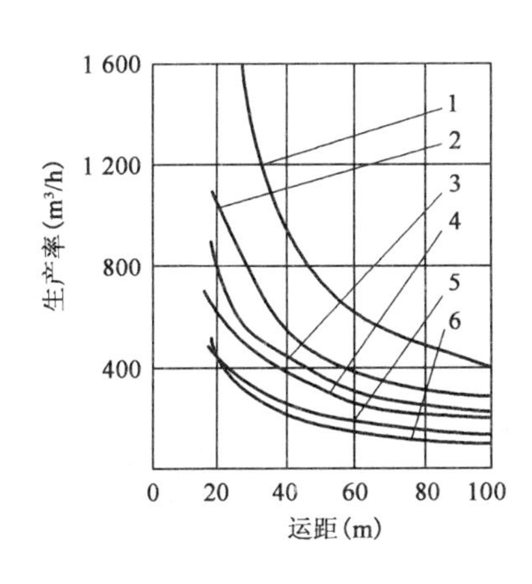

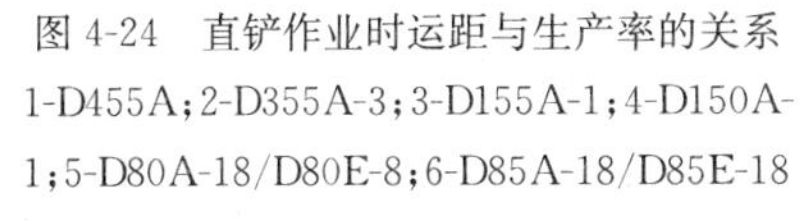
图4-24 直铲作业时运距与生产率的关系
1-D455A;2-D355A-3;3-D155A-1;4-D150A-1;5-D80A-18/D80E-8;6-D85A-18/D85E-18

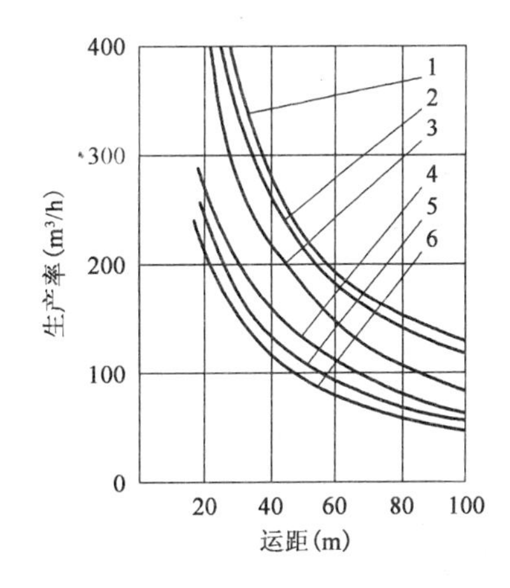

图4-25 斜铲推土机作业时运距与生产率的关系
1-D80P-18;2-D85P-18;3-D65P-6;4-D60P-16;5-D50P-16;6-D43P-1

从推土机生产率的计算公式中可以看出,要提高生产率首先应缩短推土机作业的循环时间,提高时间利用系数,降低土壤在运送中的漏损等。

为了缩短一个循环作业的时间,推土机在铲土时应充分利用发动机的功率,以缩短铲土距离。合理选择运距,使送土和回程距离最短,并尽量创造下坡铲土的条件。此外应提前为下一工序做好准备,尽量做到有机配合。当推土机将土推到卸土位置时,应边提刀边换挡后退,在后退时就应选好下次落刀的位置。

为了提高时间利用系数,应消除不必要的非生产时间。如做好开工前的准备工作,避免因

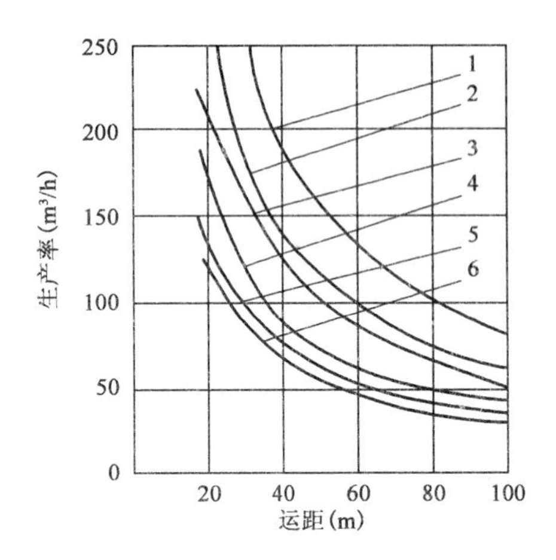

图 4-26 湿地推土机作业时运距与生产率的关系

1-D60E-6;2-D53A-16;3-D50A-16;4-D43A-1;5-D40A-1;6-D31A-16

准备工作不善而停机。正确的施工组织,合理地选择机型,可以避免推土机因使用不当而不能充分发挥机械效能。此外在施工中应针对各种施工条件,采用正确合理的操作方法,如遇坚硬土壤应先翻送再推运,这样可以提高时间利用率。

为了减少土壤的漏损,运土时应采用土槽、土埂和双台并列推土等作业方法。这样不但可以提高运土效率,又可以增大铲刀前的土堆体积,使生产效率提高。

总之,影响推土机生产率的因素是多方面的,只要在生产实际中,根据施工条件,因地制宜,注意提高机械人员的技术素质及施工管理人员的管理水平,提高生产率是完全可以做到的。

第5章 铲运机施工

铲运机是一种能综合完成铲装、运输、卸土三个工序的土方机械，并兼有一定的压实作用和平地性能，主要用在大、中型基本建设工程、露天采矿和农田建设的土方工程中。据统计在美国和俄罗斯，铲运机完成的土方量在总土方量中分别占40%和14%，在铲土运输机械中占重要地位。

5-1 铲运机的类型及工作装置的操作

一、铲运机的类型

铲运机按其轴数分为双轴式与单轴式。双轴式铲运机自己没有动力，一般由履带式拖拉机来牵引，故有时又称其为拖式铲运机，如图5-1所示。单轴式铲运机是拖挂在单轴轮胎牵引车上，牵引车的单轴主动桥也就是铲运机的前轴，因此就形成一种本身具备动力装置的自行式铲运机，故有时又称其为自行式铲运机，如图5-2所示。

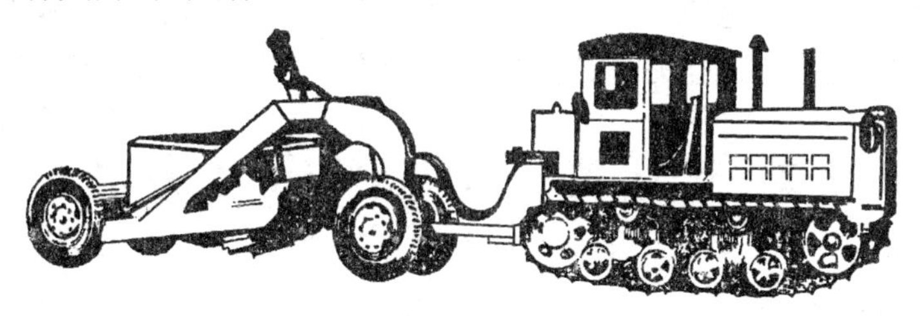

图5-1 液压操纵拖式铲运机

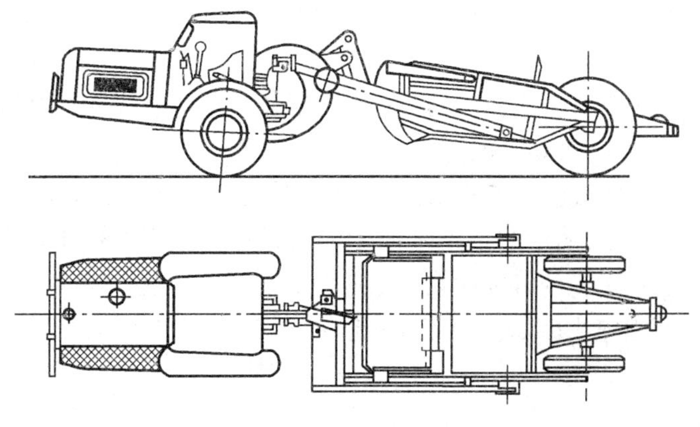

图5-2 自行式铲运机

二、工作装置的操作

1. 机械操纵式

铲运机的工作装置即为铲运机的铲斗。铲斗由斗门、斗体、卸土板三部分组成。斗体的前面有可开闭的斗门,前下缘还装有四片切土刀片,其中间二片稍为突出,以便减少铲土阻力。斗后壁为一块可前后移动的卸土板。铲斗后下部通过两根半轴支撑在两个后轮上,两侧壁与辕架相铰接。这样铲运机在工作中其铲斗前端就以后轴为支点而做上、下升降运动,如图 5-3a 所示。

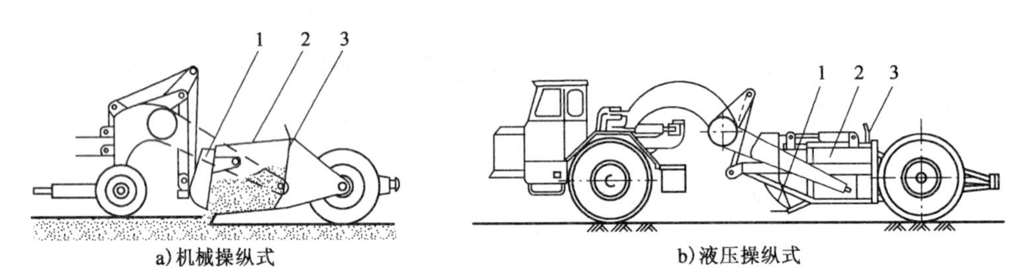

图 5-3　铲运机工作装置简图

1-斗门;2-铲斗斗体;3-卸土板

2. 液压操纵式

此种工作装置由一个装在辕架中央的工作液压缸来执行机架前端的升降动作。铲斗与斗门的启闭依靠与机架相连的液压-连杆机构来完成,如图 5-3b 所示。

各类铲运机的尾部都有尾架,以便在铲装过程中由另一台顶推机(如推土机等)推着它进行助铲。此尾架同时也作为拖挂另一台铲运机(两台串联工作)或其他设备之用。

5-2　铲运机基本作业与铲土方法

一、铲运机基本作业

铲运机是一种循环作业式的土方施工机械,它的工作过程与推土机大致相同,其工作过程如下:

(1)铲装过程　首先升起铲斗斗门,放下铲斗,铲斗在自重或液压动力作用下,随着铲运机的前进,铲刀逐渐切入土中,被切下的土层则被挤入斗内。

(2)运输过程　当斗内装满土壤后,升起铲斗同时关闭斗门,铲运机运行到需要卸土地区。

(3)卸土过程　放低铲斗,使斗口离地面一定距离(即铺土厚度),开启斗门,用卸土板将斗内土壤向外推卸,随着铲运机的行驶就在卸土地段铺卸一层土壤。

(4)回驶过程　卸土完成后,关闭斗门,升起铲斗,铲运机空载行驶到铲土地段进行下一循环的作业。

铲运机工作过程简图如图 5-4 所示。

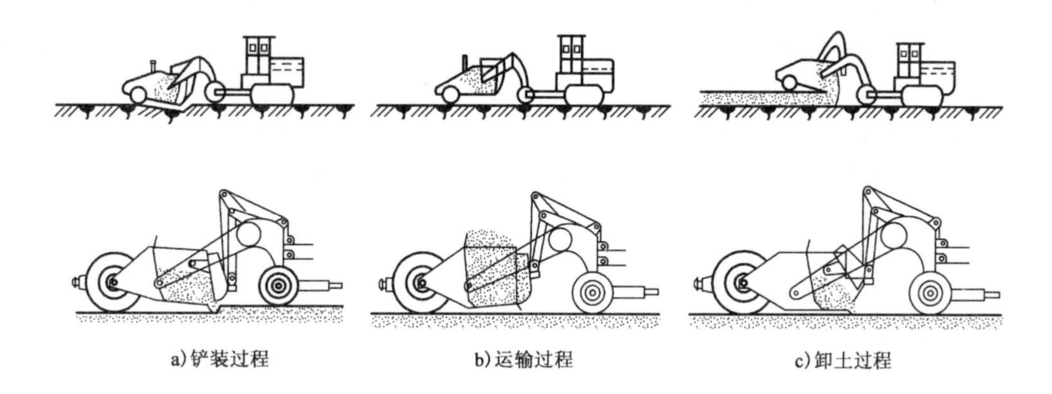

图5-4 铲运机工作过程

二、铲运机铲土方法

根据施工现场的地形和土壤条件，铲运机有以下几种铲土方法。

1.一般铲土法

铲运机在Ⅰ、Ⅱ级土壤施工中，铲土开始时，应使铲刀以最大深度切入土中(不超过30cm)，随着铲运机行驶阻力不断增加，逐渐减小铲土深度，直至铲斗装满土为止。此时铲运机形成的铲土道纵断面如图5-5所示。

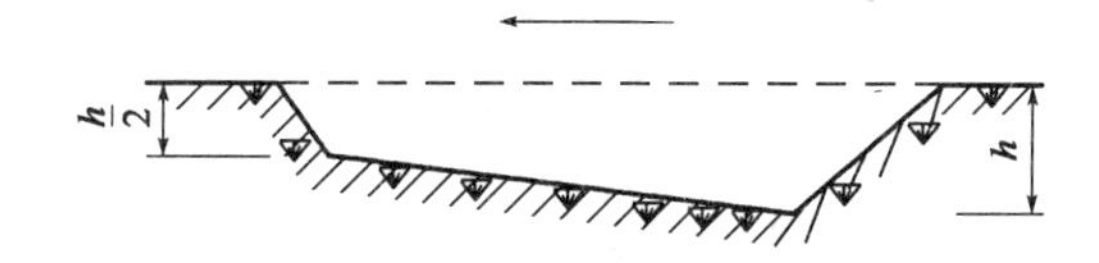

图5-5 铲运机一般铲土法

2.波浪式铲土法

这种铲土方法适用于较硬的土壤。当铲运机开始铲土时，使铲刀以最大深度切入土中，随着铲运机负荷逐渐增加，发动机转速降低，相应地减小切土深度，这样反复若干次，直至铲斗装满土为止。其铲土道断面如5-6所示。这种铲土方法的优点是可以充分利用发动机功率，并能改善装土条件，从而可以提高工作效率。

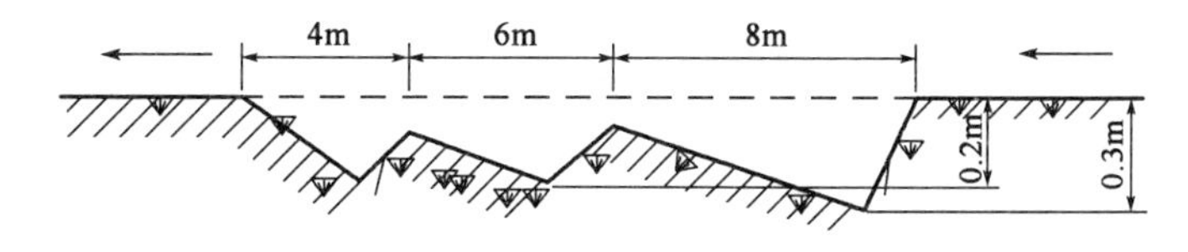

图5-6 铲运机波浪式铲土法

3.跨铲铲土法

这种方法适用于较坚硬的土壤，铲土时按图5-7所示的程序来布置铲土道。作业时，先在取土场第一排(1、2、3区)铲土道上取土，两相邻铲土道之间留出铲斗宽一半的土不铲。然后再在第二排(4、5区)铲土道取土，其起点应在第一排铲土道长度的一半处开始。第三、第四排铲土道依次后移,使各铲土道前、后、左、右重合起来。采用这种方法,由于铲土的后半段减小了切土宽度,铲土阻力也相应地减小,所以能使铲运机有足够的牵引力将铲斗装满土,同时又可以缩短铲土道长度和铲土时间,使铲运机工效提高。

如果取土场狭窄,不能按上述施工程序布置时,也可采用单排跨铲,如图5-8所示,每条铲土道间留出适当宽度的土埂,使铲运机在铲除这些土埂时可减少切土阻力。

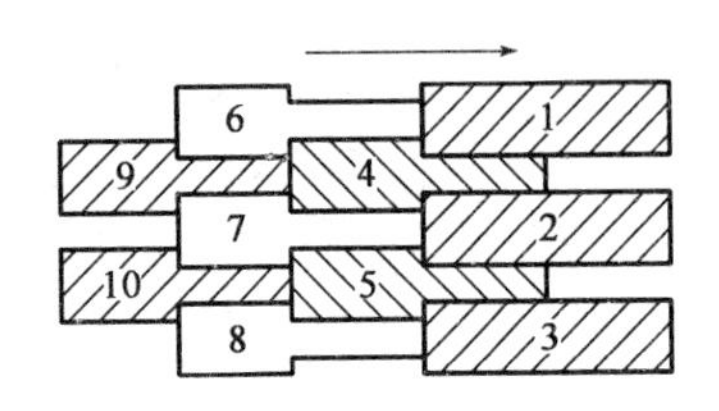

图5-7 铲运机跨铲铲土法

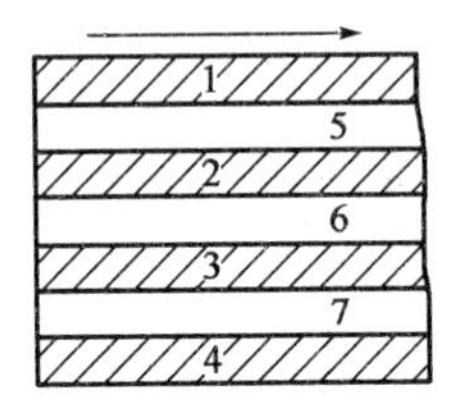

图5-8 铲运机单排跨铲法

4. 下坡铲土法

这种方法主要是利用铲运机的重力分力所产生的下坡推力使牵引力增加,从而提高铲土效率,如图5-9所示,铲土下坡角一般为7°～8°,最大不超过15°。如在平地取土坑铲土,应先在一端铲低,然后保持一定的坡度向后延伸铲土道,人为地创造下坡铲土的有利地形。当进行下坡铲土时,应特别注意安全。一般下坡时铲运机应低速行驶,当铲运机进入坡道地段时应立即放下铲斗,以便铲斗与地面之间的阻力降低铲运机的行驶速度。当铲斗铲满,但后轮未进入缓坡地段前,不应提升铲斗和关闭斗门,以便利用斗前土壤的阻力而起制动作用。

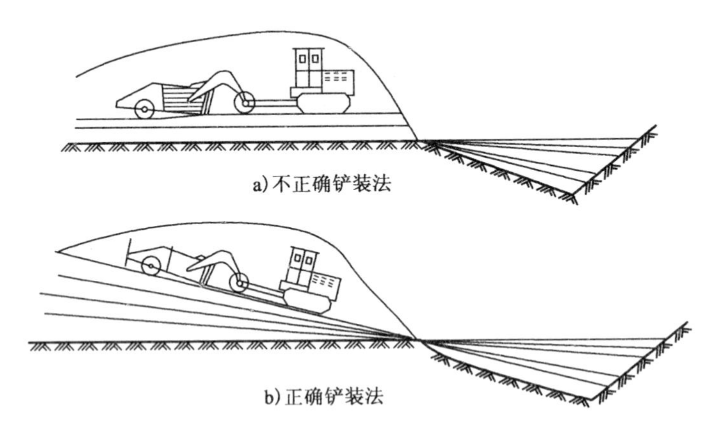

图5-9 铲运机下坡铲土法

5. 顶推法铲土

在铲装坚硬的土壤、冻深在20cm以内的土壤或松散的干砂中作业时,由于铲运机的附着力不足,牵引力不能充分发挥,这时可用推土机在铲运机行程中进行顶推助铲,如图5-10所示。这样可以增大牵引力,克服铲土阻力,如组织得当,可提高效率30%左右。用这种方法施工必须具有一定的工程量和工作面,方可避免助铲推土机窝工。一般取土场的宽度不小于20m,长度不短于80m,铲运机半周运距不短于250m。推土机进行助铲的次序可随施工现场的具体情况而定,其助铲路线如图5-11所示。每台推土机能配合的铲运机台数可根据下式

计算

$$N=\frac{t_{T}-(t_{1}-t_{2})}{t_{2}+t_{3}} \tag{5-1}$$

式中：N ——每台推土机能配合的铲运机台数；

t_T——无助铲时铲运机左右循环时间，min；

t_1——无助铲时每次铲土所需时间，min；

t_2——有助铲时每次铲土所需时间，min；

t_3——推土机每次助铲换位时行驶时间，min。

在推土机顶推助铲时应注意：如铲土道按单排跨铲布置，当推土机尚未进入助铲位置或暂时配合失调时，铲运机可独立进行跨铲作业；铲运机后部的顶推缓冲装置必须齐备；推土机铲刀的顶推部位应作适当的加固，或者采用专业顶推刀架；铲运机进入取土场时，应尽量按规定顺序，依次进入铲土道，以免相互干扰和等待。

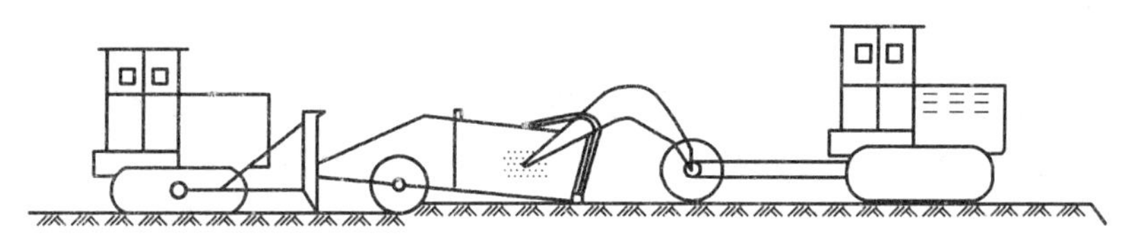

图 5-10 铲运机推土机顶推助铲

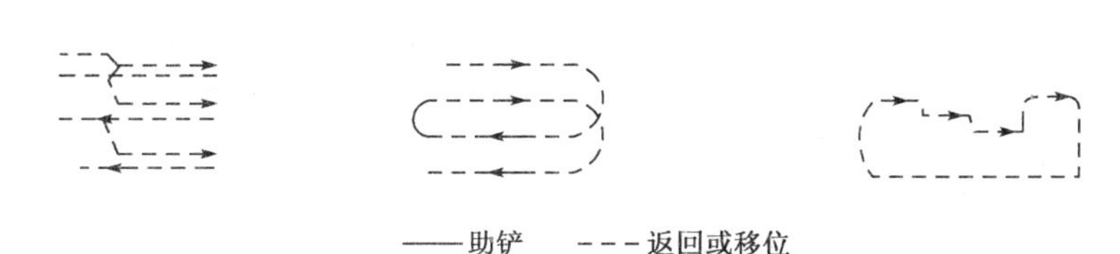

图 5-11 推土机顶推助铲顺序图

正确掌握铲斗斗门开启的大小，对铲装作业影响很大。铲运机装土时，土层是被挤入斗内的，如图 5-12a)所示。在开始铲土时，土层是沿着斗底向后移动，直至斗壁为止，此时斗门开启60～70cm 为宜。当继续铲土时，各土层堆置在前一层的上面，如图 5-12b)所示。随着土层的堆高，土层就折曲向前，朝斗门的方向挤去，此时应将斗门开小些，以便土壤向斗门弯曲挤入，一般斗门开启 25～40cm 。如要将土层继续挤入，使铲斗装得更满，则必须具有相当大的压力才能装入，为此应将斗门重新开大一些，一般斗门开启 35～55cm，如图 5-12c)所示。等到被铲下的土层不能被挤入时，即可关闭斗门，升起铲斗进行运输。

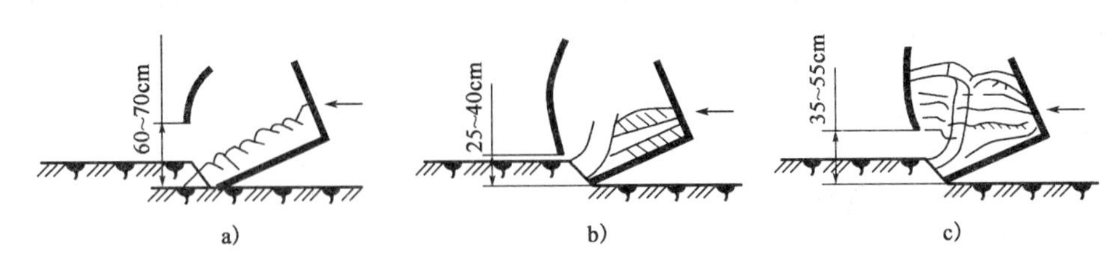

图 5-12 铲运机铲装时斗门开启的合理位置

5-3 铲运机施工运行路线

铲运机施工运行路线的选择要综合考虑施工效率、地形条件、机械磨损等因素，以达到运距短、坡道平缓和修筑工作量小等要求。

在填筑路堤和开挖路堑工程中，常用的运行路线有“椭圆”形、“8”字形、“之”字形、“穿梭”形和“螺旋”形等，其中前面两种应用较多。

一、“椭圆”形运行路线

这种路线适合于路外 100～500m 处开挖路堑，运土至弃土堆和由取土坑取土填筑路堤，如图 5-13 所示。它的最大优点是：在不同的地形条件下布置灵活，顺逆运行方向可以随时改变，同时运行中干扰也较小。缺点是重载上坡的转角大，转弯半径较大。

二、“8”字形运行路线

所谓“8”字形实际上是两个椭圆形的连接，如图 5-14 所示，不同的是减少了两个 180°的急转弯。它的优点是：在一次循环运行中可以完成两次铲土和两次卸土，同时重载和空载行驶的距离都比较短、效率高，在同一个运行路线中可以容纳多台铲运机同时施工。缺点是要求有较大的施工场地，而且取土场在路线的两侧时，条件限制多，因此在小型工地较少采用。

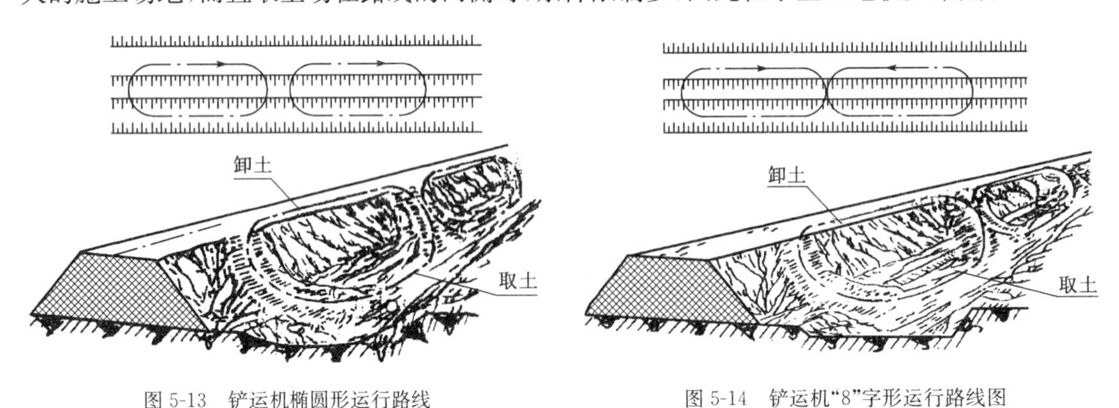

图 5-13 铲运机椭圆形运行路线　　图 5-14 铲运机“8”字形运行路线图

三、“之”字形运行路线

“之”字形运行路线实际上是若干“8”字形首尾相接的路线，如图 5-15 所示。这种路线适

应于较长的地段施工，并适宜机群作业，即各机列队（每机间隔20m）依次行进填挖到尽头，作180°转弯后反向运行，只是所填挖的地段应与上次错开。

这种运行路线有以下缺点：一次循环太大，施工面太长，在多雨季节很难施工。

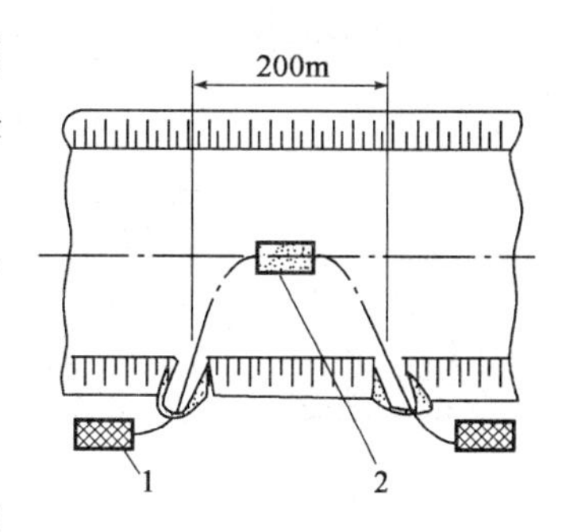

图5-15　铲运机"之"字形运行路线
1-铲土；2-卸土

四、"穿梭"形与"螺旋"形运行路线

"穿梭"形运行路线如图5-16所示，与上述几种运行路线相比，铲运机空载行驶距离短，全程也较短，在一个循环中可以两次铲运作业，因此施工组织简单。缺点是对一侧取土坑有局限性，运行路线中完成一个循环有四次转弯，增长了运行时间，另外铲运机单侧磨损较重。

"螺旋"形实际上是"穿梭"形的一种变形，铲运机纵向铲土后，转向路堤上横向卸土，随后驶到路堤的另一侧取土坑再行铲装。这样运行路线主要优点是运距短，工效高。缺点是急转弯多，铲运机易产生偏磨。

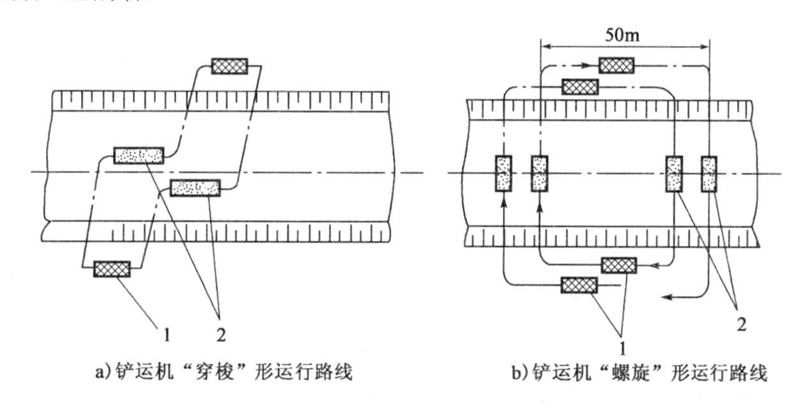

图5-16　铲运机"穿梭"形和"螺旋"形运行路线
1-铲土；2-卸土

5-4　铲运机填筑路堤

利用铲运机进行路堤施工时，其取土距离应在路堤100m以外，而填筑高度在2m以上较为合理。2m以下的路堤最好采用推土机、铲运机联合作业，使两者各自发挥自己的优势。

利用铲运机填筑路堤时，按卸土方向不同，分为纵向和横向填筑两种。

纵向填筑的程序：首先检查桩号，边坡处应用明显的标杆标出其准确的位置，再根据施工规定进行基底处理，然后按照选定的运行路线进行施工。填筑高度在2m以下时应采用椭圆运行路线，如运行地段较长也可采用"之"字形。填筑高度在2m以上时，应采用"8"字形，这样可以使进出口的坡道平缓些。

填筑路堤时应从两侧分层向中间填筑，使填筑层始终保持两侧高于中间，这样可以防止铲运机向外翻车，如图5-17所示。

铲运机填筑路堤时，其自重通过轮胎对土壤有良好的压实作用，因此在卸土时应将土壤均匀分布于路堤上，同时铲运机在运土和回驶过程中，车轮应使路堤上铺卸的土都能压到，以保证路基的压实质量。

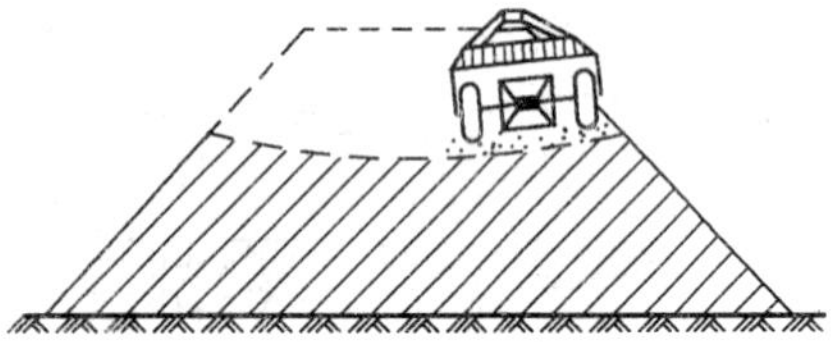

图 5-17　纵向填筑路堤时由两侧向中间填筑

当路堤两侧填筑到标高时，再把中部填平，并使其具有一定的拱度，此时即完成路堤的粗坯工程。

当路堤填筑高度在 1m 以上时，应修筑上堤运行通道。高度大于 2m 时，则每隔 50～60m 修筑上下通道或缺口，通道的最小宽度为 4m ，转弯半径不小于 6m ，上坡通道的坡度一般为 15％～20％，下坡道的极限坡度为 50％。当路堤填筑竣工后，所设的进出口通道和缺口都应封填。

横向填筑路堤时，其填筑方法与纵向相同，只是运行路线应根据施工现场的条件采用横向卸土的螺旋运行路线进行施工。

5-5　铲运机开挖路堑

铲运机开挖路堑有两种作业方式：一种是横向弃土开挖；另一种是纵向移挖作填。路堑应分层开挖，并从两侧开挖，每层厚度为 15～20cm ，这样做既能控制边坡，又使取土场保持平整。同时还应沿路堑两侧纵向作出排水坡度。

路堑在下列情况中，应采用横向开挖：堑顶地面有显著横坡，而上游一侧需设置弃土堆，阻挡地面水流入路堑；路堑中纵向运土距离太长，纵向开挖将严重影响工效；不需要利用土方或土方利用不完时；长路堑由于施工条件的限制，机械只承担一段，而两端又无法纵向出土时。

横向开挖路堑的施工方法与横向取土填筑路堤相似。

铲运机纵向移挖作填：当路堑须向堑口外相接的路堤处作填方时，铲运机应当利用地面纵坡，自路堑端部开始作下坡铲土，并逐渐向堑内延伸挖土长度，而填筑路堤也应延伸。

一般铲运机可在路堑内作 180°转向，从路堑的两端分别开挖。当延伸到路堑的中部，而长度在 300m 以内时，可改用直线迂回运行的方法，作纵向贯通运行，往返交替向两端挖运，如图 5-18 所示。如果地面的纵坡过陡，铲运机不能运行时，应先用推土机在路堑的端部推出 15°左右的缓坡。此外在挖土区内每隔 20～30m 宽度为铲运机开通一条回驶上坡道，并延伸至填土区内。这样铲运机可用较大功率下坡铲土，在空驶上坡道两侧卸土填方逐步扩大通道宽度，直到工作面的全宽普遍具备正常运行条件。

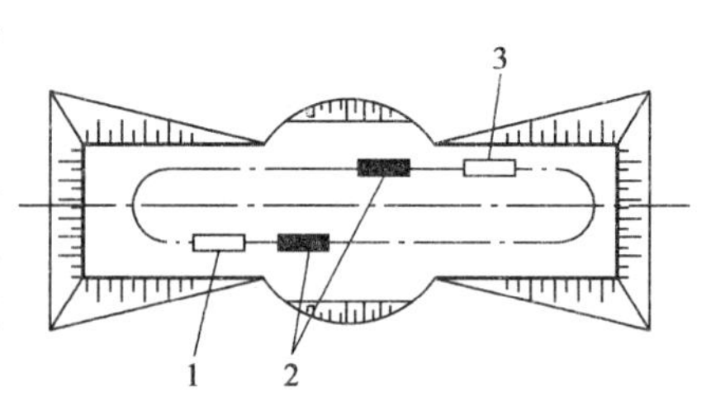

图 5-18　铲运机纵向移挖作填作业图

1、3-铲土；2-卸土

铲运机在开挖路堑时，应先从两边开始，如图 5-19 所示，这样不致造成超挖或欠挖，否则将大大增加边坡修整工作量。特别是在边坡大于 1∶3，而又不能用机械修整时尤应注意。

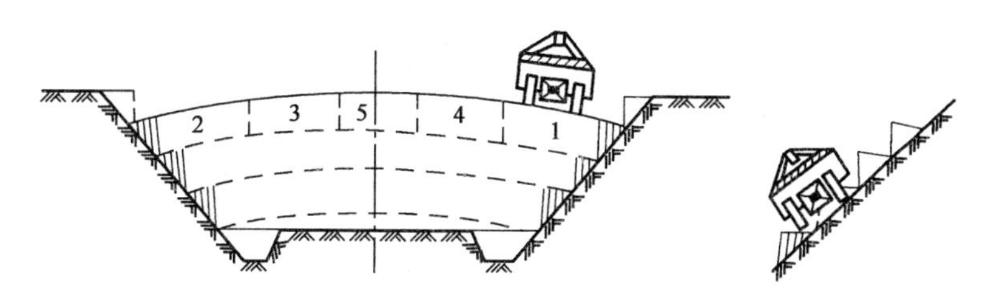

图 5-19 铲运机开挖路堑的顺序

5-6 铲运机的使用范围

虽然铲运机可用于较大运距的土方工程施工，但运距的大小仍然是组织铲运机合理施工的主要因素。运距过短不能发挥机械效能(特别是大型铲运机)，同时，运距过长也会降低生产率。因此在进行铲运机施工组织和选型时，应考虑以下因素。

一、铲运机的经济运距

铲运机的经济运距视机械类型不同而各异。一般与斗容量的大小成正比，如表 5-1 和表 5-2 所示。一般情况下，小斗容量的($6m^3$以下)铲运机最短的运距以不小于 100m 为宜，最长不应超过 350m，最佳经济运距为 200～300m。大斗容量($10～30m^3$)自行式铲运机，最小运距不小于 800m，最长运距可达 1 500m 以上。图 5-20 所示为拖式铲运机运距与生产率的关系。

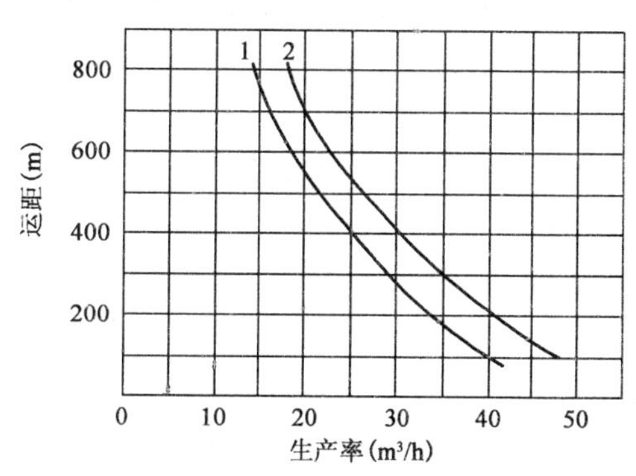

图 5-20 铲运机运距与生产率的关系

$1-6m^3$ 铲运机；$2-10m^3$ 铲运机

各种铲运机的适应范围 表 5-1

类别			堆装斗容量(m^3)		经济运距(m)		道路坡度(%)
			一般	最大	一般	最佳	
拖式铲运机			2.5～18	24	100～500	100～300	15～25
自行式铲运机	单发动机	一般装载	10～30	50	200～2 000	200～1 500	5～8
		链板装载	10～30	35	200～1 000	200～600	5～8
	双发动机	一般装载	10～30	50	200～2 000	200～1 500	10～15
		链板装载	10～16	34	200～1 000	200～600	10～15

几种国产铲运机的使用条件 表 5-2

型号		斗容量(m^3)	牵引方式	操纵方式	卸土方式	最大运距(m)	经济运距(m)
拖式铲运机	C—6A	6～8	履带拖拉机	机械式	强制式	—	100～500
	C—2.5	2.5	履带拖拉机	液压式	自由式	—	300

续上表

型号		斗容量(m³)	牵引方式	操纵方式	卸土方式	最大运距(m)	经济运距(m)
自行式铲运机	CL_7	7～9	单轴轮胎牵引机	液压式	强制式	800～3 500	800～1 500
	CL_6	6～8	单轴轮胎牵引机	机械式	强制式	500～3 500	800～1 500

二、铲运机对土壤的适应性

铲运机应在Ⅰ、Ⅱ级土壤中施工，如遇Ⅲ、Ⅳ级土壤应预松。在土壤湿度方面，最适宜湿度较小、含水量在25％以下的松砂土和黏土中施工，不宜在干燥的粉砂土和潮湿的黏性土中作业，更不宜在地下水位高的潮湿地区和沼泽地带以及岩石类地区作业。

三、铲运机对地形的适应性

铲运机在施工中应尽可能地利用地形下坡铲装和运输，以提高生产率。但是它与推土机不同，推土机下坡推土只要在允许范围内，坡度越大，效率越高。但铲运机不同，一般铲装时的下坡角不应大于7°～8°，在这样的坡度上铲装效率最高，如坡度过大，铲下的土不易进入斗内，效率反而降低。

5-7 铲运机生产率的计算及提高效率的途径

铲运机是一种循环作业的土方工程机械，其基本作业过程为铲装、运输、卸土和空回四个过程。由于铲运机的运输距离长、功率消耗大，所以欲提高铲运机的作业效率，同样应尽可能做到在最短的距离和时间内装满铲斗，而运输中在注意安全的前提下应尽量提高运输速度，提高卸土的质量和速度，以缩短整个循环时间。

铲运机生产率可由下式计算

$$Q=\frac{60VK_BK_H}{t_YK_S} \tag{5-2}$$

式中：Q——铲运机生产率，m^3/h；

K_H——土壤充满系数，见表5-3；

K_S——土壤松散系数，见表3-8；

V——铲斗的几何容量，m^3；

K_B——时间利用系数，一般为0.75～0.8；

t_Y——铲运机每一个工作循环所用的时间，min。

$$t_Y=\frac{L_1}{V_1}+\frac{L_2}{V_2}+\frac{L_3}{V_3}+\frac{L_4}{V_4}+nt_1+2t_2 \tag{5-3}$$

式中：L_1、L_2、L_3、L_4——铲运、运土、卸土、回驶的行程，m；

V_1、V_2、V_3、V_4——铲土、运土、卸土、回驶的行程速度，m/min；

t_1——换挡的时间，min；

t_2——每循环中始点和终点转向所用的时间，min；

n——换挡次数。

各种土壤的性质对铲斗的充满系数 K_H 如表 5-3 所示。

铲运机铲半的充满系数 K_H　　表 5-3

土壤种类	充满系数	土壤种类	充满系数
干砂 湿砂(湿度为 12%～15%)	0.6～0.7 0.7～0.9	砂土与黏性土 (湿度为 4%～6%) 干黏土	1.1～1.2 1.0～1.1

从铲运机生产率计算公式中可以看出，影响其生产率的因素有人为因素和施工组织因素两种，其中人为因素有铲斗的充满系数 K_H、一个工作循环所用的时间 t_Y 和时间利用系数 K_B。

K_H 除了土壤性质的自然因素外，主要的是驾驶人操作技术的熟练程度、操作方法和其他的施工辅助措施等。对 t_Y 的影响因素主要是施工组织、驾驶人的操作方法和技术熟练程度。另外施工组织的好坏，也影响到一个工作循环中的每个环节及铲运机运行速度的提高。提高铲运机生产率通常采用下列措施：

(1)对于Ⅲ级以上的土壤或冻土，应先用松土器预松，每次的松土深度为 20～40cm，否则会影响铲运机的牵引力。

(2)清除铲土地段的树根、树桩、灌木林和孤石等，以免影响铲运机铲装的运行时间。

(3)为了缩短铲运机的运行时间，在确定运行路线时，应尽可能地缩短运距，减少转弯次数，并尽量采用空车转弯和上坡。

(4)尽可能地采用高速挡。以保证铲运机特别是自行式铲运机高速行驶，应经常保持运土道路处于良好状态。

(5)应尽量做到下坡铲土以增大铲土深度，缩短铲土时间和提高充满系数。

自带双发动机的铲运机及串联施工作业如图 5-21、图 5-22 所示。

图 5-21　自带双发动机的铲运机

图 5-22　自带双发动机的铲运机在串联施工作业

第6章 平地机施工

平地机是一种以刮刀为主，配以其他多种可换作业装置，进行土地平整和整形作业的公路施工机械。平地机的刮刀比推土机的铲刀具有更大的灵活性；它能连续改变刮刀的平面角和倾斜角，并可使刮刀向任意一侧伸出，因此，平地机是一种多用途的连续作业式土方机械。

除了具有作业范围广、操纵灵活、控制精度高等特点外，平地机在作业过程中空行程时间只占15%左右，因此，有效作业时间明显高于装载机和推土机，是一种高效的土方施工作业机械。

6-1 平地机的类型及工作装置的操作

现代平地机都是液压操纵的自行式平地机，其外形如图6-1所示。

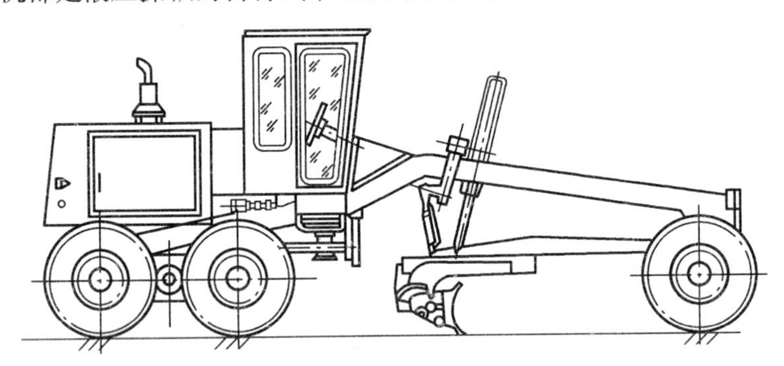

图6-1 平地机外形图

按车轮的数目分类：目前有四轮和六轮两种。

按车轮的转向和驱动情况分类：有前轮转向和全轮转向，有后轮驱动及全轮驱动。

平地机也可按车轮对数(或轴数)进行分类，其表示方法为：车轮总对数(或总轴数)×驱动轮对数(或轴数)×转向轮对数(或轴数)。如3×2×1表示车轮3对(6轮)、中后轮驱动、前轮转向；2×2×2表示车轮2对(4轮)、前后轮驱动、全轮转向。

图6-2所示为平地机的基本组成。

平地机的主要工作装置是一把刮刀，它可以调整四种作业动作(即刮刀平面回转、刮刀左右端升降、刮刀左右引伸和刮刀机外倾斜)用来完成刮刀刀角铲土侧移、刮刀刮土侧移、刮刀刮土直移和机外刮土等作业。

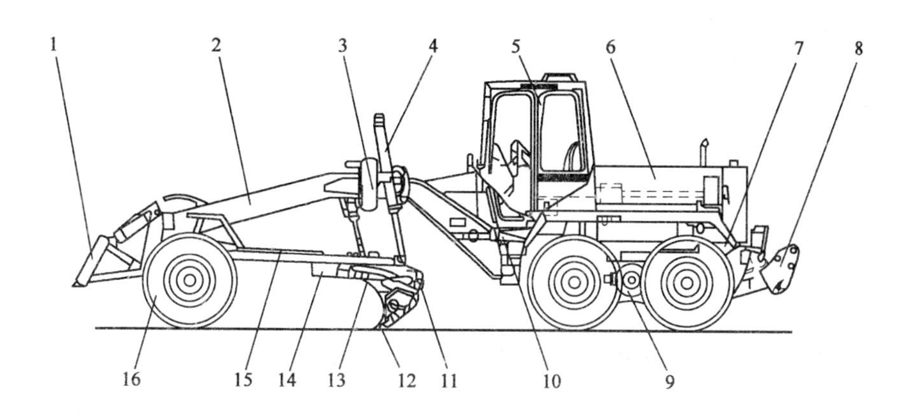

图 6-2 PY180 型平地机结构简图

1-前推土板;2-前机架;3-摆架;4-刮刀升降液压缸;5-驾驶室;6-发动机;7-后机架;8-后松土器;9-后桥;10-铰接转向液压缸;11-松土把;12-刮刀;13-铲土角变换液压缸;14-转盘齿圈;15-牵引架;16-转向轮

6-2 平地机基本作业

一、刮刀刀角铲土侧移

这种作业方法适用于开挖边沟,并利用开挖出的土修整路基断面或填筑低路堤。

作业时,应先根据土壤的性质调整好刮刀的铲土角和平面角。平地机以低速挡前进,将刮刀的前端下降,后端升起,形成较大的倾斜角切土,如图 6-3 所示。被铲起的土壤沿刀身外移,铺于左右轮之间。刮刀倾斜角如表 6-1 所示,在运行过程中,根据刮刀阻力的大小,可适当调整切土深度,每次调整量不宜太大,以免开挖后的边沟产生波浪形纵断面,给下一行程作业造成困难。

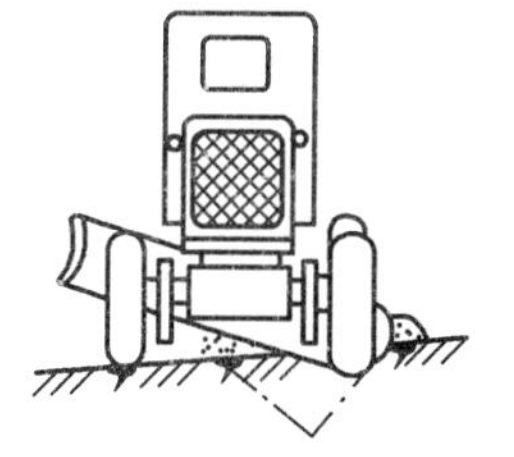

a)刮刀一端倾斜,铲土侧移

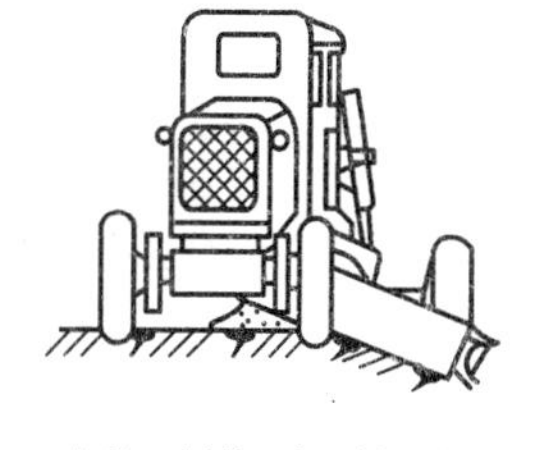

b)刮刀侧伸下倾,铲土侧移

图 6-3 平地机刮刀刀角铲土侧移

平地机刮刀角度调整表 表 6-1

作业名称	刮刀调整角度(°)		
	铲土角 γ	平面角 α	斜角 β
铲土:用犁松过的土	<40	<30	<11
用松土机松过的土	<40	<30~35	<13
未松碎Ⅰ、Ⅱ级土	<35	<45	<15
运土:重质土	<35	40~50	<11
轻质土	40	35~45	<13
修整路基:刮平	40	45~55	<13
加延长刀整平	40~60	55~90	<3

为了便于掌握平地机的方向，刮刀的前置端应正对前轮之后，遇到特殊情况，也可将刮刀前端置于机身外。但必须注意，此时刮出的土壤也应卸于前轮内侧，如图 6-3b）所示，避免后轮压上，影响平地机的牵引力。

二、刮刀刮土侧移

这种操作方法适用于侧向移土修筑路堤、平整场地、回填沟渠、路拌和铺开路面材料等作业。

作业前应根据施工对象要求和土壤条件，调整好刮刀的平面角和铲土角。作业时，平地机以二挡速度前进，将刮刀的两端同时下放，使其切入土中或其他材料中。被刮起的物料即沿刀身平面侧移，卸在一端形成土埂。根据刮刀侧向引伸的位置，土埂可以位于机械的外侧，如图 6-4a）所示，或机械的两轮之间均可，如图 6-4b）所示。如修筑低路堤，可卸土于机械的内外侧，但用于回填时则必须卸于机械的外侧。对于平地机的平面角、侧向引伸的大小以及倾斜角的大小，都应根据铲土阻力的大小和施工要求随时调整。但是不论将土壤卸到内侧或外侧，都不允许卸下的土壤位于平地机后轮行驶的轮迹上。否则不但影响平地机的牵引力，还会因后轮的抬升而形成作业面高低不平。为了达到上述要求，有时根据施工对象不同可将刮刀作切向引伸后，再将牵引架作侧向摆出，如图 6-4b）所示。对于全轮可以转向的平地机，也可将前后轮同时向一侧偏转，使平地机在机身斜置的情况下运行作业，如图 6-4a）所示。使用全轮转向的平地机在弯道上作业是十分方便的，因为前后轮可根据弯道的情况配合转向，从而提高作业效率，如图 6-5 所示。

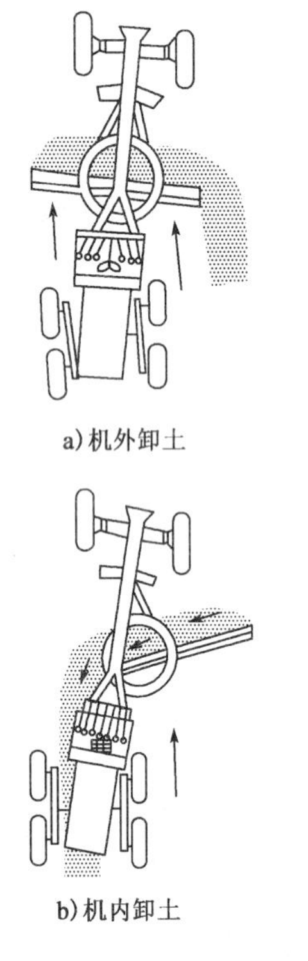

图 6-4　平地机刮刀刮土侧移作业

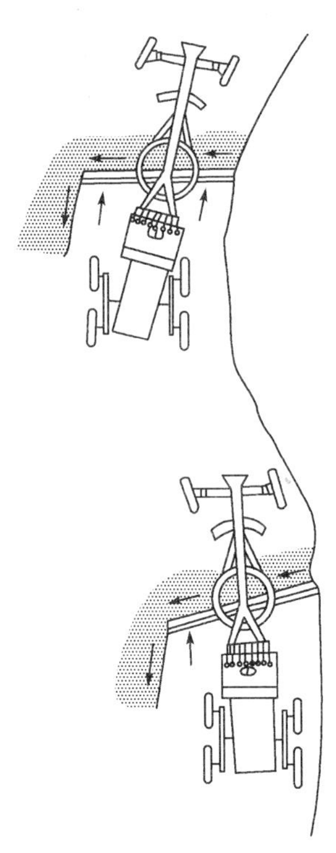

图 6-5　全轮转向平地机在弯道作业

刮刀可以全回转的平地机，为了提高作业效率，可将刮刀前的齿耙卸下，由于刮刀可回转 180°，因此平地机后退时，刮刀仍旧可以作业，如图 6-6 所示。这种方法，特别适用于狭长工地，采用“穿梭”式往复作业。

平地机刮刀刮土侧移，特别适用于大面积场地的平整作业，只要将刮刀位于不同的平面角，平地机往返几次作业，就可以把土壤刮得相当平整。

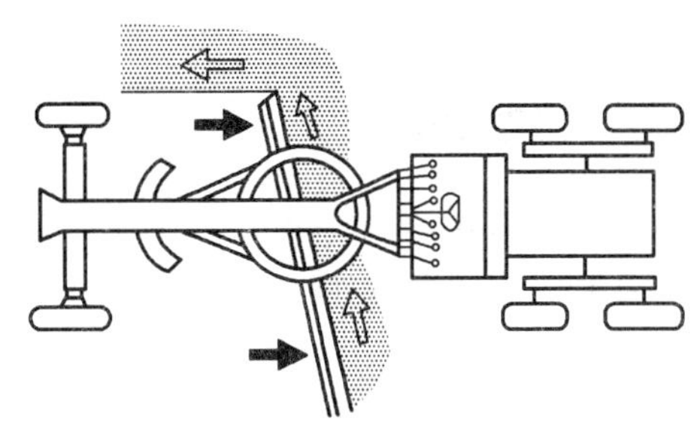

图 6-6　刮刀全回转平地机倒退作业

三、刮刀刮土直移

这种作业适用于修整不平度较小的场地，在路基施工中可用于路拱的修整和材料的整平。

作业前首先调整刮刀的铲土角，为了增大刀身的高度，一般铲土角为 60°～70°。再将刮刀平置（平面角为 90°），平地机用一、二挡前进后，将刮刀两端等量下降，使之少量切入土中；被刮起的土堆积在刀身前，并且大部分土随刀向前推送，少量的土从刮刀的两端溢出。溢出的土可在最后阶段，将刮刀切入标准高度后，以快速前进的方法将其全部铺散，如图 6-7 所示。

四、机外刮土

这种作业主要用于修刷路堤、路堑边坡、边沟边坡等。

作业时，首先将刮刀倾斜于机外，再将刮刀的上端向前倾，平地机以一挡前进；放下刮刀切入土中，被刮下的土壤即沿刀身卸于两轮之间，然后再用刮刀将土运走。

当刷边沟的边坡时，如图 6-8a）所示，刮刀的平面角应小些。刷路堑边坡时，平面角应大些，如图 6-8b）所示。

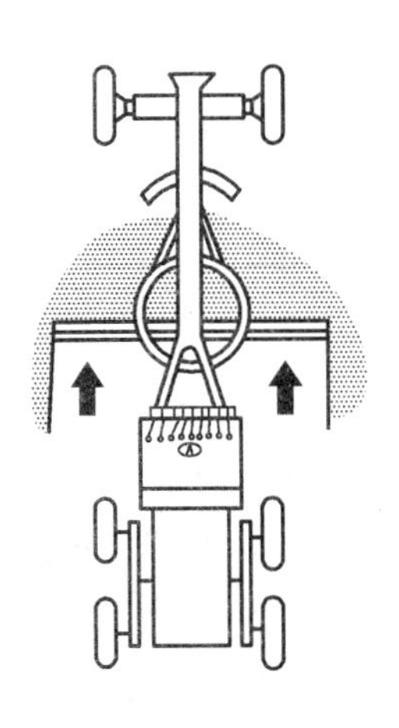

图 6-7　平地机刮土直移作业

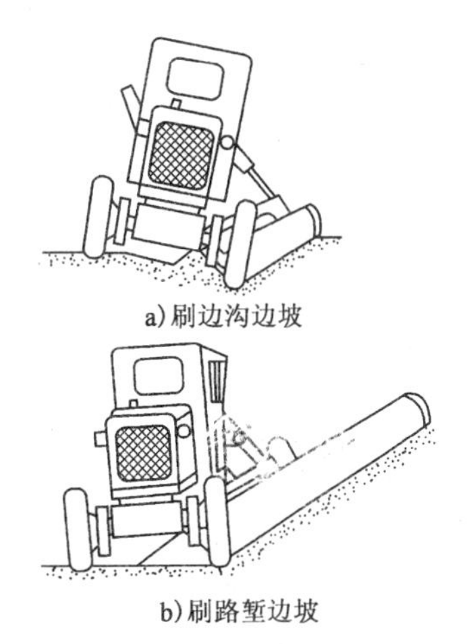

a）刷边沟边坡

b）刷路堑边坡

图 6-8　平地机机外刮土刷坡作业

从上述各种作业中可以看出，平地机刮刀的各种角度调整是比较频繁而费时的，特别是刮刀上下升降控制切土深度。而带有自动找平装置的平地机，可以按照施工对象的要求，沿着一条基准线自动调整刮刀高度。这样不但提高了生产率，也保证了工程质量。

6-3 平地机施工作业

一、修整路形

这种作业就是按照路堤、路堑的横断面图要求，将边沟开挖出的土送到路基中部，修成路拱。其施工顺序是：由路基的一侧开始前进，达到一路段的终点后调头从另一侧驶回，如图 6-9 所示。开始平地机以较小的平面角采用刮刀刀角铲土侧移，将土壤从边沟处挖出，再以较大的平面角将土壤送到路基中间，最后用平刀将土堆刮平，使之达到设计标高。铲土与送土的次数，应视路基宽度、边沟的大小、土壤的性质以及平地机的技术性能而定。通常，应先根据路基施工图纸的要求，设计好必要的工序及边坡土方铲出量，从一侧边沟挖出的土量应足够填铺同一侧路拱横坡所需的填土量，最后只需平整 2～3 次，即可达到设计要求。

由于从边沟挖出的土是松的，当平地机驶过后，必然会出现轮胎印迹，这样在平地机第二层刮送土壤时，就很难掌握正确的标准，而且又不易把印迹刮平。为了使土壤铺筑达到要求，在刮第二层土壤时，最好用平地机在松土上反复行走，压实一遍。对于全轮转向的平地机，在刮送第一层土壤时，将前后轮都转向，让机身侧置，这样前后轮刚好错开位置，此时平地机经过一次刮送，就可将前一行程的松土全部碾压一遍，有利于第二层的刮平，并容易掌握路拱横坡的标准。这也是全轮转向平地机的优点。

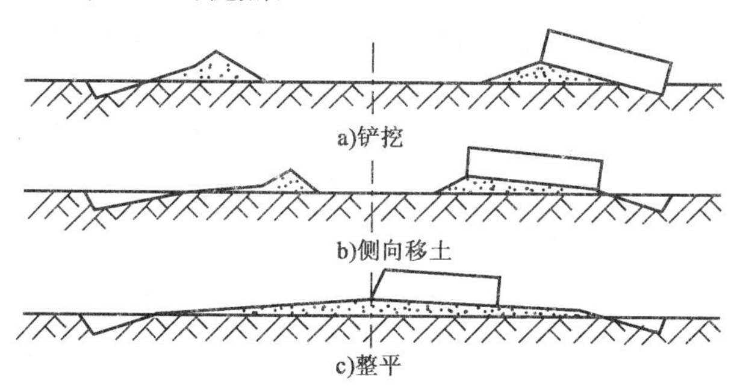

图 6-9 平地机修整拱的施工顺序

二、修刷边坡

在修刷路拱的同时，还要修刷边坡。这种作业多用机外刮土法进行。当路堤边坡坡度为 1∶1.5～1∶0.5，高度在 1.8m 以下时，用一台平地机单独作业；当路堤的高度在 4m 左右时，则用两台平地机上下联合作业。此时，堤上的平地机应先行约 10m 后，堤下的平地机再开始工作，这样不会因堤上平地机刮下的土壤影响堤下平地机的作业，同时也便于堤下平地机按照堤上平地机刮出的坡度进行修刮，从而使两作业面很好吻合。

三、开挖路槽

在修筑路面时，应首先在路基上开挖路槽，根据不同的设计方案，路槽的开挖有三种方式：第一种是把路基中间的土铲除，形成路槽，将挖出的土弃掉；第二种是在路基的两侧用土堆起

两条路肩，形成路槽，使用这种方法，可以利用整形时的余土或预备土来堆填；第三种是将路槽开挖到设计深度的一半，把挖出的土修成路肩，这样挖填的土方量相等（设计时计算好），因此比前两种方式更经济合理。

开挖路槽的施工顺序如图6-10所示。

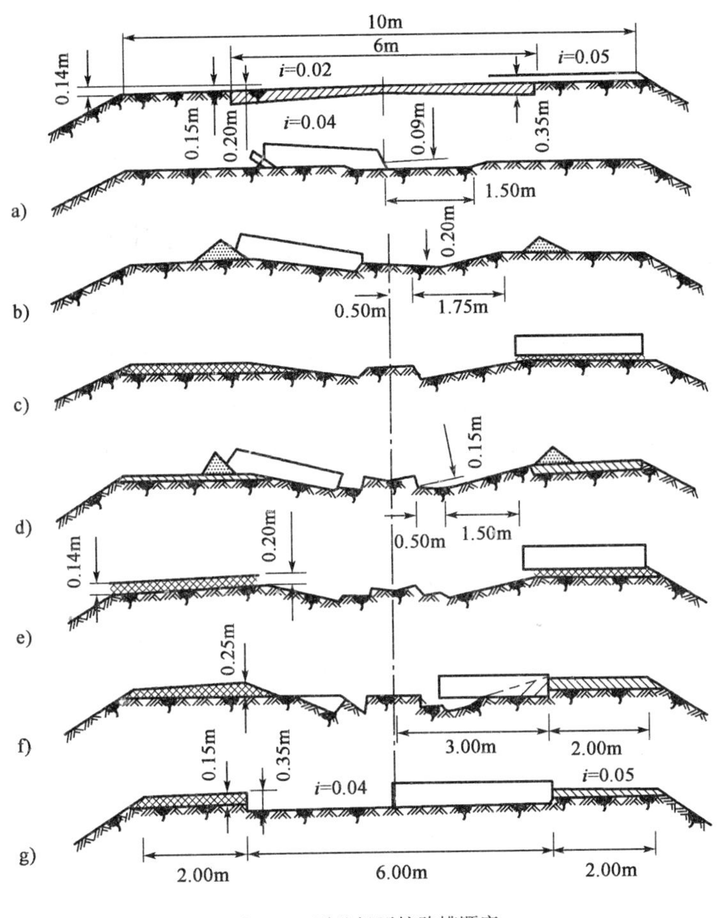

图6-10 平地机开挖路槽顺序

四、路拌路面材料

在修筑碎石路面、加固土路面和路面的稳定土层施工中，除了采用专用路拌机械外，也可用平地机的刮刀进行拌和作业。

在路基上拌和路面材料有三种方法，如图6-11所示。

当土壤和拌和料（石灰或水泥）分层摊铺在路基上进行施工时，施工顺序是：首先用平地机齿耙把土壤耙松，并用刮刀刮平；再在其上摊铺结合料，也用刮刀刮平；然后开始拌和。

第一次先将料向外刮：第一行程平地机先用刮刀沿路槽中线铲入，将土与结合料向外刮送，刮送时刮刀一定要触及硬土层，此时被铲除的土与结合料就在路肩上列成一堆。

第二行程，刮刀沿路槽中线铲入，又把土和结合料堆向路肩另一边，形成第二土堆。所需铲刮次数视路槽宽度而定。这是第一次拌和。

第二次拌和是将各列土堆依次向路槽中心刮回,以后各次拌和依此类推,直到拌和均匀为止。最后用大平面角刮刀将拌和材料刮平并修成路拱,如图 6-11a)所示。

当结合料堆置在路基中线上时,其拌和方法应先将路基中部的土翻松,再将结合料堆置在已翻松的土上。此后用刮刀将土壤和结合料向两边铲开,这样一次就能完成初拌和的效果。此后和前述相同,向内外交替刮拌,直至拌和均匀为止。再将路面修成一定拱度,如图 6-11b)所示。

当结合材料堆置在两侧路肩时,由于两种材料成长条堆形状,应首先将一侧材料刮至路基中间铺平,再将另一侧的材料刮入,铺在第一层材料上。尔后按照在路基上拌和土壤和结合料的方式进行拌和和铺平,如图 6-11c)所示。

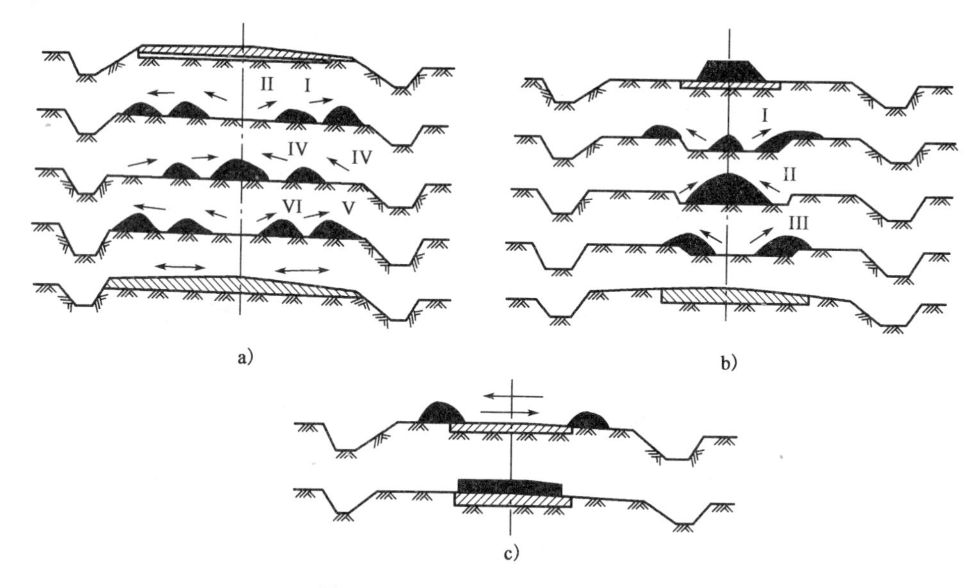

图 6-11　平地机路拌材料顺序示意图

6-4　平地机的使用范围

公路施工中,平地机用来进行路基基底处理,完成草皮或表层剥离;从路线两侧取土,填筑高度小于 1m 的路堤;整修路堤的断面;修刷边坡;开挖路槽和边沟;在路基上拌和、摊铺路面基层材料。平地机可以用于整修和养护土路,清除路面积雪。在机场和交通设施建设中的大面积、高精度的场地平整工作中,更是其他机械所不可代替的。

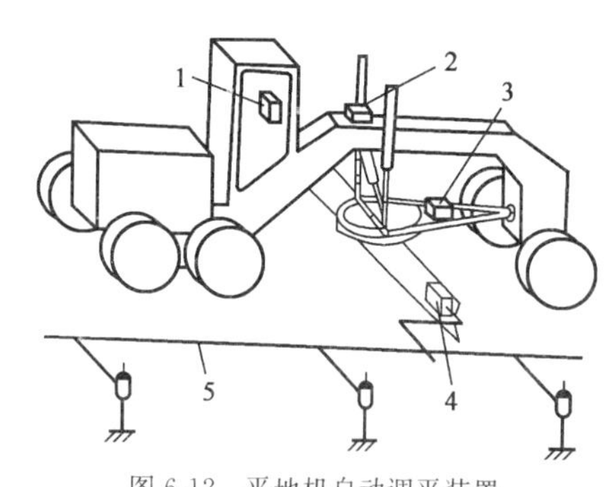

图 6-12　平地机自动调平装置

1-控制箱;2-液压伺服装置;3-横向斜度控制装置;4-纵向刮平控制装置;5-基准绳

现代较为先进的平地机上安装有自动调平装置,如图 6-12 所示。平地机上应用的自动调平装置是按照施工人员给定的要求,如斜度、坡度等,预设基准,机器按照给定的基准自动地调节刮刀作业参数。由于采用自动调平装置,作业精度提高,使作业循环次数减少,节省了作业时间,从而降低了机械使用费用，大大地减轻驾驶人作业的疲劳外，具有很好的施工质量和经济效益。又由于路面的刮平精度或物料铺平精度的提高，因而物料的分布比较均匀，可以节省铺路材料，提高铺设质量。

6-5 平地机生产率的计算

平地机生产率的计算，根据施工对象不同，计算方法也各异。

平地机虽属连续作业机械，但仍可把它在单位距离或单位时间内所行驶的一个工作行程视为一个工作循环。只是这种循环与前述几种机械的作业循环有所不同，它是在一个循环内连续不断的完成多项工作过程（铲、运、卸）。例如在修整路形时，可将其沿路基两侧行驶的一个来回算作一个循环。而在平整场地时，也可把它行驶的一个单趟算一个循环。因此，平地机的生产率仍可按照循环作业式的基本公式来表达，即

$$Q=\frac{60AK_{B}L_{1}}{t_{T}\varphi K_{s}} \tag{6-1}$$

式中：Q——平地机的生产率，m^3/h；

A——刮刀每次铲削土壤的面积，m^2；

L_1——平地机每一工作行程的长度，m；

φ——两行程之间重叠系数，一般取 1.15～1.7；

K_B——时间利用系数，一般取 0.85～0.9；

K_s——土壤松散系数，见表 3-8；

t_T——平地机一个循环的时间，min。

刮刀每次刮土的面积 A 与刮刀长度、平面角度和切土深度有关，它应是刮刀纵向投影面上的一个小三角形面积，如图 6-13 所示。一般情况下，铲土时刮刀切入土中的宽度相当于刀身的 1/3～1/2，因此，刮刀的铲土面积 A 为

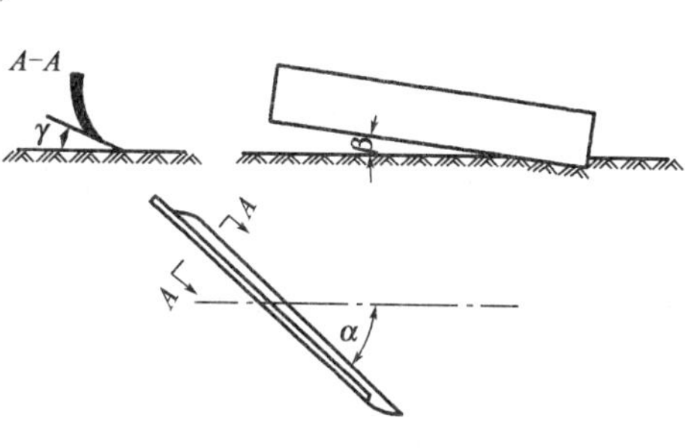

图 6-13 平地机刮刀铲土面积图

$$A=\left(\frac{1}{6}\sim\frac{1}{4}\right)lh\sin\alpha\cos\beta \tag{6-2}$$

式中：l——刮刀长度，m；

h——刮刀切土深度，m；

α——刮刀的平面角度，(°)；

β——刮刀的倾斜角度，(°)。

平地机一个循环的时间应为

$$t_{T}=\frac{L}{V}+t_{1} \tag{6-3}$$

式中：t_T——平地机一个循环时间，min；

L——平地机刮土路段长度，m；

V——平地机工作过程行驶速度，m/min；

t_1——平地机终点调头时间，min。

下面根据平地机施工作业不同,其生产率计算如下。

一、平地机修整路形时生产率的计算

平地机修整路形时的作业有铲土、送土和整平三道工序。而三道工序的作业行程也是不同的。

铲土作业行程数为

$$n_1 = \frac{A\varphi}{2A'} \tag{6-4}$$

式中:n_1——铲土作业行程数;

A——两侧取土坑的断面面积,m^2;

A'——刮刀每次铲土面积,m^2;

φ——两行程中的重叠系数,一般取1.1~1.2。

移土作业行程数为

$$n_2 = \frac{L_0\varphi_2}{L_n} \tag{6-5}$$

式中:n_2——移土行程数;

L_0——路基一侧需移土的平均距离,m;

L_n——平地机刮刀一次可移送的距离,由刮刀调整的平面角α而定,m;

φ_2——移土中两行程重叠系数,一般取1.1~1.2。

最后平整过程的行程数:只考虑刮平,所以一般取平整过程行程数$n_3=2\sim3$次即可。

由于平地机在修整路基时,每走完一个行程有两次调头,因此在完成L长的一段路基的全部整形工作时,所用时间为

$$t_T = 2L\left(\frac{n_1}{V_1}+\frac{n_2}{V_2}+\frac{n_3}{V_3}\right)+2t_1(n_1+n_2+n_3) \tag{6-6}$$

式中:V_1、V_2、V_3——平地机铲土、运土、平整三过程的运行速度,km/h;

t_1——每次调头时间,min。

所以平地机修整路形时的生产率为

$$Q = \frac{1\,000LAK_B}{2L\left(\frac{n_1}{V_1}+\frac{n_2}{V_2}+\frac{n_3}{V_3}\right)+2t_1(n_1+n_2+n_3)} \tag{6-7}$$

式中:L——修整的路段长度,km。

二、平地机平整场地时的生产率计算

平地机平整场地时,只考虑刮刀的平面角,而不考虑倾斜角,其生产率计算如下:

$$Q = \frac{60L(l\sin\alpha-0.5)K_B}{n\left(\frac{L}{V}+t_1\right)} \tag{6-8}$$

式中:Q——平地机的生产率,m^2/h;

L——平整路段长度,m;

l——刮刀宽度，m；

K_B——时间利用系数，一般取0.85～0.95；

n——平好一段所需行程数；

α——刮平的平面角，(°)；

V——平整时的行驶速度，m/min；

t_1——调头所需时间，min。

从上述公式中可以看出，平地机每次的行程长度越长，所刮的土壤也多，相对的行程次数减少，调头也减少。因为平地机机轴距大，每次调头所需的时间较其他机械要长得多，因此应尽可能地减少调头次数。工作过程中切土深度、平面角、铲土角以及切土宽度都视土壤性质而定。其中铲土角和平面角在刮刀调整后，在一个行程中是不变的，只有切土深度在一个行程中视土壤性质进行调整。只有土壤性质不同、移送距离不同时，才对铲土角和平面角进行调整。施工中如果只用一台平地机修整路形，这样就必须经常停车去调整各个角度，从而使非生产时间增加。如果选用2～3台平地机联合作业，分别承担不同的作业内容，这样工作中就不要停车进行调整，可以大大提高工作效率。

平地机在路拌材料和平整场地如图6-14、图6-15所示。

图6-14　平地机在路拌材料

图6-15　平地机在平整场地

第7章 挖掘机施工

挖掘机是利用铲斗来挖取土壤，并将它们卸在运土车辆上，由运土车运至卸料处，或者将挖取的土壤直接卸在附近的弃土场上的一种土方施工机械。

挖掘机的作业过程是用铲斗的切削刃切土并把土装入斗内，装满土后提升铲斗并回转到卸土地点卸土，然后再使转台回转，铲斗下降到挖掘面，进行下一次挖掘。按作业特点分为周期性作业式和连续性作业式两种，前者为单斗挖掘机，后者为多斗挖掘机。由于在筑路工程中多采用单斗挖掘机，因此本章着重介绍单斗挖掘机。单斗挖掘机的外貌如图7-1所示。

a)反铲式挖掘机

b)正铲式挖掘机

图7-1　单斗挖掘机

7-1　挖掘机的类型及工作装置

一、挖掘机的类型

1.按工作装置分类

(1)正铲挖掘机　它是单斗挖掘机的一种主要的形式。此类挖掘机挖掘力强，适于挖掘停机面以上的Ⅰ～Ⅳ级土或爆破后的Ⅴ～Ⅵ级岩石。

(2)反铲挖掘机　它也是单斗挖掘机中的一种主要形式。此类挖掘机适于停机面以下的Ⅰ～Ⅳ级土或爆破后的Ⅴ～Ⅵ级岩石。

(3)拉铲挖掘机　挖掘半径及卸载半径较大，适于挖掘机停机面以下的Ⅰ～Ⅳ级土。多用于较大的河渠及采料场的开挖、水下挖砂土、填筑路基、堤坝等工程。

(4)抓铲挖掘机　适于挖掘深而边坡陡直的基坑和深井。可进行水下作业，挖掘深度比拉

铲挖掘机大。但由于受抓铲自重的限制，只能挖掘一般土料、砂砾和松散物料。

2. 按行走装置分类

(1)履带式挖掘机 是单斗挖掘机的一种主要形式，不论正铲机或反铲机均可是履带式行走装置，但机动性较差。

(2)轮胎式挖掘机 此类挖掘机机动灵活，但挖掘力不如履带式大。

另外还有步行式、铁路式等类型挖掘机。

3. 按动力装置分类

有柴油机驱动、电力驱动及柴油机-电力驱动、柴油机-液力驱动等。

4. 按传动方式分类

有机械传动、液压传动及混合传动。混合传动指机械-气-液压传动。

二、挖掘机组成与工作装置

单斗挖掘机由柴油机、工作装置、回转装置、传动系统、操纵系统及机架等主要部分组成，如图7-2所示。机架是全机的骨架，它支承在行走装置11上，其上面又装有回转装置13、回转平台6，在回转平台上装有柴油机、机械传动系统、工作装置及操纵室等。工作时回转平台可带着其上面所有设备绕一中心立轴作360°的回转(正、反两个方向)。

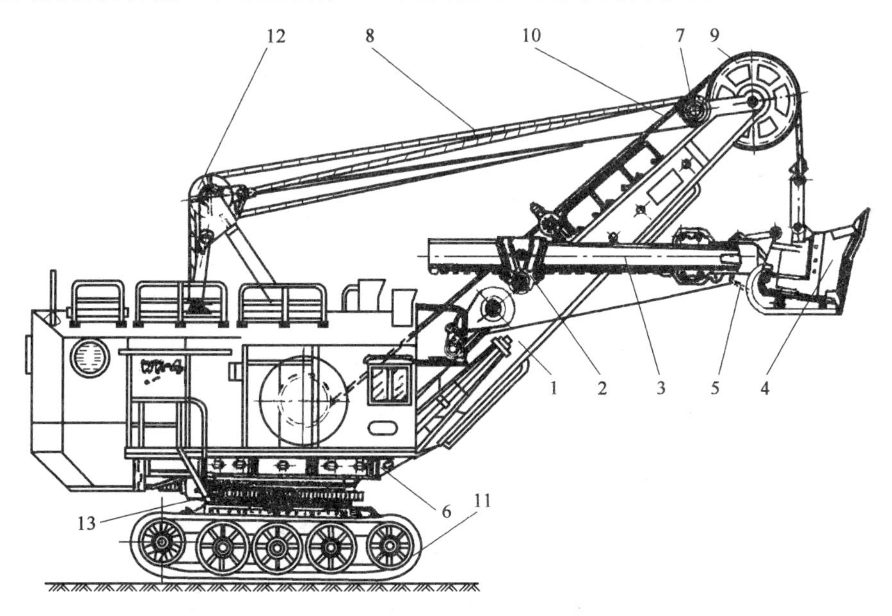

图7-2 挖掘机组成

1-动臂；2-推压机构；3-斗杆；4-铲斗；5-开斗机构；6-回转平台；7-动臂提升滑轮；8-动臂提升钢绳；9-铲斗提升滑轮；10-铲斗提升钢绳；11-履带行走装置，12-双脚支架；13-回转装置

机械式挖掘机工作装置包括动臂1、斗杆3、铲斗4及与其相关的传动系统。动臂是支承铲斗工作的臂架，其下端铰装在回转平台的前缘，动臂提升钢绳8来改变动臂倾斜度，从而改变其伸幅。工作时铲斗4由推压机构2带动斗杆3前后伸缩，铲斗提升滑轮9使铲斗4绕动臂1与推压机构2的支点(推压轴)转动。铲斗斗底由开斗机构5打开。

正铲挖掘机的铲斗口朝上，反铲挖掘机的铲斗口朝下，其他基本相同。

液压式挖掘机工作装置包括动臂液压缸1、动臂2、铲斗3、铲斗液压缸4、斗杆液压缸5、斗杆6及与其相关的传动系统，如图7-3所示。工作时动臂液压缸1伸缩带动动臂2沿动臂与回转平台的铰装点运动，斗杆液压缸5伸缩带动斗杆6沿斗杆与动臂的铰装点运动，铲斗3由铲斗液压缸4伸缩，带动铲斗沿铲斗与斗杆的铰装点运动。

机械式单斗挖掘机常见的工作装置类型有：正铲、反铲、拉铲、抓斗、起重。液压式单斗挖掘机常见的工作装置类型有：正铲、反铲、抓斗，如图7-4所示。

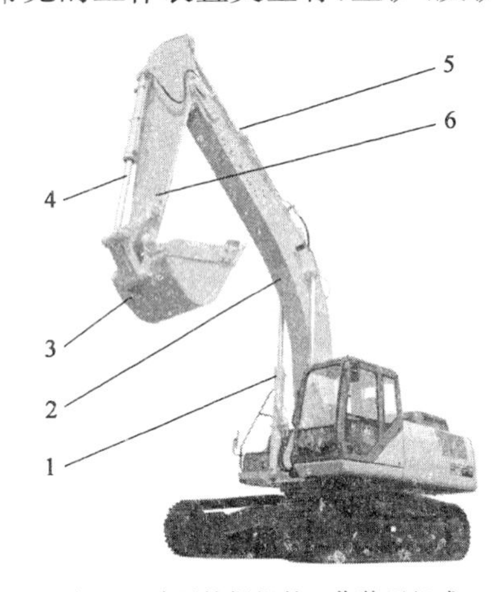

图7-3　液压挖掘机的工作装置组成
1-动臂液压缸；2-动臂；3-铲斗；4-铲斗液压缸；5-斗杆液压缸；6-斗杆

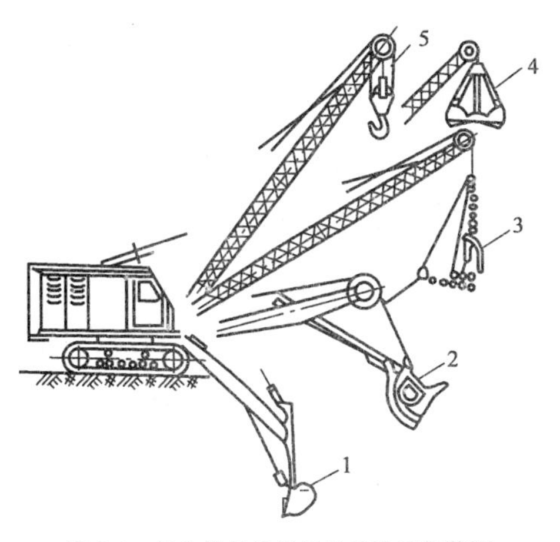

图7-4　单斗挖掘机常见的几种工作装置
1-反铲；2-正铲；3-拉铲；4-抓斗；5-起重钩

7-2　挖掘机工作过程

各种单斗挖掘机都是循环作业式机械，每一工作循环包括挖掘、回转、卸料和返空四个过程。机械操纵式正铲挖掘机的工作过程如图7-5所示。

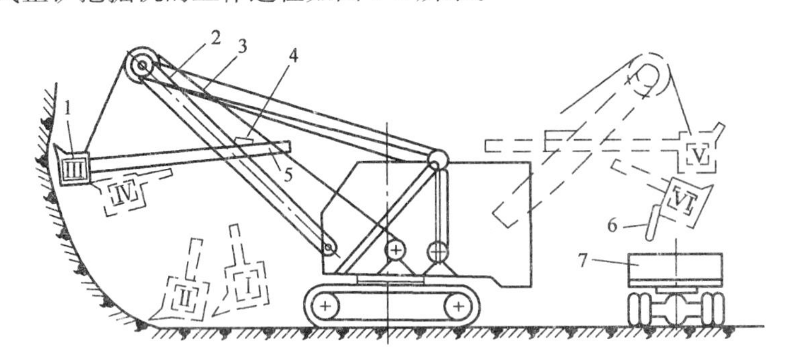

图7-5　机械操纵式挖掘机工作循环图
1-铲斗；2-动臂；3-铲斗提升钢索；4-鞍形座；5-斗杆；6-斗底；7-运土车辆；Ⅰ～Ⅲ—挖掘过程；Ⅴ～Ⅵ—卸料过程

1. 挖掘过程

先将铲斗下放到工作面底部（Ⅰ），然后将铲斗向上提升，与此同时，斗柄也向前推压。于是就在工作面上挖出一层弧形的土层（称为弧形挖掘带），斗内就装满土（Ⅰ～Ⅲ）。

2. 回转过程

这是从挖土处转向卸土处的过程，先将铲斗退出工作面(Ⅳ)，然后回转回转平台，使动臂带着铲斗转到卸料处的上空(Ⅴ)。在此过程可适当调整斗的伸长和高度，以适应卸料要求(这样可节省循环时间)。

3. 卸料过程

打开斗底进行卸料(Ⅵ)。

4. 返回过程

反向(也可正向)回转回转平台，使动臂带着空斗返回挖掘面，在此过程中，放下铲斗，斗底在惯性力作用下自动关闭(Ⅵ～Ⅰ)。

在上述过程中动臂经一次调整好伸幅后，就不便再动。

反铲挖掘机的工作特点是：先将铲斗向前伸出，并让动臂带着铲斗落在工作面(Ⅰ)上，然后将铲斗向内拉转(Ⅱ)，于是在动臂连同铲斗的重力作用、以及牵引索的拉力作用下，就在工作面上挖出一条弧形的挖掘带。

待挖出的土层装满铲斗后，就将铲斗保持在装满状态下，连同动臂一起升起(Ⅲ)，再回转到卸料处上空。卸料是将斗底打开(斗底可打开者Ⅳ)，或将斗仍向前伸出，使斗口朝下卸料(斗底不能打开者Ⅴ)。

图7-6 机械操纵式反铲挖掘机工作循环图
1-斗底；2-铲斗；3-牵引钢索，4-斗杆；5-动臂；6-提升钢索；7-前支架；Ⅰ～Ⅴ-工作过程

图7-6所示为机械操纵式反铲挖掘机工作循环图。

液压式单斗挖掘机铲斗与动臂既可单独分别工作，又可配合共同工作，所以其工作能力要比同级的机械操纵式大，而且正、反铲斗都能挖掘位于停机面上、下的工作面，就大大扩大了它们的应用范围。图7-7所示为液压挖掘机正、反铲的工作情况。

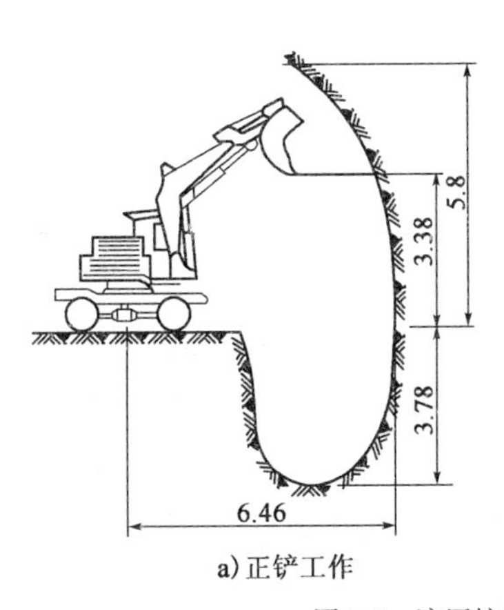

a)正铲工作

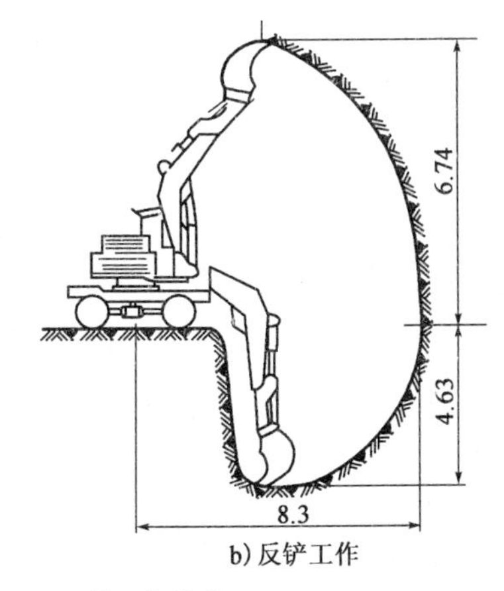

b)反铲工作

图7-7 液压挖掘机正、反铲工作情况

7-3　挖掘机基本作业

一、正铲挖掘机

1. 侧向开挖

所谓侧向开挖，就是车辆的运行路线位于挖掘机开挖路线的侧面，如图 7-8 所示。它的主要特点是：卸土时平均回转角小于 90°，而且车辆可以直线进出，不需调头和倒驶，缩短了循环时间，效率高。

2. 正向开挖

正向开挖方式如图 7-9 所示。装车时车辆停在挖掘机的后方。它的主要特点是：挖掘机前方挖土，回转至卸土处，其转角大于 90°，从而增加了循环时间，但其开挖面较宽。此外，由于车辆不能直接开进挖掘道，而要调头和倒驶，增加了施工现场的拥挤，挖掘机不能连续作业，效率降低。因此这种方式只宜于挖掘进口处使用。

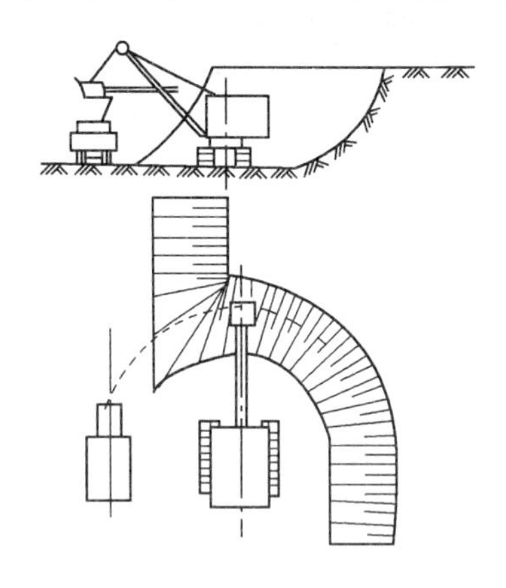

图 7-8　正铲挖掘机侧向开挖法

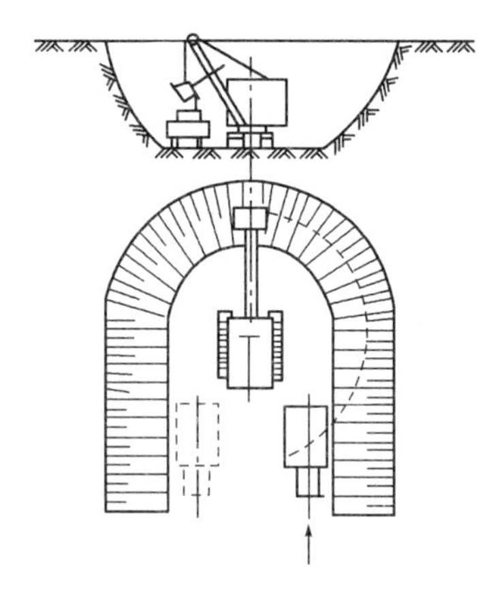

图 7-9　正铲挖掘机正向开挖法

二、反铲挖掘机

1. 沟端开挖法

开挖时挖掘机从沟的一端开始，然后沿沟中线倒退开挖，如图 7-10a）所示。运输车辆在沟侧，此时动臂只回转 40°～50°即可卸料。如挖的沟宽为机械最大回转半径的 2 倍时，车辆只能停在挖掘机的侧面，动臂要回转 90°处，方可卸料。如挖掘的沟渠较宽时，可分段进行，如图 7-10b）所示。当开挖到尽头时，可调头开挖相邻的一段，这种分段法每段的挖掘宽度不易过大，以车辆能在沟侧行驶为原则，这样可以减少每个循环的时间，提高工作效率。

2. 沟侧开挖法

它与前者不同的是，车辆停在沟端，挖掘机停在沟侧，动臂只需回转小于 90°处即可卸料，如图 7-11 所示。由于每循环所用的时间短，所以效率高。但挖掘机始终沿沟侧行驶，因此开挖过的沟边坡度较大。

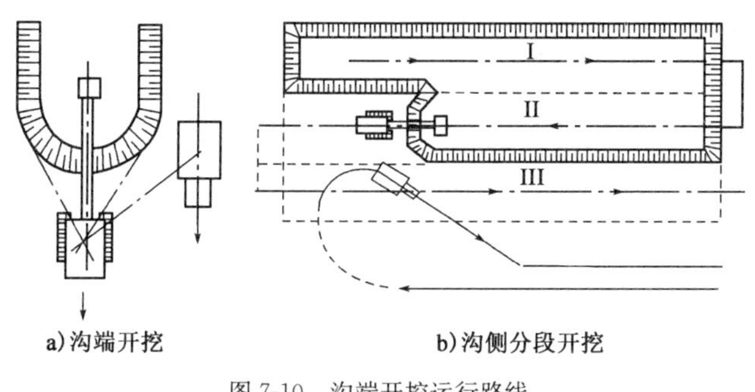

图 7-10 沟端开挖运行路线

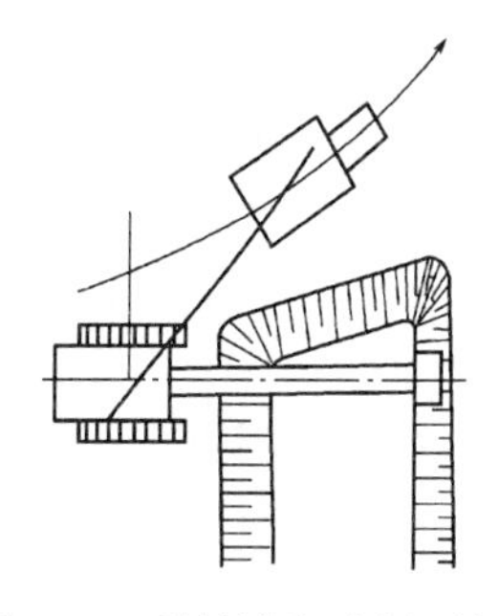

图 7-11 反铲挖掘机沟侧开挖法

7-4 挖掘机施工作业

用挖掘机施工时，不论是开挖路堑还是填筑路堤，都必须与运输车辆配合，只是前者开挖要符合路堑横断面的要求，而后者则不受限制。下面着重介绍挖掘机与运输车辆配合进行路堤和路堑施工作业。

一、开挖路堑

1. 正铲挖掘机开挖路堑

它有两种方法，即全断面开挖和分层开挖。如路堑的深度在5m以下时，可采用全断面正向开挖，挖掘机一次向前开挖路堑设计标高。运输车辆在同一平面上，它可以布置与挖掘机并列或在其后，如图7-12所示。这样施工比较简单，但挖掘机必须横向移位，方可挖掘到设计宽度。

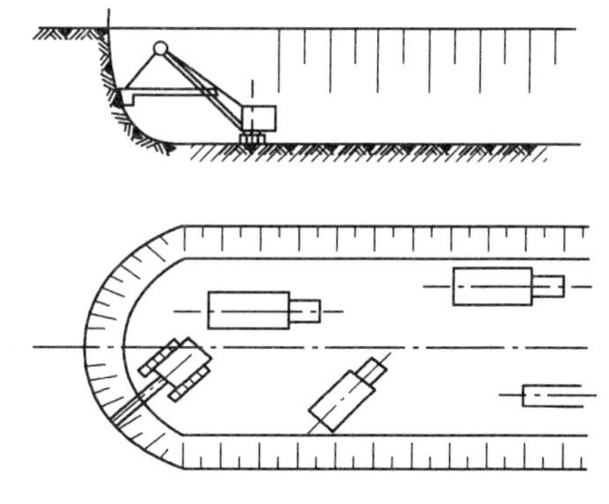

图 7-12 正铲挖掘机全断面开挖路堑

当路堑深度超过5m时，应分层开挖。即挖掘机在纵向行程中先把路堑开挖一部分，运输车辆布置在一侧与挖掘机开挖路线平行。这样往返开挖几个行程，直至将路堑全部开通，如图7-13所示。第一开挖道工作面的最大高度不应超过挖掘机的最大挖土高度。一般以停在路堑边缘的车辆能装料即可。至于其他各次的开挖道都可以按要求位于同一水平面上。这样可利用前次开挖好的开挖道作运输路线。

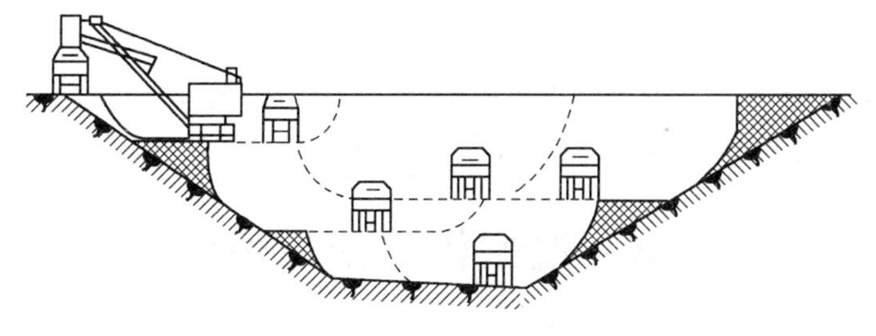

图 7-13 正铲挖掘机分层开挖深路堑

挖掘机各次开挖后在边坡上留下的土角,可以用推土机修整。

2. 反铲挖掘机开挖路堑

由于反铲挖掘机适于开挖停机面以下的土壤,因此挖掘机应布置在路堑顶两侧进行。根据情况选用沟端或沟侧法开挖。

二、填筑路堤

1. 正铲挖掘机与运输车辆配合填筑路堤

挖掘机由取土坑或取土场取土填筑路堤时,对挖掘机来说工作是比较简单的,只要按照以上所介绍的几种形式进行作业,并在选定的取土场开辟有利地形的工作面,挖出所要求的土壤即可。但是挖掘机如何与运输车辆配合,则应很好组织。图 7-14 所示为正铲挖掘机与运输车辆配合填筑路堤时的运行路线图。挖掘机在取土场有四个掘进道,而汽车的运行路线是根据路堤边桩分层,有序地填筑,每层厚度为 30 ~ 40cm。填土可用汽车本身压实,或用羊角碾和振动压路机碾压。

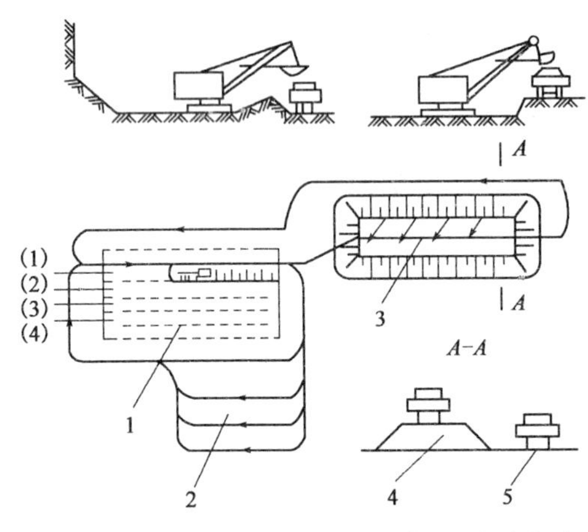

图 7-14 正铲挖掘机与运输车辆配合的运行路线图

1-取土场;2-不适用的废弃土;3-重车道;4-路堤;5-汽车

挖掘机与运输车辆配合作业时,所需车辆数,除与挖掘机、汽车的性能有关外,同时与运输距离、道路状况、驾驶人的素质有关。另外也与平整和压实机械的能力有关。因此应尽可能使他们之间机械发挥最大效能。

一般所需运输车辆数,可以通过估算得出,然后通过实践再进一步落实,所需汽车数量即能满足挖掘机不断工作,又不使汽车停置不用。

汽车用量可用下式计算

$$n=\frac{t_1}{t_2} \tag{7-1}$$

式中:n——所需汽车数量;

t_1——汽车一个循环(装、运、卸、回)所用时间,min;

t_2——挖掘机装满一车所需时间,min。

为了使挖掘机与汽车更经济合理地配合,车箱的容积应为挖掘机斗容量的整数倍,一般不低于 1∶3~1∶4。

2. 反铲挖掘机填筑路堤

由于反铲挖掘机适于开挖停机面以下的土壤,因此挖掘机应布置在路堤两侧。根据情况选用沟端或沟侧法开挖,施工组织方法与正铲挖掘机类似。

7-5 挖掘机的使用范围

挖掘机是土方工程施工的主要机械,它的特点是效率高、产量大,但机动性较差。因此选

用大型挖掘机施工时要考虑地形条件、工程量的大小以及运输条件等。在公路、铁路工程施工中，遇到开挖量较大的路堑和填筑高路堤等大工程量时，选用挖掘机配合运输车辆组织施工比较合理。

为了使挖掘机发挥最大效能，在使用挖掘机时应考虑最小工程量和最低工作面高度。在使用正铲挖掘机时，工作面的最低高度如表7-1所示。使用正铲和拉铲挖掘机时最小工程量如表7-2所示，否则很不经济。

正铲挖掘机工作面最小高度 表7-1

工作面高度(m) / 斗容量(m^3) / 土壤级别	1.5	2.0	2.5	3.0	3.5	4.0	5.0
Ⅰ～Ⅱ	0.5	1.0	1.5	2.0	2.5	3.0	—
Ⅲ	—	0.5	1.0	1.5	2.0	2.5	3.0
Ⅳ	—	—	0.5	1.0	1.5	2.0	2.5

正铲、拉铲挖掘机最小工作量表 表7-2

铲斗容量(m^3)	正铲挖掘机		拉铲挖掘机	
	工程量	土壤级别	工程量	土壤级别
0.5	15 000	Ⅰ～Ⅳ	10 000	Ⅰ～Ⅱ
0.75	20 000	Ⅰ～Ⅳ	15 000	Ⅰ～Ⅱ
0.75	—	—	12 000	Ⅲ
1.00	15 000	Ⅴ～Ⅵ	15 000	Ⅰ～Ⅱ
1.00	25 000	Ⅰ～Ⅳ	20 000	Ⅲ
1.50	25 000	Ⅴ～Ⅵ	2 000	Ⅰ～Ⅱ

如果工程量较小，但又必须用挖掘机施工时，可选用斗容量较小、机动性强的轮式全液压挖掘机比较经济合理。

挖掘机的主要工作条件如下：

(1)工作物为Ⅰ～Ⅳ级土壤和松动后的Ⅴ级以上土壤和物料。

(2)可用于装载和开挖爆破后的石方以及不大于斗容量的石块。

(3)机械传动的正铲挖掘机，其工作面只能在停机面上，而机械传动的反铲挖掘机，其工作面只能在停机面以下。液压传动、液压操纵的正反铲挖掘机，其工作面不受这种限制。

(4)挖掘机类型不同，其基本作业也不同。

7-6 挖掘机生产率的计算及其影响因素分析

单斗挖掘机的生产率主要取决于铲斗的容量、工作速度以及被挖土壤的性质，可按下式计算：

$$Q = qn\frac{K_H}{K_s}K_B \tag{7-2}$$

式中:Q——挖掘机生产率,m^3/h;

q——铲斗几何容量,m^3;

n——挖掘机每小时工作次数。

其中

$$n = \frac{3\ 600}{t_1 + t_2 + t_3 + t_4 + t_5} \tag{7-3}$$

式中:t_1——挖掘机挖土时间,s;

t_2——自挖土处转至卸土处的时间,s;

t_3——调整卸料位置和卸土时间,s;

t_4——空斗返回挖掘面的时间,s;

t_5——铲斗放至挖掘面始点的时间,s;

K_H——铲斗充满系数;

K_s——土壤松散系数,见表4-1;

K_B——时间利用系数,一般取0.7~0.85。

铲斗充满系数 K_H 为铲斗所装土壤体积与铲斗几何容积的比率,由于土壤的性质和工作装置的形式不同,其最大值如表7-3所示。

挖掘机铲斗充满系数最大值 表7-3

铲斗型号	轻质软土	轻质黏性土	普通土	重质土	爆破岩石
正铲	1~1.2	1.15~1.4	0.75~0.95	0.55~0.7	0.3~0.5
拉铲	1~1.15	1.2~1.4	0.8~0.9	0.5~0.65	0.3~0.5

挖掘机每小时的挖掘次数可参考表7-4所示。

挖掘机每小时挖土次数 表7-4

工作装置	斗容量(m^3)			
	0.5	0.5	1	2
正铲	215	200	180	160
反铲	175	155	145	—
抓斗	175	155	145	125
拉斗	160	150	135	—

从上述有关挖掘机的施工过程和施工组织的情况分析中可以看出,提高挖掘机的生产率应从以下几方面进行:

(1)施工组织设计方面 与挖掘机配合运输的车辆应尽量达到挖掘机生产能力的要求,而装载的容量应为铲斗容量的整数倍。此外挖掘机装车时,应尽量采用装运"双放法"。这样可以使挖掘机装一辆,紧接着又装下一辆。由于两车分别停放在挖掘机铲斗卸土所能及的圆弧线上,这样铲斗顺转装满一车,反转又可装满另一车,从而可以提高装车效率。

运输车辆的行驶路线,在施工组织中应事先拟定好,清除不必要的上坡道。对于挖掘机的各掘进道,必须做到各有一条空车放送道,以免进出车辆相互干扰。各运行道应保持良好状

态，以利运行。

（2）施工技术操作过程方面　挖掘机驾驶人应具有熟练的操作技能，以缩短每一个工作循环的时间，由于技术熟练，可以使工作过程进行联合操作，进一步缩短工作循环时间。

（3）挖掘机的技术状况　挖掘机的技术状况、铲斗斗齿的锋利程度等，对挖掘机生产率都有影响，根据试验证明，当斗齿磨损到不能使用时，铲土时其切削阻力将增加60%～90%。所以在施工中应注意斗齿的磨损情况，损坏后应及时修复或更换新齿。

液压反铲挖掘机施工图如图7-15所示。

a)开挖路堑

b)填筑路堤

c)修刷边坡

d)开挖沟渠、填埋管涵

图7-15　液压反铲挖掘机施工图

第8章 装载机施工

装载机是一种在轮胎式或履带式的基础车上装有一个铲斗的循环作业式土方施工机械。它兼有推土机和挖掘机两者的工作能力，可以进行铲掘、推运、平整、装卸和牵引等多项作业。其优点是适应性强，作业效率高，操纵简便，是一种发展较快的循环作业式机械。

8-1 装载机的类型及组成

一、装载机的类型

(1)根据行走装置不同，分为轮胎式(图8-1)和履带式(图8-2)两种类型。

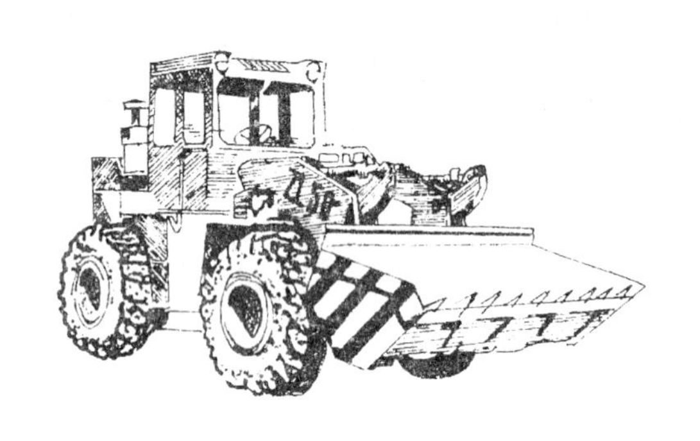

图8-1 轮胎式装载机

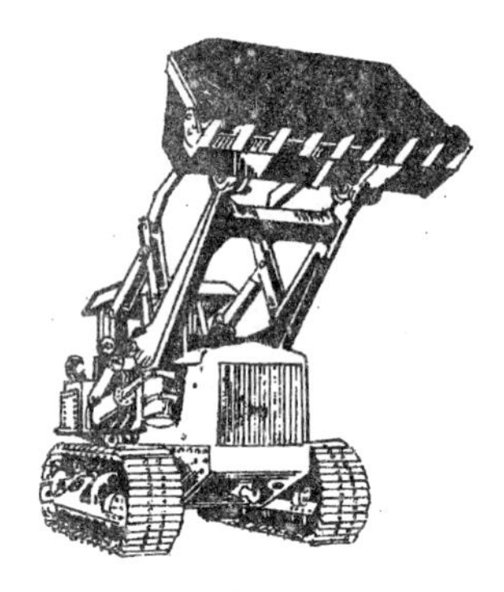

图8-2 履带式装载机

(2)根据机架结构的不同，分为整体式(图8-3)和铰接式(图8-4)两种类型。

(3)按铲斗回转程度的不同，分为全回转式(图8-5)、半回转式和非回转式三种类型。

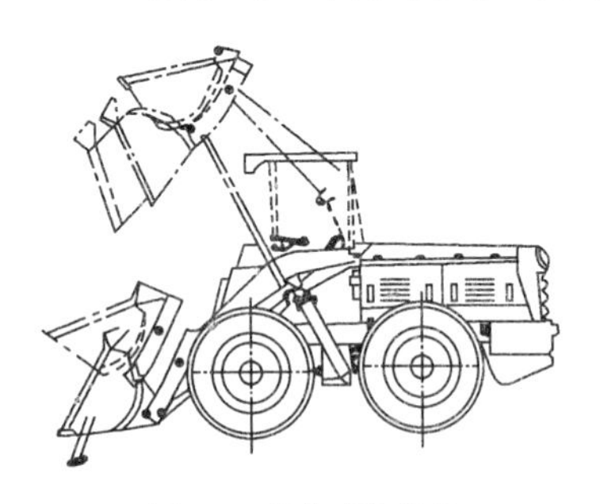

图8-3 整体式装载机

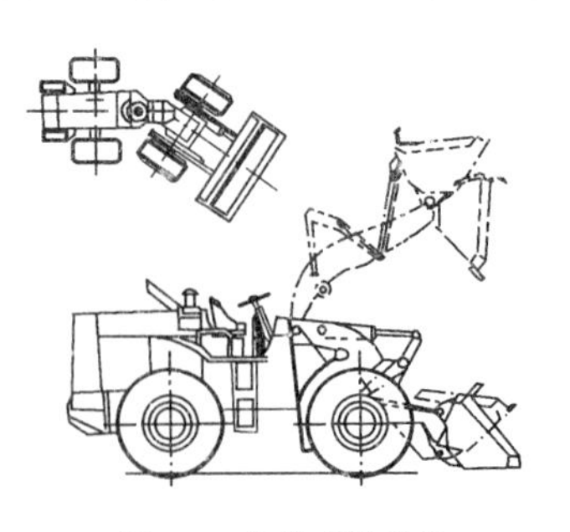

图8-4 铰接式装载机

图8-5 全回转式装载机

二、装载机的组成

图 8-6 所示为轮式装载机的总体结构示意图。装载机一般由车架、动力传动系统、行走装置、工作装置、转向制动系统、液压系统、操纵系统等组成。柴油机的动力一部分经变矩器传给变速器，再由变速器把动力经传动轴（万向传动）分别传到驱动桥，以驱动车轮转动。动力的另一部分经过分动箱驱动液压泵工作。工作装置由动臂、铲斗、杠杆系统、动臂液压缸和转斗液压缸等组成。动臂一端铲接在车架上，另一端安装了铲斗，动臂的升降由动臂液压缸来带动。铲斗的翻转由转斗液压缸通过杠杆来实现。车架由前后两部分组成、中间车架的铰接用铰销连接，依靠转向液压缸可使前后车架绕铰销相对转动，以实现转向。

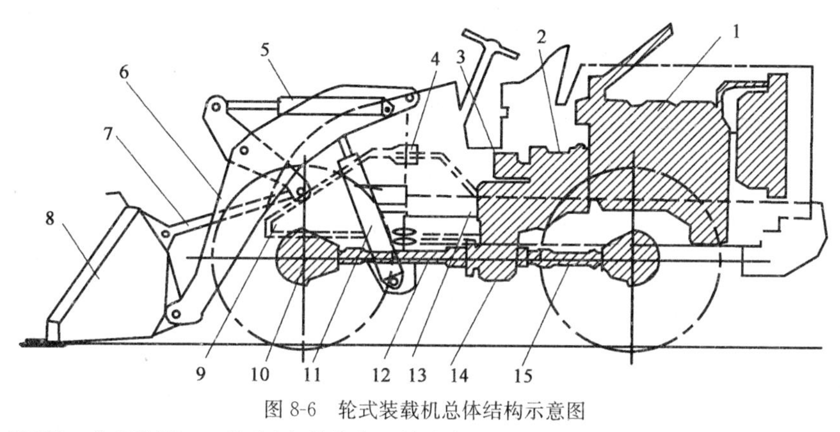

图 8-6　轮式装载机总体结构示意图

1-柴油机；2-变矩器；3-作业液压缸；4-前后车架铰接点；5-转斗液压缸；6-动臂；7-杠杆；8-铲斗；9-车架；10-驱动桥；11-动臂液压缸；12-前传动轴；13-转向液压缸；14-变速器；15-后传动轴

8-2　装载机的工作过程

装载机的工作过程由铲装、转运、卸料和返回四个过程组成如图 8-7 所示。

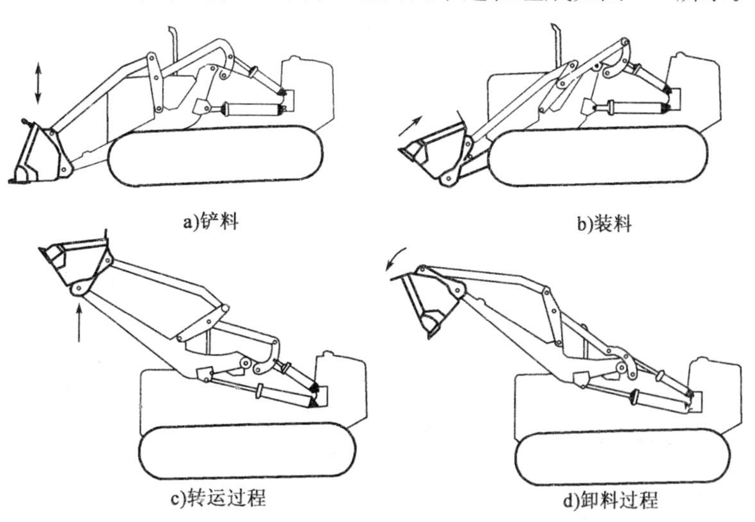

图 8-7　装载机的工作过程

(1)装料过程:用动臂将铲斗平放到地面,斗口朝前(见图 8-7a),机械慢速前驶,铲斗因自重而切入料堆,待铲斗装满后,将斗收起,使斗口朝上,如图 8-7b 所示。

(2)转运过程:用动臂将铲斗升起(见图 8-7c),机械倒退并转驶至卸料处。

(3)卸料过程:将铲斗对准运料车箱的上空,然后使斗向前倾翻(见图 8-7d),物料卸于车箱内。

(4)返回过程:卸料后,仍将铲斗回转至水平位置,机械快速前驶至装料处,进入下一个过程。

8-3 装载机的铲装方法

装载机的基本作业是装料、转运、卸料、返回四个工作过程。在施工中,其装料作业对工作影响最大,应根据不同的物料情况,采用相应的装料作业。

一、对松散物料的铲装作业

首先将铲斗放在水平位置,并放至与地面接触,然后以一挡、二挡速度(视物料性质)前进,使铲斗斗齿插入料堆中,如图 8-8a)所示。此后,边前进边装满,将铲斗升到运输位置(离地约 50cm),再驶离工作面,如图 8-8b)所示。如装满有困难时,可操作铲斗的操作杆,使铲斗作上下颤动,如图 8-8c)所示,或稍举动臂。其装载过程如图 8-8 所示。

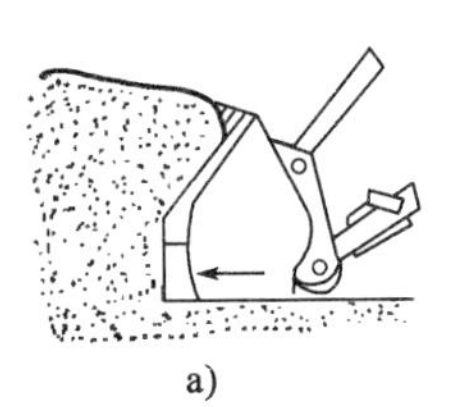
a)

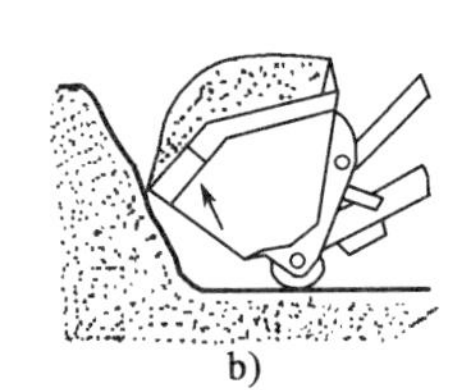
b)

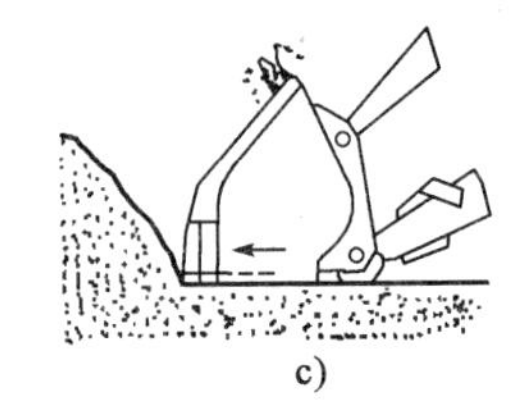
c)

图 8-8 装载机铲装松散物料

二、铲装停机面以下物料作业

铲装时应先放下铲斗并转动,使其与地面成一定的铲土角,然后前进,使铲斗切入土内,如图 8-9a)所示。切土深度一般保持在 15~20cm,直至铲斗装满,如图 8-9b)所示。装满收斗后将铲斗举升到运输位置,再驶离工作面运至卸料处,如图 8-9c)所示。铲斗下切的铲土角为 10°~30°,随土壤性质而定,对于难铲装的土壤,可操纵动臂使铲斗颤动,或者稍改变一下铲土角度。

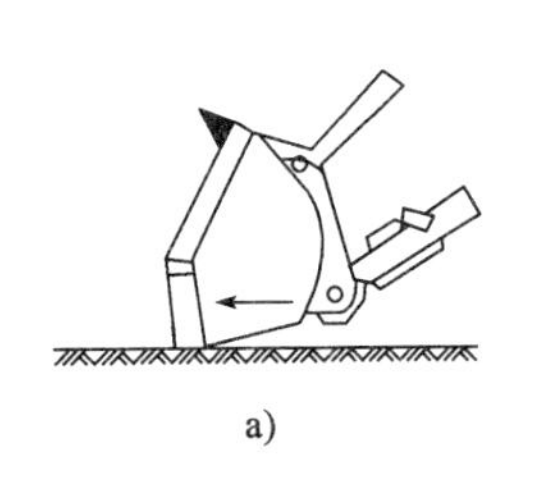
a)

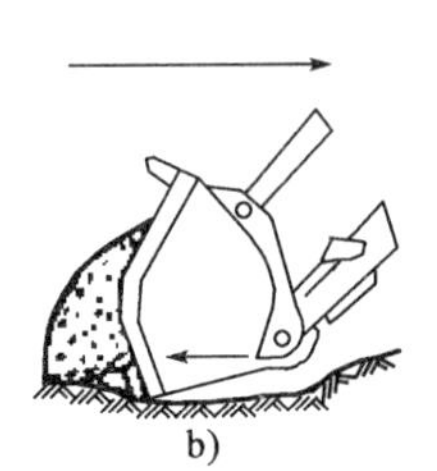
b)

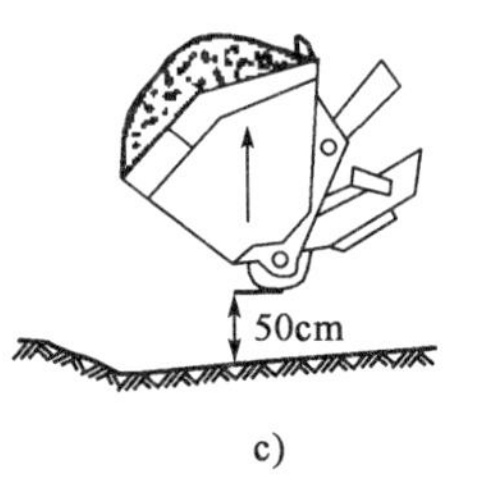

c)

图 8-9 装载机铲装停机面以下土壤

三、装载机铲装土丘时的作业

装载机铲装土丘时，可采用分层铲装或分段铲装法。分层铲装时，装载机向工作面前进，随着铲斗插入工作面，逐渐提升铲斗，或者随后收斗直到装满，或者装满后收斗，然后驶离工作面。开始作业前，应使铲斗稍稍前倾。这种方法由于插入不深，而且插入后又有提升动作的配合，所以插入阻力小，作业比较平稳。由于铲装面较长，可以得到较高的充满系数，如图 8-10 所示。

如果土壤较硬，也可采用分段铲装法，如图 8-11 所示。这种方法的特点是铲斗依次进行插入动作和提升动作。其过程是：铲斗稍稍前倾，从坡角插入，待插进一定深度后，提升铲斗，当发动机转速降低时，切断离合器，使发动机恢复转速，在恢复转速过程中，铲斗将继续上升并装入一部分土；转速恢复后，接着进行第二次插入，这样逐渐反复，直至装满铲斗或升到高出工作面为止。有时将铲斗装满后还使铲斗继续向工作面稍稍顶进，将土顶松，以利下一次铲装。这种方法可以得到较高的充满系数，但是操作比较复杂，离合器易磨损。

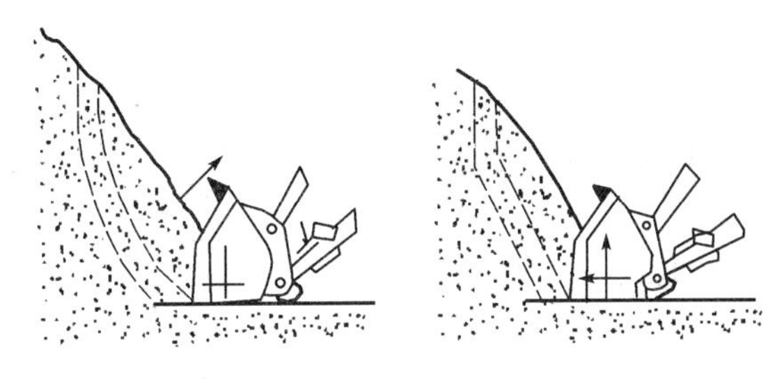

图 8-10　装载机分层铲装法

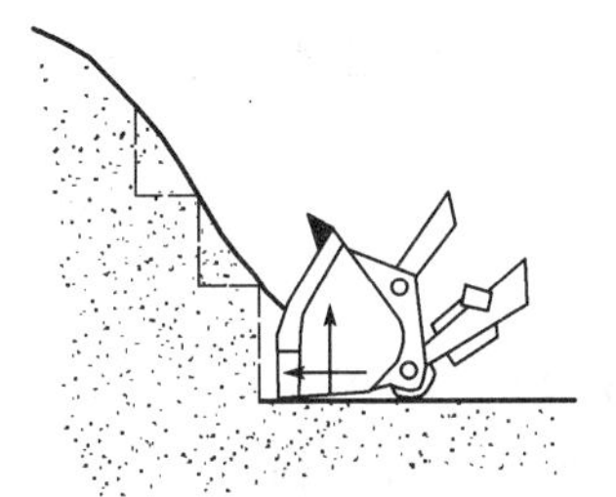

图 8-11　装载机分段铲装作业

8-4　装载机施工作业

装载机施工作业，主要是与汽车配合填筑路堤。同挖掘机与汽车配合大致相同，只是挖掘机挖土后靠铲斗回转至装车处卸土，而装载机靠移动整机至装车卸土处。

在施工中装载机的转移、卸料与车辆位置配合的好坏，对生产率影响较大，因此合理地组织施工十分重要。一般的组织原则是根据堆场的大小和料堆的情况，尽可能做到来回行驶距离短，转弯次数少。最常用的有“V”形和“穿梭”式。

“V”形是汽车停在一个固定位置，与铲装工作面的方向斜交或垂直，如图 8-12 所示。装载机装满斗后，在倒车驶离工作面的同时转向 30°～45°，然后对准汽车向车内卸料。卸料后在驶离汽车时也同样转向 30°～45°，然后对准工作面前进，进行下一次铲装。这种方法对于铰接式装载机特别有利，铲斗装满后只需后退 3～5m，即可转向驶向汽车卸料。由于转向频繁，因此要求地面坚实且排水性良好。有时为了更好地配合运输车辆，也可采用双“V”形，即两台装载机分别从两侧对一台汽车装载，这样可以进一步缩短装车时间。

此外，装载机也可采用“穿梭”式装车。这种方式是装载机只在垂直工作面的方向前进、后退，而汽车则在装载机与工作面之间像穿梭一样来回接装与驶离，如图 8-13 所示。汽车待装位置可以平行于工作面，也可与工作面斜交。装载机驶离工作面的距离一般为 6～

10m，使汽车能安全通过即可。这种方式的优点是：装载机不需反复转向，一方面减少机械磨损，另一方面降低工人劳动强度。但是两者必须配合默契，否则对生产率和安全都会有影响。

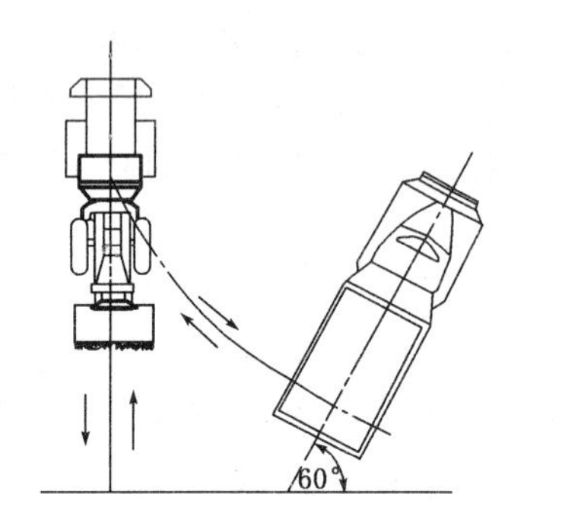

图 8-12　装载机采用"V"形装车

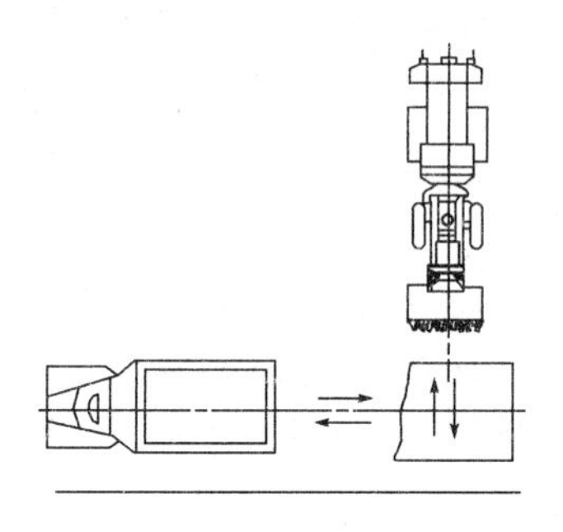

图 8-13　装载机采用"穿梭"式装车

总之装载机与汽车配合装车，必须根据料场的地形、地质以及材料的类别和周围环境不同，选择不同性能的装载机和作业方法。

8-5　装载机的使用范围

装载机的优点是适应性强、作业效率高、操作简便。它广泛应用于公路、铁路、采矿、港口以及国防建设等工程中。

大多数装载机还常有货叉或起重设备等可换工作装置（见图 8-14），使装载机稍加改装就可成为叉车或起重机。有的在一台基础车上，可同时安装装载和挖掘两套工作装置，故装载机有一机多用的特点。

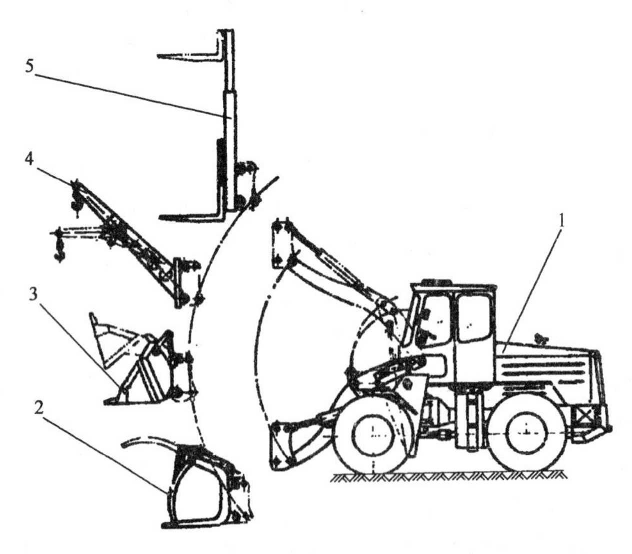

图 8-14　装载机可换工作装置

1-基础车；2-交装圆木用的工作装置；3-物料装载斗；4-起重装置；5-叉式装卸装置

8-6 装载机生产率的计算

装载机在单位时间内实际可能达到的生产率,可用下式计算

$$Q=\frac{3\,600qK_{B}K_{H}t_{T}}{tK_{s}} \tag{8-1}$$

式中:Q——装载机生产率,m^3/h;

q——装载机额定斗容量,m^3;

K_H——铲斗充满系数,见表 8-1;

K_B——时间利用系数;

t_T——每班工作时间,h;

K_s——物料松散系数;

t——每装一斗的循环时间,s。

其中

$$t=t_1+t_2+t_3+t_4 \tag{8-2}$$

式中:t_1——铲装时间,s;

t_2——转运时间,s;

t_3——卸料时间,s;

t_4——返回时间,s。

装载机的装满系数 表 8-1

物　　料	装满系数	物　　料	装满系数
砂石、砂	0.83～0.90	普通土	0.9～1.0
湿的砂混和料	0.93～1.0	爆破后的碎石、卵石	0.85～0.95
湿的砂黏土	1.0～1.1	爆破后的大块岩石	0.85～0.95

第9章 压实机械施工

压实机械是一种利用机械自重、振动或冲击等方法，对被压实材料重复加载，排除其内部的空气和水分，使之达到一定密实度和平整度的工程机械。压实是保证公路工程质量的重要环节，当公路修筑到设计标高后，不论是自重还是动载作用下都不允许产生沉陷、松散和变形等情况的发生。

压实的作用在于提高土壤的密实度，降低土体的透水性，减小毛细水的上升高度，防止水分集聚和侵蚀，或因冻胀而引起不均匀的变形，以保证公路强度和稳定性。

9-1 压实原理及压实方法

一、土壤的压实原理

1. 土壤的压实原理

大多数情况下，土都是"三相"结构，即由土粒、水分和空气组成，它们都具有各自的特性、并相互制约于一个统一体中，构成了土的各种物理特性(渗透性、黏滞性、弹性、塑性和力学强度等)。若三者的组成情况发生改变，则土的物理性质也随之而不同。压实土壤，就是用机械的方法改变土的结构，以达到提高土的强度和稳定性的目的。

土受压时，土粒空隙里空气的极少部分在压力作用下溶于水中，大部分空气被排出土外，而土粒则不断靠拢，重新排列成密实的新结构。土粒在外力作用下不断地靠拢，使土的内摩擦力和黏结力也不断地增加，于是就相应地提高了土的强度。同时，由于土粒不断靠拢，使水分进入主体的通道减小而阻力增加，于是就降低了土的渗透性，减小了毛细水的上升高度，防止了水分的积累和侵蚀而导致的土基软化，或因冻胀而引起的不均匀变形，保证路基在全年各季节内都具有足够的力学强度。

2. 土壤的垂直载荷与沉陷的关系

土壤是压实机械的作业对象或支撑基础，它的性质直接甚至决定着施工机械的各种使用性能。土壤受压时，开始空气排出较快，以后逐渐减慢，当压到一定程度后，空气几乎不再排出，如再压只能使土壤产生弹性变形。

施工机械在作业或行驶过程中，土壤受到压缩。由于土壤是土粒、水、空气三相组成的复合材料，很难用单纯的理论分析。通常用实验方法建立某些经验公式来表示机械与土壤的相互作用关系。

施加均布载荷于一块代表充气轮胎或履带接地面积的平板上，其静止沉陷量 Z 和压力 p 之间的关系如图 9-1 所示。该曲线可用以下经验公式表示：

$$P = KZ^n \tag{9-1}$$

式中：K——土壤的变形模数；

n——土壤的变形指数。

图中曲线根据 n 值分为两组：$n<1$ 时为软弱土壤，在重复载荷作用下可能碎裂而失去强度；$n>1$ 时为不硬实土壤，在重复载荷作用下变得结实而坚硬。

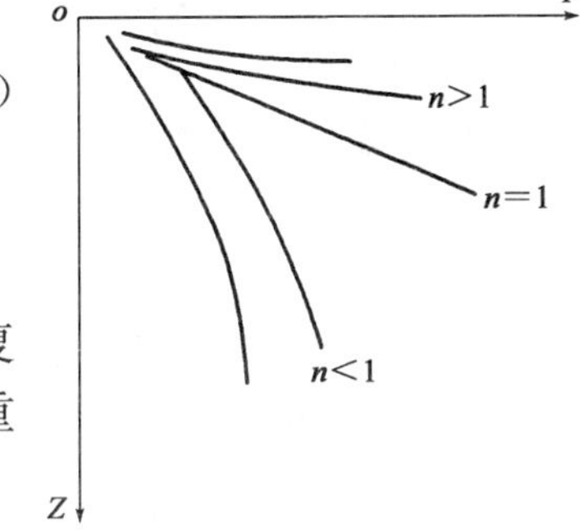

图 9-1　土壤的沉陷量与压力关系

二、土壤的压实方法

对路基土壤及路面的压实有静力碾压、冲击压实和振动压实三种基本方法。

静力碾压（见图 9-2a）压实机械是利用机械自身重力产生的静滚压力作用，迫使被压实材料产生永久性变形而达到压实的目的。

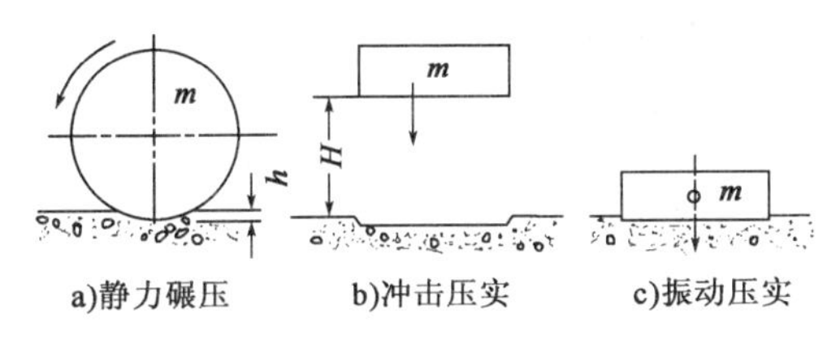

图 9-2　压实原理示意图

冲击压实（见图 9-2b）是利用一块质量为 m 的物体，从一定高度 H 处落下，冲击被压材料而使之被压实。

振动压实图（见 9-2c）是利用固定在质量为 m 的物体上的振动器所产生的激振力，迫使被压实材料作垂直强迫振动，急剧减小土壤颗粒间的内摩擦力，使颗粒靠近，密实度增加，从而达到压实的目的。

9-2　压实机械的类型

图 9-3 所示是常用的不同类型的压实机械，包括静力光轮压路机、轮胎压路机、振动压路机、振荡压路机以及振动平板夯、蛙式夯和快速冲击夯等。

静力光轮压路机和轮胎压路机属静力压实机械。静力压实机械由于受机械自重的限制，其压实深度和密实度受到一定的局限。静力压实机械的特点是循环延续时间长，材料应力状态的变化速度不大、但应力较大。

振动平板夯和快速冲击夯属冲击夯实机械。其特点是使材料产生的应力变化速度很大。特别适用于对黏性土壤、砂质黏土和灰土的压实。主要用于作业量不大及狭小场地的压实作业，特别是对路肩和道路维修养护工程等的压实作业。

各种振动压路机属振动压实机械。振动压实的特点是材料产生的表面应力不大，过程时间短，加载频率大，同时还可以根据不同的铺筑材料和铺层厚度，合理选择振动频率和振幅，以提高压实效果，减少碾压遍数。振动压实机械可广泛用于黏性小的砂土、土石填方、沥青混合料和水泥混凝土混合料等的压实。

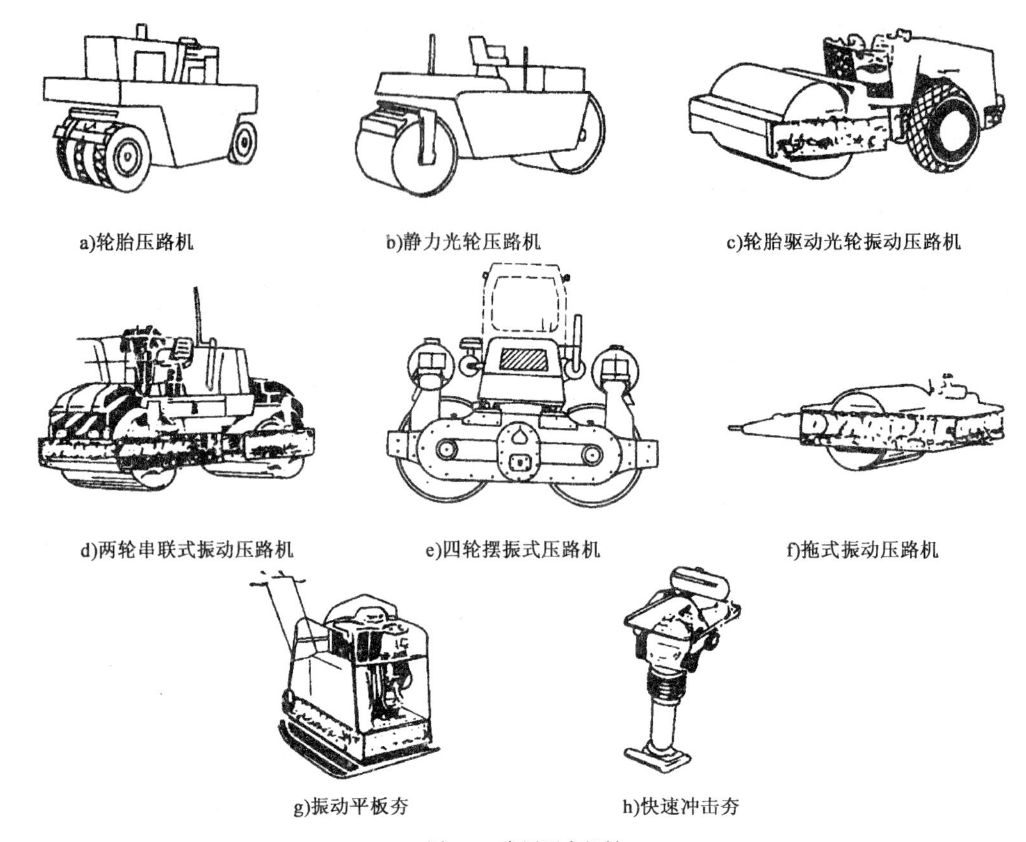

图 9-3　常用压实机械

随着振动压实机械的快速发展，其使用范围也在不断扩大，它可以根据不同的作业对象，选用花纹轮胎、光轮、凸块碾等进行碾压组合。有的机型已采用“滚入滚出”的组合工艺，可在施工现场快速更换轮碾。另外，随着振动压实技术的发展，20 世纪 80 年代瑞典等国又研制了振荡压路机。该机是采用土力学土壤交变剪应力的原理，在碾轮内对称安装并同步旋转的激振偏心块(轴)，使碾滚承受交变扭矩，对地面持续作用，形成前后方向的振荡波，使被压实材料产生交变剪应变。在这种水平激振力和滚轮垂直静载的共同作用下，实现对被压实材料在水平和垂直两个方向的压实。

图 9-4 所示是振荡压实和振动压实的原理区别图。由图 9-4 可见，振荡压路机消除了振动压实因垂直振动和冲击给操作者和机械本身带来的危害，改善了工作条件，降低了能源消耗。正因为这种压路机所产生的激振力主要是沿行驶方向发生的，因此，特别适宜于建筑物群间的压实。

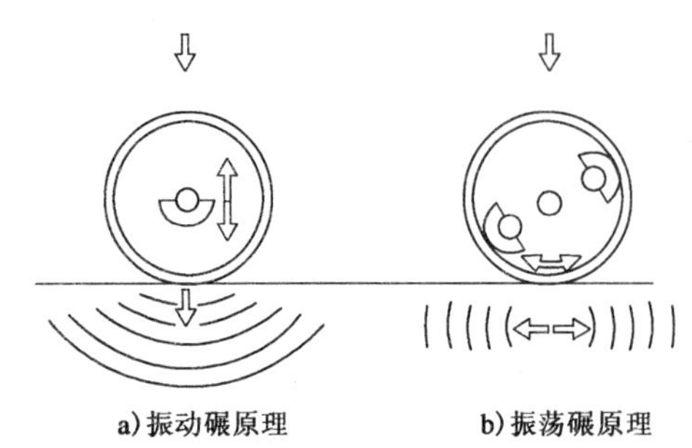

图 9-4　振动压实与振荡压实的原理

现在振动压路机已成为现代压路机的主要机型，也是世界各国压实机械制造厂家生产和销售的主要机种。又因振动压路机所产生的压力与运输对道路所产生的压力大体一致，所以振动压路机已广泛用于沥青混凝土路面的压实作业。这不

仅为建造高等级公路的质量提供了可靠保证，而且进一步促进了振动压路机的发展。

现代压实机械与其他施工机械一样，普遍采用了液压传动和铰接转向，有些机型还采用电子元件和计算机技术等，其装置越来越先进，既是现代科学的高度集中，也是资金密集的装置。现代压实机械采用液压传动以后，可以实现无级调速，使起动、起振和运转平稳；使换向、制动无冲击，且操作轻便；使驾驶人的工作条件得到了很大改善。同时还提高了压实机械碾轮和驱动轮的控制精度，稳定了压实机械的行驶和作业速度，可实现自动调频调幅，从而提高了压实质量。

9-3　静力光轮压路机

静力光轮压路机对被压材料的压实是依靠本身的重力来实现的。它可以用来压实路基、路面、广场和其他各类工程的地基等。其工作过程是沿工作面前进与后退、反复地滚动，使被压实材料达到足够的承载力和平整的表面。

自行式光轮压路机根据滚轮及轮轴数目分为：二轮二轴式、三轮二轴式和三轮三轴式三种，如图9-5所示。目前国产压路机中，只生产有二轮二轴式和三轮二轴式两种。

根据整机质量静力光轮滚压路机又可分为轻型、中型和重型三种。质量在5～8t的为轻型，多为二轮二轴式，适宜于压实路面、人行道、体育场等。质量在8～10t的为中型，有二轮二轴和三轮二轴式两种，前者大多数用于压实与压平各种路面，后者多用于压实路基以及初压铺筑层。质量在10～15t、18～20t的为重型，有三轮二轴式和三轮三轴式两种，前者用于最终压实路基，后者用于最后压实与压平各类路面与路基，尤其适合于压实与压平沥青混凝土路面。此外，还有质量在3～5t的二轮二轴式小型压路机，主要用于路面的养护，人行道的压实等。

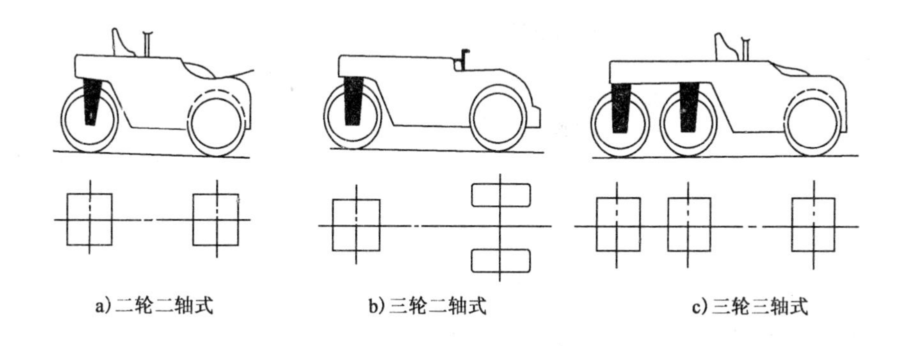

图9-5　静力光轮压路机

静力光轮压路机在压实地基方面不如振动压路机有效，在压实沥青铺筑层方面又不如轮胎压路机性能好。可以说凡是静力光面液压路机所能完成的工作，均可用其他形式的压路机来代替。所以，无论从使用范围或实用性能来分析，都是不够理想的。或者说有被淘汰的趋势。但由于静力压路机具有结构简单、维修方便、制造容易、寿命长、可靠性好等优点，因此，目前还有生产，并在大量使用着。

9-4 振动压路机

振动压路机是工程施工的重要设备之一，它主要用在公路、铁路、机场、港口、建筑等工程中。用来压实各种土壤（多为非黏性）、碎石料、各种沥青混凝土等。在公路施工中，多用在路基、路面的压实，是高等级公路施工中不可缺少的压实设备。

振动压路机可以按照结构质量、结构形式、行驶方式、传动方式、振动轮数、振动激励方式等进行分类：

（1）按机器结构质量可分为：轻型、小型、中型、重型和超重型。

（2）按行驶方式可分为：自行式、拖式和手扶式。

（3）按振动轮数量可分为：单轮振动、双轮振动和多轮振动。

（4）按驱动轮数量可分为：单轮驱动、双轮驱动和全轮振动。

（5）按传动系统传动方式可分为：机械传动、液力机械传动、液压机械传动和全液压传动。

（6）按振动轮外部结构可分为：光轮、凸块（羊脚碾）和橡胶滚轮。

（7）按振动轮内部结构可分为：振动、振荡和垂直振动。其中振动又可分为：单频单幅、单频双幅、单频多幅、多频多幅和无级调频调幅。

（8）按振动激励方式可分为：垂直振动激励、水平振动激励和复合激励。垂直振动激励又可分为定向激励和非定向激励。

一般来讲，振动压路机主要按其结构形式和结构质量来分类。

根据振动压路机结构形式的分类列于表 9-1。

振动压路机分类　　表 9-1

自行式 振动压路机	轮胎驱动光轮振动压路机 轮胎驱动凸块振动压路机 钢轮轮胎组合振动压路机 两轮串联振动压路机 两轮并联振动压路机 四轮振动压路机	手扶式 振动压路机	手扶单轮振动压路机 手扶双轮整体式振动压路机 手扶双轮铰接式振动压路机
拖式 振动压路机	拖式光轮振动压路机 拖式凸块振动压路机 拖式羊足振动压路机 拖式格栅振动压路机	新型 振动压路机	振荡压路机 垂直振动压路机

振动压路机随机型的不同，其总体结构也有一些差异。自行式振动压路机总体构造一般由发动机、传动系统、操纵系统、行走装置（振动轮和驱动轮）以及车架（整体式和铰接式）等组成。轮胎驱动铰接式振动压路机总体构造如图 9-6 所示。

轮胎驱动振动压路机振动轮分光轮和凸块等结构形式，对凸块式又称轮胎驱动凸块振动压路机，如图 9-7 所示。

另外还有两轮（钢轮）并联振动压路机（见图 9-8），两轮串联振动压路机（见图 9-9）和四轮振动压路机（见图 9-10）等。

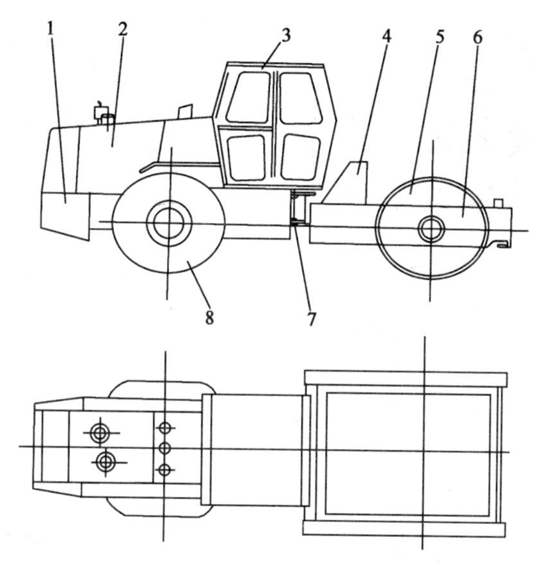

图 9-6　轮胎驱动铰接振动压路机总体构造

1-后机架；2-发动机；3-驾驶室；4-挡板；5-振动轮；6-前机架；7-铰接轴；8-驱动轮胎

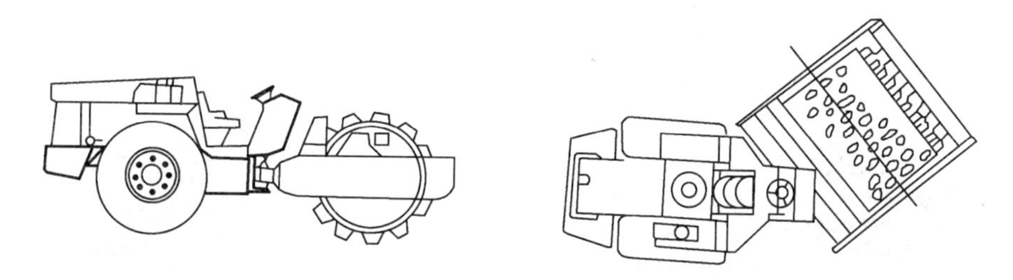

图 9-7　轮胎驱动凸块振动压路机

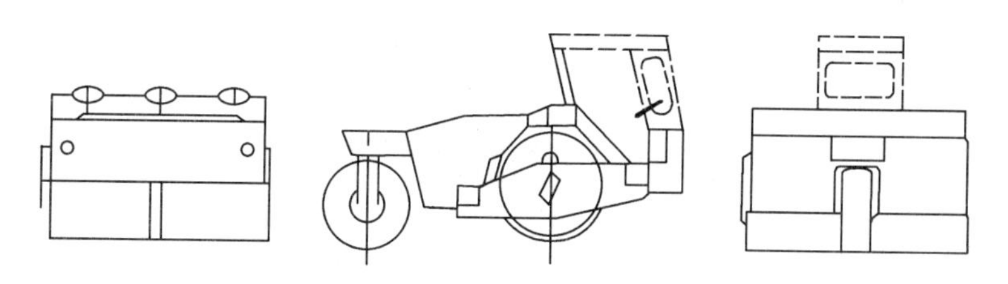

图 9-8　两轮并联振动压路机

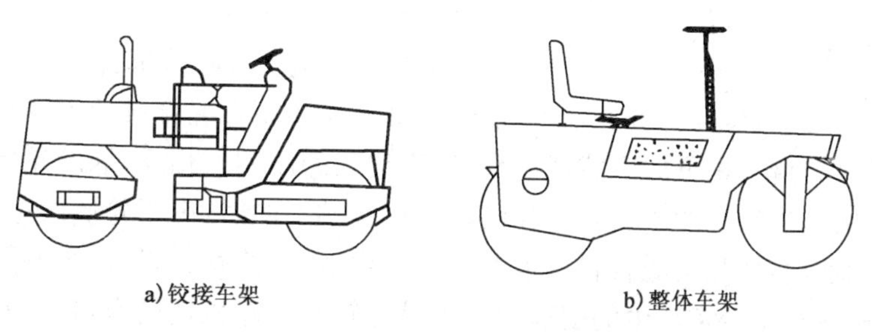

图 9-9　两轮串联振动压路机

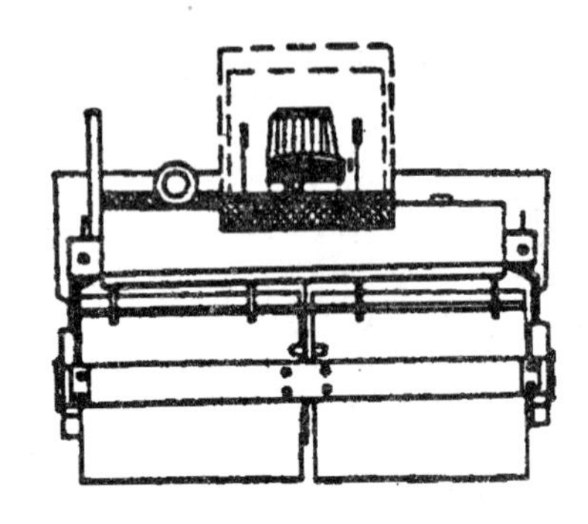

图 9-10　四轮振动压路机

拖式振动压路机主要有光轮振动压路机、凸块式振动压路机、羊足振动压路机、格栅振动压路机等。如图 9-11 所示,作业时由牵引车拖行作业,牵引车一般用推土机或拖拉机。

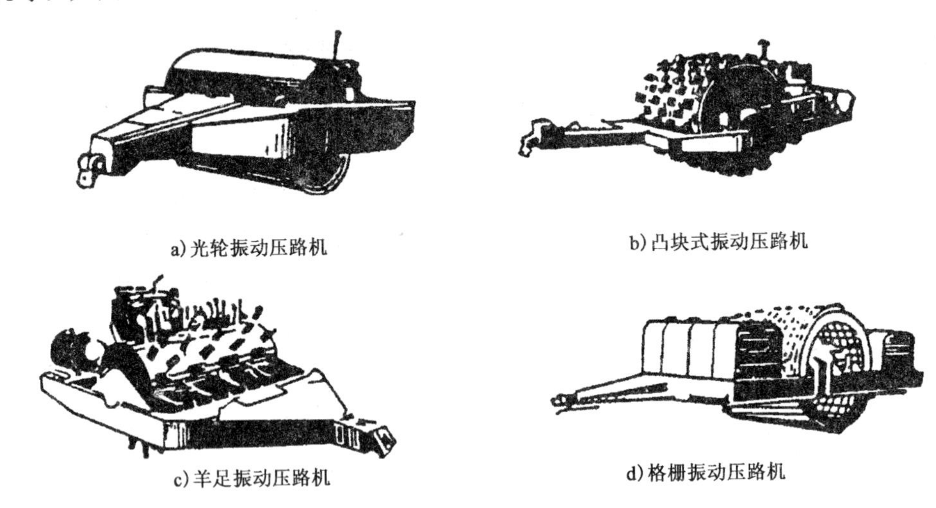

a)光轮振动压路机　b)凸块式振动压路机　c)羊足振动压路机　d)格栅振动压路机

图 9-11　拖式振动压路机

9-5　轮胎压路机

轮胎式压路机是利用充气轮胎的特性来进行压实的机械。它除有垂直压实力外,还有水平压实力。这些水平压实力,不但沿行驶方向有压实力的作用,而且沿机械的横向也有压实力的作用。由于压实力能沿各个方向移动材料粒子,所以可得到最大的密实度。这些力的作用加上橡胶轮胎弹性所产生的一种"揉搓作用",结果就产生了极好的压实效果。

如果用钢轮压路机压实沥青混合料,钢轮的接触线在沥青混合料的大颗粒之间就形成了"过桥"现象,这种"过桥"留下的空隙,就会产生不均匀的压实。相反,橡胶轮胎揉搓并沿着这些轮廓压实,从而产生较好的压实表面和较好的密实性。同时,由于轮胎的柔性,不是将沥青混合料推在它的前面,而是给混合料覆盖上最初的接触点,给材料以很大的垂直力,这样就会避免钢轮压路机压实中经常产生的裂缝现象。另外轮胎压路机还具有可增减配重、改变轮胎充气压力的特点,这样更有益于对各种材料的压实。

轮胎压路机不仅可以广泛用于压实各类建筑基础、路面和路基，而且更有益于压实沥青混凝土路面。

轮胎式压路机分为拖式和自行式两种，目前主要使用自行式。

轮胎压路机实际上是一种多轮胎的特种车辆。它由发动机、传动系统、操纵系统和行走部分等组成。图9-12所示为轮胎压路机总体构造。

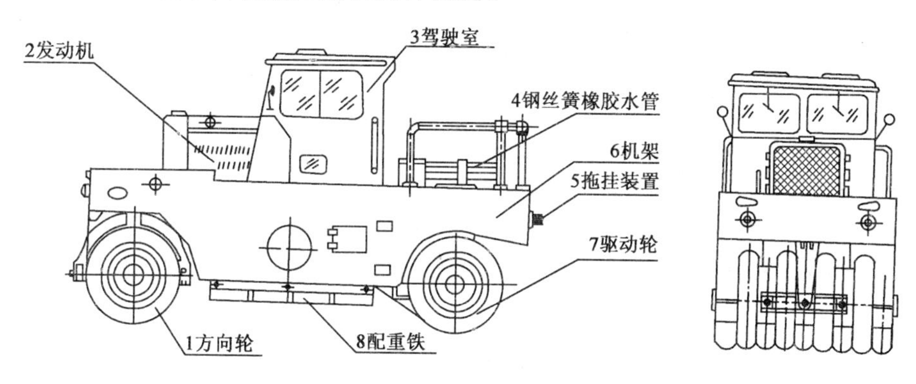

图9-12 YL19/16型轮胎压路机构造简图

9-6 土壤的压实特性

试验研究表明，土壤受压时，土粒中的空气极少部分在压力作用下溶于水中，而大部分被排出土外，土粒不断靠拢，重新排列成密实的新结构，从而提高土的密实度。土壤受压时，开始空气排出较快，以后逐渐减慢，当压到一定程度后，空气几乎不再排出，如再压只能使土壤产生弹性变形。

机械压实是一种动力作用，根据试验结果，土壤压实有以下规律：

(1)同一种类型的土壤，在同样的施压条件下，如果含水量不同，压实的密实度也不相同。土壤含水量过高或过低其密实度都不能达到最大，土壤最佳含水量时的密实度如表9-2所示。

各种土壤的最佳含水量和最大密实度　　表9-2

土壤类别	最佳含水量(%)	最大密实度(kg/cm³)	土壤类别	最佳含水量(%)	最大密实度(kg/cm³)
砂土	8～12	1.80～1.88	亚黏土	12～15	1.85～1.95
亚砂土	9～15	1.85～2.08	重亚黏土	16～20	1.67～1.79
粉土	16～22	1.61～1.80	黏土	19～23	1.58～1.70
粉质亚黏土	18～21	1.65～1.74			

(2)对同一种土壤增加施压次数，可以在较小的含水量下得到较大的密实度，但这是有限度的。当达到这一限度后，如果还要提高密实度，就应增加施压的重量，但也有限度，当达到这一限度后，再增加重量和施压次数，也只能引起土壤的弹性变形。

(3)土壤在外力作用下，所得到的压实效果是表层的密实度大，随着深度的增加其密实度逐渐递减。

(4)非黏性土与黏性土的压实性是不相同的。前者在静力作用下压缩性较小,而在动力作用下,特别是在振动作用下很易压实。黏性土在含黏土颗粒多,或者含水分过多时,都不易压实。

从上述规律中可知,含水量的多少对土壤压实是一个重要的因素。一般情况下,自然土的含水量大多接近最佳含水量,因此,施工中对新铺土应及时压实。此外,压实机械的重量、施压次数和分层厚度都会影响压实效果。对于一定重量的压实机械,如果增加压实次数,可以使土壤在较小的含水量下得到较大的密实度,但效果是有限的。再要增加密实度,则应增加压实机械的重量,或减少每层的厚度。

对较湿的黏土,经施压后有时会出现弹簧现象,这时必须进行处理,否则无法压实。处理的方法除开挖晒干后再行填筑外,对于大面积的弹簧土地段,可采用挖明沟、挖土井或设置脊沟等办法疏干后,再进行压实,必要时应将弹簧土挖掉另换干土、砂砾土、煤渣等。

对砂性土壤压实时,由于水分不断地从砂土中渗透,虽然当时湿润,但瞬时即干,故效果不大。因此,压实砂土的特殊方法就是大量洒水,这样方可获得较好的压实效果。

9-7　压实机械的选择和使用

图 9-12 所示是高等级公路施工中常用的压实机械,分别适用于土基、基层及沥青混合料的压实。包括静力作用光轮压路机、轮胎压路机、振动压路机及振动平板夯和快速冲击夯等。

一、压实机械选择的基本原则

对于压路机的选择,应根据土壤类型和湿度、压实度标准、压实层厚度、压路机的生产率、施工条件以及和其他土方机械的配合等因素综合考虑。如一般黏性土壤可选取用光轮压路机;如土壤湿度越小,路基所需的压实度越大,铺设层较厚,特别是重质土壤,则需选用重型压路机,并给予较多遍数的碾压。另外,还应根据土方机械和运输工具的生产能力,相应地选择压路机数量和类型。碾压不同的路面时,压路机的选用及施工程序,应严格遵守有关规定。

在路基、路面的压实中,除了应正确选择不同性能的压实机械外,施压中还应特别注意压实的均匀性。一般在组织路基机械化施工中,应尽可能地利用土方施工机械和运输机械分层填筑、分层压实。

二、压实机械的使用范围

适用于土基、基层及沥青混合料的常用压实机械如图 9-13 所示。

1.静力光轮压路机

静力光轮压路机单位线压力小,压实深度浅。对于轻型和中型光轮压路机适用于压实一般的土路基、砾石、碎石类基层,对于重型和特重型压路机可压实大块石填筑的路基和碎石结构层。

2.轮胎压路机

轮胎压路机机动性好,便于运输,进行压实工作时与轮胎同时变形,全压力作用时间长,接触面积大,并有糅合的作用,压实效果好。适用于压实黏性土、非黏性土,如黏土、砂黏土、砂土和砂砾石等。轮胎压路机压实沥青混凝土路面时压实力在铺层中的分布如图 9-14 所示。

3.振动压路机

振动压路机单位线压力大，振动力影响深，因此压实深度较大，压实遍数相应减少。振动压路机种类繁多，应用广泛。光轮振动压路机最适用于压实非黏性土（破土、砂砾）、碎石、块石，在断开振动机构后还可作为静作用压实机械来进行整平作业。羊脚（凸块）式振动压路机既可压实非黏性土，又可压实含水量不大的黏性土和细颗粒砂砾，以及碎石土。振动压路机适用范围如表9-3所示。振动压路机压实路面图如图9-15所示。

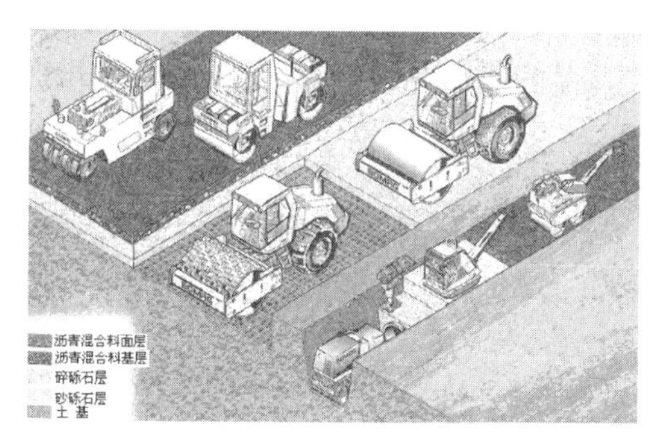

图9-13 适用于土基、基层及沥青混合料的常用压实机械

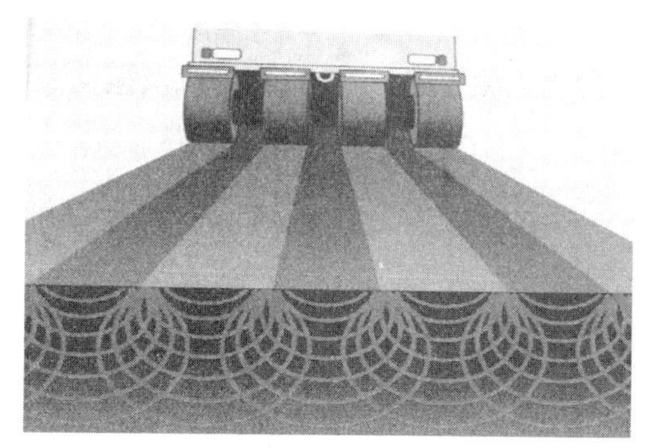

图9-14 轮胎压路机压实沥青混凝土路面时压实力在铺层中的分布示意图

振动压路机适用范围 表9-3

质量和形式	块石	砂砾石		粉土、粉质土、冻碛土		黏土	
		优良级配	均匀粒级	粉质砂、粉质砾石、冻碛土	粉土、砂质粉土	低、中强度黏土	高强度黏土
3t以下光轮		△	△	△	△		
3～5t光轮		○	○	△	△	△	
5～10t光轮	△	○	○	○	△	△	△
10～15t光轮	○	○	○	○	△	△	△
振动凸块式			△	△	○	○	○
振动羊足式			△	△	△	○	○

注：○表示适用，△表示可用。

a）稳定土基层压实

b）沥青混凝土面层压实

图9-15 振动压路机压实路面

4. 夯实机械

夯实机械分振动夯实及冲击夯实,它们体积小,质量轻,主要用于狭窄工作面的铺层压实。振动夯用于非黏性砂质黏土、砾石、碎石的压实;而冲击夯则适宜于黏土、砂质黏土和石灰土的夯实作业。

9-8 压路机生产率的计算

静力光轮压路机、轮胎压路机及振动压路机生产率是指单位时间内压实好的面积,计算公式为

$$F=\frac{60(B-b)LK_{\mathrm{B}}}{\left(\frac{L}{v}+t\right)n} \tag{9-2}$$

式中:F——压路机生产率,$\mathrm{m^2/h}$;

B——一条压实带宽度,m;

b——相邻两压实重叠宽度,$b=\frac{B}{3}$,m;

L——压实带长度,m;

v——滚压速度,m/min;

t——终点换向时间,一般取 0.07~0.08min;

n——同一地点需碾压的次数;

K_{B}——时间利用系数。

凸爪式碾压机的生产率以单位时间内完成的土方量来计量,计算公式为

$$Q=\frac{1\,000v(B-b)hK_{\mathrm{B}}}{n} \tag{9-3}$$

式中:Q——压路机生产率,$\mathrm{m^3/h}$;

v——碾压时的工作速度,km/h;

B——碾压带宽度(一次碾过),m;

b——碾压带重叠宽度,一般取 0.25m;

h——碾压层厚度,m;

n——同一地点需碾压的次数;

K_{B}——时间利用系数。

9-9 路基压实标准

衡量土壤压实效果的重要指标是土壤密实度,它与土壤的强度和稳定性有十分密切的关系,所以,一般都用它来衡量压实质量。

我国是以压实度作为控制土壤密实度的标准。

所谓压实度即实际达到的密实度 σ 与最大密实度 σ_0 之比，其比值用 K 表示，即

$$K=\frac{\sigma}{\sigma_0} \tag{9-4}$$

正确确定压实度 K，不但对保证路基、路面的质量十分重要，而且还关系到压实工作的经济性。我国公路路基压实标准如表 9-4 所示。

确定压实度 K，需根据公路所在地区的气候条件、土壤水温状况和路面类型等因素综合考虑，对冰冻、潮湿地区和受水影响大的路基，要求应提高，对于旱地区和水文良好地段要求可低些。路面等级高要求高，路面等级低要求可低些。

公路路基压实标准 表 9-4

填挖类型		路面底面计起深度范围(cm)	压实度(%)		
			高速公路、一级公路	二级公路	其他公路
路堤	上路床	0～30	≥96	≥95	≥94
	下路床	30～80	≥96	≥95	≥94
	上路堤	80～150	≥94	≥94	≥93
	下路堤	>150	≥93	≥92	≥90
零填及路堑路床		0～30	≥96	≥95	≥94
		30～80	≥96	≥95	

第10章 石方机械与石质路基施工

在路基工程施工中，除了需要修筑路堤和开挖路堑外，当线路通过山区、丘陵以及傍山沿溪段时，还会遇到集中的和分散的岩土地区，这样就必须进行石方施工。此外在路面和其他附属工程中也需要大量的石料，因此也需要开采加工。目前石方工程多采用钻孔爆破，而且药孔也逐渐由浅孔到深孔，并发展到综合爆破，同时又改进了炸药的配剂和混合工艺，不但提高了施工效率，而且也使施工技术获得重大革新，大大提高爆破威力，爆破后的清方和装运也基本实现机械化。

10-1 爆破的基本概念

一、爆破作用圈

所谓爆破就是利用炸药爆炸时产生的热量和高压，使岩体和周围介质受到破坏和移位。为了爆破某一岩体，可在岩体内或表面放置一定数量的炸药，这种炸药称为药包。药包在无限均匀介质（土或岩石）内部爆炸时，爆炸能呈同心圆球状向四周扩散，距离药包中心不同区域的介质所受到的爆炸力也不同，这就使不同区域的介质产生不同程度的破碎和震动。这种现象随着与药包中心间距离的扩大而逐渐消失，这里把受到爆炸作用群的作用范围称为爆炸圈。爆炸圈可分成四个作用圈，如图10-1所示。

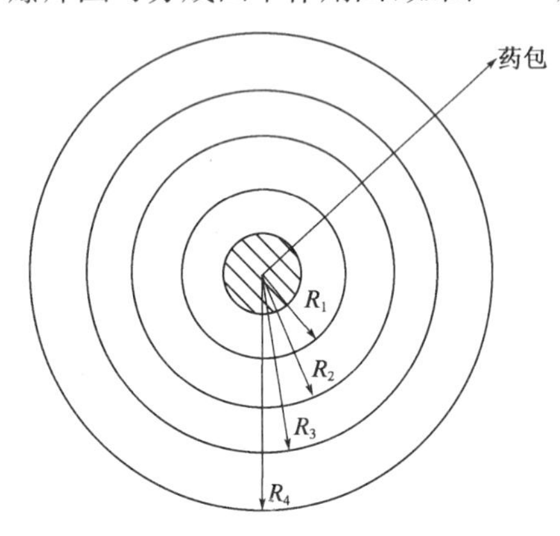

图10-1 爆破作用圈

R_1-压缩圈半径；R_2-抛掷圈半径；R_3-松动圈半径；R_4-震动圈半径

1. 压缩圈

直接与药包接触的一层介质。所承受的爆炸力最大，足以使介质受挤压而粉碎，这一部分称为压缩圈。

2. 抛掷圈

压缩圈以外的一层介质。介质在爆炸力作用下被压成碎块，并获得足够的能量使碎块向临空面方向抛掷，这一部分称为抛掷圈。

3. 松动圈

在抛掷圈以外的一层介质，由于爆炸力的减弱，只能使介质结构松散、破碎，这一部分称为松动圈。

4. 震动圈

在松动圈以外距离药包最远的介质层，爆炸力已减

弱到只能使其产生震动而不能破坏其结构，这一部分称为震动圈。

二、爆破漏斗

药包在有限介质内爆炸时，在具有临空面的表面都会形成漏斗状爆破坑，称爆破漏斗。爆破漏斗的形状、数量和大小，不但与药量大小、炸药炸能及介质的性能有关，同时还与临空面的数量和所处的地形条件有关。

1. 各类地形的爆破漏斗

（1）倾斜地形的爆破漏斗　爆破坑呈卧置的椭圆锥体，如图 10-2 所示。

（2）平坦地形的爆破漏斗　当地面横坡为零时，崩塌漏斗消失，爆破坑成为倒置的圆锥体，如图 10-3 所示。

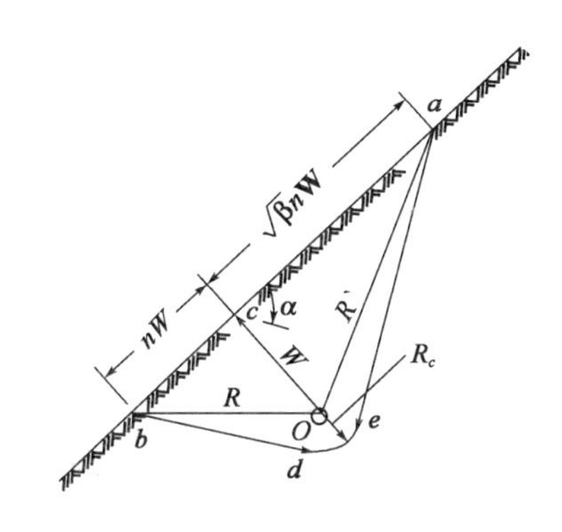

图 10-2　倾斜地形的爆破漏斗

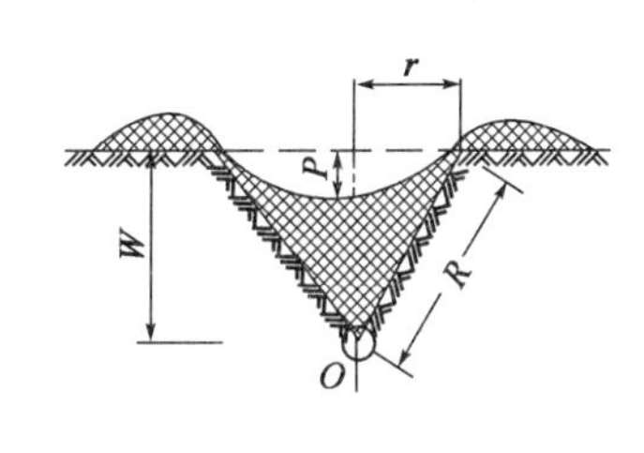

图 10-3　平坦地形的爆破漏斗

（3）多面临空地形的爆破漏斗　若临空面不只是一个，则在各临空面内均形成一个爆破漏斗，最大成半球形或球形。2～3 个临空面的爆破漏斗一般由临空方向的抛掷漏斗和倾斜方向的崩塌漏斗组成，如图 10-4 所示。

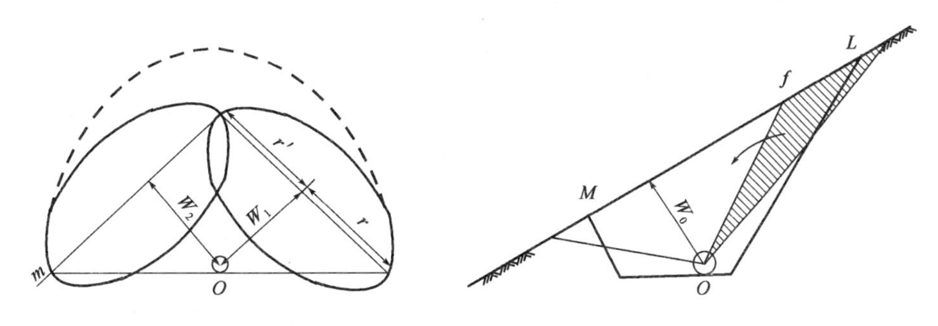

图 10-4　多面临空地形的爆破漏斗

（4）垭口地形的爆破漏斗　由两个崩塌漏斗和一个抛掷漏斗组成，如图 10-5 所示。

2. 爆破漏斗要素

（1）最小抵抗线 W　由药包中心到介质临空面的最短距离。

（2）爆破漏斗口半径 r　最小抵抗线与临空面的交点至爆破漏斗破坏边缘距离，即爆破漏斗底部的半径称为爆破漏斗半径。

(3)破坏作用半径 R(又称破裂半径) 从药包中心至介质临空面上爆破漏斗口边缘的距离,称为破坏作用半径(或破裂半径)。在倾斜地形,又分为上破裂半径 R' 及下破裂半径 R(下破裂半径与平坦地面时的破坏作用半径相同)。

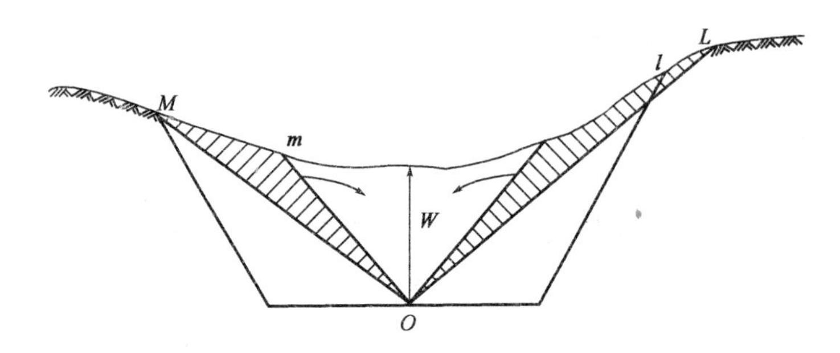

图 10-5 垭口地形的爆破漏斗

(4)抛掷率 E 以抛出的岩土数量占爆破岩土总数量的百分数表示,即抛掷漏斗体积 $V_{抛}$ 与爆破漏斗体积 $V_{破}$ 之比的百分数

$$E=\frac{V_{抛}}{V_{破}}\times 100\% \tag{10-1}$$

(5)爆破作用指数 n 爆破作用指数 n 是衡量爆破漏斗口大小的指标。用爆破漏斗口半径 r 与最小抵抗线 W 的比值表示

$$n=\frac{r}{W} \tag{10-2}$$

三、爆破分类及使用范围

按药包在介质中爆破作用性质及地面横坡度,可将爆破分为以下几种类型,如表 10-1 所示。

爆 破 分 类 表 表 10-1

类　型	地面横坡度 α (°)	爆破作用指数 n 的使用范围	抛掷率 (%)	适 用 条 件
扬弃爆破	<15	1.5~2.25	60~80	平坦地形的路堑
抛掷爆破	>15	1.00~1.75	60~70	斜坡地形的路堑
抛坍爆破	>30	1.00	50~90	斜坡地形的半路堑
多面临空爆破	>15	1.00~1.50	50~80	具有两个以上临空面的地形,如山嘴、山包处的路堑、半路堑
定向爆破	0~90	1.0~2.0	40~70	用于移挖作填、陡坡及峡谷地形
松动爆破	0~90	≤1.0	—	开采石料,深挖路段边坡较陡时,下部采用松动爆破

10-2　炸药、起爆器材和起爆方法

一、爆炸与炸药

1.爆炸

爆炸是物质发生非常迅猛的物理和化学变化的现象，同时其释放的能量极快地转变成动能或机械能，可使周围介质破坏。

任何爆炸现象均具有下列特征：

(1)在爆炸时，作用在周围介质上的压力突然增高。

(2)周围介质震动。

(3)发生声音。

2.炸药

炸药是一种易爆物质，当它在某种作用(如燃烧、火花、冲击和撞击)的影响下，能极迅猛地转变为其他化合物，并放出巨大的能量、产生高温气体(爆炸瞬间温度可达2 000～3 000℃)，导致爆炸地点周围被破坏。

(1)起爆炸药　它是一种爆炸速度极高的烈性炸药，爆速可达2 000～8 000m/s，主要用于制造雷管和速燃导火索等。常用的有雷汞、迭氮铅等。

(2)爆破炸药　用于对岩石或其他介质进行爆破的炸药，要求它的敏感性低，要在起爆炸药强力的冲击下才能爆炸，工程常用的有：

①黑色炸药　是由硝酸钾(或硝酸钠)、硫黄和木炭所组成的混合物，对火星和冲击及敏感，易燃烧爆炸，怕潮湿，威力低，适用于石料开采。

②硝铵炸药　是由硝酸铵、梯恩梯和少量木粉所组成的混合物，对冲击或摩擦不敏感，吸湿能力强，受潮后不能充分爆炸。

③胶质炸药　是由硝化甘油和硝酸铵的混合物、另外混入一些木粉和稳定剂制成，特点是对冲击、摩擦和火星都很敏感。但抗水性较强，爆炸威力大，适用于水下和硬岩石爆破。

④梯恩梯(三硝基钾苯)　呈结晶粉末状，淡黄色，压制后呈黄色，熔铸块呈褐色，不吸湿，爆炸威力大。但本身含氧不足，爆炸时产生有毒的一氧化碳气体，不宜用于地下作业。

二、起爆器材

1.工业雷管

雷管是常用的起爆器材，按照引爆方式分为火雷管和电雷管。火雷管(普通雷管)是用导火线点燃起爆药包用的，火雷管一般分为10个规格，号数大的起爆能力强，工程上常用规格为6号、8号。电雷管与火雷管类似，所不同的是用一个电器点火装置代替了导火索起爆。

2.导火索

导火索是用来起爆火雷管和黑火药的，它是一种圆形的直径为5.2～5.8mm的绳索，由索壳和药芯组成，索壳一般由棉线、纸沥青绕成或采用塑料管壳，表皮为白色。导火索的药芯为黑火药，易受潮。受潮后对燃烧性能影响很大，即使干燥后也有影响，所以保管导火索要采取防潮措施。

在工地使用导火索前，应作外观检查，并取60cm长的一段做燃烧性能检验。检验时，可用石头打击一下，再压上或用脚踩上点燃，若能从一端燃至另一端，燃速无大的变化，则合格。若在潮湿有浸水的工地使用时，还应作耐水性能检验。对于不合格的应避免使用。

3. 导爆索

导爆索又称传爆线。导爆索的品种有普通、抗水、高能和低能四种。导爆索的索芯采用高级烈性炸药制成，一般要求索芯粗细及密度均匀。导爆索的作用主要是传递爆炸，引爆炸药，爆速为6 500～7 000m/s。为了与导火索区别，外表涂成红色或红白相间色。

导爆索本身不易燃烧，通常只用在大爆破或重要爆破工程中。在某些特殊情况下，如工作面存在杂散电流、雷击频繁的地区和季节、无法使用电力起爆时，可代替电雷管起爆。

三、起爆方法

1. 火花起爆

火花起爆是利用燃速一定的导火索的火花燃烧来引爆雷管，由雷管再引爆炸药的一种方法。

2. 电力起爆

通过一定量的电流使电雷管发生爆炸，再引爆炸药的一种方法。电雷管的连接形式有串联、并联和混联三种。

此外还有传爆线起爆法。传爆线的索芯是用高级烈性炸药制成，但着火较难，使用时须在药室外的一段传爆线上捆扎一个8号雷管来传爆，传爆网路与药包的连接方式有关，有串联、并联和共簇联等。

10-3 凿岩机械

在凿岩工作施工作业中，凿岩机械主要用于在坚硬岩石中的钻凿炮孔，是石方工程施工的关键设备。凿岩机械的工作对象是岩石，在石方工程中，通常是采用凿岩爆破法将岩石从岩体上崩落下来。

根据使用的动力不同，凿岩机有风动、电动、液压以及内燃凿岩机等。

一、风动凿岩机使用技术

风动凿岩机是一种双作用的活塞式风动工具，以压缩空气为驱动动力。压缩空气从储气筒经管路进入凿岩机的机体，通过配气机构的作用，使压缩空气交替的进入气缸2的两端。与此同时，气缸两端由于配气机构的作用而交替排气。在气缸两腔压力差的作用下，活塞1在气缸中往复运动，冲击钢钎3进行凿岩作业，如图10-6所示，这种凿岩机目前国内应用较广。

风动凿岩机的使用技术为：

(1)风动凿岩机使用时，要求凿岩机进风口处压缩空气干燥，风压应保持500kPa，最低不得低于400kPa；要求使用洁净的软水，在不得已使用酸性或碱性水时，凿岩机工作完毕后应即

注入一些润滑油，关水空运转稍许时间。

(2)启用新机器时要进行清洗重装，重装后都要开一下空车，检查运转是否正常。但空车时间不能超过2～3min。时间过长，气缸气垫区温度过高，容易产生研缸现象。

(3)做好管道清洗和例行的拆卸检修工作，使机器经常处于良好的工作状态，并应经常注意加注润滑油，严禁无油作业。

(4)操作上应注意先开风后开水，先关水后关风，并注意水压应低于风压，防止水倒流入凿岩机气缸内部，破坏机器的正常润滑，影响机器正常运转。

(5)当凿岩机卡钎器转动很慢时，应立即通过调压阀减少气腿的轴推力。如出现钎杆已不转，经减小气腿轴向推力无效时，应立即停止凿岩，消除卡钎故障后再进行凿岩。

(6)工作完毕后，关闭水阀以小风让凿岩机作短时间空运转，排除积水，防止锈蚀。

(7)凿岩机较长时间停止使用时，应及时将其擦洗干净并涂上防锈油，放干燥处保存。

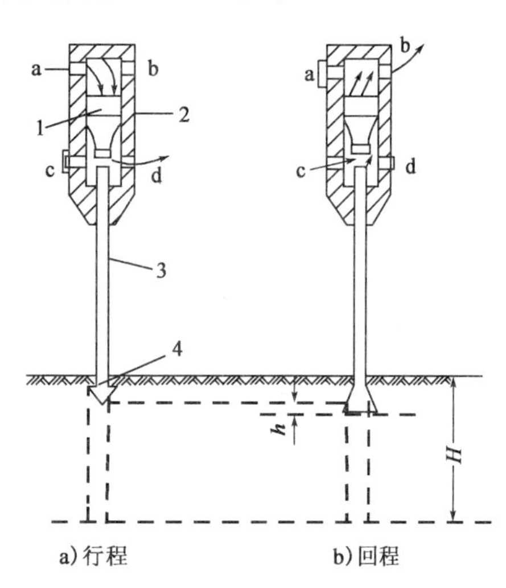

图10-6　风动凿岩机的工作原理

1-活塞；2-气缸；3-钢钎；4-钎头；

a-上进气门；b-上排气门；c-下进气门；d-下排气门

二、液压凿岩机使用技术

液压凿岩机是近20年发展起来的新型凿岩设备，液压凿岩机以高压液体为驱动力，动力消耗少，能量利用率高，使用日益广泛。图10-7所示为瑞典阿特拉斯·科普科公司的COP1038HD型液压凿岩机结构。它是由机体、冲击机构、转钎机构、液压系统和排粉装置组成。冲击机构由冲击活塞6、缓冲弹簧4和密封装置5组成；转钎机构由液压马达9、花键连接套10、传动轴11、驱动齿轮13以及转钎齿轮套3组成。液压马达可正反转，还能随着油压流量调节实现无级调速；液压系统有油压流量调节器7和蓄能器12，可根据岩质调节冲击频率和转钎的回转速度；排粉装置采用旁侧供水口2，可保证岩粉排除和钻头冷却的需要。

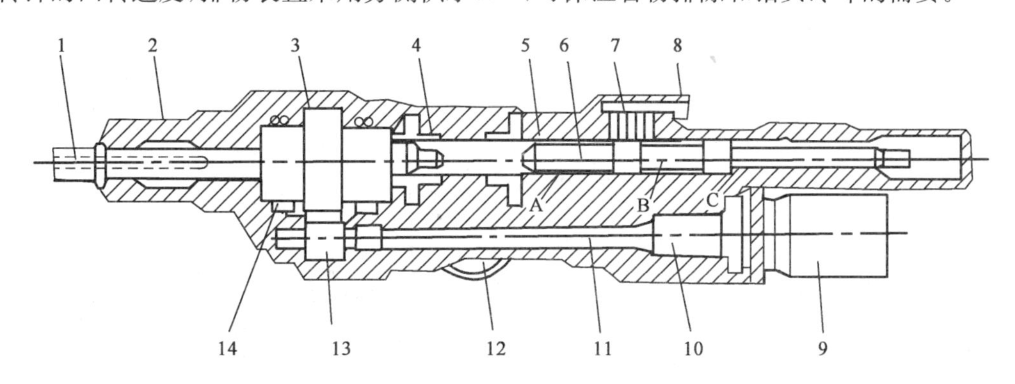

图10-7　COP1038HD型液压凿岩机结构示意图

1-钎尾；2-旁侧供水口；3-转钎齿轮套；4-缓冲弹簧；5-密封装置；6-冲击活塞；7-油压流量调节器；8-流量调节螺钉；9-液压马达；10-花键连接套；11-传动轴；12-蓄能器；13-驱动齿轮；14-滚动轴承

液压凿岩机的使用技术为：

(1)液压凿岩机在起动前应检查蓄能器的充气压力是否正常；检查冲洗水压和润滑空气压力是否正确；检查润滑器是否有足够的润滑油，供油量是否合适；检查液压泵电动机的回转方向。

(2)凿岩时应把推进器摆到凿岩位置，使前端抵到岩石上，小心操作让凿岩机向前移动，使钻头接触岩石；开孔时，先轻轻让凿岩机推进，当钎杆在岩中就位后，再调至全开位置。

(3)凿岩机若不能顺利开孔，则应先操纵凿岩机后退，再让凿岩机前移，重新开孔。

(4)在更换钎头时，应将钻头轻抵岩石，让凿岩机电动机反转，即可实现机动卸钎头。

(5)液压元件的检修只能在极端清洁的条件下进行，连接机构拆下后，一定要用洁净紧配的堵头立即塞上。液压系统的机构修理后，在凿岩机重新使用之前，必须把液压油循环地泵入油路，以清洗液压系统的构件。

(6)应定期检查润滑器的油位和供油量；定期对回转机构的齿轮加注耐高温油脂；定期检查润滑油箱中的油位，清除油箱内的污物或杂质。

(7)若要长期存放，则应用紧配的保护堵头将所有的油口塞住，彻底清洗机器并放掉蓄能器里的气体。凿岩机应放在干燥清洁的地方存放。

10-4　爆破与清方工程

石方爆破施工分为炮孔位置的选择、凿孔、装药、堵塞、引爆和清方等工序。

一、炮孔位置的选择

炮孔位置的选择十分重要，炮孔的位置、方向和深度都会直接影响爆破效果。选择孔位时应注意岩石的结构，避免在层理和裂缝处凿孔，以免药包爆炸时气体由裂缝中泄出，使爆破效果降低或完全失效。

炮孔应选在临空面较多的方位，如图 10-8a)所示，或者有意识地改造地形，使第一次爆破为第二次爆破创造较多的临空面，如图 10-8b)所示。其他爆破参数应根据工地的具体情况和实践经验来确定，一般经验数值如下。

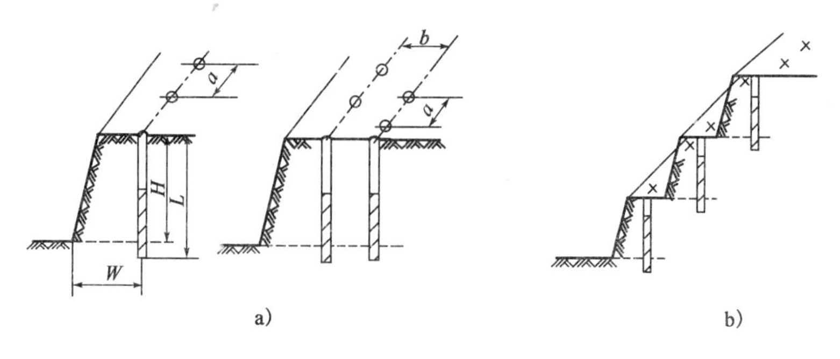

图 10-8　改造地形增加临空面

1. 最小抵抗线

抵抗线过大会使岩块过大，且容易残留炮根，过小会导致岩石飞散和炸药的消耗量增加，

一般为梯段高度的70%～80%。

2. 炮孔深度

采用台阶式爆破时，炮孔的深度应该使爆破后的地面尽量与原地面平齐。较硬的岩石易留炮根，因此炮眼的深度L应大于岩层厚度H，软岩石可小于台阶高度，一般是：

坚石　　$L=(1.0\sim1.15)H$

次坚石　　$L=(0.85\sim0.95)H$

软石　　$L=(0.7\sim0.9)H$

3. 炮孔距离和行距的确定

两孔之间的距离为孔距a，两排炮孔之间的距离为行距b，孔距的大小与起爆方法和最小抵抗线W有关。

火花起爆　　$a=(1.4\sim2.0)W$

电力起爆　　$a=(0.8\sim2.3)W$

采用多排炮孔爆破时，炮孔应按梅花形交错布置。行距b约为$0.86a$。

二、凿孔

选孔工作完成后，即可进行凿孔。凿孔的技术要求与采用何种爆破方法有关。目前使用的有浅孔爆破和深孔爆破两种。

1. 浅孔爆破

浅孔爆破常用于爆破的岩石数量不大，药包是装入平行排列的工作面内的，可凿成一行或多行炮孔。通常多用手提式凿岩机凿孔，孔径在75mm以内，深孔不超过5m，可用电力或速燃引爆线引起药包同时爆炸。这种爆破适用于工程不大的路堑开挖、采石和大块石的再爆破等。其用药量多按炮孔深度和岩石性质而定。一般装药深度为孔深的1/3～1/2。

2. 深孔爆破

对孔深大于5m、孔径大于75mm的炮孔进行爆破，通称深孔爆破。钻凿大型炮孔多采用冲击式凿岩机或潜孔凿岩机。因一次爆破的石方量大，所以能加快施工进度，如果有适当的装运机械配合，则可以全面实现机械化快速施工，是今后石方开挖的发展方向。

三、装药

装药就是把炸药按照施工要求装入凿好的药孔内。装药的方式也是根据爆破方法和施工要求不同而各异，有以下几种装药方式：

1. 集中药包

如图10-9a)、b)所示，炸药完全装在炮孔的底部，这种方式对于工作面较高的岩石，崩落效果较好，但不能保证岩石均匀破碎。

2. 分散药包

如图10-9c)所示，炸药沿孔深的高度分散装置，这种方式可以使岩石均匀地破碎，适用于高作业面的开挖段。

3. 药壶药包

如图 10-9d)所示，这种方式是在炮孔的底部制成葫芦形的储药室，以增大装药量。这种方式适用于岩石量大而集中的石方施工。

4. 坑道药包

如图 10-9e)所示，这种方式不同于上述各种方式的是药包装在竖井或平洞底部特制的储药室内。

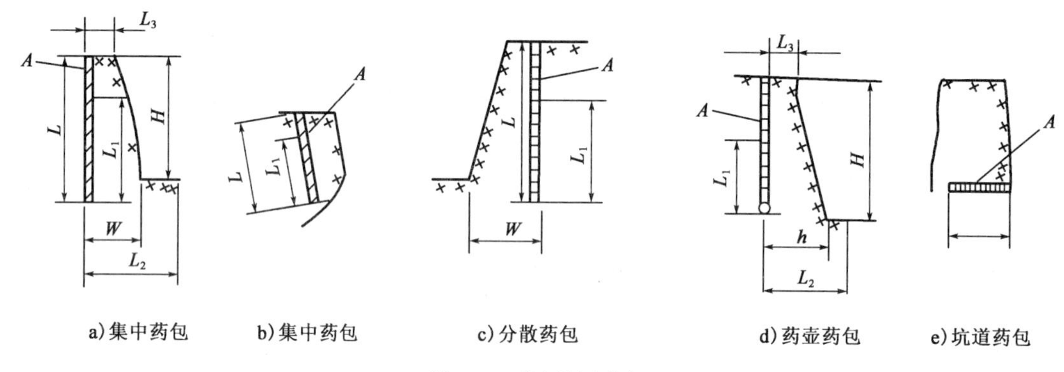

图 10-9　药包装置形式

A-堵塞物；L-炮孔深度；L_1-药包高度；L_2-岩石底面宽度；L_3-岩石顶面宽度；W-最小抵抗线；H-岩石厚度

四、堵塞

堵塞一般可用干砂、石粉、黏土和碎石等。堵塞物的捣实，切忌使用铁棒，一般用木棒或黄铜棒。棒的直径为炮孔直径的 75%，下端稍粗，约为炮孔直径的 90%。在棒的下端开有供导火索穿过的纵向导槽。

五、引爆

引爆就是利用起爆炸药制成的雷管、引火剂或导火索从炮孔的外部引入炮孔的药室使炸药爆破。目前工程中有火花起爆、电力起爆等。

六、清方

当石方爆破后，还需按爆破次数分次清理，清理时一定要根据施工要求和石料的利用情况分别清理。如开挖路堑无填方工程时，则被清理的石料必须组织机械、配合运输工具运出施工现场，以利下次爆破。如是傍山筑路半填半挖，则爆破的碎石可作填方用，此外可用推土机或装载机清方。由于路基施工不同于采石场和矿山开挖，一方面场地狭小，机械设备的布置和使用受限制，另一方面要求机械设备的能力大、效率高，又要机动灵活和有一定的越野性能和爬坡能力。因此在选择清方机械时要考虑以下技术经济条件：

(1)工程期限所要求的生产能力。

(2)工程单价。

(3)爆破岩石和岩堆的大小。

(4)机械设备进入工地的运输条件以及机械撤离和重新进入工作面是否方便。

对以上条件应综合加以分析，而不能孤立地只考虑某一方面。如果只考虑爆破的块度便于正铲挖掘机的挖装，则对于某些结构的岩石来说，可能会大大增加爆破费用。反之，降低了爆破的费用，又会使块度增大，而挖掘机又无法铲装，因此清方机械的选配是比较复杂的。

一般说挖掘机的适应性比较强，但进出工点却比较缓慢；轮式装载机与挖掘机相比机动灵活，另外相同功率的挖掘机和装载机相比，装载机是可以铲装较大块度的石块，而且可以用较少的斗数装满载质量相等的运输工具，但装载机的卸载高度不如挖掘机。此外装载机可以自行铲运，挖掘机则不能。就经济性来说，运距在 30～40m 以内用推土机推运较为经济；40～100m 用装载机比较经济；100m 以上用挖掘机配合自卸汽车比较经济。

10-5 爆破施工组织管理

爆破是一项高险情的工作。爆破过程中，无论哪个环节，一旦发生爆破事故，轻者致伤，重者会造成生命财产的巨大损失。因此爆破的组织管理工作，总要以安全为本的观点贯穿始终。

一、爆破器材的储存和保管

1.爆破材料库址的选择

公路施工的爆破材料库——炸药库和雷管库的设置地点，应按临时爆破材料库址的标准来确定，一般不得小于表 10-2 和表 10-3 中规定的距离。在公路或城市建设的较小爆破施工中，临时需要的少量爆破器材不在药库存放和保管，应得到公安部门的批准，并需采取有效的安全措施和保管制度。

炸药库对临近建筑、构筑物的安全距离(m) 表 10-2

保护对象	炸药库容量(kg)					
	250	500	2 000	8 000	16 000	32 000
居民区、有爆炸和易燃的工厂和仓库，车站，码头	200	250	300	400	500	600
铁路、公路干线，区域变电站，重要建筑物	200	250	300	400	450	600
交通量不大的铁路、公路，高压输电线路，重要航道	50	100	150	200	250	300
钢和钢筋混凝土构筑物，次要的单独构筑物	40	60	80	100	120	150

雷管库与炸药库、雷管库与雷管库间最小允许距离(m) 表 10-3

库房名称	雷管存量(个)							
	5 000	10 000	20 000	30 000	50 000	100 000	200 000	300 000
雷管库与炸药库	5	6	9	11	14	19	27	33
雷管库与雷管库	7	10	15	18	23	32	45	55

2.爆破材料库的管理

(1)库内照明宜用铠装电缆引入。固定式灯具应当用防爆型的，移动式灯具必须使用蓄电池和手电筒。切忌灯泡烘烤雷管。照明设备应经常检查是否牢固，绝缘程度是否良好。

(2)库区内严禁点火、吸烟；任何人不准携带火柴、打火机、武器或其他引火物品进入炸药库；不准穿带钉子的鞋进入黑火药库房。

(3)库区围墙内,要及时清除枯草、干树枝、干树叶,房外围要有足够的防火沟。

(4)爆破材料的储量不得超过设计规定量。

二、爆破人员的素质要求及爆破管理

1. 专业爆破人员

爆破施工必须配备专业施爆人员。施爆人员的思想品德修养必须做到品行端正、作风踏实细致、心理素质良好。专业施爆人员应具备扎实系统的爆破专业理论知识,在爆破施工中能够熟练地分析和处理出现的故障,及时排除险情。

2. 调研、设计和审批

在需用爆破法开挖石方的地段,应查明空中有无缆线,地下有无管线,以及爆区周边建筑结构类型、完好程度和距离远近,然后制定爆破方案。其设计图纸和资料应报送有关部门审批。

3. 合理确定安全警戒范围

进行爆破设计和确定安全警戒范围,应防止周围人畜、设备或建筑物受到爆破飞石的伤害或损坏。露天爆破或二次破碎大块石,总有个别岩块飞散得很远,其飞散距离与爆破参数、堵塞质量、地形、地质构造、气象等因素有关。在一般抛掷爆破施工中,个别飞石范围可按常用经验公式计算

$$R = 20Kn^2W \tag{10-3}$$

式中:R——个别飞石的安全距离,m;

K——安全系数,通常取1.0~1.5,根据地形不同方向上可能产生的飞石条件而定;

n——爆破作用指数;

W——最大一个药包的最小抵抗线,m。

由于地形高差的影响,飞石向下坠落所增大的距离ΔX,可按下式计算(忽略空气阻力影响)

$$\Delta x = 2R\cos^2\alpha(\tan\alpha + \tan\beta - 1) \tag{10-4}$$

式中:R——个别飞石距离,m,按式(10-3)计算;

α——最小抵抗线与水平线夹角;

β——山坡坡角。

4. 爆破工序安排

施爆区管线调查→爆破设计与设计审批→配备专业施爆人员→用机械或人工清除施爆区覆盖层和强风化岩石→开凿炮孔→爆破器材检查与试验→炮孔检查与废渣清除→安置药包及起爆器材→布置安全岗和爆区安全员→炮孔堵塞→撤离爆区和飞石、强地震波影响区内的人、畜→起爆→清除瞎炮→评估或测定爆破效果(包括飞石、地震波对施爆区内外建筑物造成的损伤及造成的损失)。

5. 起爆线路敷设

敷设线路前,非接线人员和设备应撤离到安全地点,并在爆破影响区外设警戒,禁止人畜进入影响区;切断场内一切设备的电源。然后从药室开始逐渐向主线和电源方向连接。禁止

先接电源和供电设备，也禁止在雷雨天或黑夜敷设起爆线路。接线时所有的接头要求清洁、接触良好，并用绝缘胶布包好扎牢，以保证电阻稳定，电流正常。

6.爆破的实施

施爆前，应规定醒目清晰的爆破信号，并发布通告，及时疏散危险区的人员、牲畜、设备及车辆；对不能撤离的建筑物应采取保护、加固措施。在危险区周围设警戒。起爆前15min，由总指挥发布起爆准备令，爆破站作最后一次验收检查和安全检查。如无新情况发生，在接到指挥长起爆命令后立即合闸施爆。起爆后应迅速拉闸断电。起爆后15min，由指定爆破专业人员进入爆区进行安全检查，确认无拒爆现象和其他问题后，方能解除警戒。

7.瞎炮处理

瞎炮处理是一项细致而带有一定危险性的工作，瞎炮应由原施工人员参加处理，采取安全措施排除，通常采取下列方法：

(1)找出接头，接上电源重新起爆。

(2)从炮孔中小心地掏出堵塞物，取出起爆体。

(3)对于遇水失效的炸药，用水浸灌药室使炸药失效，然后清除之。

(4)对于中小炮孔，可在原炮孔的最近距离不小于0.6m处，另行打孔爆破；当炮孔不深时，也可用裸露药包爆破。

10-6 石质路堑开挖

由于岩石坚硬，石质路堑的开挖往往比较困难，这对路基的施工进度影响很大，尤其是工程量大而集中的山区石方路堑更是如此。因此，采用何种开挖方法以加快工程进度，是石质路堑开挖需要解决的重要问题。通常，应根据岩石的类别、风化程度、节理发育程度、施工条件及工程量大小等选择爆破法、松土法或破碎法进行开挖。

一、爆破法开挖

爆破法是利用炸药爆炸的能量将土石炸碎，以利挖运或借助爆炸能量将土石移到预定位置。用这种方法开挖石质路堑具有工效高、速度快、劳动力消耗少、施工成本低等优点。对于岩质坚硬，不可能用人工或机械开挖的石质路堑，通常要采用爆破法开挖。爆破后用机械清方，是非常有效的路堑开挖方法。

根据炸药用量的多少，爆破法分为中小型爆破和大爆破，其中使用频率最高的是中小型爆破，大爆破的应用则受多种因素的限制。例如开挖山岭地带的石方路堑时，若岩层不太破碎，路堑较深且路线通过突出的山嘴时，采用大爆破开挖可有效提高施工效率。但如果路堑位于页岩、片岩、砂岩、砾岩等非整体性岩体时，则不应采用大爆破开挖。尤其是路堑位于岩石倾斜朝向路线且有夹砂层、黏土层的软弱地段及易坍塌的堆积层时，禁止采用大爆破开挖，以免对路基稳定性造成危害。

二、松土法开挖

松土法开挖是充分利用岩体的各种裂缝和结构面，先用推土机牵引松土器将岩体翻松，再用推土机或装载机与自卸汽车配合将翻松的岩块搬运到指定地点。松土法开挖避免了爆破作业的危险性，而且有利于挖方边坡的稳定和附近建筑设施的安全，凡能用松土法开挖的石方路堑，应尽量不采用爆破法施工。随着大功率施工机械的使用，松土法越来越多地应用于石质路堑的开挖，而且开挖的效率也越来越高，能够用松土法施工的范围也不断扩大。

松土法开挖的效率与岩体破裂面情况及风化程度有关。岩体被破碎岩石分隔成较大块体时，松开效率较高。当岩体已裂成小石块或呈粒状时，松土只能劈成沟槽，效率较低。多齿松土器适用于松动较破碎的薄层岩体，单齿松土器则适用于松动较坚硬的厚层岩体。松土器型号及松土间隔应根据岩石的强度、裂隙情况、推土机功率等选择，最好通过现场松土器劈松试验来确定。遇到较坚硬的岩石，松土器难以贯入，引起推土机后部翘起或履带打滑时，可用另一台推土机在松土器后面顶推。坚硬完整的岩石难于翻松，可进行适当的浅孔松动爆破，再进行松土作业。

带有松土器的推土机及其松土作业如图10-10、图10-11所示。

图10-10　带有松土器的推土机

图10-11　推土机进行石方路堑的松土作业

三、破碎法开挖

破碎法开挖是利用破碎机凿碎岩块，然后进行挖运等作业。这种方法是将凿子安装在推土机或挖土机上，利用活塞的冲击作用使凿子产生冲击力以凿碎岩石，其破碎岩石的能力取决于活塞的大小。破碎法主要用于岩体裂缝较多、岩块体积小、抗压强度低于100MPa的岩石，由于开挖效率不高，只能用于前述两种方法不能使用的局部场合，作为爆破法和松土法的辅助作业方式。

以上三种开挖方法各有特点，应视施工条件合理选用。挖掘机凿碎岩石作业如图 10-12 所示。

图 10-12　挖掘机正在凿碎岩石作业

第三部分　路面工程机械化施工

第11章 路面基层（底基层）施工

基层是直接位于沥青面层用高质量材料铺筑的主要承重层，或直接位于水泥混凝土面板下用高质量材料铺筑的结构层。底基层是在沥青路面基层下铺筑的次要承重层，或在水泥混凝土路面垫层下铺筑的辅助层。基层（或底基层）按组成材料分为碎砾石、稳定土和石灰工业废渣等三大类。

基层（或底基层）施工都是采用路拌法或厂拌法，所需的机械为稳定土拌和机械或稳定土厂拌设备，配合其他机械如运输汽车、平地机、稳定土摊铺机、压实机械等，组成机械化施工系统进行施工。通常稳定土拌和机械用于路拌法施工，稳定土厂拌设备用于厂拌法施工。

11-1 稳定土拌和机

一、功用

稳定土拌和机（见图11-1）是一种直接在施工现场将稳定剂与土壤或砂石均匀拌和的专用自行式机械。在高等级公路施工中，稳定土拌和机用于修筑路面底基层；在中、低等级公路施工中，用于修筑路面的基层或面层。稳定土拌和机还用于处理软化路基。在港口码头、停车场、航空机场和其他建筑基础等工程中，稳定土拌和机也得到了广泛的应用。稳定土拌和机安装上铣刨转子后，还可以用来铣刨旧的沥青混凝土路面，完成就地破碎再生作业。

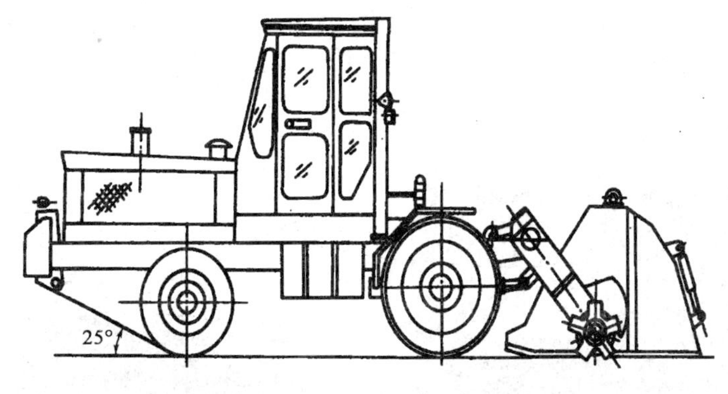

图11-1 稳定土拌和机

二、工作原理及分类

稳定土拌和机由基础车辆和拌和装置组成。拌和装置是一个垂直于基础车辆行驶方向水平横置的转子搅拌器，通称拌和转子。拌和转子用罩壳封遮其上部和左右侧面，形成工作室，如图11-2所示。车辆行驶过程中，操纵拌和转子旋转和下降，转子上的切削刀具就将地面的物料削切并在壳内抛掷，于是稳定剂与基体材料（土壤或砂石）掺拌混合。

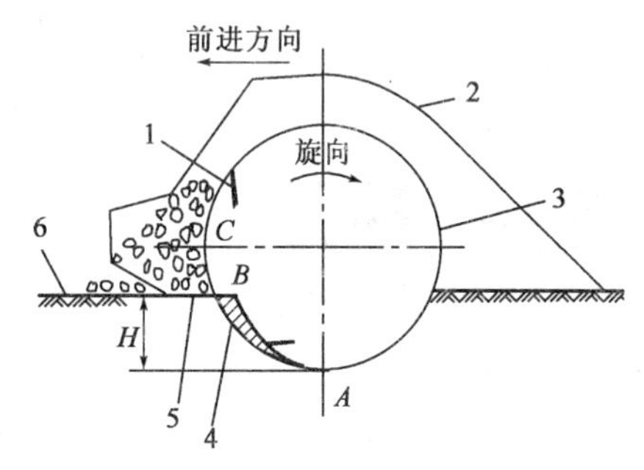

图11-2 拌和转子工作原理图

1-刀具；2-罩壳；3-转子；4-切屑；5-堆集物料；6-地面

根据结构和工作特点，稳定土拌和机可以按以下几个方面进行分类：

(1)按行走部分的形式分类：分为履带式和轮胎式。

(2)按转子和行走机构的驱动方式分类：分为液压驱动式、机械驱动式和混合驱动式（机液结合）。

(3)按拌和装置在车辆上安装的位置分类：分为转子前置式、转子中置式和转子后置式。

(4)按拌和转子旋转方向分类：可分为正转转子和反转转子两种。

稳定土拌和机除了具有拌和功能外，国外生产的功能较为齐全的稳定土拌和机上还具有计量洒（撒）布系统；有的设置液体结合料洒布计量系统，也有的设置粉状材料撒布计量系统，还有兼设这两种洒（撒）布计量系统。

履带式稳定土拌和机由于机动性不好，所以目前很少生产。现代稳定土拌和机以轮胎式为主，其轮胎多为宽基低压的越野型轮胎，以满足机械在松软土壤上行驶作业时对附着牵引性能的要求。国内某些拌和机的前轮为载货汽车轮胎，混合花纹，降压使用（前胎气压为0.33MPa）；后轮安装越野型轮胎，胎面为牵引花纹，胎内气压为0.28MPa。

由于液压技术日趋完善，液压传动具有结构设计布置简单等优点，稳定土拌和机目前以全液压传动为多见。行走和转子拌和系统采用液压马达驱动。

前置转子式稳定土拌和机拌和过的作业面残留有轮迹，仅见于早期生产的稳定土拌和机。中置转子式稳定土拌和机没有上述缺陷，且整机结构比较紧凑，但保养维护转子和更换搅拌刀具时不够方便。后置转子式稳定土拌和机的转子保养维护和搅拌刀具的更换较为方便，也不会在拌和过的表面留有作业轮迹，但是这种布置形式需要在拌和机的前方增设配重，因而增加了整机长度和行驶转弯半径。目前常见的转子布置形式后两种都有。

常见稳定土拌和机如图11-3所示。

a)后置转子式

b)中置转子式

图11-3 常见稳定土拌和机

稳定土拌和机作业时，拌和转子旋转方向与车轮轮胎前进时的转向相同者称为转子正转；反之称为转子反转。转子受力分析示意图如图11-4所示。稳定土拌和机工作装置如图11-5所示。转子结构形式如图11-6所示。稳定土拌和机进行路拌作业如图11-7所示。

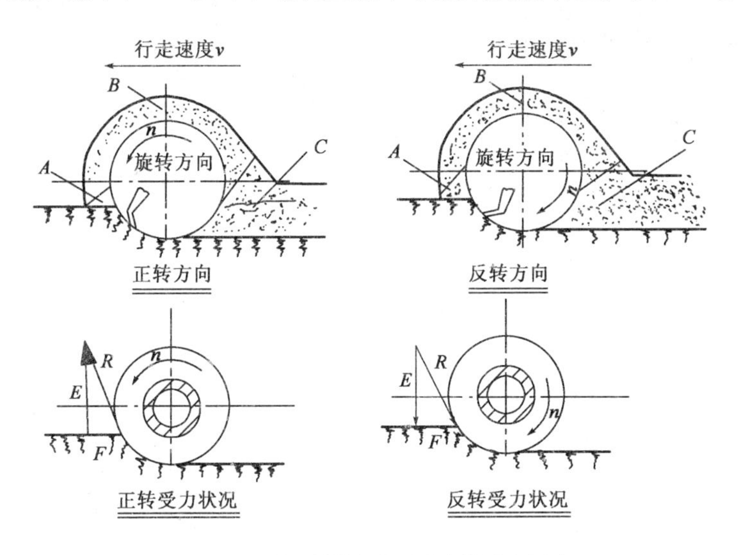

图11-4　转子旋转方向及受力分析示意图

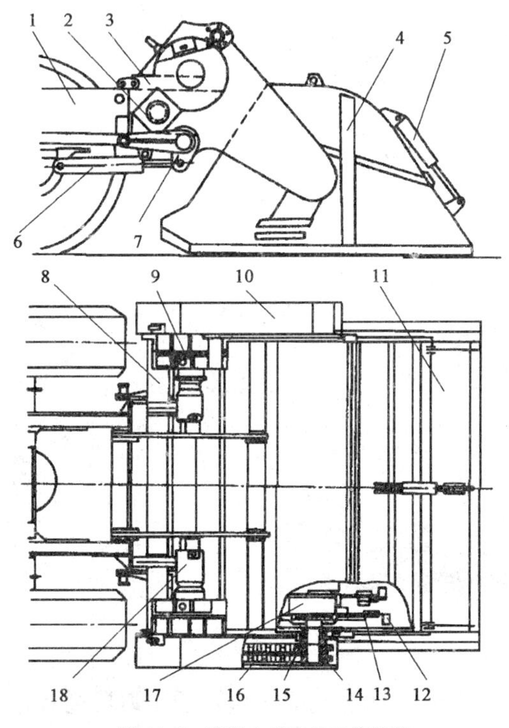

图11-5　稳定土拌和机工作装置

1-主机大梁；2-支承座；3-拉杆；4-转子罩壳；5-尾板液压缸；6-动臂液压缸；7-主横梁；8-行星减速器；9-转子动臂；10-尾板；11-液压马达；12-转子；13-链条；14-链轮；15-轴承；16-刀盘；17-刀片；18-液压缸活塞杆支臂

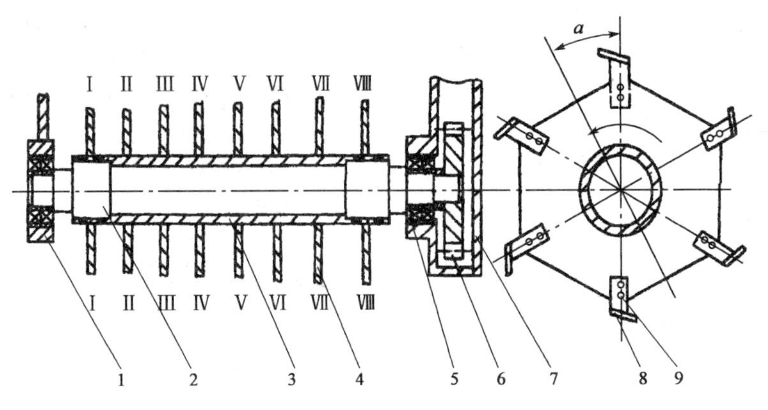

a）刀盘结构式转子

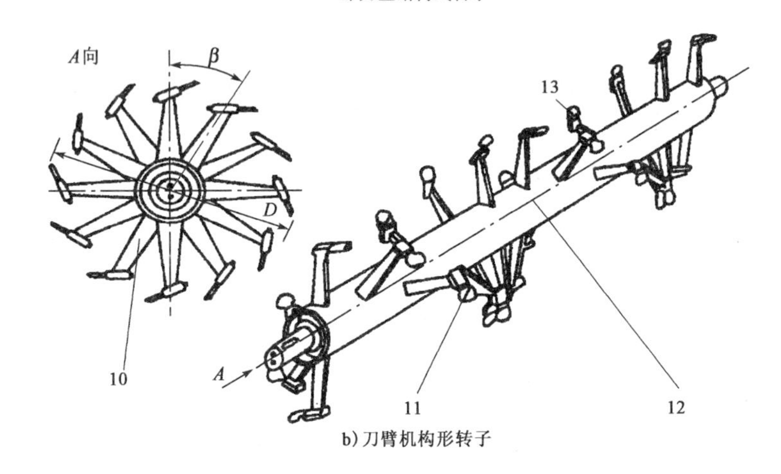

b）刀臂机构形转子

图 11-6　转子结构形式

1-转子动臂；2-转子轴头；3、12-转子轴；4-刀盘；5-轴承；6-链轮；7-动臂侧板；8、13-刀片；9-固定螺栓；10-刀臂；11-刀头

图 11-7　稳定土拌和机正在进行路拌作业

转子正转时，拌和转子从上向下削切土壤。从转子受力情况看，正转转子切削反力的水平分力与拌和机前进方向一致，减少了行进阻力，有助于拌和机的行走。但是，当遇到地下有较大的拌和障碍物时，切削阻力增加很快，会对转子形成冲击载荷。反转方式的拌和转子由下向上翻起土壤进行切削，其切削阻力比正转方式小。在破坏旧的沥青混凝土路面或翻修硬的基

层作业中，切削阻力很大，这时采用反转方式为合理。由下向上翻时，切层由薄变厚，阻力平稳增加，这样可以减少冲击载荷，使得工作比正转转子平稳些。从反转转子受力分析中可以看出，转子切削阻力的水平分力与拌和机行进方向相反，因而整机消耗功率较大。

11-2 稳定土厂拌设备

一、用途和工作原理

稳定土厂拌设备（见图11-8）是专门用于拌制各种以水硬性材料为结合剂的稳定混合料搅拌机组。由于混合料的拌制是在固定场地集中进行的，使厂拌设备能够方便地具有材料级配准确、拌和均匀、节省材料、便于计算机自动控制统计打印各种数据等优点，因而广泛用于公路和城市道路的基层、底基层施工。稳定土厂拌设备也适用于其他货场、停车场、航空机场等工程建设中所需的稳定材料的拌制任务。

用厂拌设备获得稳定混合料的施工工艺，习惯上称为厂拌法，其工作原理为：各种选定物料（如石灰、碎砂石、土粒、粉煤灰等）用装载机装入配料机料斗，经输送带给料机计量给出，送至皮带集料机，同时，稳定剂（如石灰、水泥等）粉料经气送等各种途径送进粉料存仓，由螺旋输送机输入计量料斗，再使用粉料给料机计量给出，送至皮带集料机。各种骨、粉料由集料机送至搅拌机拌和。在搅拌机物料入口上部设有液体喷头，根据混合前各种物料的含水量情况，可在此使用供水系统喷加适量的水，以调整混合粉料的含水量，使之达到工程所需的要求。在必要的情况下，可采用相应的供给系统喷淋各种不同的稳定液。搅拌混合好的成品稳定土经上料皮带机送至混合料储存仓暂存，储存仓底部有可控的斗门，开启斗门向停放于储存仓下的载货车卸料，然后闭斗暂存、换车。

图11-8 稳定土厂拌设备

二、类型及适用条件

稳定土厂拌设备可以根据主要结构、工艺性能、生产率、机动性及拌和方式等进行分类。

根据生产率大小，稳定土厂拌设备可分为小型（生产率小于200t/h）、中型（生产率为200～400t/h）、大型（生产率为400～600t/h）和特大型（生产率大于600t/h）四种。

根据设备拌和工艺可分为非强制跌落式、强制间歇式、强制连续式等三种。在强制连续式中又可分为单卧轴强制搅拌式和双卧轴强制搅拌式。在诸多的形式中，双卧轴强制连续式是最常用的搅拌形式。

根据设备的布局及机动性，稳定土拌和设备可分为移动式、分总成移动式、部分移动式、可搬式、固定式等结构形式。

移动式厂拌设备是将全部装置安装在一个专用的拖式底盘上，形成一个较大型的半挂车，可以及时地转移施工地点。设备从运输状态转到工作状态不需要吊装机具，仅依靠自身液压

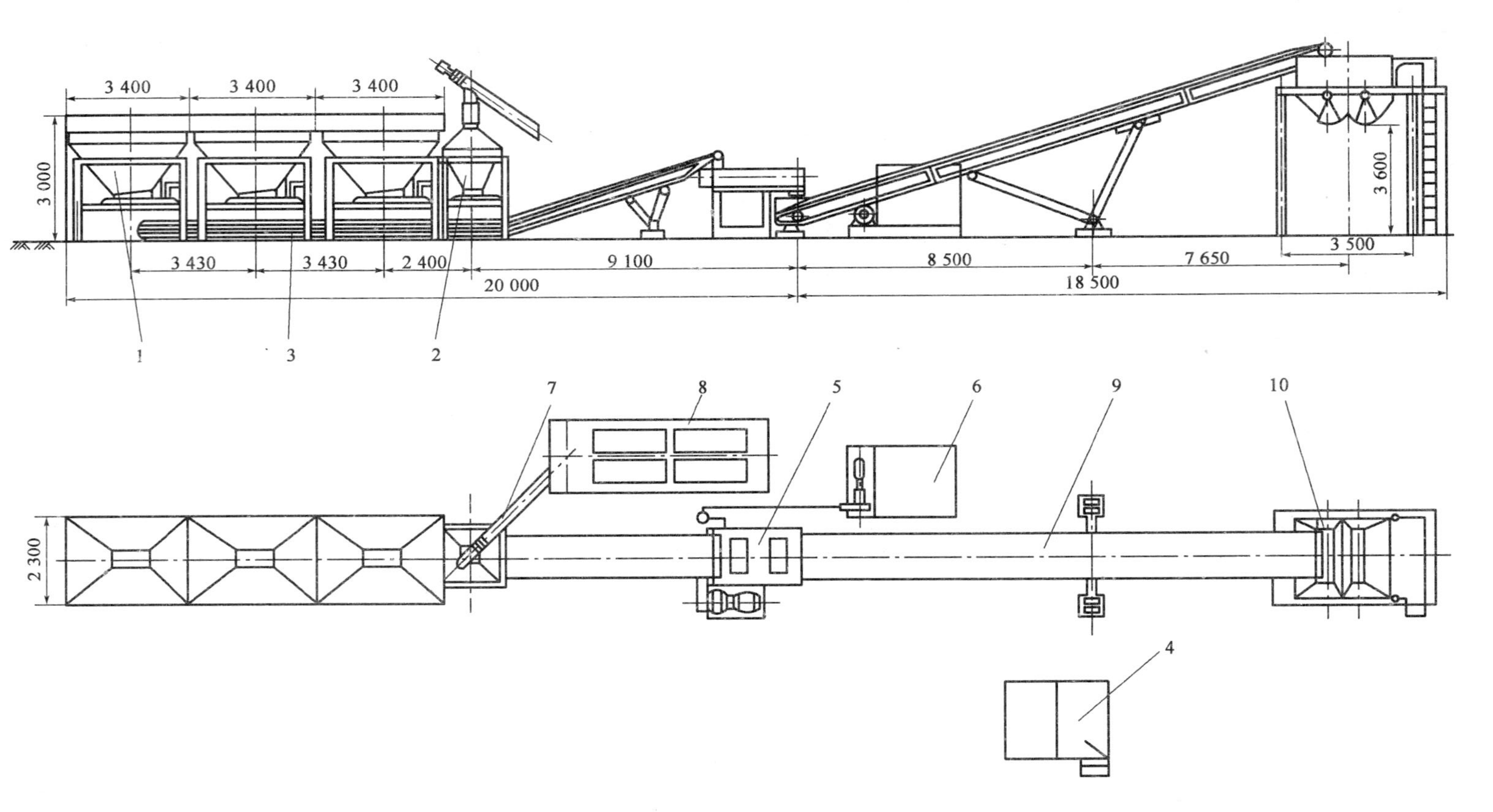

图11-9　稳定土厂拌设备简图

1-配料机；2-粉料配料机；3-集料机；4-电器控制柜；5-搅拌机；6-供水系统；7-螺旋输送机；8-卧式粉料仓；9-成品料皮带机；10-成品料储藏

机构就可实现部件的折叠和就位。这种厂拌设备一般属中小型生产能力的设备，多用于工程分散、频繁移动的公路施工工程。

分总成移动式厂拌设备是将各主要总成分别安装在几个专用底盘上，形成两个或多个半挂车或全挂车形式。各挂车分别被拖到施工场地，依靠吊装机具使设备组合安装成工作状态，并可根据实际施工场地的具体条件合理布置各总成。这种形式多在大、中生产率设备中采用，适用于工程量较大的公路施工工程。

部分移动式厂拌设备是在转移工地时，将主要的部件安装在一个或几个特制的底盘上，形成一组或几组半挂车或全挂车形式，依靠拖动来转移工地，而将小的部件采用可拆搬移的方式。依靠汽车运输完成工地转移。这种形式在大、中生产率设备中采用，适用于城市道路和公路工程施工。

可搬式厂拌设备是将各主要总成分别安装在两个或多个底架上，各自装车运输实现工地转移，再依靠吊装机具将几个总成安装组合成工作状态。这种形式在大、中、小生产率设备中采用，具有造价较低、维护保养方便等优点，适用于各种工程量的城市道路和公路施工工程。

固定式厂拌设备固定安装在预先选好的场地上，一般不需要搬迁，形成一个稳定材料生产工厂。因此，一般规模较大，具有大、特大生产能力，适用于城市道路施工或工程量大且集中的施工工程。

三、总体构成与生产工艺流程

稳定土厂拌设备的总体组成及布置如图 11-9 所示。

稳定土厂拌设备用来拌制水泥稳定土、石灰稳定土、石灰工业废渣稳定土。这里的水泥稳定土和石灰稳定土都是一个广义的名称，它既包括各种稳定细粒土（如塑性指数不同的各种黏性土、砂和石屑等），也包括各种稳定中粒土和粗粒土（如砂砾土、碎石土、级配砂砾、级配碎石等）。厂拌设备拌制各类稳定土时的工艺流程基本相同。以水泥稳定碎石底基层为例，其生产工艺流程如图 11-10 所示。

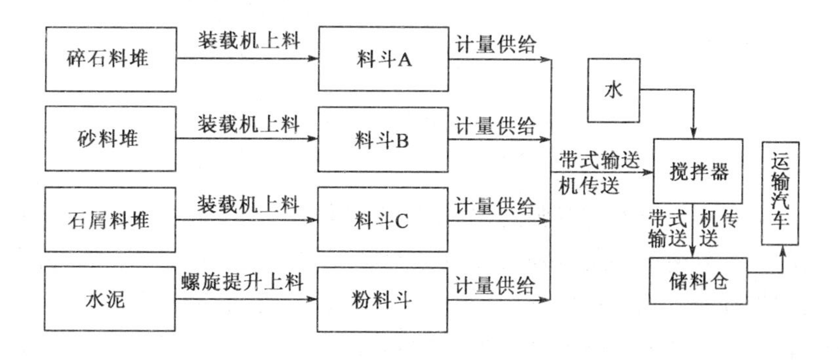

图 11-10　水泥稳定土拌制工艺流程图

四、主要结构及工作原理

1. 配料机组

配料机组一般由几个料斗和相对应的配料机、水平集料带式输送机、机架等组成，如图

11-11所示。

每个配料机都是一个完整独立的部分,可根据用户需要进行组配。配料机由料斗、料门配料带式输送机及驱动装置等组成。

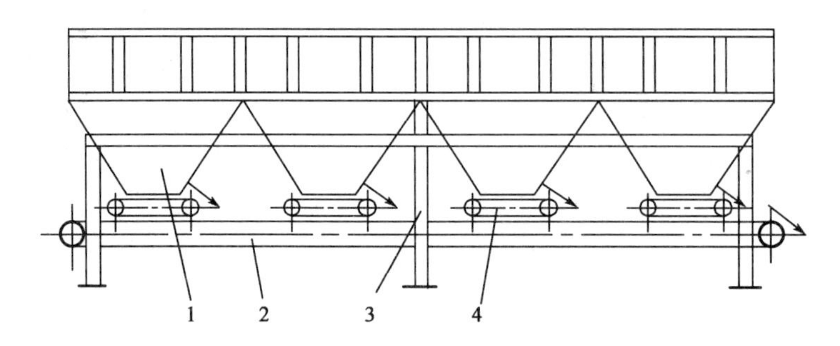

图 11-11　配料机组结构示意图

1-料斗;2-水平集料带式输送机;3-机架;4-配料机

2. 搅拌器

搅拌器是稳定土厂拌设备的关键部件。它的结构形式(见图 11-12)有多种,其中双卧轴强制连续式搅拌器具有适应性强、体积小、效率高、生产能力大等特点,是常用的结构形式。

搅拌器主要由两根平行的搅拌轴、搅拌臂、搅拌桨叶、壳体、进料口、出料口以及动力驱动装置等组成。

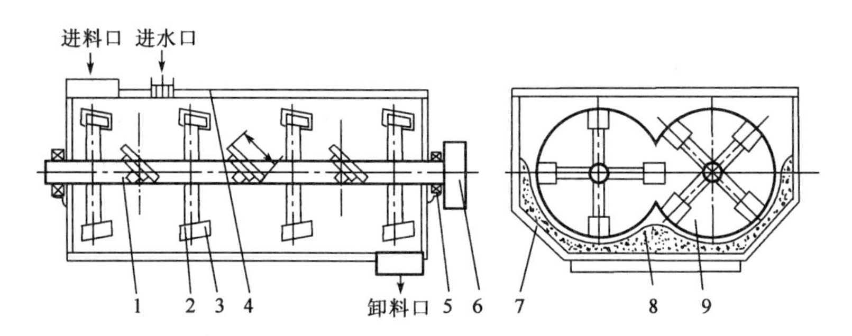

图 11-12　搅拌器结构示意图

1-搅拌轴;2-搅拌臂;3-搅拌桨叶;4-盖板;5-轴承;6-驱动系统;7-壳体;8-保护层;9-有效搅拌区

搅拌器的工作原理是:进入搅拌机内的骨料、粉料和水,在互相反转的两根搅拌轴上双道螺旋桨叶的搅拌下,受到桨叶周向、径向、轴向力的作用,使物料一边产生挤压、摩擦、剪切、对流,从而进行剧烈地拌和,一边向出料口推移。当物料移到出料口时,已得到均匀地拌和并具有压实所需的含水量(含水量由供水系统调节控制)。

3. 成品料仓

成品料仓(见图 11-13)是稳定土厂拌设备的一个独立部分,其功用是在运输车辆交替或短时间内无运输车辆时,为使厂拌设备连续工作而将成品料暂时储存起来。

成品料仓的结构形式有多种,常见的有:料仓直接安装在搅拌器底部;直接悬挂在成品料皮带输送机上;带有固定支腿,安装在预先设置好的水泥混凝土基础上。为了防止卸料时混合料产生离析现象，需控制卸料高度。卸料高度越大时，其离析现象也越严重。因此，有些设备的料仓设计成能调节卸料高度的结构形式。

成品料仓的容积通常设计成 5～8m^3 的储量，特别是悬挂式的成品料仓，其容量不能过大。使用小容量成品料仓的厂拌设备时，运输车辆的调度等生产组织管理部门必须要精确安排，否则会发生停机候车现象。稳定土厂拌设备在一个台班工作时间内有多次停机、起动时，不但耽误工时造成生产率不能充分发挥，也会使稳定土的拌制质量受到影响。

固定安装式成品料仓由立柱、料斗及放料斗门启闭机构等组成。放料斗门通常采用双扇摆动形式。斗门的启闭动作可用电动、气动或液压控制。

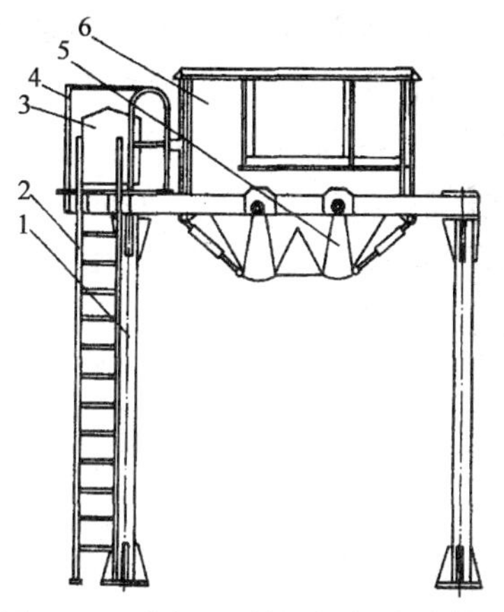

图 11-13　稳定土厂拌设备成品料仓简图
1-立柱；2-爬梯；3-液压装置；4-栏杆；5-斗门；6-仓体

11-3　稳定土摊铺机

稳定土厂拌设备拌制出来的稳定土，由自卸汽车运至预先准备好的路基上，按施工技术要求进行摊铺。摊铺工作是修筑路面中繁重而重要的工作之一。稳定土摊铺机（见图 11-14）就是用于摊铺稳定土的专用机械。它可将已拌制好的基层材料按一定的技术要求（横断面形状和厚度）迅速而均匀地摊铺在已准备好的路基上，并给予初步的捣实和整平。利用摊铺机进行施工，既可大大地缩短摊铺时间，减轻工人的劳动强度，又可提高基层的质量。

摊铺机一次可完成摊铺、捣实和成形三道工序，因此，它是一种较理想的路面施工机械。配合稳定土厂拌设备、自卸汽车和压路机进行联合作业，就可以完成基层施工的全部工作。

稳定土摊铺机的工作过程如图 11-15 所示。自卸汽车载着混合料倒退到使其两后轮碰及

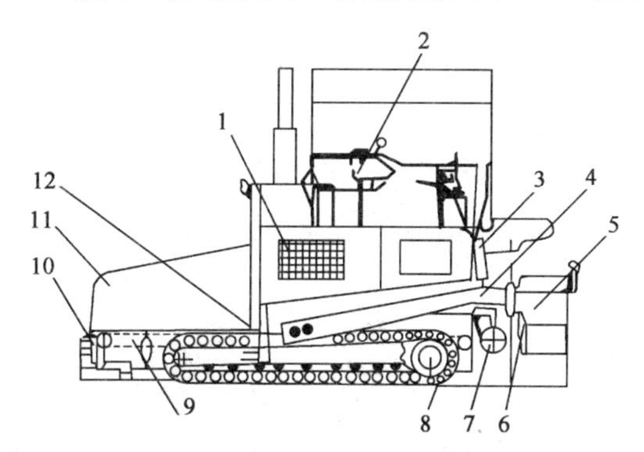

图 11-14　稳定土摊铺机的组成部分简图
1-发动机；2-方向盘；3-侧臂提升油缸；4-侧臂；5-熨平器；6-振捣器；7-螺旋摊铺器；8-履带；9-刮板输送器；10-推滚；11-料斗；12-闸门

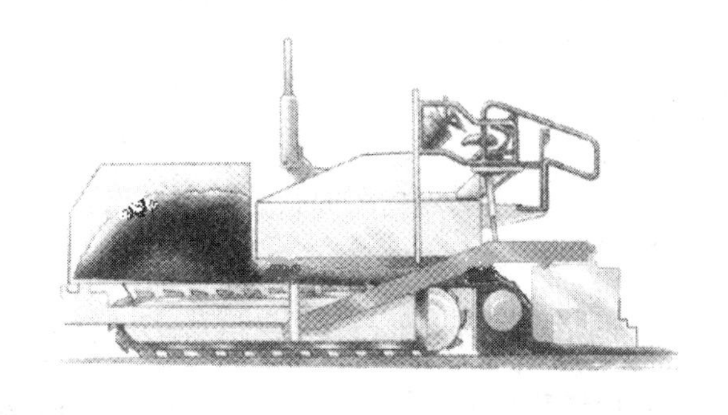

图 11-15　稳定土摊铺机工作过程简图

摊铺机的前推滚时，将变速器置于空挡，升起车箱向摊铺机料斗内卸料，这时摊铺机开始工作。混合料由刮板输送器向后刮送至摊铺室内，再由螺旋摊铺器将其横向摊开。随着摊铺机推着汽车一起向前缓慢行驶，边卸边摊。这些摊铺开来的混合料先被后面的振捣器初步捣压，接着又被熨平器按需铺筑的厚度和宽度进行成形处理，直至汽车卸料完毕为止。汽车卸完料便驶开，更换另一辆载着混合料的汽车按上述同样的方法进行卸料和摊铺作业。混合料摊铺完后，接着压路机进行碾压。

11-4　碎石、砾石基层（底基层）施工

级配碎石、砾石基层是由各种粗细集料（碎石和石屑或砾石和砂）按最佳级配原理修筑而成，如图 11-16 所示。级配碎石、砾石是用大小不同的材料按一定比例配合、逐级填充空隙，并借黏土黏结的，经过压实后，能形成密实的结构。级配碎石、砾石基层的强度是由摩阻力和黏结力构成，具有一定的水稳性和力学强度。

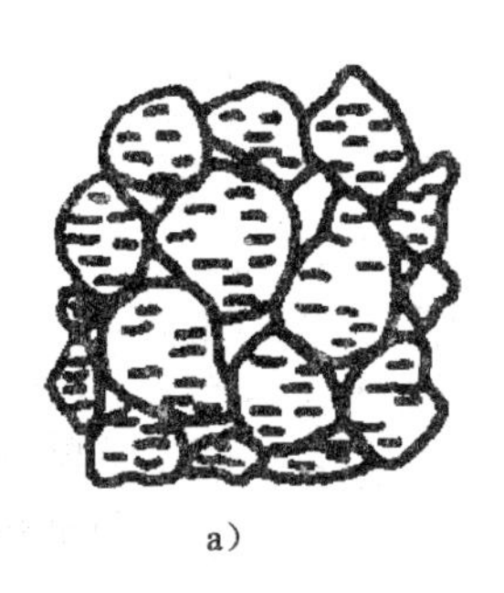
a)

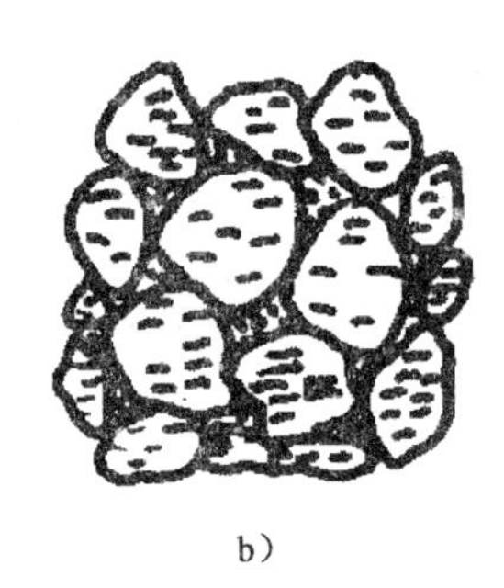
b)

c)

图 11-16　混合料的三种状态

第一种（见图 11-16a），不含或含很少细料（指 0.075mm 以下的颗粒），依靠颗粒之间的摩阻力获得其强度和稳定性。不含或少含细料的混合料，其强度较低，但透水性好，不易冰冻。由于这种材料没有黏结性，施工时压实困难。

第二种（见图 11-16b），含有足够的细料来填充颗粒间的空隙的混合料，它仍然能从颗粒接触中获得强度，其抗剪强度、密实度有所提高，透水性低，施工时易压实。

第三种（见图 11-16c），含有大量细料而没有粗颗粒与粗颗粒的接触，集料仅仅是“浮”在细料之中，这类混合料施工时很易压实，但其密实度较低，易冰冻，难于透水，强度和稳定性受含水量影响很大。

一、级配碎、砾石基层（底基层）材料要求

1. 级配碎石

粗细碎石集料和石屑各占一定比例的混合料，当其颗粒组成符合密实级配要求时，称级配碎石。级配碎石可用未筛分碎石和石屑组成，缺乏石屑时，也可以添加细砂砾或粗砂，但其强度和稳定性不如添加石屑的级配碎石。也可以用颗粒组成合适的含细集料较多的砂砾与未筛分碎石配合成级配碎砾石，但其强度和稳定性不如级配碎石。

级配碎石用作基层时,在高速公路和一级公路上,单个颗粒的最大粒径不应超过37.5mm;用作底基层时,碎石的最大粒径不应超过53mm。粒径过大,石料易离析,也不利于机械摊铺、拌和及整平。级配碎石(或级配碎砾石)所用石料的集料压碎值应为26%~35%,级配碎石(或级配碎砾石)做二级和二级以下公路的基层时,其颗粒组成和塑性指数应满足表11-1中的1号级配的规定;级配碎石(或级配碎砾石)做高速公路和一级公路的基层时,其颗粒组成和塑性指数应满足表11-1中的2号级配的规定。同时,级配曲线应宜为圆滑曲线。如塑性指数偏大时,塑性指数与0.5mm以下细土含量的乘积应符合下列规定:在年降雨量小于600mm的中干和干旱地区,地下水位对土基没有影响时,乘积不应大于120;在潮湿多雨地区,乘积不应大于100。

级配碎石或级配砾石的颗粒组成范围 表11-1

项目 \ 通过质量百分率(%) \ 编号		1	2
筛孔尺寸(mm)	37.5	100	
	31.5	90~100	100
	19.0	73~88	85~100
	9.5	49~69	52~74
	4.75	29~54	29~54
	2.36	17~37	17~37
	0.6	8~20	8~20
	0.075	0~7②	0~7②
液限(%)		<28	<28
塑性指数		<6(或9①)	<6(或9①)

注:①潮湿多雨地区的基层塑性指数宜小于6,其他地区的基层塑性指数小于9;
②对于无塑性的混合料,小于0.075mm的颗粒含量应接近高限。

未筛分碎石指控制最大粒径后,由碎石机轧制的未经筛分的碎石料,具有较好的级配,可直接用作底基层。当做二级和二级以下公路的底基层时,其颗粒组成和塑性指数应满足表11-2中的1号级配的规定;当做高速公路和一级公路的底基层时,其颗粒组成和塑性指数应满足表11-2中的2号级配的规定。

石屑或其他细集料是指碎石场的细筛余料,也可以利用轧制沥青表面处治和贯入式用石料时的细筛余料,或专门轧制的细碎石集料。天然砂砾或粗砂应有好的级配。

2. 级配砾石

粗细砾石集料和砂各占一定比例的混合料,当其颗粒组成符合密实级配要求时,称级配砾石。天然砂砾是常用的一种级配砾石。当天然砂砾符合规定的级配要求,且塑性指数在6(9)以下时,可以直接用作基层。级配不符合要求的天然砂砾,需要筛除超尺寸颗粒或掺加另一种砂砾或砂,使其符合级配要求。塑性指数偏大的砂砾,可以加少量石灰降低其塑性指数,也用无塑性的砂或石屑进行协配，使其塑性指数降低到符合要求，或塑性指数与细土（粒径小于0.5mm的颗粒）含量的乘积符合要求。如在天然砂砾中掺加部分碎石或轧碎砾石，可以提高混合料的强度和稳定性（天然砂砾掺加部分未筛分碎石组成的混合料称级配碎砾石，其强度和稳定性介于级配碎石和级配砾石之间）。

未筛分碎石底基层颗粒组成范围 表 11-2

通过质量百分率(%) 编号 / 项目		1	2
筛孔尺寸(mm)	53	100	
	37.5	85～100	100
	31.5	69～88	83～100
	19.0	40～65	54～84
	9.5	19～43	29～59
	4.75	10～30	17～45
	2.36	8～25	11～35
	0.6	6～18	6～21
	0.075	0～10	0～10
液限(%)		<28	<28
塑性指数		<6(或9①)	<6(或9①)

注：①潮湿多雨地区的基层塑性指数宜小于6，其他地区的基层塑性指数小于9。

级配砾石用做基层时，砾石的最大粒径不应超过37.5mm；石料的集料压碎值应为30%～35%。用作底基层时，砾石的最大粒径不应超过53mm，且要求砾石颗粒中细长及扁平颗粒含量不应超过20%，石料的集料压碎值应为30%～40%。

级配砾石用做基层时，使其颗粒组成和塑性指数满足表11-3的规定。同时，级配曲线应接近圆滑，没有同一种尺寸的颗粒过多或过少的情况。

当塑性指数偏大时，塑性指数与0.5mm以下细土含量的乘积应符合下列要求：

(1)在年降雨量小于600mm的干旱地区，地下水位对土基没有影响时，乘积不应大于120；

(2)在潮湿多雨地区，乘积不应大于100。

当级配砾石试件的干压实密度（在最佳含水量下制件）与工地规定达到的干压实密度相同时，浸水4天承载比值应不少于60%。

用做底基层的砂砾、砂砾土或其他粒状材料，也应有好的级配，并符合表11-4的要求。当底基层集料在最佳含水量下制件，集料的干压实密度与工地规定达到的干压实密度相同时，浸水4天的承载比值应不小于40%（轻交通道路）～60%（中等交通道路）。

级配砾石基层的颗粒组成范围

表 11-3

项目	通过质量百分率（%） 编号	1	2	3
筛孔尺寸（mm）	53	100		
	37.5	37.5	90～100	
	31.5	81～94	90～100	100
	19.0	63～81	73～88	85～100
	9.5	45～66	49～69	52～74
	4.75	27～51	29～54	29～54
	2.36	16～35	17～37	17～37
	0.6	8～20	8～20	8～20
	0.075	0～7②	0～7②	0～7②
液限（%）		<28	<28	<28
塑性指数		<6（或9①）	<6（或9①）	<6（或9①）

注：①潮湿多雨地区的基层塑性指数宜小于6，其他地区的基层塑性指数小于9；

②对于无塑性的混合料，小于0.075mm的颗粒含量应接近高限。

砂砾底基层的集料级配范围

表 11-4

筛孔尺寸（mm）	53	37.5	9.5	4.75	0.6	0.075	液限（%）	塑性指数
通过质量百分率（%）	100	80～100	40～100	28～85	8～45	0～15	<28	<9

二、级配碎石、砾石基层（底基层）施工

1.路拌法施工

级配碎石基层（底基层）施工工艺流程如图11-17所示。

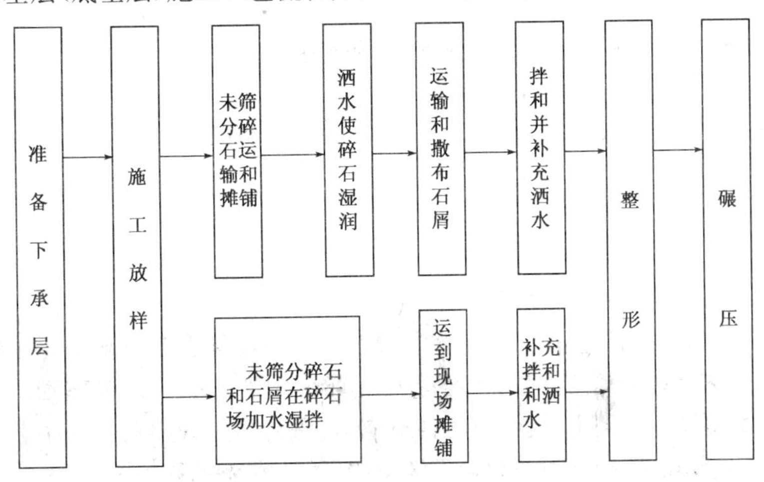

图11-17 级配碎石路拌法施工工艺

(1)准备工作

①准备下承层：

a. 基层的下承层是底基层及其以下部分，底基层的下承层可能是土基也可能还包括垫层。下承层表面应平整、坚实，具有规定的路拱，没有任何松散的材料和软弱地点。

b. 下承层的平整度和压实度应符合规范的规定。

c. 土基不论路堤或路堑，必须用12t以上三轮压路机或等效的碾压机械进行碾压。每层的压实厚度为15～18cm。用重型振动压路机和轮胎压路机碾压时，每层的压实厚度可达20cm。

d. 级配碎石用做半刚性路面的中间层以及用做二级以上公路的基层时，应采用集中厂拌法拌制混合料，并用摊铺机摊铺混合料。

e. 新完成的底基层或土基，必须按规范规定进行验收。凡验收不合格的路段，必须采取措施，达到标准后，方能在上铺筑基层或底基层。

②施工放样：

a. 在下承层上恢复中线。直线段每15～20m设一桩，平曲线段每10～15m设一桩，并在两侧路面边缘外0.3～0.5m设指示桩。

b. 进行水平测量。在两侧指示桩上用红漆标出基层或底基层边缘的设计高。

③备料：

a. 计算材料用量。根据各路段基层或底基层的宽度、厚度及预定的干压实密度，计算各段需要的干集料数量。对于级配碎石，分别计算未筛分碎石和石屑(细砂砾或粗砂)的数量，根据料场未筛分碎石和石屑的含水量以及所用运料车辆的吨位，计算每车料的堆放距离。

b. 在料场洒水加湿未筛分碎石，使其含水量较最佳含水量大1%左右，以减少运输过程中的集料离析现象(未筛分碎石的最佳含水量约为4%)。

c. 未筛分碎石和石屑可按预定比例在料场混合，同时洒水加湿，使混合料的含水量超过最佳含水量约1%，以减轻施工现场的拌和工作量以及运输过程中的离析现象(级配碎石的最佳含水量约为5%)。

④机具：

a. 汽车或其他运输车辆及平地机等摊铺、拌和机械。

b. 洒水车，洒水利用就近水源洒水。

c. 压实机械，如轮胎压路机、静力光轮压路机、振动压路机等。

d. 其他夯实机具，适宜小范围处理路槽翻浆等。

(2)运输和摊铺集料

①运输：

a. 集料装车时，应控制每车料的数量基本相等。

b. 在同一料场供料的路段，由远到近将料按要求的间距卸置于下承层上。卸料间距应严格掌握，避免料不够或过多，并且要求料堆每隔一定距离留一缺口，以便施工。当采用两种集料时，应先将主要集料运到路上，待主要集料摊铺后，再将另一种集料运到路上。如粗细两种集料的最大粒径相差较多，应在粗集料处于潮湿状态时，再摊铺细集料。

c. 集料在下承层上的堆置时间不宜过长。运送集料较摊铺集料工序只宜提前1～2天。

②摊铺：

a.摊铺前要事先通过试验确定集料的松铺系数(或压实系数，它是混合料的干松密度与干压实密度的比值)。人工摊铺混合料时，其松铺系数为1.40～1.50；平地机摊铺混合料时，其松铺系数为1.25～1.35。

b.用平地机或其他合适的机具将集料均匀地摊铺在预定的宽度上，当路的宽度大于22m，适合分条进行摊铺，要求表面平整，并具有规定的路拱。同时摊铺路肩用料。

c.检验松铺材料的厚度，看其是否符合预计要求。必要时应进行减料或补料工作。

d.级配碎石、砾石基层设计厚度一般为8～16cm，当厚度大于16cm时，应分层铺筑，下层厚度为总厚度的60%，上层为总厚度的40%。

(3)拌和及整形

应采用稳定土拌和机拌和级配碎石、砾石。在无稳定土拌和机的情况下，也可采用平地机进行拌和。

①用稳定土拌和机拌和。拌和2遍以上。拌和深度应直到级配碎石、砾石层底。

②用平地机拌和。将铺好的集料翻拌均匀。作业长度一般为300～500m，拌和遍数一般为5～6遍，拌和时平地机刀片的安装角度与位置如表11-5和图11-18所示。

平地机拌和级配碎石、砾石基层时的刮刀安装与位置　　表11-5

项　目	平面角 α(°)	倾角 β(°)	铲土角 γ(°)
干拌	30～50	3	45
湿拌	35～40	2	45

在拌和的过程中都应用洒水车洒足所需的水分，拌和结束时，混合料的含水量应该均匀，较最佳含水量大1%左右，避免粗细颗粒离析现象。

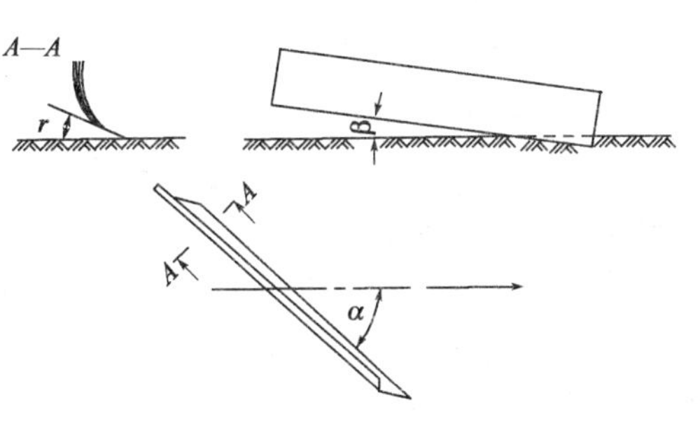

图11-18　平地机刮刀工作角度示意图

拌和均匀后的混合料要用平地机按规定的路拱进行整平和整形，然后平地机或压路机在已初平的路段上快速碾压一遍，以暴露潜在的不平整。再用平地机进行最终的整平和整形。在整形过程中，必须禁止任何车辆通行。

(4)碾压

基层整形后，当混合料的含水量等于或略大于最佳含水量时，立即用12t以上的静力光轮压路机、振动压路机或轮胎压路机进行碾压。直线段由两侧路肩开始向路中心碾压；在有超高的路段上，由内侧路肩开始向外侧路肩进行碾压。碾压时，后轮必须超过两段的接缝处。碾压一直进行到要求的密实度为止。一般需碾压6～8遍。压路机的碾压速度，头两遍以采用1.5～1.7km/h为宜，以后用2.0～2.5km/h为宜。

级配碎石或砾石基层在碾压中还应注意下列各点：

①路面的两侧，应多压2～3遍。

②凡含土的级配碎石、砾石基层，都应进行滚浆碾压，直压到碎石、砾石层中无多余细土泛到表面为止。滚到表面的浆(或事后变干的薄层土)应予清除干净。

③碾压全过程均应随碾压随洒水,使其保持最佳含水量。

(5)接缝处理

①横缝处理:两作业段的衔接处,应搭接拌和。第一段拌和后,留 5~8m 不进行碾压,第二段施工时,将前段留下未压部分,重新拌和,并与第二段一起碾压。

②纵缝横缝处理:应避免纵向接缝。在必须分两幅铺筑时,纵缝应搭接拌和。前一幅全宽碾压密实,在后一幅拌和时,应将相邻的前幅边部约 30cm 搭接拌和,整平后一起碾压密实。

2. 中心站集中厂拌法施工

级配碎石混合料除上面介绍的路拌法外,还可以在中心站用稳定土厂拌设备进行集中拌和。

(1)材料

宜采用不同粒级的单一尺寸碎石和石屑,按预定配合比在拌和机内拌制级配碎石混合料。

(2)拌制

在正式拌制级配碎石混合料之前,必须先调试所用的厂拌设备,使混合料的颗粒组成和含水量都达到规定的要求。

(3)摊铺

①摊铺机摊铺。可用稳定土摊铺机、水泥混凝土摊铺机摊铺,摊铺时,在摊铺机后面应设专人消除粗细集料离析现象。

②自动平地机摊铺。在没有摊铺机时,可采用自动平地机摊铺碎石混合料。

(4)碾压

用振动压路机、三轮压路机进行碾压,碾压方法与要求和路拌法相同。

(5)接缝处理

①横向接缝。用摊铺机摊铺混合料时,对于摊铺机当天未压实的混合料,可与第二天摊铺的混合料一起碾压,但应注意此部分混合料的含水量。必要时,应人工补洒水,使其含水量达到规定的要求。用平地机摊铺混合料时,每天的工作缝与路拌法相同。

②纵向接缝。应避免产生纵向接缝。如摊铺机的摊铺宽度不够,必须分两幅摊铺时,宜采用两台摊铺机一前一后,相隔 5~8m 同步向前摊铺混合料。在仅有一台摊铺机的情况下,可先在一条摊铺带上摊铺一定长度后,再开到另一条摊铺带上摊铺,然后一起进行碾压。

11-5 稳定土层施工

采用一定的技术措施,使土成为具有一定强度与稳定性的筑路材料,以此修筑的路面基层称为稳定土基层。

一、石灰稳定土基层

在粉碎的土和原来松散的土(包括各种粗、中、细粒土)中,掺入足量的石灰和水,经拌和、压实及养生后得到的混合料,当其抗压强度符合规定的要求时,称为石灰稳定土。

用石灰稳定土铺筑的路面基层和底基层,分别称石灰稳定土基层和石灰稳定土底基层,或分别简称石灰稳定基层和石灰稳定底基层。

石灰稳定土具有良好的力学性能，并有较好的水稳性和一定的抗冻性，它的初期强度和水稳性较低，后期强度较高；但由于干缩、冷缩，易产生裂缝。石灰稳定土可适用于各类路面底基层，以及二级和二级以下公路的基层，不宜用作高级路面的基层。

石灰稳定土层施工时，应遵守下列规定：

(1)大粒土应尽可能粉碎，土块最大尺寸不应大于15mm。

(2)配料应准确。

(3)路拌法施工时，石灰应摊铺均匀。

(4)洒水、拌和应均匀。

(5)应严格控制基层厚度和高程，其路拱横坡应与面层一致。

对于二级以下的公路，石灰稳定土基层和底基层可以采用路拌法施工。对于二级公路，宜采用稳定土拌和机路拌或厂拌法拌制混合料。对于高速公路和一级公路，直接铺筑在土基上的底基层下层可以用稳定土拌和机进行路拌法施工，如土基上层已用石灰或固化剂处理，则底基层的下层应用厂拌法和路拌法拌制混合料，其上的各个稳定土层都应用厂拌法拌制混合料并宜用摊铺机摊铺混合料。

在石灰稳定土基层施工中，为避免该层受弯拉而断裂，并使在施工碾压时能压稳而不起皮，其层厚不宜小于10cm。为便于拌和均匀和碾压密实，应用12t以上的压路机碾压，每层的压实厚度不应超过15cm；用18～20t静力光轮压路机和振动压路机碾压时，每层的压实厚度不应超过20cm；对于石灰稳定土采用能量大的振动压路机碾压时，或对于石灰土采用振动羊足碾与三轮压路机配合碾压时，每层的压实厚度可以根据试验适当增加。压实厚度超过上述规定时，应分层铺筑，每层的最小压实厚度为10cm，下层宜稍厚。对于石灰土，应采用先轻型、后重型压路机碾压。石灰稳定土层宜在当天碾压完成，碾压完成后必须保湿养生，不使稳定土层表面干燥，也不应过分潮湿。碾压后的压实度要求如表11-6所示。

石灰土基层、底基层压实度要求(%) 表11-6

层次		高速和一级公路	其他公路
基层	石灰稳定中、粗粒土		97
	石灰稳定细粒土		93
底基层	石灰稳定中、粗粒土	96	95
	石灰稳定细粒土	95	93

石灰稳定土基层施工时，严禁用薄层贴补的办法进行找平。石灰稳定土层上未铺封层或面层时，禁止开放交通；当施工中断，临时开放交通时，应采取保护措施，不使基层表面遭破坏。

在采用石灰土做基层时，必须采取措施防止表面水透入基层，同时应经历一个月以上的温暖和热的气候养生。作为沥青路面的基层时，还应采取措施加强基层与面层的联结。

石灰稳定土基层施工在最低气温5℃之前完成，并尽量避免在雨季施工。

(一)路拌法施工

石灰稳定土基层施工工序流程如图11-19所示。

1. 准备工作

(1)准备下承层。按规范规定对拟施工的路段进行验收,凡验收不合格的路段,必须采取措施,使其达到标准后,方能在上铺筑石灰稳定土层。

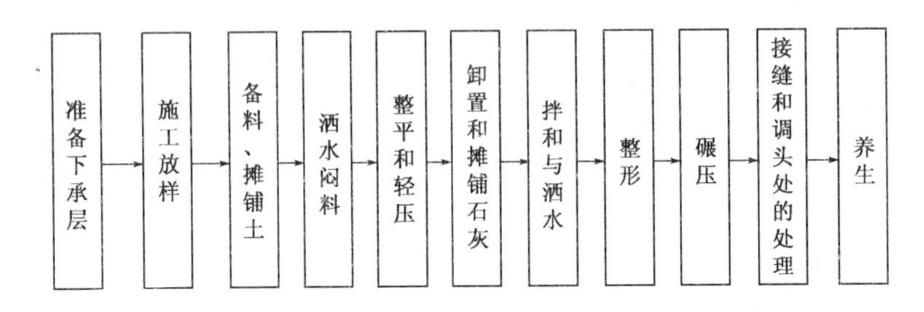

图 11-19 石灰稳定土基层施工流程

(2)测量。在底基层或土基上恢复中桩,直线段每 15～20m 设一桩,平曲线段每 10～15m 设一桩,并在对应断面的路肩外测设指示桩。在两侧指示桩上用红漆标出石灰稳定土层边缘的设计高。

(3)备料。

①集料。采备集料前,应先将树木、草皮和杂上清除干净,并在预定采料深度范围内自上而下采集集料,不宜分层采集,不应将不合格材料采集在一起。如分层采集集料,则应将集料充分层堆放在一场地上,然后从前到后(上、下层一起装入汽车),将料运到施工现场。料中的超尺寸颗粒应予筛除。

②石灰。石灰堆放在拌和厂时,宜搭设防雨棚。生石灰应在使用前 7～10 天充分消解。每吨石灰消解需用水量一般为 500～800kg,消解后的石灰应保持一定的湿度,以免过于飞扬,但也不能过湿成团,并尽快使用。

③材料用量。根据各段石灰稳定土层的宽度、厚度及预定的压实度(换算为压实密度),计算各路段需要的干集料量。根据料场集料的含水量和运料车辆的吨位,计算每车料的堆放距离。根据石灰稳定土层的厚度和预定的干容重及石灰剂量,计算每平方米石灰稳定土需用的石灰数量,并计算每车石灰的摊铺面积,如使用袋装生石灰粉,则计算每袋石灰的摊铺面积。

2. 运输及摊铺

(1)运料

对预定堆料的下层在堆料前应先洒水,使其湿润,不应过分潮湿而造成泥泞。集料装车时,应控制每车料的数量基本相等。在同一料场供料的路段,由远到近将料按计算的距离(间距)卸置于下承层中间或一侧。

卸料距离应严格掌握,避免料不够或过多;料堆每隔一定距离应留一缺口;集料在下承层上的堆置时间不应过长。运送集料较摊铺集料工序宜提前 1～2 天。

(2)摊铺集料

通过试验确定集料的松铺系数。在摊铺集料前,应先在下承层上洒水使其湿润,但不应过分潮湿而造成泥泞。

摊铺集料应在摊铺石灰的前一天进行。摊料长度应与施工日进度相同,以够次日摊铺石灰、拌和、碾压成形为准。

用平地机将集料均匀摊铺在预定的宽度上,表面应力求平整,并有规定的路拱。摊铺过程中,应注意将土块、超尺寸颗粒及其他杂物的去除。

(3)摊铺石灰

摊铺石灰时,如黏性土过干,应事先洒水闷料,使土的含水量略小于最佳值。细粒土宜闷料一夜;中粒土和粗粒土,视细土含量的多少,可闷1~2h。在人工摊铺的集料层上,用6~8t两轮压路机碾压1~2遍,使其表面平整,并有一定密实度。然后,按计算的每车石灰的纵横间距,将卸置的石灰均匀摊开。石灰摊铺完后,表面应没有空白位置。测量石灰的松铺厚度,根据石灰的含水量和松密度,校核石灰用量是否合适。混合料松铺系数参考值如表11-7所示。

混合料松铺系数参考值　　表11-7

材料名称	松铺系数	说明
石灰土	1.53~1.58	现场人工摊铺土和石灰,机械拌和,人工整平
石灰土	1.68~1.70	路外集中拌和,运到现场人工摊铺
石灰土、砂砾	1.52~1.56	路外集中拌和,运到现场人工摊铺

3.拌和与洒水

(1)集料应采用稳定土拌和机拌和,拌和深度应达到稳定层底。应设专人跟随拌和机,随时检查拌和深度并配合拌和机操作员调整拌和深度。拌和应适当破坏(约1cm,不应过多)下承层的表面,以利上下层黏结。通常应拌和两遍以上。

(2)在拌和过程中,及时检查含水量。用喷管式洒水车补充洒水,使混合料的含水量等于或大于最佳值1%左右,洒水段应长些。拌和机械应紧跟在洒水车后面进行拌和,尤其在纵坡大的路段上更应配合紧密,减少水分流失。拌和完成的标志是:混合料色泽一致,水分合适均匀。

(3)拌和石灰加黏土的稳定碎石或砂砾时,应先将石灰土拌和均匀,然后均匀地摊铺在碎石或砂砾层上,再一起进行拌和。用石灰稳定塑性指数大的黏土时,由于黏土难以粉碎,宜采用两次拌和法。即第一次加70%~100%预定剂量的石灰进行拌和,闷放一夜,然后补足石灰用量,再进行第二次拌和。

4.整形与碾压

(1)整形

混合料拌和均匀后,先用平地机初步整平和整形。在直线段,平地机由两侧向路中心进行刮平;在平曲线段,平地机由内侧向外侧进行刮平。需要时,再返回刮一遍。用平地机或轮胎压路机快速碾压1~2遍,然后根据测量结果平整,最后用平地机进行精平。每次整形都要按照规定的坡度和路拱进行,特别要注意接缝处的整平,接缝必须顺直平整。在整形过程中,严禁任何车辆通行,保持无明显的粗细集料离析现象。

(2)碾压

整形后,当混合料含水量处于最佳含水量(100±1)%范围时(如表面水分不足,应适当洒水),立即用12t以上压路机、轮胎压路机或振动压路机在路基全宽内进行碾压。直线段,由两侧路肩向路中心碾压。平曲线段,由内侧路肩向外侧路肩进行碾压。碾压时,头两遍速度在1.5~1.7km/h,以后保持在2.0~2.5km/h。一般需碾压6~8遍,碾压一直进行到要求的密实度为止。在碾压过程中,石灰稳定土的表面应始终保持湿润。如表面水蒸发得快,应及时补洒少量的水。如有“弹簧”、松散、起皮等现象,应及时翻开重新拌和,或用其他方法处理,使其达到质量要求。

5. 养生

(1)石灰稳定土在养生期间应保持一定的湿度,不应过湿。养生期一般不少于7天。在养生期间石灰土表层不应忽干忽湿,每次洒水后,应用两轮压路机将表层压实。

(2)如石灰稳定土分层施工时,下层石灰稳定土碾压完后,可以立即在上铺筑另一层石灰稳定土,不需专门的养生期。

(3)养生期结束后,应立即喷洒透层沥青,并在5~10天内铺筑沥青面层。

6. 施工中应注意的问题

(1)接缝和“调头”处的处理

两工作段的搭接部分,应采用对接形式。前一段拌和后,留5~8m不进行碾压,后一段施工时,将前段留下未压部分,一起再进行拌和。拌和机械及其他机械不宜在已压成的石灰稳定土层上调头。

(2)纵缝的处理

石灰稳定土层的施工应尽可能避免纵向接缝,必须分两幅施工时,纵缝必须垂直相接,不应斜接。

一般情况下,纵缝可按下述方法处理:在前一幅施工时,在靠中央一侧用方木或钢模板做支撑,方木或钢模板的高度与稳定土层的压实厚度相同;混合料拌和结束后,靠近支撑木(或板)的一条带,应人工进行补充拌和,然后进行整形和碾压;在铺筑另一幅或在养生结束时,拆除支撑木(或板);第二幅混合料拌和结束后,靠近第一幅的一条带,应人工进行补充拌和,然后进行整形和碾压。

(二)中心站集中厂拌法施工

石灰稳定土集中拌和有利于保证配料的准确性和拌和的均匀性。

1. 备料

集料的最大粒径和级配都应符合要求,必要时,应先筛除集料中不符合要求的颗粒。配料应准确,在潮湿多雨地区施工时,还应采取措施保护集料,特别是细集料(含土)和石灰免遭雨淋。

2. 拌制

在正式拌制稳定土混合料之前,必须先调试所用的厂拌设备,使混合料的颗粒组成和含水量都达到规定的要求。集料的颗粒组成发生变化时,应重新调试设备。应根据集料和混合料的含水量,及时调整向拌和室中添加的水量,拌和要均匀。对于高速公路和一级公路,为保持摊铺机连续作业,厂拌设备的产量宜大于400t/h。

3. 运输

已拌成的混合料应尽快运送到铺筑现场。如运距远、气温高,则车上的混合料应加以覆盖,以防水分过多蒸发。

4. 摊铺及碾压

下承层为石灰稳定土时，应先将下承层顶面拉毛，再摊铺混合料。摊铺应采用稳定土摊铺机、水泥混凝土摊铺机摊铺混合料。在没有以上摊铺机的情况下，可以用平地机摊铺混合料。用摊铺机摊铺时，保持连续摊铺作业。如厂拌设备的产量较低，则摊铺机应采用降低作业速度的方式，减少停机待料的情况。摊铺后应用压路机及时进行碾压。

5. 横向接缝处理

(1)用摊铺机摊铺混合料时，每天的工作缝应做成横向接缝，摊铺机应驶离混合料末端。

(2)在已碾压完成的稳定土层末端，沿稳定土挖一条宽约 30cm 的槽，直挖到下承层顶面。此槽与路的中心线垂直，靠稳定土一面应切成直线，而且应垂直向下。

(3)槽内放两根与压实厚度等厚的方木，方木的另一侧用素土回填至 3～5cm 长，然后进行整形和碾压，如图11-20所示。

(4)第二天，邻接的作业段拌和结束后，除去方木，用混合料回填，靠近方木末能拌和的一小段，应人工进行补充拌和。

(5)在重新开始摊铺混合料之前，将下承层顶面清扫干净和拉毛。

(6)摊铺机返回到已压实展的末端，重新开始摊铺混合料。

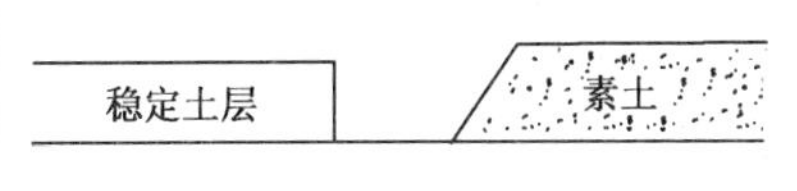

图 11-20　横向接缝处理示意图

(7)如压实层末端未用方木作支撑处理，在碾压后末端成一斜坡，则在第二天开始摊铺新混合料之前，应将末端斜坡挖除，并挖成一横向(与路中心线垂直)垂直向下的断面。挖出的混合料洒水到最佳含水量拌匀后仍可使用。

6. 纵向接缝

应避免纵向接缝。如摊铺机的摊铺宽度不够，必须分两幅摊铺时，宜采用两台摊铺机一前一后，相隔 8～10m 同步向前摊铺混合料，一起进行碾压。在仅有一台摊铺机的情况下，可先在一条摊铺带上摊铺一定长度后，再开到另一条摊铺带上摊铺，然后一起进行碾压。在不能避免纵向接缝的情况下，纵缝必须垂直相接，严禁斜接。

7. 养生

方法同路拌法。

二、水泥稳定土基层

在粉碎的或原来松散的土(包括各种粗、中、细粒土)中，掺入足量水泥和水，经拌和得到的混合料，在压实及养生后，其抗压强度符合规定的要求时，称为水泥稳定土。

用水泥稳定土铺筑的路面基础和底基层，分别称为水泥稳定(土)基层和水泥稳定(土)底基层。也可以在基层或底基层前标以具体名称，如水泥碎石基层、水泥土底基层等。

水泥稳定土有良好的力学性能和板体性，它的水稳性和抗冻性都较石灰稳定土好。水泥稳定士的初期强度高并且强度随龄期增长，它的力学强度还可视需要而调整。一般可适用于各种公路的基层和底基层,但不得用作二级及二级以上公路高级路面的基层。

水泥稳定土结构层宜在春末和气温较高季节组织施工。施工期的日最低气温应在5℃以上,在有冰冻的地区,并应在第1次重冰冻(−3～−5℃)到来之前半个月至一个月完成。在雨季施工水泥稳定土,特别是水泥土结构层时,应特别注意气候变化,勿使水泥和混合料遭雨淋。降雨时应停止施工,已经摊铺的水泥混合料应尽快碾压密实。路拌法施工时,应采取措施排除下承层表面的水,勿使运到路上的集料过分潮湿。

水泥稳定土施工时,必须采用流水作业法,使各工序紧密衔接。特别是要尽量缩短从拌和到完成碾压之间的延迟时间。所以在施工时应做延迟时间对强度影响的试验,以确定合适的延迟时间。

水泥稳定土层施工时,应遵守下列规定:

(1)土块应尽可能粉碎,土块最大尺寸不应大于15mm。

(2)配料应准确。

(3)路拌法施工时,水泥应摊铺均匀。

(4)洒水、拌和应均匀。

(5)应严格控制基层厚度和高程,其路拱横坡应与面层一致。

(6)应在混合料等于或略大于最佳含水量(气候炎热干燥时,基层混合料可大1%～2%)时进行碾压,直到达到按重型击实试验法确定的要求压实度(最低要求)。

水泥稳定土基层、底基层压实度要求如表11-8所示。

水泥稳定土基层、底基层压实度要求 表11-8

<table>
<tr><th>层次</th><th colspan="2">公路等级</th><th>压实度(%)</th></tr>
<tr><td rowspan="3">基层</td><td colspan="2">高速公路和一级公路</td><td>98</td></tr>
<tr><td rowspan="2">二级和二级以下公路</td><td>水泥稳定中粒土和粗粒土</td><td>97</td></tr>
<tr><td>水泥稳定细粒土</td><td>93</td></tr>
<tr><td rowspan="4">底基层</td><td rowspan="2">高速公路和一级公路</td><td>水泥稳定中粒土和粗粒土</td><td>97</td></tr>
<tr><td>水泥稳定细粒土</td><td>95</td></tr>
<tr><td rowspan="2">二级和二级以下公路</td><td>水泥稳定中粒土和粗粒土</td><td>95</td></tr>
<tr><td>水泥稳定细粒土</td><td>93</td></tr>
</table>

在水泥稳定土基层施工中,应用12t以上的压路机碾压,每层的压实厚度不应超过15cm;用18～20t静力光轮压路机和振动压路机碾压时,每层的压实厚度不应超过20cm;对于水泥稳定中粒土和粗粒土,采用能量大的振动压路机碾压时,或对于水泥稳定细粒土,采用振动羊足碾与三轮压路机配合碾压时,每层的压实厚度可以根据试验适当增加。压实厚度超过上述规定时,应分层铺筑,每层的最小压实厚度为10cm,下层宜稍厚。对于稳定细粒土,以及用摊铺机摊铺的混合料,都应采用先轻型、后重型的压路机进行碾压。

对于二级以下的公路,水泥稳定土基层和底基层可以采用路拌法施工。但对于二级公路,应采用专用的稳定土拌和机或使用集中拌和法制备混合料。

对于高速公路和一级公路,直接铺筑在土基上的底基层下层可以用稳定土拌和机进行路拌法施工,当土基上层已用石灰或固化剂处理时,底基层的下层也宜用集中拌和法拌制混合

料。其上的各个稳定土层都应用集中厂拌法拌制混合料，并用摊铺机摊铺基层混合料。

基层分两层施工时，在铺筑上层前，应在下层顶面先撒薄层水泥或水泥净浆。

(一)路拌法施工

水泥稳定土路拌法施工与石灰稳定土的施工相似，其工艺流程如图11-21所示。

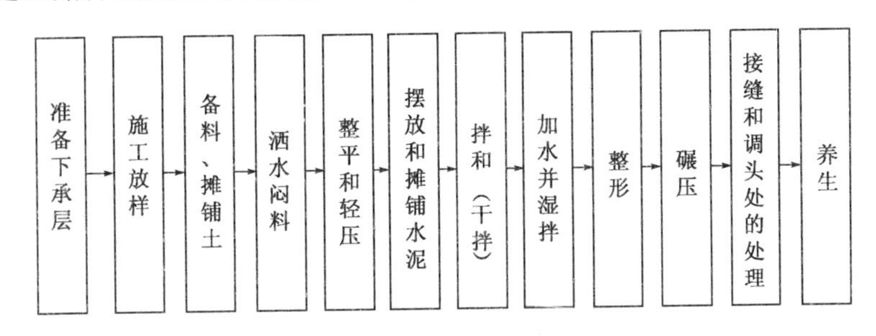

图11-21 路拌法施工水泥稳定土工艺流程

1.准备工作

(1)准备下承层

当水泥稳定土用作基层时，要准备底基层；当水泥稳定土用作底基层时，要准备土基。无论底基层还是土基，都必须按规范进行验收，达到标准后，方可铺筑水泥稳定土层。

(2)施工放样

首先是在底基层或土基上恢复中线。直线段每15～20m设一桩，平曲线段每10～15m设一桩，并在对应断面路肩外测设指示桩。

其次进行水平测量。在两侧指示桩上用红漆标出水泥稳定土层边缘的设计高。

(3)确定合理的作业长度

确定路拌法施工每一作业段的合理长度时，应考虑如下因素：水泥的终凝时间；延迟时间对混合料密实度和抗压强度的影响；施工机械和运输车辆的效率和数量；操作的熟练程度；尽量减少接缝；施工季节和气候条件。

一般宽7～8m的稳定层，每一流水作业段以200m为宜。如稳定层较宽，则作业段应该再缩短。

2.备料

在采备集料前，应先将料场的树木、草皮和杂土清除干净。采集集料时，应在预定采料深度范围内自上而下进行，不应分层采集，不应将不合格的集料采集一起。在集料中超尺寸颗粒应予筛除。

3.计算材料用量

方法同石灰稳定土。

4.集料运输与摊铺

方法与石灰稳定土施工基本相同。

5.拌和

(1)摊铺水泥

在人工摊铺的集料上,用6～8t两轮压路机碾压一遍,使其表面平整。然后计算每袋水泥可以摊铺的纵横间距。水泥应当日用汽车直接送到摊铺路段,每袋水泥从汽车上直接卸在做标记的地点,检查有无遗漏和多余后,打开水泥袋,将水泥倒在集料层上。应注意使每袋水泥的摊铺面积相等,水泥摊铺完后,表面应没有空白,但也不过分集中。运水泥的车应有防雨设备。人工摊铺混合料时,其松铺系数可参考表11-9。

混合料松铺系数参考值　　表11-9

材料名称	松铺系数	说明
水泥稳定砂砾	1.30～1.35	
水泥土	1.53～1.58	现场人工摊铺土和水泥,机械拌和,人工整平

(2)拌和

①干拌。对二级及二级以上公路,应采用专用稳定土拌和机进行拌和,并设专人跟随拌和机,随时检查拌和深度并配合拌和机操作员调整拌和深度。拌和深度应达稳定层底并宜侵入下承层5～10mm,以利上、下层黏结。严禁在拌和层底部留有素土夹层。通常应拌和两遍以上,在最后一遍拌和之前,必要时可先用平地机紧贴底面翻拌一遍。直接铺在土基上的拌和层也应避免素土夹层。

对于三级、四级公路,在没有专用拌和机械的情况下,可用平地机进行拌和,但应注意拌和效果,拌和时间不能过长。先用平地机将铺好水泥的土翻拌两遍,使水泥分布到土中,但不应翻犁到底,防止水泥落到底部。第一遍由路中心开始,将混合料向中间翻,机械应慢速前进;第二遍应相反,从两边开始,将混合料向外侧翻。再拌和两遍后,再用平地机将底部料翻起,要随时检查调整拌和深度,使稳定土层全部翻透。

②加水并湿拌。干拌过程结束时,如果混合料含水量不足,常用洒水车洒水补充水分。在洒水工作中,洒水车不应使洒水中断,洒水距离应长些,水车起洒处和另一端调头处都应超出拌和段2m以上。洒水车不应在正进行拌和以及当天计划拌和的路段上调头和停留,以防局部水量过大。洒水后,应再次进行拌和,使水分在混合料中分布均匀。拌和机械应紧跟在洒水车后面进行拌和,尤其在纵坡大的路段上应配合紧密,以减少水分流出。洒水及拌和过程中,应及时检查混合料的含水量,可采用含水量快速测定仪测定混合料的含水量。混合料的最佳含水量也可以在现场人工控制。最佳含水量的混合料,在手中能紧捏成团,落在地上能散开,并应参考室内击实试验最佳含水量的混合料的状态。水分宜略大于最佳值,应较最佳含水量大0.5%～2.0%,不应小于最佳值,以补偿施工过程中水分的蒸发,并有利于减轻延迟时间的影响。

6.整形与碾压

方法同石灰稳定土。

7.接缝和“调头”处的处理

方法同石灰稳定土。

(二)中心站集中厂拌法施工

水泥稳定土可以在中心站用厂拌设备进行集中拌和,对于高速公路和一级公路,应采用专用稳定土集中厂拌机械拌制混合料。其施工方法与石灰稳定土厂拌法施工基本相同,不作赘述。但应该注意的是:在摊铺过程中,如中断时间已超过 2～3h,又未按横向接缝方法处理,则应将摊铺机附近及其下面未经压实的混合料铲除,并将已碾压密实且高程和平整度符合要求的末端,挖成一横向(与路线垂直)垂直向下的断面,然后再摊铺新的混合料。

(三)养生及交通管制

水泥稳定土底基层分层施工时,下层水泥稳定土碾压完后,在采用重型振动压路机碾压时,宜养生 7 天后铺筑上层水泥稳定土。在铺筑上层稳定土之前,应始终保持下层表面湿润。在铺筑上层稳定土时,宜在下层表面撒少量水泥或水泥浆。底基层养生 7 天后,方可铺筑基层。

水泥稳定级配碎石(或砾石)基层分两层用摊铺机铺筑时,下层分段摊铺和碾压密实后,在不采用重型振动压路机碾压时,宜立即摊铺上层,否则在下层顶面应撒少量水泥或水泥浆。

每一段碾压完成并经压实度检查合格后,应立即开始养生。

(1)宜采用湿砂进行养生,砂层厚度宜为 7～10cm。砂铺匀后,应立即洒水,并在整个养生期间保持砂的潮湿状态。不得用湿黏性土覆盖。养生结束后,必须将覆盖物清除干净。

(2)对于基层,也可采用沥青乳液进行养生。沥青乳液的用量按 0.8～1.0kg/m^2(指沥青用量)选用,宜分两次喷洒。第一次喷洒沥青含量约 35%的慢裂沥青乳液,使其能稍透入基层表层。第二次喷洒沥青含量较大的沥青乳液。如不能避免施工车辆在养生层上通行,应在乳液分裂后撒布 3～8mm 的小碎(砾)石,做成下封层。

(3)无上述条件时,也可用洒水车经常洒水进行养生。每天洒水的次数应视气候而定。整个养生期间应始终保持稳定土层表面潮湿,应注意表层情况,必要时,用两轮压路机压实。

(4)对于高速公路和一级公路,基层的养生期不宜少于 7 天。对于二级和二级以下的公路,如养生期少于 7 天即铺筑沥青面层,则应限制重型车辆通行。

(5)对于二级和二级以下公路,如基层上为水泥混凝土面板,并且面板是用小型机械施工的,则基层完成后可较早铺筑混凝土面层。

在养生期间未采用覆盖措施的水泥稳定土层上,除洒水车外,应封闭交通。在采用覆盖措施的水泥稳定土层上,不能封闭交通时,应限制重车通行,其他车辆的车速不应超过 30km/h。

养生期结束后,如其上为沥青面层,应先清扫基层,并立即喷洒透层或黏层沥青。

在清扫干净的基层上,也可先做下封层,以防止基层干缩开裂,同时保护基层免遭施工车辆破坏,宜在铺设下封层后的 10～30 天内开始铺筑沥青面层的底面层。如为水泥混凝土面层,也不宜让基层长期暴晒,以免开裂。

11-6　石灰工业废渣基层施工

工业废渣包括:粉煤灰、煤渣、高炉矿渣、钢渣(已经过崩解达到稳定)、其他冶金矿渣、煤矸石等。

路用工业废渣一般用石灰进行稳定,故通常称石灰稳定工业废渣(简称石灰工业废渣)。它包括两大类:一是石灰粉煤灰类,又可分为石灰粉煤灰、石灰粉煤灰土、石灰粉煤灰砂、石灰粉煤灰砂砾、石灰粉煤灰碎石、石灰粉煤灰矿渣、石灰粉煤灰煤矸石等,这些材料分别简称二灰、二灰土、二灰砂、二灰砂砾、二灰碎石、二灰矿渣、二灰煤矸石等;二是石灰其他废渣类,可分为石灰煤渣、石灰煤渣土、石灰煤渣碎石、石灰煤渣砂砾、石灰煤渣矿渣、石灰煤渣碎石土等。用石灰工业废渣铺筑的路面基层和底基层,分别称石灰工业废渣基层和石灰工业废渣底基层。也可以在基层或底基层前标以具体简名,如二灰砂砾基层、二灰土底基层等。

石灰工业废渣,特别是二灰材料,具有良好的力学性能、板体性、水稳性和一定的抗冻性,其抗冻性较石灰土高得多。石灰工业废渣的初期强度低,但随龄期的增长幅度大。二灰土中粉煤灰用量越多,初期强度越低。在二灰中加人粒料、少量水泥或其他外加剂可提高其早期强度。由于干缩、冷缩,易产生裂缝。石灰工业废渣可适用于各种交通类别道路的基层和底基层,但二灰和二灰土不宜用作高级沥青路面的基层,而直作底基层。

石灰工业废渣稳定土宜在春末和夏季组织施工。施工期的日最低气温应在5℃以上,并应在第1次重冰冻(−3~−5℃)到来之前一个月到一个半月完成。

石灰工业废渣稳定土结构层施工时,应遵守下列规定:

(1)配料应准确。

(2)石灰应摊铺均匀。

(3)洒水、拌和应均匀。

(4)应严格控制基层厚度和高程,其路拱横坡应与面层一致。

(5)应在混合料处于或略大于最佳含水量时进行碾压,直到达到下列按重型击实试验法确定的要求压实度,如表11-10所示。

石灰工业废渣稳定土结构层压实度要求　　表11-10

<table>
<tr><th>层　次</th><th colspan="2">公 路 等 级</th><th>压 实 度(%)</th></tr>
<tr><td rowspan="3">基层</td><td colspan="2">高速公路和一级公路①</td><td>98</td></tr>
<tr><td rowspan="2">二级和二级以下公路</td><td>稳定中粒土和粗粒土</td><td>97</td></tr>
<tr><td>稳定细粒土</td><td>93</td></tr>
<tr><td rowspan="4">底基层</td><td rowspan="2">高速公路和一级公路①</td><td>稳定中粒土和粗粒土</td><td>97</td></tr>
<tr><td>稳定细粒土</td><td>95</td></tr>
<tr><td rowspan="2">二级和二级以下公路</td><td>稳定中粒土和粗粒土</td><td>95</td></tr>
<tr><td>稳定细粒土</td><td>93</td></tr>
</table>

注:①由于当前有多种能量大的压路机,宜提高压实度1%~2%。

(6)石灰工业废渣稳定土应用12t以上的压路机碾压。每层的压实厚度不应超过15cm;用18~20t静力光轮压路机和振动压路机碾压时,每层的压实厚度不应超过20cm;对于二灰级配集料采用能量大的振动压路机碾压时,或对于二灰土采用振动羊足碾与三轮压路机配合碾压时,每层的压实厚度可以根据试验适当增加。压实厚度超过上述规定时,应分层铺筑,每层的最小压实厚度为10cm,下层宜稍厚。对于石灰工业废渣稳定土,应采用先轻型、后重型压路机进行碾压。

(7)必须保湿养生,不使石灰工业废渣稳定土层表面干燥。

(8)石灰工业废渣稳定土基层上未铺封层或面层时,应封闭交通,保护表层不受破坏。当施工中断,临时开放交通时,必须采取保护措施。

(9)石灰工业废渣基层施工时,严禁用薄层贴补的办法进行找平。

对于二级以下的公路,用石灰工业废渣做基层和底基层时,可以采用路拌法施工;对于二级公路,应采用专用的稳定土拌和机,或用集中厂拌法拌制混合料。

对于高速公路和一级公路,直接铺筑在土基上的底基层下层可以用专用的稳定土拌和机进行路拌法施工,如土基上层已用石灰或固化剂处理,则底基层的下层也应用集中拌和法拌制混合料。其上的各个稳定土层都应用集中厂拌法拌制混合料,并应用摊铺机摊铺基层混合料。

一、路拌法施工工艺

石灰工业废渣稳定土的路拌法施工工艺流程如图11-22所示。

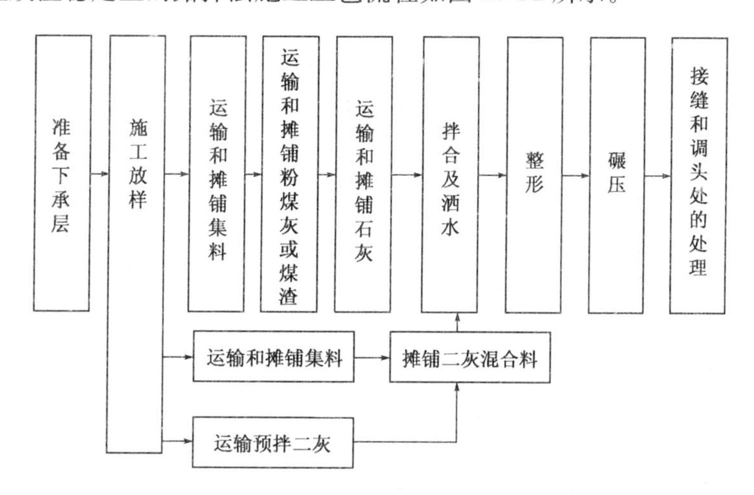

图11-22 石灰工业废渣稳定土路拌法施工工艺流程

1. 施工准备

(1)准备下承层 当石灰工业废渣用做基层时,要准备底基层;当石灰工业废渣用做底基层时,要准备土基。对下承层总的要求是:平整、坚实、具有规定的路拱,没有任何松散的材料和软弱地点。因此,对底基层或土基,必须按规范规定进行验收,达到标准后,方能在其上铺筑石灰工业废渣层。

(2)施工放样 测量的主要内容是在底基层或土基上恢复中线。直线段每15~20m设一桩,平曲线段每10m设一桩,并在两侧边缘外0.3~0.5m设指示桩,然后进行水平测量。在两侧指示桩上用红漆标出石灰工业废渣边缘的设计高度。

2. 备料

(1)粉煤灰运到路上、路旁或厂内场地后,通常露天堆放。此时,必须使粉煤灰含有足够的水分(含水量15%~20%),以防飞扬。特别在干燥和多风季节,必须使料堆表面保持潮湿或者覆盖。如在堆放过程中,部分粉煤灰凝结成块,使用时应将灰块打碎。

(2)土或粒料的准备。采备集料前,应先将树木、草皮和杂土清除干净。集料中的超尺寸颗粒应予筛除。应在预定采料深度范围内自上而下采集集料,不应分层采集,不应将不合格的集料采集在一起。对于黏性土,可视土质和机械性能确定土是否需要过筛。

(3)石灰的准备。石灰宜选在公路两侧宽敞而邻近水源且地势较高的场地集中堆放。预计堆放时间较长时，应用土或其他材料覆盖封存。石灰应在使用前7～10天充分消解。消解后的石灰应保持一定的湿度，以免过于飞扬，但也不能过湿成团。

(4)其他。

①如路肩用料与石灰工业废渣层用料不同，应采取培肩措施，先将两侧路肩培好。路肩料层的压实厚度应与稳定土层的压实厚度相同。

②计算材料用量。根据各路段石灰工业废渣层的宽度、厚度及预定的干压实密度，计算各路段需要的混合料数量。根据混合料的配合比、材料的含水量以及所用运料车辆的吨位，计算各种材料每车料的堆放距离。

3.运输和摊铺集料

集料运输和摊铺的方法和步骤：

(1)预定堆料的下承层在堆料前应先洒水，使其表面湿润。

(2)材料装车时，应控制每车料的数量基本相等。

(3)采用二次混合料时，先将粉煤灰运到路上；采用二灰土时，先将土运到路上；采用二灰粒料时，先将粒料运到路上。在同一料场供料的路段内，由远到近按计算的距离卸置于下承层中间或一侧。卸料距离应严格掌握，避免料不够或过多。

(4)料堆每隔一定距离应留一缺口，材料在下承层上的堆置时间不应过长。

(5)应事先通过试验确定各种材料及混合料的松铺系数。

(6)采用机械路拌时，应采用层铺法，即将先运到路上的材料摊铺均匀后，再往路上运送第二种材料，将第二种材料摊铺均匀后，再往路上运送第三种材料。

在摊铺集料前，应先在未堆料的下承层上洒水，使其表面湿润。然后再用平地机或其他合适的机具将料均匀地摊铺在预定的宽度上。表面应力求平整，并具有规定的路拱。粒料应较湿润，必要时先洒少量水。第一种材料摊铺均匀后，宜先用两轮压路机碾压1～2遍，然后再运送并摊铺第二种材料。在第二种材料层上，也应先用两轮压路机碾压1～2遍，然后再运送并摊铺第三种材料。

4.拌和及洒水

对于二级和二级以上公路，应采用专用稳定土拌和机进行拌和，并应先干拌两遍。

(1)应采用稳定土拌和机拌和。具体拌和方法是：用稳定土拌和机拌和两遍以上。拌和深度应直到稳定层底。并宜侵入下承层5～10mm（不应过多），以加强上下层黏结。应设专人跟随拌和机，随时检查拌和深度。直接铺在土基上的拌和层宜避免素土夹层，其余各层严禁在拌和层底部留有素土夹层。通常拌和两遍以上，在进行最后一遍拌和之前，必要时先用平地机紧贴底面翻拌一遍。

(2)对于三级、四级公路，在没有专用拌和机械的情况下，也可用平地机。严禁在稳定土层与下承层之间残留一层素土，但也应防止翻松过深，过多破坏下承层的表面。

(3)用洒水车将水均匀地喷洒在干拌后的混合料上，洒水距离应长些。洒水车不应在正进行拌和的以及当天计划拌和的路段上调头和停留，防止局部水量过大。

(4)拌和机械紧跟在洒水车后面进行拌和。洒水及拌和过程中，应及时检查混合料的含水量。水分宜略大于最佳含水量1%～2%。尤其在纵坡大的路段上应配合紧密。拌和过程中，要及时检查拌和深度，要使石灰工业废渣层全深都拌和均匀。拌和完成的标志是：混合料色泽

一致,水分合适和均匀。对于二灰粒料,应先将石灰和粉煤灰拌和均匀,然后均匀地摊铺在粒料层上,再一起进行拌和。

5.整形与碾压

(1)整形。

①混合料拌和均匀后,先用平地机初步整平和整形。在直线段,平地机由两侧向路中心进行刮平。在平曲线段,平地机由内侧向外侧进行刮平。需要时,再返回刮一遍。

②平地机或轮胎压路机快速碾压1~2遍,以暴露潜在的不平整。

③再用平地机如前述那样进行整形,并用上述机械再碾压一遍。

④用新拌和的二灰级配集料进行找补整平,再用平地机整形一次。

⑤每次整形都要按照规定的坡度和路拱进行,特别要注意接缝处的整平。

⑥在整形过程中,必须禁止任何车辆通行。

⑦初步整形后,检查混合料的松铺厚度,必要时应进行补料或减料。二灰土的松铺系数为1.5~1.7;二灰集料的松铺系数为1.3~1.5;石灰煤渣集料的松铺系数约为1.4;用机械拌和及机械整形时,集料松铺系数为1.2~1.30。

(2)碾压。整形后,当混合料的含水量等于或略大于最佳含水量时,立即进行碾压。其压实方法、压实厚度与压实度要求与水泥稳定土相同。

6.其他

(1)接缝的处理。与水泥稳定土相同。

(2)养生及交通管理。

①石灰工业废渣层碾压完成后的第二天或第三天开始养生。通常采用洒水养生法。每天洒水的次数视气候条件而定,应始终保持表面潮湿或湿润。养生期一般为7天。也可借用透层沥青或下封层进行养生。

②在养生期间,除洒水车外,应封闭交通。

③养生期结束,应立即铺筑面层或做下封层。其要求与石灰稳定土相同。

④石灰工业废渣分层施工时,下层碾压完毕后,可以立即在上铺筑另一层,不需专门的养生期。

二、中心站集中拌和(厂拌)法施工

石灰工业废渣混合料可以在中心站用多种机械进行集中拌和,也可用路拌机械或人工在现场进行分批集中拌和。对于高速公路和一级公路,应采用专用稳定土集中厂拌设备拌制混合料。集中拌和时,应符合下列要求:

(1)土块、粉煤灰块要粉碎;不同粒级的砾石或碎石以及细集料都应分开堆放。

(2)石灰、粉煤灰和细集料都应有覆盖,防止雨淋过湿。

(3)配料应准确,拌和应均匀。

(4)混合料的含水量应略大于最佳含水量,使混合料运到现场摊铺后碾压时的含水量能接近最佳值。

石灰工业废渣的集中拌和流程如图11-23所示。

混合料的拌和、摊铺、碾压、养生及其他问题的处理与石灰稳定土相同,这里不再赘述。但应特别注意的是:

(1)拌成混合料的堆放时间不宜超过 24h,宜在当天将拌成的混合料运送到铺筑现场,不应将拌成的混合料长时间堆放。

(2)关于横向接缝:如压实层末端未用方木作支撑处理,在碾压后末端成一斜坡,则在第二天开始摊铺新混合料之前,应将末端斜坡挖除,并挖成一横向(与路中心线垂直)垂直向下的断面。挖出的混合料加水到最佳含水量拌匀后仍可使用。

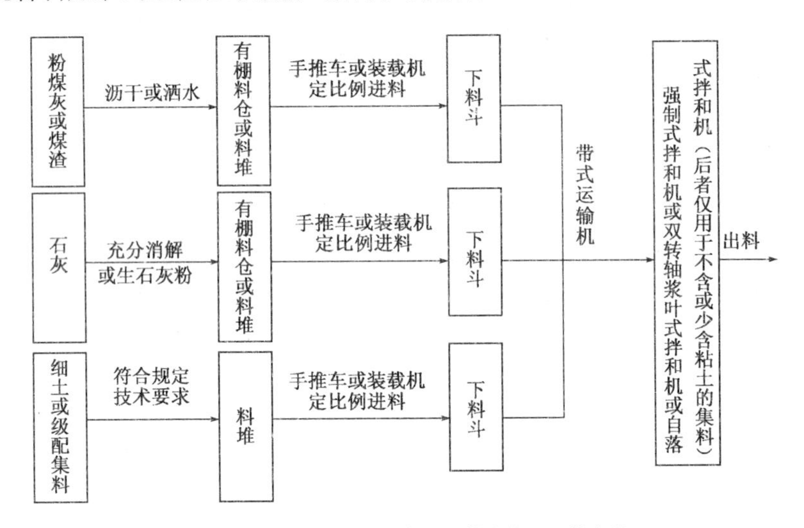

图 11-23　石灰工业废渣稳定土厂拌法施工工艺流程

注:①进入下料斗的粉煤灰、石灰、土和细集料都不应潮湿。

②如拌制基层用二灰级配集料,则至少应有三个集料下料斗,分装粗细集料。

三、养生及交通管制

石灰工业废渣稳定土层碾压完成后的第二天或第三天开始养生,每天洒水的次数视气候条件而定,应始终保持表面潮湿,也可用泡水养生法。对于二灰稳定粗、中粒土的基层,也可用沥青乳液和沥青下封层进行养生,养生期一般为 7 天。二灰层宜采用泡水养生法,养生期应为 14 天。

在养生期间,除洒水车外,应封闭交通。

对于二灰集料基层,养生期结束后,宜先让施工车辆漫速通行 7～10 天,磨去表面的二灰薄层,或用带钢丝刷的机械扫刷去表面的二灰薄层。清扫和冲洗干净后再喷洒透层或黏层沥青。

在清扫干净的基层上,也可先做下封层,防止基层于缩开裂,同时保护基层免遭施工车辆破坏。

石灰工业废渣底基层分层施工时,下层碾压完毕后,可以立即铺筑上一层,不需专门的养生期。也可以养生 7 天后再铺筑另一层。

四、施工中应注意的问题

1. 裂缝问题

石灰工业废渣的裂缝有两类:一类属于强度不足引起的裂缝,与结构设计和施工质量有关,只要搞好结构设计和加强质量管理,这类裂缝是可以清除的;另一类就是收缩裂缝,因为石灰工业废渣是一种慢凝的胶凝材料,和其他胶凝材料一样也有收缩的性质,主要是干缩和冷缩。当发生收缩时,如受到底层或其他因素限制,就有出现收缩裂缝的可能,故解决裂缝问题,就要了解影响收缩的原因。

石灰工业废渣混合料的干缩是由水分的散失引起的,失水越多,收缩越大。这是因为混合料水分蒸发时,毛细孔内水面下降,水的内部压力比外部压力小,随着毛细孔水的不断蒸发,毛细孔中负压逐渐增大,产生收缩力使混合料收缩。干缩另一个原因是水化物层间水的脱出,水化硅酸钙的层间水分子具有吸水膨胀和脱水收缩的特性。

影响混合料干缩性质的因素有骨料数量、含水量和密实度等。

温度下降会使混合料产生温度收缩,但在0℃以下时,由于水结冰后在结构中产生膨胀压力,结构有膨胀的趋势,而在0℃以下材料本身又要产生收缩。可见在0℃以下时,混合料结构产生了膨胀与收缩两种相反的作用。而工程实践中发现,在0℃以下时均表现为冷缩而无膨胀现象,这可能是由于冷冻的体积膨胀,尚不足以抵消因温度下降而引起的冷缩及结构的抗拉强度大于膨胀压力的原因。

从上面分析,导致裂缝出现的外因如下:

(1)施工含水量过大,收缩裂缝的发生与发展和含水量有密切关系,含水量大则干缩和冷缩都大,因而施工中必须严格控制含水量。

(2)压实度不够,结构中存在大孔隙的结构才可能产生较大的收缩,孔隙也是水分的藏身之处。

(3)施工期间重车行驶的影响,在混合料结晶结构形成后,车轮的作用使结构破坏产生细微裂缝,收缩裂缝就可能在这些地方出现。

(4)刚度增长的影响,混合料基层的刚度随龄期的增大而增大,变形能力减小,容易因收缩而开裂,故混合料的刚度不宜过大。

(5)为了减少干缩裂缝,除了上面提出的控制好施工含水量,保证基层密实度以外,还有如下几点措施:

①增加混合料的粉末含量,可减少干缩。

②适当减少混合料中二灰含量,以减低其刚度。

③掺加少量(1%)的水泥。

④预设收缩缝,使裂缝有规律,也易于养护。

⑤在施工中,应及时铺筑面层或封层,可防止水分蒸发,避免表层失水过多而开裂。

⑥选用土料时,土的塑性指数不宜过高,材料拌和要均匀。

2.提高石灰工业废渣基层早期强度

石灰工业废渣作为路面基层具有板体性好、后期强度高、隔湿性和水稳定性好等优点。但是它的早期强度低,影响了其疲劳寿命和交通开放,在繁重交通道路上也常因早期强度不足,造成路面过早破坏,这在一定程度上影响了石灰粉煤灰基层推广应用。如何有效地提高混合料的早期强度,是工程实践中的一个十分重要的问题。根据目前的研究,在提高混合料早期强度方面主要有如下几种方法:

(1)掺入骨料或少量水泥。掺入适当数量的骨料,对提高混合料早期强度具有较好的效果。加入少量水泥或掺加骨料又加少量水泥，其效果甚好。

(2)掺加化学外加剂。掺加一些表面活性物质，电解质或其他活性外掺剂可加强化学反应和物理-化学反应过程，有较显著的加固效果。

(3)用水泥代替石灰。用水泥代替石灰作工业废渣活性激发剂的水泥工业废渣混合料。

作为路面基层材料应具有良好的抗裂性和经济的合理性。需要指出的是：在路面结构寿命周期相等的前提下，水泥粉煤灰碎石强度高，耐久性好，能使昂贵的面层减薄；良好的抗收缩能力，能使反射裂缝减少，从而降低养护维修费用；早期强度发展快，能缩短工期，提前开放交通等。

由于这些优点而节省的费用，将使水泥粉煤灰混合料基层的路面结构造价比二灰混合料或水泥碎石基层的路面结构造价更低。

第12章 水泥混凝土路面施工

水泥混凝土路面具有承载能力大、稳定性好、使用寿命长、日常养护费用少等优点，是高等级、重交通公路路面的主要类型之一。

水泥混凝土路面，主要包括素混凝土、钢筋混凝土、连续配筋混凝土、预应力混凝土、装配式混凝土、钢纤维混凝土等面层板和基(垫)层所组成的路面。目前采用最广泛的是就地浇筑的素混凝土路面，即除接缝区和局部范围(边缘和角隅)外不配置钢筋的混凝土路面。与其他类型路面相比，水泥混凝土路面具有以下特点：

(1)刚度大、强度高、板体性好。因而具有较高的承载能力和扩散荷载的能力。

(2)稳定性好。水泥混凝土的水稳定性和温度稳定性均优于沥青混凝土，而且，其强度能随时间而增长，不存在沥青路面的“老化”现象。水泥混凝土路面应用于气候条件急剧变化的地区时，不易出现沥青路面的某些稳定性不足所引起的路面损坏(如车辙等)。

(3)耐久性好。由于混凝土路面强度和稳定性好，抗磨耗能力强，所以耐疲劳特性好。在保证设计和施工质量的情况下，可使用20～40年以上，而且它能通行包括履带式车辆在内的各种运输工具。

(4)抗侵蚀能力强。水泥混凝土对油、大多数化学物质不敏感，有较强的抗侵蚀能力。

(5)养护费用少。在正常设计、施工和养护条件下，水泥混凝土路面的养护工作量和养护费用均比沥青路面小，为后者的1/3～1/4。

(6)抗滑性能好。混凝土路面由于表面粗糙度好，能保持车辆有较高的安全行驶速度，特别在下雨时虽然路面潮湿，仍能保持较高的粗糙度而使车辆不滑行，从而提高车辆行驶的稳定性。

(7)有利于夜间行车。混凝土路面色泽鲜明，能见度好，对夜间行车有利。

(8)接缝多。接缝是混凝土路面的薄弱处，一方面增加了施工和养护的复杂性，另一方面在施工和养护不当时易导致唧泥、错台和断裂等现象。同时，接缝也容易引起行车跳动，影响行车的舒适性。

(9)对超载敏感。水泥混凝土是脆性材料，一旦作用荷载超出了混凝土的极限强度，混凝土板便会出现断裂。

(10)不能立即开放交通。除碾压混凝土外，其他混凝土路面需要一定的养生期，以获得足够的强度增长。因而铺筑完工后需要隔一定时期(14～21天)才能开放交通。如需提早开放交通，则需采取特殊措施。

(11)修复困难。混凝土路面出现损坏后，修补工作较沥青路面困难，且影响交通，修补后路面质量不如原来的整体强度高。

(12)噪声大。混凝土路面使用的中后期，由于接缝、变形（缝隙增大、错台等）而使平整度降低，车辆行驶时的噪声较大。

水泥混凝土路面施工所需施工机械主要为：搅拌机、水泥混凝土拌和站、水泥混凝土摊铺机、水泥混凝土搅拌输送车、水泥混凝土输送设备等。

12-1　水泥混凝土搅拌机

一、概述

1.搅拌机的分类及型号

水泥混凝土搅拌机是将水泥、砂、石和水等按一定配合比例，进行均匀拌和的机械。其种类很多，按搅拌原理分为自落式和强制式；按作业方式分为周期式和连续式；按搅拌筒的结构分为鼓筒形、双锥形、梨形、圆盘立轴式及圆槽卧轴式；按出料方式分为倾翻式和不倾翻式；按搅拌容量分为大型（出料容量 1～3m³）、中型（出料容量 0.3～0.5m³）、小型（出料容量 0.05～0.25m³）。各种搅拌机的分类如表 12-1 所示。

水泥混凝土搅拌机分类　　表 12-1

自落式				强制式		
倾翻出料		不倾翻出料		竖轴式		卧轴式
单口	双口	斜槽出料	反转出料	涡桨式	行星式	双槽式
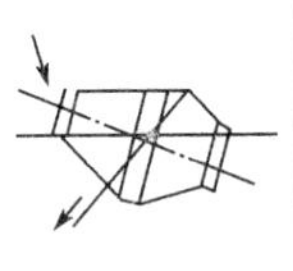	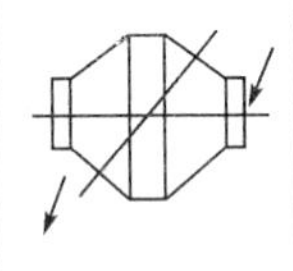	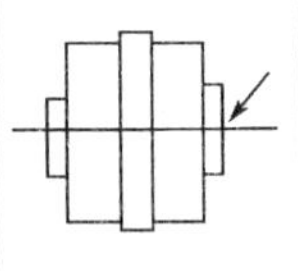	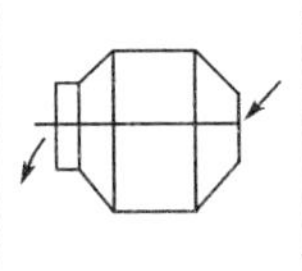	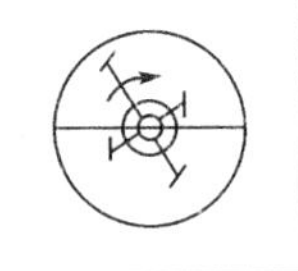	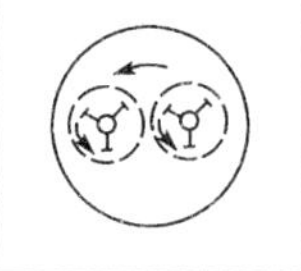	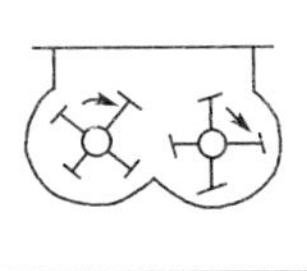

常用搅拌机的机型分类及代号如表 12-2 所示，它主要由机型代号和主参数组成。如 JZ350 即表示出料容量为 350L(0.35m³)的锥形反转出料的自落式搅拌机。

搅拌机型号分类及表示方法　　表 12-2

组	型	代号	代号含义	主要参数
混凝土搅拌机 J（搅）	锥型	JZ	锥形反转出料搅拌机	出料体积(m³)
		JF	锥形倾翻出料搅拌机	
	强制式	JQ	立轴强制式搅拌机	
		JD	单卧轴强制搅拌机	
		JS	双卧轴强制搅拌机	

2.搅拌机的特点及适用范围

各类搅拌机的特点及适用范围如表 12-3 所示。

各类搅拌机的特点及适用范围 表12-3

类型	特点及适用范围
周期式	周期性进行装料、搅拌、出料。结构简单可靠,容易控制配合比及拌和质量,使用广泛
连续式	连续进行装料、搅拌、出料,生产率高。主要用于混凝土使用量很大的工程
自落式	由搅拌筒内壁固定叶片将物料带到一定高度,然后自由落下,周而复始,使其获得均匀搅拌。最适宜拌制塑性和半塑性混凝土
强制式	筒内物料由旋转轴上的叶片或刮板的强制作用而获得充分的拌和。拌和时间短、生产率高。适宜于拌制于硬性混凝土
固定式	通过机架底脚螺栓与基础固定。多装在搅拌楼或搅拌站上使用
移动式	装有行走机构,可随时拖运转移。应用于中小型临时工程
倾翻式	靠拌筒倾倒出料
非倾翻式	靠拌筒反转出料
犁式	拌筒可绕纵轴旋转搅拌,又可绕横轴回转装料、卸料。一般用于试验室小型搅拌机
锥式	多用于大中型搅拌机
鼓筒式	多用于中小型搅拌机

二、自落式水泥混凝土搅拌机

自落式水泥混凝土搅拌机的工作原理如图12-1所示,其工作机构为筒体,沿筒内壁周围安装若干搅拌叶片。工作时,筒体围绕其自身回转,利用叶片对筒内物料进行分割、提升、洒落和冲击等作用,从而使配料的相互位置不断进行重新分布而获得拌和。其搅拌强度不大、效率低,只适用于搅拌一般骨料的塑性混凝土。

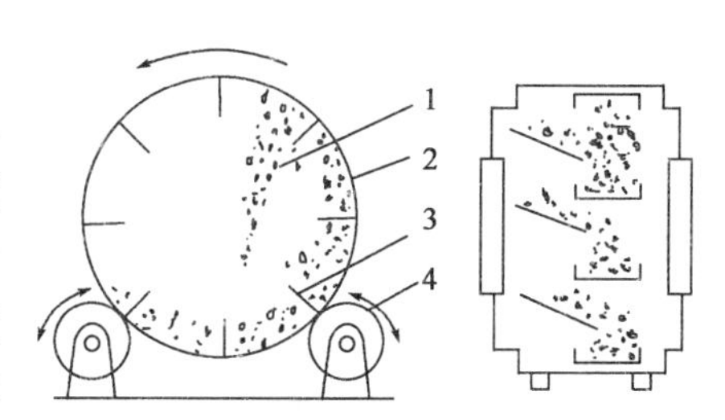

图12-1 自落式搅拌机工作原理

1-混凝土拌和料;2-搅拌筒;3-搅拌叶片;4-托轮

图12-2所示为鼓筒自落式水泥混凝土搅拌机结构简图。

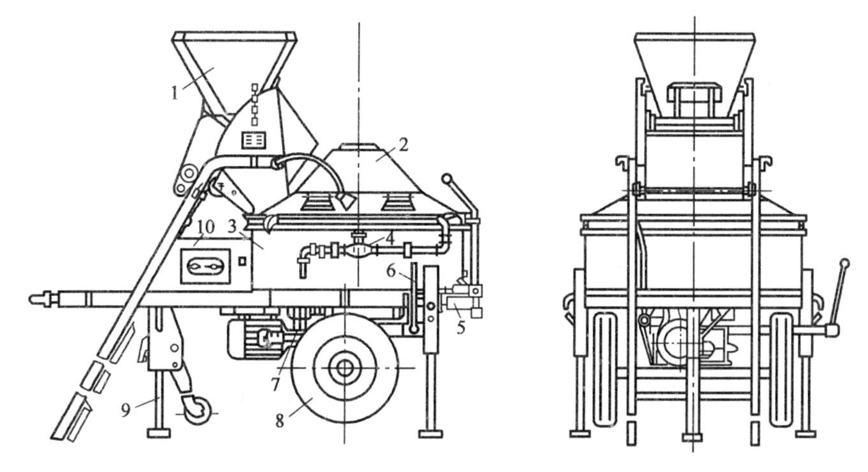

图12-2 JG250鼓筒自落式水泥混凝土搅拌机

1-水泵;2-动力箱;3-进料斗提升离合器;4-搅拌鼓筒;5-料斗;6-加水控制手柄;7-进料斗上升手柄;8-进料斗下降手柄;9-出料手轮;10-出料槽

三、强制式水泥混凝土搅拌机

图 12-3 所示为强制式搅拌机的工作原理，其搅拌机构是水平或垂直设置在筒内的搅拌轴，轴上安装搅拌叶片。工作时，转轴带动叶片对筒内物料进行剪切、挤压和翻转推移的强制搅拌作用，使配合料在剧烈的相对运动中获得均匀拌和，其特点是搅拌质量好、效率高，特别适用于搅拌干硬性混凝土和轻质集料混凝土。强制式搅拌机的结构如图 12-4 所示。

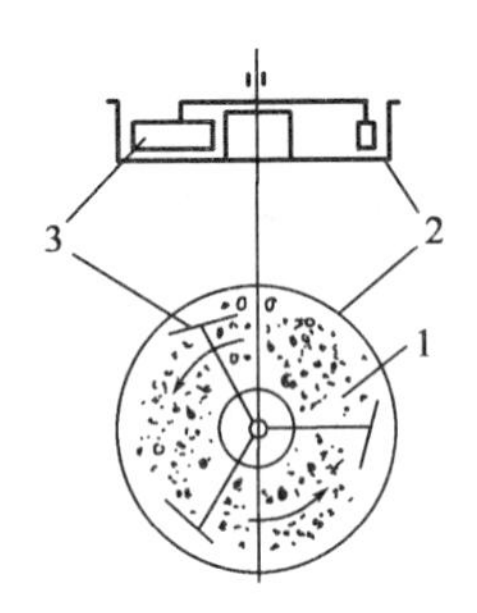

图 12-3　强制式搅拌机工作原理图

1-混凝土拌和料；2-搅拌筒；3-搅拌叶片

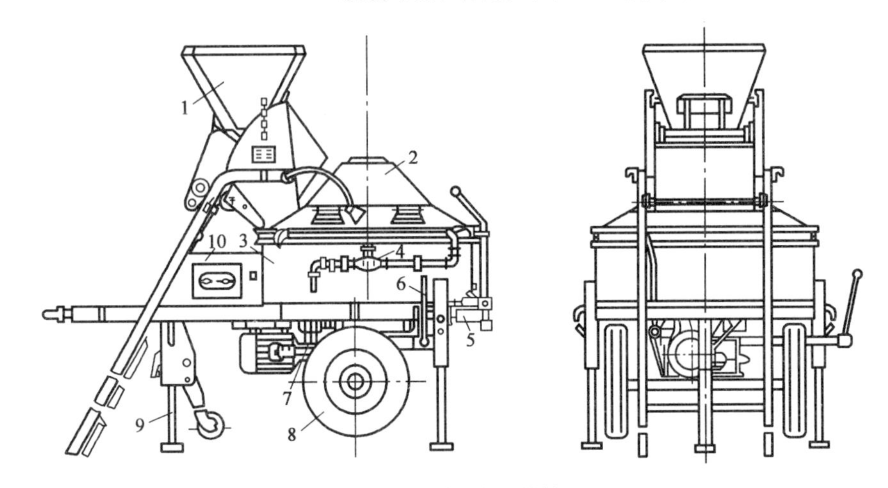

图 12-4　强制式混凝土搅拌机

1-进料装置；2-上罩；3-搅拌筒；4-水表；5-出料口；6-操纵手柄；7-传动装置；8-行走轮；9-支腿；10-电器工具箱

12-2　水泥混凝土搅拌站

一、水泥混凝土搅拌站的分类

(1)按工艺布置形式可分为单阶式和双阶式两类，如图 12-5 所示。

①单阶式：

a. 优点：自动化程度高，地面积小，动力消耗少。适用于大、中型搅拌站。

b. 缺点：设备复杂，投资大，建成慢。

②双阶式：

a. 优点：设备简单，投资少，建成快。

b. 缺点：自动化程度较低，占地面积大，动力消耗多。适用于中、小型搅拌站。

(2)按安装方式分为固定式和移动式两类。固定式适宜永久性搅拌站；移动式适宜随施工场地转移。

(3)按平面布置形式分为巢式和直线式两类。

①巢式：数台搅拌机环绕着一个共同的装料出料装置中心布置，共用一套称量装置，一次

只能搅拌一个品种的混凝土。

②直线式:数台搅拌机排成一列或两列,每台搅拌机有各自的称量装置,同时能搅拌几个品种的混凝土。

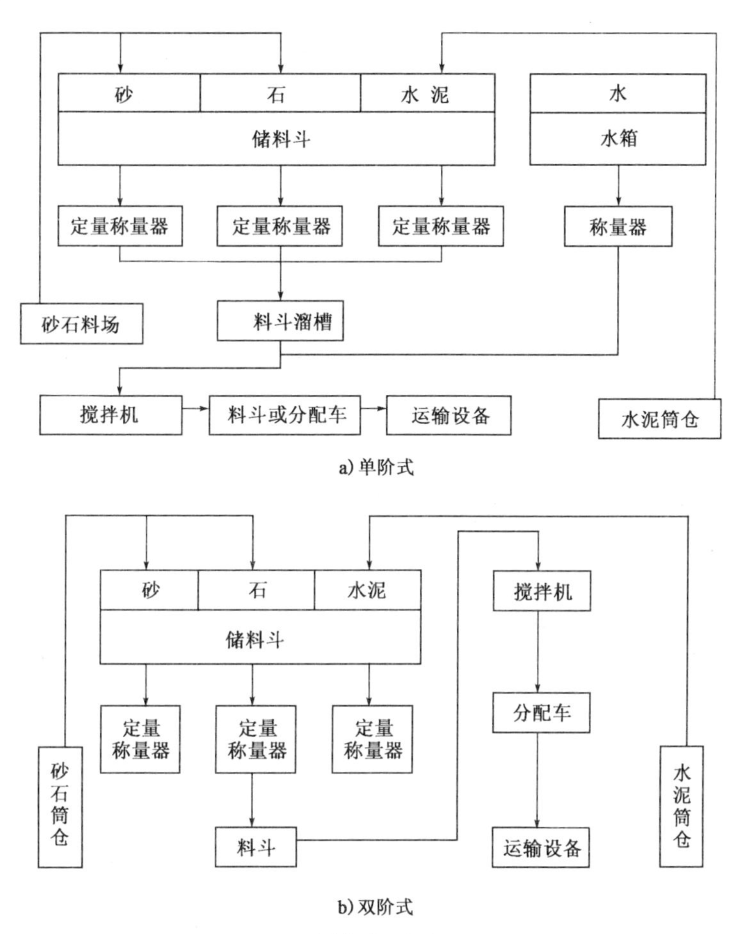

图 12-5 搅拌站工艺布置形式

二、双阶式水泥混凝土搅拌站

双阶式水泥混凝土搅拌站的特点是砂、石、水泥等材料分两次提升,第一次将材料提升至储料斗;经配料称量后,第二次再将材料提升并卸入搅拌机。它具有设备简单、投资少、建成快等优点;但其机械化和自动化程度较低、占地面积大、动力消耗多。故该布置形式适用于中、小型搅拌站。

双阶移动式混凝土搅拌站主要由混凝土搅拌机、骨料与水泥称量设备、供水及其称量设备、骨料堆场、水泥筒仓、运输机械、控制系统等组成,如图 12-6 所示。

(1)混凝土搅拌机　混凝土搅拌机是搅拌站的主机,它决定着搅拌站的生产率。

(2)骨料的输送及储存　骨料堆集在搅拌站的后部,用隔墙隔成若干个独立的料仓,分别储存砂、石。采用拉铲把半圆形堆料场的材料堆集起来,并将砂及两种规格的石分别运送到三个出料区上部。当控制出料区的三个闸门依次打开时,流入称斗的砂石料由秤进行累计称量。

(3)骨料的称量装置　骨料的称量装置即骨料称量秤,它不但能满足骨料的称量,还在称量过程中输出信号,指令下一程序进行工作,控制骨料出料区三个闸门的开闭。

(4)骨料提升装置　在提升料斗完成骨料称量后,由专门的卷扬机牵引料斗沿轨道向上提升。料斗升至搅拌机上方时,将料斗的底门打开,骨料落入搅拌机。

(5)水泥筒仓与水泥称量装置　两个水泥筒仓分别安装在搅拌站的两侧(图中未表示)。筒仓底部装有闸门和给料器,并与螺旋输送机相连接,由螺旋输送机将水泥输送至水泥秤斗进行称量。

搅拌用水由水泵抽水经计量水表、管道送入搅拌筒。用计量水表称量用水。当达到规定水量时,水泵停止供水。

(6)控制系统　混凝土搅拌站采用电器系统进行控制。称料时料仓闸门或给料器的开、闭,搅拌机搅拌时间,搅拌机卸料闸门的开、闭等工艺过程可以按规定的程序自动运行。

在工艺过程的连接上,搅拌机一个出料循环的时间应尽可能最短,以提高生产率。

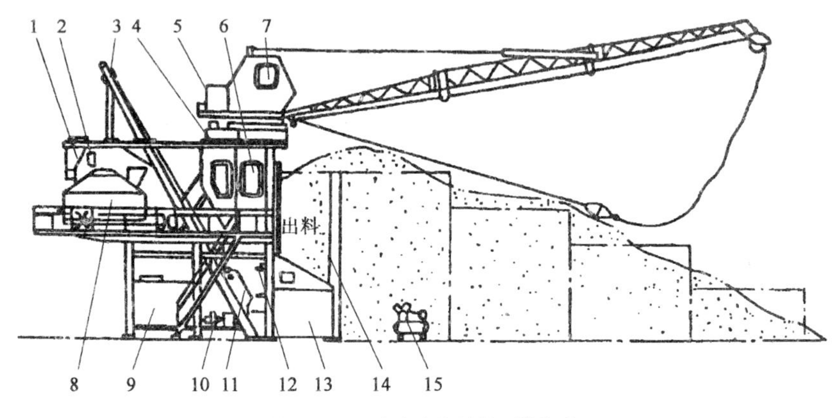

图 12-6　双阶移动式混凝土搅拌站

1-水泥秤;2-示值表;3-料斗卷扬机;4-回转机构;5-拉铲绞车;6-主操作室;7-拉铲操作室;8-搅拌机;9-水箱;10-水泵;11-提升料斗;12-电磁气阀;13-骨料秤;14-分壁柱;15-空气压缩机

三、单阶式水泥混凝土搅拌站

单阶式水泥混凝土搅拌站一般为大型固定式搅拌设备,外形似一座楼房,高达 24～35m。

国产大型混凝土搅拌站现有 3HLF90、3HLF135、4HLF270 型等多种型号,它们的构造基本相同,其金属结构作垂直分层布置,机电设备分装各层,集中控制。搅拌站自上而下分为进料、储料、配料、搅拌、出料五层,图 12-7 所示为 3HLF90 型搅拌站结构。

1. 进料层

进料层布置有砂、石和水泥的进料装置。它包括输送骨料的带式输送机、分料用的电动回转料斗、输送水泥或接合料用的斗式提升机。若以气力输送水泥时,旋风分离器、管道、两路开关等都布置在进料层,图 12-7 所示为进料层平面布置图。

2. 储料层

储料层装有六角(或八角)形金属结构装配式储料仓,料仓中央布置有双锥圆筒形水泥储仓,沿储仓轴线用钢板分隔成格,可同时储存两种不同标号的水泥。水泥仓周围为砂石骨料储

仓,彼此以钢板隔开,可同时分别储存各种粒径骨料和掺和料,整个料仓坐落在有六根(或八根)支柱的钢排架顶部,以便随时提供原料。

3. 配料层

配料层内设料仓给料器、供水管路和储水箱、称料斗、电子配料装置、控制室、吸尘装置和集料斗等,如图12-7中配料层平面布置图所示。由控制室控制的电子自动称量装置按混凝土生产的配合比要求,分批地将砂石料、水泥、水和外加剂等称量好,并将配好的砂石料汇集到集料斗,待下料时与水和外加剂同时卸入搅拌筒。

4. 搅拌层

搅拌层平面布置图如图12-7所示,搅拌层内设有三台(或四台)双锥形倾翻式搅拌机、回转给料器、搅拌系统的电气控制柜、压缩空气净化装置和储气罐等。当配称好的混合料、水和外加剂经回转给料器卸入搅拌筒后即可进行搅拌。

5. 出料层

出料层设出料斗,出料斗中的储料由气泵带动弧形门启闭而控制卸料量。卸出的混凝土由专用的混凝土吊罐或自卸车等运往施工现场。

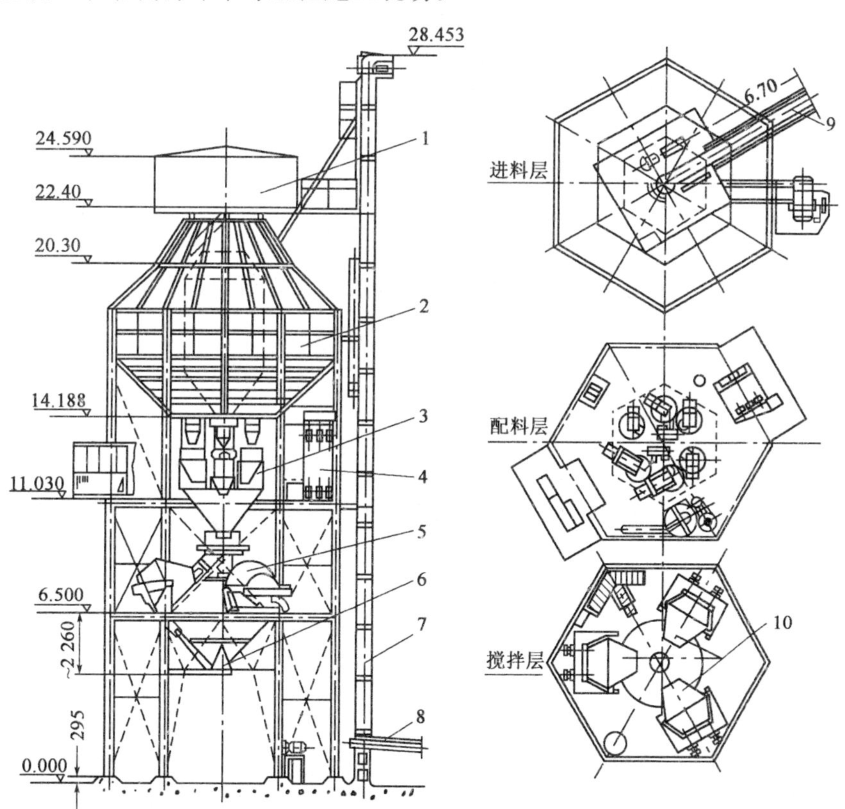

图12-7 单阶式混凝土搅拌站结构示意图

1-进料层;2-储料层;3-配料层;4-吸尘器;5-搅拌层;6-出料层;7-斗式提升机;8-螺旋输送机;9-胶带输送机;10-搅拌机

6. 控制系统

国产大型搅拌楼均采用电气程序控制。各料斗门的气缸动作是由各个相应的电磁阀控制的。各电磁阀的主令按钮均设置在操纵箱内,当电控系统发出信号后,各电磁气阀相应动作,使压缩空气进入气缸推动活塞,从而操纵各料斗闸门的启闭。

大型混凝土搅拌站具有占地面积小、设备布置紧凑、动力消耗低、生产率高、高度自动化和集中控制等优点。因而在混凝土工程量大、施工周期长、施工地点集中的大中型建筑工程中被广泛采用。但是,与移动式搅拌站相比,大型搅拌楼的不足之处是:建筑结构很高,对基础要求严,基建投资大,拆装费用多,安装难度大,一般需配备大型起重机吊装。

国内外大型搅拌楼也有实现电子计算机控制的,运行管理更为方便。目前一些搅拌楼采用一种分层整体吊装的结构,可大大缩短拆装时间,提高了机械设备的利用率,以克服大型搅拌楼在安装方面的缺点。

四、水泥混凝土拌和机的生产率计算

水泥混凝土拌和机是修建水泥混凝土路面机械化施工的主体机械,它生产能力的大小是确定其他设备数量的重要依据。因此拌和机生产率的计算是十分重要的。

综合作业式水泥混凝土拌和机的生产率可用下式计算

$$Q = \frac{60GK_B}{t} \tag{12-1}$$

式中:Q——水泥混凝土拌和机生产率,m^3/h;

G——拌和机每次卸下水泥混凝土,m^3;

K_B——时间利用系数;

t——拌和机拌和一次所需时间,min。

其中

$$t = t_1 + t_2 + t_3 \tag{12-2}$$

式中:t_1——拌和机加料时间,min;

t_2——拌和机拌和时间,min;

t_3——拌和机卸料时间,min。

12-3 水泥混凝土搅拌输送车

一、概述

1.搅拌输送车的类型

混凝土搅拌输送车是运送混凝土的专用设备。它的特点是在运量大、运距远的情况下,能保证混凝土的质量均匀。一般是在混凝土制备点与浇灌点距离较远时使用,特别适用于道路、机场、水利等大面积的工程施工及特殊工程机械化施工中运送商品混凝土。

目前国内外生产的混凝土搅拌输送车的形式很多,根据搅拌筒驱动装置不同,可分为机械式和液压式两类,其中以液压式的应用较广。根据搅拌筒动力供给方式的不同,可分成两种形式:一种是动力从汽车发动机分动箱引出,通过减速器和开式齿轮直接驱动搅拌筒或通过液压泵及液压马达驱动搅拌筒;另一种是采用单独发动机驱动搅拌筒。水泥混凝土搅拌输送车的

型号分类及表示方法如表12-4所示。

混凝土搅拌输送车型号分类及表示方法　　表12-4

类	组	型	特性	代号	代号意义	主参数	
						名称	单位表示法
混凝土机械	混凝土搅拌输送车 J(搅) C(车)	飞轮取力 前端取力 单独驱动 前端卸料	 Q(前) D(单) L(料)	JC JCQ JCD JCJ	飞轮取力混凝土搅拌输送车 前端取力混凝土搅拌输送车 单独驱动混凝土搅拌输送车 前端卸料混凝土搅拌输送车	搅拌容量	m^3

2. 搅拌输送车的输送方式

根据搅拌楼(站)至施工现场距离和材料供应条件的不同,搅拌输送车可以分为下列几种输送方式:

(1)新鲜混凝土输送　对成品混凝土的输送,适用运距8～12km以下。先将搅拌输送车开至混凝土搅拌楼(站)的搅拌机出料口下,搅拌输送车的搅拌筒以进料速度旋转进行加料,加料完毕后输送车即驶出。在输送途中,搅拌筒对混凝土不断地慢速搅拌,以防止混凝土初凝和离析。输送车到达施工现场后,搅拌筒反转卸出混凝土。

(2)半干料搅拌输送　对尚未配足水的混凝土进行加足水量、边搅拌边输送。

(3)干料搅拌输送　若运距在12km以上,通常是将已经称量的砂、石和水泥等干配合料装入输送车的搅拌筒内,待运送到离施工现场前15～20min时,开动搅拌筒并加水搅拌。到达施工现场后,便完成搅拌,可反转卸料。

(4)搅拌混凝土后输送　当配料站无搅拌机时,搅拌输送车可作搅拌机使用。把经过称量的砂、石和水泥等物料加入输送车的搅拌筒,搅拌后再输送至施工现场。

二、搅拌运输车典型结构

混凝土搅拌输送车一般由运载底盘、搅拌筒、驱动装置、给水装置和操纵系统等组成,如图12-8所示。

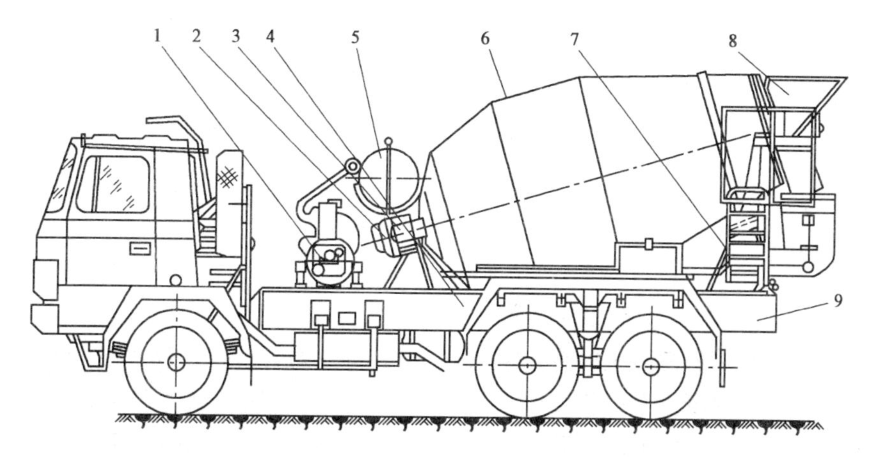

图12-8　混凝土搅拌输送车

1-泵连接组件;2-减速机总成;3-液压系统;4-机架;5-供水系统;6-搅拌筒;7-操纵系统;8-进出料装置;9-底盘车

1. 运载底盘

运载底盘一般采用现有的汽车底盘。有时为了降低重心,也采用半拖挂式专用底盘。

2. 搅拌筒

搅拌筒为单口形筒体,支承在不同平面的三个支点上,即筒体下端的中心轴安装在机架的轴承座内,另一端由滚道支承在一对滚轮上。搅拌筒轴线与水平面的倾斜角为16°~20°。筒体底部端面封闭,由上部的开口进料、卸料如图12-9所示。

搅拌筒的内部壁面焊有两条相隔180°的带状螺旋叶片,以保证物料沿螺旋线滚动和上下翻动,防止混凝土离析和凝固。当搅拌筒正转时,物料顺着螺旋叶片进入搅拌筒内进行拌和;当搅拌筒反转时,拌和好的混凝土则沿着螺旋叶片向外旋出。卸料速度由搅拌筒的反转转速控制。为了引导进料,防止物料进入时损坏叶片,在筒口处设置一段导管。拌和好的混凝土沿着导管外表面与接口内壁之间的环形槽卸出。

在搅拌筒料口一端设置有装料与卸料机构,如图12-10所示。与搅拌筒相连的进料斗铰接在支架上。

进料斗的进料口与搅拌筒内的进料导管口贴紧,以防物料漏出。

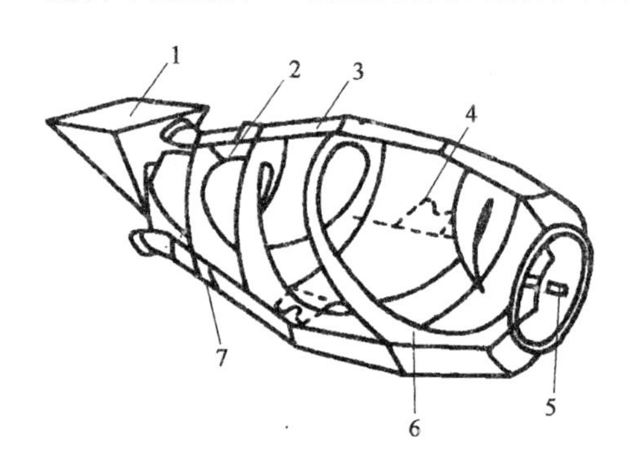

图12-9 搅拌筒内部构造

1-加料斗;2-进料导管;3-搅拌筒壳体;4-辅助搅拌叶片;5-中心轴;6-带状螺旋叶片;7-环形滚道

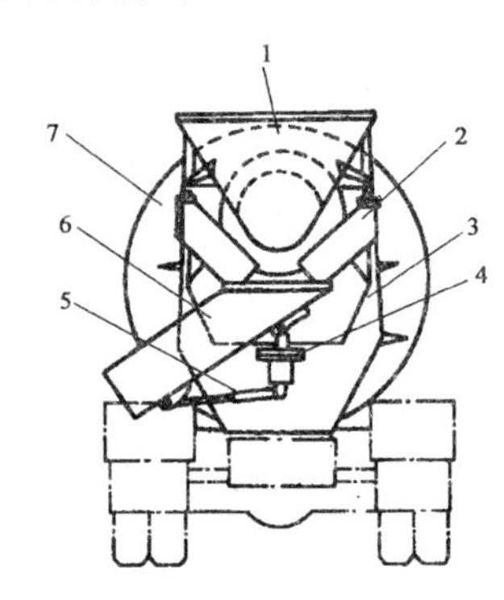

图12-10 装料与卸料机构

1-进料斗;2-固定卸料梁;3-支架;4-调节转盘;5-调节杆;6-活动卸料槽;7-搅拌筒

12-4 水泥混凝土输送设备

一、水泥混凝土输送泵

1. 水泥混凝土输送泵的特点和分类

混凝土输送泵是输送混凝土的专用机械,它配有特殊的管道,可以将混凝土沿管道连续输送到浇筑现场。采用混凝土泵可将混凝土的水平输送和垂直输送结合起来,并能保证混凝土的均匀性和增加密实性。它的输送距离,沿水平方向能达205~300m,沿垂直方向可达40m。如果输送距离很长,可串联装置两个或多个混凝土泵。

混凝土泵适用于大型混凝土基础工程、水下混凝土浇灌、隧道内混凝土浇灌、地下混凝土

工程以及其他大型混凝土建筑工程等。特别是对施工现场场地狭窄、浇筑工作面较小或配筋稠密的建筑物浇筑，混凝土泵是一种有效而经济的输送机械。

然而由于其输送距离和浇筑面积有局限性，混凝土最大骨料粒径不得超过100mm，混凝土坍落度也不宜小于5cm，这些条件限制了其使用范围。

混凝土泵按转移方式可分为固定式、拖式、汽车式等。按混凝土泵的构造和工作原理可分为活塞式、挤压式和风动式。其中活塞式混凝土泵又因传动方式不同而分为机械式和液压式两类，其具体分类如图12-11所示。这里仅简介活塞式混凝土泵。

2. 液压活塞式混凝土泵

(1)液压活塞式混凝土泵的原理

液压活塞式混凝土泵，是通过液压缸的压力油推动活塞，再通过活塞杆推动混凝土缸中的工作活塞来进行压送混凝土的，其工作原理如图12-12所示。

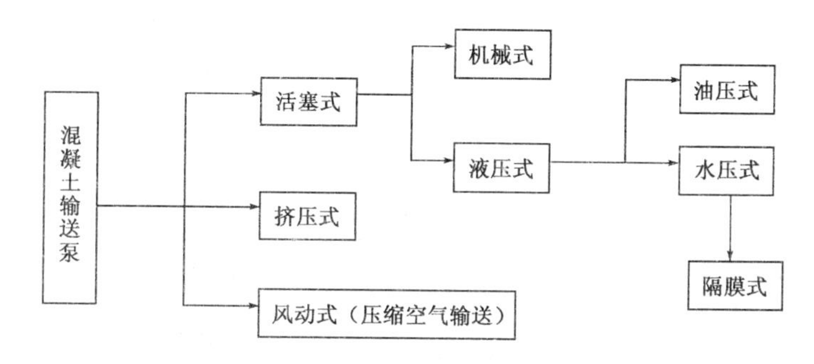

图12-11 水泥混凝土输送泵分类

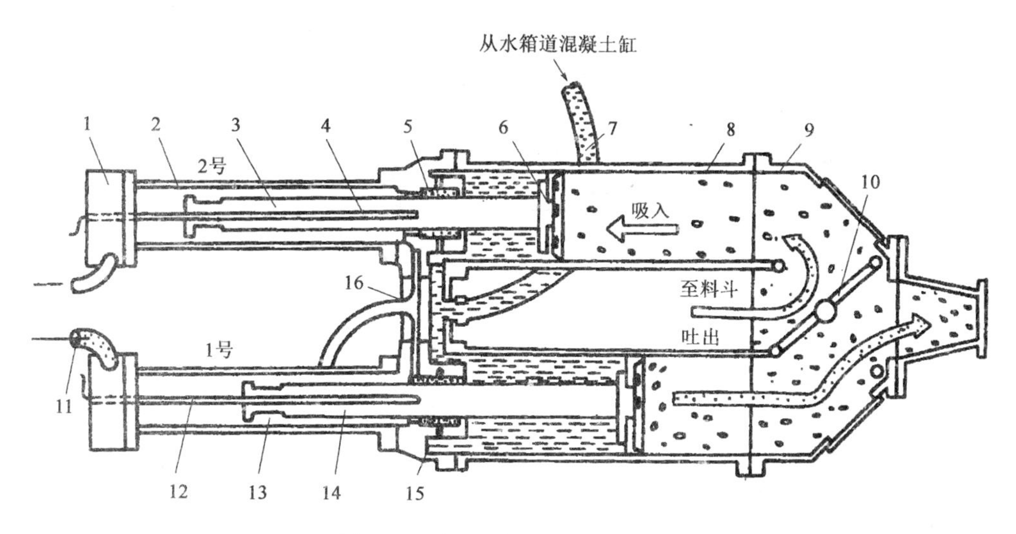

图12-12 液压活塞式混凝土泵的原理

1-液压缸盖；2-液压缸；3-活塞杆；4-闭合油路；5-V形密封圈；6-活塞；7-水管；8-混凝土缸；9-阀箱；10-板阀；11-油管；12-铜管；13-液压缸活塞；14-干簧管；15-缸体接头；16-双缸连接缸体

当2号缸进油、1号缸排油时，2号活塞向左移动，将料斗中的混凝土吸入2号混凝土缸体；同时，2号缸左侧密封油升压，并窜入1号缸左侧，推动1号活塞向右移动，从而把混凝土压入输送管道。当2号活塞继续左移，待其缸体与导管中行程开关重合时，电器接点闭合，电磁液压阀动作，液压缸和控制阀的油路相互切换，此时1号活塞左移吸入混凝土，而2号活塞右移压送混凝土。如此不断循环，可以连续地将混凝土压送至浇筑位置。

(2)液压活塞式混凝土的典型结构

图12-13所示是HB30型混凝土泵的示意图，该型号属于中小排量、中等运距的双缸液压活塞式混凝土泵。

HB30型混凝土泵由下列主要机构组成：

①压送机构。用于将混凝土压入输送管道，使其克服管道阻力而输送到浇筑地点，由主液压缸、混凝土缸、支承连接件及水箱等部分组成，可参看图12-12。

②料斗及搅拌装置。该机构的作用是起储存调节作用，并对混凝土进行二次搅拌，以改善混凝土的可压送性；搅拌装置向混凝土缸喂料，以提高混凝土缸的吸入效率。

③混凝土泵分配阀。采用旋转板阀，可以使一个混凝土泵缸在吸入行程与料斗相连；同时另一个活塞杆处于推压行程并与输出口相通。继续循环时活塞反向，分配阀板也同时反向，则使两个混凝土泵缸的吸入和推送行程实现了交换。

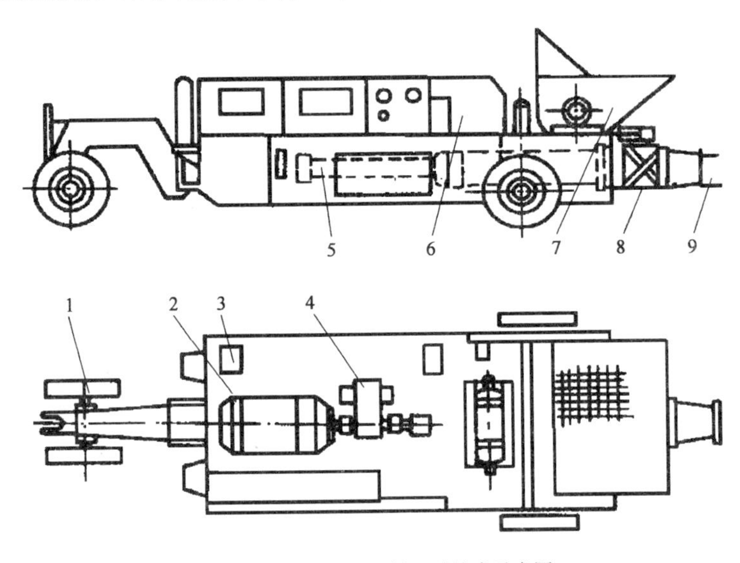

图12-13　HB30型混凝土泵总成示意图

1-机架及行走机构；2-电动机及电气系统；3-液压系统；4-机械传动系统；5-推送机构；6-机罩；7-料斗及搅拌装置；8-分配阀；9-输送管道

二、水泥混凝土输送泵车

混凝土泵车是将混凝土输送泵装在汽车底盘或专用车辆上，使之具有很强机动性能的混凝土输送机械。它有布料杆式和配管式两种类型。其中布料杆式泵车比配管式泵车具有更大的使用灵活性。液压折叠臂架具有变幅、曲折和回转三个动作，输送管道沿臂架铺设，在臂架活动范围内，能同时完成水平输送和垂直输送，可任意改变混凝土浇筑位置。特别适合于房屋建筑及混凝土需求量大、质量要求高的工程。图12-14所示为装有布料臂杆的液压混凝土泵车外形和其工作范围图。

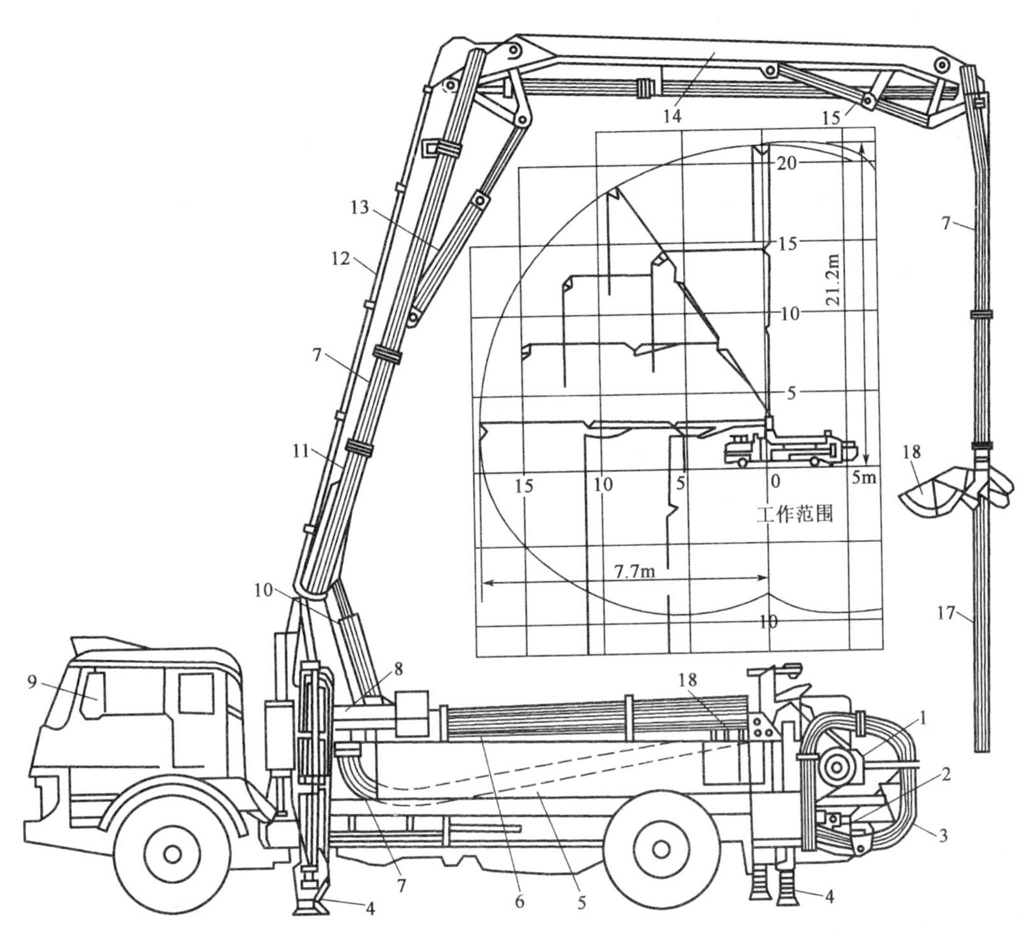

图12-14 带布料杆的混凝土泵车外形及工作范围

1-料斗及搅拌器；2-混凝土泵；3-Y形出料管；4-液压外伸支腿；5-水箱；6-备用管段；7-进入旋转台的导管；8-支承旋转台；9-驾驶室；10、13、15-折叠臂液压缸；11、14-臂杆；12-油杆；16-橡胶软管弯曲支架；17-软管；18-操纵柜

12-5 水泥混凝土摊铺机

一、概述

在城市道路、公路路面和机场跑道等水泥混凝土摊铺工程中，采用水泥混凝土摊铺机进行施工已非常广泛。

1. 水泥混凝土摊铺机的功用

水泥混凝土（以下简称混凝土）摊铺机是把搅拌好的混凝土，先均匀地摊铺在路基上，然后经过振实、整平和抹光等作业程序，完成混凝土的铺筑成形的施工机械。

目前，混凝土摊铺机已从只能完成单一作业程序的单机，发展成能完成摊铺、振实、整平和抹光等作业的联合摊铺机。

混凝土摊铺机在进行施工作业时，必须满足下列各项要求：

(1)摊铺必须均匀,不致使骨料产生离析。

(2)摊铺在基层上的混凝土必须有均等的余留高度,供振实、整平和抹光之用。

(3)对摊铺的混凝土能充分地振实。振实是混凝土铺筑过程中最重要的作业程序,它对摊铺质量影响很大。

(4)经过振实的混凝土铺层,必须达到整平,并达到设计要求,其误差应在规定范围内。

混凝土摊铺机既可提高铺筑层的内在质量,也可提高路面的外观技术水平,生产率高。

2.混凝土摊铺机的分类

(1)按性能和施工方式分类

按其性能和施工方式,混凝土摊铺机可分为轨道式和滑模式两种类型。

轨道式摊铺机是沿袭习惯的水泥混凝土摊铺程序而设计的机械,早期的轨道式摊铺机是由多台完成单一作业程序的机械组成,故称之为"摊铺列车"。它由布料机、振捣机和抹光机等组成。它们一起在铺设的两根轨道上行驶。目前已有可一次完成多种作业程序的综合型轨道摊铺机和可以大范围内调整摊铺宽度的桁架型轨道式混凝土摊铺机。

滑模式摊铺机是机架两侧装有长模板,对水泥混凝土进行连续摊铺、振实、整形的机械。这种机械集摊铺、振实、修整于一体,结构紧凑、操作集中方便,可实现自动控制,节省人力、物力,加快施工进度,提高经济效益。滑模式摊铺机是一种新型水泥混凝土路面施工机械,它集计算机、自动控制、精密机械制造、现代水泥混凝土和高速公路工程技术为一体,英文称之为Robot Concrete Pavement Machine。它的出现,突破了过去以固定模板修筑水泥混凝土路面的老工艺方法,能够自动铺筑出公路路拱、超高、平滑弯道和变坡,能适应面板厚度的变化,并能自动设置传力杆、拉杆乃至铺设大型钢筋网片,能摊铺普通水泥混凝土路面、所有缩缝均设置传力杆的混凝土路面、间断配筋和连续配筋的钢筋混凝土路面等。

(2)按用途分类

混凝土摊铺机按其用途可分为路线铺筑机、路基铺筑机、路面和沟渠摊铺机等,其中沟渠铺筑机适用于河床的斜面摊铺,主要用于河道和堤坝的施工铺筑,它的宽度较大。

(3)按行走方式分类

混凝土摊铺机按其行走方式可分为轮胎式、钢轮式和履带式。现代滑模式摊铺机一般都采用履带行走机构,轨道式采用钢轮式。

二、混凝土摊铺机的基本结构

混凝土摊铺机的结构因制造厂商及机型的不同而异,但工作装置一般由布料器、刮平板、振捣器(包括振捣棒和振捣梁)、整平机、抹光机等装置组成。同时,还需要机架、行走机构、操纵控制系统和其他一些辅助机构的有机配合。有的机型组成装置多、功能全,有的机型组成装置少、功能少;有的机型将全部装置集于一体;有的分成两台或两台以上的独立单机。

目前,在国内城市道路、公路路面和机场跑道等水泥混凝土摊铺工程中,一般以使用滑模式摊铺机为主。

三、滑模式水泥混凝土摊铺机

滑模式水泥混凝土摊铺机是20世纪60年代初,随混凝土路面的发展应运而生并得到

迅速发展的混凝土铺筑机械。据对国外5个国家22个厂家生产的90种型号的水泥混凝土摊铺机产品的统计，滑模式共有59种型号，其余为轨道式且多为早期产品，其外形如图12-15所示。

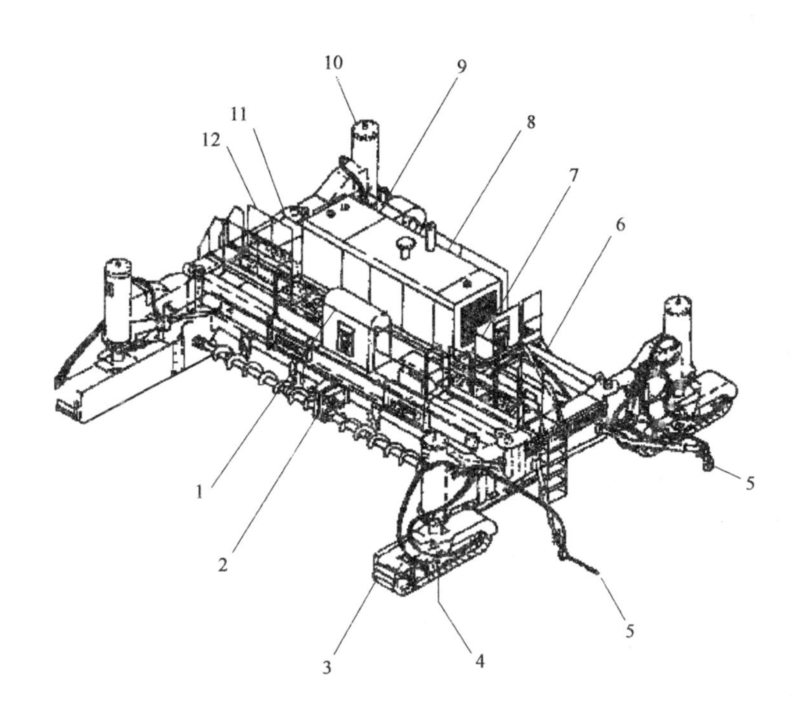

图12-15 SF350型摊铺机外形

1-控制室；2-螺旋摊铺器总成；3-展带总成；4-转向传感器总成；5-调平传感器总成；6-伸缩式机架；7-扶梯；8-发动机；9-油箱；10-支腿立柱；11-端梁；12-走台扶梯

滑模式摊铺机在铺筑混凝土路面时，不需另设轨道和模板，依靠机器本身的模板，就能按照要求的路面宽度、厚度和拱度对混凝土挤压成形。

(1)滑模式摊铺机的分类

滑模式摊铺机可按路面滑模摊铺的工序、自动调平系统的形式、行走系统履带的数量、振动系统采用振动器的形式来进行分类。

按滑模摊铺工序的不同，滑模式摊铺机主要有两种类型：一种是以美国COMACO公司的GP系列为代表，它把内部振捣器置于整机前方螺旋布料器的下方，然后通过外部振捣器振捣和成形盘成形，最后由修光机抹光；另一种是以美国CMI公司的SF系列为代表，它首先用螺旋布料器分料，由虚方控制板控制摊铺宽度上的水泥混凝土高度，然后通过内部振捣器振捣，再进入成形模板，之后再通过浮动抹光板。这两种类型中，前者可使水泥混凝土提早振实且水分上升，但对纵向上的密实度会带来影响，其优点是机械的纵向尺寸短，易于布置；后者纵向尺寸大，但能使水泥混凝土路面的摊铺质量得到保证。

按自动调平系统形式的不同，滑模式摊铺机可分为两大类：一种是电液自动调平系统(以美国COMACO公司GP系列为代表)；一种是全液压自动调平系统(以美国CMI公司的SF

系列为代表)。电液自动调平系统的基本结构是把电路元件装在一个长方体盒子内,一根转轴从盒子里面伸出来,在转轴上装有触杆,工作时该触杆与基准线相接触。这种自动调平系统结构简单,便于安装,对电气元件的保护可靠,但对环境的湿度反应比较敏感。而全液压自动调平系统的基本结构是在传感器转轴上装有一个偏心轮,偏心轮推动一个高精度的滑阀阀芯,工作时利用滑阀阀芯的位移直接改变系统液压油的流量和方向。这种自动调平系统的特点是由全液压传感器从基准线上得到的信号直接反馈,控制液压缸支腿升降实现自动找平。它结构简单,工作可靠,成本较低,对环境的要求不高,但对系统中液压油的品质和滤清精度要求较高。美国PRO-HOFF公司生产的PAV-SAVER系统滑模式摊铺机也采用这种自动调平系统。

按行走系统履带数量的不同,滑模式摊铺机可分为两履带式、三履带式和四履带式。早期的水泥混凝土摊铺机的行走系统是两履带式,如COMACO公司的GP1500、GP2500,CMI公司的SF250等。20世纪70年代出现了四履带滑模式摊铺机。与两履带式比较,四履带式摊铺机具有找平能力强,行驶直线性能好等优点。在两履带和四履带的选择上,一般摊铺宽度在7.5m以下,可以选择两履带滑模式摊铺机;摊铺宽度在7.5m以上时,则应选择四履带滑模式摊铺机为好。三履带滑模式摊铺机主要是用来摊铺边沟、防撞墙、路肩等车道以外的水泥混凝土构造物。在履带变化方面,有的生产厂家采用卸下一条履带的方法,使四履带滑模摊铺机变为三履带,从而使一台摊铺机既能完成路面摊铺,又能兼作边沟、防撞墙、路肩等车道以外的水泥混凝土构造物的摊铺作业,拓宽了滑模式摊铺机的使用范围。

按振动系统采用的振动器形式的不同,滑模式摊铺机分为电振动式和液压振动式。电振动式采用的是电动振动棒,液压振捣系统采用液压振动棒。

(2)滑模摊铺机的特点

滑模摊铺机有以下几个特点:

①滑模式摊铺机不需要另设置轨道,结构紧凑,省去了大量的模板,节省大量的人力、物力及施工配套机具,施工作业效率高,施工速度快,生产率高,可大大缓解以前水泥混凝土路面施工点多线长、施工周期长、出现阻塞交通等问题。

②采用了技术先进的电—液控制系统、全液压传动,自动化程度高,可实现无级调速。

③自动转向系统采用传感器检测信号,电—液控制或液压控制系统控制转向,保证了行驶的直线性和弯道的平滑,可大大提高摊铺施工的速度和质量。操作方便,机动灵活。

④用滑模式摊铺机摊铺水泥混凝土路面时,由于采用基准线引导,自动行走,机器运动的轨迹与摊铺厚度的控制通过与基准线相接触的2~4组高灵敏度传感器检测,机械本身的各种运动全部采用液压传动,所摊铺的水泥混凝土路面的几何尺寸精度非常高,能高标准保证路面纵横坡度及平整度等指标要求,施工质量高。

⑤在铺设路面时,依靠装在机器上的滑动模板就能按照路面要求宽度一次成形。用滑模式摊铺机摊铺水泥混凝土路面时,全部摊铺过程都由机械按设定的参数自动完成,对水泥混凝土的振动、捣实、提浆、抹光等工艺过程按施工要求完成。频率可调的振动棒和捣实板不仅能保证水泥混凝土充分密实,而且可以通过控制提浆厚度来达到理想的耐磨效果,使路面有更长的使用寿命。

⑥因施工中路面只能一次成形,不能退回补救施工,因而对施工工序、工艺参数及混凝土

的原材料质量、水泥混凝土配合比、搅拌质量和水灰比等要求比较严格，这样才能确保高等级路面的施工质量。

⑦可实现一机多用，使用范围较广。

四、滑模式摊铺机的作业装置

滑模式摊铺机的作业装置通常由螺旋摊铺器、刮平板、内振捣器、振捣梁、成形盘、定形盘和副机架组成，如图12-16所示。

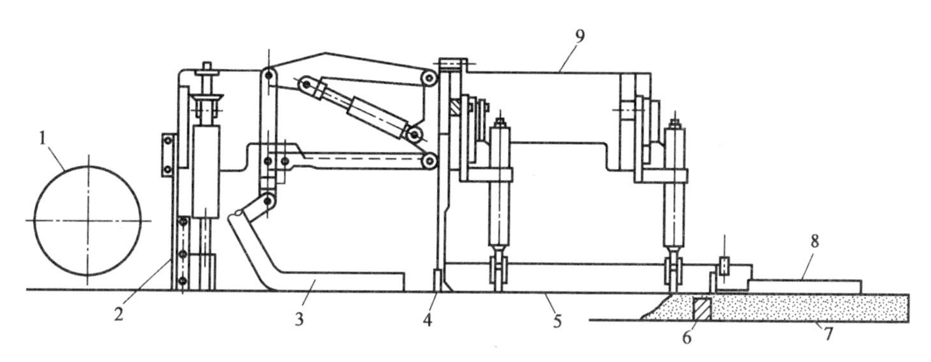

图12-16 滑模式摊铺机的工作装置

1-螺旋摊铺器；2-刮平板；3-内振捣器；4-振捣梁；5-成形盘；6-挡头；7-铺层；8-定形盘；9-副机架

1. 螺旋布料器

螺旋布料器位于机器的最前方，其作用是将运料车卸在路基上的混凝土料均匀地摊铺开。

2. 刮平板

刮平板安装在螺旋布料器的后面，其功用是初步刮平混凝土，并控制虚方混凝土的厚度，将适量的混凝土料供给后部的其他工作装置，多余的料被推向前方。

3. 振捣系统

振捣系统通常由振动棒和捣实板组成。

振动棒的作用是对物料进行振实，保证一定的密实度。振动棒又称内部振捣器，其作用是通过高频振动消除混凝土内部间隙，排除空气并使混合料流体化。

捣实板的作用是将振动过的混凝土捣实，通过锤打混凝土铺层，将表面上的骨料压入铺层内部，表面只留下灰浆以便修整路面，然后再由成形模板成形。

4. 摊铺装置

摊铺装置是将捣实后的混凝土铺层挤压成所需的路面形状的装置。它由虚方控制板、成形盘、超铺板、侧模板和浮动盘、拖布等组成。

虚方控制板又称进料控制板，用来控制进入成形盘的振实后的混凝土的数量，进料过多或过少都将影响摊铺质量。

成形盘是将捣实后的混凝土进行挤压，并使铺层形成要求的路面断面形状的装置，成形模板通过路拱调节装置可按设计要求调整中央路拱。在弯道上作业时，也可调整单边坡，具体步骤是通过液压装置改变路面模板一侧的拱度，使中央路拱逐渐消失，直至成为单边坡。驶出弯道后驾驶人通过液压控制再将路拱恢复到原设定值，以满足施工要求。

超铺板的作用是防止混凝土因坍落度稍大而坍边，从而保证了施工的质量。

侧模板的主要作用有两点：一是摊铺机作业时使边线两侧挤压成形；二是和超铺板一起作用减少边缘坍落。

在成形模板的后端还带有一块刚性结构的弹性悬挂浮动盘。它不振动，用来对混凝土路面进行较小的第二次平整。这一浮动盘与两侧的浮动模板，就构成定形盘。

在浮动盘内侧，设有机械传力杆置放机。传力杆打进去后，随着摊铺机的前进，传力杆自动脱模。传力杆间距大小的设置，由施工设计决定。传力杆可以两边同时打入，也可单边打入。

拖布装在浮动模板后面，主要作用是消除气泡，形成路面的粗糙度。

5. 水喷射系统

滑模摊铺机的水喷射系统的作用有两个：一是为机器的清洗提供一定压力的水；二是在需要时，为混凝土的拌和加水。

6. 调平系统

自动调平系统是保持摊铺机的各种作业装置，始终能保持在同一预定水平高度上，从而保证铺路质量，如图 12-17 所示。原理是在 4 个行走机构的支腿上分别安装有水平传感器，其上铰接有触杆，触杆的一端靠其自重始终压在基准绳上，其压力可通过调整触杆上的平衡配重加以改变。当摊铺机施工作业时，如果路基低了，机器的行走机构将下降，此时压紧在基准绳上的触杆就相应地升高，触杆因升高而偏转使水平传感器动作，从液压泵出来的高压油进入支腿升降液压缸的上腔，使机架上升，直到机器达到基准的水平位置为止；反之，如果路基高了，机架会相应地下降。

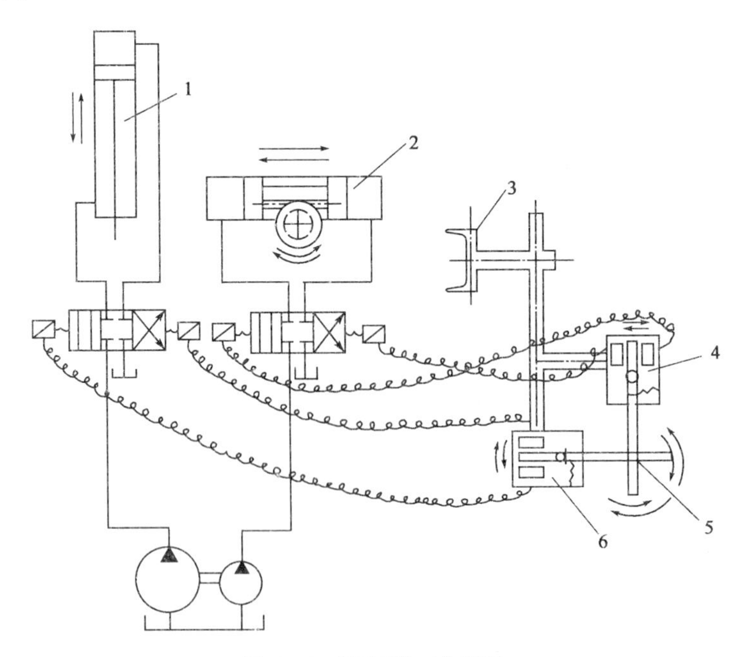

图 12-17　调平系统工作原理

1-调平升降液压；2-转向液压；3-机架；4-方向控制传感器；5-钢丝基准线；6-水平控制传感器

五、滑模摊铺机摊铺施工过程

滑模式摊铺机的作业过程如图12-18所示(以美国CMI公司生产的SF系列产品为例)。

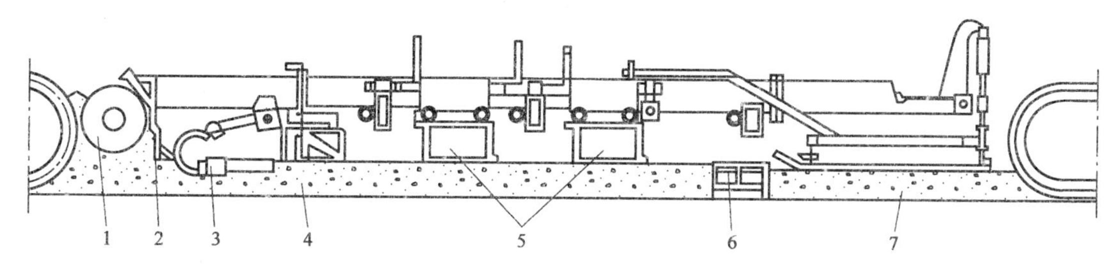

图12-18 六步连续铺路法示意图

1-螺旋摊铺器;2-刮平板;3-内部振捣器;4-外振捣器;5-进料控制板、成形盘和侧板;6-定形盘和侧板;7-水泥混凝土铺层

(1)螺旋布料器将自卸车或水泥混凝土搅拌车卸在路基上的水泥混凝土横向均匀地摊铺开。

(2)由一级进料计量装置刮平板初步刮平混凝土,将多余的混合料往前推移。

(3)用内部振捣器对混合料进行初步振实、捣固。

(4)用外振捣器再次振实,并将外露大粒径骨料强制压入。

(5)由二级进料计量器进料控制板(在成形模板前)再次刮平混合料,并控制进入成形模板的混凝土的数量。

(6)用成形模板盘对捣实后的混凝土进行挤压成形。

(7)利用定形盘对铺层进行平整、定形和修边。

摊铺时,倒在机器前方的混合料由螺旋布料器均匀地摊铺在路基上,随着机器的前进,由刮平板计量出进入内部振捣器的混凝土量,余料被推向前方。经内部振捣器高频振捣,排除铺层内部间隙和空气,再经过外部振捣器上下振实,强制外露骨料下沉,从而填平压实了铺层,表面只留下灰浆。接着由进料控制板、成形盘和侧模板进行第二次计量和压实成形。最后由定形盘和侧模板整平抹光,完成路面铺筑。

六、水泥混凝土摊铺机的生产率计算

水泥混凝土摊铺机的生产率是以每小时摊铺水泥混凝土的体积(m^3/h)来计算的,即

$$Q = bvh \tag{12-3}$$

式中:Q——水泥混凝土摊铺机的生产率,m^3/h;

b——摊铺带的宽度,m;

h——摊铺层的厚度,m;

v——摊铺机的行驶速度,m/h。

12-6 水泥混凝土路面施工过程

高等级公路水泥混凝土路面,技术标准要求高,工程数量大,要保证施工进度和工程质量,

宜采用机械化施工。

一、机械选型和配套

滑模式摊铺机施工方法各工序可选用的机械如表12-5所示。

滑模式摊铺机施工各工序可选用机械　　表12-5

工　　序	可考虑选用的机械
混凝土拌和	拌和机、装载机
混凝土运输、卸料	自卸汽车、搅拌车
摊铺、捣实	布料机、滑模式摊铺机
修整粗糙面	拉毛机
切缝施工	切缝机

各施工工序可以采用不同类型的机械，而不同类型的机械具有不同的工艺要求和生产率。因此，水泥混凝土路面机械化施工时，机械的选型和配套十分重要。

1. 主导机械选型

主导机械是指承担主要工序施工任务的机械。主导机械对施工方式、施工质量、施工进度起主要作用，并决定成套机械的施工质量和生产率。由于决定水泥混凝土路面质量和路面使用性能的施工工序主要是混凝土的拌和与摊铺成形，因此，通常把混凝土滑模摊铺机械作为第一主导机械，把混凝土拌和机械作为第二主导机械。在机械选型时，应首先选定主导机械，然后根据主导机械的技术性能和生产率，选配配套机械。

主导机械的选择，除了考虑满足施工质量和进度的要求外，还要考虑到工程施工单位技术人员的素质、管理水平和企业购买能力等实际情况。配套机械的选型和配套数量，则必须考虑保证主导机械充分发挥其最大效率，并且使配套机械的类型和数量尽可能少。

2. 配套机械

配套机械主要是指运输混凝土的车辆。选择的主要依据是混凝土的运量和运输距离。研究表明：运距在5km左右时，以5～20t中型自卸车最为经济。考虑到混凝土在运输过程中水分的散失和离析等问题，更远的运输距离以采用容量为$6m^3$以上的混凝土拌和运输车较为理想。

其他的配套机械包括：混凝土布料机(或小型反铲挖掘机)、养生剂喷洒器、切缝机、灌缝机、洒水车、移动发电机、装载机、水泵、移动电站等。

3. 机械合理配套

合理配套主要指拌和机与滑模摊铺机、运输车之间的配套情况。当摊铺机选定后，可根据机械的有关参数和施工中的具体情况计算出摊铺机的生产率。

拌和机配套是在保证摊铺机生产率充分发挥的前提下，使拌和机的生产率得到正常发挥，并在施工中保持均衡使用，协调一致。

当摊铺机和拌和机的生产率确定后，车辆的配套实质上是车辆与拌和机的配套。车辆配

套的原则是保证拌和机正常的搅拌工作不能中断。可以应用排队理论，找出合理的配套方案。考虑到装载点与车辆的配套是一个动态系统，即随着摊铺作业的推进，车辆的运输路程随时间的增加而增加。在运输与装载过程中，随机影响因素又较多，如道路状况、操作水平、设备运行状况等都在不断变化，因此对排队理论中单通道模型进行改进，增加时间变化等因素，便于在配套方案中适时优化控制进行分析比较，找出合理的优化方案。

二、搅拌场设置

1. 水泥混凝土搅拌场设置

水泥混凝土搅拌场是安装水泥混凝土拌和机、存放水泥混凝土原材料的场所。搅拌场宜设置在摊铺路段的中间位置。搅拌场内部的布置应满足原材料储运、混凝土运输、供水、供电、钢筋加工等的使用要求，并尽量紧凑，减少占地。

搅拌场应保障搅拌、清洗、养生用水的供应，并保证水质，供水量不足时，搅拌场应设置与日搅拌量相适应的蓄水池；搅拌场应保证充足的电力供应，电力总容量应满足全部施工用电设备、夜间施工照明及生活用电的需要；应确保摊铺机械、运输车辆及发电机等动力设备的燃料供应，离加油站较远的搅拌场宜设置油料储备库。

2. 水泥、粉煤灰储存和供应要求

每台拌和机应至少配备2个水泥罐仓，如掺粉煤灰还应至少配备1个粉煤灰罐仓，当水泥的日用量很大，需要两家以上的水泥厂供应水泥时，不同厂家的水泥，应清仓再灌，并分罐存放，严禁粉煤灰与水泥混罐。

应确保施工期间的水泥和粉煤灰供应，供应不足或运距较远时，应储备和使用袋包装水泥或袋包装粉煤灰，并准备水泥仓库、拆包及输送入灌设备；水泥仓库应覆盖或设置顶篷防雨，并应设置在地势较高处，严禁水泥、粉煤灰受潮或浸水。

3. 砂石料储备

施工前，宜储备正常施工10～15天的砂石料。

砂石料场应建在排水通畅的位置，其底部应做硬化处理。不同规格的砂石料之间应有隔离设施，并设标识牌，严禁混杂。在低温天、雨天、大风天及日照强烈的条件下，应在砂石料堆上部架设顶篷或覆盖，覆盖砂石料数量不宜少于正常施工一周的用量。

4. 其他

原材料与混凝土运输车辆不应相互干扰。搅拌楼下宜采用厚度不小于200mm的混凝土铺装层，并应设置污水排放管沟、积水坑或清洗搅拌楼的废水处理回收设备。

三、摊铺前材料与设备检查

1. 原材料实地调研

在施工准备阶段，应依据混凝土路面设计要求、工程规模，对当地及周边的水泥、钢材、粉煤灰、外加剂、砂石料、水资源、电力、运输等状况进行实地调研，确认符合铺筑混凝土路面的原材料质量、品种、规格、原材料的供应量、供应强度和供给方式、运距等。通过调研优选，初步选择原材料供应商。

2. 原材料质量检验和混凝土配合比优选

开工前，工地实验室应对计划使用的原材料进行质量检验和混凝土配合比优选。

应根据路面施工进度安排，保证及时地供给符合要求的各种原材料，不合格的原材料不得进场。所有原材料进出场应进行称量、登记、保管或签发。

3. 原材料堆放与储存

应将相同料源、规格、品种的原材料作为一批，分批量检验和储存，不得混放。

4. 机械设备（仪器）检查

施工前必须对机械设备、测量仪器、基准线或模板、机具工具及各种试验仪器等进行全面的检查、调试、校核、标定、维修和保养，主要施工机械的易损零部件应有适量储备。

四、混凝土拌和与运输

1. 拌和

（1）搅拌场搅拌设备的拌和能力配置

①采用滑模摊铺施工时，搅拌场配置的混凝土总拌和生产能力可按下式计算，并按总拌和能力确定所要求的拌和机数量和型号，即

$$Q = 60\mu phV_t$$

式中：Q——搅拌场拌和机总拌和能力，m^3/h；

p——摊铺宽度，m；

V_t——摊铺速度，m/min（一般>1m/min）；

h——面板厚度，m；

μ——拌和机可靠性系数，一般取 1.2～1.5。

μ 根据具体情况确定：搅拌楼可靠性高，μ 可取较小值；反之，μ 取较大值；坍落度要求较低者，μ 应取较大值。

②不同摊铺方式所要求的拌和机最小生产容量应满足表 12-6 的规定。一般可配备 2～3 台拌和机，最多不宜超过 4 台，搅拌楼中拌和机的规格和品牌尽可能统一。

混凝土路面不同摊铺宽度的拌和机最小配置容量（m^3/h）　表 12-6

摊铺宽度	最小生产容量
单车道 3.75～4.5m	≥100
双车道 7.5～9.0m	≥200
整幅宽度≥12.5m	≥300

（2）拌和技术要求

①每台拌和机在投入生产前，必须进行标定和试拌。在标定有效期满或搅拌楼搬迁安装后，均应重新标定。施工中应每 15 天校验一次搅拌楼计量精确度。拌和机配料计量偏差不得超过表 12-7 的规定。不满足时，应分析原因，排除故障，确保拌和计量精确度。采用计算机自动控制系统的拌和机，应使用自动配料生产，并按需要打印每天（周、旬、月）对应路面摊铺桩号的混凝土配料统计数据及偏差。

拌和机的混凝土拌和计量允许偏差(%)　　表 12-7

材料名称	水泥	掺和料	钢纤维	砂	粗集料	水	外加剂
高速公路、一级公路每盘	±1	±1	±2	±2	±2	±1	±1
高速公路、一级公路累计每车	±1	±1	±1	±2	±2	±1	±1
其他公路	±2	±2	±2	±3	±3	±2	±2

②应根据拌和物的黏聚性、均质性及强度稳定性试拌确定最佳拌和时间。一般情况下，单立轴式拌和机总拌和时间宜为 80～120s，全部原材料到齐后的最短纯拌和时间不宜小于 40s；行星立轴和双卧轴式拌和机总拌和时间为 60～90s，最短纯拌和时间不宜小于 35s；连续双卧轴拌和机的最短拌和时间不宜小于 40s。最长总拌和时间不应超过高限值的 2 倍。

③混凝土拌和过程中，不得使用沥水、夹冰雪、表面沾染尘土和局部暴晒过热的砂石料。

④外加剂应以稀释溶液加入，其稀释用水和原液中的水量，应从拌和加水量中扣除。使用间歇拌和机时，外加剂溶液质量分数应根据外加剂掺量、每盘外加剂溶液筒的容量和水泥用量计算得出；连续式拌和机应按流量比例控制加入外加剂。加入搅拌筒的外加剂溶液应充分溶解，并搅拌均匀。有沉淀的外加剂溶液，应每天清除一次稀释池中的沉淀物。

⑤拌和引气混凝土时，拌和机一次拌和量不应大于其额定搅拌量的 90%。纯拌和时间应控制在含气量最大或较大时。

⑥粉煤灰或其他掺和料应采用与水泥相同的输送、计量方式加入。粉煤灰混凝土的纯拌和时间应比不掺的延长 10～15s。当同时掺用引气剂时，宜通过试验适当增大引气剂掺量，以达到规定含气量。

(3)拌和物质量检验与控制

①搅拌过程中，拌和物质量检验与控制应符合表 12-8 的规定。低温或高温天气施工时，拌和物出料温度宜控制在 10～35℃。并应测定原材料温度、拌和物的温度、坍落度损失率和凝结时间等。

②拌和物应均匀一致，有生料、干料、离析或外加剂、粉煤灰成团现象的非均质拌和物严禁用于路面摊铺。一台搅拌楼的每盘之间、各拌和机之间、拌和物的坍落度最大允许偏差为 ±10mm。拌和坍落度应为最适宜摊铺的坍落度值与当时气温下运输坍落度损失值两者之和。

2. 运输

为保证混凝土的工作性，在运输中，应考虑蒸发失水和水化失水，以及因运输的颠簸和振动使混凝土发生离析等。要减小这些因素的影响，其关键是缩短运输时间，并采取适当措施防止水分损失(如用帷布或其他适当方法将其表面覆盖)和离析。

(1)应根据施工进度、运量、运距及路况，选配车型和车辆总数。总运力应比总拌和能力略有富余。要确保新拌混凝土在规定时间内运到摊铺现场。

(2)运输到现场的拌和物必须具有适宜摊铺的工作性。不同摊铺工艺的混凝土拌和物从搅拌机出料到运输、铺筑完毕的允许最长时间应符合表 12-9 的要求。不满足时应通过试验、加大缓凝剂或保塑剂的剂量。

(3)混凝土拌和物的运输除应满足上述要求外，尚应符合下列技术要求：

①运送混凝土的车辆装料前，应清净车箱(罐)，洒水润壁，排干积水。装料时，自卸车应挪

动车位，防止离析。拌和机卸料落差不应大于 2m。

混凝土拌和物的质量检验项目和频率　　表 12-8

检查项目	检查频度	
	高速公路、一级公路	其他公路
水灰比及稳定性	每 5 000m^3 抽检 1 次，有变化随时测	每 5 000m^3 抽检 1 次，有变化随时测
坍落度及其均匀性	每工班测 3 次，有变化随时测	每工班测 3 次，有变化随时测
坍落度损失率	开工、气温较高和有变化随时测	开工、气温较高和有变化随时测
振动黏度系数	试拌、原材料和配合比有变化时测	试拌、原材料和配合比有变化时测
钢纤维体积率	每工班测 2 次，有变化随时测	每工班测 1 次，有变化随时测
含气量	每工班测 2 次，有抗冻要求不少于 3 次	每工班测 2 次，有抗冻要求不少于 3 次
泌水率	必要时测	必要时测
视密度	每工班测 1 次	每工班测 1 次
温度、凝结时间、水化发热量	冬、夏季施工，气温最高、最低时，每工班至少测 1～2 次	冬、夏季施工，气温最高、最低时，每工班至少测 1 次
离析	随时观察	随时观察
VC 值及稳定性、压实度、松铺系数	碾压混凝土做复合式路面底层时，检查频率与其他公路相同	每工班测 3～5 次，有变化随时测

②混凝土运输过程中应防止漏浆、漏料和污染路面，途中不得随意耽搁。自卸车运输应减小颠簸，防止拌和物离析。车辆起步和停车应平稳。

③超过表 12-9 规定摊铺允许最长时间的混凝土不得用于路面摊铺。混凝土一旦在车内停留超过初凝时间，应采取紧急措施处置，严禁混凝土硬化在车箱（罐）内。

④烈日、大风、雨天和低温天远距离运输时，自卸车应遮盖混凝土，罐车宜加保温隔热套。

⑤使用自卸车运输混凝土最远运输半径不宜超过 20km。

⑥运输车辆在导线区调头或错车时，严禁碰撞基准线，一旦碰撞应告知测工，重新测量纠偏。

⑦车辆倒车及卸料时，应有专人指挥。

混凝土拌和物出料到运输、铺筑完毕允许最长时间　　表 12-9

施工气温（℃）	到运输完毕允许最大时间(h)	到摊铺完毕允许最大时间(h)
	滑模施工	滑模施工
5～9	2.0	2.5
10～19	1.5	2.0
20～29	1.0	1.5
30～35	0.75	1.25

注：施工气温指施工时间的日间平均气温，使用缓凝剂延长凝结时间后，本表数值可增加 0.25～0.5h。

3. 卸料

卸料应到位，严禁碰撞摊铺机和前场施工设备及测量仪器。卸料完毕，车辆应迅速离开。

混凝土运到路面铺筑处卸下时，采用直接卸在基层上，为防止混凝土离析和便于刮板摊铺，卸料堆应尽可能均匀。

五、摊铺、捣实、成形

1. 基准线设置

滑模摊铺机摊铺混凝土路面时，应设置基准线。基准线桩纵向间距：直线段不应大于10m，竖、平曲线路段视曲线半径大小应加密布置，最小2.5m。

单根基准线的最大长度不宜大于450m，基准线拉力不应小于1000N；准线设置后，严禁扰动、碰撞和振动。一旦碰撞变位，应立即重新测量纠正；多风季节施工，应缩小基准线桩间距。

2. 摊铺准备

(1)所有施工设备和机具均应处于良好状态，并全部就位。

(2)基层、封层表面及履带行走部位应清扫干净，摊铺面板位置应洒水湿润，但不得积水。

3. 布料

可以采用小型反铲挖掘机进行布料。当混凝土运输汽车卸料完毕后，反铲挖掘机应将混凝土料堆扒开，初步将水泥混凝土料摊平，混合料铺层应满足：

(1)滑模摊铺机前的正常料位高度应在螺旋布料器叶片最高点以下，并不得缺料。卸料、布料应与摊铺速度相协调。

(2)当坍落度在10～50mm时，布料松铺系数宜控制在1.08～1.15之间。

布料机与滑模摊铺机之间施工距离宜控制在5～10m。当摊铺钢筋混凝土路面、桥面或搭板时，严禁任何机械开上钢筋网。

4. 摊铺

滑模摊铺机首次摊铺路面，应挂线对其铺筑位置、几何参数和机架水平度进行调整和校准，正确无误后，方可开始摊铺。在开始摊铺的5m内，应在铺筑行进中对摊铺出的路面高程、边缘厚度、中线、横坡度等参数进行复核测量。

(1)操作滑模摊铺机应缓慢、匀速、连续不间断地作业。严禁料多追赶，然后随意停机等待，间歇摊铺。摊铺速度应根据拌和物稠度、供料多少和设备性能控制在0.5～3.0m/min，一般宜控制在1m/min左右。拌和物稠度发生变化时，应先调振捣频率，后改变摊铺速度。

(2)应随时调整松方高度板控制进料位置，开始时宜略设高些，以保证进料。正常摊铺时应保持振捣仓内料位高于振捣棒100mm左右，料位高低上下波动宜控制在±30mm。

(3)正常摊铺时，振捣频率可在6000～11000r/min之间调整，宜采用9000r/min左右。应防止混凝土过振、欠振或漏振。应根据混凝土的稠度大小，随时调整摊铺的振捣频率或速度。摊铺机起步时，应先开启振捣棒振捣2～3min，再缓慢平稳推进。摊铺机脱离混凝土后，应立即关闭振捣棒组。

(4)滑模摊铺机满负荷时可铺筑的路面最大纵坡为：上坡5%，下坡6%。上坡时，挤压底板前仰角宜适当调小，并适当调轻抹平板压力；下坡时，前仰角宜适当调大，并适当调大抹平板压力。板底不小于3/4长度接触路表面时抹平板压力适宜。

(5)滑模摊铺机施工的最小弯道半径不应小于50m；最大超高横坡不宜大于7％。

(6)单车道摊铺时，应视路面设计要求配置一侧或双侧打纵缝拉杆的机械装置。2个以上车道摊铺时，除侧向打拉杆的装置外，还应在假纵缝位置配置拉杆自动插入装置。

软拉抗滑构造时表面砂浆层厚度宜控制在4mm左右，硬刻槽路面的砂浆表层厚度宜控制在2～3mm。

养护5～7天后，方能允许摊铺相邻车道。

(7)摊铺中问题处置：

①摊铺中应经常检查振捣棒的工作情况和位置。路面出现麻面或拉裂现象时，必须停机检查或更换振捣棒。摊铺后，路面上出现发亮的砂浆条带时，必须调高振捣棒位置，使其底缘在挤压底板的后缘高度以上。

②摊铺宽度大于7.5m时，若左右两侧拌和物稠度不一致，摊铺速度应按偏干一侧设置，并应将偏稀一侧的振捣棒频率迅速调小。

③通过调整拌和物稠度、停机待料时间、挤压底板前仰角、起步及摊铺速度等措施，控制和消除铺层的横向拉裂现象。

④摊铺中的滑模摊铺机停机等料最长时间，超过当时气温下混凝土初凝时间的4/5时，应将滑模摊铺机迅速开出摊铺工作面，并做施工缝。

⑤滑模摊铺过程中，应采用定形盘进行抹面。对少量局部麻面和明显缺料部位，应在定形盘前补充适量拌和物，由定形盘修整。

滑模摊铺的混凝土面板在下列情况下，可用人工进行局部修整：

①用人工操作抹面抄平器，精整摊铺后表面的小缺陷，但不得在整个表面加薄层修补路面高程。

②对纵缝边缘出现的倒边、塌边、溜肩现象，应进行边缘补料修整。

③对起步和纵向施工接头处，应采用水准仪抄平并采用大于3m的靠尺边测边修整。

④滑模摊铺结束后，宜在第二天硬切横向施工缝，也可当天软作施工横缝。

六、接缝、防滑、养生与其他

1.接缝施工

混凝土路面在温度变化时会产生较大的温度变形，如混凝土板产生胀缩和翘曲等，为消除温度变形受到约束时产生的温度应力，避免混凝土路面出现不规则开裂，必须在混凝土路面的纵、横方向上设置胀缝和缩缝。同时，在混凝土路面施工过程中由于各种原因造成路面施工中断会形成施工缝。接缝施工质量的好坏将直接影响到混凝土路面的使用性能及养护维修工作量的大小，因此各类接缝的施工应做到位置准确，构造及质量符合设计及规范要求。

(1)纵缝施工。

①当一次铺筑宽度小于路面和硬路肩总宽度时，应设纵向施工缝，位置应避开轮迹，并重合或靠近车道线，构造可采用平缝加拉杆型。采用滑模施工时，纵向施工缝的拉杆可用摊铺机的侧向拉杆装置插入。

②当一次铺筑宽度大于4.5m时，应采用假缝拉杆型纵缝，即锯切纵向缩缝，纵缝位置应

按车道宽度设置，并在摊铺过程中用专用的拉杆插入装置插入拉杆。

③插入的侧向拉杆应牢固，不得松动、碰撞或拔出。若发现拉杆松脱或漏插，应在横向相邻路面摊铺前，钻孔重新植入。当发现拉杆可能被拔出时，宜进行拉杆拔出力(握裹力)检验。

④每天摊铺结束或摊铺中断时间超过 30min 时，应设置横向施工缝，其位置宜与胀缝或缩缝重合，确有困难不能重合时，施工缝应采用设螺纹传力杆的企口缝形式。横向施工缝应与路中心线垂直。横向施工缝在缩缝处采用平缝加传力杆型，如图 12-19 所示。在胀缝处其构造与胀缝相同，如图 12-20 所示。

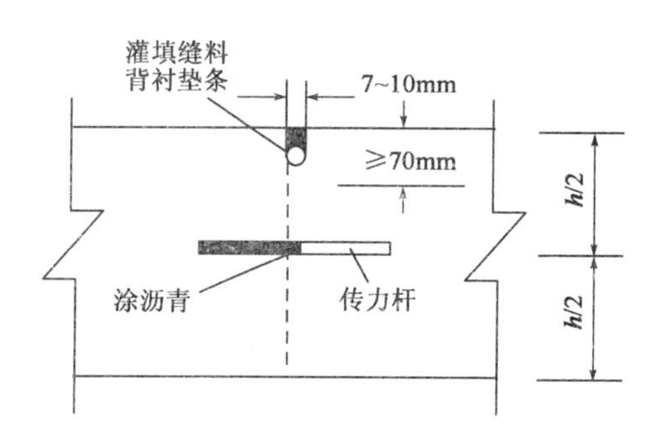

图 12-19　横向施工缝构造示意图

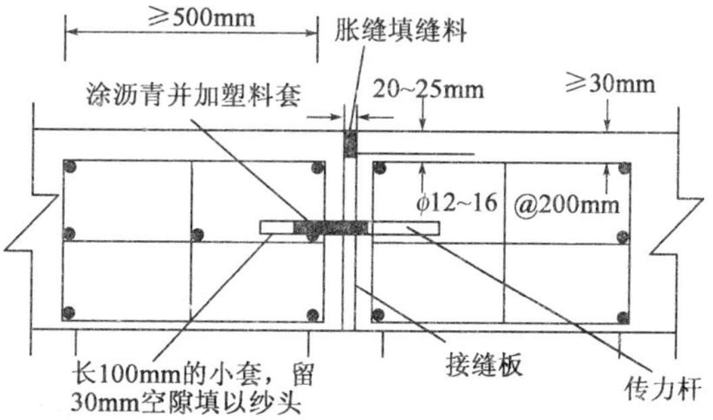

≥500mm
胀缝填缝料
涂沥青并加塑料套
20~25mm
≥30mm
φ12~16 @200mm
长100mm的小套，留
30mm空隙填以纱头
接缝板
传力杆

图 12-20　胀缝构造示意图

(2)横向缩缝施工。

①普通混凝土路面横向缩缝宜等间距布置，不宜采用斜缝。不得不调整板长时，最大板长不宜大于 6.0m；最小板长不宜小于板宽。

②在中、轻交通的混凝土路面上，横向缩缝可采用不设传力杆假缝型，如图 12-21 所示。

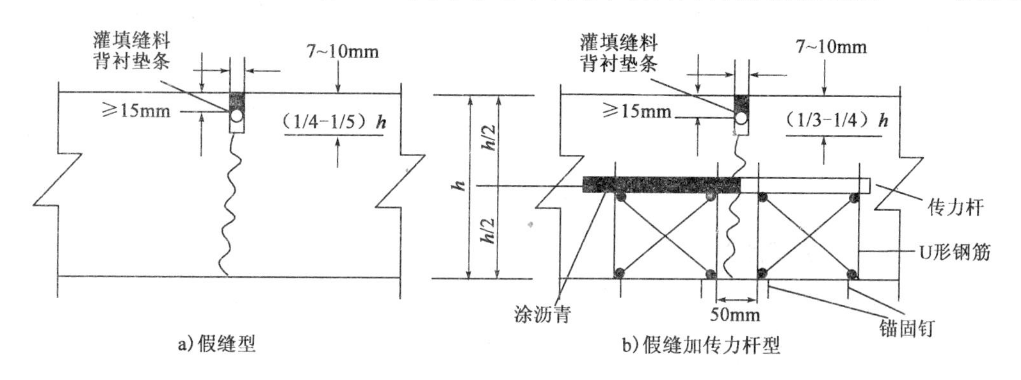

图 12-21　横向缩缝构造

③在特重和重交通公路、收费广场、邻近胀缝或路面自由端的 3 条缩缝应采用假缝加传力杆型。

(3)胀缝设置与施工。

①混凝土路面的胀缝间距视集料的温度膨胀性大小、当地年温差和施工季节综合确定：高温施工，可不设胀缝；常温施工，集料温缩系数和年温差较小时，可不设胀缝；集料温缩系数或年温差较大，路面两端构造物间距大于或等于 500m 时，宜设一道中间胀缝；低温施工，路面两端构造物间距大于或等于 350m 时，宜设一道胀缝。邻近构造物、平曲线或与其他道路相交处的胀缝应按《公路水泥混凝土路面设计规范》(JTG D40)的规定设置。

②普通混凝土路面的胀缝应设置胀缝补强钢筋支架、胀缝板和传力杆，胀缝构造如图12-20所示。钢筋混凝土和钢钎维混凝土路面可不设钢筋支架。胀缝宽 20～25mm，使用沥青或塑料薄膜滑动封闭层时，胀缝板及填缝宽度宜加宽到 25～30mm。传力杆一半以上长度的表面应涂防黏涂层，端部应戴活动套帽，胀缝板应与路中心线垂直，缝壁垂直；缝隙宽度一致；缝中完全不连浆。

③胀缝应采用前置钢筋支架法施工也可采用预留一块面板，高温时再铺封。前置法施工时，应预先加工、安装和固定胀缝钢筋支架，并在使用手持振捣棒振实胀缝板两侧的混凝土后再摊铺。宜在混凝土未硬化时，剔除胀缝板上部的混凝土，嵌入(20～25)mm×20mm 的木条，整平表面。胀缝板应连续贯通整个路面板宽度。

(4)各种混凝土面层、加铺层、桥面和搭板的纵、横向缩缝均应采用切缝法施工。切缝作业应符合下列规定：

①横向缩缝。横向缩缝的切缝方式有全部硬切缝、软硬结合切缝和全部软切缝三种，切缝方式的选用，应由施工期间该地区路面摊铺完毕到切缝时的昼夜温差确定，宜参照表 12-10 选用。

根据施工气温所推荐的切缝方式 表 12-10

昼夜温差*（℃）	切缝方式	缩缝切深
<10	最长时间不得超过 24h	硬切缝 1/4～1/5 板厚
10～15	软硬结合切缝，每隔 1～2 条提前软切缝，其余用硬切缝补切	软切深度不应小于 60mm；不足者应硬切补深到 1/3 板厚，已断开的缝不补切
>15	宜全部软切缝，抗压强度为 1～1.5MPa，人可行走。软切缝不宜超过 6h	软切缝深度大于或等于 60mm，未断开的接缝，应硬切补深到不小于 1/4 板厚

注：注意降雨后刮风引起路面温度骤降，面板温差在表中规定范围内，应按表中方法，提早切缝。

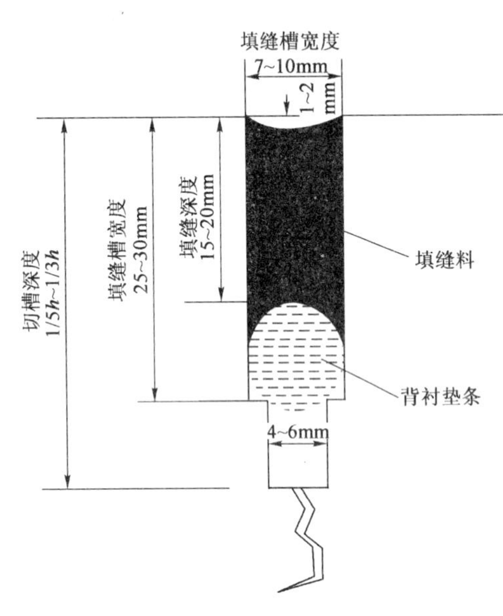

图 12-22 缩缝、切缝、填缝(槽)、垫条细部尺寸

②对分幅摊铺的路面应在先摊铺的混凝土板横缩缝已断开的部位作标记。在后摊铺的路面上应对齐已断开的横缩缝，提前软切缝。

③有传力杆缩缝的切缝深度应为 1/3～1/4 板厚，最浅不得小于 70mm；无传力杆缩缝的切缝深度应为 1/4～1/5 板厚，最浅不得小于 60mm；对已插入拉杆的纵向假缩缝，切缝深度不应小于 1/3～1/4 板厚，最浅切缝深度不应小于 70mm，纵、横缩缝宜同时切缝。

④缩缝切缝宽度宜控制在 4～6mm，切缝时锯片宽度不应大于 2mm。可先用薄锯片锯切到要求深度，再使用 6～8mm 厚锯片或叠合锯片扩宽填缝槽，填缝槽深度宜为 25～30mm，宽度宜为 7～10mm，如图 12-22 所示。

⑤在变宽度路面上，宜先切缝划分板宽。匝

道上的纵缝宜避开轮迹位置。横缝应垂直于每块面板的中心线。变宽度路面缩缝，允许切割成小转角的折线，相邻板的横向缩缝切口必须对齐，允许偏差不得大于5mm。

(5)灌缝。混凝土板养生期满后，应及时灌缝。灌缝的要求为：

①应先采用切缝机清除接缝中夹杂的砂石、凝结的泥浆等，再使用压力大于或等于0.5MPa的压力水和压缩空气，彻底清除接缝中的尘土及其他污染物，确保缝壁及内部清洁、干燥。缝壁检验以擦不出灰尘为灌缝标准。

②使用常温聚氨酯和硅树脂等填缝料时，应按规定比例将两组分材料按1h灌缝量混拌均匀后使用。

③使用加热填缝料时应将填缝料加热至规定温度。加热过程中应将填缝料融化，搅拌均匀，并保温使用。

④灌缝深度宜为15～20mm，最浅不得小于15mm，如图12-22所示。先挤压嵌入直径为9～12mm多孔泡沫塑料背衬条，再灌缝。灌缝顶面热天应与板面齐平；冷天应填为凹液面，中心低于板面1～2mm。填缝必须饱满、均匀、厚度一致并连续贯通，填缝料不得缺失、开裂和渗水。

⑤常温施工式填缝料的养生期，低温天宜为24h，高温天宜为12h。加热施工式填缝料的养生期，低温天宜为2h，高温天宜为6h。在灌缝料养生期间应封闭交通。

路面胀缝和桥台隔离缝等应在填缝前，凿去接缝板顶部嵌入的木条，涂黏结剂后，嵌入胀缝专用多孔橡胶条或灌进适宜的填缝料，当胀缝的宽度不一致或有啃边、掉角等现象时，必须灌缝。

2.抗滑构造施工

为了提高水泥混凝土面层的抗滑能力，当混凝土铺层结束后，应采取防滑处理。一般采用拉毛机或人工拉毛的方法进行路面的防滑构造施工。

(1)当日施工进度超过500m时，抗滑沟槽制作宜选用拉毛机械施工，没有拉毛机时，可采用人工拉槽方式。在混凝土表面泌水完毕20～30min内应及时进行拉槽。拉槽深度应为2～4mm，槽宽为3～5mm，槽间距为15～5mm。可施工等间距或非等间距抗滑槽，为减小噪声，宜采用后者。衔接间距应保持一致。

(2)特重和重交通混凝土路面宜采用硬刻槽，凡使用圆盘、叶片式抹面机精平后的混凝土路面，必须采用硬刻槽方式制作抗滑沟槽。可采用等间距刻槽，其几何尺寸与上款相同；为降低噪声宜采用非等间距刻槽，尺寸宜为：槽深3～5mm，槽宽3mm，槽间距在12～24mm之间随机调整。路面结冰地区，硬刻槽的形状宜使用上宽6m、下窄3mm的梯形槽；硬刻槽机质量宜重不宜轻，一次刻槽最小宽度不应小于500mm，硬刻槽时不应掉边角，也不得中途抬起或改变方向，并保证硬刻槽到面板边缘。抗压强度达到40%后可开始硬刻槽，并宜在两周内完成。硬刻槽后应随即将路面冲洗干净，并恢复路面的养生。

(3)一般路段可采用横向槽或纵向槽，在弯道或要求减噪的路段宜使用纵向槽。

3.养生

混凝土铺层表面修整完毕后，应进行养生，使混凝土板在开放交通前具备足够的强度和质量。

养生期间，须防止混凝土的水分蒸发和风干，以免产生收缩裂缝；须采取措施减少温度变化,避免混凝土板产生过大的温度应力;须管制交通,以防止人畜和车辆等损坏混凝土板的表面。

(1)混凝土路面铺筑完成或软作抗滑构造完毕后应立即开始养生。机械摊铺的各种混凝土路面、桥面及搭板宜采用喷洒养生剂同时保湿覆盖的方式养生。在雨天或养生用水充足的情况下,也可采用覆盖保湿膜、土工毡、土工布、麻袋、草袋、草帘等洒水湿养生方式,不宜使用围水养生方式。

(2)混凝土路面采用喷洒养生剂养生时,喷洒应均匀、成膜厚度应足以形成完全密闭水分的薄膜,喷洒后的表面不得有颜色差异。喷洒时间宜在表面混凝土泌水完毕后进行。喷洒高度宜控制在0.5~lm。使用一级品养生剂时,最小喷洒剂量不得少于0.30kg/m^2;合格品的最小喷洒剂量不得少于0.35kg/m^2。不得使用易被雨水冲刷掉的和对混凝土强度、表面耐磨性有影响的养生剂。当喷洒一种养生剂达不到90%以上有效保水率要求时,可采用两种养生剂各喷洒一层或喷一层养生剂再加覆盖的方法。

(3)覆盖塑料薄膜养生的初始时间,以不压坏细观抗滑构造为准。薄膜厚度(韧度)应合适,宽度应大于覆盖面600mm。两条薄膜对接时,搭接宽度不应小于40mm,养生期间应始终保持薄膜完整盖满。

(4)覆盖养生。

①宜使用保湿膜、土工毡、土工布、麻袋、草袋、草帘等覆盖物保湿养生并及时洒水,保持混凝土表面始终处于潮湿状态,并由此确定每天的洒水遍数。

②昼夜温差大于10℃以上的地区、或日平均温度小于或等于5℃施工的混凝土路面应采取保温保湿养生措施。

(5)养生时间应根据混凝土抗弯和抗拉强度增长情况而定,不宜小于设计抗弯和抗拉强度的80%,应特别注重前7天的保湿(温)养生。一般养生天数宜为14~21天,高温天不宜少于14天,低温天不宜少于21天。掺粉煤灰的混凝土路面,最短养生时间不宜少于28天,低温天应适当延长。

在路面养生期间,平交道口应搭建临时便桥。面板达到设计抗弯和抗拉强度后,方可开放交通。

七、工艺过程

下面以铺筑加筋混凝土路面为例,介绍滑模式摊铺机的工艺过程。

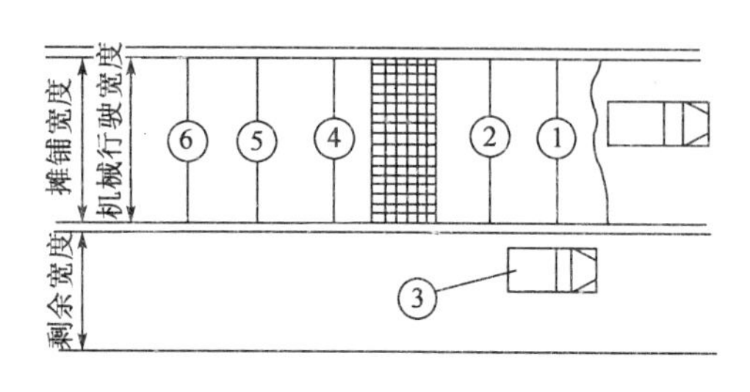

图12-23 滑模式摊铺机施工时的施工机械组合
1-摊铺机;2-钢筋网格平板车;3-混凝土运输车;4-混凝土摊铺机;5-养护剂喷洒机;6-切缝机

采用滑模式摊铺机铺筑加筋混凝土路面进行双层施工时,其工艺过程如图12-23所示。整个施工过程由下列两个连续作业流程来完成。

第一作业:摊铺机牵引着装载钢筋网格的大平板车,从已整平的基层地段开始摊铺,此时从正面供应混凝土,随后的钢筋网格大平板车按规定位置将钢筋网格自动卸下,并铺压在已摊平的混凝土层上,如此连续不断地向前铺筑。

第二作业:紧跟在第一作业之后,压入钢筋

网格，混凝土面层进行摊铺、振实、整平、成形等作业程序。钢筋网格是用压入机压入混凝土的，压入机是摊铺机的一个附属装置，不用时可以卸下，使用时安在摊铺机的前面，它由几个液压千斤顶组成。施工开始时，摊铺机推着压入机前行，并将第一作业已铺好的钢筋网格压入混凝土内。摊铺机则进行摊铺、振捣、整平、成形等作业。最后进行防滑处理、喷洒养护剂、切缝等。

滑模摊铺机施工实景如图 12-24～图 12-27 所示。

图 12-24 滑模摊铺机施工实景 1

图 12-25 滑模摊铺机施工实景 2

图 12-26 滑模摊铺机施工实景 3

图 12-27 滑模摊铺机施工实景 4

第13章 沥青路面施工

沥青路面是采用沥青材料作结合料，黏结矿料或混合料修筑面层的路面结构。

沥青路面由于使用了黏结力较强的沥青材料作结合料，不仅增强了矿料颗粒间的黏结力，而且提高了路面使用的品质，使路面具有平整、耐磨、不扬尘、不透水、耐久等优点。由于沥青材料具有弹性、黏性、塑性，在汽车通过时，震动小、噪声低、略有弹性、平稳舒适，是高等级公路的主要面层。其结构组成如图13-1所示。

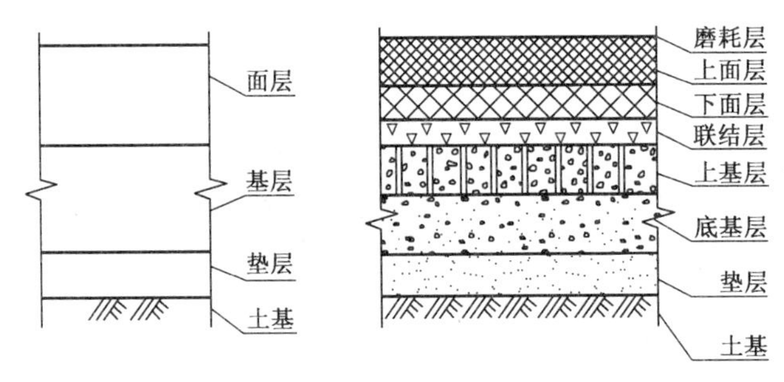

图13-1　沥青路面结构层组成

沥青路面属于柔性路面，其力学强度和稳定性主要依赖于基层与土基的特性。为了保证路面的各项技术要求，最好铺筑在用结合料处治过的整体性基层上。由于沥青路面的抗弯拉能力较低，要求基础有足够的强度和稳定性，因此翻浆路段的土基必须事先处理，强度不足的路段要预先补强。在有冻胀现象的地区通常需设置防冻层，以防止路面冻胀产生裂缝。修筑沥青路面后，由于隔绝了土基与大气间气态水的流通，路基路面内部的水分可能积聚在沥青结构层下，使土基和基层变软，导致路面破坏，因此必须强调基层的水稳定性。对交通量较大的路段，为使沥青路面具有一定的抗弯拉和抗疲劳开裂的能力，宜在沥青面层下设置沥青混合料封层。采用较薄的沥青面层时，特别是在旧路面上加铺面层时，要采取措施（如设置粘层）加强面层与基层之间的黏结，以防止水平力作用而引起沥青面层的剥落、推挤、壅包等破坏。

修筑沥青路面一般要求等级高的矿料，等级稍差的矿料借助于沥青的黏结作用，也可用来修路面。当沥青与矿料之间黏附得不好时，在水分作用下会逐步剥落，因此在潮湿地区修筑沥青路面时，应采用碱性矿料，或采取一定的技术措施提高矿料与沥青间的黏结力。

沥青类路面施工时要求温暖的气候条件，各工序要紧密配合。沥青路面完工后通常要求有一定的成形期。例如对于沥青贯入式路面与沥青表面处治路面，要在交通滚压的情况下逐步成形。在成形期内必须加强初期养护。在整个使用期间，沥青路面均需及时维修和保养。同时，由于新的路面材料一般均能很好结合，使得沥青路面在使用初期容易修补。因此沥青类

路面适宜分期修建。

沥青路面的主要形式有表面处治、贯入式、沥青碎石、沥青混凝土等。这几种沥青路面按施工工艺的不同则可分为层铺法和拌和法两种形式。所需的施工机械主要有沥青洒布机、沥青混凝土拌和机、沥青混凝土摊铺机、压实机械等。

13-1　沥青加热设备与作业特点

一、用途与类型

沥青作为沥青路面的胶结性建筑材料，其感温性很强，因其性质和自身温度不同，可呈固体，半流体和液体三种状态，在常温下，沥青多呈固态，必须予以加热熔化，使其达到一定的温度，并使用相应的设备进行输送和使用。而沥青加热设备就是用来将固态沥青加热熔化，使其达到一定的温度并能保温的专用设备。根据加热方法不同，沥青加热设备可分为明火直接加热、中压水加热、导热油加热、太阳能加热、红外线加热。

二、基本组成、工作原理及使用特点

作为沥青加热系统，其主要由热源、热能输送、加热管路及控制操作等部分组成，不同类型的加热方法其组成、工作原理有所不同。

1. 中压水加热

中压水加热沥青的主要流程及其系统基本组成如图 13-2 所示。

中压水加热沥青系统由加热炉 5、循环泵 4、过滤器 3、注水泵 1、用热设备（沥青储存罐及加热罐）10、电气控制部分及其他辅助装置组成。

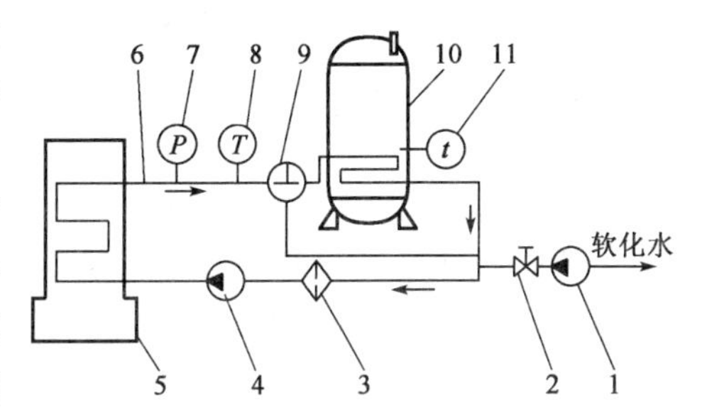

图 13-2　中压水加热系统示意图

1-注水泵；2-阀门；3-过滤器；4-循环泵；5-加热炉；6-加热管路；7-压力表；8、11-温度计；9-三通阀；10-用热设备

中压水加热方法属于间接加热方法，它是在常压水加热法和蒸汽加热法的基础上发展起来的一种新的加热方法，是一种闭式循环加热系统。在系统的加热管道内充填着作为载热体的软化水，系统中不存在空气，但有一定的未被水充满的空间。当包含在循环系统中的加热炉管组被加热时，管内的水温得以升高，直至饱和温度（一般不超过 200℃），相应水压也随之升高，达到饱和压力（一般不超过 1.60MPa）；借助循环泵的作用，将饱和水或汽水混合物（或称湿饱和蒸汽）送到用热设备（如沥青库或沥青罐）内，与被加热物体（如沥青）进行热交换。在这个热交换过程中，饱和水或汽水混合物因放出热量面逐渐冷却，其温度降至该压力的饱和温度之下（被称为过冷水）；在循环泵的推动下过冷水返回加热炉被重新加热，当达到系统温度后又被输往用热设备参与热交换。如此不断地进行加热、冷却、再加热的循环，不断地向用热设备提供热量，直至被加热物体达到所要求的工作温度而完成加热作业。

中压水加热系统在使用中应该注意下列几个方面的问题：为使中压水加热装置正常工作，中压水加热载体必须是软化水，在有条件的地方，亦可采用蒸馏水或火力发电厂的蒸汽冷凝水作为载热体，利用中压水加沥青的加热设备，其系统的温度应控制在200℃以下，压力低于1.60MPa，即可满足工程使用要求。此种方法一般用于大中型固定式的沥青库的沥青加热。

2. 导热油加热

导热油加热沥青的工艺流程及系统基本组成如图13-3所示。

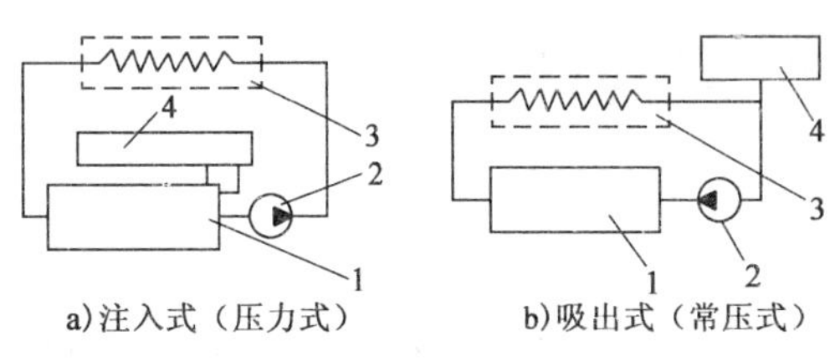

图13-3　导热油加热系统图

1-导热油加热炉；2-热油循环泵；3-热负荷；4-膨胀槽

导热油沥青加热炉设备主要由导热油加热炉1、热油循环泵2、热负荷（即加热罐、储存罐）3、膨胀槽4等组成。导热油加热沥青的工作原理同其他间接加热工艺相似，均为载有较高温度的介质将热能传递给低温物质，其特点是导热油加热炉对导热油进行加热储能，用热油泵强导热油作循环，经换热器（热负荷）把热能传递给沥青，以达到对沥青加热升温的目的。

导热油有两种不同的热油循环方式，即注入式（压力式）和吸出式（常压式）。其中注入式（压力式）导热油走向为换热器（热负荷）→热油循环泵→加热炉→换热器（热负荷），由于热油循环泵安装在加热炉导热油入口管线前，因此进口油温低，适于加热温度较低的系统；同时导热油循环通畅，炉内导热油压力一般都在0.4～0.5MPa，工作安全性能较常压式差，另外膨胀槽必须高于工作系统。吸出式（常压式）导热油循环走向为加热炉→热油循环泵→换热器（热负荷）→加热炉，由于热油循环泵装于加热炉的导热油出口处，故泵的工作温度高，适于加热温度高的系统；同时，炉内导热油为常压，工作比较安全，另外膨胀槽高于加热炉设置即可，但加热炉如设计不当，热油循环泵容易产生气阻而影响导热油循环。

导热油加热沥青系统在使用中应注意以下几方面的问题：沥青加热过程中一般选用矿物型导热油为宜，考虑到导热油的使用要求和加热炉的结构特点，为了使加热罐内的沥青不致因局部过热或过冷而造成过大的温差，做到均匀加热，除对加热管的形状和排列组合密度作科学合理的设计外，加热罐内各处的沥青温度均由温度控制装置进行控制。导热油加热设备需经调试运行正常后才能进入正常使用，调试分为冷态调试和热态调试，冷态调试是在未加热状态下的调试，热态调试是在加热炉工作状态下的调试具体方法参照有关说明书进行。

现以卧式导热油加热炉为例，了解加热炉的组成。图13-4所示为卧式导热油加热炉的结构简图。

导热油加热炉主要由内装蛇形加热管的加热燃烧室（火箱）、带鼓风机的燃烧器、热油泵、调节油罐、进油出油手阀门和控制柜等组成。加热箱体的一端有油泵、手阀门、压力开关和电动机等，用以驱使导热油循环流动。导热油可以从储油罐或被加热设备的蛇形管经过过油管和进油手阀被泵入加热火箱中的加热管，加热后的导热油可通过带过滤器的回油阀流回加热火箱内的加热管被再度加热，也可通过出油手阀及出油管流向被加热设备去加热沥青或其他需被加热物料。在加热箱体的另一端设置有燃烧器和助燃鼓风机。燃烧器可燃烧轻柴油，也可附设预热器烧重油。工作中利用燃烧器的喷嘴使燃油燃烧，所产生的火焰使加热管内的导热油升温。目前加热炉中的燃烧器多采用全自动调压喷嘴式，它本身带有鼓风机、燃油泵和燃油滤清器，通过一套自动控制系统进行操作，工作中可自动熄火和再点燃，以使加热炉工作安

全可靠。加热炉的控制柜内设置有：油位过低时的断流开关、高低油压开关、火焰的光电监视装置、循环油泵与燃烧器联锁装置、工作温度控制开关、导热油油温上升至极限时燃烧器熄火开关及各种指示器。工作时可对加热炉进行手动或自动控制。

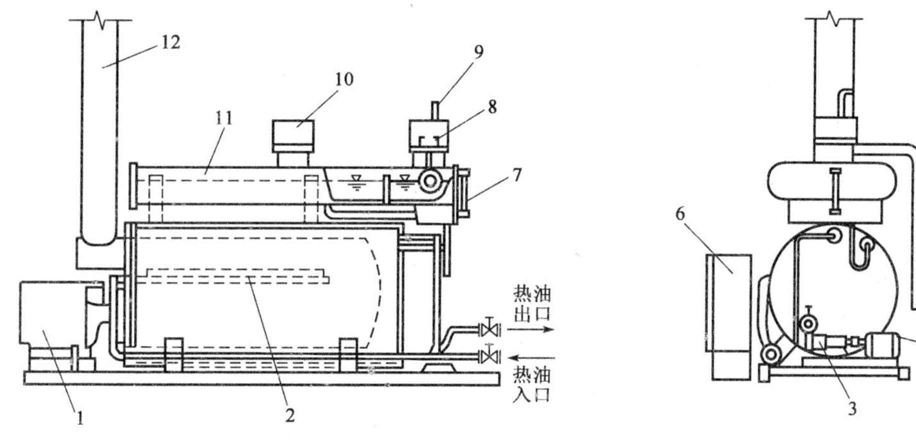

图 13-4 卧式导热油加热炉

1-燃烧器；2-加热管；3-热油泵；4-电动机；5-溢流管；6-控制柜；7-油面指示计；8-检测仪；9-通气管；10-供油口；11-膨胀调节罐；12-排烟管

3. 太阳能加热

太阳能加热沥青系统基本组成如图 13-5 所示。太阳能加热沥青系统设备主要由集热窗 1、保温层 3 等组成，太阳能加热沥青系统的工作原理是：利用温室效应的工作原理，用玻璃平板集热式加热装置将太阳辐射能收集并传递给近似黑体的沥青，使之温度升高。

利用太阳能加热沥青属于光电转换中的低温利用技术，这是由于太阳能虽量值巨大，但单位面积能量较小。因此，目前太阳能加热沥青还仅限于预热，其加热温度一般为 70～90℃。若需升温，则需采用其他加热方式，如明火、导热油、中压水、电红外线等方式将沥青温度升至工作温度。在使用温室效应式的沥青加热装置时，为了获得较多的辐射能量，集热窗为正南向布置，并与地平面形成一定的倾角。

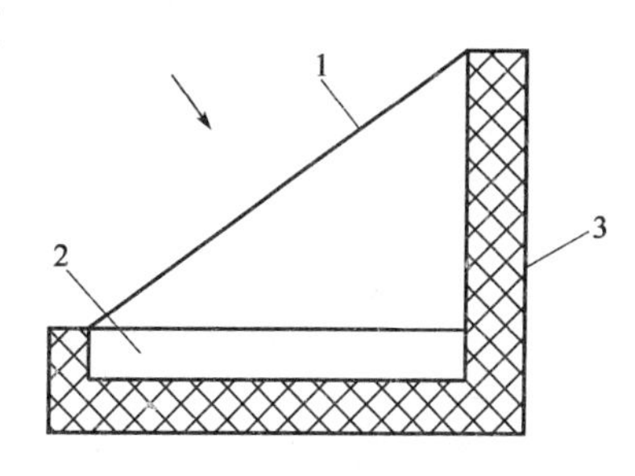

图 13-5 平板集热式太阳能加热器原理图

1-集热窗；2-沥青；3-保温层

4. 红外线加热

红外线加热沥青系统基本组成如图 13-6 所示。红外线加热沥青系统设备主要由加热容器 1、隔热箱体 3、红外辐射元件(图中为板式)4 等组成。红外线加热沥青系统工作原理是：以电源作热源通过红外辐射元件产生红外辐射，红外线照射到沥青上，沥青对辐射能量产生吸收并辅以传导和对流的热交换方式使沥青温度升高。

应用红外技术加热沥青，其热源的选择是多种多样的，但主要的还是电源，载热体(导热油、中压水、过热蒸汽等)和煤炭(原煤、煤粉或煤气)燃烧等。就目前国内外红外加热技术的应用现状而言，我国工程部门主要采用电源作热源，因此在采用红外技术加热沥青的地区应有足够的动力电源。在沥青加热工程中，红外沥青加热装置通常与太阳能沥青加热装置配套使用，太阳能装置可将沥青由常温固态加热至70～90℃的流动状态，然后由红外沥青加热装置继续加热至160～170℃。

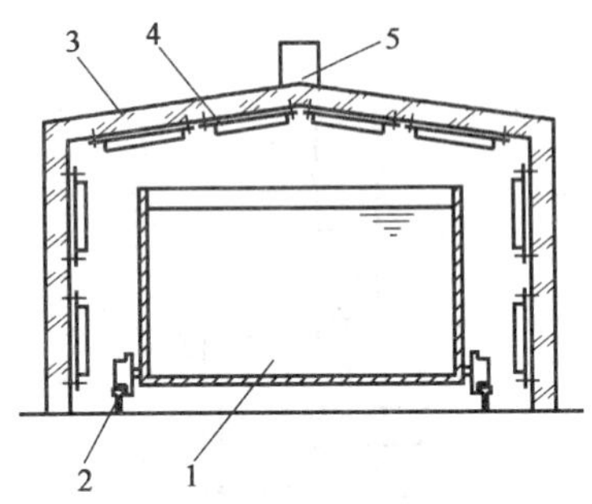

图13-6　红外辐射间接加热原理图

1-加热容器；2-进出轨道；3-隔热箱体；4-板式红外辐射元件；5-蒸汽出口

5. 沥青脱桶装置

沥青脱桶装置是熔化桶装沥青的专用设备，用以将固态桶装沥青从桶中脱出并加热至泵吸温度。有的沥青脱桶装置可将沥青的脱桶、脱水、加热和保温四种功能融为一体。

图13-7所示为导热油加热式沥青脱桶装置的结构简图。该设备主要由上桶机构、沥青脱桶室、沥青加热室、导热油加热管、沥青脱水器、沥青泵、沥青管路与阀门等组成，可完成对桶装沥青的脱桶、脱水、加热和保温作业。

这种沥青脱桶装置的工作过程如下：

将沥青桶装入上桶机构，卸去口盖的桶口朝下。用液压缸起升臂架将沥青桶推入脱桶室，直至室内将桶装满。导热油被泵入脱桶装置后，先进入沥青加热室的加热管路，后进入脱桶室的加热管路，当脱桶室里的温度达到沥青熔化流动的温度时，沥青从桶内流入加热室。待沥青充满加热室后，拨动三通阀，接通内循环管路，沥青泵将含水的温度为95℃以上的沥青泵至脱桶室顶部的平板上，沥青以薄层状态在流动中将水分迅速蒸发，水蒸气由顶部的孔口排出。当沥青中的水分排除干净，并被继续加热到所需的工作温度130～160℃以后，便可泵入其他保温罐中或直接被沥青混凝土搅拌设备使用。在循环作业中，已脱沥青的空桶由上桶机构上新桶时，靠其推力由沥青脱桶室的后部推出。

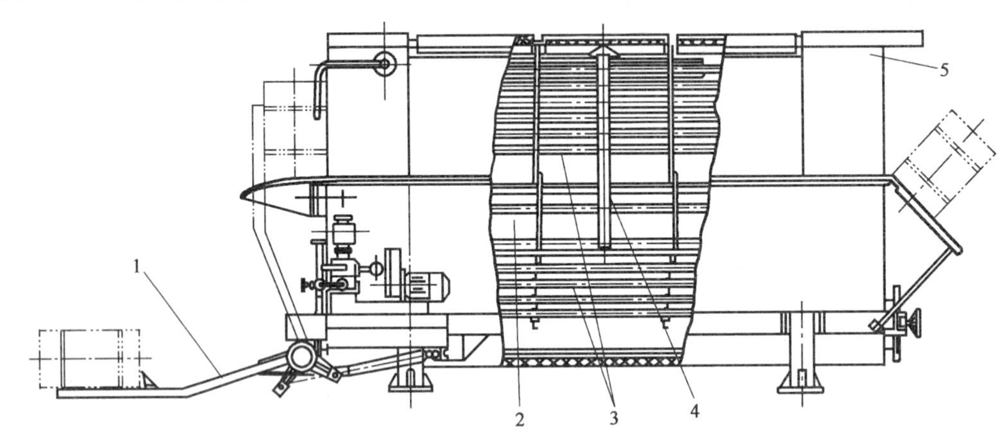

图13-7　导热油加热式沥青脱桶装置结构简图

1-上桶机构；2-沥青加热室；3-导热油加热管；4-沥青脱水器；5-沥青脱桶室

13-2　沥青洒布机

一、概述

沥青洒布机是一种黑色路面机械，它是公路、城市道路、机场和港口码头建设的主要设备。

当用贯入法和表面处治法修筑、修补沥青(或渣油)路面时,沥青洒布机可以用来完成高温液态沥青(渣油)的储存、转运和洒布工作。

沥青洒布机主要由贮料箱和洒布设备两大部分组成。贮料箱的作用是贮存高温液态的沥青,并且具有一定的保温作用;洒布设备的作用是洒布沥青。沥青的加温是由专门的熔化锅进行的。高温液态沥青向储料箱的注入或由储料箱向洒布设备的输出均靠沥青泵来完成。

沥青洒布机大致可分三类:手动式、机动式和自行式。

手动式沥青洒布机是将储料箱和洒布设备都装在一辆人力挂车上,利用人工手摇沥青泵或手压活塞泵泵送高温液态沥青,通过洒布软管和喷油嘴而进行沥青洒布作业。洒布管是手提的,储料箱较小(容积为200~400L)。这种洒布机的结构较简单,但劳动强度较大,工作效率低,一般只宜用于养路修补工作。

机动式沥青洒布机是利用发动机的动力来驱动沥青泵,即以发动机动力取代人力,从而提高了洒布能力,其洒布方法与手动相同。

自行式沥青洒布机(见图13-8)是将储料箱和洒布设备等都装在汽车底盘上,由于行动灵活、工作效率高、洒布质量好,故使用很广泛。目前这种沥青洒布机多用于新建路面工程或高等级公路路面的养护工程中,特别适用于沥青熔化基地距施工工地较远工程中。

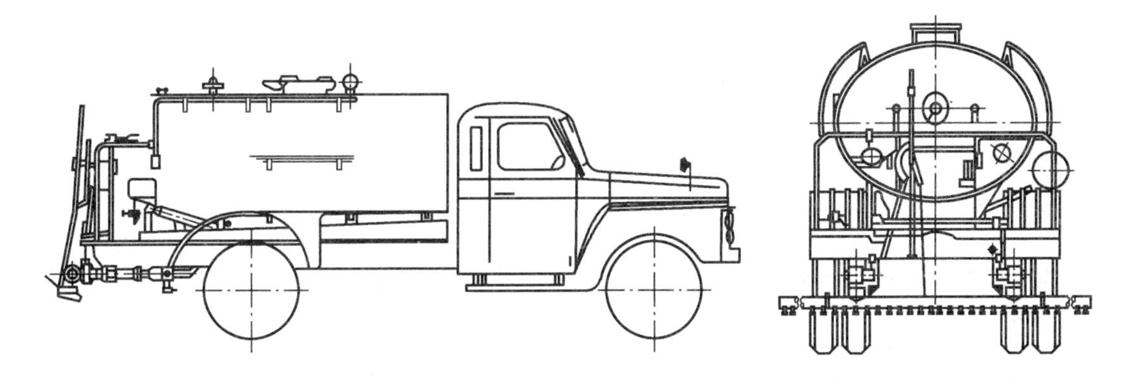

图13-8 自行式沥青洒布机外貌图

二、自行式沥青洒布机的构造

自行式沥青洒布机将整套沥青洒布设备装在汽车的底盘上,并由汽车的发动机供给沥青洒布设备所需的动力。这种沥青洒布机(见图13-9)除汽车本身外,其洒布设备主要由沥青箱、加热系统、传动系统、循环洒布系统、操纵机构以及计量仪表等组成。

1. 沥青箱

沥青箱是利用钢板焊接而成的椭圆形封闭长筒,在筒体外包有一层玻璃绒或矿渣棉制成的保温隔热层,隔热层外再用薄金属板套壳包住。

2. 加热系统

加热系统是为了在必要时(运距过长或气候过冷)能加热箱内的沥青而设置的。

3. 传动系统

自行式沥青洒布机的传动系统包括两大部分:一部分是将发动机的动力传递给汽车的驱

动轮,使车辆行驶的传动系统,这是由汽车底盘部分的传动系统来执行的;另一部分是驱动沥青洒布机的沥青泵工作的传动系统,它是由装在汽车变速器右侧的分动箱来执行。

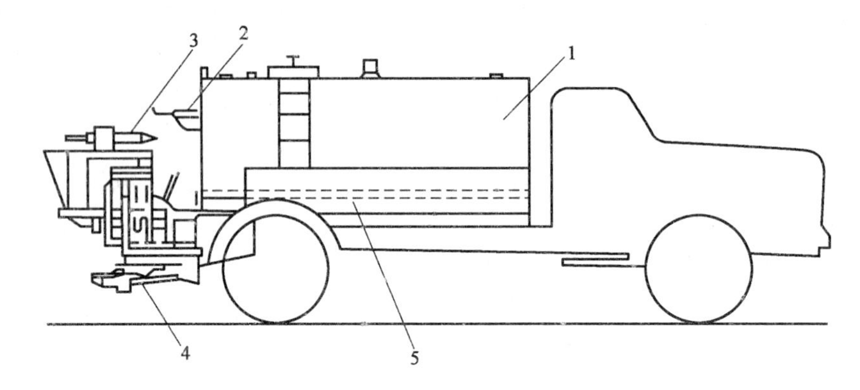

图 13-9 沥青洒布机结构示意图

1-沥青箱;2-操纵机构;3-动力及传动装置;4-洒布系统;5-加热系统

4. 循环洒布系统

循环洒布系统是沥青洒布机完成全部作业的基本部分,其作用如下:

(1)向沥青箱内吸进高温液态沥青,工作完后抽空沥青箱和洒布管内的余料。

(2)转输液态沥青,完成高温液态沥青的洒布工作。

(3)液态沥青通过循环管道的不断循环,使沥青箱内的沥青保持均匀的温度。

5. 操纵机构

沥青洒布机的操纵是由工人站在机后操作台上通过手轮和操纵杆等机构进行操纵的。

三、沥青洒布机施工作业

1. 沥青洒布机分层洒布量的确定

沥青洒布机分层洒布沥青时,首先应根据公路工程技术规范的要求,确定每层的洒布量。表 13-1 所示为各种表面处治时的沥青用量。

表面处治沥青用量表 表 13-1

路面种类	厚度(cm)	沥青用量(kg/m²)			
		第一次	第二次	第三次	合计用量
单层	1.0	1.0~1.2			1.0~1.2
	1.5	1.4~1.6			1.4~1.6
双层	1.5	1.4~1.6	1.0~1.2		2.4~2.8
	2.0	1.6~1.8	1.0~1.2		2.6~3.0
	2.5	1.8~2.0	1.0~1.2		2.8~3.2
三层	2.5	1.6~1.8	1.2~1.4	1.0~1.2	3.8~4.4
	3.0	1.8~2.0	1.2~1.4	1.0~1.2	4.0~4.6

沥青洒布量的多少与洒布机的行驶速度、洒布宽度以及沥青泵的生产率有关。其关系为

$$Q_L = qvB \tag{13-1}$$

式中：Q_L——沥青泵的生产率，L/min；

v——洒布机的行驶速度，m/min；

B——洒布宽度，m；

q——每平方米面积洒布量，L/m^2。

依据式(13-1)以及泵的生产率、洒布宽度，即可确定洒布机的行驶速度，如表13-2所示。

根据洒布量、泵生产率、洒布宽度确定洒布机行驶速度　表13-2

洒布量(L/m^2)	泵生产率(L/min)					
	1 090	871	651	560	447	337
	洒布机行驶速度(m/min)					
1.5	290	232	174	150	126	90
2	218	174	133	112	89	68
2.5	174	139	106	90	70	56
7	62	50	38	32	26	19

注：此时洒布宽度为2.5m。

设计好上述作业表后，将洒布宽度的各控制阀由洒布操作人控制，驾驶人按表列行驶速度工作，即可保证达到规定的洒布量。

2.每次洒布路段长度的确定

为了便于施工，当沥青洒布量确定后，应进一步确定每一罐的洒布路段长度，即

$$L=\frac{VK}{qB} \tag{13-2}$$

式中：L——洒布路段长度，m；

V——洒布机油罐容量，L；

K——洒布带重叠系数，一般取0.90～0.95；

B——洒布的路面宽度，m；

q——单位面积洒布量，L/m^2。

3.沥青洒布机的技术使用

为了保证沥青洒布机的正常工作，在每次洒布完毕后都要将循环洒布管路中的残余沥青抽回到贮料箱内。若工作后当天不再使用，还要用柴油或煤油清洗沥青箱、沥青泵和管路，以防沥青凝固在各处，影响下次使用。此外，在每次使用前都要检查沥青泵是否被凝固的沥青堵塞，若发现有凝固现象，需用手提喷灯将其烤热熔化，直至泵的齿轮能灵活转动为止。

为了提高沥青的洒布质量，还需注意下列事项：

(1)要求洒布机有稳定的行驶速度(此速度可根据施工要求而确定)。同时要求汽车驾驶人与操作台上掌握洒油的操作者相互密切配合，动作协调一致，以确保沥青洒布均匀。

(2)要保持沥青的适当温度。因沥青的温度与其黏度成反比，而黏度又决定了沥青泵的输出量，若沥青的温度不适当，则其黏度的变化就会引起沥青泵输出量的变化，使洒布量不均匀，从而影响洒布质量。

(3)要选择好喷嘴的离地高度。因喷嘴的离地高度不同时，其洒布的宽度也不同，如图

13-10 所示。除此以外,还要求汽车轮胎有足够的气压。若轮胎低压作业,由于贮料箱内液料的增减使轮胎变形较大,势必要影响到喷嘴离地高度的变化。

(4)要保持稳定的洒布压力。若洒布压力不稳,喷出沥青的扇形形状就会变化,致使洒布不均匀。

(5)在洒布作业时,要注意前后两次喷洒的接缝。一般纵向应重叠 10~15cm,横向应重叠 20~30cm。

(6)沥青洒布机在加注或洒布液态沥青时,由于沥青温度很高,因此必须注意安全,相互要密切配合,防止烫伤或跌倒。

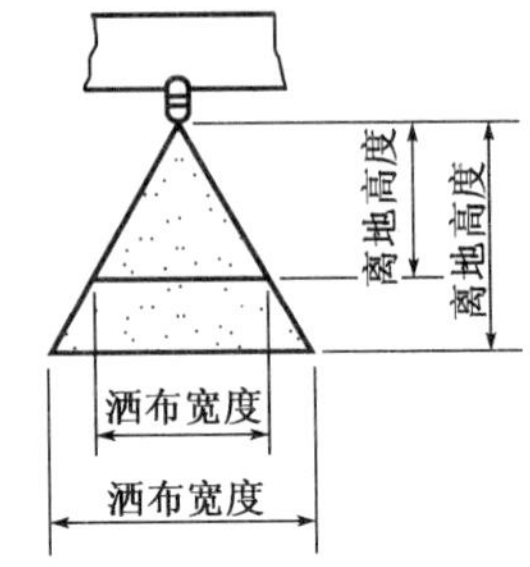

图 13-10 喷嘴离地高度与洒布宽度的关系

四、沥青洒布机生产率的计算

沥青洒布机的生产率主要视沥青的运距、洒布机的准备工作和施工组织而定。其生产率可用下式计算

$$Q_p = VK_H n_p \tag{13-3}$$

式中:Q_p——沥青洒布机的生产率,L/d;

V——沥青洒布机油罐容量,L;

K_H——油罐充满系数,一般取 0.95~0.98;

n_p——洒布机每班洒布次数。

$$n_p = \frac{60tK_B}{t_T} \tag{13-4}$$

式中:t——每天工作时间,h;

K_B——时间利用系数;

$$t_T = t_1 + \frac{L_1}{v_1} + \frac{L_2}{v_2} + t_2 + t_3 + t_4 \tag{13-5}$$

其中:t_T——洒布机每一个循环所需时间,min;

t_1——加满沥青油罐所需时间,min;

L_1——由沥青基地至工地的距离,m;

v_1——洒布机重车行驶速度,km/h;

v_2——洒布机空车行驶速度,km/h;

t_2——洒布一罐沥青所需时间,min;

t_3——洒布机两处调头倒车时间,min;

t_4——准备洒布所需时间,min。

从上述过程中可以看出,沥青洒布机用于沥青洒布的时间很短,大部分时间都用于运输。这样不但影响了洒布机的利用率,同时也影响洒布工作的进行,增加了非生产辅助时间,由于长距离运行,必然增加洒布机的数量,这样就更不合理。

为了更好地组织施工,减少洒布机的用量,目前在大型工程中多用大型沥青保温罐进行运输和储存,减少了沥青的运输距离,使洒布机的生产率大大提高。

保温罐车的数量可用下式计算

$$n = \frac{Q}{t_T V_1 K_H} \tag{13-6}$$

式中：n——保温油罐车数量；

Q——洒布机只进行洒布不进行长距离运输时的生产率，L/d；

t_T——保温油罐车往返工地与沥青基地之间一次的时间，h；

V_1——保温油罐的容量，L；

K_H——保温油罐的充满系数。

13-3 沥青混合料搅拌设备

一、概述

将不同粒级的碎石、天然砂或破碎砂等，按适当比例配合成符合规定级配范围的矿料混合料，将矿料混合料加热后，与适当比例的热沥青及矿粉一起，在规定温度下拌和所得的混合料称为热拌沥青混合料。拌制沥青混合料的机械与设备称为沥青搅拌设备。

沥青混合料中的砂(砾)石是混合料中的骨架，统称为骨料。石粉作为填充料与沥青共同形成一种糊状黏结物，填充于骨料之间，既可使沥青不致从碎石表面流失，又可防止水分的侵入，以增加砂石料之间的黏结强度，从而提高沥青混凝土的强度。此外，由于石粉的性质不随温度变化而变化，所以它与沥青混合而成的糊状物受温度变化的影响较小，可提高黏结物的稳定性，以利于沥青混合料的摊铺。

将沥青混合料摊铺到路面基层上，经过整型、压实即成为沥青混凝土路面面层。

为使沥青混合料在摊铺作业时具有良好的和易性与均匀性，拌制好的沥青混合料应具有140～160℃的工作温度和精确的配比。通常，应将沥青加热到140～160℃的工作温度以保证有足够的流动性，砂石料(集料)必须烘干并加热到160～200℃的温度，才能保证被沥青很好地裹覆和黏结在一起。此外，还要根据沥青混合料的用途确定砂石料的级配及砂石料与沥青黏结剂的配合比例(油石比)。

沥青混合料的拌制工序及相应的搅拌设备中所对应的装置如表13-3所示。

沥青混合料加工工序及对应的装置　　表13-3

拌 制 工 序	各工序所对应的装置
冷集料的粗配与供给	冷集料的定量供给和输送装置
冷集料的烘干与加热	集料的烘干、加热与热骨料输送装置
热集料的筛分、存储与二次称量、供给	热集料筛分装置及热骨料储仓及称量装置
沥青的熔化、脱水及加热	沥青储仓、保温罐、沥青脱桶装置
石粉的定量供给	石粉储仓、石粉输送及定量供给装置
沥青的定量供给	沥青定量供给系统
各种配料的均匀搅拌	沥青混合料搅拌器
沥青混合料成品储存	沥青混合料成品储仓

另外,为了保证环境清洁,沥青混合料搅拌设备还必须设置除尘装置。

沥青混合料搅拌设备按生产能力分为大型、中型和小型三种。大型的生产率为400t/h以上,都属于固定式,适用于集中工程及城市道路工程;中型的生产率为30～350t/h,可以是固定式的或半固定式的;半固定式的是将设备设置在几个拖车上,在施工地点拼装,适用于工程量大且集中的公路施工;小型的生产率为30t/h此以下,多为移动式的,即设备全部组成部分都设置在一辆半挂车或大型特制式汽车底盘上,可随施工地点转移,适用于工程量小的公路施工工程或一般养路作业。

沥青混合料搅拌设备按工艺流程可分为间歇强制式和连续滚筒式。下面将分别介绍这两种形式的搅拌设备。

1.间歇强制式沥青混合料搅拌设备

间歇强制式沥青混合料搅拌设备总体结构如图13-11所示,这种搅拌设备的工艺流程如下:

(1)不同规格的冷砂石料→冷集料定量给料装置中的各料斗按容积进行粗配→粗配后的冷集料由带式输送机转输→干燥滚筒内的火焰逆流将冷集料烘干并加热到足够温度→热集料被提升机转输→热集料由筛分机筛分后存入储斗暂时储存(以上过程为连续进行)→热集料计量装置精确计量→搅拌器搅拌。

(2)矿粉→矿粉储仓→定量给料装置→搅拌器搅拌。

(3)沥青→沥青保温罐→沥青定量装置→搅拌器搅拌。

(4)搅拌好的沥青混合料成品→混合料成品储仓或直接运往施工现场。

(5)干燥滚筒、热集料筛分机等所产生的粉尘→除尘装置将粉尘分离出来→粉尘储仓或矿粉定料给料装置再利用。

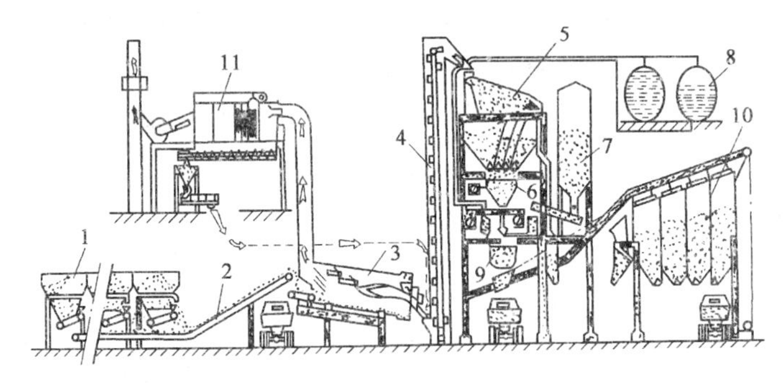

图13-11 间歇强制式沥青混合料搅拌设备总体结构图

1-冷集料储存及配料装置;2-冷集料带式输送机;3-冷集料干燥滚筒;4-热集料提升机;5-热集料筛分及储存装置;6-热集料计量装置;7-石粉储仓;8-沥青供给系统;9-搅拌器;10-成品料储仓;11-除尘装置

间歇强制式搅拌设备能保证矿料的级配、矿料与沥青的比例达到相当精确的程度,另外也易于根据需要随时变更矿料级配和油石比,所拌制出的沥青混合料质量好,可满足各种施工要求。因此,这种设备在国内外使用较为普遍。其缺点是工艺流程长、设备庞杂、建设投资大、耗能高、搬迁困难,尤其是为使除尘效果符合环保要求,对除尘设施的要求较高,其投资通常达到搅拌设备总造价的30%～40%。

2.连续滚筒式沥青混合料搅拌设备

连续滚筒式沥青混合料搅拌设备总体结构如图13-12所示，这种搅拌设备的工艺流程如下：

(1)不同规格的冷砂石料→冷集料定量给料装置料斗→冷集料级配后由变速带式机转输(以实现油石比控制)→干燥搅拌筒前半段烘干并加热到足够温度→干燥滚筒后半段进行搅拌。

(2)矿粉→矿粉储仓→带式电子秤连续计量→冷骨料带式输送机(或干燥搅拌筒)。

(3)沥青→沥青供给系统→沥青输送系统→计量后的沥青进入干燥搅拌筒→由沥青喷管将沥青喷入干燥搅拌筒后段→与加热后的集料一起搅拌。

(4)搅拌好的沥青混合料→成品料输送机→混合料成品储仓待运。

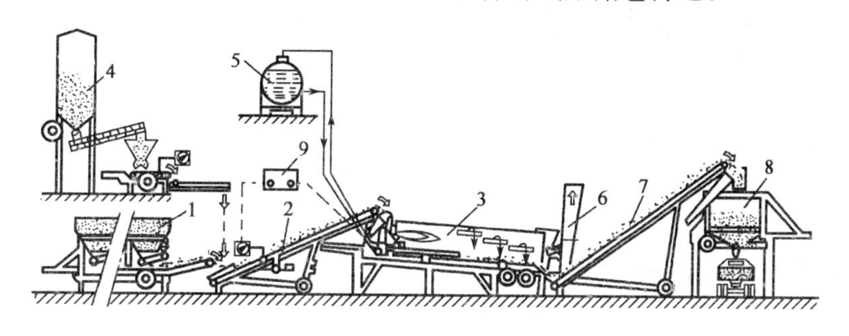

图13-12　连续滚筒式沥青混合料搅拌设备结构图

1-冷集料储存和配料装置；2-冷集料带式输送机；3-干燥搅拌筒；4-石粉供给系统；5-沥青供给系统；6-除尘装置；7-成品料输送机；8-成品料储仓；9-控制系统

在上述的工艺流程中，冷集料输送机转速、沥青的流量可通过控制系统自动调节，以使油石比精确。沥青混合料的制备在干燥搅拌筒内进行，即动态计量级配的冷集料和石粉连续从干燥滚筒的前部进入，采用顺流加热方式烘干加热，然后在干燥搅拌筒的后段与动态计量连续喷洒的热态沥青，采取跌落搅拌方式连续搅拌出沥青混合料。

与间歇强制式搅拌设备相比，连续滚筒式搅拌设备的优点是：工艺较简单，设备的组成部分较简单，投资省，维修费用低，能耗少，且由于湿冷集料在干燥搅拌筒内烘干，加热后即被沥青裹覆，使粉尘难以逸出，对空气污染少。其缺点是：集料的加热采用热气顺着料流的方向进行，故热利用率低，拌制好的沥青混合料的含水率较大，且温度也较低(110～140℃)。

间歇强制式沥青混合料搅拌设备总体布置如图13-13所示。

二、沥青混合料搅拌设备主体构造

1.冷集料供给系统

冷集料供给系统由带有闸门的砂石料斗、给料器和输送机等组成。一般可根据需要设置4～7个料斗；料斗并列装在同一框架上，框架可装在固定立柱上；具有一定容积的料斗用来储存砂石料，物料由闸门卸出。给料器是用来对冷集料进行计量并按工程要求进行级配；输送机是用来将级配后的冷集料输送至干燥滚筒。

(1)冷集料的储存

通常，冷骨料堆放在露天场地上，或存放在特制的筒仓内。前者称为堆场式，后者称为筒仓式。

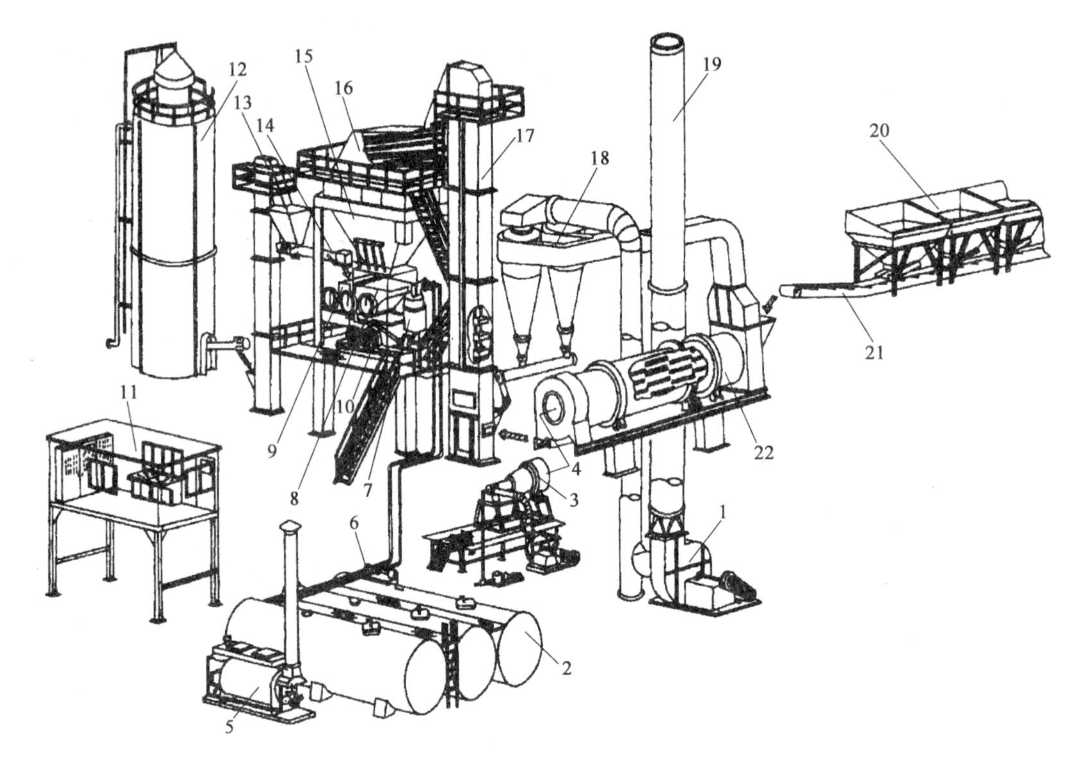

图 13-13　强制间歇式沥青混合料搅拌设备布置简图

1-排风机；2-沥青保温罐；3-鼓风机；4-燃烧器；5-导热油加热装置；6-沥青输送泵；7-沥青称量桶；8-热矿料称量斗；9-矿粉称量斗；10-搅拌器；11-操纵控制室；12-矿粉筒仓；13-矿粉提升机；14-矿粉输送机；15-热矿料储料仓；16-振动筛；17-热矿料提升机；18-集尘器；19-烟囱；20-冷矿料储存及配料装置；21-冷矿料输送机；22-干燥滚筒

①堆场式。各种砂、石料分类存放在场地上，如果条件许可，最好加盖雨棚。因为骨料的含水率随气候变化较大，尤其是阴雨天，含水量的增加会加大烘干、加热系统的工作强度，使能耗增加、生产量下降。

这种存放方式不需要专门的设施，储存量不受限制，目前国内普遍采用这种存放方式。

②筒仓式。在存放材料的场地受到限制时，可利用几个特制的筒仓，将砂、石料分类存放在其中。由自卸车运入的砂、石料，通过斗式提升机和带式输送机（卸料器）分别送至各筒仓内，筒仓下设有给料器，矿料经配料后，由带式输送机送入烘干滚筒。这种储料方式占地面积小，而且筒仓可以加盖，冷矿料的含水量不随外界条件的变化而变化；此外，由于不使用推土机、装载机等工程机械上料，减少了噪声和灰尘对环境的污染。因此在对环境要求较高、且场地受到限制的场合，采用筒仓式储料是可取的。据有关资料介绍，筒仓容量一般应考虑确保5d的供料量，至少不低于3d的供料量。这种存放方式多用于生产商品沥青混凝土或城市的沥青拌和站。

（2）配料装置

各种规格的冷集料，在进入烘干滚筒之前应进行初配。这在沥青混合料的生产过程中是

一个很重要的工序。它直接关系到集料加热温度的稳定，热储料仓内各种砂、石料储料量的均衡，拌和设备生产过程的连续，乃至成品料的质量。因此冷骨料配料的精确度和操作的自动化程度，已成为衡量拌和设备技术先进性的一个重要指标。

配料装置主要由配料斗、给料机、集料带式输送机和机架组成。

①配料斗和机架。配料斗的数量根据工程需要来确定，一般为4～7个。料斗是按内装集料规格的大小沿运动方向依次排列的：大粒径碎石料斗在前，砂料斗在最后。通常在大粒径碎石料斗的上面放置一个隔网，以防止大于某一限定规格(一般为50mm)的石料进入斗内。料斗上口的尺寸应与上料方式相适应：如采用装载机上料，料斗的宽度要大于装载斗的宽度；料斗距地面的高度，要能满足装载机上料高度的要求。料斗下口的宽度应小于给料机的宽度，并且最好前大后小，以免材料外溢。斗前壁的下部设有一个手动调节闸门，用以调节材料流量的大小；在砂料斗的后斗壁上，装有一个小振动器，用以防止砂料在出料口处结拱；破拱振动器是间歇振动的，振动时间的长短，由安装在控制室内的定时器来调节。

此外，有些拌和设备在料斗下部还装有料位指示器，当斗内料位低于设定值时能发出警报，提醒操作者及时上料，以保证设备正常连续工作。

配料装置的机架多用型钢拼焊而成。有时为减轻质量、增大刚度，也有用钢板压制成一定截面形状来取代型钢的。机架拼装时，要注意保证它的几何精度，否则容易造成输送带跑偏。

②给料机。常用的给料机有两种形式：电磁振动式和带式。

电磁振动式给料机在料斗下部弹性地悬挂着倾斜的卸料槽，卸料槽上装有电磁振动器，依靠电磁振动器的高频振动，把在重力作用下压在卸料槽上的材料均匀卸出。供料量的多少，一般是通过改变电磁振动器的振幅和料斗闸门的开度来调节的，闸门的开度用于粗调，并且应在开机前调整好；开机后若要精确调节供料量，则是由调节振动器的振幅来实现的。此外，有些设备通过变更卸料槽的倾角，也可以达到调节供料量的目的。同样，这种调整也必须在开机前调好。目前技术较为先进的振动给料机，在卸料槽上装有振幅传感器，用于检测实际振幅与设定值的差距，并将信息反馈到控制室，随时予以调整，以确保供料量的稳定、均衡。这种给料机体积小，安装、维修简单，无旋转零件，不需要润滑，消耗功率小，便于集中控制，而且造价低，但是，它的调整变化曲线是非线性的，并且对潮湿的矿料供料效果较差。所以，通常电磁振动给料机只用于含水率变化较小的石料的供给，对于含水率随气候变化较大的细砂料，电磁振动式给料机效果不好。

带式给料机安装在冷料仓下方兼作仓底。材料在重力作用下压在料斗下的带式给料机上，通过带式给料机的旋转强制将材料卸出。通过调节带式给料机的转速或料斗闸门的开度来变更供料量。料斗闸门的开度用于粗调，并在开机前调好；而开机后的精调则是通过改变带式给料机的转速来实现的。带式给料机由电机驱动，调速有两种方法：一种是直流调速，另一种是交流调速。前者动力特性好，且价格便宜，因此被广泛采用。带式给料机的调速比一般为1∶10～1∶20，最大为1∶30，在给定的范围内，速度变化是无级的，因此供料量的变化是线性的。相对而言，带式给料机较电磁振动给料机供料精确，调节范围也大，但价格较贵。

上述两种给料方式均属于体积计量，用于间歇式拌和设备材料的初配已完全满足要求。

(3)冷集料输送机

每一种集料经给料机卸出后，便汇集在下面的集料带式输送机上，由于料仓组下集料输送距离较长,而干燥滚筒入口又有一定高度。集料一般要再通过另一个倾斜的冷集料输送机转运送入烘干筒内。冷集料输送机一般采用带式输送机。带式输送机噪声小,不易产生卡阻现象,架设容易。在大多数沥青拌和设备上均配置这种冷集料给料装置,如图 13-14 所示。

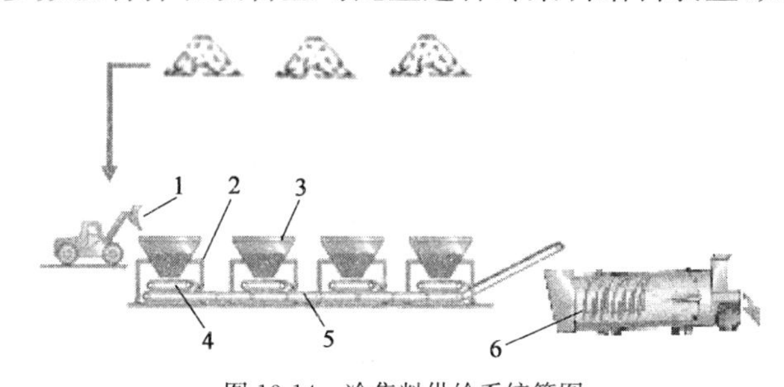

图 13-14　冷集料供给系统简图

1-装载机;2-机架;3-配料斗;4-给料机;5-冷集料输送机;6-干燥滚筒

2. 冷集料烘干加热系统

在生产沥青混合料时,为了烘干集料并将其加热到所需要的工作温度,必须将集料反复地抛撒,并使集料与热气接触,以吸收热量,去除水分,提高温度。一般都是使用烘干加热系统使集料加热到一定温度并充分脱水,以保证计量精确和结合料对它的裹覆,使成品料具有良好的摊铺性能。

冷集料烘干加热系统包括干燥滚筒(或干燥搅拌筒)和加热装置两大部分,如图 13-15 所示。工作中,干燥滚筒不断地转动,筒内的提升叶片不断将进入筒内的冷集料升起、抛下,同时燃烧器向筒内喷火火焰,冷湿集料就逐渐被烘干并加热到其工作温度。

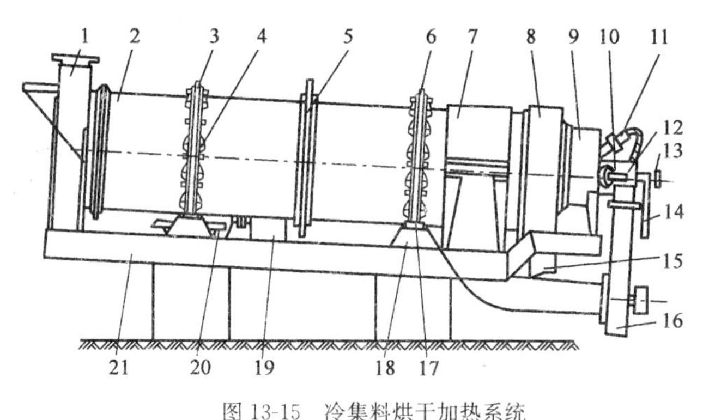

图 13-15　冷集料烘干加热系统

1-加料箱和排烟箱;2-滚筒筒体;3、6-筒箍;4-胀缩件;5-传动齿圈(或链轮);7-滚筒冷却罩;8-卸料箱;9-火箱;10-点火喷头;11-燃料燃烧传感器;12-燃烧器;13-燃油调节器;14-燃油管;15-卸料槽;16-鼓风机;17-支承滚轮;18-防护罩;19-驱动装置;20-挡滑滚轮;21-机架

(1)干燥滚筒

干燥滚筒用来加热烘干冷湿集料。为使湿冷集料在较短的时间内,用较低的燃料消耗充分脱水升温,对干燥滚筒要求:集料在滚筒内应均匀分散,并在筒内有足够的停留时间;集料在筒内应与热气尽可能地多直接接触,以充分利用热能;干燥滚筒应有足够的空间,能容纳燃料燃烧后的热气和水分蒸发后的水蒸气,以免因气压过大而使粉尘弥散。

干燥滚筒内的集料加热方法有两种:火焰自滚筒的出料口一端喷入,热气流逆着料流方向穿过滚筒；火焰自滚筒的进料口一端喷入，热气顺着料流方向穿过滚筒。热气在滚筒内被集料吸走热量后，废气从烟囱排出。逆料流加热时的烟气温度为350～400℃，而顺料流加热时的烟气温度为180～200℃。由于逆料流加热方式的热量利用效果比顺料流加热方式要好得多，所以间歇强制式搅拌设备的干燥滚筒均采用逆料流加热方式。

干燥滚筒内部构造如图13-16所示。烘干筒入口段为受料区，叶片10为螺旋叶片，其旋向与滚筒转动方向的配合便于集料快速进入到筒内。第二区为烘干区。沿筒体母线方向安装有多种形状的叶片，弯曲的叶片便于提升集料使之以螺旋轨迹向排料端运动。

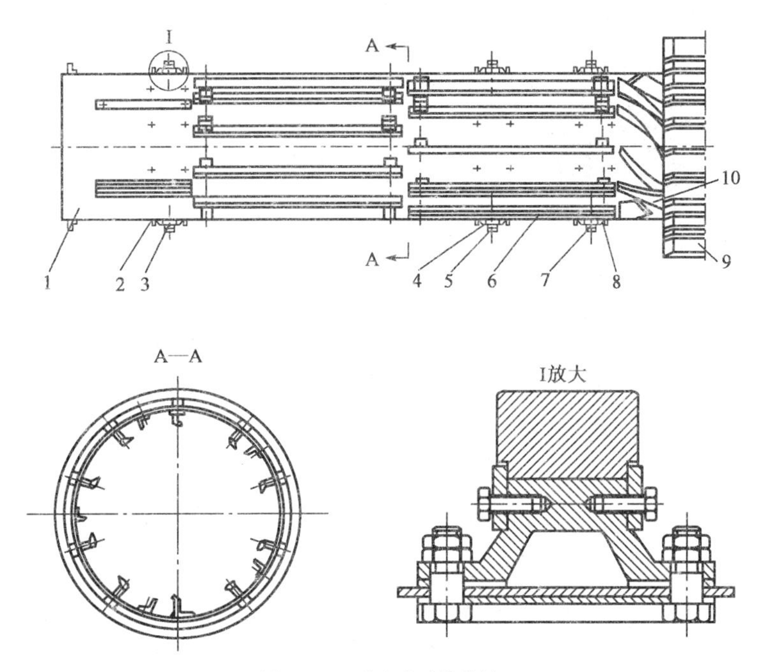

图13-16　逆流式干燥滚筒

1-筒体；2、8-滚圈架；3、7-滚圈；4-齿圈架；5-齿圈；6-升料槽板；9-进料箱；10-螺旋叶片

靠近燃烧器这一段为排料段，该端有断面形状为T形的叶片，叶片与筒体纵轴线成20°～30°安装，便于集料排向卸料口。在滚筒卸料箱出口处装有测温仪，用来检测矿料的出料温度，并在控制室内显示。测温仪有两种：一种是接触式，多用热电偶；另一种是非接触式，常用红外线测温仪。

(2)加热装置

加热装置的功用是将集料烘干并加热到工作温度。目前，与干燥滚筒相匹配的加热装置大都采用液体燃料(通常以重油和柴油为主)。因为液体燃料的优点是热值较高，可使燃烧室容积减小；燃烧后没有灰粉残渣；燃料燃烧的热效率较高；操作方便，易于满足对不同温度的要求。

加热装置由燃油箱、油泵管道、燃烧器、鼓风机和火箱等组成，若以重油为燃料，则燃油箱内设有加热管，并在燃油供给系统中设有重油预热器。

3. 热集料提升机

热集料提升机设置于间歇强制式搅拌设备中，其功用是将干燥滚筒卸出的热集料提升到一定的高度，并送入筛分装置内。提升机通常采用链斗提升机，它由主动链轮、从动链轮、链条、装于链条上的多个运料斗、提升机外罩及安装在提升机顶部的驱动装置、链轮张紧机构等组成。在大型搅拌设备上多采用导槽料斗、重力卸料方式，即主动链轮转动，装在链条上的料斗在提升机底部的受料斗内盛满热集料后被送至提升机顶部，转过主动链轮后，热集料靠其重力落入溜料槽并沿着料槽滑入振动筛内。重力卸料方式的链条运动速度低，可减少磨损及噪声。

4. 筛分装置与热集料储仓

筛分装置（见图13-17）的功用是将热集料提升机输送来的集料按粒径大小进行分级，以便在搅拌之前进行精确的计量与级配。

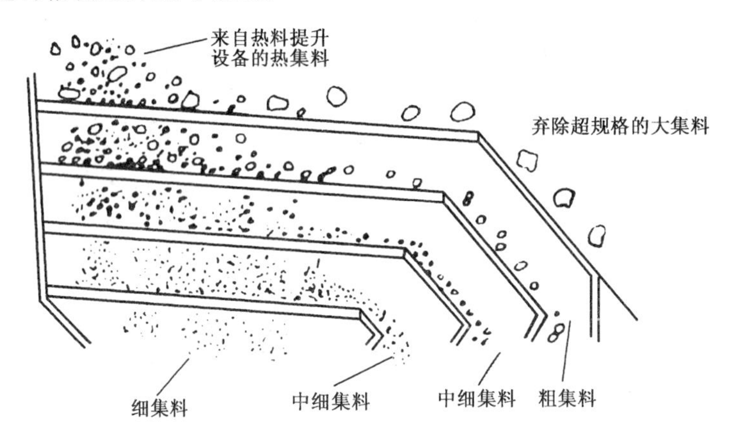

图13-17　筛分过程示意图

在振动筛下方设置一排热集料储仓（见图13-18），分别用来储存砂、细碎石、中粒度碎石和大粒度碎石。储仓可以对应于每种集料独立，或用隔板将一个大的储仓隔开。各储仓下方设有能迅速启闭的斗门，其开度和级配比相适应。斗门的启闭一般通过气缸来操作。在每个料仓内部装有溢料管，防止过量的集料落入其他料仓内并因集料塞满振动筛下方的空间而损坏筛子。

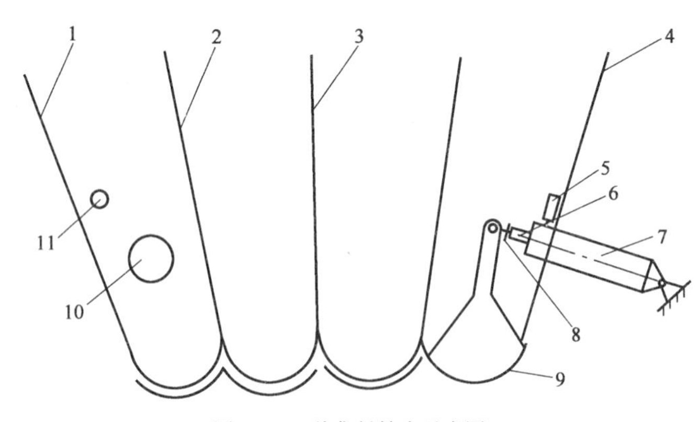

图13-18　热集料储仓示意图

1、4-壁板；2、3-隔板；5-快放阀；6-调节套；7-气缸；8-缓冲垫；9-放料门；10-料位器；11-温度传感器

5. 粉料储存和输送装置

粉料储存和输送装置的功用是对散装石粉进行储存，并在搅拌设备工作期间将一定量的

石粉送至石粉计量装置内。该装置有漏斗式与筒仓式两种形式，如图 13-19 所示。

漏斗式结构简单、上料高度低，一般用于生产率低或使用袋装石粉的搅拌设备上；筒仓式必须使用散装粉料，并配备有水泥罐车或斗式提升机，通过罐车上的气力输送设备或斗式提升机将粉料送入仓内，其劳动强度小、工作现场干净，但结构复杂、附属设备多、成本高，多用于中、大型搅拌设备上。

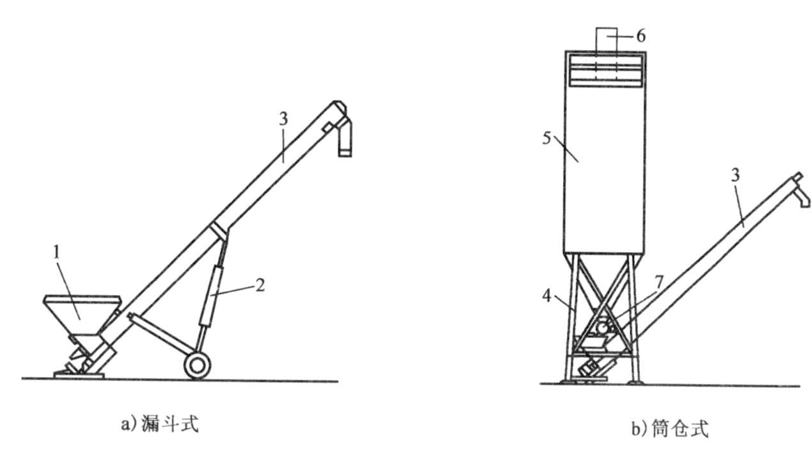

图 13-19　粉料储存和输送装置

1-漏料斗；2-支腿；3-螺旋输送器；4-支架；5-储料仓；6-空气过滤器；7-转阀

对于筒仓式的粉料输送装置（见图 13-19b），水泥罐车用压缩空气将粉料由进口吹入，因空间突然增大，压缩空气压力突然降低，粉料靠自重沉积在仓内，带有粉尘的空气经布袋式空气滤清器过滤后排入大气。仓顶上没有料位器以探测粉料的高度。为防止粉料结拱，下料不畅，在仓底部安装有粉料疏松器。

在筒仓底部安装有转阀，在搅拌设备工作中，可通过转阀六只叶片的转动均匀地为螺旋输送机喂料。

转阀给螺旋输送机所喂的料，由输送机送到单独的粉料称量斗内进行称量。

6. 沥青储存及输送系统

沥青供给系统的功用是给沥青称量装置提供具有一定温度的热态沥青。该系统主要由沥青罐、沥青泵、沥青加热装置、三通阀、输送管道等组成。

7. 称量系统

间歇强制式沥青混合料搅拌设备的称量系统由石粉称量装置、热集料累加称量装置和沥青称量装置组成。

通常的称量方法有按质量计量和按容积计量两种。在搅拌设备上，热集料和石粉都是按质量计量的，沥青则两种计算方法都有，目前多采用按质量计量方法。

8. 搅拌器

间歇强制式搅拌设备均采用卧式双轴叶桨搅拌器（见图 13-20），其功用是将按一定比例称量好的集料、石粉和沥青均匀地搅拌成所需要的成品料。

连续滚筒式搅拌设备的混合料搅拌是在干燥搅拌筒内完成的,如图 13-21 所示。湿冷集料和石粉由进料口入筒后,在冷拌区接受燃烧器加热之前,先一起冷拌一下,进入烘干加热区后,在火焰的辐射热和筒体的传导热作用下,集料被烘干,并加热到最大限度。集料在进入搅拌区之前,由在料帘区处所设置的一圈带格栅底的宽漏斗形叶片在随筒旋转时,将集料带上去,并沿筒的横截面陆续漏撒和抛撒下来,形成一个圆形料帘。料帘阻挡着火焰通过,而让热气通过,被抛撒成料帘的集料颗粒充分暴露在炽热的火焰之中,集料很快被烘干,温度急剧升高。在搅拌区内,沥青由喷管喷出,和热集料在此区域进行搅拌。搅拌工作由提升抛撒叶片完成。搅拌时,由于有热废气的对流作用,有利于拌制出均匀的混合料。

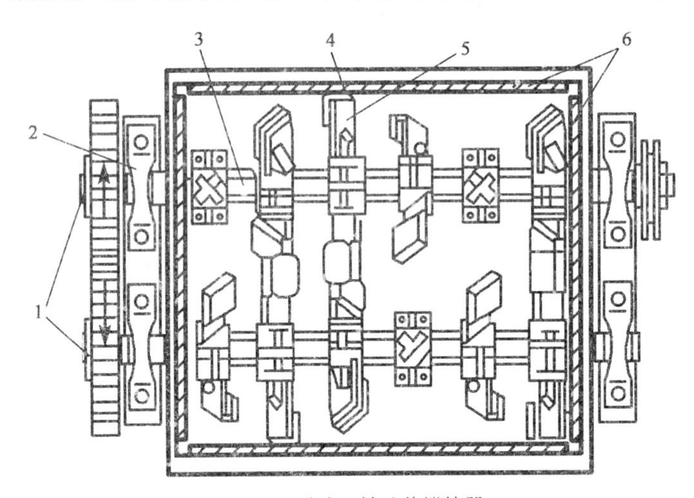

图 13-20　卧式双轴叶桨搅拌器

1-传动齿轮;2-轴承;3-搅拌轴;4-搅拌桨叶;5-搅拌臂;6-衬板

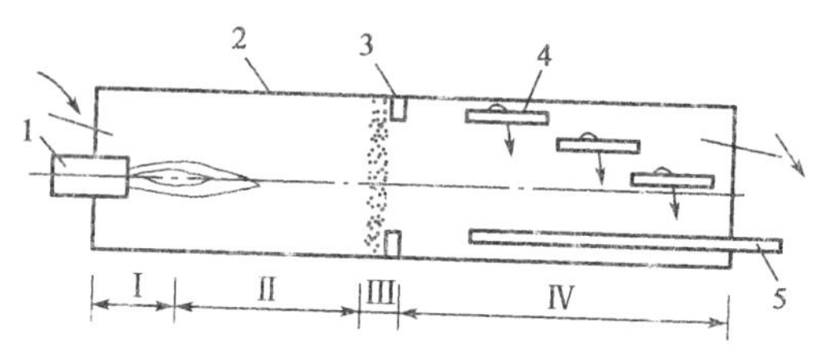

图 13-21　干燥搅拌筒示意图

1-燃烧器;2-筒体;3-漏斗形叶片;4-提升撒落叶片;5-沥青喷管;Ⅰ-冷拌区;Ⅱ-烘干、加热区;Ⅲ-料帘区;Ⅳ-搅拌区

干燥搅拌筒工作中所形成的料帘可提高热量的有效利用率,降低生产成本;料帘挡住了火焰,使喷到搅拌区的沥青不致被老化和烧焦,且因沥青喷出后吸附了筒内的飞尘,降低烟囱的排污程度;沥青可提早喷入搅拌区,以便与集料搅拌均匀。

9.成品料储仓及输送装置

成品料仓主要用来调节搅拌设备与运输车辆间的生产不协调,提高搅拌设备的生产率,满足小批量用户需要,减少频繁开机停机。对于连续滚筒式搅拌设备,由于成品出口高度低,必须通过储料仓来解决成品的装车问题。

搅拌设备的成品料仓大多采用竖立的筒仓,1～4 个筒仓并列支承在支架上,如图 13-22 所示。间歇式搅拌设备采用沿导轨提升的滑车运料;连续式搅拌设备则采用刮板输送器运料。

10.除尘装置

沥青混合料搅拌设备在生产过程中，烘干、筛分、称量和搅拌等工序会有大量粉尘逸出。在集料烘干、加热过程中还有燃料燃烧所产生的废气排出。这些都将造成环境污染。除尘装置就是要将这些污染物尽可能地收集起来，以净化环境，使之符合国家环保法规的要求。

沥青混合料搅拌设备用除尘器有一级除尘器和二级除尘器。前者只是滤除污染物中的粗粉尘，二级除尘除了进行一次粗滤外，还要再进行一次清除污染物中的微粉尘工作。

常用除尘装置按其工艺形式有干式和湿式两种。按其工作原理和结构形式可分为旋风式、布袋式和水浴式三种。前两种属于干式，后一种属于湿式。旋风式为粗滤，后两种为细滤。一般小型搅拌设备只配备一级旋风式除尘器。大型搅拌设备为达到环保除尘要求，采用两级除尘，即除旋风式除尘器外，还配备有袋式除尘器或湿式除尘器。经袋式除尘后排尘量小于50mg/m³，湿式除尘后的排尘量小于400mg/m³。

(1)干式旋风式除尘装置

旋风式除尘装置由旋风集尘筒、抽风机、吸风小筒、风管和烟囱等组成，如图13-23所示。

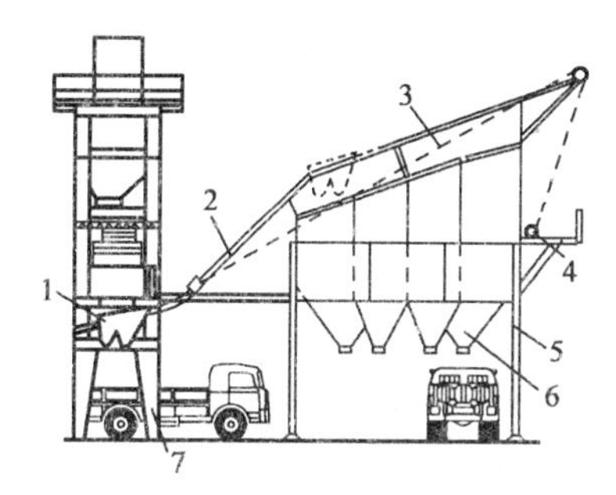

图13-22 成品料储仓示意图

1-运料车；2-轨道；3-钢索；4-驱动机构；5-支架；6-成品料仓；7-搅拌楼

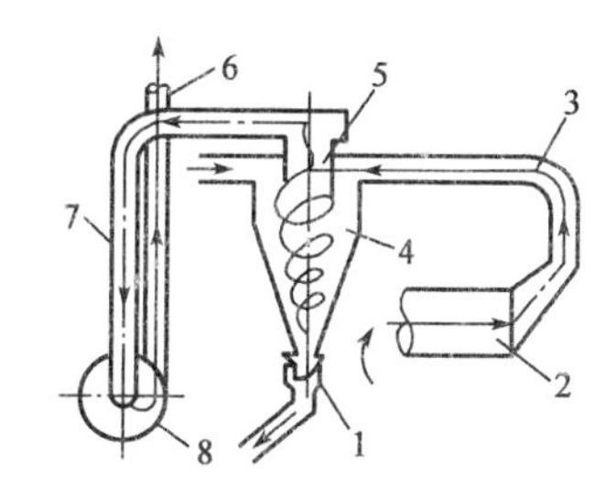

图13-23 旋风式除尘器示意图

1-卸尘闸门；2-干燥滚筒；3-风管；4-旋风集尘筒；5-吸风小筒；6-烟囱；7-抽风管；8-抽风机

旋风集尘筒上部呈圆筒形，其侧壁开有进气口可引进干燥滚筒来的带尘废气及热集料提升机和筛分机来的含尘废气。圆筒内装有吸风小筒，吸风小筒与抽风管相连。

旋风式除尘器的工作原理是：在抽风机的吸力作用下，废气经风管进入旋风集尘筒内。在集尘筒内自上而下旋转运动时的离心力和气体又自下向上折回由小筒流出时的惯性力，使气体中粗粉尘分离出来并落至集尘筒下方。集尘筒下部呈圆锥形，它既作收集尘粒之用，又可使旋风圈缩小，加大含尘气体的流速，便于气体向上折返，进入小筒。落入锥形筒中的尘粒，可通过卸尘闸门回收到热集料提升机或石粉螺旋输送机内，作为粉料而被利用。

旋风式除尘器能收集粒径为5μm以上的灰尘，除尘效率最高为85%。

(2)袋式除尘装置

袋式除尘器也是串联在旋风式除尘器后使用的二次除尘装置。袋式除尘器(见图13-24)由箱体、折流板、袋骨架、喉管、管座板、喷吹管、脉冲阀、差压计、螺旋输送器和控制器等组成。在箱体内装有数百个耐热合成纤维袋，其网眼极小，在过滤中可捕集0.3μm以上的粉尘，除尘效率可达95%～99%。这种除尘器可使含尘气体净化到50mg/m³的程度。

袋式除尘器工作时，一级除尘后的含尘气体进入箱体，在折流板的截流下，含尘气体被分散流动，从每个滤袋外侧进入滤袋内，在滤袋的筛分、拦截、冲击、扩散和静电吸引等作用下，微尘贴附于滤布缝隙间，从而粉尘在烟气中分离出来。清洁的气体经抽风机、抽风管由烟囱排入大气中。

随着粉尘在滤袋上的积聚，形成一定厚度的粉尘层，使滤布的过滤透气性大大降低，妨碍除尘器正常工作。因此，袋式除尘器在工作过程中必须经常及时清除滤袋上的积尘。目前，常采用脉动压缩空气去及时吹落黏附于过滤袋外面的粉尘。如图 13-25 所示，控制器控制脉冲阀定时间隔地在滤袋上方与烟气反向喷入高压小量压缩空气，使滤袋产生振动和抖动，将袋上的粉尘抖落到箱体的下部，并由螺旋输送器送至石粉料仓或热集料提升机入口处。

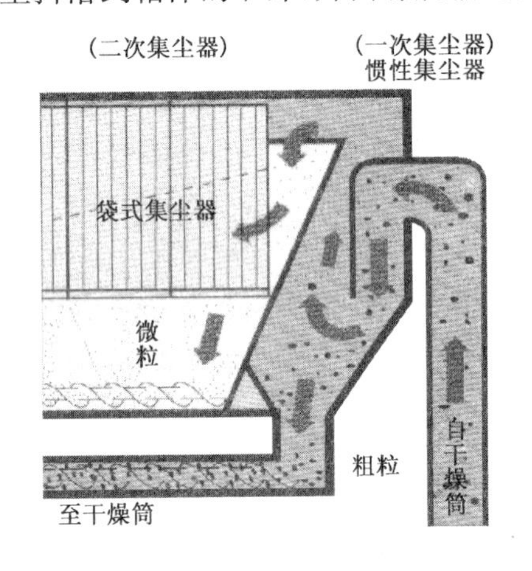

图 13-24　二级干式除尘器结构示意图

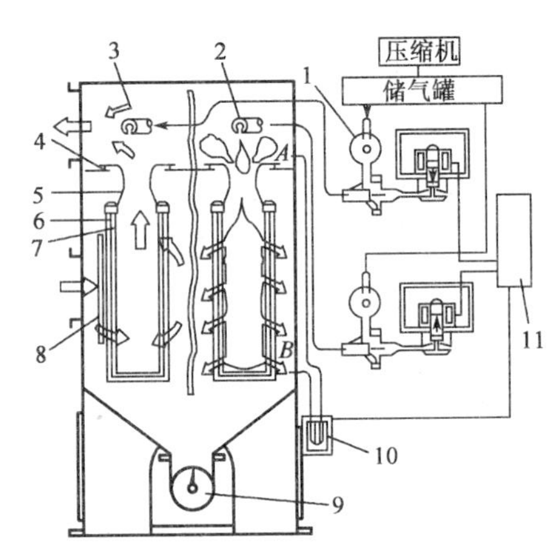

图 13-25　袋式除尘器结构示意图

1-脉冲阀；2-喷吹管；3-净气；4-管座板；5-喉管；6-滤袋；7-袋骨架；8-折流板；9-螺旋输送器；10-差压计；11-控制器

除尘系统是影响混合料质量和成本的重要因素。由于中性或酸性回收粉不但使沥青用量增加，而且生产出来的混合料色泽暗淡，降低了沥青的胶浆作用，导致稳定度偏低。当原材料的泥粉含量较多时，混合料的质量还是会受到较大的影响。所以不洁净的原材料不但使燃油消耗加大，而且由于回收粉不可能完全吸附干净，影响了混合料的质量。同时，由于粉尘太多，吸尘的风门开得太大，把部分小于 0.3mm 的细集料吸附走，影响了混合料的级配组成。

三、沥青混合料搅拌设备生产率计算

沥青混合料搅拌设备是修建沥青混合料路面机械化施工的主体机械，它生产能力的大小是确定其他设备数量的重要依据。因此搅拌设备生产率的计算是十分重要的。

沥青混合料拌和设备的生产率可用下式计算

$$Q = \frac{60GK_{B}}{t} \tag{13-7}$$

式中：Q——沥青混合料搅拌设备生产率，t/h；

G——搅拌设备每拌和好一次混合料的质量，t；

K_{B}——时间利用系数；

t——搅拌设备拌和一次所需时间，min。

其中：

$$t = t_1 + t_2 + t_3 \tag{13-8}$$

式中：t_1——拌和设备加料时间，min；

t_2——拌和设备搅拌时间，min；

t_3——拌和设备卸料时间，min。

13-4　沥青混合料摊铺机

一、概述

沥青混合料摊铺机是用来将拌制好的沥青混合料（沥青混凝土或黑色粒料）按一定的技术要求（厚度和横截面形状）均匀地摊铺在已整理好的路基或基层上，并给以初步捣实和整平的专用设备。使用摊铺机施工，既可大大地加快施工速度、节省成本，又可提高所铺路面的质量。

另外现代沥青混合料摊铺机还适用于摊铺各种材料的基层和面层、防护墙、铁路路基、RCC基础层材料、稳定土等，是修筑一般公路与高速公路不可缺少的关键设备。

现代沥青混合料摊铺机采用全液压驱动和电子控制、中央自动集中润滑、液压振动、液压无级调节摊铺宽度等新技术，自动化程度高，操作简单方便，视野好，并设有总开关、自动找平装置、卸载装置、闭锁装置，保证了摊铺路基、路面的平整度和摊铺质量。

此外，由于机械化摊铺的速度快，且摊铺机上有可以加热的熨平装置，因此它在进行摊铺时，对气温的要求比人工摊铺时要低，所以可在较冷的气候条件下施工。

沥青混合料摊铺机的类型较多。按行走方式分为拖式和自行式；按行走装置分为轮胎式（图13-26）、履带式（图13-27）和轮胎履带组合式；按传动方式分为机械式和液压式等。

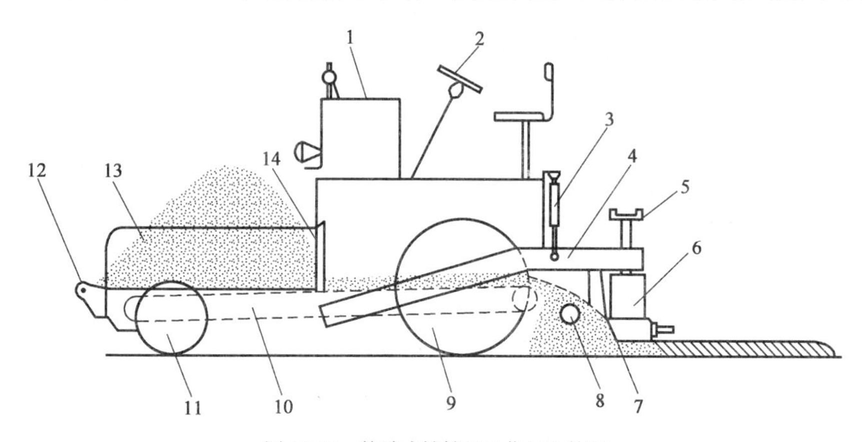

图13-26　轮胎式摊铺机工作过程简图

1-控制台；2-转向盘；3-悬挂液压缸；4-侧臂；5-熨平器调整螺旋；6-熨平器；7-振捣器；8-螺旋摊铺器；9-驱动轮；10-刮板输送器；11-转向轮；12-推滚；13-料斗；14-闸门

沥青混合料摊铺机主要由基础车（发动机与底盘）、供料设备（料斗、输送装置和闸门），工作装置（螺旋摊铺器、振捣器和熨平装置）及控制系统等部分组成。混合料从自卸汽车上卸入摊铺机的料斗中，经由刮板输送后转送到摊铺室，在那里再由螺旋摊铺器横向摊开。随着机械的行驶，这些被摊开的混合料又被振捣器初步捣实，接着再由后面的熨平板（或振动熨平板）根据规定的摊铺层厚度，修整成适当的横断面，并加以熨平（或振实熨平）。

自卸汽车在卸料给摊铺机时,应倒退到使其后轮碰及摊铺机的前推滚,然后将变速器放置空挡,升起车箱,由摊铺机推着汽车一边前进一边卸料。卸料完毕,汽车驶开,更换另一辆汽车按同样方法卸料。

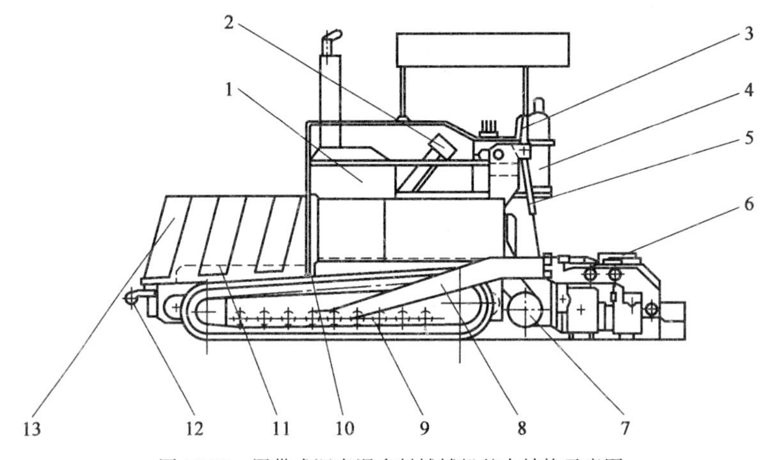

图 13-27 履带式沥青混合料摊铺机基本结构示意图

1-柴油机及其动力传动系统;2-驾驶控制台;3-坐椅;4-加热气罐;5-侧臂液压缸;6-熨平装置;7-螺旋摊铺器;8-侧臂;9-行走机构;10-调平系统液压缸;11-刮板输送器;12-推滚;13-料斗

混合料进入摊铺器的数量可由装在刮板输送器上方的闸门来控制、或由刮板输送器的速度来控制。摊铺层的厚度由两侧臂牵引点的液压缸和上下调整螺旋来调整。

轮胎式摊铺机的前轮为一对或两对(大型)实心小胶轮,这样即可增强其承载能力,又可避免因受载变化而发生变形。后轮多为大尺寸的充气轮胎。履带式摊铺机的履带大多装有橡胶垫块,以免对地面造成履刺的压痕,同时降低了对地面的单位压力。

轮胎式摊铺机的优点是:行驶速度高(可达 20km/h),可自动转移工地,费用低;机动性和操纵性能好,对单独的小面积不平整适应性好,不致过分影响铺层的平整度;弯道摊铺质量好;结构简单,造价低。其缺点是:接地面积较小,牵引力较小;料斗内的材料多少会改变后驱动轮胎的变形量,从而影响铺层的质量。为了避免这种现象,自卸汽车应分次卸料,但这又会影响汽车的周转。

履带式摊铺机的优点是:接地面积大,对地面的单位压力小,牵引力大,能充分发挥其动力性;对路基的不平整度不太敏感,尤其对有凹坑的路基不影响其摊铺质量。其缺点是:行驶速度低,不能很快地自行转移工地;对地面较高的凸起点适应能力差;机械传动式的摊销机在弯道上作业时会使铺层边缘不整齐;此外,其制造成本较高。

由于履带式摊铺机有上述特点,所以目前世界各国使用得较多,尤其是大型机械,由于大型工程不需频繁转移工地,其行驶速度低的缺点也就不明显了。

二、沥青混合料摊铺机供料设备与工作装置构造

履带式与轮胎式摊铺机的结构除行走装置及相应的控制系统有区别外,其余组成部分基本相似。它们都是由如前所述的基础车、供料设备、工作装置及控制系统等部分组成。这里仅简述摊铺机供料设备与工作装置构造。

1. 供料设备

沥青混合料摊铺机的供料设备包括推辊、料斗、刮板输送器及供料闸门、螺旋布料器以及相关的液压操纵回路。

(1)推辊

推辊位于摊铺机的最前端的凸出部分,有两个左右对称的推辊,如图13-28所示。

推辊的作用是配合自卸车倒车卸料。当装满混合材料的自卸车倒退至摊铺机的正前方位置时,汽车后轮顶住摊铺机的两个推辊为止,自卸车的变速杆置于空挡位,让自卸车在摊铺机的推动下前进。升起自卸车车箱向摊铺机料斗卸料。摊铺机一边推着自卸车前进,一边完成摊铺作业,直至自卸车车箱的混合料卸完为止。

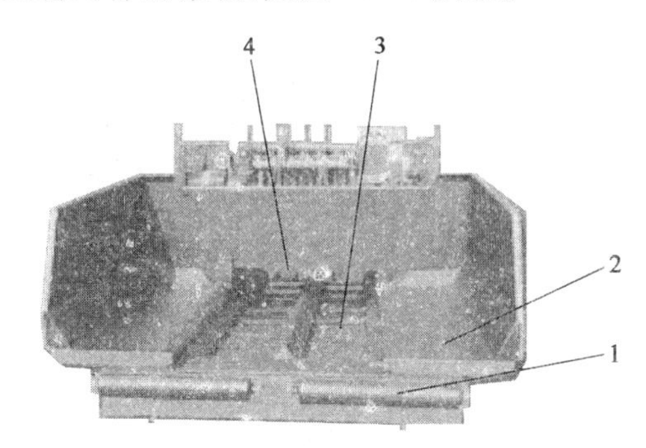

图13-28 推辊、料斗和刮板输送机图

1-推辊;2-料斗;3-刮板输送器;4-供料闸门

(2)料斗

料斗位于摊铺机的前端,用来接收自卸车卸下的混合料,如图13-26、图13-28所示。料斗由左右两扇活动的斗壁组成,斗壁的下端铰接在机体上,用两个液压缸控制其翻转。两扇活动斗壁放下时可以接收自卸车卸下的物料,上翻时可以将料斗内的混合料全部卸至刮板输送机。摊铺机运输过程中,收起料斗并固定,可以减小摊铺机的运输宽度,保证安全。

(3)刮板输送器

刮板输送器装在料斗底部。刮板输送器的作用是:将自卸车倒入摊铺机料斗内的混合料,输送至尾部摊铺室。

一般较大型的摊铺机都并排设两个刮板输送器。每个刮板输送器有左右两根同步运转的传动链,每隔数个链节用一条刮料板将左右链条连接。当链条运转时,刮板就将料斗中料运向摊铺室。采用液压传动系的摊铺机,两个刮板输链分别由两个变量马达和减速装置驱动。可以实现刮板输送器的无级调速,控制刮板输送机的速度,进一步控制混合料进入螺旋布料器的数量。

在许多摊铺机上,料斗的后方安装有供料闸门,一般以液压缸控制。改变闸门的开度,可以调节刮板输送器上料带的厚度,从而改变刮板输送器的生产率。

(4)螺旋摊铺器

螺旋摊铺器又称螺旋分料器,如图13-29、图13-30所示。它的作用是将刮板输送来的混合料分送到熨平板的前端。螺旋摊铺器一般分成左、右两根,各自独立驱动,螺旋方向相反,旋转方向相同,这样可将刮板输送器送来的料横向铺开。螺旋摊铺器的驱动一般为液压驱动(两液压马达分别驱动左、右螺旋摊铺器,可实现左、右螺旋分别运转或同时运转),无级变速,以适应摊铺宽度、速度和铺层厚度的要求。

螺旋摊铺器一般都装配在机架后壁下方,也可作垂直方向高低位置调整,以便根据不同摊铺厚度提供均匀的料流。

2. 工作装置

沥青混合料摊铺机的工作装置包括振捣装置和熨平装置以及相关的液压操纵回路。

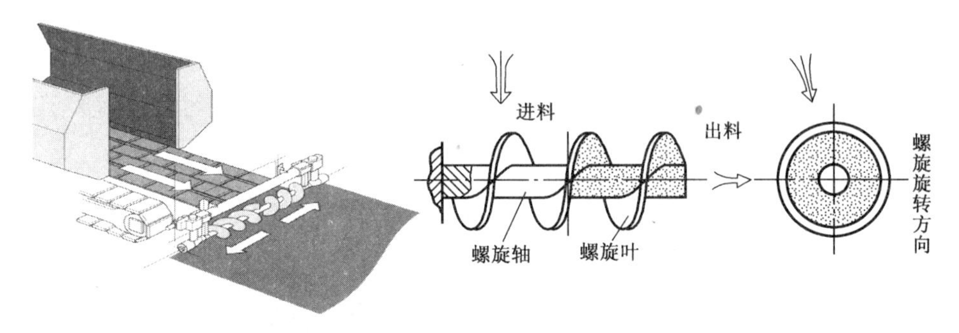

图 13-29 螺旋摊铺器工作示意图

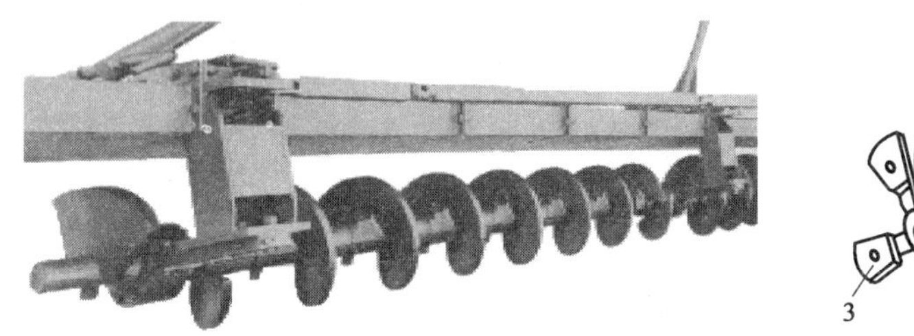

图 13-30 螺旋摊铺器

1-轴;2-可换叶片;3-螺旋叶桨

(1)振捣装置

振捣梁的作用是将横向铺开的料带进行初步捣实,将大集料压入铺层内部,如图 13-31 中 3。振捣装置布置在螺旋布料器之后、熨平板之前,由偏心轴和铰接在偏心轴上的振捣梁组成。通常将整套振捣装置简称振捣梁。

振捣以熨平装置为机架,以液压马达驱动偏心轴,梁被夹在熨平板前端板和挡料板之间。当偏心机构转动时,振捣梁只作上下往复运动。振捣梁的底部前沿切有斜面,当施工作业时,振捣梁对松散混合料的击实作用逐渐增强。为了保证铺层顺利进入熨平板下,机构设计时应保证振捣梁的下止点位置低于熨平板底面 3~4mm。

振捣梁有单振捣梁(见图 13-31)和双振捣梁(见图 13-32)两种结构形式。单振捣梁结构比较简单,但振捣的密实度较低。为了提高铺层密实度,有的摊铺机配备双振捣梁。双振捣梁不仅可以提高振捣密实度,还可有效弥补下承层不平整对面层的影响。

沥青混合料摊铺机的振捣梁频率可以进行调整。振捣梁的往复行程,可进行无级调整。根据摊铺路面的材料类型、摊铺厚度、摊铺温度、摊铺速度和密实度等,选择适当的振捣频率和振幅。

(2)熨平装置

熨平装置布置在振捣装置之后,它的主要作用是将前面螺旋布料器送来的混合料,按照要求的宽度、拱度和厚度,均匀地进行摊铺和熨平。同时,带有振动装置的熨平装置对铺层有较好的预压实作用。

熨平装置构造如图13-33所示。该装置主要由熨平板、拱度调节机构、加热装置组成，通过两侧大臂前端的连接销与机架铰接。熨平板的升降，由机架后端板上的两个提升液压缸控制。

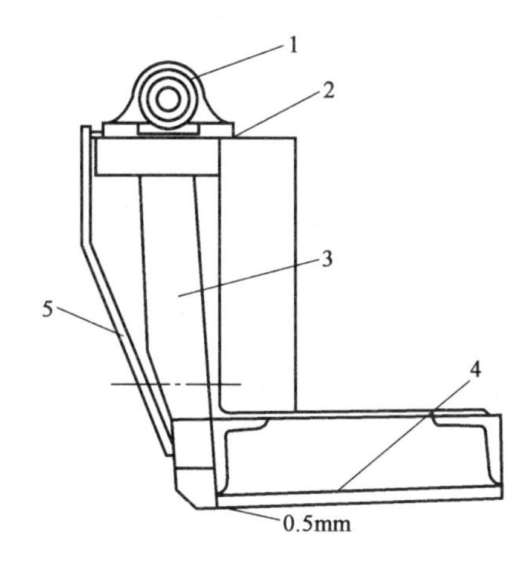

图13-31　单振捣梁-熨平板

1-偏心轴轴承座；2-调整垫片；3-振捣梁；4-熨平板；5-护板

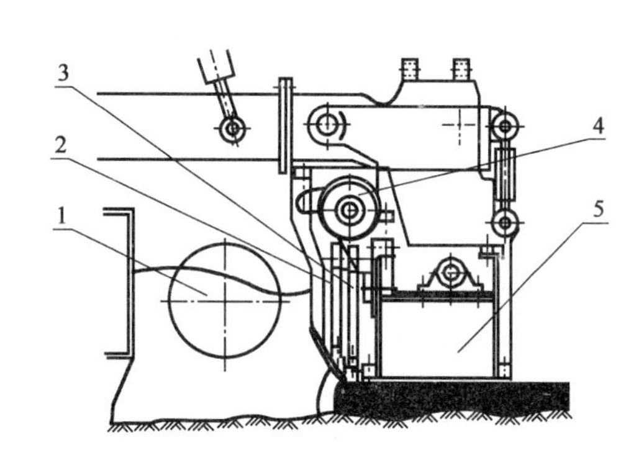

图13-32　双振捣梁-熨平板

1-主机；2-副振捣梁；3-主振捣梁；4-驱动轴；5-熨平板

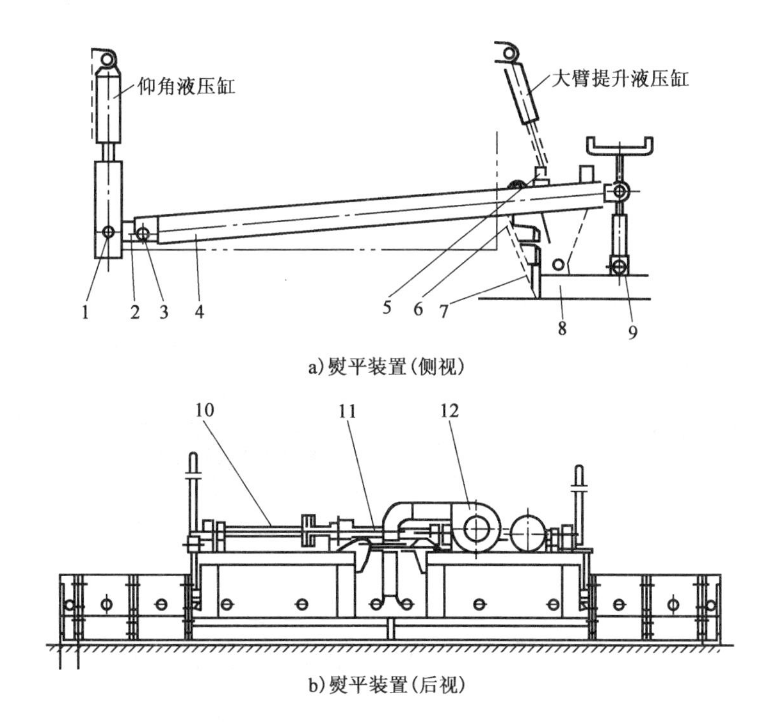

a）熨平装置（侧视）

b）熨平装置（后视）

图13-33　熨平装置

1-销；2-连接块；3-销子；4-大臂；5-固定架；6-护板；7-振捣梁；8-熨平板；9-厚度调节机构；10-偏心轴；11-调拱螺栓；12-加热系统

现代摊铺机熨平板提升液压回路一般设有液压防浮锁、液压防爬锁、液压平衡锁（简称“三锁”），以进一步提高沥青混凝土面层的摊铺质量，改善沥青混凝土摊铺机的工作性能。

摊铺机停机时，如果熨平板的提升液压缸仍为工作时的状态，熨平板由于自重将会有一定程度的下降，在重新起步工作后，熨平板的下方将会出现一个台阶，这将对沥青面层的摊铺质量带来一定程度的影响，有时这种影响通过碾压也不会消除。液压防浮锁的工作原理就是在熨平板提升液压缸的油路设里一套装置，当摊铺机停机时，能自动将熨平板提升液压缸锁死，使停机过程中熨平板高度固定在停机前瞬间的位置，防止出现熨平板沉降和由此而形成的台阶现象。

若摊铺机等料时间很长，会使熨平板前后的挡料板之间堆积的沥青料温度下降很快，尤其在气温较低的季节作业时更为明显。混合料温度下降，其流动性降低，对熨平板的支反力增加，从而使摊铺机重新起步后，熨平板将"上爬"，即使自动找平装置的调节非常有效，但由于要有一个延时和渐进的过程，不可避免地在熨平板后方留下一道横向的"鱼脊"，它对沥青面层带来的影响较之由于熨平板下沉而出现的台阶更大。液压防爬锁的工作原理就是对熨平板提升液压缸的油路设置另一套控制装置，当摊铺机由静止重新起步后，立即将熨平板提升液压缸锁死，使熨平板在数秒内高度固定在起步时的位置，以便将熨平板前后挡板间堆积的那部分"冷料"铺完而不致使熨平板出现"上爬"的现象，从而消除或减轻"鱼脊"的形成。

液压平衡锁的作用就是当行走系统附着状况恶化时，通过熨平板提升液压缸施加熨平板一个向上的提升力。这力将抵消熨平板的自重，进而有效地减少了滑动摩擦力，使机器前进时对牵引力的要求降低，改善了摊铺机的工作性能。除此之外，摊铺机还具有快速提升、快速卸载装置，以提高摊铺质量。

沥青混合料摊铺机的熨平板分为机械有级加长型和液压无级加长型（见图13-34）。机械有级加长型摊铺机有多个不同长度的熨平板。工作时需要根据路基的宽度，选择不同的熨平板进行组装。而液压无级加长型则可根据摊铺宽度加宽或变窄。

a）基本宽带

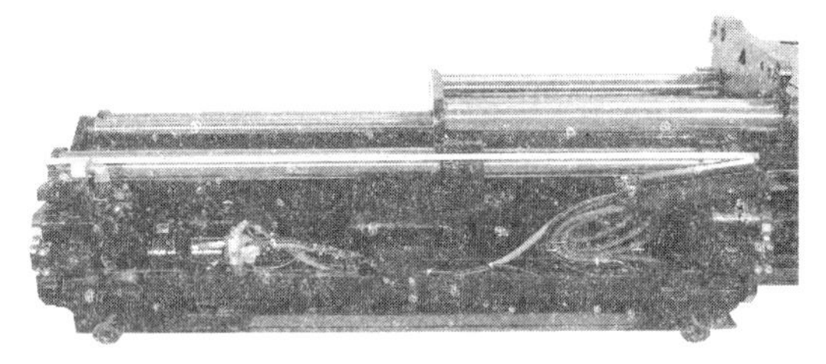

b）液压加宽

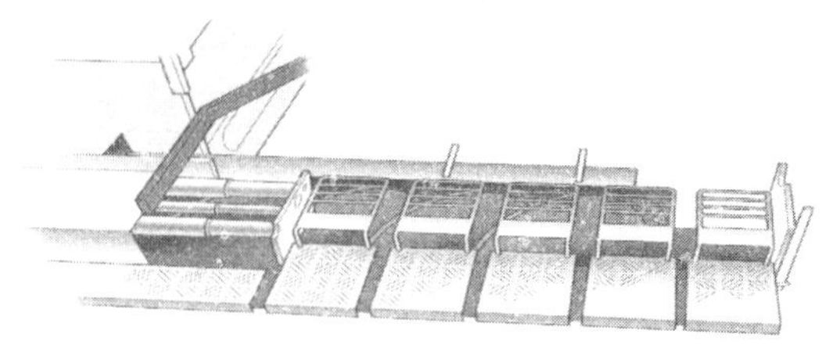

c）机械加宽

图13-34　熨平装置

无论是液压无级调整或是机械分段接长调整，熨平板必须左右对称。否则，由于，牵引负荷不平衡，影响摊铺机的直线行驶（特别在有横坡时），加剧行走机构的磨损和不必要的转向操

作，而且由于频繁转向，会导致摊铺层平整度降低。在不得已的情况下，可允许不对称，宽度不大于该机器的一个最小接件宽度尺寸。

振动熨平装置如图13-35所示。

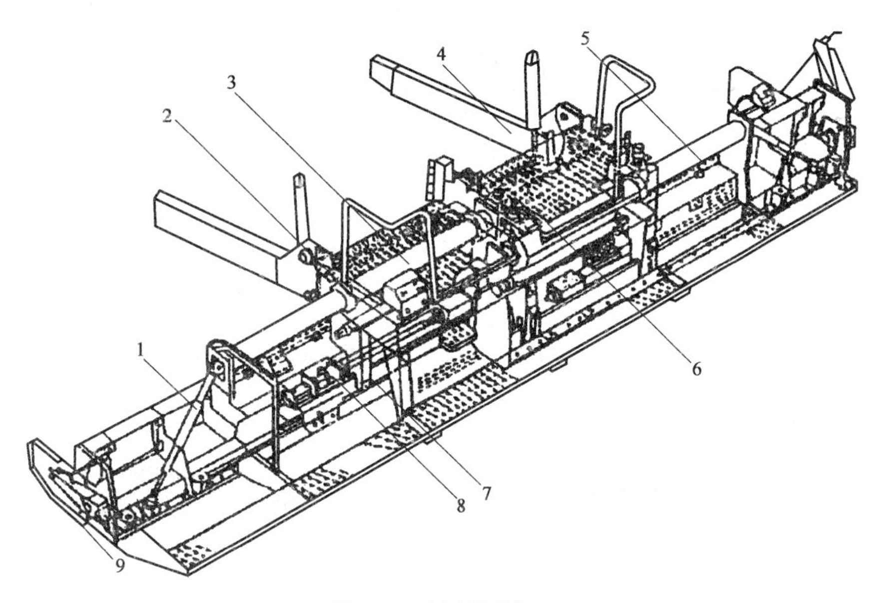

图13-35 振动熨平装置

1-附加熨平板支承杆；2-轴承；3-导管；4-调平臂；5-导管；6-路拱调节器；7-滑动导向瓦；8-振荡器马达；9-端板

熨平板自调平原理：

由于摊铺机的结构决定了熨平板自调平功能。其原理如下：如图13-36所示，当履带式摊铺机越过起伏变化的路基时，位于熨平板两侧的牵引大臂铰点抬升H距离。由于牵引臂长度L远大于熨平板长度L_1，当铰点上升H时，熨平板以其后边缘底角为支点向上仰起，熨平板前缘向上抬起高度h为

$$h=(L_1/L)H$$

当摊铺第二层时，熨平板前缘向上抬起高度h为

$$h=(L_1/L)^2H$$

当摊铺第三层时，熨平板前缘向上抬起高度h为

$$h=(L_1/L)^3H$$

由此可见路面平面度越来越小，实现了自找平特性。

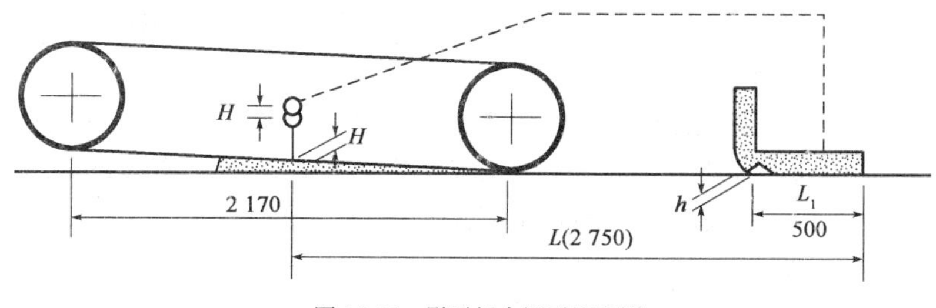

图13-36 熨平板自调平原理图

对于一定长度的熨平装置来说,其自找平效果的好坏,则取决于原有路基的坡长。坡长越短,效果越好;反之,坡长越长,效果越差。如坡长达到一定长度,则自找平功能完全丧失。

摊铺层厚度的调整原理:图13-37所示为调整摊铺层厚度的工作原理示意图。在熨平器后外端有左、右两个螺旋调节杆3,该两螺旋调节杆除了调整摊铺层的厚度外,还可配合调拱机构来调整摊铺层的横截面形状。螺杆的下端铰接在熨平器的左、右后端部,杆身装在工作架上,转动手把或手轮可使熨平器的后端升降,从而改变它对水平面的纵向夹角。如果螺杆固定,将牵引点1上下调节同样可改变熨平板对水平面的纵向夹角。

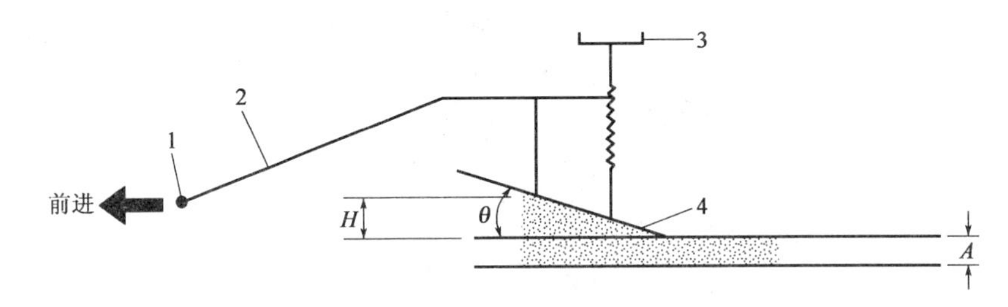

图13-37 摊铺层厚度调整的工作原理示意图

摊铺机在工作过程中,熨平器是浮动在摊铺面上的,其底座-熨平板将整个振捣熨平设备的质量传于摊铺层,并在其上面被拖着向前滑移。为了减小熨平底座的前移阻力,一般它与水平面具有一个微小的仰角θ(为15°~40°)。

假使仰角θ增大,则所铺料对熨平底座的抬升力增大。于是整个熨平器就绕侧臂的前枢铰而被抬升起来,直到它传递的质量与这个抬升力在较高的位置上达到平衡为止。因此,在此过程中,随着熨平器的升起,底座的仰角口将会逐渐减小,从而使料层对它的前移阻力也随之减小,终至达到与所传递的质量相平衡。此时,摊铺层厚度就增加了。反之,如果仰角θ减小,甚至成为俯角,根据类似原理,摊铺层厚度A将随之减小。

这种调整摊铺层厚度的工作是由人工根据路面的状况来调整的,只能作粗调整,校正路基或底层的过大平整度。为了使摊铺层平整,必须随时对路基或底层的不平整度做出准确的校正。这项工作是依靠自动校平装置来完成的。

3.自动找平装置

为了提高路面的平整度和精确的横截面形状,在摊铺机上另外装设一个纵坡调节、一个横坡调节自控系统,它们的功能远远超过机械本身的找平能力,可使路面的质量符合规定要求。

图13-38所示为Vögele公司Super系列沥青混合料摊铺机比例脉冲式自动调平装置布置图。路面的不平整度由纵坡传感器16和横坡传感器11来检测。

纵坡的设计值是预先选定的。纵坡传感器的"触头"可以是弓式滑橇,它与基准成45°角安置。此角可通过活塞杆和枢铰臂17来调整。

横坡的要求值是由远程控制器9来预定的。纵坡、横坡两传感器将所检测出的实际值输送给控制系统6,在控制系统比较检测到的实际值与预定值之间的偏差,发指令给脉动的电磁阀3,使提升液压缸1一端进油,另一端回油,从而驱使牵引点做相应的升降,修正了偏差。保持熨平板在原有水平位置。

(1)挂线调平系统

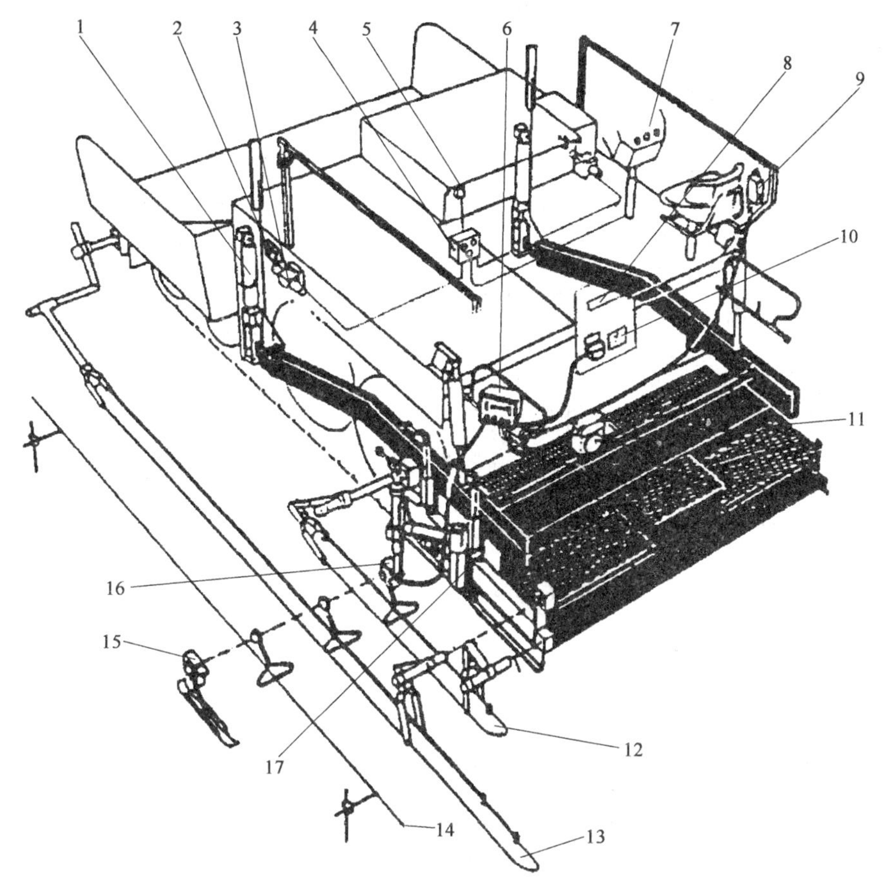

图 13-38 沥青混合料摊铺机比例脉冲式自动调平装置

液压系统：1-提升油缸；2-液压锁；3-电磁阀；8-压力表

电气与电子部分：4-分配箱；5-熔断丝箱；6-控制系统；7-开关（手动/自控）；9-远程控制器；10-连接自动调平装置的插座；11-横坡传感器；15-带滑橇的纵坡调平传感；16-带弓的纵坡调平传感器

基准参考部分：12-2m 长的平均梁；13-7m 长的平均梁；14-带桩柱的张紧装置基准线

机械部分：17-垂直调整的活塞杆和枢铰臂

该系统的基准是固定的，是沥青摊铺机最早使用的一种调平形式。挂线调平系统由挂线、触臂、纵坡传感器、横坡传感器，控制器等组成。触臂以一定的角度（一般为 45°）搭置在挂线基准上，当摊铺机遇到不平整度发生升降时会改变触臂的搭置角度，从而使传感器感知位置的变化。这种方式采用直径为 2.0～2.5mm 的钢丝绳，200m 为一段，立杆间距 10m，张紧力需在 800～1 000kN 之间。工作原理如图 13-39 所示。挂线调平系统是通过控制待铺层面与基准线之间的高程差 ΔH 来控制待铺层面的平整度、厚度和高程等技术指标的。当摊铺机在行进的过程中遇到一个向下凹陷或向上凸起的不平整度 ΔH 时，会引起牵引臂相对基准上下运动，纵向传感器通过触臂探测到牵引臂的升降并把信号反馈给调平控制器，控制器根据偏差信号的大小向摊铺机大臂升降液压缸的电磁控制阀发出升或降的信号，调整熨平板牵引点的高度，使熨平板的牵引 γ 角增大或减小，熨平板上受力平衡被破坏，由于熨平板处于浮动状态，为使所受力系重新达到平衡状态，熨平板会自动调整牵引角 γ，使其减小或增大，熨平板的工作

仰角 α 随之减小或增大,直至力系达到新的平衡,铺层的厚度相应地得到增加或减小,从而保证铺层的平整度。

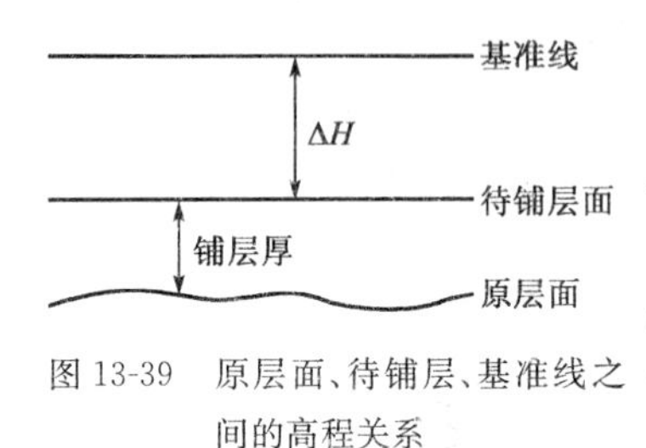

图 13-39　原层面、待铺层、基准线之间的高程关系

(2)平衡梁调平系统

这种调平基准属于浮动的基准,随着摊铺机的行走,调平基准也在移动。平衡梁由前、后平梁均组成,分别位于摊铺机的前面和后面,在基准面和摊铺面上滑行。前后平衡梁的结构一致,如图 13-40 所示。单片平梁均主要由四个部分组成:前着地部分、后着地部分、前后的连接横梁和牵引横架。前三个部分中各结点均采用可任意旋转的轴连接。一般前着地部分由八组滑靴组成,浮动梁通过弹簧支承在滑靴上,可上下浮动。

平衡梁的工作原理:

①前、后平衡梁分别将各个滑靴下的高度平均后输出,是旧路基和新路面的平均信号,控制摊铺层的平整度。

②前、后平衡梁输出的平均信号相互叠加后作用在角位移传感器上,又是前、后平均高差的比较信号,从而可以控制摊铺层的平均厚度。

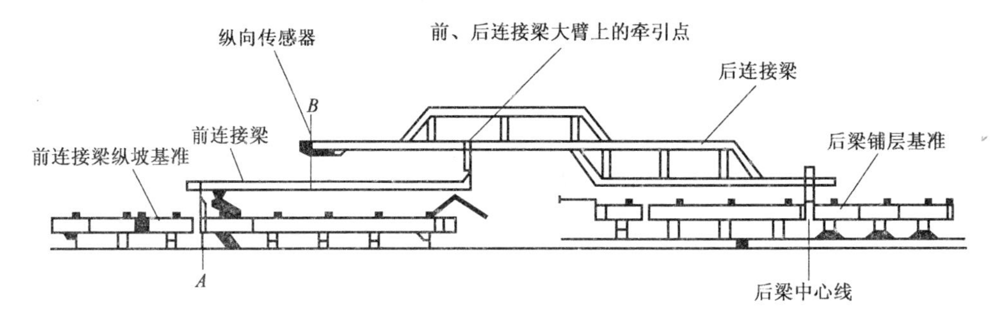

图 13-40　平衡梁的结构特点及工作原理

由于平衡梁系统调平的基准实际是较大范围基准面平整度的一个平均值,这就能够避免局部较小的不平度对调平系统的影响;同时在遇到整体较大的不平度时可以得到平滑过渡,从而减少基准面对铺层的平整度传递,得到良好的铺层平整度。因此,平衡梁调平系统多用于高等级公路中上面层的摊铺中。

(3)多声呐非接触式平衡梁(SAS 系统)调平系统

该系统由声呐追踪器和控制盒、平衡杆组成。一根平衡杆上装有四个声呐追踪器,声呐追踪器以地面为基准,每个探头每秒发射 39 次声脉,精确测出距离平均值,再通过传感器指挥机械本身的液压浮动装置来控制升降高度,以达到更好的光滑平整的摊铺效果。工作中声呐追踪器(为一个高程控制传感器)发射高频声脉冲,并测出从物理参照物(如地面)反射回来的回脉之时间,然后发出信息给控制盒,控制盒检测此信息并控制升降液压缸以维护适当的面层厚度,以达到平整的摊铺效果。

(4)激光调平系统

激光调平系统是利用激光扫描器采集一定长度范围内基准面的高低变化,经过过滤、平均,获得采集范围内基准面平均高度作为调平系统的虚拟基准。激光调平系统由数字控制器

和激光探测元件构成。数字控制器的安装位置可以根据摊铺机操作手习惯选择。激光探测元件是激光扫描器,它既是激光发射器,也是激光接收器,其安装位置灵活,在高等级路面施工中一般安装在熨平板大臂上,位于螺旋分料器的前方。它可以发射一组多达150束密集激光束构成一个激光扫描面,相邻的光束之间相隔1°,形成150个探点,如图13-41所示。

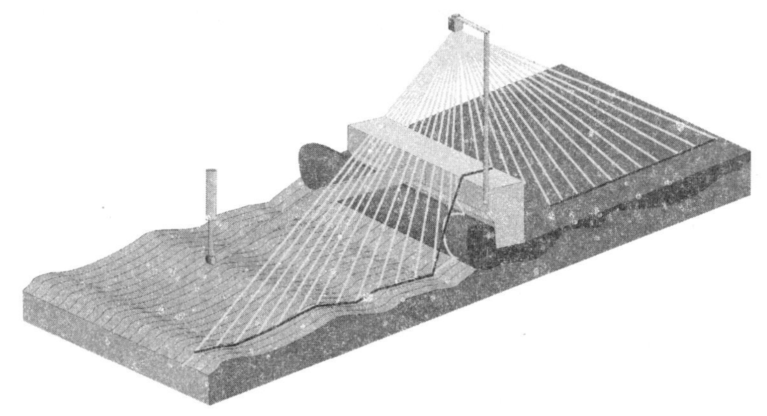

图13-41 激光纵向扫描示意图

激光调平系统的工作原理如图13-42所示,光波接触地面后的反射波B进入扫描器内的反射器,子系统测量从发射激光波到接受反射波所经历的时间周期为激光以恒定的速度传播,通过该时间周期可以计算激光波运行的距离,所用时间越长,距离越长。自激光扫描器的数据由RSS计算机进行分析处理。首先要过滤扫描范围内的超大物体,例如人和机器部件(如熨平板)等。位于扫描器下方且在平均线上的点即为控制摊铺机工作的参考点,如图13-43所示。

图13-42 激光调平系统的工作原理图

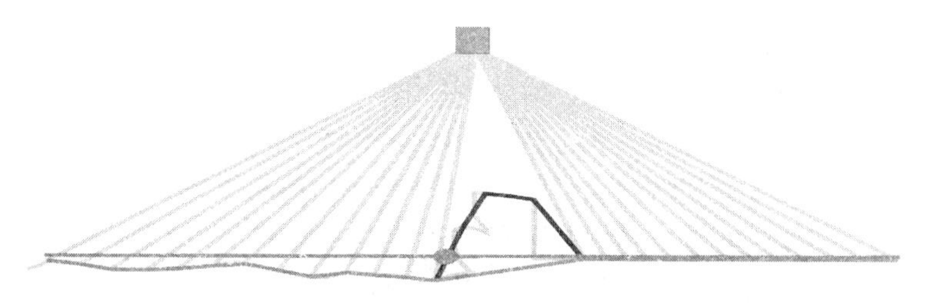

图13-43 激光扫描滤波和平均基准选择示意图

激光调平系统最突出的特点是采用激光作为探测距离的介质,由于激光在空气中传播速度恒定不变,不需要对介质的传播速度进行定值检测校正,所以该系统测距精确,计算过程简单,易于保证计算精度,从而使获得的虚拟基准更加准确,且受环境因素的影响较小。另外,激光扫描器可以发射密集的激光束对基准面进行大范围的扫描,并且扫描过程是随摊铺机作业连续进行的,使数字控制系统对基准面的变化具有更早的预知性和更平缓、更稳定的过滤作用,进而获得良好的铺层平整度。由于扫描长度可调,施工时可以根据现场情况设定扫描长度。例如,在平直路段上采用较长的扫描长度可以在更大范围内扫描探测、采集基准面高程数据,并获得更好的长距离平均效果和路面平整度;在横向弯道或纵向坡道上施工时,可以根据弯道和坡道的缓急程度采用相应较短的扫描长度,这样可以准确地跟踪横向超高或纵向高程的连续变化,从而获得连续平整的弯道、坡通、匝道等。由于系统是通过激光进行扫描,在能见度很低的情况下会严重影响激光的传输,而影响系统的调平效果。另外,系统对摊铺现场管理要求较高,如果在扫描范围内出现过多的杂物或人员流动,这也会影响到激光的传输而使系统工作不稳定,影响调平精度。

(5)几种找平方式的比较

①挂线调平方式。其特点是结构简单,线性度好,工作温度范围宽,可靠性高,使用寿命长,价格低廉。由于这种找平方式能较为准确地控高程,目前在路面基层稳定材料摊铺时,仍不失为一种有效的找平方式。在面层沥青料摊铺时,会暴露出由于人为架线误差,支架间距不均,牢固度不易控制,刚线张紧力不足等缺点而影响找平基准精度,加上传感器在基准线上滑动时容易产生振动,系统本身不具备基本的信息过渡功能,既不能保证较好的保证高程精度,也不能保证较好的平整度。因此在高等级公路沥青面层施工中已较少采用。

②平衡梁调平方式。这是目前沥青面层施工中普遍采用的一种找平方式。由于这种移动式基准的参考范围大,且采样点较多,所以具有高效的滤波功能,可缓慢改变铺层厚度,起到调平作用。这种找平方式较之于钢丝线为基准的找平方式,使沥青面层的摊铺平整度,尤其是摊铺直线路段时的平整度得到了较大的改善,但也暴露出如下不足:结构件过于庞大,难以保管,且运输费用高;黏附现象严重,清理困难;机械损坏率高;需要人工精细保修,工作烦琐;小弯道摊铺时易损坏梁架,且难保证摊铺平整度。

③多声呐非接触式平衡梁(SAS 系统)调平方式。这种找平方式属于非接触式移动基准。它除具备机械式平衡梁的使用性能,还具有如下显著特点:数字控制,精确度高;非接触、无黏结、不必清洁,结构紧凑,使用方便;摊铺机可随意前进、后退,压路机可及时碾压铺层,保证碾压温度和密度;用于匝道、边坡、桥梁及特殊路面的摊铺找平效果及方便性尤为突出;起步、收尾、接缝处理良好;由于声呐距地较近(50cm),挥发物易凝附于声呐发射上面和摊铺混合料上方的空气温度的变化,都会影响声呐传感器正常工作情况。

④激光调平方式(RSS 系统)。由于 RSS 系统使用了大范围的多点测量和计算机信息处理技术,使平均过滤功能更为明显。而且,RSS 的无效物体识别功能彻底消除了找平调节液压缸的误动作,因此其摊铺质量较之于以往各种找平方式具有更好的效果。RSS 的测量长度通常为 16m,当测量长度调到 30m 时,其测量精度会进一步提高。扫描长度和测量点的可设定,使得摊铺机在小弯道施工和桥面铺装等复杂工况作业时,摊铺更为方便,精度更易掌握,适应范围更为广泛。

较之机械平衡梁和多声呐非接触式平衡梁,RSS 系统使用时无磨损、易拆装、不易损坏、精度高、操作方便。适合与多种品牌、型号的摊铺机配套,也可与路面铣刨机配套。现有摊铺

机加装该系统后不影响原有找平系统的使用。

三、沥青混合料摊铺机生产率计算：

沥青混合料摊铺机的生产率是以每小时摊铺的沥青混合料质量来计算的，计算公式如下

$$Q = \rho bvh \tag{13-9}$$

式中：b——摊铺带的宽度，m；

h——摊铺层的厚度，m；

v——摊铺机的行驶速度，m/h；

ρ——沥青混合料的密度，kg/m^3。

13-5 施工前准备工作

施工前的准备工作主要有确定料源及进场材料的质量检验、施工机具检查、修筑试验路段等项工作。

一、确定料源及进场材料的质量检验

沥青路面使用的各种材料运至现场后必须取样进行质量检验，经评定合格后方可使用，不得以供应商提供的检测报告或商检报告代替现场检测。

沥青路面集料的选择必须经过认真的料源调查，确定料源应尽可能就地取材。质量符合使用要求。集料粒径规格以方孔筛为准。不同料源、品种、规格的集料不得混杂堆放。

（一）沥青

1. 道路石油沥青

各个沥青等级的适用范围应符合表13-4的规定。道路石油沥青的质量应符合表13-5规定的技术要求。经建设单位同意，沥青的PI值、60℃动力黏度，10℃延度可作为选择性指标。

道路石油沥青的适用范围 表13-4

沥青等级	适用范围
A级沥青	各个等级的公路，适用于任何场合和层次
B级沥青	1. 高速公路、一级公路沥青下面层及以下的层次，二级及二级以下公路的各个层次； 2. 用作改性沥青、乳化沥青、改性乳化沥青、稀释沥青的基质沥青
C级沥青	三级及三级以下公路的各个层次

沥青路面采用的沥青标号，宜按照公路等级、气候条件、交通条件、路面类型及在结构层中的层位及受力特点、施工方法等，结合当地的使用经验，经技术论证后确定。

（1）对高速公路、一级公路，夏季温度高、高温持续时间长、重载交通、山区及丘陵区上坡路段、服务区、停车场等行车速度慢的路段，尤其是汽车荷载剪应力大的层次，宜采稠度大、60℃黏度大的沥青，也可提高高温气候分区的温度水平选用沥青等级；对冬季寒冷的地区或交通量小的公路、旅游公路宜选用稠度小、低温延度大的沥青；对温度日温差、年温差大的地区宜注意

道路石油沥青技术要求

表 13-5

指标	单位	等级	沥青标号																	试验方法[1]
			160号[4]	130号[4]	110号			90号					70号[3]					50号[3]	30号[4]	
针入度(25℃,5s,100g)	0.1mm		140~200	120~140	100~120			80~100					60~80					40~60	20~40	T 0604
适用的气候分区[6]			注[4]	注[4]	2-1	2-2	3-2	1-1	1-2	1-3	2-2	2-3	1-3	1-4	2-2	2-3	2-4	1-4	注[4]	附录A[6]
针入度指数PI[2]		A	−1.5~+1.0																	T 0604
		B	−1.8~+1.0																	
软化点(R&B),不小于	℃	A	38	40	43			45			44		46		45			49	55	T 0606
		B	36	39	42			43			42		44		43			46	53	
		C	35	37	41			42					43					45	50	
60℃动力黏度[2],不小于	Pa·s	A	—	60	120			160			140		180		160			200	260	T 0620
10℃延度[2],不小于	cm	A	50	50	40			45	30	20	30	20	20	15	25	20	15	15	10	T 0605
		B	30	30	30			30	20	15	20	15	15	10	20	15	10	10	8	
15℃延度,不小于	cm	A,B	100															80	50	
		C	80	80	60			50					40					30	20	
蜡含量(蒸馏法),不大于	%	A	2.2																	T 0615
		B	3.0																	
		C	4.5																	

续上表

指标	单位	等级	沥青标号							试验方法[1]
			160号[4]	130号[4]	110号	90号	70号[3]	50号[3]	30号[4]	
闪点,不小于	℃		230			245	260			T 0611
溶解度,不小于	%		99.5							T 0607
密度(15℃)	g/cm³		实测记录							T 0603
TFOT(或RTFOT)后[5]										T 0610或T 0609
质量变化,不大于	%		±0.8							
残留针入度比(25℃),不小于	%	A	48	54	55	57	61	63	65	T 0604
		B	45	50	52	54	58	60	62	
		C	40	45	48	50	54	58	60	
残留延度(10℃),不小于	cm	A	12	12	10	8	6	4	—	T 0605
		B	10	10	8	6	4	2	—	
残留延度(15℃),不小于	cm	C	40	35	30	20	15	10	—	T 0605

注:1. 试验方法按照现行《公路工程沥青及沥青混合料试验规程》(JTG E20—2011)规定的方法执行。

2. 经建设单位同意,表中PI值、60℃动力黏度,10℃延度可作为选择性指标,也可不作为施工质量检验指标。

3. 70号沥青可根据需要要求供应商提供针入度范围为60～70或70～80的沥青,50号沥青可要求提供针入度范围为40～50或50～60的沥青。

4. 30号沥青仅适用于沥青稳定基层。130号和160号沥青除寒冷地区可直接在中低级公路上直接应用外,通常用作乳化沥青、稀释沥青、改性沥青的基质沥青。

5. 老化试验以TFOT为准,也可以RTFOI代替。

选用针入度指数大的沥青。当高温要求与低温要求发生矛盾时应优先考虑满足高温性能的要求。

(2)当缺乏所需标号的沥青时，可采用不同标号掺配的调和沥青，其掺配比例由试验决定。掺配后的沥青质量应符合表 13-5 的要求。

(3)沥青必须按品种、标号分开存放。除长期不使用的沥青可放在自然温度下存储外，沥青在储罐中的储存温度不宜低于 130℃，并不得高于 170℃。桶装沥青应直立堆放，加盖苫布。

(4)道路石油沥青在储运、使用及存放过程中应有良好的防水措施，避免雨水或加热管道蒸气进人沥青中。

2. 乳化沥青

乳化沥青适用于沥青表面处治路面、沥青贯入式路面、冷拌沥青混合料路面，修补裂缝，洒布透层、黏层与封层等。乳化沥青的品种和适用范围宜符合表 13-6 的规定。

乳化沥青品种及适用范围　　表 13-6

分类	品种及代号	适用范围
阳离子乳化沥青	PC-1	表处、贯入式路面及下封层用
	PC-2	透层油及基层养生用
	PC-3	黏层油用
	BC-1	稀浆封层或冷拌沥青混合料用
阴离子乳化沥青	PA-1	表处、贯入式路面及下封层用
	PA-2	透层油及基层养生用
	PA-3	黏层油用
	BA-1	稀浆封层或冷拌沥青混合料用
非离子乳化沥青	PN-2	透层油用
	BN-1	与水泥稳定集料同时使用(基层路拌或再生)

乳化沥青的质量应符合表 13-7 的规定。在高温条件下宜采用黏度较大的乳化沥青，寒冷条件下宜使用黏度较小的乳化沥青。其类型根据集料品种及使用条件选择。阳离子乳化沥青可适用于各种集料品种；阴离子乳化沥青适用于碱性石料。乳化沥青的破乳速度、黏度宜根据用途与施工方法选择。

制备乳化沥青用的基质沥青，对高速公路和一级公路，宜符合表 13-5 道路石油沥青 A、B 级沥青的要求，其他情况可采用 C 级沥青。

3. 液体石油沥青

液体石油沥青适用于透层、黏层及拌制冷拌沥青混合料。根据使用目的与场所，可选用快凝、中凝、慢凝的液体石油沥青，其质量应符合表 13-8 的规定。

液体石油沥青宜采用针入度较大的石油沥青，使用前按先加热沥青后加稀释剂的顺序，掺配煤油或轻柴油，经适当的搅拌、稀释制成。掺配比例根据使用要求由试验确定。

液体石油沥青在制作、储存、使用的全过程中，必须通风良好，并有专人负责，确保安全。基质沥青的加热温度严禁超过 140℃，液体沥青的储存温度不得高于 50℃。

道路用乳化沥青技术要求 表 13-7

试验项目		单位	品种及代号										试验方法
			阳离子				阴离子				非离子		
			喷洒用			拌和用	喷洒用			拌和用	喷洒用	拌和用	
			PC-1	PC-2	PC-3	BC-1	PA-1	PA-2	PA-3	BA-1	PN-2	BN-1	
破乳速度			快裂	慢裂	快裂或中裂	慢裂或中裂	快裂	慢裂	快裂或中裂	慢裂或中裂	慢裂	慢裂	T 0658
粒子电荷			阳离子(+)				阴离子(—)				非离子		T 0653
筛上残留物(1.18mm筛),不大于		%	0.1				0.1				0.1		T 0652
黏度	恩格拉黏度计 E_{25}		2～10	1～6	1～6	2～30	2～10	1～6	1～6	2～30	1～6	2～30	T 0622
	道路标准黏度计 $C_{25.3}$	s	10～25	8～20	8～20	10～60	10～25	8～20	8～20	10～60	8～20	10～60	T 0621
蒸发残留物	残留分含量,不小于	%	50	50	50	55	50	50	50	55	50	55	T 0651
	溶解度,不小于	%	97.5				97.5				97.5		T 0607
	针入度(25℃)	0.1mm	50～200	50～300	45～150		50～200	50～300	45～150		50～300	60～300	T 0604
	延度(15℃),不小于	cm	40				40				40		T 0605
与粗集料的黏附性,裹覆面积,不小于			2/3			—	2/3			—	2/3	—	T 0654
与粗、细粒式集料拌和试验			—			均匀	—			均匀			T 0659
水泥拌和试验的筛上剩余,不大于		%	—				—				—	3	T 0657
常温储存稳定性: 1d,不大于 5d,不大于		%	1 5				1 5				1 5		T 0655

注:1. P为喷洒型,B为拌和型,C、A、N分别表示阳离子、阴离子、非离子乳化沥青。

2. 黏度可选用恩格拉黏度计或沥青标准黏度计之一测定。

3. 表中的破乳速度与集料的黏附性、拌和试验的要求、所使用的石料品种有关,质量检验时应采用工程上实际的石料进行试验,仅进行乳化沥青产品质量评定时可不要求此三项指标。

4. 储存稳定性根据施工实际情况选用试验时间,通常采用5d,乳液生产后能在当天使用时也可用1d的稳定性。

5. 当乳化沥青需要在低温冰冻条件下储存或使用时,尚需按T 0656进行－5℃低温储存稳定性试验,要求没有粗颗粒、不结块。

6. 如果乳化沥青是将高质量分数产品运到现场经稀释后使用时,表中的蒸发残留物等各项指标指稀释前乳化沥青的要求。

4. 改性沥青

改性沥青可单独或复合采用高分子聚合物、天然沥青及其他改性材料制作而成。

各类聚合物改性沥青的质量应符合表13-9的技术要求,当使用表列以外的聚合物及复合改性沥青时,可通过试验研究制订相应的技术要求。

道路用液体石油沥青技术要求 表13-8

试验项目		单位	快凝		中凝						慢凝						试验方法[1]
			AL(R)-1	AL(R)-2	AL(M)-1	AL(M)-2	AL(M)-3	AL(M)-4	AL(M)-5	AL(M)-6	AL(S)-1	AL(S)-2	AL(S)-3	AL(S)-4	AL(S)-5	AL(S)-6	
黏度	$C_{25.5}$	s	<20	—	<20	—	—	—	—	—	<20	—	—	—	—	—	T 0621
	$C_{60.5}$	s	—	5~15	—	5~15	16~25	26~40	41~100	101~200	—	5~15	16~25	26~40	41~100	101~200	
蒸馏体积	225℃前	%	>20	>15	<10	<7	<3	<2	0	0	—	—	—	—	—	—	T 0632
	315℃前	%	>35	>30	<35	<25	<17	<14	<8	<5	—	—	—	—	—	—	
	360℃前	%	>45	>35	<50	<35	<30	<25	<20	<15	<40	<35	<25	<20	<15	<5	
蒸馏后残留物	针入度(25℃)	0.1mm	60~200	60~200	100~300	100~300	100~300	100~300	100~300	100~300	—	—	—	—	—	—	T 0604
	延度(25℃)	cm	>60	>60	>60	>60	>60	>60	>60	>60	—	—	—	—	—	—	T 0605
	浮漂度(5℃)	s	—	—	—	—	—	—	—	—	<20	>20	>30	>40	>45	>50	T 0631
闪点(TOC法)		℃	>30	>30	>65	>65	>65	>65	>65	>65	>70	>70	>100	>100	>120	>120	T 0633
含水率,不大于		%	0.2	0.2	0.2	0.2	0.2	0.2	0.2	0.2	2.0	2.0	2.0	2.0	2.0	2.0	T 0612

聚合物改性沥青技术要求 表13-9

指标	单位	SBS类(I类)				SBR类(II类)			EVA、PE类(III类)				试验方法
		I-A	I-B	I-C	I-D	II-A	II-B	II-C	III-A	III-B	III-C	III-D	
针入度(25℃,100g,5s)	0.1mm	>100	80~100	60~80	40~60	>100	80~100	60~80	>80	60~80	40~60	30~40	T 0604
针入度指数PI,不小于		-1.2	-0.8	-0.4	0	-1.0	-0.8	-0.6	-1.0	-0.8	-0.6	-0.4	T 0604
延度(5℃,5cm/min),不小于	cm	50	40	30	20	60	50	40	—				T 0605
软化点 $T_{R\&B}$,不小于	℃	45	50	55	60	45	48	50	48	52	56	60	T 0606
运动黏度[1](135℃),不大于	Pa·s	3											T 0625 T 0619
闪点,不小于	℃	230				230			230				T 0611
溶解度,不小于	%	99				99			—				T 0607
弹性恢复(25℃),不小于	%	55	60	65	75	—			—				T 0662
黏韧性,不小于	N·m	—				5			—				T 0624
韧性,不小于	N·m	—				2.5			—				T 0624
储存稳定性[2]离析,48h软化点差,不大于	℃	2.5				—			无改性剂明显析出、凝聚				T 0661
TFOT(或RTFOT)后残留物													
质量变化,不大于	%	±1.0											T 0610或T 0609
针入度比(25℃),不小于	%	50	55	60	65	50	55	60	50	55	58	60	T 0604
延度(5℃),不小于	cm	30	25	20	15	30	20	10	—				T 0605

注:1. 表中135℃运动黏度可采用《公路工程沥青及沥青混合料试验规程》(JTG E20—2011)中的"沥青布氏旋转黏度试验方法(布洛克菲尔德黏度计法)"进行侧定。若在不改变改性沥青物理力学性质并符合安全条件的温度下易于泵送和拌和,或经证明适当提高泵送和拌和温度时能保证改性沥青的质量,容易施工,可不要求测定。

2. 储存稳定性指标适用于工厂生产的成品改性沥青。现场制作的改性沥青对贮存稳定性指标可不作要求,但必须在制作后,保持不间断的搅拌或泵送循环,保证使用前没有明显的离析。

改性沥青宜在固定式工厂或在现场设厂集中制作，也可在拌和厂现场边制造边使用，改性沥青的加工温度不宜超过180℃。胶乳类改性剂和制成颗粒的改性剂可直接投入搅拌缸中生产改性沥青混合料。现场制造的改性沥青宜随配随用，需作短时间保存，或运送到附近的工地时，使用前必须搅拌均匀，在不发生离析的状态下使用。改性沥青制作设备必须设有随机采集样品的取样口，采集的试样宜立即在现场灌模。

工厂制作的成品改性沥青到达施工现场后存贮在改性沥青罐中，改性沥青罐中必须加设搅拌设备并进行搅拌，使用前改性沥青必须搅拌均匀。在施工过程中应定期取样检验产品质量，发现离析等质量不符要求的改性沥青不得使用。

5. 改性乳化沥青

改性乳化沥青宜按表13-10选用，质量应符合表13-11的技术要求。

改性乳化沥青品种及适用范围 表13-10

品种		代号	适用范围
改性乳化沥青	喷洒型改性乳化沥青	PCR	黏层、封层、桥面防水黏结层用
	拌和用乳化沥青	BCR	改性稀浆封层和微表处用

改性乳化沥青技术要求 表13-11

试验项目		单位	品种及代号		试验方法
			PCR	BCR	
破乳速度		—	快裂或中裂	慢裂	T 0658
粒子电荷		—	阳离子(+)	阳离子(+)	T 0653
筛上剩余量(1.18mm)，不大于		%	0.1	0.1	T 0652
黏度	恩格拉黏度 E_{25}	—	1～10	3～30	T 0622
	沥青标准黏度 $C_{25.3}$	s	8～25	12～60	T0621
蒸发残留物	含量，不小于	%	50	60	T 0651
	针入度(100g，25℃，5s)	0.1mm	40～120	40～100	T 0604
	软化点，不小于	℃	50	53	T 0606
	延度(5℃)，不小于	cm	20	20	T 0605
	溶解度(三氯乙烯)，不小于	%	97.5	97.5	T 0607
与矿料的黏附性，裹覆面积，不小于		—	2/3	—	T 0654
储存稳定性	1d，不大于	%	1	1	T 0655
	5d，不大于	%	5	5	T 0655

注：1. 破乳速度与集料黏附性、拌和试验、所使用的石料品种有关。工程上施工质量检验时应采用实际的石料试验，仅进行产品质量评定时可不对这些指标提出要求。

2. 当用于填补车辙时，BCR蒸发残留物的软化点宜提高至不低于55℃。

3. 储存稳定性根据施工实际情况选择试验天数，通常采用5d，乳液生产后能在第二天使用完时也可选用1d。个别情况下改性乳化沥青5d的储存稳定性难以满足要求，如果经搅拌后能够达到均匀一致并不影响正常使用，此时要求改性乳化沥青运至工地后存放在附有搅拌装置的储存罐内，并不断地进行搅拌，否则不得使用。

4. 当改性乳化沥青或特种改性乳化沥青需要在低温冰冻条件下储存或使用时，尚需按T 0656进行－5℃低温储存稳定性试验，要求没有粗颗粒、不结块。

(二)矿料

沥青混合料用矿料包括粗集料、细集料、填料等。

矿料的准备应符合下列要求：

(1)不同规格的矿料应分别堆放，不得混杂，在有条件时宜加盖防雨顶棚。

(2)各种规格的矿料到达工地后，对其强度、形状、尺寸、级配、清洁度、潮湿度等进行检查。如尺寸不符合规定要求时，应重新过筛，若有污染时，应用水冲洗干净，待干燥后方可使用。

碎石受石料本身结构与加工设备的影响较大，应先试轧，检验其有关指标，以防止不合格材料入场。

细集料的质量是确定料场的重要条件。进场的砂、石屑及矿粉应满足规定的质量要求。

1. 粗集料

粗集料包括碎石、破碎砾石、筛选砾石、钢渣、矿渣等，但高速公路和一级公路不得使用筛选砾石和矿渣。粗集料必须由具有生产许可证的采石场生产或施工单位自行加工。

(1)粗集料应该洁净、干燥、表面粗糙，质量应符合表13-12的规定。当单一规格集料的质量指标达不到表中要求，而按照集料配合比计算的质量指标符合要求时，工程上允许使用。对受热易变质的集料，宜采用经拌和机烘干后的集料进行检验。

沥青混合料用粗集料质量技术要求　　表13-12

指　　标	单位	高速公路及一级公路		其他等级公路	试验方法
		表面层	其他层次		
石料压碎值，不大于	%	26	28	30	T 0316
洛杉矶磨耗损失，不大于	%	28	30	35	T 0317
表观相对密度，不小于	—	2.60	2.50	2.45	T 0304
吸水率，不大于	%	2.0	3.0	3.0	T 0304
坚固性，不大于	%	12	12	—	T 0314
针片状颗粒含量(混合料)，不大于 其中粒径大于9.5mm，不大于 其中粒径小于9.5mm，不大于	% % %	15 12 18	18 15 20	20 — —	T 0312
水洗法小于0.075mm颗粒含量，不大于	%	1	1	1	T 0310
软石含量，不大于	%	3	5	5	T 0320

注：1. 坚固性试验可根据需要进行。

2. 用于高速公路、一级公路时，多孔玄武岩的视密度可放宽至2.45t/m³，吸水率可放宽至3%，但必须得到建设单位的批准，且不得用于SMA路面。

3. 对S14即3～5规格的粗集料，针片状颗粒含量可不予要求，小于0.075mm的含量可放宽到3%。

(2)粗集料的粒径规格应按表13-13的规定生产和使用。集料成品不得堆放在泥土地上。

(3)粗集料与沥青的黏附性应符合表13-14的要求，当使用不符合要求的粗集料时，宜掺加消石灰、水泥或用饱和石灰水处理后使用，必要时可同时在沥青中掺加耐热、耐水、长期性能好的抗剥落剂，也可采用改性沥青的措施，使沥青混合料的水稳定性检验达到要求。掺加外加剂的剂量由沥青混合料的水稳定性检验确定。

沥青混合料用粗集料的粒径规格 表 13-13

规格名称	公称粒径(mm)	通过下列筛孔(mm)的质量百分率(%)												
		106	75	63	53	37.5	31.5	26.5	19.0	13.2	9.5	4.75	2.36	0.6
S1	40～75	100	90～100	—	—	0～15	—	0～5						
S2	40～60		100	90～100	—	0～15	—	0～5						
S3	30～60		100	90～100	—	—	0～15	—	0～5					
S4	25～50			100	90～100	—	—	0～15	—	0～5				
S5	20～40				100	90～100	—	—	0～15	—	0～5			
S6	15～30					100	90～100	—	—	0～15	—	0～5		
S7	10～30					100	90～100	—	—	—	0～15	0～5		
S8	10～25						100	90～100	—	0～15	—	0～5		
S9	10～20							100	90～100	—	0～15	0～5		
S10	10～15								100	90～100	0～15	0～5		
S11	5～15								100	90～100	40～70	0～15	0～5	
S12	5～10									100	90～100	0～15	0～5	
S13	3～10									100	90～100	40～70	0～20	0～5
S14	3～5										100	90～100	0～15	0～3

粗集料与沥青的黏附性、磨光值的技术要求 表 13-14

雨量气候区	1(潮湿区)	2(湿润区)	3(半干区)	4(干旱区)	试验方法
年降雨量(mm)	>1 000	1 000～500	500～250	<250	附录 A
粗集料的磨光值 PSV,不小于 高速公路、一级公路表面层	42	40	38	36	T 0321
粗集料与沥青的黏附性,不小于 高速公路、一级公路表面层 高速公路、一级公路的其他层次及其他等级公路的各个层次	5 4	4 4	4 3	3 3	T 0616 T 0663

2. 细集料

沥青路面的细集料包括天然砂、机制砂、石屑。细集料必须由具有生产许可证的采石场、采砂场生产。细集料应洁净、干燥、无风化、无杂质,并有适当的颗粒级配,其质量应符合表13-15 的规定。细集料的洁净程度,天然砂以小于 0.075mm 含量的百分数表示,石屑和机制砂以砂当量(适用于 0～4.75mm)或亚甲蓝值(适用于 0～2.36mm 或 0～0.15mm)表示。

(1)天然砂可采用河砂或海砂,通常宜采用粗砂、中砂,其规格应符合表 13-16 的规定。砂的含泥量超过规定时应水洗后使用,海砂中的贝壳类材料必须筛除。热拌密级配沥青混合料中天然砂的用量通常不宜超过集料总量的 20%,SMA 和 OGFC 混合料不宜使用天然砂。

(2)石屑是采石场破碎石料时通过 4.75mm 或 2.36mm 的筛下部分,其规格应符合表13-17的要求。机制砂宜采用专用的制砂机制造,并选用优质石料生产,其级配应符合 S16 的要求。

沥青混合料用细集料质量要求　　表 13-15

项　　目	单位	高速公路、一级公路	其他等级公路	试验方法
表观相对密度,不小于	—	2.50	2.45	T 0328
坚固性(大于 0.3mm 部分),不小于	%	12	—	T 0340
含泥量(小于 0.075mm 的含量),不大于	%	3	5	T 0333
砂当量,不小于	%	60	50	T 0334
亚甲蓝值,不大于	g/kg	25	—	T 0349
棱角性(流动时间),不小于	s	30	—	T 0345

注:坚固性试验可根据需要进行。

沥青混合料用天然砂规格　　表 13-16

筛孔尺寸(mm)	通过各孔筛的质量百分率(%)		
	粗　砂	中　砂	细　砂
9.5	100	100	100
4.75	90~100	90~100	90~100
2.36	65~95	75~90	85~100
1.18	35~65	50~90	75~100
0.6	15~30	30~60	60~84
0.3	5~20	8~30	15~45
0.15	0~10	0~10	0~10
0.075	0~5	0~5	0~5

沥青混合料用机制砂或石屑规格　　表 13-17

规格	公称粒径(mm)	水洗法通过各筛孔的质量百分率(%)							
		9.5	4.75	2.36	1.18	0.6	0.3	0.15	0.075
S15	0~5	100	90~100	60~90	40~75	20~55	7~40	2~20	0~10
S16	0~3	—	100	80~100	50~80	25~60	8~45	0~25	0~15

3. 填料

沥青混合料的矿粉必须采用石灰岩或岩浆岩中的强基性岩石等憎水性石料经磨细得到的矿粉,原石料中的泥土杂质应除净。矿粉应干燥、洁净,能自由地从矿粉仓流出,其质量应符合表 13-18 的要求。

搅拌设备的粉尘可作为矿粉的一部分回收使用。但每盘用量不得超过填料总量的 25%,掺有粉尘填料的塑性指数不得大于 4%。粉煤灰作为填料使用时,用量不得超过填料总量的 50%,粉煤灰的烧失量应小于 12%,与矿粉混合后的塑性指数应小于 4%,其余质量要求与矿粉相同。高速公路、一级公路的沥青面层不宜采用粉煤灰做填料。

4. 纤维稳定剂

在沥青混合料中掺加的纤维稳定剂宜选用木质素纤维、矿物纤维等。木质素纤维的质量应符合表 13-19 的技术要求。

沥青混合料用矿粉质量要求 表13-18

项　　目	单位	高速公路、一级公路	其他等级公路	试验方法
表观密度，不小于	t/m³	2.50	2.45	T 0352
含水率，不大于	%	1	1	T 0103 烘干法
粒度范围＜0.6mm ＜0.15mm ＜0.075mm	% % %	100 90～100 75～100	100 90～100 70～100	T 0351
外观	—	无团粒结块	—	
亲水系数	—	＜1	T 0353	
塑性指数	%	＜4	T 0354	
加热安定性	—	实测记录	T 0355	

木质素纤维质量技术要求 表13-19

项　　目	单　　位	指　　标	试 验 方 法
纤维长度，不大于	mm	6	水溶液用显微镜观测
灰分含量	%	18±5	高温590～600℃燃烧后测定残留物
pH值	—	7.5±1.0	水溶液用pH试纸或pH计测定
吸油率，不小于	—	纤维质量的5倍	用煤油浸泡后放在筛上经振敲后称量
含水率（以质量计），不大于	%	5	105℃烘箱烘2h后冷却称量

纤维应在250℃的干拌温度不变质、不发脆，使用纤维必须符合环保要求，不危害身体健康。纤维必须在混合料搅拌过程中能充分分散均匀。

矿物纤维宜采用玄武岩等矿石制造，易影响环境及造成人体伤害的石棉纤维不宜直接使用。

纤维应存放在室内或有棚盖的地方，松散纤维在运输及使用过程中应避免受潮，不结团。

纤维稳定剂的掺加比例以沥青混合料总量的质量百分率计算，通常情况下用于SMA路面的木质素纤维不宜低于0.3%，矿物纤维不宜低于0.4%，必要时可适当增加纤维用量。纤维掺加量的允许误差宜不超过±5%。

二、施工机械检查

沥青路面施工前对各种施工机具应作全面检查，并应符合下列要求：

（1）沥青洒布机的检查　沥青洒布机应检查油泵系统、洒油管道、量油表、保温设备等有无故障，并将一定数量沥青装入油罐，在路上先试洒、校核其洒油量。

（2）沥青混合料搅拌与运输设备的检查　搅拌设备在开始运转前要进行一次全面检查，注意联结的紧固情况，检查搅拌器内有无积存余料，冷料运输机是否运转正常，仔细检查沥青管道各个接头，严禁吸沥青管有漏气现象，注意检查电气系统。对于机械传动部分，还要检查传动链的张紧度。检查运输车辆是否符合要求，保温设施是否齐全。

（3）沥青混合料摊铺机的检查　摊铺机应检查其规格和主要机械性能，如振捣板、振动器、熨平板、螺旋摊铺器、离合器、刮板送料器、料斗闸门、振捣熨平系统、自动找平装置等是否正常。

（4）压路机的检查　压路机应检查规格和主要机械性能（如转向、起动、振动、倒退、停驶等方面的能力）及振动轮表面的磨损情况，振动轮表面如有凹陷或坑槽不得使用。

三、铺筑试验路段

高等级公路在施工前应铺筑试验段，铺筑试验段是不可缺少的步骤。

其他等级公路在缺乏施工经验或初次使用重大设备时，也应铺筑试验段。当同一施工单位在材料、机械设备及施工方法与其他工程完全相同时，经主管部门批准，也可利用其他工程的结果，不再铺筑新的试验路段。试验段的长度应根据试验目的确定，宜为 100～200m，太短了不便施工，得不出稳定的数据。试验段宜在直线段上铺筑。如在其他道路上铺筑时，路面结构等条件应相同。路面各层的试验可安排在不同的试验段。

以热拌热铺沥青混合料路面试验段为例，其试验段铺筑分试拌及试铺两个阶段，包括下列试验内容：

（1）根据沥青路面各种施工机械相匹配的原则，确定合理的施工机械、机械数量及组合方式。

（2）通过试拌确定搅拌设备的上料速度、搅拌数量与时间、搅拌温度等操作工艺。

（3）通过试铺确定以下各项：

①透层沥青的标号与用量、洒布方式、洒布温度。

②摊铺机的摊铺温度、摊铺速度、摊铺宽度、自动找平方式等操作工艺。

③压路机的压实顺序、碾压温度、碾压速度及碾压遍数等压实工艺。

④确定松铺系数、接缝方法等。

（4）验证沥青混合料配合比设计结果，提出生产用集料配比和沥青用量。

（5）建立用钻孔法及核子密度仪法测定密实度的对比关系。确定沥青混凝土或沥青碎石面层的压实标准密度。

（6）确定施工产量及作业段的长度，制订施工进度计划。

（7）全面检查材料及施工质量。

（8）确定施工组织及管理体系、人员、通信联络及指挥方式。

在试验段的铺筑过程中，施工单位应认真做好记录，监理工程师或工程质量监督部们应监督、检查试验段的施工质量，及时与施工单位商定有关结果。铺筑结束后，施工单位应就各项试验内容提出试验总结报告，并取得主管部门的批复，作为施工依据。

13-6　层铺法沥青路面施工

一、沥青表面处治路面与封层

沥青表面处治是用沥青和细粒料按层铺或拌和方法施工的厚度不超过 3cm 的薄层路面面层。由于处治层很薄，一般不起提高强度作用，其主要作用是抵抗行车的磨耗和大气作用，

增强防水性，提高平整度，改善路面的行车条件，适用于三级及三级以下公路的沥青面层。各种封层适用于加铺薄层罩面、磨耗层、水泥混凝土路面上的应力缓冲层、各种防水和密水层、预防性养护罩面层。

1. *沥青表面处治*

沥青表面处治可采用道路石油沥青、乳化沥青、煤沥青铺筑，沥青标号应按规范相关规定选用，所用集料最大粒径应与处治层的厚度相等，其规格和用量宜按表13-20选用。沥青表面处治施工后，应在路侧另备S12(5～10mm)碎石或S14(3～5mm)石屑、粗砂或小砾石，其数量按(2～3)m^3/1 000m^2 作为初期养护用料。

在清扫干净的碎(砾)石路面上铺筑沥青表面处治时，应洒布透层油。在旧沥青路面、水泥混凝土路面、块石路面上铺筑沥青表面处治路面时，可在第一层沥青用量中增加10%～20%，不再另洒透层油或黏层油。

沥青表面处治材料规格和用量 表13-20

沥青种类	类型	厚度(mm)	集料(m^3/1 000m^2)						沥青或乳液用量(kg/m^2)			
			第一层		第二层		第三层		第一次	第二次	第三次	合计用量
			规格	用量	规格	用量	规格	用量				
石油沥青	单层	1.0 1.5	S12 S10	7～9 12～14	—		—		1.0～1.2 1.4～1.6	—	—	1.0～1.2 1.4～1.6
	双层	1.5 2.0 2.5	S10 S9 S8	12～14 16～18 18～20	S12 S12 S12	7～8 7～8 7～8	—		1.4～1.6 1.6～1.8 1.8～2.0	1.0～1.2 1.0～1.2 1.0～1.2	—	2.4～2.8 2.6～3.0 2.8～3.2
	三层	2.5 3.0	S8 S6	18～20 20～22	S10 S10	12～14 12～14	S12 S12	7～8 7～8	1.6～1.8 1.8～2.0	1.2～1.4 1.2～1.4	1.0～1.2 1.0～1.2	3.8～4.4 4.0～4.6
乳化沥青	单层	0.5	S14	7～9	—		—		0.9～1.0	—	—	0.9～1.0
	双层	1.0	S12	9～11	S14	4～6	—		1.8～2.0	1.0～1.2	—	2.8～3.2
	三层	3.0	S6	20～22	S10	9～11	S12 S14	4～6 3.5～4.5	2.0～2.2	1.8～2.0	1.0～1.2	4.8～5.4

注：1. 煤沥青表面处治的沥青用量可比石油沥青用量增加15%～20%。

2. 表中的乳液用量按乳化沥青的蒸发残留物含量60%计算，如沥青含量不同应予折算。

3. 在高寒地区及干旱风沙大的地区，可超出高限5%～10%。

层铺法沥青表面处治路面宜采用沥青洒布车及集料撒布机联合作业。沥青洒布机洒布沥青时应保持稳定速度和洒布量，并保持整个洒布宽度洒布均匀。小规模工程可采用机动或手摇的手工沥青洒布机洒布沥青。洒布设备的喷嘴应适用于沥青的稠度，确保能成雾状，与洒布管成15°～25°的夹角，洒布管的高度应使同一地点接受2～3个喷油嘴洒布的沥青，不得出现花白条。

沥青表面处治施工应确保各工序紧密衔接，每个作业段长度应根据施工能力确定，并在当天完成。人工撒布集料时应等距离划分段落备料。

(1)施工工序

现以三层式为例说明其工艺程序。三层式沥青表面处治路面施工程序为:

备料→清扫基层、放样和安装路缘石→浇洒透层沥青→洒布第一次沥青→撒铺第一次矿料→碾压→洒布第二层沥青→铺撒第二层矿料→碾压→洒布第三层沥青→铺撒第三层矿料→碾压→初期养护。

单层式和双层式沥青表面处治的施工程序与三层式相同,仅需相应地减少两次或一次洒布沥青、铺撒矿料与碾压工序。

①清扫基层。在表面处治层施工前,应将路面基层清扫干净,使基层矿料大部分外露,并保持干燥。对有坑槽、不平整的路段应先修补和整平,若基层整体强度不足,则应先予补强。

②浇洒透层油。透层应紧接在基层施工结束表面稍干后浇洒。当基层完工后时间较长,表面过分干燥时,应在基层表面少量洒水,并待表面稍干后浇洒透层沥青。

透层沥青应采用沥青洒布车洒布,透层洒布后应尽早铺筑沥青面层。

③洒布第一层沥青。沥青的洒布温度根据气温及沥青标号选择,石油沥青宜为130~170℃,煤沥青宜为80~120℃,乳化沥青在常温下洒布,加温洒布的乳液温度不得超过60℃。前后两车洒布的接茬处用铁板或建筑纸铺1~1.5m,使搭接良好。分几幅洒布时,纵向搭接宽度宜为100~150mm。洒布第二层、第三层沥青的搭接缝应错开。

④铺撒第一次矿料。洒布主层沥青后应立即用集料撒布机或人工撒布第一层主集料。撒布集料后应及时扫匀,达到全面覆盖、厚度一致、集料不重叠,也不露出沥青的要求。局部有缺料时适当找补,积料过多的将多余集料扫出。两幅搭接处,第一幅撒布沥青应暂留100~150mm宽度不撒布石料,待第二幅一起撒布。

⑤碾压。撒布主集料后,不必等全段撒布完,立即用6~8t双钢轮压路机从路边向路中心碾压3~4遍,每次轮迹重叠约300mm,碾压速度开始不宜超过2km/h,以后可适当提高碾压速度。

⑥第二层、第三层施工。第二层、第三层的施工方法和要求与第一层相同,但可采用8t以上的压路机碾压。

双层式或单层式沥青表面处治洒布沥青及撒布集料的次数相应减少,其施工程序和要求参照②~⑤进行。

⑦初期养护。除乳化沥青表面处治应待破乳后水分蒸发并基本成形后方可通车外,其他处治碾压结束后即可开放交通,并通过开放交通补充压实,成型稳定。通车初期应设专人指挥交通或设置障碍物控制行车,使路面全部宽度获得均匀压实。成型前应限制行车速度不超过20km/h。严禁畜力车行驶,使路面全部宽度均匀压实。

在通车初期,如有泛油现象,应在泛油地点补撒与最后一层矿料规格相同的养护料并仔细扫匀。过多的浮动矿料应扫出路面外,以免搓动其他已经黏着在位的矿料。

(2)施工要求

沥青表面处治施工时,应符合:

①沥青表面处治宜选择在一年中干燥和较炎热的季节施工,并宜在日最高温度低于15℃到来以前半个月结束。

②各工序必须紧密衔接,不得脱节,每个作业段长度应根据压路机数量、洒油设备等来确定,当天施工的路段应当天完成,以免产生因沥青冷却而不能裹覆矿料和尘土污染矿料等不良后果。

③当施工中遇雨时，应待矿料晾干后才能继续施工。

2.上封层

可根据情况选择乳化沥青稀浆封层、微表处、改性沥青集料封层、薄层磨耗层或其他适宜的材料。

铺设上封层的下卧层必须彻底清扫干净，对车辙、坑槽、裂缝进行处理或挖补。

对二级及二级以下公路的旧沥青路面可以采用普通的乳化沥青稀浆封层，也可在洒布道路石油沥青后撒布石屑（砂）后碾压作封层。对高速公路、一级公路有轻微损坏的宜铺筑微表处。对用于改善抗滑性能的上封层可采用稀浆封层、微表处或改性沥青集料封层。

3.下封层

多雨潮湿地区的高速公路、一级公路的沥青面层空隙率较大，有严重渗水可能，或铺筑基层不能及时铺筑沥青面层而需通行车辆时，宜在洒布透层油后铺筑下封层。

下封层宜采用层铺法表面处治或稀浆封层法施工。稀浆封层可采用乳化沥青或改性乳化沥青作结合料。下封层的厚度不宜小于6mm，且做到完全密水。

以层铺法沥青表面处治铺筑下封层时，通常采用单层式，表13-20中的矿料用量宜为5～8m^3/1000m^2，沥青用量可采用要求范围的中高限。

4.稀浆封层和微表处

微表处主要用于高速公路及一级公路的预防性养护以及填补轻度车辙，也适用于新建公路的抗滑磨耗层。稀浆封层一般用于二级及二级以下公路的预防性养护，也适用于新建公路的下封层。

稀浆封层（见图13-44）和微表（见图13-45）处必须使用专用的摊铺机进行摊铺。单层微表处适用于旧路面车辙深度不大于15mm的情况；超过15mm的必须分两层铺筑，或先用V形车辙摊铺箱摊铺；深度大于40mm时不适宜微表处处理。

图13-44　稀浆封层施工

图13-45　连续式微表处施工

对稀浆封层和微表处的施工要求是：

（1）微表处必须采用改性乳化沥青，稀浆封层可采用普通乳化沥青或改性乳化沥青，其品种和质量应分别符合相关规范的要求。所选集料应坚硬、粗糙、耐磨、洁净，各项性能应符合规范要求。其中微表处用通过4.75mm筛的合成矿料的砂当量不得低于65%，稀浆封层用通过4.75mm筛的合成矿料的砂当量不得低于50%。当用于抗滑表层时，要求集料磨光值符合相关规范的要求。细集料宜采用碱性石料生产的机制砂或洁净的石屑。对集料中的超粒径颗粒必须筛除。

(2)施工前，应彻底清除原路面的泥土、杂物，修补坑槽、凹陷，较宽的裂缝宜清理灌缝。在水泥混凝土路面上铺筑微表处时宜洒布黏层油，过于光滑的表面需拉毛处理。

(3)最低施工温度不得低于 10℃，严禁在雨天施工，摊铺后尚未成型混合料遇雨时应予铲除。

(4)稀浆封层和微表处两幅纵缝搭接的宽度不宜超过 80mm，横向接缝宜做成对接缝。分两层摊铺时，第一层摊铺后至少应开放交通 24h 后方可进行第二层摊铺。

(5)稀浆封层和微表处铺筑后的表面不得有超粒径料拖拉的严重划痕，横向接缝和纵向接缝处不得出现余料堆积或缺料现象，用 3m 直尺测量接缝处的不平整度不得大于 6mm。对微表处不得有横向波浪和深度超过 6mm 的纵向条纹。经养生和初期交通碾压稳定的稀浆封层和微表处，在行车作用下应不飞散且完全密水。

二、沥青贯入式路面

沥青贯入式路面是在初步碾压的矿料(碎石或破碎砾石)上，分层洒布沥青，撒布嵌缝料，或再在上部铺筑热拌沥青混合料层，经压实而成的沥青路面，其厚度一般为 4～8cm(乳化沥青贯入式路面厚度应小于 5cm)。适用于三级及三级以下公路的面层，也可作为沥青混凝土路面的联结层。

沥青贯入式路面具有较高的强度和稳定性，其强度的构成，主要依靠矿料的嵌挤作用和沥青材料的黏结力。由于沥青贯入式路面是一种多孔隙结构，为了防止路表水的浸入和增强路段的水稳定性，其面层的最上层必须加铺拌和层或封层(沥青贯入式作为基层或联结层时，可不作此封层)，同时，做好路肩排水，使雨水能及时排除出路面结构。

沥青贯入式路面宜选择在干燥和较热的季节施工，并宜在日最高温度降低至 15℃以前半个月结束，使贯入式结构层通过开放交通碾压成型。

沥青贯入式路面的集料应选择有棱角、嵌挤性好的坚硬石料，其规格和用量宜根据贯入层厚度按表 13-21 或表 13-22 选用。当使用破碎砾石时，其破碎面应符合相关规范的要求。沥青贯入层主层集料中大于粒径范围中值的数量不宜少于 50%。表面不加铺拌和层的贯入式路面，在施工结束后每 1 000m^2 另备 2～3m^3 与最后一层嵌缝料规格相同的细集料等供初期养护使用。

沥青贯入式路面的结合料可采用道路石油沥青、煤沥青或乳化沥青，用量应按表 13-21 或表 13-22 选用。

贯入式路面各层分次沥青用量应根据施工气温及沥青标号等在规定范围内选用。在寒冷地带或当施工季节气温较低、沥青针入度较小时，沥青用量宜用高限；在低温潮湿气候下用乳化沥青贯入时，应按乳液总用量不变的原则进行调整，上层较正常情况适当增加，下层较正常情况适当减少。

1. 施工准备

沥青贯入式路面施工前，基层必须清扫干净。当需要安装路缘石时，应在路缘石安装完成后施工。路缘石应予遮盖。乳化沥青贯入式路面必须浇洒透层或黏层沥青。沥青贯入式路面厚度小于或等于 5cm 时，也应浇洒透层或黏层沥青。

沥青贯入式路面材料规格和用量

（用量单位：集料为 $m^3/1\,000m^2$，沥青及沥青乳液为 kg/m^2）　　表 13-21

沥青品种	石油沥青					
厚度(cm)	4		5		6	
规格和用量	规格	用量	规格	用量	规格	用量
封层料	S14	3～5	S14	3～5	S13(S14)	4～6
第三遍沥青		1.0～1.2		1.0～1.2		1.0～1.2
第二遍嵌缝料	S12	6～7	S11(S10)	10～12	S11(S10)	10～12
第二遍沥青		1.6～1.8		1.8～2.0		2.0～2.2
第一遍嵌缝料	S10(S9)	12～14	S8	16～18	S8(S6)	16～18
第一遍沥青		1.8～2.1		2.4～2.6		2.8～3.0
主层石料	S5	45～50	S4	55～60	S3(S4)	66～76
沥青总用量	4.4～5.1		5.2～5.8		5.8～6.4	

沥青品种	石油沥青				乳化沥青			
厚度(cm)	7		8		4		5	
规格和用量	规格	用量	规格	用量	规格	用量	规格	用量
封层料	S13(S14)	4～6	S13(S14)	4～6	S13(S14)	4～6	S14	4～6
第五遍沥青								0.8～1.0
第四遍嵌缝料							S14	5～6
第四遍沥青					S14	0.8～1.0		1.2～1.4
第三遍嵌缝料						5～6	S12	7～9
第三遍沥青		1.0～1.2		1.0～1.2	S12	1.4～1.6		1.5～1.7
第二遍嵌缝料	S10(S11)	11～13	S10(S11)	11～13		7～8	S10	9～11
第二遍沥青		2.4～2.6		2.6～2.8	S9	1.6～1.8		1.6～1.8
第一遍嵌缝料		18～20	S6(S8)	20～22		12～14	S8	10～12
第一遍沥青	S6(S8)	3.3～3.5		4.0～4.2	S5	2.2～2.4		2.6～2.8
主层石料	S3	80～90	S1(S2)	95～100		40～45	S4	50～55
沥青总用量	6.7～7.3		7.6～8.2		6.0～6.8		7.4～8.5	

注：1. 煤沥青贯入式的沥青用量可较石油沥青用量增加 15%～20%。
2. 表中乳化沥青是指乳液的用量，并适用于乳液质量分数约为 60%的情况，如果质量分数不同，用量应予换算。
3. 在高寒地区及干旱风沙大的地区，可超出高限，再增加 5%～10%。

上拌下贯式路面的材料规格和用量

(用量单位:集料为 $m^3/1\,000m^2$,沥青及沥青乳液为 kg/m^2)　　表 13-22

沥青品种	石油沥青					
厚度(cm)	4		5		6	
规格和用量	规格	用量	规格	用量	规格	用量
第二遍嵌缝料	S12	5~6	S12(S11)	7~9	S12(S11)	7~9
第二遍沥青		1.4~1.6		1.6~1.8		1.6~1.8
第一遍嵌缝料	S10(S9)	12~14	S8	16~18	S8(S7)	16~18
第一遍沥青		2.0~2.3		2.6~2.8		3.2~3.4
主层石料	S5	45~50	S4	55~60	S3(S2)	66~76
沥青总用量	3.4~3.9		4.2~4.6		4.8~5.2	
沥青品种	石油沥青		乳化沥青			
厚度(cm)	7		5		6	
规格和用量	规格	用量	规格	用量	规格	用量
第四遍嵌缝料					S14	4~6
第四遍沥青						1.3~1.5
第三遍嵌缝料			S14	4~6	S12	8~10
第三遍沥青				1.4~1.6		1.4~1.6
第二遍嵌缝料	S10(S11)	8~10	S12	9~10	S9	8~12
第二遍沥青		1.7~1.9		1.8~2.0		1.5~1.7
第一遍嵌缝料	S6(S8)	18~20	S8	15~17	S6	24~26
第一遍沥青		4.0~4.2		2.5~2.7		2.4~2.6
主层石料	S2(S3)	80~90	S4	50~55	S3	50~55
沥青总用量	5.7~6.1		5.9~6.2		6.7~7.2	

注:1. 煤沥青贯入式的沥青用量可较石油沥青用量增加 15%~20%。
2. 表中乳化沥青是指乳液的用量,并适用于乳液质量分数约为 60%的情况。
3. 在高寒地区及干旱风沙大的地区,可超出高限,再增加 5%~10%。
4. 表面加铺拌和层部分的材料规格及沥青(或乳化沥青)用量按热拌沥青混合料(或乳化沥青碎石混合料路面)的有关规定执行。

2.施工方法

沥青贯入式路面的施工应按下列步骤进行：

(1)采用集料撒布机、平地机或人工摊铺主层集料，铺筑后严禁车辆通行。

(2)碾压主层集料。撒布后应采用6～8t的轻型钢轮压路机自路两侧向路中心碾压，碾压速度宜为2km/h，每次轮迹重叠约30cm，碾压一遍后检验路拱和纵向坡度，当不符合要求时，应调整找平后再碾压。然后用重型钢轮压路机碾压，每次轮迹重叠1/2左右，宜碾压4～6遍，直至主层集料嵌挤稳定、无显著轮迹为止。

(3)洒布第一层沥青。洒布作业要求与沥青表面处治相同。采用乳化沥青贯入时，为防止乳液下漏过多，可在主层集料碾压稳定后，先撒布一部分上一层嵌缝料，再洒布主层沥青。

(4)采用集料撒布机或人工撒布第一层嵌缝料。撒布后尽量扫匀，不足处应找补。当使用乳化沥青时，石料撒布必须在乳液破乳前完成。

(5)立即用8～12t钢轮压路机碾压嵌缝料，轮迹重叠轮宽的1/2左右，宜碾压4～6遍，直至稳定为止。碾压时随压随扫，使嵌缝料均匀嵌入。因气温较高使碾压过程中发生较大推移现象时，应立即停止碾压，待气温稍低时再继续碾压。

(6)按上述方法洒布第二层沥青、撒布第二层嵌缝料，然后碾压，再洒布第三层沥青。

(7)按撒布嵌缝料方法撒布封层料。

(8)采用6～8t压路机作最后碾压，宜碾压2～4遍，然后开放交通。

(9)初期养护。同沥青贯入式路面施工要求。

如果沥青贯入式路面表面不撒布封层料，加铺沥青混合料拌和层时，应紧跟贯入层施工，使上下成为一整体。贯入部分采用乳化沥青时，应待其破乳、水分蒸发且成形稳定后方可铺筑拌和层。当拌和层与贯入部分不能连续施工，又要在短期内通行施工车辆时，贯入层与贯入部分的第二遍嵌缝料应增加用量(2～3)m^3/1 000m^2。在摊铺拌和层沥青混合料前，应清除贯入层表面的杂物、尘土以及浮动石料，再补充碾压一遍，并应浇洒黏层沥青。

3.施工要求

对沥青贯入式路面施工要求与沥青表面处治基本相同。适度的碾压在贯入式路面施工中极为重要。碾压不足会影响矿料嵌挤稳定，且易使沥青流失，形成层次，上、下部沥青分布不均。但过度的碾压，则矿料易于压碎，破坏嵌挤原则，造成空隙减少，沥青难以下渗，形成泛油。因此，应根据矿料的等级、沥青材料的标号、施工气温等因素来确定各次碾压所使用的压路机质量和碾压遍数。

三、沥青表面处治与沥青贯入式路面机械化施工

沥青表面处治与沥青贯入式路面施工，所用的机械与设备主要是沥青洒布机、平地机或集料撒布机和压路机等。由于使用的机械单一，因此可以采用机械化流水作业法施工，如图13-46所示。

a)洒布沥青

b)撒布集料

c)撒布集料(局部)

d)碾压

图 13-46　机械化施工顺序图

13-7　沥青路面透层、黏层施工

一、透层

为了使沥青面层与非沥青材料基层结合良好,在基层上洒布液体沥青、乳化沥青、煤沥青而形成的透入基层表面一定深度的薄层称为透层。

沥青路面各类基层都必须洒布透层油,沥青层必须在透层油完全渗透入基层后方可铺筑。基层上设置下封层时,透层油不宜省略。气温低于 10℃或大风天气,即将降雨时不得洒布透层油。

根据基层类型选择渗透性好的液体沥青、乳化沥青、煤沥青作透层油,洒布后通过钻孔或挖掘确认透层油渗透入基层的深度宜不小于 5mm(无机结合料稳定集料基层)～10mm(无结合料基层),并能与基层联结成为一体。

透层油的用量通过试洒确定,不宜超出表 13-23 要求的范围。

用于半刚性基层的透层油宜紧接在基层碾压成型后表面稍变干燥,但尚未硬化的情况下洒布。在无结合料粒料基层上洒布透层油时,宜在铺筑沥青层前 1～2d 洒布。

透层油采用沥青洒布车一次洒布均匀,使用的喷嘴应据透层油的种类和黏度选择,并保证均匀洒布。

洒布透层油前应清扫路面,遮挡防护路缘石及人工构造物避免污染,透层油必须洒布均

匀，有花白遗漏应人工补洒，洒布过量的立即撒布石屑或砂吸油，必要时作适当碾压。透层油洒布后不得在表面形成能被运料车和摊铺机粘起的油皮，透层油达不到渗透深度要求时应更换透层油稠度或品种。

沥青路面透层材料的规格和用量表　　表13-23

用途	液体沥青		乳化沥青		煤沥青	
	规格	用量(L/m²)	规格	用量(L/m²)	规格	用量(L/m²)
无结合料粒料基层	AL(M)-1、2或3 AL(S)-1、2或3	1.0～2.3	PC-2 PA-2	1.0～2.0	T-1 T-2	1.0～1.5
半刚性基层	AL(M)-1或2 AL(S)-1或2	0.6～1.5	PC-2 PA-2	0.7～1.5	T-1 T-2	0.7～1.0

注：表中用量是指包括稀释剂和水分等在内的液体沥青、乳化沥青的总量。乳化沥青中的残留物含量以50%为基准。

透层油洒布后的养生时间随透层油的品种和气候条件由试验确定，确保液体沥青中的稀释剂全部挥发，乳化沥青渗透且水分蒸发。然后尽早铺筑沥青面层，防止工程车辆损坏透层。

二、粘层

为了加强路面沥青层与沥青层、沥青层与水泥混凝土路面之间的黏结而洒布的沥青材料薄层称为黏层。

符合下列情况之一时，必须洒布粘层油：

(1)双层式或三层式热拌热铺沥青混合料路面的沥青层之间。

(2)水泥混凝土路面、沥青稳定碎石基层或旧沥青路面层上加铺沥青层。

(3)路缘石、雨水口、检查井等构造物与新铺沥青混合料接触的侧面。

黏层油宜采用快裂或中裂乳化沥青、改性乳化沥青，也可采用快、中凝液体石油沥青，所使用的基质沥青标号宜与主层沥青混合料相同。

黏层油品种和用量，应根据下卧层的类型通过试洒确定，并符合表13-24的要求。当黏层油上铺筑薄层大空隙排水路面时，粘层油的用量宜增加到0.6～1.0L/m²。在沥青层之间兼作封层而洒布的粘层油宜采用改性沥青或改性乳化沥青，其用量宜不少于1.0L/m²。

沥青路面粘层材料的规格和用量表　　表13-24

下卧层类型	液体沥青		乳化沥青	
	规格	用量(L/m²)	规格	用量(L/m²)
新建沥青层或旧沥青路面	AL(R)-3～AL(R)-6 AL(M)-3～AL(M)-6	0.3～0.5	PC-3 PA-3	0.3～0.6
水泥混凝土	AL(M)-3～AL(M)-6 AL(S)-3～AL(S)-6	0.2～0.4	PC-3 PA-3	0.3～0.5

注：表中用量是指包括稀释剂和水分等在内的液体沥青、乳化沥青的总量。乳化沥青中的残留物含量以50%为基准。

粘层油宜采用沥青洒布车洒布，并选择适宜的喷嘴，洒布速度和洒布量保持稳定。当采用机动或手摇的手工沥青洒布机洒布时，必须由熟练的技术工人操作，均匀洒布。

气温低于10℃时不得洒布粘层油，寒冷季节施工不得不洒布时可以分成两次洒布。路面潮湿时不得洒布粘层油，用水洗刷后需待表面干燥后洒布。

洒布的粘层油必须成均匀雾状，在路面全宽度内均匀分布成一薄层，不得有洒花漏空或成条状，也不得有堆积。洒布不足的要补洒，洒布过量处应予刮除。洒布粘层油后，严禁运料车外的其他车辆和行人通过。

粘层油宜在当天洒布，待乳化沥青破乳、水分蒸发完成，或稀释沥青中的稀释剂基本挥发完成后，紧跟着铺筑沥青层，确保黏层不受污染。

13-8 热拌沥青混合料路面施工

热拌沥青混合料（HMA）是由矿料与沥青在热态下搅拌而成的混合料的总称。热拌沥青混合料在热态下铺筑施工成形的路面，即称热拌沥青混合料路面。热拌沥青混合料路面施工现场如图 13-47 所示。

a）热拌沥青混合料路面施工全景

b）摊铺机并机梯队摊铺

c）双钢轮压路机碾压

d）采用“转运-摊铺”工艺摊铺沥青混合料

图 13-47 热拌沥青混合料路面施工现场

热拌沥青混合料适用于各种等级公路的沥青路面。其种类按集料公称最大粒径、矿料级配、空隙率划分，分类如表 13-25 所示。

热拌的各层沥青混合料，应便于施工，不容易离析，各层能连续施工并联结成为一个整体。

一、施工准备及要求

施工前的准备工作主要有：下承层准备与施工放样、机械选型与配套、拌和厂选址等项工作。

热拌沥青混合料种类 表13-25

混合料类型	密级配			开级配		半开级配	公称最大粒径(mm)	最大粒径(mm)
	连续级配		间断级配	间断级配				
	沥青混凝土	沥青稳定碎石	沥青玛蹄脂碎石	排水式沥青磨耗层	排水式沥青碎石基层	沥青碎石		
特粗式	—	ATB-40	—	—	ATPB-40	—	37.5	53.0
粗粒式	—	ATB-30	—	—	ATPB-30	—	31.5	37.5
粗粒式	AC-25	ATB-25	—	—	ATPB-25	—	26.5	31.5
中粒式	AC-20	—	SMA-20	—	—	AM-20	19.0	26.5
中粒式	AC-16	—	SMA-16	OGFC-16	—	AM-16	16.0	19.0
细粒式	AC-13	—	SMA-13	OGFC-13	—	AM-13	13.2	16.0
细粒式	AC-10	—	SMA-10	OGFC-10	—	AM-10	9.5	13.2
砂粒式	AC-5	—	—	—	—		4.75	9.5
设计空隙率(%)	3～5	3～6	3～4	>18	>18	6～12	—	—

注:设计空隙率可按配合比设计要求适当调整。

(一)搅拌设备的选型及场地布置

1.搅拌设备选型

通常根据工程量、工期来对搅拌设备的生产能力、移动方式进行选型,同时要求其生产能力和摊铺能力相匹配,不应低于摊铺能力,最好高于摊铺能力5%左右。高等级公路沥青路面施工,应选用搅拌能力较大的设备。

一般来说,生产能力增大一倍,设备的价格不会超过其原价的1/3。如果一台生产能力大的设备使用寿命按10年计算(10年折旧完),在这10年使用期中,仅节约燃料一项就可补偿购买大型设备所增加的投资及因此所付的利息。但是如果生产能力超过原材料的供应能力和摊铺机的摊铺能力,搅拌设备不能满负荷工作,也会造成浪费。

2.拌和厂的选址与布置

沥青混合料拌和设备是一种由若干个能独立工作的装置所组成的综合性设备。因此,不论哪一类型拌和设备,其各个组成部分的总体布置,都应满足紧凑、相互密切配合又互不干扰各自工作的原则。

(二)施工机械组合

高等级公路路面的施工机械应优先选择自动化程度较高和生产能力较强的机械,以摊铺、搅拌为主导机械并与自卸汽车、碾压设备配套作业,进行优化组合,使沥青路面施工全部实现机械化。运输车辆的数量确定可根据装料、运料、卸料、返回等工作环节所用时间确定。压实机械的配套,先根据碾压温度及摊铺进度确定合理的碾压长度,然后配备压实机具。表13-26所示为某沥青混凝土路面工程施工时,路面施工机械配套情况。

沥青混合料路面施工机械配套示例　　表 13-26

机械名称	能力	用途
沥青混合料搅拌设备(1 台)	间歇式 240t/h	拌和沥青混合料
沥青混合料摊铺机(2 台)	最大摊铺宽度 8.5m	摊铺沥青混合料
自卸汽车(若干)	载质量 15t	运输沥青混合料
6～8t 钢轮压路机(2 台)	自重 6t,加载 8t	初压沥青混合料、收面
双钢轮振动压路机(2 台)	工作质量 10t,激振力 60/120	复压沥青混合料
轮胎压路机(2 台)	25t	终压沥青混合料
沥青洒布机(2 台)	3.5t	洒黏层沥青

沥青混合料施工中,要特别注意施工温度,沥青混合料施工温度应根据沥青标号及黏度、气候条件、铺装层的厚度确定,所配套的施工机械应满足沥青混合料路面施工的技术要求。

(1)普通沥青结合料的施工温度可参照表 13-27 的范围选择,并根据实际情况确定使用高值或低值。当表中温度不符实际情况时,容许作适当调整。

确定沥青混合料搅拌、摊铺及压实温度的适宜温度(℃)　　表 13-27

施工工序		石油沥青的标号			
		50 号	70 号	90 号	110 号
沥青加热温度		160～170	155～165	150～160	145～155
矿料加热温度	间隙式拌和机	集料加热温度比沥青温度高 10～30			
	连续式拌和机	矿料加热温度比沥青温度高 5～10			
沥青混合料出料温度		150～170	145～165	140～160	135～155
混合料储料仓储存温度		储料过程中温度降低不超过 10			
混合料废弃温度,高于		200	195	190	185
运输到现场温度,不低于		150	145	140	135
混合料摊铺温度,不低于	正常施工	140	135	130	125
	低温施工	160	150	140	135
开始碾压的混合料内部温度,不低于	正常施工	135	130	125	120
	低温施工	150	145	135	130
碾压终了的表面温度,不低于	钢轮压路机	80	70	65	60
	轮胎压路机	85	80	75	70
	振动压路机	75	70	60	55
开放交通的路表温度,不高于		50	50	50	45

注:1. 沥青混合料的施工温度采用具有金属探测针的插入式数显温度计测量。表面温度可采用表面接触式温度计测定。当采用红外线温度计测量表面温度时,应进行标定。
2. 表中未列入的 130 号、160 号及 30 号沥青的施工温度由试验确定。

(2)聚合物改性沥青混合料的施工温度根据实践经验并参照表 13-28 选择。通常宜较普通沥青混合料的施工温度提高 10～20℃。对采用冷态胶乳直接喷入法制作的改性沥青混合料,集料烘干温度应进一步提高。

聚合物改性沥青混合料的正常施工温度范围(℃)　　表13-28

工　　序	聚合物改性沥青品种		
	SBS类	SBR胶乳类	EVA、PE类
沥青加热温度	160～165		
改性沥青现场制作温度	165～170	—	165～170
成品改性沥青加热温度,不大于	175	—	175
集料加热温度	190～220	200～210	185～195
改性沥青SMS混合料出厂温度	170～185	160～180	165～180
混合料最高温度(废弃温度)	195		
混合料储存温度	拌和出料后降低不超过10		
摊铺温度,不低于	160		
初压开始温度,不低于	150		
碾压终了的表面温度,不低于	90		
开放交通时的路表温度,不高于	50		

注:1.同表13-27中注1。
2.当采用表列以外的聚合物或天然沥青改性沥青时,施工温度由试验确定。

(3)SMA混合料的施工温度应视纤维品种和数量、矿粉用量的不同,在改性沥青混合料的基础上作适当提高。

(三)生产用沥青混合料标准配合比的确定

高速公路、一级公路沥青混合料的生产配合比设计应在调查以往同类材料的配合比设计经验和使用效果的基础上,按以下步骤进行。

(1)目标配合比设计阶段　用工程实际使用的材料,按规范规定的要求,优选矿料级配、确定最佳沥青用量,符合配合比设计技术标准和配合比设计检验要求,以此作为目标配合比,供搅拌站确定各冷料仓的供料比例、进料速度及试拌使用。

(2)生产配合比设计阶段　对间歇式搅拌站,应按规定方法取样测试各热料仓的材料级配,确定各热料仓的配合比,供搅拌站控制室使用。同时选择适宜的筛孔尺寸和安装角度,尽量使各热料仓的供料大体平衡。并取目标配合比设计的最佳沥青用量OAC、OAC±0.3%等3个沥青用量进行马歇尔试验和试拌,通过室内试验及从搅拌站取样试验综合确定生产配合比的最佳沥青用量,由此确定的最佳沥青用量与目标配合比设计的结果的差值不宜大于±0.2%。对连续式拌和机可省略生产配合比设计步骤。

(3)生产配合比验证阶段　搅拌站按生产配合比结果进行试拌、铺筑试验段,并取样进行马歇尔试验,同时从路上钻取芯样观察空隙率的大小,由此确定生产用的标准配合比。标准配合比的矿料合成级配中,至少应包括0.075mm、2.36mm、4.75mm及公称最大粒径筛孔的通过率接近优选的工程设计级配范围的中值,并避免在0.3～0.6mm处出现"驼峰"。

(4)确定施工级配允许波动范围　根据标准配合比及《公路沥青路面施工技术规范》(JTG F40—2004)第11章质量管理要求中各筛孔的允许波动范围,制订施工用的级配控制范围,用以检查沥青混合料的生产质量。

(5)经设计确定的标准配合比在施工过程中不得随意变更 生产过程中应加强跟踪检测,严格控制进场材料的质量,如遇材料发生变化并经检测沥青混合料的矿料级配、马歇尔技术指标不符要求时,应及时调整配合比,使沥青混合料的质量符合要求并保持相对稳定,必要时重新进行配合比设计。

(6)二级及二级以下其他等级公路热拌沥青混合料的配合比设计可按上述步骤进行 当材料与同类道路完全相同时,也可直接引用成功的经验。

(四)下承层准备与施工放样

1. 下承层准备

沥青路面的下承层是指基层、联结层或面层下层。下承层完成之后,虽已进行过检查验收,但在两层施工的间隔,很可能因下雨、施工车辆通行等而使其发生程度不同的损坏。如基层可能出现软弹和松散或表面浮尘等,需对其进行维修。沥青类联结层下层表面可能泥泞,需对其进行清洗干净。下承层表面出现的任何质量问题,都会影响到路面结构的层间结合以至路面整体强度。对下承层缺陷处理后,即可洒透层、黏层或封层。

2. 施工放样

施工放样包括高程测定与平面控制两项内容。高程测定的目的是确定下承层表面高程与原设计高程相差的的确切数值,以便在挂线时纠正到设计值或保证施工层厚度。根据高程值设置挂线标准桩,用以控制摊铺厚度和高程。

高程放样应考虑下承层高程差值(设计值与实际高程值之差)、厚度和本层应铺厚度,综合考虑后定出挂线桩顶的高程,再打桩挂线。

二、搅拌与运输

1. 一般要求

(1)试拌

在拌制一种新配合比的混合料之前,或生产中断了一段时间后,应根据室内配合比进行试拌。通过试拌及抽样试验确定施工质量控制指标。

(2)沥青混合料的拌制

根据混合料配比进行,严格控制各种材料用量及其加热温度。搅拌后的沥青混合料应均匀一致,无花白、无离析和结团成块等现象。每班抽样做沥青混合料性能、矿料级配组成和沥青用量检验。每班搅拌结束时,清洁搅拌设备,放空管道中的沥青。做好各项检查记录,不符合技术要求的沥青混合料禁止出厂。

(3)沥青混合料的运输

热拌沥青混合料宜采用较大吨位的运料车运输,不得超载运输,或紧急制动、急弯掉头。沥青混合料用自卸汽车运至工地,车箱底板及周壁应涂一薄层油水(柴油∶水为1∶3)混合液。运输车辆应覆盖,运至摊铺地点的沥青混合料温度不宜低于规定值,运输中尽量避免紧急制动,以减少混合料离析。

2.生产组织

沥青混合料的生产组织包括拌矿料和沥青供应、沥青混合料搅拌和混合料运输等方面，任何一方面组织不好都会引起停工。

(1)搅拌

①材料供给。所用矿料符合质量要求，储存量应为平均日用量的5倍，堆料场应加遮盖，以防雨水。研究表明:矿料含水率的多少对设备生产能力的影响很大，矿料的含水率大则意味着烘干与加热时，拌和设备生产能力降低，燃料消耗率增加。例如干燥滚筒生产能力为(50～80)t/h时，含水率为5%～8%的矿料，含水率每增加1%，干燥能力下降约10%，每吨产品的燃油消耗率将增加10%。矿粉和沥青储量应为平均日用量的2倍。

②搅拌设备运行与沥青混合料搅拌。按要求的集料(矿料)级配、油石比和出料温度，进行混合料的搅拌。在混合料搅拌中，用装载机将不同规格的矿料投入到搅拌设备相应的冷料仓，搅拌设备运行中要经常检查料仓储料情况，如果发现各斗内的贮料不平衡、筛网破裂等情况时，应及时停机，以防热料仓满仓或贮料串仓。

沥青混合料的生产温度应符合表13-27或表13-28要求。烘干集料的残余含水率不得大于1%。每天开始几盘集料应提高加热温度，并干拌几锅集料废弃，再正式加沥青拌和混合料。

搅拌站除尘装置中的粉料，经一级除尘部分可直接回收使用，二级除尘部分可进入回收粉仓使用(或废弃)。对因除尘造成的粉料损失应补充等量的新矿粉。

沥青混合料搅拌时间根据具体情况经试拌确定，以沥青均匀裹覆集料为度。间歇式拌和机每盘的生产周期不宜少于45s(其中干拌时间为5～10s)。改性沥青和SMA混合料的拌和时间应适当延长。

间隙式搅拌机宜备有保温性能好的成品储料仓，储存过程中混合料温降不得大于10℃，且不能有沥青滴漏。普通沥青混合料的储存时间不得超过72h;改性沥青混合料的贮存时间不宜超过24h;SMA混合料只限当天使用。

生产添加纤维的沥青混合料时，纤维必须在混合料中充分分散，拌和均匀。搅拌机应配备同步添加投料装置，松散的絮状纤维可在喷入沥青的同时或稍后采用风送设备喷入搅拌缸，搅拌时间宜延长5s以上。颗粒纤维可在粗集料投入的同时自动加入，经5～10s的干拌后，再投入矿粉。

沥青混合料出厂时应逐车检测沥青混合料的重量和温度，记录出厂时间，签发运料单。

(2)运输

开工前应查明施工位置、施工条件、摊铺能力、运输路线、运距和运输时间，以及所需混合料的种类和数量等。沥青混合料成品应及时运往工地，车辆数量必须满足搅拌设备连续生产的要求，不能因车辆少而临时停工。在生产中所用运输车辆数量n可按下式计算：

$$n=\alpha\frac{t_1+t_2+t_3+t_4+t_5}{T} \tag{13-10}$$

式中：t_1——汽车装料时间，min;

t_2——重载运料时间，min;

t_3——汽车卸料时间，min;

t_4——空载运程时间,min;

t_5——汽车装料、卸料等待时间总和,min;

α——储备系数,视交通情况而定,一般取1.1~1.2;

T——拌制一车混合料所需的时间,min。

$$T = 60\frac{G_0}{G} \tag{13-11}$$

式中:G——搅拌站生产能力,t/h;

G_0——车辆的载重能力,t/h。

要组织好车辆在搅拌站处装料和工地卸料的顺序,计划好车辆在工地卸料时的停置地点。装料时必须按其载重装足,安全检查后再起动。

为了精确控制材料,载运料汽车出厂时应进行称量,常用磅秤或使用拌和厂的自动称量系统。

为了不因特殊事故或其他原因而使设备停工,拌和设备应有足够的混合料成品储仓。

①对运输车辆的要求。运料车的运力应稍有富余,施工过程中摊铺机前方应有运料车等候。对高速公路、一级公路,宜待等候的运料车多于5辆后开始摊铺。

运料车每次使用前后必须清扫干净,在车箱板上涂一薄层防止沥青黏结的隔离剂或防黏剂,但不得有余液积聚在车箱底部。

②装料与运输的要求。从搅拌站向运料车上装料时,应多次挪动汽车位置,平衡装料,以减少混合料离析。运料车运输混合料宜用苫布覆盖保温、防雨、防污染。

运料车进入摊铺现场时,轮胎上不得沾有泥土等可能污染路面的脏物,否则宜设水池洗净轮胎后进入工程现场。

③卸料的要求。沥青混合料在摊铺地点凭运料单接收,若混合料不符合施工温度要求,或已经结成团块、已遭雨淋的不得铺筑。

摊铺过程中运料车应在摊铺机前100~300mm处停住,空挡等候,由摊铺机推动前进开始缓缓卸料,避免撞击摊铺机。

在有条件时,运料车可将混合料卸入转运车经二次拌和后向摊铺机连续均匀地供料。运料车每次卸料必须倒净,尤其是对改性沥青或SMA混合料,如有剩余,应及时清除,防止硬结。

SMA混合料在运输、等候过程中,如发现有沥青结合料沿车箱板滴漏时,应采取措施予以避免。

3.混合料搅拌质量的直观检查

质检人员必须在运料汽车装料过程中和开离搅拌站前往摊铺工地途中经常进行目测,发现混合料中是否存在的某些严重问题。

沥青混合料生产的每个环节都应特别强调温度控制。这是质量控制的首要因素。目测可以发现沥青混合料的温度是否符合规定:运料汽车装载的混合料中冒黄烟往往表明混合料过热;若混合料温度过低,沥青裹覆不匀,装车将比较困难;如运料汽车上的沥青混合料能够堆积很高,则说明混合料欠火,或混合料中沥青含量过低;如果热拌混合料在运料汽车中容易坍平(不易堆积),则可能是因为沥青过量或矿料湿度过大所致。

4.混合料搅拌质量测试

(1)温度测试。直观检验固然很重要,但检验人员必须进行测定。沥青混合料的温度常在运料汽车装料这一环节结束后测出。

(2)沥青混合料的取样和测试。沥青混合料的取样与测试是拌和厂进行质量控制最重要的两项工作。取样和测试所得到数据,可以证明成品是否合格。因此,必须严格遵循取样和测试程序,确保试验结果能够真实反映混合料的质量和特性。

(3)检测记录。检测人员必须保留详细的检验记录。这些记录是确定沥青混合料是否符合规范要求、能否付款的依据。因此,记录必须清楚、完整和准确,也是日后研究和评价该项工程的依据。

为了能够反映实际情况,这些记录和报告必须在进行所规定的试验或测量的当时抓紧时间填写。每项工程都必须记日志。应记录:工程编号、搅拌站位置、搅拌设备的类型和型号、原材料来源、主要工作人员姓名以及其他数据。还应记录日期和当天的气象情况及搅拌站的主要活动和日常工作。对异常情况,特别是对沥青混合料可能产生不利影响的情况必须进行说明。

(4)混合料搅拌质量缺陷及原因分析。

5.影响沥青混合料搅拌设备生产能力的主要因素

影响搅拌设备生产能力的因素是多方面的,归纳起来主要是四个方面,即设计因素、材料因素、运行因素和工况因素。

(1)设计因素是搅拌设备制造厂商予以考虑并完成的,反映了整台设备的技术性能。对于一台已有设备,设计因素为不可变更的因素。

(2)材料因素的影响取决于工程设计,沥青混合料不同的材质、不同的配合比设计,要求设备的适应性是不同的。

对搅拌器而言,材料的不同组成存在着一个是否容易拌匀的问题,细集料和矿物填料所占的比例、沥青用量的多少、沥青标号和沥青加热温度影响搅拌难易程度。

对于干燥滚筒,材料的影响主要表现在矿料中粗细料的比例和材料的吸水率上。粗细集料比例的影响反映在进入干燥滚筒的冷集料的松装密度上,细集料较多则材料的表面积增大,热交换过程减慢,因而生产能力下降;材料吸水性的影响,像花岗岩一类的材料,其所含的水分主要黏附在集料的表面上,而很少浸入集料的内部,因而容易蒸发。但吸水率大的石灰岩之类的材料,由于水分在材料内部,烘干比较困难,因而降低了滚筒的生产能力。

(3)运行因素的影响主要指搅拌器的搅拌时间。由于要求搅拌器对不同级配组成的混合料应具备较好的适应性,因此,必须有一个可以调整的运行参数,以期满足拌制不同材料的要求。搅拌时间为干拌时间和湿拌时间表的总和,它直接决定了混合料在搅拌器内受强制搅拌作用的持续时间,缩短搅拌时间意味着增加搅拌器的生产率,增加搅拌时间显然会改善材料的均匀度,然而过长的搅拌时间表也会对混合料产生负面影响,当搅拌时间超过90s时其质量会明显变坏,当延长至300s时混合料已不能使用。

(4)工况因素主要指环境温度、冷集料含水率、热集料出料温度以及废气温度对干燥筒性能的影响。

①集料含水率对干燥筒生产能力影响。滚筒内有效的热量消耗主要由两部分组成:一部

分是将集料中的水分升温、蒸发，并使水蒸气加温至废气温度所消耗的热量，这一过程进行得较为缓慢，它与集料的含水率成正比；另一部分是将脱水后的集料升温至所要求的出料温度而消耗的热量，这一过程进行得较快，它与热集料的生产量成正比，一个设计优良的烘干系统，这部分有效热量的消耗可达85%以上。

②集料的出料温度也是一个重要的影响因素。出料温度越高，砂石料升温消耗的热量越大，一般出料温度降低10%，生产率可提高5%左右。但是出料温度是根据施工要求来定，不得随意调整。

③废气温度的降低有利于提高滚筒的热效率。但过低的废气温度，特别是低于水的露点温度时，会使水蒸气结成微小的水滴，这对除尘是不利的，尤其采用袋式集尘装置，常常会使袋子堵塞。因此废气温度一般控制在110～165℃之间，最高不超过200℃。

④环境温度的影响。集料的温度取决于环境温度，环境温度低时，除了加温至出料温度所消耗的热量增大外，筒壁散失的热量也会增大。故在筒壁外加保温层不失为是一项有效的节能措施。

因此在确定干燥筒生产能力时，是以标准工况为基础的，即冷集料温度20℃、冷集料平均含水率5%、热集料出料温度160℃。

三、摊铺作业

高速公路和一级公路摊铺沥青混合料时，一台摊铺机的铺筑宽度不宜超过6(双车道)～7.5m(3车道以上)，通常宜采用两台或更多台数的摊铺机前后错开10～20m，呈梯队方式同步摊铺热拌沥青混合料路面，两幅之间应有30～60mm宽度的搭接，接茬应紧密、拉直，宜设置样桩控制厚度，并躲开车道轮迹带，上、下层的搭接位置宜错开200mm以上。

(1)摊铺准备。摊铺时应先检查摊铺机的熨平板宽度和高度是否适当，并调整好自动找平装置。摊铺机施工前应提前0.5～1h预热熨平板不低于100℃。摊铺机的受料斗应涂刷薄层隔离剂或防黏结剂。熨平板加宽连接应仔细调节至摊铺的混合料没有明显的离析痕迹。

(2)摊铺作业。摊铺机作业中，作业速度必须缓慢、均匀，以便摊铺连续不间断。不得随意变换速度或中途停顿，以提高平面度，减少混合料的离析。摊铺速度宜控制在2～6m/min的范围内，对改性沥青混合料及SMA混合料宜放慢至1～3m/min。铺筑过程中应选择熨平板的振捣或夯锤压实装置具有适宜的振动频率和振幅，以提高路面的初始压实度。摊铺机的螺旋布料器应相应于摊铺速度调整到保持一个稳定的速度均衡地转动，两侧应保持混合料料位高度有不低于布料器离地高度2/3，以减少在摊铺过程中混合料的离析。当发现混合料出现明显的离析、波浪、裂缝、拖痕时，应停止作业，分析原因，予以消除。

(3)自动找平方式。摊铺机作业中，必须采用自动找平方式，下面层或基层宜采用钢丝绳引导的高程控制方式，上面层宜采用平衡梁或雪橇式摊铺厚度控制方式，中面层根据情况选用找平方式。直接接触式平衡梁的轮子不得黏附沥青。铺筑改性沥青或SMA路面时宜采用非接触式平衡梁。

(4)摊铺温度要求。沥青路面不得在气温低于10℃(高速公路、一级公路)或5℃，以及雨天、路面潮湿的情况下施工；寒冷季节遇大风降温，不能保证迅速压实时不得铺筑沥青混合料；沥青混合料的最低摊铺温度根据铺筑层厚度、气温、风速及下卧层表面温度按表13-27或表

13-28 中的规定执行；沥青混合料摊铺时，混合料温度不应低于表 13-29 中的规定值。

沥青混合料的最低摊铺温度　　表 13-29

下卧层的表面温度（℃）	相应于下列不同摊铺层厚度的最低摊铺温度（℃）					
	普通沥青混合料			改性沥青混合料或 SMA 沥青混合料		
	<50mm	(50～80)mm	>80mm	<50mm	(50～80)mm	>80mm
<5	不允许	不允许	140	不允许	不允许	不允许
5～10	不允许	140	135	不允许	不允许	不允许
10～15	145	138	132	165	155	150
15～20	140	135	130	158	150	145
20～25	138	132	128	153	147	143
25～30	132	130	126	147	145	141
>30	1630	125	124	145	140	139

(5)混合料铺层松铺系数。摊铺机摊铺作业中，混合料铺层的摊铺厚度应为设计厚度乘以松铺系数，混合料的松铺系数通过试铺碾压确定，也可按沥青混凝土混合料为 1.15～1.35、沥青碎石混合料为 1.15～1.30 取值，细粒式沥青混合料取上限，粗粒式混合料取下限。

(6)人工辅助摊铺。用机械摊铺的混合料，不宜用人工反复修整。在路面狭窄部分、平曲线半径过小的匝道或加宽部分，以及小规模工程不能采用摊铺机铺筑时，可用人工摊铺混合料。人工摊铺沥青混合料应符合下列要求：

①半幅施工时，路中一侧宜事先设置挡板。

②沥青混合料宜卸在铁板上，摊铺时应扣锹布料，不得扬锹远甩。铁锹等工具宜沾防黏结剂或加热使用。

③边摊铺边用刮板整平，刮平时应轻重一致，控制次数，严防集料离析。

④摊铺不得中途停顿，并加快碾压。如因故不能及时碾压时，应立即停止摊铺，并对已卸下的沥青混合料覆盖苫布保温。

⑤低温施工时，每次卸下的混合料应覆盖苫布保温。

⑥当不得不由人工作局部找补或更换混合料时，需仔细进行，特别严重的缺陷应整层铲除。

四、碾压成形

压实是沥青路面施工的最后一道工序，良好的路面质量最终要通过碾压来体现。若采用了优质的筑路材料、精良的搅拌与摊铺设备及良好的施工技术，摊铺出了较理想的混合料铺层，但碾压中出现质量缺陷，仍将前功尽弃。因此，必须高度重视压实工作。

压实的目的是提高沥青混合料的强度、稳定性以及抗疲劳特性。

压实工作的主要内容包括碾压机械的选型与组合，压实温度、速度、遍数、压实方式的确定，及特殊路段的压实(弯道与陡坡等)。

1. 适合于沥青路面压实机械

适合于沥青路面压实的机械包括静力光轮压路机、轮胎压路机、双钢轮振动压路机等。

2. 选择与组合

结合工程实际，选择压路机种类、压实能力大小和数量，应考虑摊铺机的生产率、混合料特性、摊铺厚度、施工现场的具体条件等因素。

摊铺机的生产率决定了需要压实的能力，从而影响了压路机大小和数量的选用，而混合料铺层、混合料的特性则为选择压路机的大小、最佳频率与振幅提供了依据。如混合料矿料含量的增加或最大尺寸的增大，都会使其工作能力下降，要达到要求的密实度就需要较大压实能力的压路机。沥青稠度高时，也是如此。选择压路机质量以及频率和振幅，应与摊铺层厚度相适应。

碾压沥青混合料的合适振动频率为 50Hz 左右，一般推荐碾压加青混合料时的振动频率为 35～55Hz，最佳使用频率为 45～55Hz。但也有推荐在 60～70Hz，如戴纳派克公司。

摊铺层厚度小于 6cm，最好使用振幅为 0.35～0.60mm 的中、小型振动压路机（2～6t），这样可避免材料出现推料、波浪、压坏集料等现象。在压实较厚的摊铺层（大于 10cm）时，使用高振幅（可高达 1.00mm）的大、中型振动压路机（6～10t）。压路机的选择必须考虑施工现场的具体情况，若有陡坡、转弯的路段，应考虑压路机操作的机动灵活性。

摊铺层厚较大时选用高频率大振幅，以产生较大的激振力，厚度较薄时采用高频率低振幅，以防止集料破碎。

压路机的需要量以铺筑试验段是确定的数量为基础。在混合料温度、厚度、下承层温度变化的条件下，应利用混合料温度参数可以相当准确地估算有效压实时间。所谓有效压实时间是指混合料从摊铺后的温度冷却至最低压实温度所需的时间，这种有效时间的估计可帮助工地工程技术人员确定需要多少台压路机。

五、接缝处理

热拌沥青混合料路面施工接缝分纵缝与横缝。路面施工必须接缝紧密、连接平顺，不得产生明显的接缝离析。上、下层的纵缝应错开 150mm（热接缝）或 300～400mm（冷接缝）。相邻两幅及上、下层的横缝均应错位 1m 以上。接缝施工应用 3m 直尺检查，确保平面度符合要求。

1. 纵缝

纵缝部位的施工应符合下列要求：

（1）摊铺时采用梯队作业的纵缝应采用热接缝，将已铺部分留下宽度为 100～200mm 暂不碾压，作为后续部分的基准面，然后作跨缝碾压以消除缝迹。

（2）当半幅施工或因特殊原因而产生纵向冷接缝时，宜加设挡板或加设切刀切齐，也可在混合料尚未完全冷却前用镐刨除边缘留下毛茬的方式，但不宜在冷却后采用切割机作纵向切缝。加铺另半幅前应洒少量沥青，重叠在已铺层上 50～100mm，再铲走铺在前半幅上面的混合料，碾压时由边向中碾压留下 100～150mm，再跨缝挤紧压实。或者先在已压实路面上行走碾压新铺层 150mm 左右，然后压实新铺部分。

2. 横缝

高速公路和一级公路的表面层横向接缝应采用垂直的平接缝，以下各层可采用自然碾压

的斜接缝，沥青层较厚时也可作阶梯形接缝，如图13-48所示。其他等级公路的各层均可采用斜接缝。

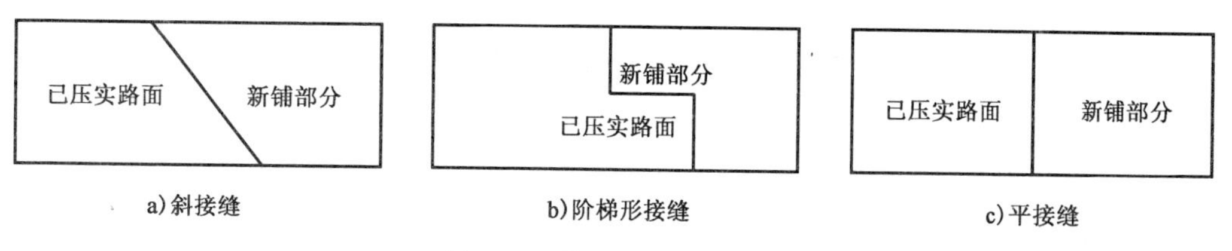

图13-48 横向接缝的几种形式

斜接缝的搭接长度与层厚有关，宜为0.4～0.8m。搭接处应洒少量沥青，混合料中的粗集料颗粒应予剔除，并补上细料，搭接平整，充分压实。阶梯形接缝的台阶经铣刨而成，并洒粘层沥青，搭接长度不宜小于3m。

平接缝宜趁尚未冷透时用凿岩机或人工垂直刨除端部层厚不足的部分，使工作缝成直角连接。当采用切割机制作平接缝时，宜在铺设当天混合料冷却但尚未结硬时进行。刨除或切割不得损伤下层路面。切割时留下的泥水必须冲洗干净，待干燥后涂刷粘层油。铺筑新混合料接头应使接茬软化，压路机先进行横向碾压，再纵向碾压成为一体，充分压实，连接平顺。

六、开放交通及其他

热拌沥青混合料路面应待摊铺层完全自然冷却、混合料表面温度低于50℃后，方可开放交通。需要提早开放交通时，可洒水冷却降低混合料温度。

13-9 路面压实机械化

一、路面压实的意义和压实机械的技术选择

路面是由各种材料铺筑的，为使各种材料能形成一层坚硬的结构，提高材料的密度，降低透水性，以保证在自然条件和运输车辆的作用下都能保持路面的稳定，为此必须用压实机械施压。

热拌沥青混合料压实设备主要有静力碾压、振动压实和振荡压实三种类型。静力碾压是利用压路机的自重使材料产生剪应力，克服集料颗粒之间的摩擦力和沥青的黏度，颗粒移动到较稳定的位置，减小空隙率，提高稳定性。振动压实是利用振动轮的高频振动传给被压材料，使其发生接近自身固有的频率振动，减小颗粒间的摩擦力，使颗粒更容易移动和填充到密实、稳定状态。振荡压实是利用交变剪应力的原理，振动与搓揉相结合，使颗粒重新排列而变得更加密实。

压路机的振动轮对铺层材料施加垂直方向的振动力称为振动压实，振动轮以交变扭矩对铺层材料施加水平振动力称之为振荡压实。振荡压实的能量是沿水平方向进行传播的，它在压实深度方面显然不如振动压实。但是在表面层的一定深度范围内交变剪切力使钢轮对地面产生一种剪切和搓揉的作用，这种作用能对沥青混合料产生高效压实并能防止表面裂缝。

目前，路面压实的主要方式为静力碾压和振动压实。

静力碾压和振动压实机械的压实作用主要取决于它的单位压力，而不同线压力的选定又根据路面材料的强度和施压后所应达到的承载能力而定。一般石料的强度和压路机单位线压力的关系如表 13-30 所示。

石料强度与压路机的线压力间的关系　　表 13-30

石料性质	软	中等	硬	极硬
石料名称	石灰岩、砂岩	石灰岩、砂岩、粗粒花岗岩	细粒花岗岩、正长岩、闪粒岩	辉绿岩、玄武岩、闪长岩、辉长岩
极限强度(MPa)	29.4～58.5	39.2～98	98～196	197 以上
压路机单位压力(kPa)	5 880～6 860	6 860～7 800	7 800～9 800	9 800～12 250

我国现已生产有各种不同质量和不同类型的压路机，现将各种路面材料在压实时选择压路机的数据列入表 13-31 供参考。

选择压路机类型时的一般数据　　表 13-31

路面铺筑层型	各个碾压阶段所需压路机单位线压力(kPa)	各个阶段压路机行驶速度(km/h)	压路机质量(t)	压路机类型
泥结碎石路面	2 940～3 720 4 900～6 860 7 840～11 760	1.5～2 1.5～2 3～4	5～8 7～8 12～15	二轮二轴 三轮二轴
沥青结合料表面处治	2 940～3 920	2～4	5～6 7～8	二轮二轴
沥青结合料浅贯入和深贯入	2 940～3 920 4 900～7 350	2～4	5～6 7～8	二轮二轴
热拌沥青混合料	300～4 000 4 000～76 000 5 100～76 000	1.5～2 2.5～3 2～4	5～6 7～8 12～15	二轮二轴 三轮二轴 轮胎压路机
沥青碎石路拌	3 000～4 000 5 100～7 600	2～4	5～6 8～10	二轮二轴 三轮二轴

从路面铺筑材料压实施工方法的要求出发，将沥青混合料铺层的碾压分为初压、复压和终压。初压至终压所用压路机应遵循先轻后重的原则，而行驶速度也应由低到高。这是因为材料在初压阶段，各颗粒尚呈松散状态，低速行驶时材料颗粒与材料之间相互嵌挤的效果较好，压路机本身的行驶也较稳定。到压实的后阶段，材料铺层各颗粒间已不再相对滑动，且表面逐渐平滑，因此可选择质量大一些的压路机，行驶速度也可快些。一般压路机的工作速度在 1.5～4km/h 之间。压路机碾压作业速度应符合表 13-32 的规定。

压路机碾压作业速度　　表 13-32

压路机类型	初压		复压		终压	
	适宜	最大	适宜	最大	适宜	最大
钢筒式压路机	2～3	4	3～5	6	3～6	6
轮胎压路机	2～3	4	3～5	6	4～6	8
振动压路机	2～3 (静压或振动)	3 (静压或振动)	3～4.5 (振动)	5 (振动)	3～6 (静压)	6 (静压)

在施压过程中，如路面出现波浪起伏现象，特别是压实沥青混合料路面时，如有微小起伏，将会在路面在使用过程中不断扩大。遇有这种现象则说明选用的压实方式不当。此时应采用压路机对角线压实方法以消除不平。

二、压路机碾压施工

1. 压路机碾压的程序

压路机施压时应以路面中心线为标准，从左右两边开始逐渐向中心，直至压路机的主轮压到中心线为止。然后在路中心加压主轮尚未压到的地方。使用两轮两轴压路机时，前后两主轮重叠的宽度为25～30cm，如图13-49所示。用三轮两轴压路机施压时，重叠宽度为主轮宽度的1/2，如图13-49所示。

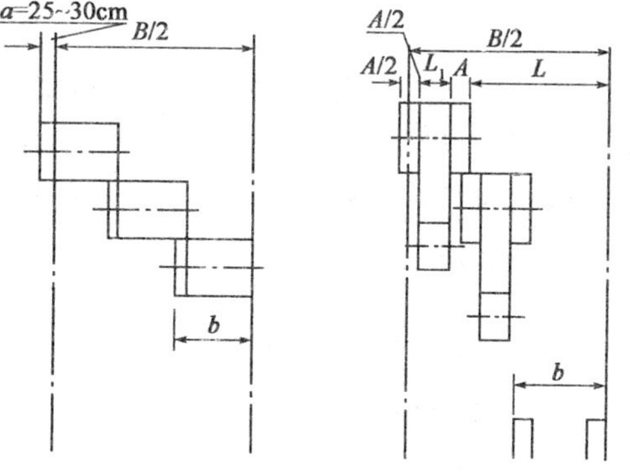

图13-49 二轮、三轮压路机碾压程序图

B-路面宽度；b-压路机滚轮宽度

2. 热拌沥青混合料铺层压实

压实按初压、复压、终压三个阶段进行，压路机应以慢而均匀的速度碾压，其碾压速度应符合表13-32的要求。

(1)初压

初压应在混合料摊铺后较高温度下进行，并不得产生推移、开裂，压实温度可根据沥青稠度、压路机类型、气温、铺筑层厚度、混合料类型经试铺试压确定。

压路机应从外侧向中心碾压。相邻碾压带应重叠1/2轮宽，最后碾压路中心部分，压完全幅为一遍。

初压时，压路机应在紧跟摊铺机后碾压，并保持较短的初压区长度，以尽快使表面压实，减少热量散失。对摊铺后初始压实度较大，经实践证明采用振动压路机或轮胎压路机直接碾压无严重推移而有良好效果时，可免去初压，直接进入复压工序。

通常宜采用钢轮压路机静压1～2遍。直线段碾压时应将压路机的驱动轮面向摊铺机，从外侧向中心碾压，在超高路段则由低向高碾压，在坡道上应将驱动轮从低处向高处碾压。压实作业中，碾压路线及碾压方向不应突然改变，压路机起动、停止必须减速缓慢进行。

初压的目的是整平和稳定沥青混合料，为复压创造有利条件，是压实的基础，所以，初压时应特别注意检查平面度、路拱，必要时予以适当调整。

(2)复压

复压的目的是使沥青混合料密实、稳定、成形，沥青混合料的密实度程度取决于这一道工序，因此必须与初压紧密衔接。

复压应，压路机紧跟在初压后开始，且不得随意停顿。压路机碾压段的总长度应尽量缩短，通常为60～80m。采用不同型号的压路机组合碾压时宜安排每一台压路机作全幅碾压，防止不同部位的压实度不均匀。

密级配沥青混凝土的复压时，宜优先采用重型的轮胎压路机进行搓揉碾压，以增加密水性，其总质量不宜小于25t，吨位不足时宜附加重物，使每一个轮胎的压力不小于15kN。冷态时的轮胎充气压力不小于0.55MPa，轮胎发热后不小于0.6MPa，且各个轮胎的气压大体相同，相邻碾压带应重叠1/3～1/2的碾压轮宽度，碾压至要求的压实度为止。

以粗集料为主的较大粒径的混合料、尤其是大粒径沥青稳定碎石基层复实时，宜优先采用振动压路机。

厚度小于30mm的薄沥青层不宜采用振动压路机碾压。

通常复压压路机的压实遍数，是以铺筑试验段时确定的遍数为基础，结合实际压实作业中的情况确定。

(3)终压

终压的目的是消除轮迹，最后形成平整的压实面。终压应紧跟在复压后进行，沥青混合料的终压温度，应符合表13-27或表13-28的规定。

终压可采用双钢轮振动压路机关闭振动装置后进行碾压，碾压遍数不少于2遍，直到无明显轮迹为止。

三、沥青混凝土路面碾压注意事项

(1)严格控制碾压温度。

(2)严格控制沥青混合料在运输和摊铺时的温度降低，在5～10℃的气温下，运距在10km左右时，沥青混合料温降为10～25℃之间。因此在运输途中一定要做好保温措施。

一般由摊铺机摊铺完毕至碾压开始需3～8min，而温度下降为1～45℃，平均每分钟下降1～5℃。为了缩短摊铺时间，必须选用操作技术熟练的驾驶人和有良好的施工组织。

(3)压路机在碾压中不应在同一位置上改变行驶方向，不能在未压实的混合料铺层上起动、制动与停放，以免在该断面处形成凹陷。

(4)压路机在碾压滚轮上涂抹乳化剂和水，以免沥青混合料黏结在滚轮上而影响碾压质量。

四、改性沥青混合料路面的碾压注意事项

(1)改性沥青混合料路面必须采用钢轮碾压，不容许采用轮胎式压路机。为了避免粗集料的压碎、泛油等，采用振动压路机碾压时，高频率低振幅非常重要，同时遍数不要太多。

(2)碾压SMA时密切注意压实度的变化，对SMA来说，过碾是一大忌，所以应采用严格控制碾压遍数的方法来控制压实度。一般初压用10t钢轮紧跟在摊铺机后碾压1～2遍，复压钢轮静压3～4遍，或振动压路机振动碾压2～3遍，最后用较宽的钢轮终压一遍结束。

(3)由于SMA的结构组成特点，粗集料的用量达到70%以上，高温状态下主要靠粗集料的嵌挤作用。混合料在摊铺机铺筑后本身就已经有相当大的压实度，一般在85%以上，压路机可以碾压的程度极小，所以初压的痕迹也是极小的。由于集料的充分嵌挤，压路机碾压过程中，压路机前轮面不会发生明显的推拥。

第四部分　施工机械管理技术

第14章 施工机械管理概述

14-1 机械设备管理的实质

一、机械设备管理的基本原则

机械设备管理的基本原则是紧紧围绕企业的经营方向和经营目标，为全面提高生产经营活动的经济效益，在技术进步的基础上，管好、用好机械设备，并从以下几方面得到体现：

(1)改善企业技术装备质量和能力，不断提高施工机械化程度和水平。

(2)有重点、有步骤地对现有机械设备进行技术改造，不断促进企业技术进步。

(3)能立足于企业生产经营活动，促进经济效益的提高。

(4)能适应企业改革的深化，发展机械设备管理现代化。

二、机械设备管理的特点

1.机械设备使用范围的局限性

机械设备大多是专用的，每一种机械设备只能完成一、二项或者三、四项性质相近的作业内容，不可能完成所有项目，其使用范围具有一定的局限性。例如推土机，一般称之为通用机械，其用途虽然比较广些，但也只能完成推土、平整等移运土方的作业，其他作业项目就无能为力了。其他机械，例如：压路机只能用作辗压，平地机只能平地、挖边沟、刷边坡，挖掘机只能挖土等。因此，要完成一项大型工程的任务，无论是筑路、架桥还是其他任务，都要根据工程任务的不同、作业项目和规模的大小，组织各种各样、大大小小的机械，配套起来有计划地进行施工。

2.机械设备管理的复杂性

机械设备管理的目的就是科学地、合理地使用机械去完成施工任务，这里包括“人”和“机”两方面的管理。而机械设备管理包括管、用、养、修、供五个方面的工作内容。因此，机械设备管理工作是比较复杂的。如果在机械化施工中“重用轻管”，“重用轻修”，削弱了机械的“管”、“养”、“修”和配件供应工作，势必造成机况下降、工效降低、成本升高、经济效益差，最终结果是影响工程任务的顺利完成。因此，在机械化施工中，必须把机械设备管理、使用、保养、修理、配件供应等五项工作有机地结合起来，全面抓紧，互相配合，互相促进才能更好地完成施工任务。

3.工程任务的多变性

机械设备的服务对象是工程任务。工程任务，例如公路工程，其内容和要求变化很大，不仅要修路，而且要修桥，路基有土方、石方，路面结构、桥涵形式也各不相同。不同的工程任务需要配备不同种类和型号的机械，不同的工程规模和工期需要用不同数量的施工机械去完成。一个基层施工单位（工程处、工程队），应根据当年的任务，科学地配备所需要的机械。如果第二年任务变化了，有些机械不够，就需要增加，有些机械由于任务变小或没有任务而闲置，这样发展下去，机械设备越来越多，必然形成“大而全”、“小而全”的现象，这种由于任务经常变化而造成机械忙闲不均和闲置浪费。因此，需要从改革管理体制入手，变分散管理为集中管理，变小生产为大生产，进行专业化施工，从根本上解决机械设备供需之间的矛盾。

4. 机械设备的大型化、昂贵化

随着经济的发展，对公路的施工质量要求越来越高，工程规模变得越来越大，完成工程所需的施工机械设备则趋于单机大型化、技术性能高级化、自动控制精密化，这就使得机械设备价格更加昂贵。因此，无论是机械设备的投资费还是使用费都需要支付大量资金，这就迫切要求提高机械设备的经济效益。比如，进行机械设备投资时，要计算投资效果，预测机械设备投资回收期；在使用过程中，要降低能源消耗，减少机械设备故障停工损失，降低维持费用，提高设备管理与维修水平；还要计算设备的经济寿命等。因此，机械设备的经济管理显得越来越重要。

5. 大型设备或不常用设备租赁化

在欧洲和美加等地区，工程承包商为追求最大利润，对新增设备是很慎重的。不常用的机械设备尽可能采用租赁的办法，而不是盲目花钱去装备自己。工程承包商租用的机械一般多于自有机械。如在 20 世纪 60 年代，美国一些工程公司本身拥有的施工机械占 70%，租用机械占 30%，而到 70 年代，自己拥有的仅占 34%，租用的则上升为 66%。一般通用的、中小型的施工机械归施工公司占有，而大型的和不常用的机械设备则由专门公司占有、管理和对外出租。这一趋势在 20 世纪 90 年代开始在我国出现，各种机械租赁公司纷纷成立。这一体制的出现，有利于提高机械设备的利用率和效率，加速资金周转和降低机械使用费。

三、机械设备管理的基本任务

机械设备管理，本质上是机械运动全过程的管理。机械运动有两种状态：一是机械的物质运动状态，包括从机械设备的选购、验收、安装、调试、使用、维修、改造、更新等；二是机械的价值运动状态，包括机械设备最初投资、使用、维修费的支出、更新、改造资金的筹措与支付等。两种运动状态形成机械设备的两种管理，即技术管理和经济管理，它们分别受技术规律和经济规律的支配。因此，机械设备管理一方面即要重视技术管理，经常保持机械处于良好的技术状态；另一方面又要重视经济管理，达到最经济的寿命周期费用，两者是相辅相成的。

国家经委颁布的《国营工业交通设备管理试行条例》中第一条明确规定了机械设备管理的基本任务：“设备管理的基本任务是正确贯彻执行党和国家的方针政策，通过采取一系列技术、经济、组织措施，逐步做到对企业主要设备的设计、制造、购置、安装、使用、维修、改造、更新直至报废的全过程进行综合管理，以获得寿命周期费用最经济、设备综合效能最高的目标”。

这个基本任务的规定，冲破了把机械设备管理理解为只是对机械设备的维修、保养，看成是加油、清洁和修理的那种传统的观点，对其给予了新的概念和内容。各级设备管理人员应彻底摒弃带有片面性、局限性的传统机械设备管理观念，认识到现代机械设备是以研究机械设备一生为对象，追求其寿命周期费用最经济为目的，动员全员参加，讲究全效率的综合管理。在机械设备管理过程中，应坚持五个结合：设计、制造、使用和维修相结合；以预防为主，日常维护保养与计划检修相结合；技术管理与经济管理相结合；专业管理与群众管理相结合；修理、改造和更新相结合。施工企业的使用部门要努力做到合理选购、正确使用、精心维护、科学检修、安全经济运行，并不断总结推广国内外机械设备管理的先进经验，逐步建立一套适合我国国情、具有中国特色的机械设备管理制度和办法。

四、机械设备管理的主要工作

(1)对机械设备从选型购置、安装调试、验收投产、使用维修、更新改造直到报废实行综合管理，建立相应的规章制度、规程、规范、定额和指标等。

(2)重视机械设备的前期管理，在认真进行技术经济论证的基础上，选购先进、适用的机械设备，保持合理的装备结构。

(3)科学地组织机械施工，合理配置和调整机械结构，充分发挥其效能，提高机械设备在时间和能力上的利用程度。

(4)对机械设备有计划地进行定期维护和检查修理，使其经常处于良好的技术状态，以提高机械设备的完好程度。

(5)采用先进的修理方法和技术组织措施，提高修理质量，缩短工期，降低费用，及时消除机械设备的缺陷和隐患，防止损坏事故的发生。

(6)有计划地对现有机械设备进行技术改造和更新，实现扩大再生产，以提高企业施工能力和装备水平。

(7)组织对机械设备使用状况的检查和分析，并反馈于机械设备管理全过程，不断提高机械设备的利用率和效率。

(8)实行机械设备的租赁和经济承包，用经济手段管理机械，提高其经济效益。

五、机械设备管理的内容及分类

对于施工企业来说，机械设备的管理主要是机械设备投入使用后的管理，其内容包括：装备规划管理、更新改造管理、选购与验收管理、固定资产管理、使用管理、保养管理、维修管理、配件和油料与仓库管理、安全管理、定额管理、统计与信息管理。机械设备的经济管理作为管理的重要内容，应有机地融入以上各个管理环节中去。如果把安全管理归结为使用管理的一部分，把使用管理、保养管理、维修管理、配件与油料供应管理独立出来，其余合并为行政管理，则机械设备使用部门的管理基本内容，可用以下五个字来概括：即管(行政管理)、用(使用管理)、养(保养管理)、修(维修管理)、供(配件与油料供应管理)。

管、用、养、修、供五个方面是一个有机的整体，而经济分析与核算贯穿于始终。必须用系统的观点处理好它们之间的关系，才能全面做好机械设备的综合管理工作。

在处理五个方面之间的关系时，应该做到：

(1)使用是核心　机械设备使用体现了购置机械的目的，是完成施工生产任务、创造产值的过程，也是机械磨损的过程。所以用是核心，管是手段，养、修、供是保证。管、养、修、供都是为使用服务的。

（2）养、修并重　保养和修理都是为了保证机械设备良好的技术状况。保养和修理的性质、作用、作业内容是不同的，不能彼此混淆和互相代替。保养是预防性的，必须强制进行。而修理是恢复性的，必须视情况及时进行。保养是经常保持机械技术状况的主要手段，是机械技术管理的关键。修理是恢复机械技术状况的唯一手段，是机械设备技术管理的支柱。

（3）保障供应　配件、油料和替换设备的供应是机械设备使用、保养、修理的物质保障。如果不能及时保障供应或供应的质量、型号和规格不符合要求，必将给机械设备的用、养、修带来影响，甚至造成事故。

（4）经济效益是纲　机械设备管理的基本任务是以获得寿命周期费用最经济、设备综合效能最高为目标的。管、养、修、供都是为使用服务的，而使用的目的则是为了取得经济效益，所以经济核算工作是贯穿五个方面工作的纲。

（5）管字当头　"管"包含内容较多，其中的投资决策和规划关系到整个管理工作的成败。况且机械设备的用、养、修、供的本身也就是管理的过程，因此必须"管"字当头才能推动这五个方面的工作。

（6）统筹安排　应避免只重视用机械设备去完成任务，而不重视机械设备的正确使用，只重视修理而不重视保养等诸如此类的问题。当然机械设备坏了必须修理，但是，忽视使用和保养，则不能从根本上摆脱机械设备管理的被动局面。机械设备的正确使用和及时保养是比事后修理更为积极的方式。特别是正确合理的使用和保养可以延长大修理间隔期和机械寿命，减少修理量和配件消耗。机械设备管理的五个方面工作是一个整体，因此必须用系统管理的观点来全面考虑、统筹安排。

机械设备管理的具体内容划分如表14-1所示。

机械设备管理具体内容划分　　表14-1

管理内容	技术管理	经济管理
"管"	装备规划管理 技术改造和更新管理 选购与验收管理 固定资产管理 定额管理 统计与信息管理	可行性分析 经济分析 招标投标 经济核算 经济核算 经济分析
"用"	使用管理 安全管理	效益分析 损失分析
"养"	保养管理	经济核算
"修"	维修管理	经济分析与核算
"供"	配件、油料与仓库管理	经济核算

六、做好机械设备管理工作的要点

（1）坚持推行综合管理。对主要机械设备的设计、制造、购置、安装、使用、维修、改造、更新、直至报废的全过程实行综合管理，重点应放在前期管理上。

（2）要实行五个结合。即设计、制造、使用和维修相结合，修理、改造和更新相结合，技术管理与经济管理相结合，专业管理和群众管理相结合，日常维护和计划检修相结合。

(3)推行全员管理。运用行为科学的理论,重视人的工作,调动全体员工管好、用好机械设备的积极性和责任感,使机械设备管理工作建立在广泛的群众基础上。

(4)建立和健全科学的、合理的规章制度和严格的技术、经济责任制,使机械设备管理正常化,讲究经济效益,做到按劳分配,奖惩分明。

(5)努力提高机械设备管理人员的业务、技术素质,培养一支具有现代机械设备管理能力和技术水平的干部队伍,这是管好、用好机械设备的根本保证。

14-2 机械设备管理机构与体制

一、机构设置一般应遵循的原则

为了保证机械设备管理基本任务和主要工作的实施,根据施工企业规模和装备能力,应相应建立和健全各级机械设备管理机构,配备相应的专业技术人员和管理人员,形成一个层层负责、专群结合的机械设备管理网络。施工企业的任何一种组织机构的设置原则,都是以能高效地进行工作为主要目的。所以,机械设备管理机构的设置也要遵循这一总原则。

按照《转换经营机制条例》的规定,施工企业虽然享有自主设置内部管理机构的权力,但根据我国的情况,机械设备管理机构的设置,应该与国家经济管理体制相适应,也就是要按照国家的有关规定、干部配备制度、企业的规模、经营方式和机械化施工程度等因素综合考虑后,确定机械设备管理机构的设置,使之趋于合理化。

1.要以《设备管理条例》中第三条规定作为原则依据

为了充分发挥机械设备管理的组织作用,积极正常地开展机械设备管理工作,必须坚持《设备管理条例》中第三条规定的“五个结合”原则。

2.应体现统一领导、分级管理的原则

所谓统一领导,就是关于机械设备管理中的重大问题,如企业的发展规划、装备素质、装备水平、设备引进与技术改造等问题,都应由公司一级的管理机构集中进行领导决策,下属机构不应无序进行。所谓分级管理,属于日常机械设备的管、用、养、修,应由基层单位(如项目经理部)具体执行。所以,在设置机械设备管理机构时,均应因地制宜地予以考虑。

在体现统一领导、分级管理的原则时,还应根据企业的大小、机械设备的多少来确定集权与分权。企业规模小、管理层次少,可以集中较多的权力;反之,企业规模大,下属企业专业性强,则应适当放权,以利生产。

3.力求精简、高效、节约

在设置机械设备管理机构时,应力求精简、高效、节约。要做到这些,关键是提高各级机械设备管理人员的业务水平和管理能力,实行机械设备管理技术、经济责任制。并要根据其任务的大小、繁简和难易程度,从有利于提高机构的办事效率入手,设置机械设备管理机构。

4.既要有合理分工,又要注意相互协作

设置机械设备管理机构,既要有合理的分工,又要注意相互协作和配合。应根据具体的情况,在各级机械设备管理机构之间和内部进行合理的分工,划清职责范围,提高管理专业化程度。但是,在分工的基础上,必须加强协作和相互配合。因为各级机械设备管理机构之间和内部的各职能人员之间都有内在的联系。

5. 应体现职、责、权、利的统一

在机构管理机构设置方案确定之后,在安排机构人员时,要坚持以能授职,尽可能做到能力与职务的统一。既要防止不称职的一面,又要做到人尽其才,才尽其用。更为重要的是责和权要适应。什么职务就应该负什么责任,责任到人就是权力到人,不能有职无权、有权无职,或有责无权,要把职、责、权结合起来。除了有职、有责、有权之外,还应享有相应的利益,做到职责、权、利的统一。

二、机械设备管理机构形式

1. 公路施工机械设备管理机构

目前,全国公路系统的机械设备管理体制,随着我国政企体制改革的不断深化,也处在大幅度的改革之中。各级机械设备管理机构,大致有表 14-2 所示的几种形式。

机械设备管理机构是搞好机械设备管理的职能部门,只有健全的机械设备管理机构,配备精干的管理人员和技术人员,才能把机械设备管理工作搞好。

机械设备管理机构形式　　表 14-2

机构形式＼级别 单位	一　级	二　级	三　级
公路局	省局机械设备处(科)	地、市公路分局或总段机械设备科	县公路段机械设备股
高等级公路管理局或高速公路公司	省局(公司)机械设备处(科)	地、市分局或线路管理处机械设备科	县公路所机械设备股
公路工程施工企业	省公路工程局或公司机械设备处(科)	工程处或分公司机械设备科	工程项目经理部或工程队、机械设备股
机械修理、制造企业	主管、机械设备管理部门单位	修理、制造厂或公司机械动力科	车间或分厂机械股

2. 机械设备维修机构

搞好机械设备的使用,必须要有与企业机械设备拥有量相适应的维修机构,才能保证机械设备技术状况完好地投入正常施工生产。

机械设备维修机构的组织形式,一般有表 14-3 所示的几种。

机械设备维修机构组织形式　　表 14-3

机构形式＼级别 维修方式	一　级	二　级	三　级
集中维修	省级,机械制造厂	地、市级,工程公司或处机械修理厂	县公路所或项目经理部机械维修站或班组
分散维修			维修力量均放到基层
混合维修	省级,机械修理厂负责大型机械大修	地市、工程处、分公司机械修理厂,负责中型、小型机械大修	基层维修站或班组负责日常小修、保养

总之，采用何种机械设备维修机构组织形式，施工企业应因地制宜地选用一种适合自己特点的组织形式。

三、机械设备管理体制概述

随着科学技术和市场经济的发展，现代化企业由于生产技术的需要，对机械设备的依赖程度日益增加。在一个企业内，自动化和成套设备越来越多，也使从事设备工程和维修的人员逐渐增多。也就是说，随着企业现代化的发展，机械设备越来越先进，高速高效自动化的机械设备取代了陈旧落后的机械设备后，生产操作工人将大大减少，而机械设备的管理和维修人员会相应增加。如何把为数众多的机械设备管理和维修人员组织起来，高效率地进行工作，是一个非常重要的问题。

机械设备管理体制必须根据施工生产的特点、企业的专业性质、综合施工能力以及施工力量集中和分散的程度来确定。根据公路施工多工种结构的特点，需要品种繁多的机械装备。而由于施工对象、施工工艺和工序的多变，机械设备的品种、规格和数量也应随之变化。

机械设备管理体制是指机械设备管理权限和职责的设置，其设置原则如下：

(1)机械设备管理体制必须有利于施工、有利于管理、有利于提高机械设备的完好率和利用率，有利于改善机械设备的技术状况，有利于提高机械化施工水平，有利于充分发挥机械设备的作用，有利于提高经济效益。

(2)机械设备管理体制必须适应施工工程项目多变的特点，具有一定的应变能力。任务对象比较固定的，可根据任务大小，核定机械设备常年需要量，直接装备使用单位，实行管用统一；任务对象变化较大的单位，机械设备需要的数量和类型变化很大，不常用的机械应由上一级单位集中管理，统一调度。

(3)机械设备管理体制要符合集中与分散相结合的原则，大型机械集中，中小型机械分散；不常用的机械集中，常用的机械分散；管理集中，使用分散；大中修集中，小修保养分散；配件采购供应集中，储备分散。

(4)机械设备管理体制应逐渐向专业化方向发展，只有专业化、企业化才更有利于管理，有益于提高业务技术和经济效益及施工质量，所以要逐步改革综合性的工程队为专业性的施工队(如路基、路面、桥涵等专业施工队)。按专业配备常规设备，按流水作业方法组织机械化施工，从而加强机械设备管理，提高机械设备的完好率、利用率和经济效益。

四、公路施工企业现行机械设备管理体制

由于公路工程具有点多、线长、工种多样的特点，往往需要装备品种繁多的机械设备。因此，机械设备管理体制也不完全一致。而机械设备的管、用、养、修、供五个环节，既具有相对的独立性，又相互关联，相互影响，具有一定的科学性、技术性和系统性，因此管理工作不宜过于分散。

就目前情况而言，机械设备管理体制不外乎以下两种形式：

1.集中管理、管用统一

这种管理体制是机械设备不论大小，都集中使用管理。由于一个施工企业(项目经理部或

工程队）掌握较多的自有机械设备，专业机械化程度高，对外依赖程度低，对施工企业来说，由于机械设备较全，有利于独立作战，便于指挥调度，使用起来很方便。但其弊端在于：每个施工企业生产任务不可能十分均衡，随着任务或工艺的变化，使用机械设备的品种、数量也发生变化，倘若样样自给自足，必然在机械使用上造成忙闲不均，无法调剂，形成备者不用，需者又缺的情况。当机械设备利用率低，长期停置不用时，会因自然锈蚀而损坏，同时，还在经济上造成很大的损失。

2. 大型集中，中小型分散

大型、进口机械一般结构较复杂，管理、操作技术要求较高，保修难度大，价格贵，如有不周将直接影响机械的技术状况、使用寿命和经济效益，因此，大型施工机械应尽可能集中管理。机械设备集中管理，对于施工企业来说，虽然有时用起来感到不方便，施工急需的机械设备，往往不能及时到位，而影响工程进度。但从整体而言，这样可以提高大型机械的使用率，可以加强管理和集中维修。中型、小型机械分散管理，实行自管自用，极大地方便了现场调度和使用。这种机械设备管理体制，目前采用者较多。

14-3　机械设备管理机构的基本任务及对机务人员的要求

企业机械设备管理机构的基本任务，可以从两个方面来谈：其一是主要任务，也就是《设备管理条例》中规定的："企业设备管理的主要任务是对设备进行综合管理，保持设备完好，不断改善和提高企业技术装备素质，充分发挥设备效能，取得良好的投资效益"；其二是具体任务，也就是在日常的机务管理中要做的具体工作。

一、主要任务

根据《设备管理条例》规定的内容，可以分为以下四项主要任务：

1. 保持机械设备完好

要通过正确使用、精心维护、适时检修，使机械设备保持完好状态，随时可以适应企业施工的需要，投入正常运行，完成生产任务。

2. 改善和提高技术装备素质

技术装备素质是指在技术进步的条件下，技术装备适合企业生产和技术发展的内在品质。通常可用以下几项标准来衡量：①工艺适用性；②质量稳定性；③运行可靠性；④技术先进性（包括生产效率、物料与能源消耗、环境保护等）；⑤机械化、自动化程度。

3. 充分发挥机械设备效能

机械设备效能是指机械设备的生产效率和功能。机械设备效能的含义不仅包含单位时间内生产能力的大小，也包含适应多品种生产的能力。充分发挥机械设备效能的主要途径有：

(1)合理选用技术装备和工艺规范，在保证施工质量的前提下，缩短生产时间，提高生产效率。

(2)通过技术改造，提高机械设备的可靠性与维修性，减少故障停机，提高时间利用率。

(3)注重生产计划、维修计划的均衡，合理安排生产与维修，提高机械设备的完好率和利用率。

4.取得良好的投资效益

机械设备投资效益是指机械设备一生的产出与投入之比。取得良好的机械设备投资效益，是提高以经济效益为中心的方针在机械设备管理工作上的体现，也是机械设备管理的出发点和落脚点。

提高机械设备投资效益的根本途径在于推行机械设备的综合管理。首先要有正确的投资决策，采用优化的机械设备购置方案。其次在寿命周期的各个阶段，一方面加强技术管理，保证机械设备在使用阶段充分发挥其效能，创造出最佳的产出；另一方面加强经济管理，实现最经济的寿命周期费用支出。

二、具体任务

(1)贯彻执行国家和上级颁发的有关规章制度、规程规定、技术标准、定额指标等，结合本企业具体情况，制定实施细则或补充规定。

(2)努力完成上级规定和本企业制定的机械设备管理各项考核指标。

(3)参与技术装备规划和更新改造规划等的制定。

(4)参与施工组织设计的编制、审查和实施。

(5)负责机械设备的选型、购置、验收、安装、调试、改造、更新、处理、报废等项工作，并办理新购机械的索赔工作。

(6)办理机械设备的调拨和日常调度，以及对外机械租赁。

(7)建立机械设备台账及技术档案，掌握技术情况，以及机械设备固定资产实现微机管理。做好机械设备原始记录和统计资料的积累和分析。

(8)组织机械设备的维修，保持机械设备的良好状态，延长机械使用寿命，降低维修成本，做好节能工作。

(9)组织机械设备的合理使用，保障安全生产，组织或参与机械事故的分析处理。

(10)开展群众性的爱机竞赛活动，定期组织检查评比，不断总结推广先进经验。

(11)组织开展单机核算，组织制定机械技术经济定额。

(12)组织机务人员的技术培训和考核工作，以及“机械操作证”的核发和管理。

以上是机械设备管理部门的基本任务，具体到每个企业，可根据本企业的具体情况，制定各级机械设备管理部门具体的工作内容。

三、对机务管理人员的要求

1.机务管理人员

机械设备管理人员应该包括哪些人员，尚未见有明确的界定，但习惯上将下列人员称之为机务管理人员。

(1)主管机械设备的副经理；

(2)机械总工程师或总机械师；

(3)机械设备管理处(科)长；

(4)机械队(站)长;

(5)机械设备经营管理员;

(6)机械设备资产管理员;

(7)机械设备动态管理员;

(8)机械设备统计核算员;

(9)机械设备维修管理员;

(10)配件技术管理员。

以上这种归类法是否恰当,尚待研究。但有两点应明确:一是机械设备管理和机械技术工作是相互关联的,即管理中有技术,技术中有管理,二者相辅相成,不能截然分开;二是非技术人员的机务人员,也都要具有一定的机械专业知识,否则,是不可能做好机械设备管理工作的。

2. 机务管理人员应具备的知识

(1)公路工程的知识。

(2)企业管理知识。

(3)专业知识。包括:

①掌握施工机械的名称、型号、性能、结构和使用范围;

②懂得与机械有关的标准与法规的基本知识;

③懂得安全生产知识;

④熟悉本企业机务管理工作的基本制度、业务范围、岗位职责内容;

⑤熟知本企业机务管理组织情况和各生产部门机械配备状况;

⑥熟知本企业机务管理工作中各类技术经济指标的含义、应用范围及其考核方法;

⑦熟知计划检修与预防维修制度的原理及特点;

⑧熟知全员生产维修(TPM)的含义、特点及其内容;

⑨熟悉设备综合工程学的基本理论及其内容与方法;

⑩懂得摩擦学与润滑管理的基本知识;

⑪懂得计算机基本原理,掌握一种以上计算机语言及编程方法;

⑫掌握一门外语的基本知识;

⑬了解施工机械构造;

⑭了解施工机械液压原理;

⑮了解施工机械电气原理;

⑯熟悉施工机械使用性能;

⑰了解施工机械维修;

⑱熟悉公路施工机械管理。

3. 机务管理人员应具备的能力

机务管理人员应具备的能力包括组织协调的能力、实际动手的能力、综合分析的能力和创新改革的能力。主要包括:

(1)具有组织、协调机械设备管理(资产管理、状态管理)和本岗位业务有关人员及机械设备分配、变动、报废的能力。

(2)能制定本岗位机械设备管理的工作程序、统计报表;填写资产凭证、登记台账、设备分

类、机械设备检查标准；以及编制资产管理计算机程序和操作计算机；会使用一般诊断和检测工具仪器；处理分析各种数据，判断机械设备故障和设备劣化状态；组织和参与机械设备安装调试验收的工作。

(3)能调查研究、综合分析机械设备在使用维护和安装调试中存在的问题，总结事故发生的根源，掌握机械设备运行的动态情况等，并能提出对策。

(4)善于发现机械设备资产管理和状态管理中的问题，不断创新改革，采用新的技术，应用现代化管理方法。

(5)能调查研究综合分析机械设备选型、采购、市场等机械设备前期经营方面的问题，并能提出对策。

14-4　机械的运输安装

一、机械设备的运输方式和选择

机械设备运输的方法，根据运送方式的不同分为陆运、水运、空运。根据施工机械的特点，其中陆运是最常用的运输方法。

陆运根据运输道路的不同，可分为公路运输和铁路运输。公路运输又可按其机械设备本身和运送方式的不同，分自行式机械自驶和用牵引车拖运或用大平板车装运等方式。

自行式机械自驶是最方便而经济的，但必须是轮胎式的机械。对履带式或铁轮式的低速行驶机械不宜长途行走，因为这些机械底盘的传动、行走结构不宜于长途行驶，所以应用大板车或利用铁路运输。

二、机械设备运输

像自行式平地机、装载机等这样的轮胎式自行式机械，一般可以进行长途自行运输，但在运输前应做好准备工作(如紧固螺栓、加润滑油等)，行驶时速度也不宜太快。

对于履带式自行机械，通常禁止在良好公路上行驶，它只能在土路和临时便道上行驶，且行驶距离不要超过20～30km，行驶速度在4～5km/h以下，行驶距离超过30km时，可考虑用大平板车运输。

当运距超过200km时，可考虑用铁路运输。当施工地点离铁路线和火车站很远，转运工作要占用很多时间，从时间和经济上比较，还是采用公路运输合算。

三、机械设备的安装

在公路工程机械施工中，大部分独立工作的机动机械不需要在施工现场安装或拆卸。所要进行安装和拆卸的主要是像沥青混合料搅拌站这样的大型设备。

机械设备的安装包括以下几个阶段：安装施工设计，机械设备准备工作，修筑机械和设备的基础，安装主要机械设备和辅助设备，设备调和、试运行与交付使用。

安装施工设计包括：

(1)初步设计：草拟安装方法，各个总成与部件的安装简图，安装总平面图，所需的安装机械、设备与劳动力等。

(2)施工图:安装部件的外形尺寸、质量以及气候与土壤条件应予考虑。拟订安装方法,确定安装用机械设备。

安装前的准备工作包括:修筑临时运输道路、平整场地、搭盖机房和机棚、运料和卸料等。

准备工作完成后,根据安装总平面图确定安装位置,放好机械和设备安装中心线,预制安装基础(基础要牢固可靠)。机械安装到基础上以后,应进行调平,调平后固定。

在进行设备试运转前,必须事先进行人工调和,可先用手力对各部分进行试运转,注意观察其有无卡住不动,如有,说明安装配合有问题应予解决。调和后以动力进行试运转,在试运转过程中应细致观察运转情况,检查配合件、传动件的情况,如发现过热、声响、运行不稳定等,应立即停车检查。

在完全消除所发现的故障现象后,机械才能进行负荷试运转,负荷应由小到大直至满载。一切正常后即可交付使用。

具体机械的具体安装方法在该机械说明书中均有详述。

14-5 机械设备的试运转

机械设备的试运转分为无负荷试运转、有负荷试运转以及试运转后检查三个步骤。

一、无负荷试运转

无负荷试运转,主要是检查机械各部分的连接紧固和运转情况,试验操纵、调节、控制系统以及安全装置的使用,并作适当调整。

二、有负荷试运转

有负荷试运转是机械设备出厂验收的主要内容,其目的是通过有负荷运转,以确定机械的动力性能、经济性能、运转情况以及操作、调整、控制和安全等装置的作用是否达到运用的要求。有负荷试运转必须备有生产能力、转速、振动、温度以及油耗等所必须的试验设备,这些仪器设备制造厂和修理厂都具备。对于在用或调用的机械负荷试运转,一般可以根据经验统计法和随机驾驶人的反映情况进行核实。如查核机械使用记录(生产能力、燃料和润滑油消耗、故障记录以及安全记录等)。与此同时对照无负荷运转的情况即可作出经验性的判断。

三、试运转后的检查及要求

机械经过无负荷、轻负荷或重负荷运转后,各部件受到强度和稳定性等的考验,故必须对各部分可能产生的变形、松动以及密封性等情况彻底检查。

施工机械试运转后,运转情况一般应符合下列要求:

(1)柴油机运转正常,无异常声响。

(2)离合器分离和接合正常,不发抖、不打滑、无异常声响。

(3)变速器、分动箱以及各部分、不跳挡、不漏油、不过热,换挡轻便滑顺,无异常声响。

(4)制动器的制动鼓与摩擦片磨损均匀,制动效果符合要求。

(5)行走结构行驶平稳,不跑偏,转向灵活,准确、轻便、无剧烈振动和晃动,轮式机械车轮不偏拖,履带式机械不啃轨、不脱轨。

(6)操纵机构及安全装置动作灵敏可靠。

(7)工作装置效率不降低,运转正常,不发生破裂,无严重磨损和不正常的运转响声。

(8)机架、机身不松动和变形。

符合以上要求后,方可交接验收手续,之后让机械投入使用。

14-6 机械油料的使用

油料,尤其是润滑油与工作油,对机械设备的重要性可以和血液对人体的重要性相比拟,所以正确使用油料应该引起注意。

一、施工机械所用油料的分类

施工机械所用油料的分类:

1. 燃油

燃油主要是汽油和柴油,道路施工机械以使用柴油为主,所以这里仅讨论柴油。

2. 润滑油

润滑油主要有发动机润滑油和传动滑润油。此外还有一些适用于特殊场合的润滑油,如压缩机油、冷冻机油等。

3. 润滑脂

润滑脂主要有钙基润滑脂与钠基润滑脂两种。此外还有铝基、钡基润滑脂等。

4. 工作油

工作油主要有液压油、制动液油及变压器油等。这里仅简介一下液压油。

二、柴油

在270～350℃范围内从石油中提炼而得的馏出物即是柴油。我国生产的柴油分为两大类:一类是轻柴油,适用于转速大于1 000r/min的高速柴油机;另一类是重柴油,适用于500～1 000r/min的中速柴油机和低于500r/min的低速柴油机。一般施工机械上装配的柴油机都是高速柴油机,所以只使用轻柴油。

柴油由于馏出温度高,其凝点就高。于是柴油的低温流动性就成为主要矛盾。为了使柴油在低温条件下不致凝固,保证油路畅通,必须使选用的柴油的凝点比可能遇到的最低温度再低5℃左右,所以只使用轻柴油。

国产轻柴油牌号与国内适用地区的关系为:

0号:全国各地4～9月份,长江以南地区全年可以使用。其凝点为不高于0℃。

－10号:长江以南地区各季严寒时使用。其凝点为不高于－10℃。

－20号:长江以北地区严冬和黄河以北地区冬季使用。其凝点为不高于－20℃。

－35号:东北和西北地区严冬季节使用。其凝点为不高于－35℃。

+20号:气温高于20℃地区。如配以简单预热设备,则全国各地区全农业季节均可使用。其凝点为不高于20℃,该号油为农用柴油。

在选用柴油时,主要依据气温条件,如果在低温条件下选用了高凝点的柴油,柴油机就无法运转,反之,如果一律选用低凝点的柴油,在经济上就非常不合算。因为随着凝点的降低,油的成本就随之增高。所以在气温条件许可的情况下,应尽量使用高凝点的柴油。如库存柴油牌号,高的太高,低的太低,单独使用都不合适,可以采用掺兑办法混合成凝点适中的柴油以供实际使用。但要注意柴油的掺兑并不是一个简单的算术平均关系,如将-20号与-10号柴油各取50%掺兑在一起出来的柴油并不是-15号,而是稍为高一点,约为-13号。故要配制-15号柴油,-20号油应适量多用一些。掺兑时一定要搅拌均匀。

三、润滑油

从分馏塔中流出的重油,经进一步加工,就能制得各种润滑油及其他石油产品。

润滑油的使用范围远较燃料油广泛,燃料油仅限于在内燃机上使用,而润滑油则几乎任何一种机械都离不开。采用润滑方法可以极大地减轻摩擦,降低消耗并延长机械的使用寿命。据测算:世界上有1/3的能源消耗在无用的摩擦上,大约80%的损坏零件是由于磨损而报废的。

润滑油不属一次性消耗油料。在一定的周期内,在机械内部可循环使用。它长期停留在机器内部并与各磨损部位直接接触。因此,润滑油的正确选用对保证机械设备安全具有重要的作用。

润滑油具有五种功能:润滑、冷却、洗涤、密封及防腐。其中润滑作用是最主要也是最基本的功能。润滑油所以能起到润滑作用,主要依靠具有较高的黏度以便在摩擦表面上形成强固的油膜,所以国产润滑油都是以黏度来划分牌号的。施工机械常用的只有两大类:发动机润滑油和传动润滑油。

1.发动机润滑油

发动机润滑油又称机油,有汽油机油和柴油机油两种,用于润滑汽油机与柴油机,这里介绍柴油机润滑油。

柴油机润滑油按100℃运动黏度分为8、11、14、16、20号五个牌号。牌号越高,表示黏度越大,油越稠,能满足国内生产的非增压柴油机用油要求,换油期为300h左右。

柴油机润滑油质量一般较高,润滑油可按规定一次加够,以后逐渐添加即可,为了提高柴油机润滑油的抗腐性及洗涤性,都加有较多添加剂,因此在使用中柴油机轴瓦能生成一层棕色薄膜。润滑油也因添加剂提高了清洗作用而很快变黑,这是正常现象,不能误认为润滑油质量不好而提前换油。

近年来我国又试制了稠化润滑油及增压润滑油。稠化润滑油在高温时不很稀,低温时也不很稠,凝点较低,四季通用,南北通用,其性能较优越。增压润滑油是为了满足增压柴油机的要求而试制的。详细情况请查阅有关资料。

2.传动润滑油

专门用于传动机构(变速器、减速箱、差速器、转向机构等)的润滑油称为传动润滑油。由于传动机构主要是各种形式的齿轮转动,所以又称齿轮油。

传动机构的工作温度一般不高，变化幅度不大，但接触面间的单位压力却很大，可高达2 000MPa(20.4×102kgf/cm^2)，而润滑油条件又比较差。齿轮的润滑就只好依靠润滑油牢牢地黏附在摩擦表面上，形成很强的与金属表面发生某种化学联系的吸附性油膜来实现。这种特性与黏度是两个不同的概念，所以用一个专门术语为“油性”。注意：传动润滑油与发动机润滑油不能混用，也不能互用。

国产传动润滑油分为两种：普通齿轮油及双曲线齿轮油。

使用传动润滑油时要注意，齿轮油属于“渣油型”油料，即它是以残渣为原料而制成的，含有大量胶质和沥青质，不适于一般机械润滑，更不能使用于柴油机或精密机械；由于气温过低，使冬用齿轮油凝固时，不能往齿轮油中掺兑柴油，否则齿轮油变稀，它的极压性能急剧降低，在高压下不能保持润滑油膜，造成齿轮咬伤。

四、润滑脂

润滑脂与润滑油并无本质上的区别，它是皂化的或高度稠化的润滑油。它的主要特点是具有保存于润滑部位的能力，因此广泛用于开式齿轮传动、滚动轴承，以及各种低速的不适合使用润滑油的摩擦部位，此外，润滑脂还具有较好的防护及密封作用。

在通常情况下，绝大部分润滑脂都是黄色的膏状体，所以又俗称黄油或黄干油，润滑脂由于其皂化剂中使用氢氧化物不同而分为钠基、钙基、锂基等润滑脂。

润滑脂的主要性能指标有两个：

(1)针入度。用来表示润滑脂的膏体软硬程度，针入度小，说明润滑脂稠，膏体硬，内摩擦阻力大，运动时动力消耗大。

(2)滴点。用来表示润滑脂的耐热程度，指在指定的工作温度下不致融化而流失。滴点高说明耐热性能好。

从经济性出发，钙基润滑脂最便宜，钠基要贵一些，而锂基要贵一倍以上，所以非必要时，不要任意使用高级润滑脂。

使用润滑脂时应要求润滑脂滴点高出机械工作温度20～30℃，甚至再高一些。

五、液压油

液压油是液压系统传递能量的介质，它是各种机械液压工作装置的专用工作油料，它既起到传递动力的作用，还能对有关部件进行润滑，因此，它不同于一般的润滑油。

在一个液压系统里，往往包含多种液压元件，如液压泵、各种阀类、马达、管路等，其中以液压泵的转速最高，压力最大，温度最高，既工作条件最为苛刻，对液压油的性能最为敏感，所以液压油的选用一般都是以液压泵的要求为依据的。

一般来说，系统工作压力及温度高者选用高黏度的油品，低者选用低黏度的油品；在有严重火险的液压设备上，需要选用抗燃性液压油，工作地地区的气温低，应选用凝点低的液压油，一般选用油品的凝点应低于最低于工作温度10℃左右。而其黏度(运动黏度)在起动时必须低于800cSt(厘斯)否则液压泵将吸不起油而遭受极大磨损，当工作温度在60℃以下及负荷较轻的液压装置，可采用矿物润滑油(如机械油)；工作温度在60℃以上采用抗氧化较好的油(如汽轮机油)，在工作温度较高时，用石蜡基油较好。

国家对液压油的油品、牌号、适用场合均有明文规定,需用时请参阅有关资料。

六、油料管理中的注意事项

1. 油料的运输与验收

除润滑脂外,在运输油料时要分别使用专用油罐车,车上备有灭火防电装置,以保安全;运输油料,要有计算员随车领油,跟车押运;油料入库应由油库负责人、计算员、驾驶人、油料接收人员组成检验验收组,按发票或调运单注明的品种、规格、数量进行验收,发现不符应拒收并追查原因及时处理。

2. 油料的贮存与保管

油料的贮存位置应通风、防火,库内温度应控制在30℃以下,贮油罐进口要安装计量器以准确计量进、发贮油数量。

露天贮油器要避免阳光直射,防止油温过高而变质及不安全事故发生。

贮油容器应完好,无渗漏、破坏、污垢、积水等,不同种类牌号的油应分别贮存,要注意贮器的密封,以防油液挥发与氧化。

3. 油料领发

油料领发应根据机械的不同,用途的不同,按定额领发。供油时坚持一收票、二对机械、三计量、四按操作步骤进行。定期考核、结算、盘存。

目前各地对油料的管理都有一套规定,因为篇幅所限,这里不作介绍。

14-7 机械设备安全管理

任何一种生产过程,都不太可能绝对排除人身伤亡事故的可能性。在机械化施工中,安全问题显得更突出一些。

安全管理的目的就是要在设备生命周期的全过程中,采取各种形式的技术措施和组织措施,消除一切使机械设备遭到损坏,使人身的健康与安全受到威胁,使环境遭到污染的因素或现象,避免事故的发生,实现安全生产,保护职工的人身安全与健康,提高企业经营管理的经济效益。

从机械管理角度出发,安全管理的范围应包括:

(1)机械设备本身遭到不正常破坏的单纯设备事故。

(2)由于机械设备发生事故而引起的人身伤亡事故。

(3)由于机械设备发生事故引起的其他性质灾害,如火灾、停电、停产等。

(4)由于机械设备原因(设备本身不一定发生事故)而引起的人身伤亡或职业病,以及对环境的污染等。

从企业内部常规的业务分工出发,上述第1类事故由机管部门单独管理;第2、3类事故由机管部门与安全部门(安全科)共同管理;第4类事故由于机械本身未受到损坏,故机管部门单纯按人身事故有关规定处理。

事故的发生虽带有随机性,但事后往往总能找到确切的原因,无论怎样调查分析都找不到

原因的事故极为少见，仅占1%。事故中的97%是可以防止的。据有关资料介绍，由于操作者本人不注意而造成的事故占总事故的88%，由于客观原因而造成的事故占9%，不可抗拒的原因(事先没有预计的自然灾害等)占2%，事故原因不明者占1%，所以97%的事故是可以采取防止措施的。

事故发生的原因，可以从人、物与环境三个方面加以考虑，其中人的因素可称为主观因素，而物与环境可称为客观因素。

一、人的因素

凡是由于操纵者、作用者以及组织、指挥管理等人员方面的原因而造成的事故均属人的因素，主要有：

1.缺乏应有的安全技术知识

包括事故者本人对所操纵的机械设备的安全操作规程不熟悉，产生误操作；或是经验不足，在紧急关头缺乏应付异常情况的能力；以及对可能产生的危险后果完全无知等。

2.由于事故发生的低概率性而产生的侥幸或冒险心理

事故统计资料表明，越是危险性较大的场合反倒不容易出事故，而危险性小的场合反而容易出事故。这是因为危险性较大的场合，事故的概率要高一些，而在同样人员操作下，危险性较小的场合事故的概率要低一些，事故的概率高很容易引起人们对安全操纵的重视，事故的发生反而少一些。事故概率低，于是经常有人抱有侥幸心理违章作业，他们并不是不懂安全规则，而是怕安全操作麻烦，明知故犯，一次得逞，胆子就越来越大，终于造成重大的事故。

3.人们主观预见能力的局限性

一般常规的机械设备及作业项目都有详尽额安全操作规程。这对防止事故的发生起到了决定性的作用，但人的主观预见能力还有一定的限度，有些事故的发生是没有预见到的，有些事故甚至事后都一时找不到原因来。

4.人们精神状况方面可能出现的疏漏

从生理上讲，即使在安全正常的情况下，人们的神经机能也不可能持久地保持高度的集中，很可能在某个时刻出现疏漏，而机械施工速度高，节奏快，这样的疏漏很容易发生事故。

5.不正常工作状况

由于劳动纪律松弛，责任心不强，检查不细致，互相之间缺乏协调配合等引起的事故。

二、物的因素

所谓物的因素，指的是机械设备本身、安全装置、安全设施以及所使用的材料等。

(1)机械设备在设计上存在不安全的因素。

(2)机械的零件、部件存在缺陷。

(3)安全设施性能不良。

(4)与机械设备使用有关的材料质量不合格。

三、环境的因素

公路施工中的机械设备大多数都不是固定安装的，而是流动的，不可能始终为机械创造或保持一个比较良好的作业环境，不合适的施工照明、湿度以及松软的地面等，均很容易发生事故。

一般属于不可抗拒的、由于自然灾害造成的事故，在大部分情况下，也可归之为环境的因素。

上面提到97%的事故是可以预防的，而且在大部分情况下，预防事故并不是一件技术上特别复杂困难的工作。因此对事故的预防应采取多方面的措施。对于各种各样的事故，必须首先树立肯定能够防止的信念，在这个信念指导下，开展事故预防的研究及具体的预防措施。

1. 组织措施

(1)全面加强安全教育，用历次事故带来的严重损失的教训，提高职工对安全的重要性的认识，克服不关心安全及侥幸的心理，通过安全技术教育，提高职工的安全知识水平，加强对事故的预见、防范、应急能力。

(2)按照生产的特点，安全生产形势的实际情况，有针对性地开展安全活动、安全活动周等小型活动。

(3)根据工地的规模大小、作业的性质设立专职的安全员。

(4)定期地进行安全检查，消除不安全因素。

2. 技术措施

(1)制定、修订安全操作规程是确保机械设备安全使用的法规性技术性文件，它也是企业开展安全教育的基本教材，也是追查、分析事故的依据，因此它在安全管理中占有十分重要的地位。

(2)积极采用安全装置。安全装置可在瞬时内动作，自动报警、自动显示、自动停车等，故只要技术可能，条件上许可，应积极采用安全装置，使事故的发生降低到最低水平。

3. 事故处理

凡是由于操作、维修、保管不当或其他原因引起的机械设备非正常损坏，造成机械设备技术性能降低或停产的均为机械事故。

对于已发生的机械事故，应分类处理。

机械事故分为一般事故、大事故、重大事故三类。不同施工企业对各类事故的划分标准不同，但处理的方式可参考下列内容：发生机械事故后，要查明原因及时处理上报，一般事故由工程处一级处理，大事故由公司一级处理，重大事故由公司的主管部门处理，并报上级备案。企业主管部门要制定机械事故分级管理和定期报表制度。

事故的处理程序如下：事故发生后即使机械设备尚能运转，操作人员也应立即停机，保护事故现场，并向机长或班长报告，再向机械主管技术人员及单位领导报告。主管人员和单位领导应尽快会同有关人员前往现场，详细调查了解事故发生的过程、分析原因并计算或估算直接损失情况（指机械本身损坏部分的修理费，若机械已损坏报废，则为机械的净值或减去残值的余数），确定事故等级。大事故或重大事故应采用专门会议方式，吸收有关人员参加，详细分析事故原因，按国家规定逐级上报。

对机械事故要按“三不放过”的原则严肃处理，即：

(1)原因不明不放过。

(2)责任者未受处理或群众未受教育不放过。

(3)没有防范措施不放过。

第15章 技术经济分析基础

15-1 概 述

任何一项经济活动，一方面看，是一个劳动的消耗过程，要投入或消耗一定的社会劳动(包括活劳动和物化劳动)；从另一方面看，是劳动成果的创造过程，要生产一定的社会产品或提供一定的社会效用。因而，都可以把投入和产出或消耗和成果等两个方面相比较，以考察经济活动的综合有效程度。这种比较的结果就称为经济效益或经济效果。

人们利用科学的成果改造自然并从事经济活动的手段和知识的总和称为技术，所以技术就是科学的应用。为了达到同一个经济活动的目的，往往同时存在着可以采用多种技术方案的可能性。在这些可行的技术方案中，衡量其优劣，归根到底取决于能否取得较好的经济效果。所以，经济效果是任何一种技术的最根本也是最重要的衡量标志。凡是先进的技术(或称新技术)一般来说总具有较好的经济效果。只有在经济效果基本相同的前提下，或者在某些不以经济效果为主要追求目标的特殊场合(如选择军用武器、飞机等)，才有可能用其他性质的指标(如命中率、安全可靠性等)来决定优劣取舍，而这些指标最终还是与经济效果有联系。所以，技术与经济是紧密联系的，离开经济效果的标准，一项技术的先进与落后，无从判断。

但是，技术的先进性与经济合理之间又存在一定的矛盾。这些因为经济性往往与各种具体因素联系到一起，一种为社会所公认的先进技术，在某种特定的条件下不一定经济上是合理的。例如在建筑施工中，水泥的垂直运输，即可采用风送技术，也可采用链斗提升技术。前者公认为比较先进的，但是联系在具体场合，如果工期较短，本单位又有链斗提升设备，那么用较为陈旧的技术反而能获得更大的经济效果。所以，为了保证技术与经济辩证统一，必须联系具体条件进行分析比较，才能为决策提供必要的经济性信息依据，这便是技术经济分析的任务。

在技术经济分析中最常用的传统方法是方案比较法。所谓方案比较法就是首先将参与分析的各种方案定量化(一般来说就是设法用货币单位来表示)，然后运用数学手段进行综合运算、分析对比，从中选出最优的方案。

在方案比较中首要的环节是要使各方案的条件等同化，否则分析得出的结果毫无意义，或者导致错误的结论，这就是所谓的“可比性问题”。由于各个方案涉及的因素是极其复杂且多样化的，所以不可能是绝对的等同化，何况其中还包括一些目前不能加以定量表达的所谓不可转化因素。因此在实际工作中人们只能做到在几个与经济效果有较大影响的主要方面达到可比性的要求。在设备管理技术经济分析中，一般要求在各方案之间达到以下四个可比性要求：

1. 使用价值可比性

两个方案，如果使用价值不同，是不能相比的，例如有两个混凝土吊罐，一个容积为 $6m^3$，另一个容积为3m³,人们就不能直接比较两者的贵贱,也不能用6m³吊罐一半的价格来与3m³吊罐相比。3m³吊罐可能灵活一些,循环周转的时间较短,在这种情况下,最好是把它们折算为每单位时间内每吊运1m³混凝土所对应的投资额或成本费后才能相比。

2. 相关费用可比性

所谓相关费用,就是如何确定合理计算方案费用的范围。两个方案,如果计算费用的范围不合理,也没有可比性。

3. 时间因素可比性

资金与时间有着密切的关系。将一笔资金存入银行,或是投入某一项事业,都能取得利息或利润,对于资金拥有者来说,利息或利润在经济效果上是一样的,所以今天发生的一笔费用(支出或收入)与若干年后预计要发生的一笔费用是不能直接相比的。目前的方法是通过复利(年利)计算将不同时间、不同支付方式的资金使其等值化。

4. 计费价格可比性

几乎绝大部分费用都是在某种单价基础上计算出来的,不同方案所涉及的各种物质(设备、原材料、燃料、动力等)及劳务不一定相同,它们的价格是否相对合理对于分析计算的结果有直接的影响。在审定计费价格是否具备可比性时,主要看所使用的各种单价数据在比较期内是否有稳定性。如果事先能发现某些暂时的不合理因素,应设法予以调整纠正。例如两个方案,一个用煤,一个用电。如果预计年内铁路可以修通,煤价将大幅度下跌(运费下跌),那么,在计算用煤方案的总费用同时考虑这一降价因素,从而大大加强了用煤方案的竞争地位。

可比性涉及的问题远不止上述四种,还有定额标准、安全系数等。分析人员认为有必要时,可以自行斟酌决定。总之,满足可比性条件是方案互相比较的前提,必须遵守。

最后,着重提一下在进行技术经济的两个问题。

(1)关于沉没成本问题。沉没成本(Sunk Cost)是指企业过去已耗用的资金。在经济分析中,分析人员的目的在于选择一个将来可以给企业带来最佳经济效果的方案。只有未来的行动才会受到所选择的方案的影响。所以在进行经济分析时的一个重要原则是不考虑沉没成本的影响。已耗用的资金是既成事实,错也好,对也好,是未来的行动所不能改变的,因而与经济无关。

例如某企业在若干年前用10万元买了一台设备。由于当时决策不当,使用效果不好,企业收益甚微,甚至赔本,如果现在处理出去只能回收3万元。用这笔钱作为投资的一部分再买进一台更好的设备,就可使上述局面改观。这时正确的决策应是立即卖掉旧设备,购进新设备。可是这台设备在固定资产账上还有7万元的净值,如果现在以3万元处理掉,等于白白损失了4万元。这便是所谓沉没成本问题。要知道只有旧设备现时的售价,才能对现在的经济分析起作用,而且这笔资金实质上早已损失定了,与现在处理不处理也没有什么关系。可是人的思想感情往往偏向于不愿意承认错误或自我安慰,总觉得如果不削价卖掉,这笔资金以固定资产的形式还存在着,他总想把这4万元的损失加到新方案的头上去,并以此为理由拒绝采取新措施,于是就违背了不考虑沉没成本的原则,得出了错误的结论。

(2)对技术经济分析成果应持的态度,对于通过技术经济分析得出的结论,一方面人们要相信它的科学性,只要数据正确,方法对头,它的结果是可信的,能为决策者提供明确又具有说

服力的论据，但是在另一方面，人们又不能过于迷信它，这是因为技术分析活动往往都是在事物发生之前对其进行预测的分析与估价，因而带有明显的预测性。并且为了使运算成为可能，不可避免地要对某些复杂的因素作必要的简化。既然如此，在技术经济分析中必须要包含一定的假设性与近似性。分析研究的对象所跨越的时间，少则十几年甚至几十年。在这样的时间里，各种因素能否保持稳定不变，都是一些不能人为加以控制的事。所以不能指望它百分之百的准确，特别是当分析的结果十分接近时，更不能拘泥于数学上的不等式概念，以微弱的优势去决定取舍。

总之，决策者要有全面观点，要通观全局，才能作出正确的判断。在众多的决策因素中，技术经济分析的成果虽是一个十分重要的因素，但并不是全部。决策者要正确地认识它，适当地对待它，才能使这种科学的方法发挥应有的作用。

技术经济分析的具体方法很多，应用范围也很广泛。随着管理科学的发展和运筹学、概率论、计算机技术等的应用，技术经济分析已从早期的采用统计、分析、对比的方案优选方法，发展到近期的利用随机过程、数学规划、最优化等方法。在本章中，我们只选择其中与公路工程施工机械管理关系较为密切的部分作简要的介绍，作为阅读本书以后有关章节的基础知识。

15-2　复利等值换算

在进行方案比较时，各个方案所涉及的各项费用的发生时间及发生方式各不相同。为了满足时间因素可比性的要求，必须进行等值换算。等值与相等是有区分的。等值是一定的条件下实现的。如果假设的条件（例如在复利等值换算中假设的年利率）有变动，那么原来认为是等值的就可能变为不等值的了。

一、费用分类

目前一致公认的通用方法是通过复利换算以消除时间上的差异而达到等值化的要求。在理论上，可以任意的等长时段（年、月、周等）为计息期单位，但实际上都是按年复利计算的。通常根据费用发生的方式与时间把费用划分为以下三种类型：

1. 现值（Present-worth）

这是指现时一次性地发生的费用，也就是分析期初始时支出或收入的费用，一般用 P 代表。属于这种性质的费用有购买设备的费用、大修理费用、技术改造费用以及初始时的贷款等。

2. 年金（Annual-Cost）

这是指在整个分析期内每年都发生的费用，如工资费用、能源消耗费用、经常性维修费等。实际上这种性质的费用在一年里往往是分散发生的，即不定时，又零星，有时甚至是无规律的，分析计算及为不便与麻烦。因此，为简化起见，有个公认的习惯方法，就是把这类费用的全年总和看成是每年年末发生的（或计息期期末），并且有一个专用的术语，称为期末惯例法。期末惯例法虽然与实际情况有出入，但由于对比双方或在分子分母上都采用此法，所以其影响互相抵消，在绝大部分情况下，这种简化假设能够满足实际工作的需要，不会导致分析结果发生差错。

这类逐年发生的费用又可分为以下两种情况：

(1)等额年金

这是指每年发生的费用的总和是相等的，一般用 A 代表。属于这类的费用有租金、人工工资、管理费用等。在实际工作中，如果逐年的费用相差不大，一般取其平均值视为等额年金，以方便计算。

(2)梯度年金

有一类费用，虽不逐年相等，但却以某一个恒定的数值均匀地增减，形成一梯度系列。例如设备的年维修费用，往往随设备的陈旧而逐年增加。这类逐年上升的费用，虽然并不严格地按线性规律变化，但一般都依据多年的资料、整理成梯度化的办法予以简化，作为这类费用系列的近似，比取其平均值视为等额年金更为接近实际。

分析这类费用时按两部分看待：第一部分是由第一年的费用组成的等额年金系列，用 A 代表；第二部分是从第二年起，逐年以等额增加（或减少）的梯度系列部分，这部分中的每年等额增减值用 G 代表，并用 G 梯度系列(Gradient-seriesfund)代表整个增减部分。

3. 终值或未来值(Future-worth)

经过若干年后预期要发生的费用（如设备的转售价款、报废残值、存款的本利和赎购价款等）称为终值或未来值，用 F 代表，F 也认为是在若干年后的年末发生的。

这里的所谓“年”，不一定指日历年度，一般是以 P 发生的时间为起点计算的。所以在 P、A、G、F 中，只有 P 是在第一年的年初发生的。为了与年末惯例法保持一致，在把资金的流动情况列成现金流量表或绘制现金流量图时，都把 P 作为在上一年的年末，即第零年末发生的，这便是在现金流量表或现金流量图中第零年的由来。

二、复利等值换算

在分析比较时，只能在发生的方式相同、时间相同的费用之间相比。在每个方案中，如果包含不止一种方式，或各方案的费用发生方式结构不同，那么就要选定分析人员认为方便的某一方式进行换算。在 P、F、A 中，经常需要进行两两换算，一共有 $1+A_3^2=7$ 种换算公式或称系数，但对于 G，只要把它换算成等值 A 的就可以了，所以一共有 7 种换算系数。

在换算过程中，设：

n——年数（或计息期数）；

i——年复利利率（暂时可理解为银行利率，关于 i 的进一步解释将在以后予以介绍）。

并假设以分析人员为准，凡是收入的资金均取（+）值，凡是付出的资金均取（−）值，这 7 种换算系数是：

1. 一次支付复利系数(Single-payment compound-amountfactor)

若有一项资金 P，按年复利率 i 计算，n 年后本利和应为多少？即由 P 求 F，根据复利计算，则有

$$F = P(1+i)^n \tag{15-1}$$

为了计算方便，可以按不同的利率及年数算出 $(1+n)^n$ 的值列成一系数表，在计算时直接查表即可，这个系数称为支付复利系数。式中 $(1+n)^n$ 称为数学式表示法，除此以外，还可采用符号表示法，常用的符号有：

$$F = P[F/P, i, n] \qquad F = P[P \to F]_n^i$$
$$F = Pi, n, spcaf \qquad F = Pi, n, Fci \tag{15-2}$$

本书将采用较为通用的第一种符号，但有时为了便于推导公式或计算，也可能临时采用数学式表示法。

在符号$[F/P,i,n]$中，斜线上的符号F表示所求的未知数，斜线下的符号P表示已知数。符号$[F/P,i,n]$表示在已确定的i和n下，由P求F值。

例 15-1 设有一笔资金 25 000 元，取年利率$i=9\%$，问此笔资金存放 8 年后相当于多少？

解：查复利系数表，得$[F/P,9\%,8]=1.9926$，代入式(15-1)，得：

$$F = 25\,000[F/P,9\%,8] = 25\,000 \times 1.992\,6\text{ 元} = 49\,815\text{ 元}$$

2. 一次支付现值系数(Single-payment present-worth factor)

由

$$F=P(1+i)^n$$

得

$$P = F\left[\frac{1}{(1+i)^n}\right] \tag{15-3}$$

式中：$\frac{1}{(1+i)^n}$称为一次支付现值系数，又称贴现系数，用符号$[P/F,i,n]$表示。

例 15-2 设有某人，预计 10 年后将需用一笔资金 10 000 元，问他现在要存入银行多少钱才能届时得到预期的资金？取年利率为 6%。

解：查复利系数表，得$[P/F,6\%,10]$为 0.558 4，故：

$$P=10\,000[P/F,6\%,10]=10\,000\times 0.558\,4\text{ 元}=5\,584\text{ 元}$$

3. 等额支付系列复利系数(Equal-payment-series compound-amount factor)

设某人每年等额的将资金A存入银行，n年后可共得本和利为多少？

按期末惯例，第一年存入的A元到第二年年末才只能计算一年的利息，即计息期数要比年份少一年。到了第n年年末应按$(n-1)$年来计算本利和；即增值为$A(1+i)n-1$元。同理第二年存入的A元，在时间上已与F相重，不能再计算利息，仍保持原值A元，这样，n年来陆续存入之等额款项至第n年年末，可得本利和为

$$\begin{aligned} F &= A(1+i)^{n-1} + A(1+i)^{n-2} + \cdots + A(1+i)^{[n-(n-1)]} + A \\ &= A[1+(1+i)+(1+i)^2+\cdots+(1+i)^{n-1}] \\ &= A\frac{[(1+i)^n-1]}{(1+i)-1} \\ &= A\frac{[(1+i)^n-1]}{i} \end{aligned} \tag{15-4}$$

式中：$\frac{[(1+i)^n-1]}{i}$称为等额支付系列复利系数，用$[F/A,i,n]$表示。

例 15-3 设A为 200 元，$i=6\%$，$n=10$年，求F。

解：查表，得$[F/A,6\%,10]$为 13.181，故

$$F=200[F/A,6\%,10]=200\times 13.181\text{ 元}=2\,636.3\text{ 元}$$

4. 等额支付偿债系数(Equal-payment-series sinking-fund factor)

由式(15-4),得

$$A = F \times \frac{i}{(1+n)^n - 1} \tag{15-5}$$

系数$\frac{i}{(1+n)^n-1}$称为等额支付偿债系数,用$[A/F,i,n]$表示。

从这一系数的名称可推知,这是为日后要偿还一笔已知的债务,从现在起每年要存储多少钱才能届期清偿债务?

例 15-4 设某人要在 5 年后得到一笔资金 5 000 元,用以偿债。问从现在起,他每年要存储多少钱,才能届期清偿债务? 取年利率为 8%。

解:$F=50\ 000$,当 $n=5$、$i=8\%$时,查表得$[A/F,8\%,5]=0.170\ 5$

故

$$A=50\ 000[A/F,8\%,5]=50\ 000\times 0.170\ 5\text{ 元}=852.5\text{ 元}$$

5. 等额支付系列资金恢复系数(Equal-payment-series capital-recovery factor)

设某人以资金 P 投资制造一台机器,制成后出租给用户,每年预计收取等额租金 A 元。至 n 年后机器报废也不计残值。他决定年租金值的原则是至少应与资金存入银行的收益相同。问年租金应为若干?

这个问题可分为两步来分析:

若干资金存入银行,则 n 年后可得

$$F_1 = P(1+i)n$$

今以年租金 A 作为收益来源,年租金收入后,当然也应将其逐年陆续存入银行,否则就没有可比性,利用等额支付系列复利系数,至 n 年后可得:

$$F_2 = A\left[\frac{(1+i)^n - 1}{i}\right]$$

令 $F_1=F_2$ 则有

$$P(1+i)^n = A\left[\frac{(1+i)^n - 1}{i}\right]$$

$$A = P\left[\frac{(1+i)^n + i}{(1+i)^n - 1}\right] \tag{15-6}$$

系数$\left[\frac{(1+i)^n+i}{(1+i)^n-1}\right]$称为等额支付系列资金恢复系数,用符号$[A/P,i,n]$表示。

例 15-5 设 $P=20\ 000$ 元,$n=10$ 年,$i=6\%$,求 A。

解:查表得$[A/P,6\%,10]=0.135\ 9$,代入式(15-5)得

$$A=20\ 000[A/P,6\%,10]=20\ 000\times 0.135\ 9\text{ 元}=2\ 718\text{ 元。}$$

即若以年租 2 718 元出租这台机器,与存入银行相比,投资人的收益是相同的。

6. 等额支付系列现值系数(Equal-payment-series present-worth factor)

将式(15-6)倒过来,得

$$P = A\left[\frac{(1+i)^n - 1}{i(1+i)^n}\right] \tag{15-7}$$

这个系数$\left[\dfrac{(1+i)^n-1}{i(1+i)^n}\right]$称为等额支付系列现值系数,用符号$[P/A,i,n]$表示。它用来计算每年等额支付的资金系列于 n 年后的总值的现值。

将例 5 用另外一种方式加以叙述,即可作为本系数的例题。

例 15-6　设某人愿投资一台机器,已知制成后每年出租可得租金 2 718 元,有效使用期为 10 年,无残值,问投资额最高不得超过多少元才不致比存入银行收益更少一些? 取年利率 $i=6\%$。

解:查表得$[P/A,6\%,10]=7.360$,代入式(15-7)得

$$P=2\,718\times7.360\text{ 元}=20\,004.5\text{ 元}\approx20\,000\text{ 元}$$

即投资额不超过 20 000 元,否则不如将投资金存入银行,收益反而更高一些。

7. 均匀梯度系列系数(Uniform-gradient-series factor)

在前述梯度系列年费用中,把其中逐年增加(或减少)的部分用 G 来表示。所谓增加,是相对于第一年而言的。所以增加是以第二年开始,其值为$(2-1)G=G$,第三年则为$(3-1)G=2G$。依此类推,至第几年的增加总值为$(n-1)G$,把它们按年份列成表 15-1。

梯度系列表　　　表 15-1

年末	梯度系列	梯度系列分解								
		a	b	c	d	e	f	…	i	m
0	0	0								
1	0	0								
2	$(2-1)G=G$	G								
3	$(3-1)G=2G$	G	G							
4	$(4-1)G=3G$	G	G	G						
5	$(5-1)G=4G$	G	G	G	G					
6	$(6-1)G=5G$	G	G	G	G	G				
…	…	G								
$n-1$	$[(n-1)-1]G=(n-2)G$	G	G	G	G	G	G	…	G	
n	$(n-1)G$	G	G	G	G	G	G	…	G	G

在表 15-1 的梯度系列分解栏里,可以把分析期里的全部 G 费用看成由:

a 列 G 费用$+b$ 列 G 费用$+c$ 列 G 费用$+\cdots+m$ 列 G 费用所组成。其中每一列都是一个等额年金系列,它们的开始时间虽不相同,但都在第 n 年结束。这样,就可以利用前述等额支付系列复利系数把每一列换算成第 n 年的终值 F_a、F_b、$F_c\cdots F_m$。这些终值由于时间相同,所以能直接相加而得到全部 G 系列费用的值。即

$$F=F_a+F_b+F_c+\cdots+F_m$$

$$F=G\frac{[(1+i)^{n-1}-1]}{i}+G\frac{[(1+i)^{n-2}-1]}{i}+\cdots+G\frac{[(1+i)^2-1]}{i}+G\frac{[(1+i)-1]}{i}$$

$$=\frac{G}{i}[(1+i)^{n-1}+(1+i)^{n-2}+\cdots+(1+i)^2+(1+i)-(n-1)]$$

$$=\frac{G}{i}[(1+i)^{n-1}+(1+i)^{n-2}+\cdots+(1+i)^{2}+(1+i)+1]-n\frac{c}{i}$$

$$=\frac{G}{i}\left[\frac{(1+i)^{n}-1}{i}\right]-n\frac{G}{i} \tag{15-8}$$

再将此 F 乘以等额支付偿债基金系数$\left[\frac{i}{(Hi)^{n}-1}\right]$,将 F 换算成 A,即可得算出等额年金 A 为

$$A=\left\{\frac{c}{i}\left[\frac{(1+i)^{n}-1}{i}\right]-\frac{nG}{i}\right\}\left[\frac{i}{(1+i)^{n}-1}\right]$$

$$=\frac{c}{i}-\frac{nG}{i}\left[\frac{i}{(1+i)^{n}-1}\right]$$

$$=G\times\left[\frac{1}{i}-\frac{n}{(1+i)^{n}-1}\right] \tag{15-9}$$

式(15-9)是一个适用于 n 年为任何值的通用公式。

系数$\left[\frac{1}{i}-\frac{n}{(1+i)^{n}-1}\right]$称为均匀梯度系列系数,用$[A/G,i,n]$表示。此系数也可用来计算均匀递减的系列。在实际工作中,逐年均匀递减的费用系列则不多见。

利用以上 7 种系数,不仅可以在不同方式的资金之间进行等值换算,还可以利用系数表求 i 或 n 的近似值,作为投资人决策的依据。

例 15-7 设某人有资金 10 000 元,同时有两人要求借款,借款者 A 表示愿意在 20 年后以 4 倍的原值一次还清;借款者 B 则愿意在 20 年内每年归还 1 100 元,一直持续到第 20 年。问这两种借法各自的实际年利率为多少?

在 A 方式中,$P=10\ 000$ 元,$F=4\times10\ 000$ 元$=40\ 000$ 元,$n=20$ 年。使用复利系数表 F/P 栏,得:

若取 $i=7\%$,则 $F=1\ 000[F/P,7\%,20]=1\ 000\times3.869\ 7$ 元$=38\ 697$ 元

若取 $i=8\%$,则 $F=1\ 000[F/P,8\%,20]=1\ 000\times4.661\ 0$ 元$=46\ 610$ 元

今 $F=40\ 000$ 元,可见实际利率 i 必然在 7%～8%之间。用内插法求得

$$i_{A}=7\%+(8\%-7\%)\frac{40\ 000-38\ 697}{46\ 610-38\ 697}=7.16\%$$

在 B 方式中,$P=10\ 000$ 元,$A=1\ 100$ 元,$n=20$ 年,使用复利系数表 A/P 栏,得:

若取 $i=9\%$,则 $F=1\ 000[F/P,9\%,20]=1\ 000\times0.109\ 6$ 元$=1\ 096$ 元

若取 $i=10\%$,则 $F=1\ 000[F/P,10\%,20]=1\ 000\times0.117\ 5$ 元$=1\ 175$ 元

故

$$i_{B}=9\%+(10\%-9\%)\frac{1\ 100-1\ 096}{1\ 175-1\ 096}=9.05\%$$

由此可见,借给 B 较为有利。

若将 B 方式中的 1 100 元改为 960 元,则可求得 $i_{B}=7.21\%$,表明这两种偿债方式的比较结果极为接近。这时,不要因为 i_{B} 比 i_{A} 高 0.05%而决定将资金借给 B。经济分析的结果虽仍有微弱的优劣之分,但实际上已不起什么作用,资金拥有者应以其他因素,如借款人的偿债信誉或考虑到双方今后的合作关系等来进行决策。

在单项资金之间进行等值换算，利用上述系数已足够。如在方案之间进行等值换算，由于每个方案中都可能包含不同的费用发生方式，所以最好先把各个方案的费用发生情况列成现金流量表(若用图形表示则称为现金流量图)，然后再进行综合的等值换算。

例 15-8 设有 A、B、C 三家工厂，制造并出售同一种发动机，有效寿命为 10 年，A 厂要求一次付清价款 10 000 元，并同意于 10 年后以 600 元负责回收旧机；B 厂采取分期付款办法，要求在前 5 年每年交款 2 500 元，10 年后以 1 000 元回收旧机；C 厂则要求在 10 年内每年分期付款 1 500，并且负责回收旧机(在这种情况下，可假设残值为 0)。设 $i=10\%$，问在这三个厂家中，以哪家的条件最优惠？

为计算方便起见，按这三家工厂的不同收款方式列成现金流量表，如表 15-2 如示，以购买人为准，付款为(－)，收款为(＋)。表中第零年的由来见前述。

现 金 流 量 表　　表 15-2

年　价	A厂	B厂	C厂	年　价	A厂	B厂	C厂
0	−10 000	0	0	6	0	0	−1 500
1	0	−2 500	−1 500	7	0	0	−1 500
2	0	−2 500	−1 500	8	0	0	−1 500
3	0	−2 500	−1 500	9	0	0	−1 500
4	0	−2 500	−1 500	10	600	1 000	−1 500
5	0	−2 500	−1 500				

解：先将这三种售货方式的现金流量全都按照 $i=10\%$ 换算成现值，故有：

$$P_A=-1\,000+600[P/F,10\%,10]$$
$$=-1\,000+600\times0.385\,5\text{ 元}$$
$$=-9\,769\text{ 元}$$
$$P_B=0-2\,500P[A,10\%,5]+1\,000[P/F,10\%,10]$$
$$=-2\,500\times3.791+1\,000\times0.385\,5\text{ 元}$$
$$=-9\,092\text{ 元}$$
$$P_C=0-1\,500[P/A,10\%,10]+0$$
$$=-1\,500\times6.144\text{ 元}$$
$$=-9\,216\text{ 元}$$

或将其全部换算成等额年金，得

$$A_A=-10\,000[A/P,10\%,10]+600[A/F,10\%,10]$$
$$=-10\,000\times0.162\,8\text{ 元}+600\times0.062\,8\text{ 元}$$
$$=-1\,590\text{ 元}$$
$$A_B=-2\,500[P/A,10\%,5]\times[A/P,10\%,10]+1\,000[A/F,10\%,10]$$
$$=-2\,500\times3.79\times0.162\,8\text{ 元}+1\,000\times0.062\,7\text{ 元}$$
$$=-1\,480\text{ 元}$$

(注意：此外 2500 元只付到第 5 年为止，所以要分段计算。在这里是先按 5 年期把它换成现值，然后按 10 年期换算为全期等额年金。用其他方式换算也可以，其结果是一样的。以后遇到类似情况，不再说明）。

$$A_C=-1\ 500 \text{ 元}（\text{这本就是等额年，所以不必进行换算}）$$

或将其全部换算成终值，得

$$\begin{aligned}F_A&=-10\ 000[F/P,10\%,10]+600\\&=-10\ 000\times2.593\ 7\text{ 元}+600\text{ 元}\\&=-25\ 337\text{ 元}\end{aligned}$$

$$\begin{aligned}F_B&=-2\ 500[F/A,10\%,5][F/P,10\%,5]+1\ 000\\&=-2\ 500\times6.105\text{ 元}\times1.610\ 5\text{ 元}+1\ 000\text{ 元}\\&=-25\ 580\text{ 元}\end{aligned}$$

$$\begin{aligned}F_C&=-1\ 500[F/A,10\%,10]\\&=-1\ 500\times15.937\text{ 元}\\&=-23\ 906\text{ 元}\end{aligned}$$

从上列比较结果看，以 A 厂最贵，B 厂最优惠。可见，只要其他条件不变，不妨用几种等值的费用方式（P，A 或 F）来对比，其结果是一样的。具体应采取何种方式，可由分析人员视具体情况确定。

注意：若将 i 值变为 5%，则得

$$\begin{aligned}P_A&=-1\ 000+600[P/F,5\%,10]\\&=-1\ 000+600\times0.613\ 9\text{ 元}\\&=-9\ 632\text{ 元}\end{aligned}$$

$$\begin{aligned}P_B&=0-2\ 500[P/A,5\%,5]+1\ 000[P/F,5\%,10]\\&=-2\ 500\times4.329\text{ 元}+1\ 000\times0.163\ 9\text{ 元}\\&=-10\ 208\text{ 元}\end{aligned}$$

$$\begin{aligned}P_C&=0-1\ 500[P/A,5\%,10]+0\\&=-1\ 500\times7.222\text{ 元}\\&=-11\ 583\text{ 元}\end{aligned}$$

这时，A 厂成为最便宜的厂家，而 C 厂反而成为最贵的厂家了。所以分析时要选定合理的 i 值，i 值合理与否影响到分析计算的结果。

15-3　设备投资方案的经济比较法

用于各种投资方案经济比较的计算法有多种，适用于设备投资方案的，根据以什么作为经济比较指标分类，可分为以下三类：

（1）投资回收期法；

（2）最小费用法；

（3）收益率比较法。

在进行投资方案的经济比较时，资金已不再是将其存入银行或放债，而是将其投入某项事业以获取利润。前述中最初引入 i 时，我们曾把它作为银行的存款利率，当将资金投放到某项事业时，i 则作为投资活动的收益率。银行利率代表着金融商情，与投资人的决策无关。而预期的投资收益率则可以由投资人决定。i 值的决定是一个至关重要的问题。这是因为：

(1)在经济分析中 i 值起着决定性的作用。采用不同的 i 值可以使方案比较的结果完全不同。

(2)投资是有风险的。如果 i 值定得过低，加上可能的风险损失，不如将资金存入银行更为稳妥。如果定得太高，则可能会错失投资的良机。因此，一个企业确定最低的可以接受的收益率是个具有方针性的问题。它通常由企业的上层管理部门，在全面分析各方面的因素后才能确定。通常要考虑以下几个因素：

①资金的来源。例如自有资金还是信贷借款等。

②可供选择的投资机会。

③可供选择的各种投资机会所包含的风险程度。

④货币的现时价值，简单地说，就是有保证的银行利率。

企业确定采用的 i 值称为最小诱人收益率(Minimum attractive rate of return 简记为 MARR)。在本书以后的分析计算中，所有的 i 如无特殊说明，一律是指 MARR，而不再是银行利率，一般来说，MARR 要比银行利率至少高 50%以上。

一、投资回收期法

投资回收期法，就是由于投资而获利且多少年能将资金回收的一种比较方法，分为考虑时间因素与不考虑时间因素两种。由于对比双方都采用同一种方法，所以结果差别不大，但以前者较为合理。

在考虑时间因素的投资回收期法中，设：N 为回收期(年)；R 为设备折旧前平均年利润。若在已定的 i 条件下，资金能在几年内回收，则有

$$P=\frac{R}{(1+i)}+\frac{R}{(1+i)^2}+\cdots+\frac{R}{(1+i)^n}=R\,\frac{(1+i)^n-1}{i(1+i)^n}$$

为了求解 n，将上式变形，得

$$Pi(1+i)^n=R[(1+i)^n-1]$$

$$Pi(1+i)^n=R(1+i)^n-R$$

$$(1+i)^n=\frac{R}{R-Pi}$$

两边取对数，并用 N 代替 n，得

$$N\times\lg(1+i)=\lg\left(\frac{R}{R-P_i}\right)$$

$$N=\frac{\lg\left(\dfrac{R}{R-Pi}\right)}{\lg(1+i)} \tag{15-10}$$

此 N 值可用于单方案决策，也可用于多方案的评比，以 N 值小者为佳。在用于多方案决策中，N 值要与标准回收期 N_H 相比，若 $N<N_H$，投资方案成立。

关于标准回收期，我国尚无统一的规定。现举国外的部分标准回收期资料，以了解投资于不同的行业时，不同的标准回收期。一般来说，在某个领域里，风险越大，社会竞争越激烈，标准回收期就越短，意味着预期的投资收益率要高。由于国情不同，这样的资料并不直接借用，

仅供参考。

国外不同行业投资标准回收期部分资料：

(1)交通运输业:10 年。

(2)动力业:7～10 年。

(3)建筑与材料业:6 年。

(4)冶金业:7 年。

(5)石油、天然气:5 年。

(6)煤炭业:5 年。

(7)森林、木材加工业:5 年。

(8)化工业:3～5 年。

(9)机械制造业:3～5 年。

(10)轻工业:3～5 年。

投资回收期法是一种从短期经济效果出发而提出的一种评价方法。回收期到期后设备不一定报废或退役,而以后使用期的经济效果就不计了,这是本方法的主要缺点。

二、最小费用法

这是以各方案总费用的现值或年金的多少来对比方案的一种方法。费用较小者为佳,故称最小费用法。

1.总费用现值比较法

把设备的投资额及整个使用期内的其他费用的现值的总和作为评价的依据,一般可用于设备使用费不相等而又差别较大的情况。

设:C_1、C_2、…、C_n 为设备逐年的年使用费;L_n 为至几年后预期可以回收的设备残值。则有

$$\text{设备总费用现值} = P - L_n[P/F,i,n] + C_1[P/F,i,1] + C_2[P/F,i,2] + C_3[P/F,i,3] + \cdots C_n[P/F,i,n] \tag{15-11}$$

若在设备的有效寿命期内有追加投资发生(例如大修理费用等),则应将这类费用按其发生的次数与时间,分别换算成现值一并计入。

但设备在使用期内的技术改造费和改装费等不得视为原设备的追加投资。这类费用构成独立的投资项目,可单独分析计算。

2.等额年费用比较法

当设备的年使用费逐年相等或呈现线性梯度系列变化时(包括可以允许简化为等额或梯度系列在内),则采用等额年费用比较法较为合适。

设 C 为等额的年使用费或年使用费的平均值。则有

$$\text{等值等额年费用} = P[A/P,n,n] - L_n[A/F,i,n] + C$$

或将上式转化为

$$\begin{aligned}\text{等值等额年费用} &= P[A/P,i,n] - L_n[A/F,i,n] + C \\ &= (P - L_n)[A/P,i,n] + L_n i + C\end{aligned} \tag{15-12}$$

若 C 值逐年呈近似于梯度变化,则按具有梯度系列来处理 C 值可得到更精确的结果。

令
$$G=\frac{C_n-C_1}{n-1}$$
则有
$$\begin{aligned}\text{等值等额年费用} &= P[A/P,i,n]-L_n[A/F,i,n]+C_1+G[A/G,i,n]\\ &=(P-L_n)[A/P,i,n]+L_n i+C_1+G[A/G,i,n]\end{aligned} \quad (15\text{-}13)$$

由于现值与年金之间进行方案评比时，实际上，是在满足可比性条件的前提下，假设各个方案的收益是相同的，所以不再需要各个方案的年收益数据，这对施工机械的方案分析特别方便，因此，也是施工机械进行分析时最常用的方法。

三、收益率比较法

这是计算各个方案的实际收益率，并以收益率最高为最佳方案的一种方法。

设：R_1、R_2、$\cdots R_n$ 为由投资所获得的逐年利润；X 为所欲求的实际收益率。则有
$$P=\frac{R_1}{(1+X)}+\frac{R_2}{(1+X)^2}+\cdots+\frac{R_n}{(1+X)^n}+\frac{L_n}{(1+X)^n} \quad (15\text{-}14)$$

若用上式来求 X 的值，只能使用迭代法求解。若取 R_1、R_2、$\cdots R_n$ 的平均值为 R，并设 $L_n=0$，则式(15-14)可简化为
$$P=R\left(\frac{1}{(1+X)}+\frac{1}{(1+X)^2}+\cdots+\frac{1}{(1+X)^n}\right)=R\,\frac{(1+X)^n-1}{X(1+X)^n}$$
或
$$\frac{R}{P}=\frac{X(1+X)^n}{(1+X)^n-1} \quad (15\text{-}15)$$

式中，$\frac{X(1+X)^n}{(1+X)^n-1}$为等额支付资金恢复系数$[A/P,x,n]$。可利用复利系数表 A/P 栏及直线内插法求 X 值，比较方便。

运用技术经济分析方法，提供定量的决策依据，是贯穿设备管理全过程的一种主要手段。

第16章 施工机械装备管理

16-1 概　　述

无论是新建的施工企业，还是已经经营多年的老企业，都存在着如何使企业的技术装备结构合理化的问题，这也是装备管理要研究的内容。它所涉及的范围有技术装备政策、技术装备规划，新增设备以及更新、改造等方面的装备管理程序问题。

如果机械设备本身就是不常用或不适用，那么今后无论怎样加强管理都无济于事，这无疑给企业经营带来不利的后果，而且具有先天的影响。不仅如此，由于施工企业生产对象及作业环境的变化，即使技术装备结构最初比较合理的企业，也需要有计划地加以充实、调整、改善，才能经常保持合理化程度。所以施工机械装备管理既是机械管理工作的起点，又是一项贯穿全过程的工作，它对其他工作具有先天性影响的性质。

一、装备结构合理化的要求

装备管理的目的是保持并提高施工企业技术装备结构的合理化程度。所谓装备结构的合理化至少应符合以下几点要求：

1. 技术先进性

构成施工企业机械化施工能力的主要机械（最好是全部机械设备）应具有与当代平均水平相匹配的技术先进性。具体地说应具有平均先进程度的能耗水平、生产效率、耐用性、安全性、环保性、可靠性、维修性等。

2. 较高的利用率及机械效率水平

在正常情况下，施工企业的主要机械设备应基本上达到或超过规定的利用率、年出勤率及机械效率指标，但由于公路施工本身的特点，要求机械设备全面达到或超过指标事实上是不可能的，但至少要做到基本上完成定额。

要使施工企业的技术装备结构达到高利用率和高效率的要求，至少要处理好以下两个关系：

(1)常用机械与非常用机械之间的关系。依据机械设备的长远利用率的高低将它们区分为常用与非常用两大类。施工企业的自有机械设备原则上只能由常用机械来组成。非常用机械与施工企业只能是一种临时的结合关系，否则装备结构合理化的问题将无法解决。

(2)凡具有综合机械化组合关系的机械设备之间，必须有正确的配套关系。例如自卸汽车的箱斗容积一般以等于3～4倍挖掘机铲斗容积为宜，过大或过小都将导致总的生产效率的下

降。配套关系不仅仅指生产能力之间的配套，还有技术性能、工艺性能等之间的匹配关系。一个配套关系失调的装备结构达不到高效作用的目的。

3. 机械化程度的均衡性

机械化程度的均衡性，对于综合性施工企业来说，是指工种工程之间机械化程度的均衡性，对专业施工企业来说，是指工序之间机械化程度的均衡性。施工企业是作为一个服务整体作用于工程项目，如内部之间机械化程度不均衡，那么就不能充分体现总的机械化施工的优越性。

4. 大、中、小型施工机械及动力机具具有合理比例的多层结构

一个规模较大的道路工程，不仅有大量的常规土石工程、路面铺筑工程，而且存在大量的人工构筑物。因此，要提高总体工作的机械化程度，必须注意小型机具的配备，否则整体的机械化优势还是不能充分发挥。

5. 便于使用与维修

使用与维修方便、机型厂牌单一，防止一种机型各单位平均分配。

综上说述，我们设想一个完善的、合理的技术装备结构，应该具有平均先进水平的、高效的、机械化程度均衡的、具有合理多层次结构的以及便于使用、维修的装备结构。要做到这一点并非容易，即使一时基本做到了，也会随着生产形势的变化产生新的不合理因素，需要适时地加以调整、提高，这就是装备规划的任务。

二、实现装备结构合理化的条件

要实现较为理想的技术装备结构，除了施工企业本身注意装备管理工作外，还需要某些社会宏观管理条件的配合，这些条件主要有：

(1)要有比较发达的租赁制配合，以便成为为施工企业提供不常用机械设备的可靠来源。

(2)提倡施工企业专业化，因为企业装备结构与施工对象之间有着十分密切的匹配关系。施工企业专业化越强，这种匹配关系越是稳定，合理装备的问题也越是容易得到解决。

(3)施工企业在使用设备资金时，应有充分而必要的自主权。

在本章以后各节中，暂先假定这些条件已经具备，作为对装备管理进行系统探讨的基础。

三、装备管理的常用术语

在一个预定的时期内，根据预定的目标，将有关提高技术装备结构合理化程度的各项工作或措施加以综合考虑而安排的计划形式便是技术装备规划。施工企业赖以充实、调整、改进技术装备结构的主要手段有新增、报废、改造、自制等。

1. 新增

是指施工企业增加了在原有的装备结构中所没有过的同类机械设备。它不是通常的新旧替换，所以一般来说企业对这种机械设备不太熟悉，缺乏实践经验，故要特别慎重，若决策失误，那么将成为降低企业技术装备合理化程度的主要因素。

2. 报废与更新

报废是指设备退役。报废后的机械设备已不再是企业固定资产的一个组成部分，应从资

产账上予以注销。

更新是指以新代旧。根据更新内容的不同分为役龄更新与技术更新两种。役龄更新指用新出厂的完全同样的机械设备去填补由于旧机械设备报废退役而留下的空缺,不包含或不要求技术性能上的任何改进提高。技术更新则指用在技术性能上完全新型的新设备去替换或淘汰已经陈旧落后的旧设备,也就是所谓的“换代”。在当今社会,单纯的“役龄更换”情况很少出现,因为这对调整或改善技术装备结构不起多大的作用。因此,在本书中凡提到“更新”一词而又不作特别说明的地方,一律指“技术更新”。

更新与报废互相对应,因为更新总是有对象的,没有报废,何来更新。某一设备可以只报废不更新,而不能只更新而无报废。

3. 改造与改装

改造是指机械设备局部的技术更新。经过改造后的机械设备并没有变更设备的机种,只不过在技术性能上得到了提高。

改装是利用旧机械设备的主体部分或全部,再增加某些附加装置使其用途发生变更,成为另一种设备。在这个过程中,技术上有无提高改进不是主要问题。

4. 配套

是指两者之间具有比较严格稳定的匹配关系。有三种情况:

(1)同台设备中主机与副机之间的配套关系。

(2)综合机械化施工组列中前后工序机械设备之间的配套关系。

(3)施工对象与适用设备之间的配套关系。

5. 自制设备、标准设备和非标准设备

凡是国家批量生产的定型设备称为标准设备。凡是由于工程需要而由企业自制或委托制造的专用设备称为非标准设备。目前国家不提倡施工企业自制定型产品,故在通常情况下,可把自制设备与非标准设备看成是同义词。

16-2 技术装备规划

技术装备规划的全面定义为:施工企业在技术装备政策的指导下,根据对未来生产形势的预测及本企业技术装备结构现状而制定的充实、调整、提高企业技术装备结构的指导性计划。以便在预定的时间内(一般以3~5年为宜)有目标,有步骤地使企业的技术装备结构日趋合理化。其中技术装备政策由国家制定。

一、技术装备规划的内容

技术装备规划一般包含以下几个方面的内容:

(1)规划期内生产形势发展变化的预测或预定的生产能力目标这是最主要的内容,是制订规划的最根本的依据。

(2)对现有技术装备结构状况的分析。这种分析除了研究装备结构本身内部配套关系及比例关系等情况以外,还要根据主要考核指标(完好率、利用率、效率、装备生产率等)的统计资

料，运用统计分析的方法，找出在装备结构方面存在的主要问题，确定改进提高技术装备结构合理化程度的重点。

(3)根据以上预测分析，提出：

①在规划期内，分批为施工生产所需要而应新增的主要机械设备的常用性进行初步核算，非常用机械则不予购置。应结合社会条件对其租赁来源及分包可能性进行必要的估计与安排，对常用机械应具体到机种、数量、类型及主要的技术性能指标。

②在规划期内，应予更新、改造(即整机更新与局部更新)、报废的机械设备，除其中报废部分情况比较简单外，更新、改造部分应具体到选定的新型机种、新技术、简化系列及厂牌统型的具体目标等。

③在规划期内计划自制的非标准设备，这种情况一般比较少见。

(4)实现技术装备规划的资金来源。这是一个十分重要的条件，资金是规划得以实现的财务保证，在技术装备规划中，应包括资金来源及使用平衡的测算结果。资金来源一般以下渠道：

①国家或地方的财政拨款。

②按照规定收取的技术装备费。

③机械设备的折旧基金。

④大修理基金的结余部分。

⑤报废设备的残值。

⑥处理设备或有价调拨款收入冲抵净值后的金额。

⑦企业利润中作为发展生产的基金。

(5)为保持及改进装备结构合理化程度而采取某些组织措施。

(6)目标指标。预先提出一些主要指标数据，可以使技术装备规划的正确性及执行结果有一个预定的检验依据。由于影响指标完成情况的因素很多，并不是装备结构的优劣所能单独决定的，因此这一点只供参考，不作为必备内容。

二、技术装备规划中机械设备数量的计算

编制技术装备规划的一项基本内容，是新增的常用或自有机械设备需用量的计算，具体步骤如下：

(1)根据技术装备规划中给定的预测或预定年施工生产能力，求出不同工程中的同类作业总量(如年压实作业总量、路面铺筑作业总量等)。

设：A_{ij}为第j个工程的第i类作业量；S_i为年j个工程的第i类作业量。则

$$S_i = \sum_{j=1}^{n} A_{ij} \tag{16-1}$$

(2)根据作业总量及机械年台产量等数据，求出单机作业或综合机械化系列中主要机械设备的需要量。则

$$X_i = \frac{S_i d\% K}{L_t \cdot T_i} \tag{16-2}$$

式中：X_i——第i类作业机械需要量，台或辆；

$d\%$——各工种工程预期的机械化程度；

K——用于调整由于月、季完成的实物工程量的不均衡对机械需要量的影响而采用的不均衡系数，它是月、季生产高峰值与年内平均值的比数；

L_t——年利用台班数（等于年利用天数×班数，应以本地区本单位的实际水平为依据）；

T_i——第 i 类作业机械平均台班产量。

（3）若是单机作业，则 X_i 的计算值即为所需要的机械数量。若是综合机械化施工，则 X_i 值可以理解为其组列中主要设备的需要量，而在组列中配套的其他辅助机械的需要量可按配套关系来确定，不必再进行计算。原则上，辅助机械的生产率应略大于主要设备的生产率。

（4）维修加工设备的需要量很难用维修及加工工作量来推算一般都是根据本单位在维修加工设备方面的实际使用经验，根据需要加以确定。

在进行机械设备需要量计算时，应注意以下几点：

（1）各工种工程施工机械化程度 $d\%$ 值的选定，应使各种工程之间施工机械化程度达到合理匹配。尽可能在原基础上使 $d\%$ 有所提高。

（2）具有不同作业性质同类作业量，最好分别计算。例如同是土方工程，其中有大体积的基础开挖，也有沟槽的开挖，有长距离的土方运输，也有短距离的土方运输。由于性质不同，就涉及所选机械不同。若全部按单一作业性质来计算，就会出现机种不齐的装备情况。

（3）机械平均台班产量 T_i 值的选定，是使机械设备的单机生产率与工程量规模之间达到合理匹配关系的决定性步骤。这里主要是一个机械设备的经济运行条件问题，请参阅前面有关章节。交通部对于机械台班产量有专门的规定，请见《公路工程施工定额》。

以上关于制定技术装备规划的步骤与运算，只是提供了一个示范参考，在不同的场合下应灵活运用。

技术装备规划是一种指导性的计划，是比较粗线条的，既没有可能也没有必要做得太细。其中的分期分批安排并不等于机械设备的年度购置计划，前者不过对后者起限制作用而已。所以在制定具体的各种年度计划时，还应逐项加以复测计算，并进行更细致的选型及计算工作。

16-3 新增设备的装备管理程序

新增设备的装备管理程序一般可分为必要性审查、适用性审查、法规性审查、综合比较评选等四个步骤。

一、必要性审查

所谓必要性审查，又称常用性审查。是指施工企业有无必要自己购置这种设备，也就是说施工企业有无必要采用自有机械的方式来满足施工生产需要。

必要性审查的基本依据是预测的长期利用率。一般来说，如果某项机械设备只能短期使用而看不到长期使用可能，或即使可以长期使用而利用率并不很高的情况下，企业自行购置在经济上是不合算的。在这种情况下，为了解决施工生产需要，最好采用租赁或将工程局部分包出去的办法。如果遇到“租无来源，包无对象”的情况，假如仍以讲求经济效益作为企业营运的主要原则，施工企业可以根据实际情况在下面三个办法中作一抉择：

（1）与甲方协商，提高折旧率，增加工程成本，使得设备的折旧基数（原值减去几年后可回收的残值或转让处理价格），在该工程项目中得以回报。

（2）对一些量少价廉的次要设备，占用资金与整个工程赢利相比较比重很小，为了不丧失承担该工程的机会，施工企业宁可将利润的一部分冲抵折旧，然后在工程结束后尽可能以优惠的价格把设备处理出去。这样做在经济上还是合理的。

（3）放弃或拒绝承担该项工程项目。

在具有长期利用可能的情况下，设备的利用率应达到何种水平才能使企业在经济上合理地拥有该种设备，可以利用下面两种方法来提供决策的依据：

（1）计算法

其原理为以设备的有效使用期为分析期，计算自有与租用两者总费用现值相等的利用率，由此求得企业拥有该设备所必须达到的利用率的经济界限。

若施工企业拥有该机械设备，则在 n 年内，总费用现值为

$$E_p = P - L_n\left[\frac{P}{F},i,n\right] + C_g[P/A,i,n] + C_b\frac{R_2}{R_1}[P/A,i,n] \tag{16-3}$$

若租用设备，则租用 n 年共需付出租用费总和现值为

$$E_p = fDR_2[P/A,i,n] \tag{16-4}$$

令

$$E_p = E'_p$$

则有

$$p - L_n\left[\frac{P}{F},i,n\right] + C_g[P/A,i,n] + C_b\frac{R_2}{R_1}[P/A,i,n] = fDR_2[P/A,i,n]$$

故

$$R_2 = \frac{p - L_n\left[\frac{P}{F},i,n\right] + C_g[P/A,i,n]}{\left(f\cdot D - \frac{C_b}{R_1}\right)[P/A,i,n]} \tag{16-5}$$

式中：C_g——设备年运行维持费中与利用率无关的固定部分，由大修、经常修理（维修）、安装拆卸及辅助设施等四项费用组成，元/年；

C_b——设备年运行维持费中与利用率有关的可变部分，它由人工费、动力燃料费、养路费及车船使用费等几项费用组成，元/年；

R_1——定额台日（台班）利用率，即租赁公司及租用单位用以计算台班成本的依据；

R_2——实际利用率（假定每年相等）或企业自有机械经济利用率的下限；

E_p——自有方式在有效使用期内总费用的现值，元；

E'_p——租用方式在有效使用期内总费用的现值，元；

f——台班租用费，元/台班；

D——年制度台日数（按我国现行规定250天），天；

P——资金的现值（包括机械购置、安装费），元；

L_n——至 n 年后预期可以回收的设备残值，元；

i——资金的年利率；

n——使用期年数，年；

$\left[\frac{p}{F},i,n\right]$——一次支付现值系数，其值为 $\frac{1}{(1+i)^n}$；

$[P/A,i,n]$——等额支付系列现值系数，其值为 $\frac{(1+i)^n-1}{i(1+i)^n}$。

并假定一班制作业，即台班就是台日。

若施工企业对该项设备的预测长期利用率 $R=R_2$，那么自有与租用在经济上一样，考虑自有设备使用较为方便，可考虑购买；只要 $R>R_2$，就以购置为宜；当 $R<R_2$，则租用为宜。

上述经济定额中台班数据是为了计算机械使用成本费用的，并不包括利润。而租赁公司在出租机械设备时，实际收取的台班租费要大于国家规定的机械台班费用定额。为便于计算，此处假定它与经济分析所用 i 值相一致。

在定额中，台班费包含了折旧费，故引用定额台班费时，应注意扣除折旧费 d。

这样台班费租用费即为

$$f=\frac{1}{DR_1}\left\{P[A/P,i,n]-L_n\left[\frac{A}{F},i,n\right]\right\}+(f^1-d)(1+i) \tag{16-6}$$

式中：f^1——定额台班数；

d——折旧费；

$(f^1-d)(1+i)$——修正台班费。

例 16-1　QY8 型汽车起重机的必要性分析。经预测长期利用率 R 为 77%，且知：$P=225\,000$元，$n=15$ 年，$L_n=12\,600$ 元，$i=10\%$，$R_i=200/250=0.8$。

解：查《公路工程机械台班费用定额》(JTG/T B06—03—2007)知：

①折旧费：114.07 元；

②大修理费：29.64 元；

③经常维修费：90.4 元；

④安装拆卸、辅助设施费：0.79 元；

⑤人工：2 工日，2×50（工资单价）元＝100 元；

⑥柴油：24.72kg：24.72×7.35（单价）元＝181.69 元。

合计：516.59 元

则得

$$C_g=200\times(29.64+90.4+0)\text{元/年}=24\,008\text{ 元/年}$$

$$C_b=200\times(100+181.69+0+0)\text{元/年}=56\,338\text{ 元/年}$$

$$f=\frac{1}{250\times0.8}\{225\,000[A/P,10\%,15]-1\,260[A/F,10\%,15]\}+(516.59-114.07)(1+10\%)$$

$$=\frac{(225\,000\times0.131\,5-1\,260\times0.031\,5)}{250\times0.8}+(516.59-114.07)(1+10\%)$$

$$=590.9(\text{元/台班})$$

$$R_2=\frac{225\,000-1\,260[A/F,10\%,15]+24\,008[P/A,10\%,15]}{\left(590.9\times250-\frac{56\,338}{0.8}\right)[P/A,10\%,15]}$$

$$=0.695\,2$$

$$=69.52\%$$

评价：由 $R=77\%$知：$R>R_2$，故可以考虑购买。

这里需求说明的是：计算所得 R_2 值侧重于理论，实际上租赁公司的出租台班费比较固定，而施工企业的自有机械年运行维持费用却有很大的潜力可挖，是大有节约余地的。所以即使自有机械的实际利用率略低于 R_2 的计算值，在一定的程度内仍不妨碍施工企业以自有方式拥有该种设备。

(2)查表法

利用施工设备经济利用率下限，来确定自有或租用机械。施工企业自有机械预测利用率的经济界限，在60%左右。

当预测的长期利用率 R 大于经济利用率下限(见表16-1)时，就可考虑购买该机械。

施工设备经济利用率下限表 表16-1

序 号	预测长期经济利用率下限(%)	适用机种示例
1	50	履带挖掘机、拖车车组、打桩机、锻压设备
2	55	推土机、拖拉机、履带起重机
3	60	轮胎起重机、装载机、电动卷扬机
4	65	塔式起重机、汽车起重机、机动翻斗车、自卸汽车、混凝土搅拌机、金属切削机床
5	70	载重汽车

企业自购设备的优点：

①自有自用，当施工需要时可以立即投入使用，特别方便。而租用机械则必须临时联系租赁来源，因而包含着一定程度的不可靠性。

②拥有人对自用的设备往往更精心一些，故而在延长使用寿命及节约开支方面都有一定的潜力。

企业自购设备的缺点：

①自购设备需要一次投入巨额的资金，而租用设备只需陆续支付小量的资金。很明显，前者要比后者更难筹集一些。

②当社会上出现新型的先进设备时，租赁方式可以允许施工者随时选择最先进的设备施工，而自有机械则往往促使施工者倾向于继续使用陈旧设备，相比之下，增加了维持费用，阻碍了技术进步。

③限制了施工企业承接各种不同施工任务的自由，因此可能使企业失去获得较高收益的机会。

以上有利因素或不利因素，有时难以用定量方法来表示，只能依靠决策人员的综合分析能力进行经济分析与决策。

当上述利用率考查通过后，并不等于必要性审查已全部过关。还要进一步考查企业外部，还有没有其他方法可以在更经济的条件下解决同样的施工生产需要，而不需企业直接添置设备，这方面情况较为复杂，也无法运用分析计算方法来解决。下面以具体实例来说明。

例16-2 上海市城建局1978年为配合宝钢工程，投资56万元为沥青砂加工厂筹建一条碎石生产线。从长期利用率来考查是没有问题的。等设备买齐后，才了解到附近乡村可以提供同规格、同质量的碎石成品，每吨价格比自己生产成本还要便宜2.5元。按年需要量15万t计算，每年仅价差一项就要净浪费37.5万元。还不计电力消耗等国家能源方面带来的压力。结果当然是取消原定的计划，全部设备原封积压。这就是一个利用率通过以后，没有进一步再查找其他更经济的方法可资利用而造成的设备投资失误的典型例子。

凡是经过必要性审查而未被通过的机械设备，应通过租用渠道来解决，在租赁制度较发达的国家，施工企业自有机械仅占总数的15%～30%，而70%～85%的施工机械均靠租赁解决。

二、适用性审查

适用性就是考查机械设备全面技术性能（包括其细节在内）能否满足施工生产的需要。即使是同一类型的机械设备在生产性能方面往往有很大的差异，加之在施工方面，无论是施工工艺或作业环境等，也都各不相同，因此如果选择不当，两者之间便可能产生不匹配的情况而使新增的机械设备无法使用。

适用性审查不是一个单纯的数字计算或指标对比所能解决的问题，最好能由同时通晓施工及机械两个方面知识的人员通盘考虑予以决定。在不具备这样的条件下，可以由这两方面的作业人员协商解决。但这样的方式往往容易出现一些双方都没有注意到的漏洞而导致选择失误。适用性审查比较复杂，可从以下方面考虑：

（1）机械设备的技术性能与施工工艺之间的匹配关系。

（2）机械设备的技术性能与设备作业环境之间的匹配关系

（3）机械设备的技术性能与综合机械化组列之间的匹配关系。

（4）其他方面的匹配关系。

下面通过实例说明：

例16-3 某工程公司承担一电站大坝工程，为此建立了一条混凝土生产线。作为配套设备的一个主要组成部分，购置了10台800L混凝土搅拌机。由于在适用性审查时考虑不同，只考虑了生产率的配套关系，而忽视了大坝混凝土级配的最大骨粒径15cm超过了搅拌机设计允许的最大骨粒径限值8cm。在不得已的情况下勉强使用该设备去超载担负大粒径骨料混凝土的搅拌任务，结果叶片快速磨损甚至被打碎，机械严重损坏。平均每10天就要停机大修一次，使综合机械化生产线的效率大大下降，每天实际开动按6h计，搅拌机前后机械化环节的生产能力为400～450m^3/台班，而搅拌机只达到150m^3/台班左右。白白浪费了将近2/3的生产能力。这就是在综合机械化组列配套关系上没有达到“适用”而导致选型失误的例子。

例16-4 某市政机械公司于1974年投资100万元购买了一台挖泥船，计划用于疏浚城郊排污明渠。可是试用后发现船体太大，放在明渠里施展不开，无法作业，如果放到长江去，船体又太小，连江底都够不上，当然不能疏浚长江航道。该设备从1974年到1982年仅仅作为试生产一共运转不到一个月，其余时间完全闲置。不仅如此，还得常年配备8个人日夜看守，每隔一定时间还要拖上岸除锈刷油保养，耗费大量人力物力，如此昂贵的大型设备，就是因为作业环境方面没有达到“适用”的要求而导致投资失误。

施工企业在选用不熟悉的新设备时，千万不能凭说明书上的几个指标决定取舍，一定要做全面的调查研究工作，确实掌握设备的全部情况，才能周密地作出决定。

三、法规性审查

在国家装备政策及有关法规中，往往对企业选用设备作某些具体的规定。如果违反了这些规定，则不能投入使用，所以它也是一个必须的步骤。故在企业选用机械设备时，应了解国家的有关法规，以免投资失误。

四、综合比较评选

在经过前述三个阶段审查后，如果只剩下一种机械可供选用，或者虽尚有多种机械可供选择，但主要的优点都明显地集中在一种机械上，那么就不再进行综合比较选择，根据直观判断就可以做出决定。可是，有时情况并非如此，即使是同一类型、同一个规格设备的综合比较，也会由于结构、厂牌号不同在各个方面各有优势与不足。这时就需要通过某种科学方法进行综合比较，决定取舍。过去传统的做法往往偏向于选择原值较低的设备，认为便宜的设备就是最经济的。可是有些设备原值固然较低，但今后的年维持费用却较高，特别是其中的维修及能耗两大费用，影响更大。从机械的寿命周期总费用来看，这样的设备不便宜。另外，也不能认为技术最先进的设备便是最好的设备，如果企业的技术服务条件差，倒不如选用技术性能较差一些，却能与企业技术水平相匹配的设备更适合一些，所以要考虑企业的“适用技术”，不能盲目追求技术上的最先进。

机械设备的综合比较评选，可从以下方面考虑：

(1)经济性。包括一切可以直接用货币单位表示或可能转化为货币单位的定量指标，如设备的生产率、原值、年运行维持费和使用寿命等。

(2)可靠性。可靠性是一台机械的生产性能在时间上的稳定程度，施工企业对机械设备的可靠性信息来源可以来自设备的可靠性试验资料。另外对制造厂的质量管理水平的了解也很重要，因为设备的可靠性试验资料来源与样机，机械制造厂对样机生产一般都很重视，质量要求也严一些，但在批量生产以后机械设备的质量能否保持样机水平就看质量管理水平了。施工企业选用的机械设备绝不会是制造厂的样机，而是其正常投入批量生产的某台出厂产品。

(3)维修性。取决于机械设备的零件标准化程度、设备停修时间的长短、拆装的难易、配件供应渠道的稳定程度，以及企业已有的同类设备之间的厂牌统型程度等。

(4)安全性。

(5)环保性。

(6)适应性。与前述的适用性不同。是指机械设备对不同使用要求的适应能力。

(7)宜人性。各种操纵驾驶装置的布设位置、采光、照明、视野、保温等性能有利于驾驶人的工作。

(8)其他评选人员认为有必要列入的指标。

对于不同的机械设备，上述指标的范围允许有增减，据具体情况确定。下面讨论具体评选方法。

若通过前述三个阶段审查后，还剩下若干机械设备可供选择，且它们在除了经济性外其他几项指标并无明显差别，或有差别在特定使用场所条件下不会产生值得注意的影响(如在旷野地区使用，振动、噪声等就不是主要因素)，这时以用单纯经济比较评选法为宜。

1. 单纯经济评选法

（1）当各方案的服务所限相同时，视年维持费用 C 的不同分为两种情况：C 为定值或逐年递增，可视为均匀梯度系列。

①年费用单位成本比较法。当 C 为定值时，有

$$S_a=\frac{P[A/P,i,n]-L_n[A/F,i,n]+C}{W}$$

或

$$S_a=\frac{(P-L_n)[A/P,i,n]+L_n i+C}{W} \tag{16-7}$$

式中：S_a——年费用单位成本；

W——设备年产量。

当 C 可视为一个均匀梯度系列时，有

$$S_a=\frac{(P-L_n)[A/P,i,n]+L_n i+C_1+G[A/G,i,n]}{W} \tag{16-8}$$

式中：C_1——设备第一年的维持费用；

G——梯度年金。

其中

$$G=\frac{C_n-C_1}{n-1}$$

或

$$G=C_n-C_{n-1} \tag{16-9}$$

式中：C_n——为预计的第 n 年维持费用。

在评选时，以 S_a 最小者为最优设备。

②现值单位成本比较法。若年运行维持费 C 呈不规则变化，则采用现总值比较法为宜，这样可以节省一些计算工作量。

$$\begin{aligned}S_b&=\frac{P-L_n\left[\frac{P}{F},i,n\right]+C_1\left[\frac{P}{F},I,1\right]+C_2\left[\frac{P}{F},i,2\right]+\cdots+C_n\left[\frac{P}{F},i,n\right]}{nW}\\&=\frac{P-L_n\left[\frac{P}{F},i,n\right]+\sum_{j=1}^{n}C_j\left[\frac{P}{F},i,j\right]}{nW}\end{aligned} \tag{16-10}$$

式中：S_b——现总值单位成本。

在评选时，以 S_b 最小者为最优入选设备。

（2）各种方案服务年限不同时，可用年费用单位成本法比较，方法同上，也可以采用研究期法，以各方案中短的那个年限为研究期。其计算公式为：

当 C 为定值时

$$S_C=\frac{P[A/P,i,n][P/A,i,n_0]+C[P/A,i,n_0]}{n_0 W} \tag{16-11}$$

式中：S_C——研究期现值单位成本；

n_0——选定的研究期，其值 $n_0=\min\{n_A、n_B、\cdots\}$。

当 C 为均匀梯度系列时

$$S_C=\frac{\{P[A/P,i,n]+C_i+G[A/G,i,n_0]\}[P/A,i,n_0]}{n_0W_0} \qquad (16\text{-}12)$$

当C呈不规则变化时

$$S_C=\frac{P[A/P,i,n][P/A,i,n]+\sum_{j=1}^{n_0}C_j\left[\frac{P}{F},i,n\right]}{n_0W} \qquad (16\text{-}13)$$

用研究法比较机械时，一般不考虑残值。

在评选时，以S_C最小者为最优入选设备。

例16-5 在通过必要性、适用性和法规性审查后，现剩下A、B、C三种设备，其数据如表16-2所示，现需从这三种设备选其中一种，已知$i=15\%$。

A、B、C三种设备数据 表16-2

种类 指标	设备编号		
	A	B	C
P(元)	14 000	16 000	23 000
C(元/年)	800	700	600
n(年)	10	13	15
W(km^3)	100	110	120
L_n(元)	0	0	0

解:因为各方案服务年限不等，故采用研究期法。取$n_0=10$年，则有：

$$(S_C)_A=\frac{1400+800[P/A,15\%,10]}{10\times100}$$
$$=18.01(\text{元}/km^3)$$

$$(S_C)_B=\frac{(16\,000[A/P,15\%,13]+700)[P/A,15\%,10]}{10\times110}$$
$$=16.27(\text{元}/km^3)$$

$$(S_C)_C=\frac{(23\,000[A/P,15\%,15]+600)[P/A,15\%,10]}{10\times120}$$
$$=18.96(\text{元}/km^3)$$

评选：因为$\min S_C=(S_C)_B=16.27(\text{元}/km^3)$，故设备$B$为最优。

采用年费用单位成本，则有

$$(S_a)_A=\frac{14\,000[A/P,15\%,10]-0+800}{100}=39.902(\text{元}/km^3)$$

$$(S_a)_B=\frac{16\,000[A/P,15\%,13]-0+700}{110}=32.41(\text{元}/km^3)$$

$$(S_a)_C=\frac{23\,000[A/P,15\%,15]-0+600}{120}=37.78(\text{元}/km^3)$$

评选：因为$\min S_a=(S_a)_B=32.41(\text{元}/km^3)$，故设备$B$最优。

对服务年限不同的方案，分别用年费用单位成本法与采用研究期法有时结果相同，有时结果不同，这主要是存在一个菲谢尔交点问题，关于菲谢尔交点这里不介绍，请参阅《工程经济》

或《技术经济》有关章节。对于结果不同时，可采用一种简便方法，即根据设备所采用的技术在当时是处于稳定时期，还是处于更新前夕，而决定采用何种结果。如果还是决定不了采用何种结果，可以预测出单位工程产品价格，再求出机械设备年产量收益值（年产量乘以价格），年运行维持费与年收益值相减得年净收益值，机械投资相减得差额投资，然后用差额投资比较法进行，详见《工程经济》或《技术经济学》有关内容。

2. 全面综合评比法

若参加比较的各个机械设备，除了经济性指标，其他各方面的性能差异很大，而且其重要性并不亚于经济性指标，这时就应采用全面综合评比法对各个设备评分，以得分总和最多为最佳设备，采用综合评分的原因是因为有许多非经济性指标很难将其转换成统一的计量单位来表达，而只能作定性的描述。评分法一般采用表格法进行，如表16-3所示。

全面综合评分比较表　　表16-3

指标类别	权数	指标内容	单项评分			加权分数=权数×单项评分		
			设备 A	设备 B	设备…	设备 A	设备 B	设备…
经济性	Q_1	年费用单位成本或现总值单位成本	a_1	b_1	…	Q_1a_1	Q_1b_1	…
可靠性	Q_2	可靠度计算值或其他评价资料	a_2	b_2	…	Q_2a_2	Q_2b_2	…
维修性	Q_3	零部件标准化程度	a_{3-1}	b_{3-1}	…			
		拆装难易程度	a_{3-2}	b_{3-2}	…			
		配件供应情况	a_{3-3}	b_{3-3}	…			
		至 n 项分指标	a_{3-n}	b_{3-n}	…			
其他指标（略）	…	…	…	…	…	…	…	…
加权总分合计						$\sum Q_ia_i$	$\sum Q_ib_i$	

在进行上述评分时，有几点说明如下：

(1)表中的权数是各类指标在综合比较中所占重要性大小的一个标志。也就是说，对所有参加评分的各类指标不能一视同仁，必须有所侧重。权数的选定及评分由评比者根据本人的观点，吸收其他专业人员的意见而定。对于特别重要的设备，甚至可以采取背靠背的方法收集意见，避免由于面对面的会议方式而产生的顾及情面、资历等不良影响，一般情况下权数的总和应为10或100。

(2)凡是通过计算可以求得具体数值的指标，不能把计算结果当成分数直接应用，应采取分等给分的方法将其转化为分数。

(3)为了使评分工作做到更细致，更正确一些，可以把每一个大指标分解成若干个指标分别评分，以便取得更接近实际的结果。但应注意的是将分指标的评分总和乘以系数 $1/n$，这样做更合理一些。

(4)每一项指标可以采取10分制或5分制予以评定，除了有确定的定量数字出现，其余部分可采用与确定权数相同的方法予以评定。

从以上过程可以看出，权数与分数虽其表现形式都是以确定的定量数值出现，但实质上已包含了大量的人的主观因素。为使个人主观性的影响尽量减低，参加评分的人员应多一些为好，这样每个人的主观性相互作用，可使结果更实际一些。这种方法由于有此不足之处，故在理论上讲并不十分完善。

以上便是施工企业对新增设备的装备管理全过程，简单说，这四个步骤的中心内容是：

(1)必要性审查是解决一个该不该购买(包括调进在内)的问题。

(2)适用性审查是解决一个买来以后能否适用的问题。

(3)法规性审查是解决投产运行时是否会违反国家的有关法规问题。

(4)综合比较评选是解决在所有可供选择的机械中哪种综合效果最佳，以利购买的问题。

16-4　更新设备的装备管理程序

在没有特别说明的情况下，所谓"更新"就是指"技术更新"而言的。

设备是否及时更新，关系到企业技术装备总体的先进程度，关系到企业的整个营运经济效益。如果企业机械设备的预定使用年限(有效寿命周期)，在制定时已经考虑了技术进步的因素，那么设备更新的问题就比较简单。否则就会由于强制淘汰，使占相当比重的折旧余额无法回收，使企业及国家遭受额外损失，同时也增加了更新的阻力。

更新设备一般不需要对利用率及适用性详加考查，因为企业对这类设备已经拥有丰富的使用维修经验，比较了解。如果本来是常年积压或利用率很低的机械设备，一般不会产生更新的要求。

对设备更新的装备管理和程序可归纳为两大步骤，即：

(1)更新必要性审查；

(2)更新机型或更新技术选择。

由于更新是指技术性能先进的机械设备替换或淘汰陈旧落后的旧设备，所以被更新的对象往往有不少正处于"自然寿命的壮年阶段"。因此，若无充分的论证及明显的优势，是不容易下决心将使用寿命尚未终了的旧设备予以淘汰，这就是更新必要性审查所要解决的问题。

对于某类设备是否需要更新，从企业本身的角度来考虑与从整个国民经济角度出发来考虑，其结论不总是一致。作为企业来讲，对设备更新必要性审查的依据来自两个方面：

(1)国家及上级主管部门制定颁发的有关设备更新方面的规定。

(2)企业根据社会上出现的新型设备的性能资料作出的技术经济比较计算。

交通运输部根据国务院《全民所有制工业交通企业设备管理条例》制定的《全民所有制交通企业设备管理办法》中规定，属下列情况之一的机械设备，应当予以报废更新：

(1)经过预测若大修理后技术性能仍不能满足工艺要求和保证产品质量的；

(2)因事故造成机械严重损坏，无法修复使用的；

(3)经大修理后虽能恢复技术性能，但不如新增的；

(4)已超过规定使用年限的，其技术性能已达不到国家规范和规程要求，危及安全的；

(5)技术性能差、能耗高、效率低、经济效益差的；

(6)危害人身健康、严重污染环境，进行修理改造又不经济的；

(7)自制的非标准设备，经生产验证不能使用且无法改造的；

(8)国家或有关部门规定淘汰的设备。

施工企业可根据上述规定，制定更为具体或更严格的更新条件。对符合报废更新条件的机械设备按轻重缓急进行排列，然后，按顺序进一步论证。

在正常情况下，设备是否需要更新，主要应根据技术经济分析的结果而定，一般应用的方法有投资回收期法、最小年费用法、旧 MPAI 方式以及收益率比较法。

一、投资回收期法

由于在施工企业中单独机械的年收益数据不确定，故通过计算新旧机械年收益的差值 ΔR 来求投资回收期。

根据使用价值可比性则加以修正后，则有

$$\Delta R=\left(\frac{C_0}{W_0}-\frac{C_N}{W_N}\right)W_N$$

故

$$N=\frac{l_g\left[\dfrac{\Delta R}{\Delta R-(P-L_1)i}\right]}{L_g(1+i)} \tag{16-14}$$

式中：C_N——新设备的等额年维持费用；

C_0——旧设备的等额年维持费用；

W_N——新设备的年产量；

W_0——旧设备的年产量；

L_1——使用到末期的旧设备转让处理价格；

N——投资回收期。

将 N 与标准回收期(国家有专门规定)N_H 相比，若 N 小于 N_H，则更新方案成立。

二、最小年费用法

通过比较新旧机械设备的年单位产值的费用，进行更新决策。

旧机械设备年成本费为

$$A'=(P'-L')[A/P,i,n']+L'i+C_0 \tag{16-15}$$

式中：n'——旧设备剩下的使用年限；

L'——旧设备残值；

P'——旧设备目前的处理价格。

又因

$$K=\frac{W_N}{W_0} \tag{16-16}$$

则新机械设备年成本费为

$$A=\frac{(P-L)[A/P,i,n]+Li+C_N}{K} \tag{16-17}$$

在评价时，当 $A<A'$ 时，更新成立。

例 16-6　设某设备，原价为 22 000 元，使用寿命为 10 年，现年平均维持费用为 8 000 元，现已使用了 4 年，目前处理转让价为 4 000 元，报废残值为 500 元，有同类的新机械问世，价格为 24 000 元，寿命为 10 年，报废残值为 600 元，年平均维持费为 5 500 元。新机械的生产率为旧机械的 1.3 倍，i 设为 15%，问现在予以更新是否合理？

解：

$$A' = (4\,000 - 500)[A/P, 15\%, 6] + 500 \times 15\% + 8\,000$$
$$= 9\,000(\text{元}/\text{年})$$

$$A = \frac{(24\,000 - 600)[A/P, 15\%, 10] + 600 \times 15\% + 5\,500}{1.3}$$
$$= 7\,887(\text{元}/\text{年})$$

评价：从上可知，以机械生产率为基准，生产同样多的产品，新机械比旧机械节约 9 000－7 887＝113 元/年，故更新是合理的。

在这里，应特别注意以下两个问题：

(1)本例中，旧机械设备的原价 22 000 元，但以后的计算中并未用到这个数据，其用意在于提示读者：按照常用的直线折旧法，旧设备在使用 4 年后在固定资产账面上尚有下列净值：22 000－4×(22 000－500)/10＝13 400(元)。而在计算中只承认它的处理价 4 000 元，这无异于承认差价 13 400－4 000＝9 400(元)是永远不能收回了，这就是“沉没成本”问题。关于“沉没成本”问题，在经济分析中一般不予考虑，决不能将这笔损失加到新方案上，认为是因为采用了新方案才招致损失的。如果一定要追究造成这笔损失的责任，那么只能把这笔账算到以前决策者的头上去。因为前决策者过去对这种机械的技术更新步伐估计不足，制定的设备有效使用寿命太长，以致到机械被淘汰时尚有很大一部分投资来不及回收，给企业带来了损失。

(2)出售旧机械可得 4 000 元现款，这笔资金当然可以拿来充抵购买机械的部分价款，也就是说实际上只要拿出 24 000－4 000＝20 000 元即可购入新设备。于是人们很容易在分析中用 20 000 元去代替 24 000 元作为新机械的初始投资，并把旧机械的价款视为 0(因为觉得没有支出现款去购买旧机械、旧机械是现成的)。产生这种现象的原因是由于把资金的来源和资金的性质混为一谈了，用出售旧机械所得的 4 000 元去代替机械的一部分价款，只说明在筹集购买新机械资金时可把这 4 000 元作为一种资金来源，这与资金的性质无关的。不管代替多少，新机械还是值 24 000 元，并没有降价为 20 000 元，故在使用年费用法作更新分析计算时，必须注意这点。而在投资回收期法中，旧机械的售价却可以用来充抵新机械的初始投资而进行计算，这一点与年费用法是不同的。

三、收益率比较法

用收益率比较法来研究设备更新问题，由于要求有相同的分析研究期(使用年限)，所以在一般情况下不太适用。当现有设备尚有可使用的年限还相当长，由于出现了性能特别优越的新型设备；或者原有设备在当初选型时有失误，致使启用后就发现使用情况很不理想，这时新旧设备的服务年限相差无几。可以以旧设备的尚可使用年限作为分析研究期，用收益率比较研究更新问题，其结果还是可以信赖的。

用差额投资收益法，有

$$R - R_0 = (P - P_0)[A/P, i, n]$$

故

$$[A/P,i,n]=\frac{R-R_0}{P-P_0}=\frac{\Delta R}{\Delta P} \tag{16-18}$$

式中:R——新设备年收益;

R_0——旧设备年收益;

P——新设备初始投资;

P_0——旧设备现转让处理价。

用试算法求出 i 之后,与企业的 MARR(Minimun attcactive rate of return 最小诱人收益率,一般比银行利率至少高 50%)相比较:当 $i>$MARR 时,更新合理。

例 16-7 某机械 1 台,使用寿命为 17 年,安装 2 年后使用情况一直很不理想。现在新型同类机械,售价为 15 750 元,生产率为旧机械的 1.5 倍,年维持费用较旧机械节约 1 450 元,原机械若出现出售可得 1 500 元,企业的 MARR 为 10%,问是否更新?

解:选用研究期为 17−2=15(年)

按使用价值可比性要求,一年内旧机械与新机械的差额年收益为

$$\Delta R=R-R_0=1\,450\times1.5-0=2\,175(\text{元}/\text{年})$$

差额投资为

$$\Delta P=P-P_0=15\,750-1\,500=14\,250(\text{元})$$

则

$$[A/P,i,15]=\Delta R/\Delta P=2\,175/14\,250=0.152\,68$$

取 $i_1=13\%$,则 $[A/P,i,15]=0.154\,7$

取 $i_2=12\%$,则 $[A/P,i,15]=0.146\,8$

由上可知:$i_2<i<i_1$。应用内插法则

$$\begin{aligned}i&=i_2+(i_1-i_2)\frac{[A/P,i,n]-[A/P,i_2,n]}{[A/P,i,n]-[A/P,i_2,n]}\\&=12\%+1\%\frac{0.152\,6-0.146\,8}{0.154\,7-0.146\,8}\\&=12.73\%\end{aligned}$$

因为 $i>$MARR,故更新较为合理。

在更新设备中,若能够用来置换旧设备的新设备不止一种,那么就产生一个更新机型的选择问题。解决的办法是直接利用旧设备与各个新设备分别作更新分析,对其结果进行比较而解决。或在各个新型设备之间作多方案的分析比较,所使用的方法与新增的装备管理程序中综合比较评选法相同。

四、极小值法

假设设备在 t 期间内使用的总成本为

$$C=P-L_{(t)}+\int_0^t W_{(t)}\,\mathrm{d}t \tag{16-19}$$

式中:P——设备的初始成本;

$L_{(t)}$——设备的残值;

$W_{(t)}$——设备的操作与维修成本。

设备在单位时间内的使用成本为

$$C = \frac{P}{t} - \frac{L_{(t)}}{t} + \frac{1}{t}\int_0^t W_{(t)} \mathrm{d}t \tag{16-20}$$

当希望取得单位时间内最低使用成本时，有

$$\frac{\mathrm{d}C}{\mathrm{d}t} = -\frac{P}{t^2} + \frac{L_{(t)}}{t^2} - \frac{L'_{(t)}}{t} + \frac{W_{(t)}}{t} - \frac{1}{t^2}\int_0^t W_{(t)} \mathrm{d}t = 0$$

即

$$P = tW_{(t)} + L_{(t)} - \int_0^t W_{(t)} \mathrm{d}t - tL_{(t)} \tag{16-21}$$

若 $\frac{\mathrm{d}^2 C}{\mathrm{d}t^2} > 0$，则上式有对应于极小值的解，时间 t 即为最佳更新周期。

在上式中，如果不考虑设备的残值，则可以简化为

$$P = tW_{(t)} - \int_0^t W_{(t)} \mathrm{d}t \tag{16-22}$$

对同类型设备的使用统计资料进行分析计算后，可以得出 $W_{(t)}$ 与 $L_{(t)}$ 的数学模型。

例16-8　某大型设备的购置费(包括运输、安装费用)为50万元。投入使用后其残值将按[25/(1+t)+10]万元下降，维修费用将按每年(6+4t)万元上升。问此设备多少年后更换最为经济？

解：设 t 年后更换，则在此期间总费用为

$$C = 50 - \left(\frac{25}{1+t} + 10\right) + \int_0^t (6+4t)\mathrm{d}t = 40 - \frac{25}{1+t} + 6t + 2t^2$$

每年的费用为

$$C = \frac{40}{t} - \frac{25}{t(1+t)} + 6 + 2t$$

这是求极小值的问题，需求出使 $\frac{\mathrm{d}C}{\mathrm{d}t} = 0$，$\frac{\mathrm{d}^2 C}{\mathrm{d}t^2} > 0$ 的 t 值。对上式求取一阶导数，并令其为0，可得

$$2t^4 + 4t^3 - 38t^2 - 30t - 15 = 0$$

解得

$$t = 3.9(\text{年})$$

再求取二阶导数并以 $t=3.9$ 代入后，其结果大于0(其值为0.55，证明略)，具有最小值 $C=22.7$。这说明若将使用了3.9年的旧设备出售，则此时设备所带来的经济效益为最大。

在本例中若不考虑设备残值，可直接用前式求出 t 值，即

$$50 = t(6+4t) - \int_0^t (6+4t)\mathrm{d}t = 2t^2$$

解得

$$t = 5(\text{年})$$

16-5 改造、改装及自制设备的装备管理程序

设备的改装、改造、自制在性质上及内容上是不同的,但是互相有一个共同点,那便是都需要企业自己动手,或者自行找厂家委托加工。这项活动的最终技术效果还是要由企业自己来承担,而且涉及固定资产管理问题。

一、问题的提出

1.关于设备的改造

设备改造实质上是设备的局部技术更新。随着生产的发展及科学技术的进步,设备的技术更新步伐越来越快,产品一代又一代地更替,更新周期越来越短。按理讲,既然已经出现了性能优越的新型设备,就应该将落后陈旧的老设备淘汰。但是设备的社会拥有量要比新设备的供应量大得多,所以世界上没有哪一个国家能够按着更新周期的步伐一代接一代地把旧设备全部予以更新。怎样解决这一矛盾呢?采用局部更新的改造办法便是一条既快又省的有效途径。所以设备改造并不是企业缺乏资金,无力购买新设备而被迫采取的一种凑合办法,不是临时的权宜之计,而是提高企业装备现代化程度的一个主要手段,是设备管理中的长远方针。

设备改造一般具有如下四个优点:

(1)以较少的投资,获得较高的经济效益。这是因为机械的更新换代,除非是彻底性的技术突破,一般情况下只是在某些方面有所改进。因此在实行技术改造时,机械的绝大部分结构可以保持不变,与整机更新相比,能节约大量的资金。

(2)技术改造的内容、程序、规模,完全可以由企业根据需要来决定,因此在技术上针对性强,在生产上适用性较好,使资金得到最有效的利用。在与生产要求紧密结合这一点上甚至可以超过新设备。

(3)可以加快企业装备结构的现代化程度,使设备拥有量的构成比例有所改善。

(4)技术改造一般是由企业自己进行,有利于设备维修的标准化。

2.设备的改装与自制

一般工程机械制造厂所提供的定型产品(标准设备)往往都是一些使用面广、通用性强的设备。但施工企业面临的生产任务却是十分复杂多变,经常发生一些定型产品可供选择或缺乏全面满足施工生产需要的产品的情况。这种情况下就通过对设备的改装或自制设备来解决。

具有科研能力的施工企业,有时也自行研制一些中、小型设备,以改进机械化施工的薄弱环节,这也可以归入自制设备的范围内。

如果自制设备可以利用企业现有的闲置设备的主体部分或全部加以改装而成,这就成为设备改装的内容。

二、改造、改装与自制管理程序

设备改造、改装与自制的管理程序分为以下三个步骤:

1.经济可行性审查

设备的改装或自制,一般都是出于施工生产任务的需要必须采取的措施,从设备管理角度

出发，只以设备的技术改造进行经济可行性的分析。改装与自制应在施工组织设计阶段工程经济分析中进行经济可行性分析。

设备的技术改造，通常具有投资少、效益高的优点，所以在经济可行性审查中，一般都是能够通过的。以前介绍的各种分析方法，原则上都可以用于改造项目的分析比较，特别以投资收益率比较法为宜。这是因为设备通过改造，旧设备与新技术融为一体，旧设备的使用寿命也随之延长，所以不存在旧设备的剩余使用寿命及转售处理价格等不确定因素，结果较可靠。

2.技术可行性审查

无论是改造、改装或是自制项目，都不是直接购买在技术上已经成熟的定型产品，所以，即使在经济分析论证中成立，在技术上能不能达到预期的目标还是一个未知数，故应进行技术可行性审查，一般可以从两个方面考虑：

(1)所引用的新技术本身是否已经成熟，施工企业对该项新技术的全面情况及其细节是否已彻底了解和掌握。

(2)施工企业是否具备自行加工、改造及研制的技术水平及管理能力。即使在找厂委托加工的情况下，也应对所委托的工厂在技术上加以考察。

在通常情况下，最好引用比较成熟的先进经验的技术，以免发生技术失误现象。技术可行性审查是自制自改项目的一个很关键的步骤。实践经验表明，凡是盲目引用不成熟的技术，或对自身的加工能力、管理水平估计过高，大部分是以失败而告终。其根本原因在于施工企业重点是进行公路施工，对加工研制往往缺乏必要的技术准备，在人力、物力、生产经验、技术水平等方面都很不足。所以原则上不提倡施工企业自做一些在技术上较为复杂的项目，更不允许自行仿制一些可以通过正常渠道获得供应的定型产品。

凡是经过可行性审查通过之后，该项目才能成立，否则就不能上马，以免浪费。

3.固定资产条件审查

凡是自制项目，必须同时具备下列四个条件，才能承认其为固定资产。

(1)具备常规固定资产的两个条件：即使用寿命在一年以上，单机价值在企业规定价格以上。对于外委订货的自制设备，单机价值就是合同规定的交货价格。对于企业自行研制的非标准设备，单机价值为最终成品的直接成本加上适当的管理费用，不能将反复试验试制的费用全部计入单机。

(2)根据国家制定的固定资产目录规定而确认其具备固定资产条件者。

(3)设计及结构合理，加工及装配具有正常的工艺水准，性能稳定，经济耐用，安全可靠，经过6个月的生产考验，经鉴定验收合格者。

(4)凡是改造及改装项目，因为其前身本来就是固定资产，所以不存在上述前两个条件的审查问题，而要审查其改造及改装部分是否符合后两个条件，在符合后两个条件后，才可以承认固定资产的性质，根据机械设备试验与验收规定决定是否办理相应的固定资产变更名称等资产管理手续。

对于那些一次性使用的自制、自改项目，由于根本不承认其为固定资产，所以在完成其使用任务以后，完全不需要办理申请报废等手续。自制设备尽快予以拆卸处理，回收一部分尚有使用价值的配套副机、零部件及机体残值。自改设备应从原机上拆除，恢复原机面貌。

第17章 施工机械使用管理

17-1 概 述

施工企业购置机械设备的目的在于使用,机械设备列入施工企业固定资产产权范围以后,除了临时性的封存以外,直到批准报废为止,一直以"在用设备"看待。因此使用管理水平的高低对企业的效益有直接的联系。

一、两种作业方式

机械设备的使用方式通常有单机作业和综合机械化作业两种方式。

1. 单机作业方式

凡是单台的施工机械,在某生产过程中不需要其他机械的直接配合,就能保证其生产的连续性,独立地发挥其应有的生产效率,称为单机作业方式。

单机作业方式并不等于只有一台机械进行作业,在同一时间里,在同一工地上可以部署好几台同一类型的机械互不干扰地进行工作,仍然称为单机作业方式。

2. 综合机械化作业方式

在一项施工任务中,最终的施工目的是通过一系列的不同类型的机械设备的前后衔接作业而达到的,相邻的机械之间存在着直接配合的关系,这种方式称为综合机械化作业方式。在这种作业方式中的每一台机械能否发挥其连续作业的最佳效率,除了机械本身的技术性能外,还要看衔接环节是否互相匹配,是否运转正常而定。在整个综合机械化组列中,只要有一个环节(一种机械或一台机械)发生故障,就可能导致整个组列停止生产。

在道路施工中,综合机械化作业已成为主要的施工方式。

二、合理使用机械的三个标志

施工机械使用管理的总目标是要达到"合理使用"的目的。所谓合理使用主要有三个标志:

1. 高效率

机械使用必须使其生产技术性能得以充分发挥,在综合机械化组列中至少应使主要机械设备的生产技术性能得以充分发挥。

2. 经济性

使用经济性是指在可能的条件下,使单位实物工程量的机械使用费用成本为最低。对于

一个既定的工程项目，即使选用的机械设备或综合机械化组列已经达到了比较理想的效率指标，但不一定符合经济性的要求。不能认为高效率就一定经济。

3.设备不正常损耗防护

设备不正常损耗是指由于使用不当或缺乏应有的措施而导致机械设备的早期磨损、过度磨损、事故损坏以及各种使原机技术性能受到损害或降低等。设备不正常损耗防护就是设法采取防护措施以避免不正常损耗的发生。

以上便是衡量施工机械是否合理使用的主要标志或条件，只要在这三个条件全部满足以后，才可认为已经达到了合理使用的较高水平。由于非机械或机械管理方面的原因而造成的低效率、不经济不属于管理上的不合理使用问题。

要达到上述要求的因素是多方面的。影响经济性与高效率的因素有施工设计方面的因素，也有人的因素，影响机械不正常损耗防护的因素有人的因素，也有运行管理等方面的因素。它们之间的关系如表17-1所示。

机械设备合理使用三项指标的关系　　表17-1

合理使用三项指标		主要因素
经济	施工设计因素	1.在可能的条件下（指立足于企业现有设备及通过租赁能获得经济使用的机械设备）经过技术论证，应采用最经济的施工方案，使单位工程量的机械使用费成本最低； 2.在既定的施工方案内，应使机械或选择及配套组合为充分发挥机械效率提供先天的条件
高效	人的因素	1.精神因素——树立主人翁责任感，操作精心，维护细致等； 2.组织因素——合理的劳动组织形式，人机固定，设备检查； 3.技术因素——实行全员培训，提高机械人员合理使用机械的能力与水平，严格执行技术考核及操作制度等
设备不正常损耗防护	运行管理因素	1.合理运行工况之一：避免低载，低负荷使用（大马拉小车），避免降低性能范围使用（精机粗用等）； 2.合理运行工况之二：避免超载，超负荷使用（小马拉大车），避免超性能范围使用； 3.正确使用油料，注意润滑油与液压油的正确使用，要符合一般用油规定及原厂的规定要求； 4.应按规定的维修制度要求，得到及时保养与检修，严防失修； 5.禁止违章作业，避免机械事故； 6.其他技术服务措施：走合保养、换季保养等应符合规定

从表17-1可见，机械设备合理使用是各阶段、各方面一系列工作的最后综合成果。

17-2 施工组织设计与合理使用间的关系

机械设备合理使用的两个主要标志——经济性与高效率，首先取决于施工组织设计阶段的施工方案及具体机械的选择。这里把它称为合理使用的先天性因素。如方案、机型、配套组合等在先天阶段就已存在着失误或差错，那么在运行阶段（后天阶段）无论怎样精心操作、加强管理都将无济于事。所以做好施工组织设计阶段的管理是达到机械设备合理使用的先决条件或先行步骤。

一、施工方案的经济计算

施工方案的经济计算可以在完全不同的方案之间进行,也同样可以在同类方案之间进行。所谓同类方案是指类型相同,不过在容量规格上不一样。

施工方案经济计算的目的是要寻找使单位实物工程量成本费用为最低的方案。

1. 不同类型施工方案间的经济性比较

假设一个工程项目,其施工方案有几个,且每个方案所选机械的类型或组列形式是不同的。这时通用的计算单位实物工程量成本费的公式为

$$S = \frac{E_1 + D_1\sum T_1 + D_2\sum T_2 + E_2 + E_3}{G} \tag{17-1}$$

式中:S——单位实物工程量成本费;

E_1——在系统投产前为建立系统而支出的费用之和;

D_1——单项工程任务计划实作台班数;

$\sum T_1$——系统中机械设备台班费总和;

D_2——单项工程任务预期停工台班数;

$\sum T_2$——系统中机械设备停置台班费总和;

E_2——系统运行期内各项附加费用总和(如道路维护费等);

E_3——完工后系统拆迁清理费用总和;

G——单项工程实物工程量。

对不同的施工方案,求出不同的 S 值,取其最小值者即为经济最佳方案。此公式是概念性的,如读者能用其他方法计算出施工费用总和,则不必局限于本公式而以施工费用总和来代替上式中的分子部分。

对于一些常用的机械设备,长期实践及测算已积累了丰富的经验资料,并且总结出一套公认的最佳经济运行条件。凭借这些资料,可不必逐项计算,就能基本上确定经济有效的施工方案。

2. 同类施工方案之间的经济比较

即使使用同一类型的机械设备,如果在容量规格上不相同,其经济效果也不一样。

如一挖方工程,挖方工程量为 10 万 m^3,现决定采用挖掘机与自卸汽车配合完成。由于 10 万 m^3 早已超出一般挖掘机的最低工程量规定,所以可以任意选择如下容量的挖掘机与自卸汽车组合。即 0.6m^3 挖掘机配 5t 汽车;1m^3 挖掘机配 6t 汽车;1.6m^3 挖掘机配 10t 汽车;2m^3 挖掘机配 12t 汽车。并设每台挖掘机配 4 辆汽车,则计算结果如表 17-2 所示。

由上可知,不同的组合方案之间,每立方米成本费是有差别的。以 10 万 m^3 的工程量计,采 4 方案比 1 方案节约 100 000×(1.31−0.95)元=181 000 元。如果有条件采用 4 方案而偏要采用 1 方案,这样的使用方法是非常不合理的。

二、机械设备合理配套与合理使用

对于一个既定的施工方案,当施工机械的选择问题解决之后,若是单机作业,那么使用管理的第一个环节的工作即告完成。但若是综合机械化作业方式,还有一个机械设备之间的互

相配套问题。配套问题如果解决不好，那么不是生产性能优越的设备被拖住后腿发挥不了应有的效率，便是生产性能较差的设备被强制进行超性能运行。这两者都是属于“不合理使用”范畴以内的现象。

不同配套组合单方成本计算表　　表17-2

组合方案		台班产量（m^3）	台班费用（元）	每台班机械总费用（元）	每立方米成本（元/m^3）
1	0.6m^3挖掘机1台配 45t自卸汽车4台	330 —	500 368	1 972	5.97
2	1.0m^3挖掘机1台配 6t自卸汽车4台	526 —	925 403	2 537	4.82
3	1.6m^3挖掘机1台配 10t自卸汽车4台	694 —	1 039 558	3 271	4.71
4	2.0m^3挖掘机1台配 12t自卸汽车4台	862 —	1 092 623	3 584	4.16

综合机械化组列内部的合理配套关系主要应掌握以下三个要点：

(1)以组列中主要设备(或关键设备)为基准，其他配套设备都应以确保主要设备充分发挥效率为选配标准。配套组合应以配套设备的生产能力略大于主要设备的生产能力为原则。

(2)综合机械化组列中的组合数越少越好。尽可能采用一些综合型设备来代替几个环节的作用。这样能明显提高整个组列的运行可靠性。当然在综合性设备内部也是由各种机械组合而成的，但它比临时性的施工组合来说，可靠性要高得多。

(3)对系列中的薄弱环节(即运行可靠性很低的环节)，在可能的条件下适当地注意局部并列化，这样可以提高整个组列的运行可靠性。

一个协调均衡的配套关系是综合机械化组列中机械设备达到高效与经济运行的必要条件，如果不根据合理配套要求而将一机械设备随意地组合，那就是一种十分严重的不合理使用现象。

17-3　机械设备检查与技术状况评定

机械设备检查是一项对机械使用技术状况进行管理的活动，是以机械技术状况为主要检查目的，同时检查机械工作能力(完成任务情况)、保养状况、三定制度落实和原始记录填写及安全管理等。它对改善施工企业机械技术状况，促进机械使用管理有着重要作用。

由于机械设备检查需要投入相当的人力与时间，所以不能搞得太频繁，以一年一次为宜。时间可安排在冬季收工之后或春季开工之前。这样有三个好处：第一，机械施工完毕后，有充分的时间进行冬季维修保养工作；第二，这个时期是施工淡季，避开了施工的黄金季节，不会因机械大检查而影响保养工作；第三，机械检查合格后，能以良好的技术状况投入施工。

一、机械设备检查的分类

机械设备检查分日常检查、年度检查和定期检查。检查时需要投入一定的人力和时间，并成立检查组。

1.日常检查

在施工季节，日常检查一般按月进行，主要把握机械设备的运行性状态。通过听、看、查、问、试的形式，对操作和保修人员平时的保养和小修工作进行监督，促使操作手或驾驶人自觉地贯彻执行保养制度，合理地使用机械，保证施工不受影响。

2.年度检查

年度检查每年进行一次的，是自上而下逐级开展的全面性检查和评比活动，通常在年中或年末进行。它是积累机械技术状况动态数据和经营绩效资料的重要工作，通过检查不仅要发现问题，及时纠正问题，更重要的是要达到交流经验、表彰先进、提高机械设备管理水平的目的。

3.定期检验

定期检验是一种按规定周期（一般每隔1～4年）在非施工期机械设备保修工作完成以后分期分批进行的机械设备检验和操作人员审验工作。其目的是使机械设备在下一个施工期开始之前，能够具有良好的技术状况，提高机械设备完好率，保持并提高机械操作人员的技术素质。定期检验一般包括机械的技术等级评定、考核评比和操作人员的定期审验等工作。

定期检验合格的机械设备，其技术状况原则上应达到二级以上（含二级）水平。定期审验合格的操作人员，应该经过培训并通过考核。对定检合格的机械设备和定审合格的操作人员，由机械设备管理部门在机械运行证和机械操作证上分别加盖定期检验、审验合格章。

二、机械设备检查的主要内容

机械设备检查主要检查机械的技术状况，同时检查附件、备品、工具、资料、记录、保养、操作、消耗、产量等情况，并对机械使用人员进行考核。具体内容是：

（1）检查各企业领导对机务工作的认识，看其是否重视机务工作并纳入议事日程。

（2）检查体制机构和机务人员配备情况。

（3）检查规章制度建立健全和贯彻执行情况。

（4）检查技术培训情况。

（5）检查机械技术状况及两率（完好率、利用率）情况。

（6）检查机械设备管理、使用、保养、修理情况。

（7）检查机械设备配件、技术资料、账卡情况。

（8）检查机械设备使用、维修的经济效果。

三、机械技术状况检查评定

机械技术状况检查评定分为单机检查评定和综合检查评定两个方面。单机检查评定是安排维修和确定红旗设备、红旗驾驶（操作）人的主要依据。综合评定能全面衡量各个企业的机械技术状况，从而综合反映一个企业机械技术管理工作成效、工作水平。单机检查评定是综合评定的基础。

1.单机技术状况检查评定

（1）检查范围和技术条件

进行单机技术状况检查评定，首先要有明确的检查范围和技术条件或要求。由于施工企业所用机械种类很多，结构性能等均存在很大差异，所以，还需参照具体机种的专业技术条件(国家标准、行业标准)来进行单机技术状况的检查评定。

①发动机部分：发动机应运转平稳、动力性能好、没有异响，容易起动和关闭熄火。排气、油耗、噪声应符合有关规定。点火系统、燃料系统、冷却系统、润滑系统性能良好，安装牢固。线路、管路不磨不碰。各部无漏电、漏油、漏气、漏水现象。

②传动系统：离合器分离彻底，接合平稳、不打滑。变速器、分动器不跳挡、不乱挡。主传动器、差速器、万向节、传动轴及各种传动带、张紧轮、轮胎或履带、支重轮、引导轮、轮辋等装配正确，性能良好，螺栓齐全，润滑充足，均不缺油，不漏油，不松旷，不抖动。气压及液压传动装置工作正常，性能良好，管路不磨不碰，整个系统无异常、无异响。对全液压传动系统应对主液压泵性能进行状况检查。

③行驶系统：车架和底盘无扭曲、开裂、锈蚀现象，各种螺栓、螺母和铆钉不得短缺、松动、锈蚀，避(减)振器和悬架工作可靠，无下沉和无锈蚀等异常；各种钢板弹簧无断裂，紧固正常，螺母齐全；销轴、拉杆安装正确；减振胶块无松动、无开裂疲劳现象；整机姿态保持原厂标准，不得出现倾斜、弯沉、扭曲等。

④转向系统：转向装置安装牢固，转向灵活、轻便，工作可靠，不抖动、阻滞、摆振。转向拉杆保险卡完整可靠。不缺油、不漏油。转动自由量、最小转弯直径、转向手柄自由度应符合技术要求。

⑤制动系统：制动系统必须零件齐全，安装牢固，工作可靠，不漏油，不漏气。踏板自由行程、制动力、制动距离、侧滑反映、排气量、气压安全阀、制动释放时间应符合要求，驻车制动锁止装置灵敏可靠，制动液充足，气压正常。

⑥工作装置：工作装置(如推土机铲刀、挖掘机铲斗、烘干滚筒、起重机起吊装置、平地机刮刀等)应完整、无变形，连接配合良好，工作灵敏可靠。附属装置应齐全、完整、工作可靠、性能良好。

⑦电器、仪表、照明及警示灯具部分：各种机械安装的照明灯、信号灯、报警灯、顶灯、尾灯、制动灯、仪表灯、门灯等应齐全，并要有保护装置，安装牢固，位置正确，工作可靠，开关启闭自如。喇叭工作可靠，音量符合有关规定。所有电器导线均须捆扎成束，无漏电现象，同时应布置整齐，接头无松动并装绝缘封套。各仪表、报警指示器性能可靠，指示数值准确无误。

⑧机容：机身内外无油垢、泥土、锈蚀、掉漆。车门标志、牌照号、自编号齐全清晰。随机工具、附具、备胎、灭火器等齐备。

(2)单机技术等级评定

对各机械进行技术状况检查后，应填写检查记录表(检查记录表根据需要自行设计)，然后根据此表进行计分。单机技术等级评定结果，应存入技术档案备查。得90分以上可评为一类机械；70～90分者为二类机械；70分以下者为三类机械；待报废者为四类机械。

在评定各单机的技术等级时，应注意与下列技术状况定性分类原则相吻合：

①一类机械：指技术状况完好的机械。

②二类机械：指技术状况较好的机械。

③三类机械：指技术状况较差，需要和正在修理的机械。

④四类机械:指待报废和不配套等无法使用的机械。

2.综合技术等级评定

综合技术等级用来反映施工企业机械技术管理的成果。其评定分三步进行,即先计算标准技术等级,再计算参检机械实际平均技术等级,最后进行复查比较。

(1)计算评比机械的标准技术等级(D_A)

$$S=\frac{参检机械净值}{参检机械原值}\times100\% \tag{17-2}$$

$$C=\frac{75\%-S}{75\%} \tag{17-3}$$

$$D_A=1.5+C \tag{17-4}$$

式中:S——本企业参检机械的新旧程度;

C——本企业参检机械新旧程度修正系数。

式(17-3)和式(17-4)中的75%和1.5为相互匹配的经验值。在机械新旧程度为75%时,其平均技术等级为1.5;当$S>75\%$时,C为负值;$S<75\%$时,C为正值。D_A值越小技术状况越好。

(2)根据检查情况计算本企业参检机械实际平均技术等级(D_B)

$$D_B=\frac{1\times A_1+2\times A_2+3\times A_3+4\times A_4}{A_1+A_2+A_3+A_4} \tag{17-5}$$

式中:A_1、A_2、A_3、A_4——分别为参检机械中一类、二类、三类、四类机械数。

以D_B与D_A进行比较,如果$D_B<D_A$,则实际技术状况优于标准;如果$D_B>D_A$,则实际技术状况劣于标准。

(3)机械评比复查比较

机械评比复查时主要复查一类和二类机械,并清查各种机型的数量。根据检查评分标准,复查出每台机械单机技术等级,然后求出所有应检机械平均技术等级D_C,并与这些机械原报等级计算出的平均技术等级D_D进行比较。如$D_C<D_D$则给予适当加分;若$D_C>D_D$则适当给予减分。这样可以在一定程度上消除各企业自检评分尺度不均衡的因素。另外,还可用检查得分再进行一次平衡。

四、检查手段介绍

1.汽车检测线

汽车检测线用于汽车类机械的技术状况检查。根据用途的不同,汽车检测线分为安全检测和综合检测线。安全检测线由前轮侧滑试验台、车速试验台、前照灯检验仪、轴荷计、制动试验台、汽油车废气分析仪、柴油车烟度计等仪器设备组成。它主要用来进行行车安全技术检测并监控汽车排放尾气的污染情况。目前,安全检测线多用于公安交警机关对机动车辆的年度检验。而汽车综合检测线不仅拥有安全检测线的全部设备,还包括安全检测线所没有的检测设备。诸如:前轮定位检验设备、底盘测功试验台、发动机综合分析仪、声级计和车轮动平衡机等设备。

2.测试车

测试车用来到施工工地或分散的单位进行巡回检查。测试车应配备适合野外检测的设

备，它可对挖掘机、推土机、铲运机等施工机械进行现场检测。

3.人工检验

对一些不具备上述检测条件的单位，可用人工检验，即由检查组(通常由技术管理人员、操作人员、维修人员组成)成员通过眼看、手摸、脚踩、耳听等感觉器官凭经验进行的技术检验。

(1)检验程序：在进行人工检验时，检验程序较为重要。采用合理的检验程序，可缩短检验时间，减轻检验者的劳动强度，避免重复检验或漏检。

(2)检查、鉴定的一般方法：

①眼看：观察各总成、各部件的表面是否清洁，有无污垢、锈蚀或变质现象；各零部件有无变形、缺损和漏油、漏水等现象；看各仪表工作情况和排出的废气颜色是否正常等。

②耳听：用听觉检查、判断发动机和工作机构的内部有无异常响声；轮胎或气制动系统有无漏气声；行驶或作业中，变速器、差速器等总成运转有无异常声响等。

③手摸：用手摸试各总成部件温度和松紧度是否适宜；离合器和制动踏板的自由行程是否合适，各操纵装置和玻璃升降是否灵活等。

④嗅觉：机械在行驶和作业时，可凭嗅觉发现汽化器混合器过浓产生燃烧不完全的生油味，排气管漏气进入驾驶室的废气味，离合器或电气线路烧焦的胶木或橡胶味等。

⑤使用工具、量具、仪表和仪器：在机械检查中，仅凭耳、目、手、鼻还不能完成检查工作的全过程，可借助一些工具、量具、仪表和仪器才能把检查工作做得全面准确。如检查发动机气门的间隙就要需用塞尺(厚薄规)；发电机调节器的闭合电压、限额电压、限额电流等的检查，也需用电压表和电流表检查等。

⑥对机械使用管理工作情况、定额及有关指标的完成情况，各项管理制度的落实情况等的检查，通常采用听取汇报、查阅资料、开会座谈、个别了解和现场检查等方法进行。

(3)检查、鉴定的步骤：

①外部检查：机械在原地不发动，以目视手摸等方法，检查各部的连接、固定和密封情况，有无缺件或损坏情况。

②发动检查：使发动机温度正常后，检查各仪表指数是否符合规定要求，看排气烟色、听各部声音、查汽缸压力以判断是否正常，全面检查发动机技术状况。

③行驶检查：通过行驶，检查操纵、传动、行走、制动、转向等方面的技术状况。

④作业检查：当确定各部件良好后，可用各种负荷作业，以检查工作装置的工作情况，并进一步检查发动机的技术状况。

⑤分解检查：在上述各项检查的过程中，如发现某些总成运转不正常时，经分析判断后可实施分解检查。检查前，应先查阅机械设备的历史档案，并向操作手了解保养、修理、油料消耗、动力性能以及经常发生的故障等情况。

17-4 机械操作使用责任制

机械设备使用保养得好与坏，在一定的条件下能否得到合理的使用，关键在于使用管理中执行“人机固定”原则。定机、定人、定岗位责任制(以下简称三定制度)就是人机固定原则的具体化。机械操作使用责任制可通过“三定”制度、机械委托书、交接班制来明确。

一、三定制度

三定制度即通常所讲的定人、定机、定岗位责任制。

实行定人、定机、定岗位责任的三定制度，就可使机械使用与管理的各个环节、每项要求都落实到每个人，做到操作人员人人有岗位、事事有专责、台台有人管。

1. 三定制度的优点

(1)能加强操作人员的责任感，促使操作人员千方百计管好、用好所负责的机械，保持机械经常处于完好状态。

(2)有利于操作人员熟悉机械特性，学习业务技术，掌握机械技术性能、减少事故的发生。

(3)有利于促进操作人员积极总结机械作业方法，提高机械作业效率。

(4)有利于积累机械运行原始资料，获得正确、完整、连续的统计资料，便于统计分析。

(5)有利于开展红旗设备竞赛活动和单机单车(或班组)的经济核算，兑现奖惩。

(6)有利于做好机械定员工作和加强劳动管理。

三定制度简单易行，对机械的使用管理有着良好作用。

2. 三定制度落实的方式

根据机械使用方式的不同，可采用下列三种落实方式：

(1)单人操作的机械实行操作者自己负责。

(2)多班作业或由多人操作的机械实行机长负责制。任命一名操作人员为机长，其余为机组人员。

(3)班组共同使用的机械，以及一些不宜固定操作人员的机械，实行班组负责制，将其编为一组，任命一人为机组组长，对机组所有机械负责。

定人定机的名单，由使用部门提出，经本企业机务部门批准，抄送劳资部门并报上级主管部门备案即可。对某些大型、精密、稀有、价值昂贵的机械，本企业机务部门在确定操作人员及职责时，需征求上级主管部门的意见。除制定操作人员的使用责任制外，各级机务部门应有相应技术负责制，必须有专人负责，做到层层机务部门有人抓。

定人定机名单确定后，应保持稳定。确需变动时，按上述报批程序申请变动。当机械在企业内调配流动时，原则规定机上人员随机调动。

3. 操作人员的岗位责任

(1)机组人员的责任：

①认真执行以岗位责任制为中心的各项规章规定；

②严格执行机械操作规程，配合搞好机械化施工，以保证安全生产；

③正确使用机械，发挥机械效率，完成各项生产指标，努力降低消耗；

④认真做好机械的例行保养，保证机械设备的完好、齐全、整洁、文明及安全，争取红旗设备的称号；

⑤及时、准确地填写生产、运转、消耗等各项原始记录和报表，做好交接班工作；

⑥努力钻研业务技术，不断提高操作水平，做到“三懂四会”(即懂构造原理、技术要求、质

量标准；会拆检、组装、调整和鉴定）。

（2）机长的责任：机长是不脱产的，因此机长本身就是操作人员之一。机长除了作为一名操作人员应完成上述各项任务外，还应做到：

①督促、检查全组人员做好机械的合理使用及定期保养工作；

②检查及汇总各项运行记录；

③对本机组人员的技术考核提出意见；

④搞好本机组内及与兄弟机组之间的团结协作和劳动竞赛。

二、机械委托书

机械设备是由操作人员直接使用、保管和维护的。他们的责任心强弱、操作技能和维护技术的好坏，对机械设备的使用效益、使用寿命有直接的影响。为了增强他们的责任感和荣誉感，在操作人员初次接机时，最好举行授机仪式，发给机械委托书，同时进行爱机方面的教育，勉励他们把委托给的机械管好、用好、养好。当操作人员工作调动时，收回委托书。如另派人接机时则另行发给，临时顶班者不发。

三、交接班制

多班作业的机械，必须认真执行交接班制度。以便能互相了解情况，分清责任，防止机械损坏和附件、工具等的丢失，保证机械连续、正常运行。交接班制度是机械使用责任制的组成部分。交接班由交接两班的值班操作工执行，双方进行全面检查，做到交接清楚，不漏填交接记录。倘若交接班人员无法见面时，应以交接班记录双方签字为凭。

交接班记录由机务部门于月末收回。收回的记录作为机务部门查考资料。使用部门的领导或班组长应经常检查交接班制度的执行情况，并作为对操作人员日常考核的依据。

交接内容如下：

（1）交接本班任务情况、技术要求及注意事项；

（2）交清机械的使用运行情况、燃油、润滑油、冷却液的消耗和储备情况；

（3）交清机械保养情况及存在问题；

（4）交清随机工具附件；

（5）交接操作者负责搞好机械的清洁工作；

（6）认真作好交接班记录，记录内容包括：任务情况；机械情况；保养情况；附件工具情况；需注意的事项；开动台时记录，并签名。

17-5　机械的使用计划

目前公路施工企业实行“项目管理”法，这是公路施工企业经营管理的一种方式。在施工过程中，复杂的施工过程有诸多简单的施工过程组成，所以需要根据工程项目和工程量编制项目机械施工计划，将复杂的计划分解为若干分计划。

为了使施工人员清楚每年、每季、每月、每旬甚至每日应该如何开展施工，并因地制宜地贯彻计划，就必须根据工程项目的实施性施工组织计划，来编制机械设备的使用计划。这一计划能够起到具体指导施工工作和检查督促施工任务完成情况的作用。所以，机械使用计划一般分为年、季、月度计划和旬作业计划。

一、年度机械使用计划

编制年度机械使用计划时，机械需要量的计算，不是用预算产量定额而是用施工产量定额来计算。其计算方法是：先算出全部工程总量，在计划期内每工作日（班）应完成的工作量。当知道每月应完成的工程量后，就可以根据工程数量来选定机械。

为提高机械利用率，缩短施工期，在编制年度机械使用计划前，先要作机械需求量的核算，如表17-3所示。通过核算，可更周密、细致和有根据地编好年度机械使用计划。

机械使用计划需求量的核算　　表17-3

工程项目	工作条件简述	工作地点	计量单位	工作总量	机械名称	计划需用机械数量			
						计划一个月内工作天数	计划一天内工作小时数	一台机械一个小时的工作定额	需要机械数量

机械需求量通过表17-3核算后，即可结合本企业现有的机械进行平衡，并根据平衡结果，编制年度机械使用计划，如表17-4所示。

年度机械使用计划　　表17-4

编号	机械名称	规格	机械施工			需要数量（台）					调配（台）			备注
			作业名称	数量	计划台班	年平均需要量	一季度	二季度	三季度	四季度	现有	调入	调出	

年度机械使用计划一般由工程公司编制，下达工程项目经理执行。或由项目经理部编制，上报工程公司审核平衡批准后执行。

二、季度机械使用计划

季度机械使用计划（见表17-5）为年度计划的调整。内容与编制方法基本上与年度机械使用计划相同，所不同的是季度计划不改变机械需要数量核算表。

季度机械使用计划　　表17-5

编号	机械名称	规格	机械施工			需要数量（台）				调配（台）			备注
			作业名称	数量	计划台班	季平均需要量	月	月	月	现有	调入	调出	

季度机械使用计划一般由项目经理部编制，上报工程公司审核备案。

三、月度机械使用计划

月度机械使用计划（见表17-6）由项目经理部根据季度计划并结合本月施工情况编制，下达给工段或班组执行。

月度机械使用计划　　表17-6

编号	机械名称	规格	机械施工			需要数量（台）				调配（台）			备注
			作业名称	数量	计划台班	季平均需要量	上旬	中旬	下旬	现有	调入	调出	

月度机械使用计划要编制得切合实际，并有实施计划的具体措施，以保证计划如期实现。

四、旬作业计划

为了使机械使用计划更具体化，在保证完成月度作业计划的基础上，还应进一步为各班组制订旬（或周）、日的作业计划。此后，旬、日作业计划还要落实到具体执行人——机长或施工组组长等，即把每个施工队每昼夜工程量分配给该施工班组。这种计划是从单位工程的每旬（周）、日计划中摘录出来的，由工段或队编制下达班组执行。旬作业计划（见表17-7）一般用进度表来表示。

旬作业计划　　表17-7

编号	机械名称	规格	旬作业进度										备注
			1	2	3	4	5	6	7	8	9	10	

17-6 技术培训及操作证制度

一、技术培训的意义

在公路施工企业，机械操作人员是机械的直接使用者，操作人员素质的高低已成为影响机械生产效率、施工作业质量的重要原因。近年来，机械操作人员中年轻人较多，往往既未受过以师带徒的技术传授，又未经过系统的技术培训，所操作使用的机械，不但生产效率低，而且责任事故频繁出现，出现翻车、撞机、烧瓦、冻裂缸体等严重的机械事故，以及一些责任较大的交通事故。发生这些事故的主要原因是操作人员技术水平低、责任心不强，不具备预防事故和排除故障的能力。

随着公路机械化施工和科学技术的发展，采用新技术、新结构的机械设备不断涌现，对原有的机械操作人员技术水平要求更高。不仅要求操作人员知道在事故发生后是什么原因造成的,出现故障后采取什么技术措施补救,而且要操作人员能够正确操作、合理施工、提高生产率、节省油料及维修费用开支等。

因此,大力开展技术培训,提高机械操作人员的技术素质,并规范其行为,已成为机械设备管理中具有战略意义的紧迫任务。

二、机械操作人员的条件和基本要求

1.机械操作人员必须具备的条件

(1)熟悉和掌握机械设备的性能、结构、适应范围以及基本参数。

(2)熟悉和掌握机械设备的维护、保养等工作。

(3)按机械设备的使用规程进行操作。

(4)熟悉和掌握安全技术知识,当发生一般性故障时能及时处理。

2.对机械操作人员的基本要求

参照我国机械工业企业多年使用和维护机械设备的经验,要求机械操作人员做到"三好"、"四会"、达到"四项要求"、遵守"五项纪律"。

(1)使用机械的"三好"(管好、用好、修好)守则:

①管好机械:机械操作人员应对其使用的机械设备负保管责任,不经领导同意,不准别人乱动机械。操作者应保证机械设备的附件、仪器、仪表及安全防护装置完整无损。机械开动后,不得擅离工作岗位,有事离开时必须停机、关闭电源。机械设备发生事故后要立即停机,保持现场,不隐瞒事故情节,及时报告机务管理人员及生产组长。

②用好机械:严格执行操作规程,禁止超负荷使用机械设备。严禁不文明的操作,如脚踏床面、乱敲乱打、用脚踢操纵把和电器开关等,操作台面上不准乱放工具、零件等。

③修好机械:操作工人要配合维修工人进行机械设备的维修工作,及时修理好机械设备,使其经常处于完好状态,以满足施工进度和作业质量的要求。

(2)使用维护机械的"四会"(会使用、会保养、会检查、会排除故障)要求:

①会使用:机械操作人员要熟悉机械设备的性能、结构、传动原理和工作范围,熟知机械设备的操作规程,并能正确地按工艺规程选择运行速度、工作行程、传动和操纵等各项参数。

②会保养:机械操作人员应经常保持机械设备内外清洁,做到上班加油,下班清扫,周末大清扫;保持机械设备各滑动面无油垢、无锈蚀;各传动装置运转正常;按润滑图表规定加油、换油,保持油路畅通,油标醒目,油毡、油路清洁完整,无铁屑、油污;冷却液使用合理。

③会检查:机械操作人员懂得机械设备日常检查的标准(日常点检、定期检查和周末维护检查等标准)和项目,掌握检查的方法和基本知识,并能按照日常点检规定的项目进行日常检查作业。

④会排除故障:机械操作人员能听出和鉴别机械设备正常及异常现象,判定异常状态的部位和原因。当发现机械设备出现异常时能及时采取措施,排除故障。不能解决的故障要及时报告,并通知维修人员共同处理。参与检查分析机械设备事故,查明原因,吸取教训,提出预防措施。

(3)操作机械的"五项纪律":

①实行定人定机，凭操作证操作机械设备。

②经常保持机械设备整洁，按规定加油和换油，合理润滑，按规定要求维护好机械设备。

③遵守安全操作规程和交接班制度。

④管好工具、附件，不得丢失。

⑤发现故障立即停机检查，自己不能处理的应及时通知检修。

(4)维护机械的“四项要求”：

①整齐：工具、零件、附件放置整齐；安全防护装置齐全；线路管路完整。

②清洁：机械设备内外清洁；各滑动面、齿轮和齿条等无油污、无碰伤；各部位不漏油、不漏水、不漏气、不漏电。

③润滑：按时加油换油，油质符合要求；油壶、油枪、油杯、油毡清洁齐全，油标明亮，油路畅通。

④安全：实行定人定机和交接班制度，熟悉机械设备结构和遵守操作规程，合理使用机械设备，精心维护，防止发生事故。

三、操作人员的技术培训

机械操作人员应具有初中以上文化程度，并经专业技术培训，取得操作证。对机械操作人员的技术培训，必须扎扎实实按机械设备使用的一般规律进行教学，以提高操作人员的技术能力。

1. 一般要求

(1)机械操作人员必须身体健康，反应灵敏，具有良好的素质与责任心。

(2)应本着循序渐进的原则，保证学员了解机械基本原理，逐步掌握复杂机器的操作技术。

(3)在进行实际操作训练时，一般每台机械上的学员不应超过2人。在实际操作的最初阶段，最好每台机械配一位教练员，至少在最初4h内，一位教练员不应同时兼管两台以上的教练机。

(4)在整个训练期间，必须反复强调机械操作和维修中的安全问题。

2. 基本训练

(1)安全教育：在培训操作人员期间，首先要强调安全。使其了解机械使用说明书规定的操作规程与使用数据、安全标志符号、安全装置以及灯光、音响报警器的作用，懂得如何保持安全装置不出故障及掌握正确的使用方法。对轮式机械、车辆，还要求操作人员学习《中华人民共和国道路交通管理条例》。

(2)基本训练的主要内容：①操作手册、润滑手册和保养手册的使用；②了解操作简图和控制用符号的意义以及有关资料的内容；③了解基本性能参数，如质量、功率、转速、接地比压等；④掌握机械在实际施工中的操作，了解影响机械生产率的各种因素；⑤了解机械的结构和各种性能曲线；⑥对机械的维护保养，如发动机、变速器、离合器、润滑系统、电气系统、轮胎、履带、制动器等保养，包括对维修工具的使用；⑦机械起动、停机及注意事项；⑧机械上各种仪表的功用；⑨气动、液压操作系统的原理及使用；⑩正确安全地操作机械；⑪熟悉各种常规检查。

3. 特定机种的专门训练

在学员完成了基本训练学习内容后，应进行特定机种专门训练，以便学员能具备某一机种较高水平的操作技巧。在特定机种训练的各个阶段，应反复强调遵守各特定机种操作规程。特定机种的专门训练除分机种，详细、深入地讲授前述基本训练中的内容之外，还要传授关于特定机种的以下知识和技能：

(1)机械性能介绍：通过课堂讲授与实物观察介绍特定机械的用途、主要技术参数以及使用范围。

(2)操作装置：主要讲授操作装置的用途、操纵装置在驾驶座旁的布置情况、各种仪表的识别。

(3)起动、起步与停车：传授起动前的各项检查、操作程序和操作安全方面的内容。

①机械在起动前应进行的检查：液位和泄漏检查；零件有无松动、损坏和丢失；清除履带、轮胎与车下障碍物；轮胎气压和履带状况，并观察机械周围行人动向。

②起动时的操作顺序：在各种环境温度下如何起动发动机；起动时，如发生飞车，应遵循使用说明书中的有关安全措施处理。

③停车操作顺序：停车操作，驻车制动操作；发动机怠速时间；发动机熄火；停车后的安全措施。

(4)日常操作：

①机械操作前的日常检查：驾驶室的调整和固定，检查驾驶室及门窗，保持出入口的畅通；仪表检查，如油压表；机器预热；检查转向系统、制动系统。

②机械操作时的检查：仪表的观察；机械故障报警装置检查。

③操作方法：换挡；转向；工作装置的使用；操作技巧；停车与停放；工作装置的调整(如推土机刀片角度等)；工作后的日常保养；紧急操作；制动或转向失灵情况下的应急措施。

(5)工作装置的安装：包括工作装置安装方法；随机工具的使用；安全措施等内容。

(6)机械在工地之间的转移：在公路上行驶时，应遵守交通规则；若以公路和铁路转运时，注意在其他车辆上的安放和固定方法；需起吊时，应注意起吊位置和拖挂方法等。

(7)燃油、润滑油、液压油、冷却剂的使用，应结合以下内容讲授：

①所用燃油、润滑油、液压油、冷却剂的牌号规格；

②保持油路系统清洁及其重要性；

③油箱和油路的容量；

④加油及加注压力等注意事项。

(8)润滑方法与保养措施：

①计时器(或里程表)的读数与润滑周期、保养级别的对应关系；

②机械使用说明书中润滑表的使用；

③润滑机械时的安全注意事项(如机械未按要求停放时不得进行润滑以及防火措施等)；

④其他保养措施及注意事项：避免不同牌号的油液混用；加油时应使机械水平停放；只能在机械中油温升高后换油；油嘴、油箱、视油孔等的清洗；定期清洗或更换所有的滤清器；检查密封圈是否失效，油液放净后应做上标记，不要无油起动。

(9)液压系统和气动系统的日常保养：应着重强调这些系统的特殊保养措施。

(10)日常保养：应讲述机械保修规程或使用说明书规定的日常保养操作与保养周期。

(11)现场修理与故障排除：应传授如何利用随机工具对机械设备进行现场修理与调整；根

据保养手册，确定故障部位并排除故障。

(12)常用零件的识别：正确了解和使用零配件目录提供的有关内容。

(13)正确的施工作业操作方法：应结合实际经验，讲解如何掌握正确的施工作业操作方法，以提高劳动生产率，减少无谓运转，降低企业产品成本消耗量，减轻零件磨损，安全操作。

(14)安全：除了基本训练内容中的要求外，还应强调：①注意机械的安全操作，如正确地停放机械；②注意作业场地的安全，如机械不能在过陡的坡道上或易塌陷的凹坑处作业等；③工作完成后，应将铲斗、铲刀等工作装置停放在地面上；④注意树枝和高压电线；⑤保持所有安全装置完好无损，如应急制动系统、转向机构、倒车报警器、坐椅安全带等；⑥发动机运转时不要进行润滑保养和修理作业(测试除外)；⑦安全信号和符号的识别。

4. 多种机型操作训练和进修训练

多种机型的操作训练是对具有一定经验的操作人员进行的。通过训练，可使操作员掌握多种机型的操作技术；进修训练的目的是为了保证操作人员随着机械设备性能改进与技术发展，不断提高其使用操作技术和理论水平。

5. 培训记录与结业证书

(1)培训记录：培训部门应给每个参加培训的操作人员设立培训记录本，以记录其听课内容和对各种机械的实际操作经验。培训记录可由操作人员保存。培训记录应分培训课程记录和实际操作经验记录两部分。培训课程记录记载授课详细内容，以及教员、培训部门对学员的评语或证明。实际操作经验记录则记载学员在施工工地单独进行各种机械实际操作的经验体会。

(2)结业证书：当学员完成某种训练并合格后，应由培训部门发给结业证书。结业证书包括以下内容：①结业证书的注册号码；②学员的姓名、性别、年龄以及照片；③训练内容和机种，必要时写明机械型号；④训练时间与起止日期；⑤加盖培训部门公章。

四、操作证制度

实行操作证制度，是为了合理使用机械，有效地控制非驾驶人或不熟悉机械使用性能的人员乱开机械，以减少机械设备不应有的损坏，确保人身和机械设备安全。

1. 操作证件

操作证件主要有机动车驾驶证和公路施工机械操作证。此外，还有司炉工、电工、电焊工操作证等。

(1)机动车驾驶证：机动车驾驶证的申领按公安交警机关的规定程序进行。其考核内容包括理论考试(机械常识、交通法则)和技术课考试(桩考、路考)。此外，还应懂得现场急救知识。获取机动车驾驶证后，就取得了在全国范围上路驾驶准驾车型机动车的技术资格。

(2)公路施工机械操作证：公路施工机械操作证是根据交通运输部发布的《全民所有制交通企业设备管理办法》和《公路筑养路机械设备管理制度》中有关规定而发放的内部机械使用管理证件。它是操作公路施工或养护企业产权范围内机械的技术资格证明。各公路管理局或工程局为该证的主管机关，各公路分局(总段)或工程公司为发证单位。

2. 操作证件的管理

(1)机动车驾驶证和公路施工机械操作证都是机械操作人员的正式技术资格证明。公路施工或养护企业的机务部门应设专人统一管理。同时，应注意将交通安全委员会挂靠在机务部门，以避免具体工作中发生扯皮现象，不利于操作证件的管理。

(2)对持有机动车驾驶证的人员，企业机务部门应协助交通管理部门搞好定期审验；对持有公路施工机械操作证的人员，公路分局或工程公司的机务部门要组织年审。年审时应根据实际情况进行理论(如机械构造、保修知识、操作规程)和实际技能(如实际操作、排除故障)的考核。

(3)提倡机械操作人员成为多面手。经技术培训考试合格允许操作的新机种，都应及时填写在操作证上。

(4)对于公用机械设备则不发操作证，但必须指定专门维护人员，落实维护责任，并将定人、定机名单统一报送机务部门。

(5)锅炉工须有劳动机关发给的司炉工执照；电工、电焊工等经当地电业主管机关考核合格发操作证后，方可从事本工种工作。

17-7　运行工况与机械设备的合理使用

机械设备的实际运行工况与合理使用有直接的关系。不合理使用的运行工况大致有以下几种情况：

(1)低载、低负荷使用，即所谓“大马拉小车”。这是机械设备低效使用的常见现象。

(2)降低性能范围使用。企业从装备管理角度出发，以综合效益最佳为原则选用的机械，由于降低性能范围使用，会使原来的设想无法实现(本来可以实现)，使综合效益下降，机械投资很大部分被白白浪费。

(3)超载、超负荷使用。超载与超负荷是一回事，但前者适用于车辆方面。机械设备的超载或超负荷使用不仅造成零部件的过渡磨损、机械寿命降低，而且还会导致主要受力部位的永久性变形，甚至损坏机械。但由于施工作业条件的多变性，在道路施工中要求完全杜绝临时性的超载、超负荷现象，不仅不易做到，有时也不经济。因此，经过批准的一次性超载、超负荷使用有时是允许的，但必须经过认真的计算校核及采取必要措施，而且按批准的作业项目、作业次数一次性地完成后，以后不得在不经批准的情况下擅自使用。

(4)超性能范围使用。强使机械设备去从事有害的超过原设计性能范围以外的作业项目，使机械损坏严重。例如履带式推土机本来是一种铲土运土设备，但由于机械振动及履带板传振机能的关系，在砂质土壤上对40～60cm深度范围内的土层有较好的压实作用，但这种压实作用只能作为在工地上铲土运土过程中的一种副作用，而不能把推土机作为一种压实机械来使用。国内不少地方用推土机分层碾压土层，推土机日夜高速往返行驶，使行走装置损坏十分严重。

以上机械设备的不合理使用工况都是指长期异常行走工况而言。如果是短期的，经过技术核证并采取适当措施后的临时性运行，则不作为不合理使用因素考虑。

17-8　技术服务措施与机械设备的合理使用

为了保证机械设备不致受到不正常因素的损耗，在某些特定的条件下需要采取相应的技术措施。

一、严格执行磨合期规定

新出厂或新大修的机械设备在投产使用初期，必须经过运行磨合(即走合)过程。因为新加工的零件表面比较粗糙，装配表面也不一定达到良好配合的程度，虽然在出厂前已经进行了工厂磨合，但这种磨合一般都是空运转，而且时间短，达不到可以满负荷使用的要求，必须在生产条件下再进行一定时间的运行磨合。机械设备的运行磨合就是在使用初期的摩擦表面作高度精密的加工，使配合表面逐渐达到良好的配合状态。机械设备的运行磨合期一般规定为100h，汽车及机动机械为100km。在磨合期内应按下列规定执行(原厂有规定者，应按原厂规定执行)：

(1)机械设备在磨合期内，应减载运行，负荷应减少20%～30%，汽车的行驶速度在公路上不超过30～40km/h，在工地上不超过20km/h，不得拖带挂车。内燃机上限速装置的铅封不得拆除。

(2)操作要平稳，避免突然加速或增加负荷，防止传动机构承受急剧的冲击。

(3)在磨合期内，应注意各部机构的运转情况。如声响、振动、连接部件的松紧程度、工作温度、压力等，如发现异常现象，应分析情况，找出原因，并及时消除。

(4)磨合期完了后，应按规定进行一次全面的检查保养，并加注(传动机构)及更换润滑油(内燃机)。填写运转磨合记录，由主管技术人员审查合格后，拆除限速铅封，正式投入正常生产。

二、注意换季保养

机械在寒冷气候条件下使用时，由于气温过低，将影响燃油的蒸发，并使发动机热量损失增加，传动机构和行走装置内的润滑油和润滑脂黏度增大，轮胎与地面的附着情况不良，以及起动蓄电池的工作能力降低等。其结果导致发动机起动困难，零件磨损剧增，燃油消耗量增大，以及安全性能降低等现象发生。

机械在高温气候条件下使用时，由于气温高、雨量较多、空气潮湿(特别是南方地区)、太阳辐射强，这些都会给机械使用带来很多困难，如发动机因冷却系统散热不良，发动机温度容易过高，影响发动机充气系数，使功率下降；润滑油因受高温影响，会引起黏度降低，润滑性能变差；机械离合器与制动装置的摩擦部分因高温而磨损增加。液压系统因工作油液黏度变稀而引起外部渗漏和内部泄漏，使传动效率降低。尤其是发动机在高温条件下运转时，由于发动机工作温度与周围大气温度差变小，会导致冷却系统散热困难，发动机容易过热。发动机温度过高时，燃料在燃烧过程中生成过氧化物，高温下过氧化物的活性增强，容易发生爆震，并使发动机功率降低。

为了保证机械在寒冷、高温气候条件下安全、经济地使用，必须采取相应的技术措施。故换季保养应引起重视。

各种机械设备的换季保养要求各有不同，应有针对性进行。一般机械在寒冷季节的技术措施要点是：

(1)凡露天作业机械，在进入严寒季节前，要进行一次换季保养，检查全部技术状况，换用冬季润滑油及液压油，加装预热保温装置。

(2)按照不同地区的不同要求,准备好机械的预热防寒设备,如保温车库、保温被、防滑链条等。并做好冬季燃油、润滑油、防冻液等的供应工作。

(3)对停用的内燃机机械,入冬前要进行一次检查,确认是否已彻底放尽内燃机内部存水,特别是停放在坡地上的机械,更应注意这一点。

机械在高温季节的技术措施要点是:

(1)冷却系统的维护和保养。

(2)及时更换夏季润滑油及润滑脂。

(3)对发动机燃料系统的保养。

(4)对蓄电池的检查保养。

(5)对轮胎的保养。

三、注意供电质量

对以电动机作为动力的机械,在运行中一定注意电压的高低,对电动机来讲,超压与欠压均对其不利。

综合上述,若机械设备未经磨合期就投入满负荷使用,寒冷季节也没有必要的防寒措施,甚至采取内燃机怠速运转的方法避免上冻,在高温气候条件下使用时,不按具体的技术措施进行保养等,这样的机械设备在即使其他方面情况都好,也不能认为已经达到了全面合理使用的境地。

第18章 施工机械维修管理

18-1 概　　述

施工机械在长期的运行过程中，其结构、零部件必然要发生不同程度的自然松动、磨损、腐蚀，变形甚至断裂等损伤。这使机械的技术状况日趋恶化，构成了机械设备有形损耗的主要内容。

维修的目的就是要补偿机械设备的有形损耗，维修的内容取决于零部件损伤的性质与程度。

一、损坏的类型与维修概念的产生

机械设备零部件的损坏形式大致有以下四种类型：

1. 磨损性损伤

这是机械零件损坏最普遍、也是最基本的形式。磨损性损伤主要是由于摩擦而引起的，凡是两互相接触或与外界其他物体相接触而又具有相对运动的零件，都会发生由于摩擦而引起的损坏。这是因为任何一个零件，不论采取何种精密程度的加工方法，都永远不可能得到一个理想的平整的表面。那些直观看来已经十分完美的平滑表面，实际在加工表面上存在着无数细微的沟峰与沟谷，如图18-1所示。若把自沟谷至沟峰的高度用 h 表示，把峰与峰或谷与谷之间的平均距离用 d 表示，那么一般机械加工表面 h 为 0.05～50μm 之间，而 d 为 0.5～5mm 之间，因此，若把两块接触到一起，两者之间真正接触的不过是若干个点。设这些互相接触的微小面积分别为 α_1、α_2、$\cdots\alpha_n$，则 $\sum a_n/A$ 的值一般也不过为 1/10 000 而已。

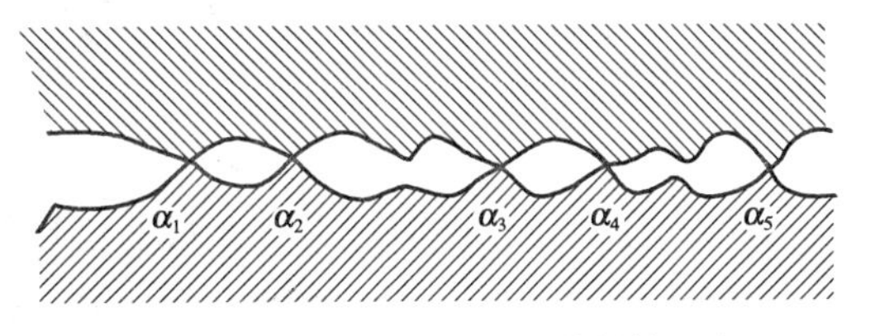

图18-1　机械加工表面微观接触情况图

磨损性损坏，由于发生的机理不同，又可以分为四种类型：

(1)摩擦磨损

由于摩擦表面的微观凸凹不平在相对运动过程中互相干涉而引起的。凸起部分互相碰撞，产生弹性、塑性变形，甚至直接被刮削、断裂而脱落，也可能由于多次重复变形而疲劳剥落，形成摩擦磨损。这种类型的磨损一般只引起尺寸、形状、体积等几何性质的变化。摩擦表面越粗糙，磨损也越严重。如果在摩擦表面之间存在着某种润滑物质，则可以大大减轻磨损的程度。

(2)磨料磨损(又称磨粒磨损)

如果有硬质微粒侵入或存在于摩擦面之间,由于硬质微粒的刨槽作用而发生的磨损称为磨粒磨损。磨料的来源可以是由于摩擦本身所产生的磨屑,也可能是来自周围环境中的砂土尘埃以及油料在高温作用下形成的积炭等。施工机械大都工作在尘土飞扬的地方,工作对象以岩石或土壤为主,在尘土中所含有的石英细末,硬度极高,是一般钢铁材料硬度的2~4倍。这些尘土一旦进入摩擦表面,使磨料磨损的作用表现得十分强烈。

(3)黏着磨损

在某种特别严苛的摩擦条件下,如接触负荷很高、润滑条件不良、滑动速度过高等,使金属表面微凸体的尖缝发生严重的塑性变形或塑性流动,接触点互相嵌入,金属氧化膜破坏,露出新鲜的金属,两者之间的金属分子极度接近,在分子键力的作用下形成强固的冷作硬化接点,或者由于迅速积累起来的高温接触点熔焊在一起,当相对运动继续进行时,原来黏着的部位被撕裂,强度较大的金属将强度较小的金属撕下或挖走。同时在新的部位又产生新的黏着。这种性质的磨损称为黏着磨损。

黏着磨损总是在特别严苛的摩擦条件下发生的,一旦发生发展特别迅速,能使配合件在极短的时间内遭到严重破坏。

(4)其他性质的磨损

还有一些由于物体间相对运动而引起的磨损,例如疲劳引起的剥落磨损等,在施工机械上也经常遇到。

2.机械性损伤

零件在工作中,由于受到长期交变负荷的作用,或外力的猛烈冲击,或高温的急剧变化等原因而产生的裂纹、变形、碎裂或断裂等现象称为机械性损伤。对于承受交变负荷的零件,材料的疲劳往往是产生裂纹、断裂的主要原因。这种损伤开始时不易察觉,并且后期发展很快,从而产生事故。

3.热损伤

这种性质的损伤主要是零件在铸造或焊接时,各部受力不均而引起的内应力,在使用中由于外界振动使内应力逐步松弛而产生的变形或裂纹,最后导致零件损坏。

4.其他性质的损伤

由于以上三种原因以外的因素所引起的损伤,如金属氧化、有机质老化变质、气蚀、穴蚀等原因而造成的损伤,它们的特点是发展进程较缓慢,而且对前1、2类损伤有诱发或促进作用。

以上各种类型的损伤中,有的在零件制作中采取某种措施可以事先加以防止,也有的在设计过程中可以设法使其在正常情况下不致发生,但是磨损损伤一般来说是无法绝对避免的,而且这种损伤在各种损伤中有极大的比例。因此,机械设备的技术状况总是随着时间的增加而日趋恶化。但是,仅仅是零件部件的损伤还不是产生维修的必要性的充分条件,因为如果组成整机的所有零件都具有相同的有效使用寿命,也不会产生维修的概念。之所以要产生维修是因为除了零件不可避免的磨耗外,同一台机械的零部件之间还有一个损耗的不均衡性问题。零件的损耗加上零部件之间损耗的不均衡性,才是维修概念产生的全部原因。

当构成机械设备的零件的不均衡损耗使机械的局部功能或整机功能失效时,为了消除这

种不均衡的失效状况，甚至全面地恢复设备的整机性能而采取的一切活动就称为维修。

二、现代维修的含义

现代维修的含义主要包括以下三个方面的内容：

(1)维修或恢复机械设备的设计性能，保持其良好的技术状况，提高设备的运行可靠性，保证生产的正常进行。此种维修又称“驱除维修”。

(2)实行改善维修，开展信息反馈工作。通过维修，不仅要消除故障或隐患，而且要进一步消除发生故障的原因，例如改进零件的材质、局部的结构等，同时，应积极开展信息反馈工作，力求在设计阶段从根本上提高设备的维修性，实施预防预修。

(3)维修工作讲求经济性。在保证设备性能的前提下，力求以最少的人力物力，取得最佳的经济效果。

维修的经济性主要由以下三点内容组成：

①维修的经济界限。在我国目前的情况下，维修的经济性主要是针对大修而言的，也就是设备大修经济界限的确定。

②最佳维修工作量的确定。这是包括所有维修作业在内的。其目的是要求得经济效果最好的预防维修工作量，避免过度维修。

③提高维修作业效率。指在具体的维修作业过程中以及在维修工作组织等方面，如何采用新技术、新方法、合理的劳动组织、科学的宏观维修体制等，以达到减少浪费、节约费用、提高效率的目的。

研究并实施如何使维修工作达到上述三个目标的一切活动及措施，总称为维修管理工作。其中经济性目标又是维修管理的核心内容。

18-2　设备维修的经济分析

设备维修的经济分析，主要有两个内容：

(1)设备大修经济界限的计算；

(2)最佳预防维修工作量的确定。

一、设备大修经济界限的确定

设备大修是设备有形损耗的一次全面性补偿。一般来说，修理作业的劳动生产率比批量的整机生产低得多，零部件的零售价又要比整机出售的成本价格高得多。在这两个不利因素的共同作用下，为什么大修还能够得以存在？

一般设备在有形磨损后，可以把机械的零件分为三个类型：A类是不能继续使用，必须予以更换；B类是可以修复的零件，这类零件只要稍加修理，就可以恢复或基本恢复其原有的使用性能；C类是原件不动，仍可继续使用的零件。根据对金属切削机床的大量数据调查表明：在大修时$(B+C)/(A+B+C)$的平均值约为$2/3\sim4/5$。同时，A类零件往往都是价格较便宜的零部件，所以若按价值计算，其比值将更进一步高于前述数值。这就是为什么在设备使用的前期，大修在经济上还得以成立的理由。

但是反复无休止地进行大修，虽能延长设备的使用寿命，却并不是一件值得提倡的事，这是因为：

(1)随着耐用周期较长的基础件、关键件的逐渐老化，大修理费越来越高。在一定的年限后，甚至还会出现跳跃性的增加。

(2)设备的日常维护费用、能耗费用等将日益增加，设备的性能(如生产率等)将日益降低，使换算后的等值使用费越来越高。

(3)以恢复原机性能为目标的大修多次循环，将严重地阻碍技术的进步，使企业的装备日益失去其先进性。

(4)在国民经济的结构中形成一个庞大而落后的修理行业。

基于上述原因，对大修要有一个限值，这就是大修经济界限计算所要解决的问题。企业在面临设备需要大修时，不外乎有以下三种抉择：

(1)大修与役龄更新间的比较——大修留用，或用同型新设备替换。

(2)大修与技术更新间的比较——大修留用，或用技术先进的新型设备替换。

(3)大修与技术改造间的比较——大修留用，或结合大修进行技术改造，使原机获得新的性能。

在以上三种比较中，只要有一种经济效益高于大修留用，那么大修在经济上就不能成立。

在本节中将只讨论第 1 种情况，其余 2、3 种情况，请参阅第 16 章，基本方法相同。

设备每经过一次大修，如果不考虑技术性无形损耗的因素，一般来说应该至少再使用一个大修周期，这样可以使大修理费用的年分摊成本降为最低。所以经过了几次大修的设备，其使用寿命应为$(n+1)$个大修周期。

从长远观点看，设备的使用年限以基本上只包含一次大修和两个大修周期为宜。总的来说，一台设备可以允许进行在修的次数是极为有限的，有的设备，甚至连一次大修都难以成立。所以企业在安排设备大修理计划时，最好应逐一进行大修经济性的分析论证，至少也要在第二次大修的前夕进行这项工作，以避免由于盲目实施大修而在经济上得不偿失。

大修经济界限的计算，实际情况是比较复杂的，不仅大修的费用逐期发生变化，而且每次大修的间隔期以及每次大修后设备的技术性能等都在发生变化，因此，为简化运算，这里作几点假设：

(1)按规定，新机到第一次大修的间隔期要比标准的大修间隔期延长 20%～30%，自第三次起每次缩短 10%左右。这里，我们只考虑前者的影响，而把每三次以后的大修间隔期看成是等同的。实际上四次以上的大修是很少有的。

(2)按规定，第一次大修的配件费用为定额的 85%，自第三次起每次比定额增加 15%。

(3)每个大修间隔期内的年运行维持费假定在同期的是等额的，不同期内的运行维持费作适当增长。以第二个大修周期为准，第一个周期按 80%计，自第三个周期起每次递增 10%～15%。

(4)每次的大修理费用，在按规定将配件费调整后，再乘 1.13 系数，作为超定额范围换件的加价因素；

以上仅仅是为了可以利用定额资料而进行的假设，如分析人员拥有本企业积累的统计整理数据，应使用企业自有数据，其结果更能符合实际情况。

以 n 为分期研究期 $n<n'$，则

$$(E_0)_p = \frac{1}{K}\{P' + L' + C_0[P/A,i,n]\} \tag{18-1}$$

$$(E_n)_p = P[A/P,i,n'][P/A,i,n] + C_n[P/A,i,n] \tag{18-2}$$

式中：　P'——大修理费用总额，此处为追加投资性质；

n——旧设备的下一个大修周期，即选用的研究期；

n'——新设备的第一个大修周期，按假设为定额中标准周期的120%～130%，这里取125%；

C_n——新设备的年运行维持费；

C——设备的年运行维持费标准值。为台班费用经常修理费、安装拆卸及辅助设施费等费用的总和乘年额定工作台班；

$$C_n = 0.8C \tag{18-3}$$

C_0——旧设备的年运行维持费（根据是第几个大修周期而定）；

K——使用价值换算系数。为旧设备与新设备的生产率之比，且 $K<1$；

$(E_0)_p$、$(E_n)_p$——分别为研究期内旧设备与新设备的等值总费用现值。

L'——旧设备的现时处理价。

若对旧设备实施大修，则意味着旧设备将继续使用，使旧设备的现时处理价款 L' 损失掉了，故应作为大修的损失费计入旧设备的总费用中。

若 $(E_0)_p < (E_n)_p$ 则大修成立，

若 $(E_0)_p > (E_n)_p$ 则大修不成立，应以同型新机置换旧机。

例18-1　有一机械，已使用了一个大修周期，现拟大修，试证明与新购设备相比，大修是否成立。设大修费用标准定额为15 000元，其中配件费用为13 000元，购置新机费用为236 500元。且已知：$n=4$ 年，$L'=30\ 000$ 元，$i=10\%$，$K=0.95$。

解：由题意知：若该设备大修，则进入第二个大修周期即标准周期，则有

$$n' = 1.25\times4 = 5(\text{年})$$

$$P' = [(15\ 000-13\ 000)+13\ 000\times0.85]\times1.13$$

$$= 14\ 746.5$$

查台班费用定额知，该机械台班运行维持费为56.57元，查年出勤台班数为150个，则有

$$C_0 = 56.57\times150 = 8\ 485.5(\text{元/年})$$

$$C_n = C_0\times0.80 = 8\ 485.5\times0.8 = 67\ 788.4(\text{元/年})$$

$$(E_0)_p = \frac{1}{0.95}\{14\ 746.5 + 30\ 000 + 8\ 485.5[P/A,10\%,4]\}$$

$$= 75\ 416.3(\text{元})$$

$$(E_n)_p = 236\ 500[A/P,10\%,5][P/A,10\%,4] + 67\ 788.4[P/A,10\%,4]$$

$$= 412\ 661.4(\text{元})$$

因为 $(E_0)_p < (E_n)_p$，故大修成立。

二、最佳预防维修工作量的确定

很明显，维修机械越频繁，意外故障就越少。但另一方面，由于维修作业本身而支出的费用以及由于维修而停机所造成的损失也要上升。所以维修工作安排得过多或过少，都是不合适的。怎样安排最为经济，便是最佳预防维修工作量或最佳维修预防方案所要解决的问题。

与预防维修有关的费用由三个部分组成：

(1)实际支出的用于预防维修活动的费用。这部分费用用来支付由于对机械设备进行检查、测试以及发现隐患后实施预定项修理的费用。很显然，预防维修越频繁，这项费用也就越多，一般认为它与预防维修工时成正比关系，或接近正比关系，如图 18-2 中 a 线所示。

(2)用于排除故障的维修费用。即使实施了预防维修，也不能保证机械设备完全不发生任何故障。但是随着实施预防维修工作量的增长，可能发生的故障在萌芽时期就被预防维修措施所消除，因此故障发生的频率随着预防维修工作量的增长而下降，如图 18-4 中 b 线所示。

(3)由于停机而造成的损失费用。停机有两种情况：机械发生故障当然要停机，而进行预防维修作业也需要停机。这两种性质不同的停机结果却是一样的，即使企业丧失了由于机械运转生产所能获得的利益，这虽不是费用上的直接支出，却是一种经济上的损失，在意义上是相同的。这两种停机损失加在一起，其演变过程是这样的：一开始，由于实施少量的预防维修而不得不付出的停机代价很大(故障频繁)。随着预防维修的增加，故障频率下降，总的停机损失逐渐下降，且故障停机损失对总停机损失的影响效果减弱。过了平衡点后，由于增加预防维修工作量而导致的停机反而超过了得到的降低故障停机的时间，维修引起的停机损失对总的停机损失影响效果增强，于是总的停机损失反呈上升趋势，如图 18-2 中 c 线所示。

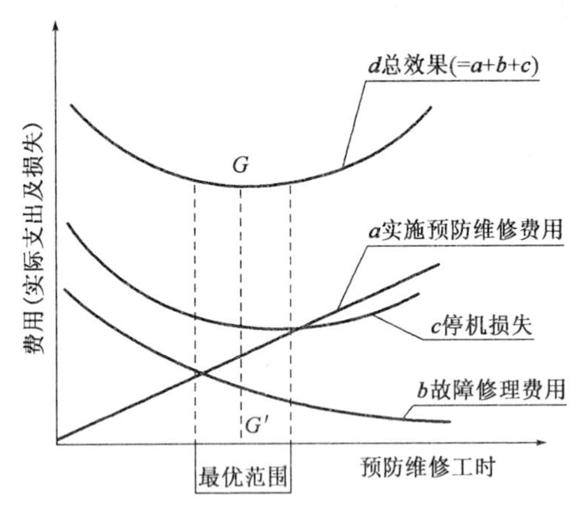

图 18-2　预防维修工作量与费用关系图

把这三种费用曲线叠加起来，就可求得预防维修总经济曲线。如图 18-2 中 d 曲线最低点 G 相对应的 G' 点，便是总的费用损失最少，也就是生产经济效果最好的预防维修工作量，称为最佳预防维修方案。

由于曲线 d 比较平缓，没有十分明显的最低点，故可以在 G' 点前后若干距离内划定一个范围，只要预防维修工作量安排在这一个范围内，都可以得到基本相同的最佳经济效果。这个范围称为最佳预防维修范围。

需要说明的是，以上关于预防维修经济性的分析只适用于以经济效益为主要目标的机械设备。公路施工企业的机械设备，基本上适用这一原则，但由于施工生产受气候季节及其他客观因素的制约较大，往往存在着一定程度的允许停机检修并不招致额外的停机损失的机会或可能，在作具体分析时要顾及这些因素。

18-3 典型磨损曲线与设备故障率曲线

一、典型磨损曲线

引起零件损坏的原因固然多种多样，其中最主要的则是磨损，而且无论采用何种措施，只能减轻磨损的累增速度，而不能消除磨损现象。磨损的形式及其发展机理虽各不相同，但它们之间却具有某种共性的规律。下面以滑动配合的轴颈与轴承之间的间隙变化作为具有代表性的例子，说明一下磨损发展的规律及与零件失效之间的关系。

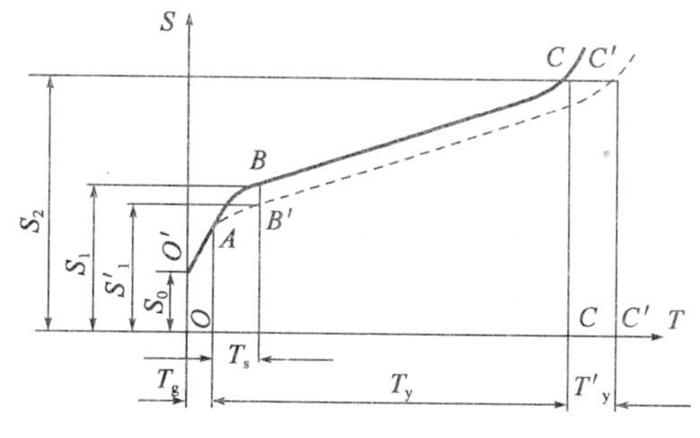

图 18-3 典型磨损特性曲线图

图 18-3 所示是以间隙为纵坐标、以运转时间（或与时间对应的工作量）为横坐标的滑动轴承磨损量与时间的关系曲线，称为典型磨损特性曲线。图中：

S_0——滑动轴承在工厂装配完成后未经任何运行的初始装配间隙；

S_1——磨合期终了时的间隙，又称初期磨损，由工厂磨合期和用户生产磨合期组成；

S_2——保证安全使用的极限磨损间隙；

T_g——工厂磨合期；

T_s——生产磨合期；

T_y——配合件有效使用时间，如果超过这个使用时间，就可能引起事故性破坏或不经济的效果。

从图中 $O'ABC$ 曲线上可以看到：曲线 $O'B$ 段可以分为两部分，最初 $O'A$ 段最陡，这是因为新加工出来的摩擦表面具有较大的微观平面度，在磨合过程中，表面的凸峰部分被较快地研磨掉，所以间隙的增长率较快，形成一小段很陡的斜线。当到达 A 点时，基本趋向稳定，磨损速度随之下降。曲线渐渐向右弯曲并变为平缓，到达 B 点后，磨合期终了，配合件已得到充分磨合，摩擦表面的凸峰部分已被磨掉，凹下部分也由于微量的塑性变形而填平，零件的工作表面达到了相当的粗糙度，这时油膜稳定，润滑条件很好，进入正常工作阶段，磨损量的增长缓慢而且均匀，磨损率基本保持不变，曲线自 B 点以后接近于一条平缓的直线。

运行一段时间后，虽然缓慢增长的磨损量也终将导致间隙逐渐增大，使轴承副的配合条件逐步变坏，于是在后期磨损率又渐渐变大，曲线向上弯曲，慢慢变陡，一直到 C 点，这时间隙 S 已达到允许的极大值 S_2。若超过此值，S 过分增大，漏油量增加，润滑条件恶化，恶性循环，机械安全运行不能保证，甚至产生破坏性事故。所以零件到达 C 点时的磨损量称为极限磨损量，在此以前的运行时间称为零件的有效使用时间。零件使用到极限磨损量以后就应予以更新或调整修理，恢复原有的配合质量，重新开始下一个使用周期。

由以上分析，可以得出以下几点结论：

（1）B 点的高度（即配合件的初期磨损量）是一个关键。若能设法将 B 点降低，降至 B'，那

么由于 S_2 是一个固定值,曲线上 C' 点必将右移,从而增加了零件的有效使用寿命,增加量为 T'_Y。

这就充分说明了认真执行磨合期规定的重要性。由工厂磨合与生产磨合所组成的磨合,在工厂磨合时工况、生产条件等比较稳定,所以 A 点降低的潜力不大,关键在用户的生产磨合阶段,如果生产磨合内认真执行规定,可以使 B 点降至最低限度,从而收到延长机械使用时间的效果。

(2)当 B 点的高度确定以后,在 T 轴上 C 点的距离取决于曲线 BC 段坡度平缓及接近于直线的程度;BC 段越平越直,C 点的位置越往右移,零件的使用寿命也就越长。要达到上述目的,需要在机械的使用期间仔细操作及精心保养;严格执行操作规则,使机械设备尽量避免超载及冲击性负载;严格进行机械保养工作;经常保持良好的润滑条件,密封良好,适时调整。就能促使曲线 BC 段趋向理想的合理状态。

(3)零件磨损量的增长,虽然有一段相对稳定的时间,但并不始终以同一速度进行。到了一定的时间后(相当于略前于 C 点的位置),就会进入一个恶性循环的快速阶段。机械设备中某些零件技术状况的恶化,又可能波及其他零件的劣化进程,所以机械设备的检修要及时。不到时间提前检修固然是一种浪费,但超过了极限容许的范围仍不予以修理,提倡带病运转,不仅技术上是不合理的,而且经济上也是得不偿失的。

(4)极限磨损量 S_2 的确定具有重大的技术意义。如果定得太严,使零件尚可使用前就被更换,不能充分发挥作用,造成浪费。若定得太宽,则不能保证机械设备的有效安全运行,甚至引起事故,造成更大的损失。

(5)从曲线的 BC 段可以看到,零件的失效不仅反映在磨损量的数值上,而且也反映在磨损率的异常变化上,在接近 C 点以前,在正常情况下磨损率基本是均匀的,也就是说,存在着一个基本稳定的 $\tan\alpha$ 值,在 C 点以后,磨损率呈现越来越高的增长趋势,因此:

①通过试验或生产实践,求得各零件的磨损率 $\tan\alpha$,就可以据此测算零件的有效使用时间,计算公式为

$$T_y - T_s \approx \frac{S_2 - S_1}{\tan\alpha}$$

式中:$\tan\alpha = \dfrac{S}{T}$。

这也是计划预期检修中制定保修间隔周期的主要理论依据。

②金属磨损以后,它的微末被循环的润滑油带走并存在于润滑油里。其中最细微的部分即使在机油滤清器工作正常的情况下也无法从油中滤掉。因为润滑油中微末金属的含量(质量分数)变化率与磨损率之间存在一个对应的关系,并且当零件接近使用极限时,磨损率出现异常,同时润滑油中的金属含量(即金属质量分数)的变化也出现异常。零件的实际磨损量在通常情况下不容易直接测量,但润滑油中的金属含量却可以在不解体,甚至在不停机的情况下取样检验,经推算即可知道 S、T 等。从而也为另一门学科——不解体诊断提供了一种可能的发展途径。

二、设备故障率曲线

上述典型磨损曲线描述了单个零件或配合件使用失效过程的规律,而要反映整机的使用

失效过程，则需借助于故障率曲线。

机械设备是由为数众多的零件所组成，不可能指望每一个零件都具有绝对可靠的理想质量，而且作为一台整机，还有一个总体装配质量问题。

若将已经工作到某一时间的设备，从这一时间起在连续的单位时间内发生故障的概率称为故障率，则设备的故障率的演变情况一般如图18-4所示。

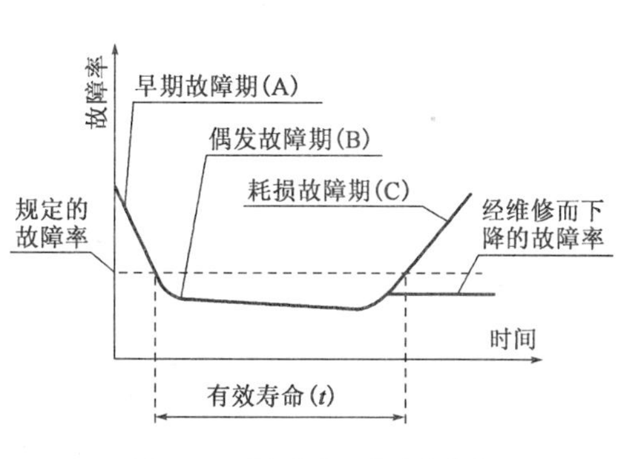

图18-4 设备的典型故障率曲线

图18-4称为设备的典型故障率曲线，由于图形的形状很像浴盆，所以又称浴盆曲线。

设备故障率的演变分为三个时期：

1. 早期故障期

这是设备最初运转时期的故障情况。最初运转期(包括工厂磨合期及试运转时间)内，由于加工及装配上的疏忽、质量检验上的漏洞、运输途中的损伤以及管理上的缺陷等原因，使其机械设备在其运转初期呈现出较高的故障率，这时通过采取某些维修、调整措施消除缺陷，使故障在短期内迅速下降，并逐步趋向稳定。

2. 偶发故障期

这是构成机械设备的各种零部件在正常情况下达到使用寿命前的时期。在此以前，一些不合格的零件以及由于装配、调整等疏忽而造成的缺陷在早期内已被消除，所以在这个时间内本来是不应该发生故障的，然而由于操作上的失误及其他原因，使某些零件超负荷损坏并导致发生故障，因此，故障的发生处于一种随机状态，并且随着时间的延长基本上保持一定的比例。在此期间，设备的故障率最低而且稳定，相当于设备的最佳状态时期，这个时间的长度称为设备的有效寿命。降低这时期的故障率，延长设备的有效寿命，完全取决于执行正常的操作及加强保养。

3. 耗损故障期

部分零件因磨损、腐蚀、老化等原因确已达到有效使用期，若再使用，将使故障率猛然上升。

若能事先测知耗损的开始时间，在未形成故障前把即将失效的零件更新，就可以防止故障率的上升，从而延长设备的有效寿命。预防维修，最好是预知维修，是达到以上目的的有效方法。

18-4 我国现行的维修制度——计划预期检修制

计划预期检修制是我国现行的预防维修制度，它的基本内容为：根据机械零件的磨损规律，通过大量的试验数据，应用统计分析方法，求得各种零件或配合件的正常使用寿命。由于组成机械设备的为数众多的零件寿命各不相同，事实上不可能个别进行修理，所以必须根据使用寿命将零件分为几个组，并使各组的寿命间成为简单的倍数关系，这样就得出机械设备的各保修间隔周期。各组包含的零件与配合件，就是各个保养等级的应保、应修的作业项目内容。

要使零件或配合件达到其正常的使用寿命，需要一定的运行条件，使其处于正常的磨损率情况下，例如经常保持良好的润滑条件、良好的装配紧固程度、消除局部的零件耐用程度不平衡现象等。凡是为了这一目的而进行的一切技术作业称为保养。在保养工作中虽然也包含一定数量的零件更新替换，但往往是一些寿命较短的零件，更新的范围也是局部的，一般没有关键件及基础件。

当主要总成或整机的主要零部件逐渐达到寿命极限，设备的使用性能显著降低，消耗显著增加，不能保证安全使用，甚至丧失使用性能，这时必须采取较大范围的或全面的解体、主要件的更新或修整、调整失去工作能力的总成等措施，以恢复设备的原有技术性能。凡是为了这一目的而进行的一切技术作业总称为检修。

两者合在一起，称为机械设备的保养与检修，也是计划预期检修制的全部作业内容。

保养与检修两者的技术措施与目的、作用均不相同，不许随意混淆。

在正常情况下，计划预期检修制把机械从完好到需要彻底修理最多分为七个保修等级：日常保养、一级保养、二级保养、三级保养、四级保养、中修和大修。每一个保养等级按不同机种规定出间隔期及具体作业内容。从目前情况来看，四级保养已开始与中修合并，故取消四级保养，由中修代替。施工机械保修间隔周期如图 18-5 所示。

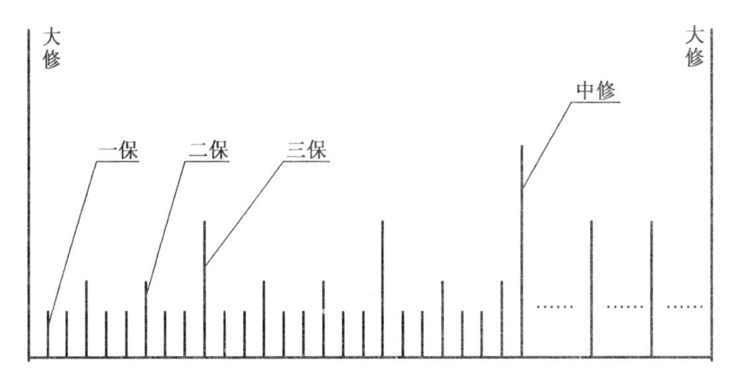

图 18-5　施工机械保修间隔周期图

一、日常保养

1. 每班保养

这是每班开始运转和运转结束后要做的保养。每 8h 执行一次，在 30min 内结束。每日由驾驶人和助手进行。工作内容包括打扫、检查、调整以及补充燃料、润滑油(脂)和冷却液等。

2. 每周保养(一级保养)

这种保养是指班保养以外的保养。工作内容包括班保养的内容，离合器和制动器的调整，以及班保养所做不到的润滑油的补充。本保养以清洁紧固、润滑为中心。推土机和动力机每隔 50h 进行一次，拖式机械(如拖式铲运斗)每隔 100h 进行一次。对保养中检查出的问题要及时处理，并填写检查表，如实记录下来。参加人员有驾驶人、助手，有时还需技术人员协助。

3. 每月保养(二级保养)

推土机和动力机械每隔300h进行一次，拖式机械(如拖式铲运机)每隔600h进行一次。每月保养以检修调整为中心，内容除了每周保养的内容外，还要从外部检查柴油机、离合器、变速器、传动轴、转向系统、制动系统和工作装置等工作情况，必要时进行调整，并排除所发现的故障。在进行保养时，必须详细填写检查表，如实记录，参加人员由技术员和驾驶人组成。

二、定期保养

定期保养是通过检查、调整、紧固和消除所发生的故障来恢复机械工作能力的保养。这种保养是在防风防尘的专用场地(厂棚)内，在机械技术人员的领导下进行的。它又分三级保养和四级保养。

1. 三级保养

三级保养以解体检查(只打开总成的箱盖进行)，消除隐患为中心。每隔600h进行一次。

2. 四级保养

四级保养的工作内容包括三级保养的全部内容，只是规模较大，拆卸部件较三级保养多一些。四级保养每隔1 200h进行一次。

根据机械结构的复杂程度，大型机械实行四级保养制，即班保养和一、二、三、四级保养，中小型机械为三级保养制，保养的作业内容，都列在技术保养规程中。

3. 中修

是机械在两次大修之间的平衡性修理。其目的是以整机为对象，以解决动力部分、传动部分及工作部分之间耐用能力不平衡现象为主要目标。

4. 大修

设备的主要总成都已达到或接近使用寿命极限，这时机械的动力性能显著降低，油耗增加，而润滑油的消耗量增加尤为明显，甚至可以看到排气管的喷油现象，各部操作不灵，声音异常，设备已不能发挥正常的生产性能，采取局部更新平衡已不能解决问题，为了恢复机械的全面生产性能而采取的一种全面的、彻底的恢复性修理称大修。一般规定，大修后的机械必须重新喷漆，所以无论从实质或是外貌上都应达到整旧如新的程度。

设备保修间隔期计算是以新出厂的设备经过磨合期满并进行了磨合保养后起算的，也就是从图18-3上的B点开始计算。副机的保养间隔期以服从主机间隔期为原则。凡是购进的新设备第一次大修间隔期应比正常间隔期延长15%～30%。从第三次大修起，大修间隔期逐次递减10%。一些老旧淘汰机型，也可酌情缩短，但是这种规定各地区并不完全一致，可按各省市地区规定执行。

18-5 计划预期检修制的实施

一、技术保养计划的编制

技术保养计划，由于工作量较少，时间较短，保养费用直接摊入当日成本，所以一般都是按月编制。并作为施工生产作业计划的一个组成部分，在下达施工任务的同时，一起下达主要施工设备的保养任务，这样做也有利于机械设备安排生产时间与保养时间上的协调配合。

二、大（中）修计划的编制

机械设备的大（中）修理作业，由于工作量较大、停机时间较长，而且需要一定的组织准备及物质准备，所以要分别编制年度的控制性计划及季、月的实施计划。它们的具体内容及编制方法如下。

1. 年度大（中）修计划

年度机械设备大（中）修计划是控制性计划，它的编制目的是：

(1)掌握施工企业年度机械设备的大（中）修类别及台数，大致的进度（按季度）安排，为审定年度施工生产、机械使用计划提供依据。

(2)统筹平衡全年检修力量，发现问题，及时研究解决办法，如组织外修或对外承揽修理任务。

(3)为编制年度配件供应计划提供依据。

(4)核定大修理费用。

编制大（中）修计划的依据是：

(1)上年度的运转台时与修理类别。

(2)日常掌握的机械设备的实际技术情况。

(3)年度施工生产计划中，机械使用计划内对机械设备的使用安排。

(4)机械设备的大修计划由公司一级编制，按规定期限报上一级管理部门。由上一级管理部门审查汇总后分送施工生产、财务、材料、配件等部门与大修厂。大修厂根据上级下达的年度修理计划，可以大体安排并平衡本厂全年的检修任务。

2. 季度大（中）修计划

季度大（中）修计划中，机械设备的送修时间已明确到季度。但由于施工及设备本身可能出现的某些变化，到时候该送的送不了，不该送的反而提前进厂，季度计划就是根据实际情况作最后的调整，所以季度计划就是年度计划的季度落实。季度计划由公司一级编制，于季度前15日上报上一级管理部门并分送有关修理单位，作为机械设备送修的依据。

3. 月份大（中）修计划

月份大（中）修计划是实施性的作业计划。一般由修理厂编制。根据最后落实的季度计划编制出当月的实施性作业计划。各使用单位必须按照规定的日期保证机械设备按时送厂。月末后5天，大修厂应将月份计划完成情况填表报送上级主管部门。

一般规定，季度计划的调整量不超过年度计划框限的±20%，否则年度计划将失去其指导性或约束性意义。月份计划更要尽可能服从季度计划的安排，否则将打乱检修力量及配件供应的安排。此外，还要加强单位和单位之间的联系及配合，才能使计划得以顺利执行。

由于计划的编制也需要消耗可观的人力和时间，而施工生产的特点是变化多、变得快，所以有的单位有取消季度计划的倾向，而根据年度计划及实际情况直接安排月份计划。但总的检修工作量仍应在年度计划的季度框限之内。

三、机械设备送修进厂规定

机械设备经技术鉴定确定应大(中)修者,由使用单位负责详填大(中)修申请表,报公司一级审批,若大修理基金由上一级管理部门掌握时,应报上一级管理部门审批。公司(或上一级管理部门)根据下属单位报送的季度修理计划及大(中)修申请单,统一平衡安排,下达有关修理厂具体执行。机械设备的进厂检修,实质上是一个暂时的设备移交过程,因此要做好必要的交换工作,以便明确双方责任界线,减少纠葛,一般规定:

(1)机械设备大(中)修进厂,必须根据上级的计划安排及双方商定的具体日期,如不能按时进厂,至少应在10天以前通知修理厂。如需提前进厂,应事先征得修理厂的同意,否则修理厂有权拒绝办理有关手续,也不负责机械设备的保管及防护责任。

(2)送修机械在技术状况及外貌上应达到下列规定:

①除发生事故等特殊原因外,送修机械必须达到尚可运行的状况。

②原则上规定送修机械应符合原机装配规定,一切总成、零部件、仪表等应齐全并保持原貌。如有短少,需由承修厂配齐时,费用另计。

③送修单位技术主管人员持批准的大(中)修申请单,会同操作工人向修理厂介绍机械技术状况,并摘抄附送技术档案中的有关修理的必要数据资料(不提倡将全部技术档案移交修理厂)。双方会同检查机械的完好程度,证明必要的齐缺情况,确定修理方案及其他有关事宜后,办理进厂手续或签订合同。

④凡已为修理厂所接受的待修机械设备,在检修期间,修理厂对该设备负责一切保管防护责任。

⑤随机工具及用品,凡与检修无直接关系者,由送修单位自行保管。特殊机型的专用工具而为大修拆装所必须者,可临时借给修理厂使用,以利检修。

⑥凡属事故损坏的设备,在事故未查清处理以前,不得修理,修理厂在检查进厂机械的技术状况时,如发现有事故损坏情况时,应与送修单位及上级主管部门及时联系,弄清情况,按事故修理处理,其修理范围及费用结算也不受大修定额限制。

⑦进厂修理的机械,原则上以原机原件修复为准,如需额外增加改装、改造项目,应经有关部门批准并提供必要的图纸或方案,费用另计。

四、机械设备大(中)修出厂规定

修理厂应在计划或合同规定的时间内保质保量完成修理任务,并按照“机械设备大修出厂检验标准”进行自检,合格后才通知送修单位及上级主管部门前来验收出厂。一般有以下几点规定:

(1)送修单位应按照修理厂的通知日期前来验收接车,过期不接,承修厂可自限期后计收保管费。往外地发运,一般由修理厂负责,因发运影响,不收保管费。

(2)修理厂应提供合乎要求的检修记录,但是当送修单位对某些隐蔽部位的检修质量有疑问时,可以提出重新拆验,修理厂不得拒绝。

(3)在修理过程中,由于客观条件限制,个别零件或总成件达不到质量标准,或采取某些非常规修理方法时,修理厂应事先征得送修单位同意并报上级备案。这部分资料也是出厂验收时的依据之一。否则送修单位可以不予承认。

(4)发动机应在完成厂内磨合后,才能进行安装。

(5)送修单位在检查各种有关记录认为合格并听取修理厂的口头介绍后,即进行实地试车验收。修理厂对验收中发现的一切问题应采取主动积极的态度认真处理,送修单位也要从实际出发,协助抓紧交接,双方意见不一致时,由上级主管部门组织双方研究决定,或采取仲裁措施。

(6)机械设备经验收合格,双方在验收文件上签署后,修理合同正式宣告结束。此后该设备即不再作为在修设备看待。验收单、检修记录及其他改装资料一律归档保存。

(7)关于保修期的规定。凡属内燃机械,由修理厂负责对内燃机加限速装置,并用铅封固定,在磨合期内,任何人不得拆除。磨合期满由使用单位技术部门负责检验,拆除铅封及限速装置,并将磨合情况记录归档,对机械进行磨合保养。在这一前提下,修理厂对大修出厂的机械负一定的保修期,实践证明,保修期宜短不宜长,最长不超过6个月。一般保修期的长短由上级机务部门确定。保修期自机械出厂日起计算。

在保修期内,机械发生一般故障,经过调整即能排除者,应由使用单位自行解决。发生较大故障时(零件损坏、严重磨损、漏油严重、操作失灵等),由使用单位通知承修单位派人共同检查,分析原因,明确责任,按下列办法处理:

①由于修理过失造成的损失或故障,应由承修单位无偿修复。

②由于利用旧件或配件质量不良而引起的故障,由承修单位负责修复。如按定额付款者由承修单位负担返修费用。如按预算付款者则由送修单位负担返修费用。

③由于未执行磨合期规定,操作不当或保养不善所造成的损坏,由送修单位(使用单位)负责全部返修费用。

五、大(中)修费用的结算

机械设备的修理费用由工时费、材料费和辅助材料费组成,其中:

(1)工时费是按综合工时单位计算的,并包括动力费、车间经费及企业管理费等在内。

(2)材料费包括外购配件、自制配件、油料、燃料、油漆。其中配件费在新机每一次大修时按定额乘以0.85系数,第三次大修时按定额乘以1.15系数。

费用结算的具体办法应按本部门或本地区的技术经济定额及合同条款执行。结算方式主要有两种:

(1)按修理费用定额执行。

(2)按预算核定修理费用,包括工时、配件、机械费等。

实践证明,实行修理合同制,按台签定修理合同,是一较好的方法,可以避免许多不必要的争执和不良后果。

18-6 配件的供应

在分析研究维修管理经济性的诸因素中,由于故障维修及实施预防维修而造成的停机损失占很大的比例。尽量减少停机损失是维修管理追求的目标之一,但在实际工作中,往往由于

配件供应欠缺而造成一些额外的停机时间。这种在正常的维修经济性分析中不予考虑的停机因素，有时反而大大地超过正常的停机时间。因此较适当地做好配件储备，保证及时供应配件是一件十分重要的工作。

一、关于零件、配件与备件的概念

(1)零件　把一台机械进行彻底的解体，一直分解到用一般的拆解方法不能分解的最基本单元，该单元即称为零件。

由零件组装而成的具有一定的独立功能及完整性的组合件则称为总成。总成是整机的一个组成部分，一般与整机具有严格的装配关系，它的功能只有与整机联系在一起时才发挥出来。如果脱离整机后仍能单独发挥其独立功能者，则应称为副机。副机与主机之间是配套关系，而不是装配关系。部件则是介于零件与总成之间过渡性组合件。

(2)配件　维修所需用的机械零件称为配件。

(3)备件　储备起来供维修使用的零件及总成称为备件。

二、配件管理工作的技术性

配件管理工作具有双重性：一方面它是一种物质供应性质的工作，不外乎计划、采购、运输、保管、发放等业务性工作；另一方面，它又是一项专业性很强的技术工作，无论是订货、验收、使用等都贯穿着复杂的、细致的技术性。

一个经验丰富、技术熟练的配件工作人员对所管辖范围内的零配件的材质、性能要求、质量标准、年月消耗量、加工难易及代用可能性等，应非常熟悉，了如指掌。这些专业知识对提高配件管理工作水平十分重要。

三、配件的储备

单纯从可能性来说，机械的每个零部件都有损坏的可能，那么是不是所有的零件都要储备？以什么方式储备？每一种备件的储备量应是多少合乎经济原则？这些是备件储备问题所要讨论的内容。

1. 储备条件

衡量一种零件(部件、总成)是否具备储备对象的资格就是储备条件，在满足正常维修需要的前提下，尽量压缩流动资金占用量是研究储备条件的出发点。

在一台机械中，各种零件所处的工作环境，本身的耐磨能力，由于使用性能降低或失效对整机的影响以及价格的大小等都大不相同，所以应逐项全面考虑才能确定，没有确定的模式。一般只有那些在短时间内市场买不到、自己又制造不了、一旦损坏则停机影响较大的容易磨损或损坏的零件，才能成为常规的储备对象。

2. 储备形式

由于零件本身在加工、使用、检查中的某些特点，备件的储备形式也是多种多样的，主要有：

(1)成品储备形式。这是最常见的最普遍的储备形式。

(2)毛坯储备形式。一般机加工工作量不大，工艺要求不复杂，零件的最终加工尺寸留待临时使用前按配合件的修理尺寸确定,这种零件一般适用毛坯储备形式。

(3)半成品储备形式。有些零件只要求在一小部分工作表面上留有少量修配余量就可以,或是对毛坯的质量不放心,于是把毛坯先进行一下粗加工,以便检验一下毛坯有无砂眼、裂纹等缺陷,这些零件就适合于半成品储备形式。

(4)配套储备形式。有些零件与其配合件的配合精度要求很高,在检修中也是要求成对更换或成套更换,这些零件就适合以成对或成套配合件的配套储备形式。

(5)总成或部件储备形式。为了便于进行快速修理,或原厂及市场习惯以部件或总成形式供货者,就适用于这种储备形式。

3. 储备定额

一个经济合理的储备定额要同时满足下列三个条件:

(1)满足需要。一般以年度为单位,即本年度的某种备件的库存数量必须满足本年度保修工作的需要。

(2)具有应付意外变故的能力。也就是在必要的消耗量之外,适当地多储备一点,以便在发生某种意外变故时,有一个起保险作用的储备数。

(3)不超量储备,以避免积压。超过(1)、(2)项要求而多余的储备量,便是积压。

要制定某种零件的经济合理的储备定额,首先要有一定的资料依据。如月平均消耗量、订货周期(即从提出订货要求到新品入货的时间)、订货费用及物质的保管费用定额等。这些数据最好根据以往的历史资料整理得到。

通常订货方式有以下三种:

(1)定量订货方式

这种方式适用于随时可以订货的零部件,而每批的订货数量是保持不变的(意外变故情况除外)。一般来说,凡是不属于国家统管的定期订货而消耗较大的零部件,都可以采取这种方式。

①经济批量 N_1 的确定

$$\text{年订货费用} = \frac{12X}{N_1}S \tag{18-4}$$

$$\text{年保管费用} = \frac{N_1}{2}C \tag{18-5}$$

$$E = \frac{12X}{N_1}S + \frac{N_1}{2}C \tag{18-6}$$

若使 E 最小,应使

$$\frac{\mathrm{d}E}{\mathrm{d}N_1} = \frac{C}{2} - 12 \times \frac{S}{N_1^2} = 0$$

故

$$N_1 = \sqrt{\frac{24 \times S}{C}} \tag{18-7}$$

式中:X——月平均消耗量;

N_1——经济批量;

S——一次订货费用;

E——年总费用；

C——单位物料年保管费用。

②经验批量 N_2 的确定：

先计算下列三个数：

a. 一个季度的消耗量，即 $3X$；

b. 一个备件订货周期中的消耗量，即 XT；

c. 按正常价格厂方能接受的最低加工批量。

在上述三个数中，取其最大者即为 N_2 值。使用者可根据具体情况，选用 N_1 或 N_2 值作为 N 值。

定量订货方式储备量的计算公式为

$$\left.\begin{aligned} H_0 &= K \times X \times T \\ H_1 &= H_0 + XT \\ H_2 &= H_0 + N \end{aligned}\right\} \tag{18-8}$$

式中：H_0——最低储备量，即在正常情况下应保持的最低库存数字，一般以再维持一个备件生产周期的需要量为基数；

H_1——订货点，当库存备件数降低到这个数字时，就需要订一批货来补充库存，当然新订的货不能立即进库，要等一个订货周期后才能进货，在此期间备件库继续往外发放，一直列库存数下降到 H_0 时，新备件正好进库，把备件数又补充上去，不至于动用 H_0；

H_2——最高储备量，即库存备件数的最高限额，超过了这个数，就认为是积压；

K——消耗变动增加系数(1.2～1.5)；

T——正常情况下备件的订货周期；

N——合理订货批量。

若 $N>XT$，则当订货的备件交货入库后，实际的库存数就大于 H_1。使用一段时间后，当库存数下降到 H_1 时，就应订第二批货。当新订的第二批货入库时，这时库存数已下降到 H_0，加上第二批订货数，库存数又上升到 H_2，如此周而复始，循环无穷。若 $N=XT$，那么第一批货交货后，就应该着手订第二批，一批接一批，即不超量积压，也不致供应紧张。虽然在工作上不如一次订货省事，但从经济上讲却是最合理的。

实际上，零件的消耗速度不可能全年均衡一致。所以库存最高储备量可能有时略高于或略低于 H_2，这时不必考虑订货数量的变更，只有在特殊情况下才考虑把订货数量增加到 $XT+N$。

(2)定期订货方式

在这种订货方式中，订货的时间是固定不变的(每月、每季或每年按期订货)，但订货的数量可根据下一次到货前这段时间的需要量和当时的库存量高低而定，因此它没有经济批量的计算。计算公式为

$$\left.\begin{aligned} H_2 &= 2T'X \\ H_0 &= T'X \\ N &= H_2 - H_3 \end{aligned}\right\} \tag{18-9}$$

式中:T'——订货间隔周期;

H_3——预测交货时库存数。

(3)维持库存方式

这种方式即不定量订货,也不定期订货。适用于非易损件的适量储备对象,主要是一些使用量很少、需求随机性很大、单价昂贵的备件,储备的原则是适当地确定某个数值的储备量,也不必计算,遇有支用,随时补充,目的在于维持一定数量的库存,有备无患而已。

四、配件供应

1. 配件的来源

施工企业的配件来源有以下几个方面:

(1)国家计划分配并参加订货的配件;

(2)地方计划分配的资源;

(3)市场采购或向原厂及专业工厂加工的配件;

(4)地区、企业之间协作和调剂的资源;

(5)各级库存可利用资源;

(6)进口资源;

(7)企业内部加工自制配件;

(8)修复旧件和改制资源。

2. 配件计划的编制

年度配件计划是全年配件加工订货和申请采购的依据,是平衡资金来源的依据,所以应提前编制,其主要依据为:

(1)各基层使用单位及修理厂上报的配件需用计划。这些计划要求基层按照实际需要来编制,而不要考虑安全储备量。

(2)通过计算确定的各类配件的储备定额。

(3)流动资金限额。

(4)实际库存数。

计划初稿编制完成后,应根据流动资金限额加以平衡并作必要调整。配件的储备资金一般占机械化施工企业全部物质流动资金的60%~70%,或按企业机械设备总值的6%~7%进行核定。

3. 配件的发放

(1)配件发放原则:以保证保修质量、缩短停机时间、降低保修运行成本为原则。新品尽量用于大、中修使用,旧品尽量用于小修保养,坚持能用不换,能换单件不换总成。

(2)发放的基本要求:按质、按量、准时有计划地发放配件,确保施工生产的需要;严格配件出库手续,防止不合理的领用;热情服务,尽量为生产单位创造方便,对多余配件及时办理退库手续,促进配件的节约使用。

第19章 施工机械经济管理

一般加工制造企业在进行成本管理时，都把单个产品作为成本核算的单元，而把所有为生产该产品而发生的一切生产资料转移的价值及新创造的价值的总和的分摊部分，称为该单个产品的成本。

对于一个以提供机械设备为现场施工服务的单位来说，它的单位产品是什么呢？它的单位产品就是一个生产性能符合设计要求的作业台班。为了这样一个作业台班能得以实现，首先要投入资金购买设备，配备合格的操作驾驶人，按规定的维修制度对机械设备进行必要的保养与维修，以保持良好的技术状况及提供能源消耗等，把这些作为一个机械作业台班所平均消耗的物化劳动与活化劳动用货币加以表现，就是机械的台班作业成本。当机械用于对外出租时，还需要附加一些法定利润、对外管理费等，称为机械台班租赁费。习惯上统称为机械台班费。

19-1　机械台班费与使用费的计算

一、机械台班费的组成

机械工作一个台班，按8h计算，包括有效生产时间和正常停歇时间在内，转移到工作台班内的所有费用，其价值以货币形式表示，即为机械台班费。

台班费由两大类费用组成：

第一类费用，又称固定费用，包括折旧、大修、经常修理、安装拆卸及辅助设施等四项费用。固定费用与机械在台班期内的工作情况无关，不依地区条件而改变。

第二类费用，又称可变费用，包括人工费、动力燃料费和养路费等三项费用。道路施工机械的台班费中未包括养路费。可变费用是机械工作过程中直接发生的费用，随工作地区不同而变化。

二、机械台班费的计算

1. 台班费计算中几个参数的确定

根据现行规定，与计算台班费有关的几个参数确定如下：

（1）机械预算价格：由机械出厂（或到岸完税）价格和从生产厂（销售公司交货地点或口岸）运至使用企业机务管理部门验收入库的全部费用组成。即：

①国产机械预算价格＝出厂(或销售)价格＋供销部门手续费＋一次性运杂费;

②国产运输机械(即汽车类)预算价格＝出厂(或销售)价格×(1＋购置附加费率)＋供销部门手续费＋一次性运杂费;

③进口机械预算价格＝到岸完税价格＋增值税＋外贸部门手续费＋银行财务费＋国内一次性运杂费;

④进口运输机械(即汽车类)＝(到岸完税价格＋关税＋增值税)×(1＋购置附加费率)＋外贸部门手续费＋银行财务费＋国内一次性运杂费。

计算机械预算价格时所涉及的出厂价格、税费等,一般按下述取定:

①国内机械的出厂(或销售)价格可根据国家主管部门近几年公布的产品目录和价格浮动幅度并参考部分厂商询价和施工部门的资料经分析后合理制定;少数无法取得价格依据的机械,则按施工企业近年购入机械账面价格经分析后合理取定。

②国产运输机械(即汽车类)的购置附加费率按国家规定取定为10%。

③国产机械的供销部门手续费和一次性运杂费,取机械出厂价格的7%。

④进口机械的到岸完税价格可根据机械的到岸价格,按国家公布的人民币外汇牌价折算后取定。

⑤进口机械的关税、增值税、外贸部门手续费、银行财务费等,一般占到岸价格的21%左右。

⑥进口机械的一次性运杂费,取到岸价格的3%。

⑦进口运输机械的购置附加费率按国家规定取为15%。

(2)残值率:取为2%～5%。

(3)机械使用总台班(寿命台班),计算公式为

$$\text{机械使用总台班}=\text{大修理间隔台班}\times\text{大修理周期} \tag{19-1}$$

大修理周期即机械使用周期,为大修次数加1。

(4)大修理间隔台班及一次大修理费用,按有关规定执行。

(5)台班利用率系数按80%计算,即一个工作台班折算为6.4个工作小时。

2.第一类费用的计算

(1)台班折旧费:指机械在使用期内按规定逐渐收回原始价值的费用,计算公式为

$$\text{台班折旧费}=\frac{\text{原值}-\text{净残值}}{\text{使用总台班}}$$

或

$$\text{台班折旧费}=\frac{\text{机械预算价格}(1-\text{残值率})}{\text{使用总台班}}$$

或

$$\text{台班折旧费}=\frac{\text{机械预算价格}\times\text{年折旧率}}{\text{年台班定额}} \tag{19-2}$$

(2)台班大修理费:指机械按台班收回机械大修理所需要费用,计算公式为

$$\text{台班大修理费}=\frac{\text{大修理一次费用(使用周期)}}{\text{使用总台班}} \tag{19-3}$$

(3)台班经常修理费:指机械台班回收定期保养和中修所需费用,计算公式为

$$台班经常修理费=\frac{大修理间隔台班内各级保养一次费用\times保养次数+临时故障排除费}{大修理间隔台班}+\frac{\sum[替换设备及工具附具费用(1-残值率)]+替换设备及工具附具维修费用}{替换设备及工具附具使用总台班}+\frac{润滑擦试材料一次费用\times大修理间隔台班内平均次数}{大修理间隔台班} \quad (19\text{-}4)$$

或

$$台班经常修理费 = 台班大修理费\times K \quad (19\text{-}5)$$

式中：

$$K=\frac{典型机械台班经常修理费测算值}{典型机械台班大修理费测算值} \quad (19\text{-}6)$$

(4)台班安拆费及辅助设施费。计算公式为

$$台班安装拆卸及辅助设施费=\frac{一次安装拆卸费\times年平均安装拆卸次数+台班辅助设施摊销费}{年工作台班} \quad (19\text{-}7)$$

3.第二类费用的计算

(1)人工费：是指随机操作人员的基本工资、地区津贴及生活补贴等。

(2)动力燃料费：是指固体和液体燃料、电力及水消耗费用。

其中台班油耗量(kg)为

$$台班油耗量=\frac{发动机额定功率\times额定功率油耗\times8\times K}{1\,000} \quad (19\text{-}8)$$

$$K=时间利用系数\times车速油耗系数\times能力利用系数\times油料消耗系数 \quad (19\text{-}9)$$

三、机械使用费

(1)凡动用施工机械设备时，不论企业内部或外部、均应核算或收取机械使用费，使用费一般按台班收取。

(2)机械台班收费应按规定执行，上级没有规定的机械台班费，可由企业自己补充制定台班费标准，报上级批准后执行。

(3)机械台班费的收取均以台班为计算单位，每台班为8h，超过4h按一个台班收费，不足4h按半个台班收费，不同作业班不得累计。

(4)租用机械从出租单位起运开始至返回为止计算租用时间，运行时间按台班计算。因出租单位原因和机械故障停机保养、修理等情况不计费用，其余一律按规定收停机费。

(5)出租单位按当地收取管理费和其他费用。

(6)停机费的收取：凡租用机械并非由于出租单位原因造成停机时，应收停机费；停机费有规定时，按规定执行，若无规定时，一般可台班费的50%收取，同时收取管理费。

属下列情况之一者，收停机费(包括出租机械或承包任务)：

①早要迟用，多要少用，造成停置者。

②由于使用单位管理不善，物料供应不及时造成停工者。

③由于使用单位未按规定制度创造施工条件而造成停工者。

④由于使用单位阻止机械合理调度而造成停置者。

属下列之一者，免收停机费：

①由于工程任务变更，非使用单位所能避免者。

②由于工程任务提前完成，下一个工程尚为开工的合理停置时间。

③由于自然灾害引起的停工时间。

④批准的施工计划内规定的中断时间，事先征得出租机械单位同意者。

⑤由于出租机械单位的责任引起的停工时间。

⑥机械本身原因（计划保养、修理或机械故障等）引起的停机。

⑦法定的节假日引起的停工时间。

19-2　单机核算与班组核算

一、单机核算

单机核算是指机械运行的单机核算。就是对一台机械单独进行经营过程中各种消耗和经济效果比较，它能具体地反应单机技术经济指标完成情况和经济效益，使机械操作者和机务管理人员经常关心生产和成本，促进机械管理工作。单机核算适用于专机专责（机长负责）制的机械。

单机核算可分为选项核算、逐项核算与大修间隔期利润核算等三种形式，根据各单位机务管理的具体情况选用。

1. 单机选项核算

在单个机械使用过程中，只对主要任务指标（如生产量或台班）和机械运行的主要考核指标（如利用率和燃油消耗）进行核算的一种形式。

核算时可按月实际完成情况与计划定额指标进行比较，也可按期（季、日）累计比较。

2. 单机逐项核算

是按月、季（或施工周期）对机械使用费收入与台班费组成中各项费用的定额和支出逐项进行对比的核算。

核算中有些费用的实际支出无法计算时，可用定额数字进行核算。这种核算是一种比较全面的核算。通过核算，不仅能反映单位产量上消耗的实际机械费用，而且能够了解机械的合理使用程度，并可进一步了解机械使用成本升降的客观因素，从而找出降低机械使用费的途径。

3. 大修间隔期利润核算

是在机械达到大修时，对从上次送大修开始到本次送大修的一个大修间隔期全过程中，机械使用费的总收入与所有各项进行比较的核算，能对各方面的实际支出与机械台班组成的各项费用定额进行对比，可以更进一步发现机械在使用与管理方面的问题，更好地改进机务工作。

4. 降低机械运行成本的途径

单机核算的目的是为了降低机械运行成本，提高机务管理的经济效益。只有在单机核算的基础上，针对薄弱环节，采取有力措施，才能实现此目的。降低机械运行的成本的途径是：

(1)提高台班利用率。可以降低台班养路费、保管费。

(2)提高台时利用率(机械效率)。可以降低台班折旧、大修、保管、人工等费用,但增大燃料动力费。

(3)提高操作,保养水平,提高修理质量。可以延长大中修间隔期,降低台班大修、经常修理费。

(4)制定定额,加强管理。可降低台班替换设备及工具、附具、润滑擦拭费和燃料费。

二、班组核算

不实行专机负责制的一般机械可采用班组核算的办法,以促进机械管理,核算的内容有:

(1)完成任务和收入:完成任务可按产量、台班定额或配合情况考核;收入可按产量计算,也可按承包工程中的机械使用费计算,或按使用台班数折合台班费计算。

(2)机械消耗支出:机械消耗支出包括机械台班费组成的各项费用。对班组直接消耗和能够影响的项目,应下达定额指标,按期进行考核,有些费用一时无法计算实际支出时,可按定额数进行核算。

(3)采用考核利用率的办法核算使用的经济效果。

三、单机和班组核算的基础工作

开展单机和班组核算是一项复杂、细致的工作,因此必须做好基础工作。基础工作内容如下:

(1)要有一套平均先进的技术经济定额。

(2)要有完整的机械使用、保养、修理和各项消耗等简明而必要的原始记录,并统一格式、内容、传递方式,做到填报及时、数字准确。

(3)要有严格而科学的物质领用制度,配件、材料、油料的发放做到手续齐全、计量准确、供应及时、记录清晰。

(4)要有明确的责任制度。企业机务、财务、劳资、生产、供应等部门对机械核算工作即要有分工,又要相互配合。指标考核以机务部门为主,核算盈亏以财务部门为主。

(5)要有群众核算基础,各项核算定额的内容和计算方法都要使群众知道,定额完成情况要按期公布,使人人心中有数。

(6)开展单机(班组)核算,必须同时执行奖惩制度,增产节约有奖,损失浪费有罚。这样可以调动广大职工的积极性,管好和用好机械,提高机械效率,降低成本,增加盈利,全面超额完成任务。

机械管理工作中的各项技术经济定额是相互联系、相互影响的,必须以系统的方法综合考核,综合进行奖罚,这样才能使机械管理工作取得较好的效果。

19-3 专业化与集中化施工

高等级公路机械施工方式分为集中化、专业化(或称集中经营)与分散(或称分散经营)施工。从国内外高速公路建设发展情况看,机械施工专业化和机械集中经营是机械化施工发展的方向。

一、集中经营与分散经营的比较

1. 集中经营有利于机械效能的充分发挥

分散经营经常出现高峰机械不够用，低峰机械闲置的现象，有些机械年平均利用率不到30%，忙闲无法调剂，而集中经营可以根据各施工单位的高峰和空闲情况，统一安排，加强调动，充分使用，有利于发挥机械效能，提高装备生产率。

2. 集中经营有利于取得机械的最优经济效果

分散经营情况下，施工经营者的注意力容易集中在用机械去完成施工任务，而忽视机械管理，甚至不惜拼机械来迁就完成施工任务，机械利用率虽高，但效率很低，造成了经济上的严重浪费，甚至使工程成本上升，引起经营亏损。在专业化施工、集中经营的情况下，专业单位的核算对象就是机械，只有改善经营管理，才能完成各项技术经济指标。因此，这些单位的领导和管理部门，必然把主要精力放在机械管理的全过程，从而提高机械的经济效益。

3. 集中经营有利于机械管理水平的提高

企业在专业化施工、集中经营的情况下，专业机械化施工单位只装备几种机械，品种少，数量多，业务单纯，便于管理，而且专业人员力量强、精力集中，它的任务就是机械化施工。一方面不断提高机械化施工水平，努力保证和超额完成任务、取得最好的经济效益；另一方面考核的技术经济指标都与机械管理有关，而且施工机械是它完成任务的唯一劳动手段和物质基础，必然要千方百计地使用好、管理好机械，不断提高机械管理水平。

4. 集中经营有利于技术水平的提高

集中经营几种或少数品种机械，技术力量集中，精力集中，对机械性能、特点、施工中使用要求及机械技术状况变化的规律等容易了解和掌握，便于积累经验、提高技术业务水平，提高机械使用、保养、修理质量，改善机械技术状况，提高机械完好率与利用率。

二、专业化、集中化是机械化施工发展的必然趋势

实现专业化集中经营，专业化协作，各施工单位的自有机械比重应该逐步减少，租用机械比重要相应增加，这就首先打破了小生产经营的格式，“大而全、小而全”被克服，协同配合，加强计划的科学性、管理的适应性与先进性就显得十分重要与迫切。这样做当然会遇到不少困难，需要做很多工作，但应知道要得到最好的效益（经济效益和社会效益等），必须付出相应的努力，有投入总有产出。

19-4　施工机械经济寿命

施工机械的价值是在其有效使用期内随着生产过程中的损耗程度，逐步转移到产品成本中去的。因此，首先要对损耗的性质及成因加以研究。

一、四种不同性质的损耗

施工机械的损耗，按其性质及形成的原因可以分为：

固定资产的损耗
- 有形损耗（又称物质磨损）
  - 使用性损耗
  - 闲置性损耗
- 无形损耗（又称精神磨损）
  - 经济性损耗
  - 技术性损耗

1.有形损耗

有形损耗是指机械设备的实体所发生的损耗，其中：

(1)使用性损耗是由于机械的运行所引起的，使用的强度越大，持续的强度越大，持续的时间越长，损耗的程度也就越严重。使用性损耗主要有磨损、腐蚀、冲击损伤、疲劳裂纹、原材料的附着以及尘土、污物的污染等。使用性损耗是有形损耗的主要原因。

(2)闲置性损耗主要是由于自然力的作用而引起的，例如金属的氧化锈蚀、木材的腐朽、绝缘的老化变质等。闲置性损耗与生产过程无关，所以即使一天也不用并不能使闲置性损耗的进程完全停顿下来。

2.无形损耗

无形损耗是指固定资产在其有效使用期间由于非自然力的原因而引起的价值上的损失，其中：

(1)经济损耗是指机械在结构与性能基本不变的情况下，由于制造部门劳动部门劳动生产率的提高，生产同样产品的社会必要劳动时间减少了，使原有机械的价值相应降低。

(2)技术性损耗是指由于新技术的发明和应用，出现了性能更为优越的新型设备，和原有的设备相比，使原有的设备贬值。在对技术性能特别敏感的产品市场，技术性损耗甚至可以使老设备一钱不值。

有形损耗和无形损耗结合在一起，用价值形态表现出来，称为综合损耗。不同类型的设备，综合损耗的构成比例是不相同的，施工机械的综合损耗还是以使用性有形损耗为主。

为了在价值上补偿机械设备的损耗，以便在机械设备的实物形态不能使用时更新和重置，必须从销售产品的收入中提取一定比例的资金。这部分要提取的资金就称为折旧基金，这是保证按照原来的规模不断再生产的基本条件。

理想的提取折旧的方法是按照在每个单位时间内机械的实际损耗程度来提取该段时间的折旧额，但实际上难以做到，在技术上也是不可能的。所以，实际工作中只能根据机械设备的预计使用寿命及某种预定的简单规律计算并提取按年(月)的折旧额，以便在寿命到期时能够积累够重置基金。

于是产生了两个问题：

(1)如何来确定机械设备的有效使用寿命？

(2)在已确定的使用寿命期限内，应该按何种规律(平均的还是有变化的)来提取折旧额？

本节的内容先讨论第一个问题——机械设备的有效使用寿命。

二、机械设备的四种寿命

从不同的角度出发，机械设备共有四种不同意义的寿命，即自然寿命、技术寿命、功能寿命和经济寿命。

1. 自然寿命

自然寿命指机械设备的物质寿命，它是由机械设备的设计者，根据机械的结构、材质、受力情况、使用环境及磨损理论等确定的机械损坏至使用价值及用常规修理方法不能恢复时经历的时间。也就是说，自然寿命是由有形损耗决定的，当有形损耗发展到完全损耗时，即认为自然寿命终止。一般来说，由于机械设备的主体部分不作为更新件看待，也无备件可以供应，所以机械的自然寿命都是根据机械主体部分确定的，当机械的主体部分由于使用磨损、老化变质、腐蚀等原因损坏至不能修理恢复时，即认为整机的自然寿命终止。例如锅炉的自然寿命是由炉体损耗程度确定的。

具体地计算一台设备的自然寿命是一个复杂而专业性强的问题。除了理论计算以外，还要借助于某些经验公式或经验资料。不少国家对主要机械的自然寿命都有规定的指标，一般来说以第一次大修期作为基数指标；例如美国规定履带式液压挖掘机的第一次大修期，在恶劣情况下为 4 年，8 000h；一般情况下为 5 年，10 000h；良好情况下为 6 年，12 000h。日本规定铲斗容量在 1.2m^3 以下者为 9 100h；2.3m^3 以上都为 10 500h。有了这个基数，再乘以适当的倍数，就可以得出整机的自然寿命，对于某些大型的机械设备，甚至对其中一些关键性零部件的寿命都是由国家规定；例如苏联规定大型挖掘机的环形轨道为 7～8 年；推压齿轮为 4～5 年；推压齿条为 6～7 年；履带板为 4 年等。这些数据对确定机械的自然寿命有很大的参考价值。一般来说，施工机械的自然寿命有几十年的时间（30～50 年），是所有各种寿命最长的一种。

自然寿命一般应从设备的投产时间作为起算点。如新设备不投入使用，并加以妥善保管，那么虽然不能使用闲置性损耗完全停止下来，但由于进程已降低到最缓慢程度，所以其自然寿命可以无限期延长，已不包括在通常所说的寿命概念范围内了。由于在自然寿命中包含了一部分闲置性损耗的因素，所以特作如上说明，以免混淆。

2. 技术寿命

技术寿命是设备的技术有效时间，它是技术性损耗的结果。机械设备在自然寿命结束前，由于技术上的进步，原机技术性能太低而被淘汰掉。机械设备从制成起到被淘汰掉所经历的时间称为技术寿命。注意技术寿命与自然寿命的起算点是不同的。

机械设备的技术寿命主要取决于该领域技术更新速度的快慢；例如电子设备的技术寿命就非常短，据统计：每隔 5～8 年，电子计算机的计算速度就提高 10 倍，而体积则缩小 10 倍，成本也降低 10 倍。军事装备及航空机械的技术寿命也比较短，一种新型飞机从方案规划开始到研制完成往往要几年的时间，以致发生过飞机刚刚研制成功而技术寿命已告终了的例子。相对来说，施工机械的技术寿命比较长，比较稳定。但也能找到一些比较典型的例子来说明技术寿命对施工机械有效使用期的影响，例如大型隧洞全断面开挖的有轨钻孔台车，我国在 20 世纪 60 年代末期才研制出来试用于生产，但很快就被高臂强力钻车所淘汰，因为前者庞大笨重，效率低，价格昂贵，对施工干扰大，而后者机动灵活，效率高，对施工几乎没有干扰，在技术性能上占全面的压倒优势，所以这架台车的自然寿命虽然可以达数十年之久，而技术寿命却只短短的几年。

技术寿命的长短与是否使用毫无关系，即使把它妥善地保管在仓库里也无法延长其技术寿命，国务院于 1982 年 4 月作出决定，对 1981 年 6 月底以前全国库存积压的 603 亿元机电产

品中，由于种种因素已经失去了使用价值者予以报废处理。其中主要一条就是"技术落后，耗能很高，效率很低，已被淘汰的"，所指的就是技术寿命，而这些机械设备都是一天也没有使用过的新设备。

技术寿命又可分为预期的和现实的两种。预期的技术寿命是指对某种新产品技术有效时间的预测值，它很难通过某种公式精确地计算，只能依靠某些洞悉该领域技术更新动向及发展速度的专业人员，掌握大量的数据资料及丰富的经验预测判断。现实的技术寿命是指机械设备正在使用寿命的中期，由于社会上出现了更经济、更有效的新型设备，使企业认为有必要将旧设备淘汰掉时旧设备实际达到的寿命值，现实的技术寿命值的决定也就是设备更新的决策问题。由此可见，所谓技术寿命，归根到底，还是由经济上的得失决定的。因此，在某种程度上也可以把技术寿命理解为某种类型的经济寿命，不过这种经济寿命是单纯由于技术性无形损耗而引起的罢了。在有的书籍资料上，只提经济寿命而不提技术寿命，其原因也在于此。

机械设备的技术寿命，还可以通过对旧设备的局部技术改造而加以延长。这也是企业内部设备改造工作的主要内容。

不管机械设备出厂时间的早晚，同类产品的技术寿命终止期是一样的，这也是技术寿命与众不同的特征。

3. 功能寿命

由于施工生产对象的特殊性，作业条件的多变性，有些设备纯属是为了某一个特定的施工目的而专门制造的。在设备完成了专门的预定的功能任务以后，再也不能或很少再有可以预见的使用可能。那么设备从制造、投产到完成其全部的任务所经历的时间，就是设备的功能寿命。这种寿命最易确定。原来施工计划中预定使用多长时间便是该设备的功能寿命。

施工企业自制(包括专项订货)的非标准设备中，有相当一部分就是属于这种类型的，而且其中不乏价值比较昂贵、结构非常复杂的设备。凡是只具有功能寿命的机械设备，不论其价值多么昂贵，不能转为固定资产，一旦其功能寿命终止，最好还是及早处理为宜。

4. 经济寿命

经济寿命是指纯粹从成本或利润角度出发而确定的机械设备的最佳寿命周期。所以经济寿命也就是设备的平均年度成本费用最低或年度净收益最大的使用期，企业新置一台设备，如果能对未来的费用发生情况精确地预测，那么，在购买设备时，就能精确地计算出它的经济寿命来。

在常用的经济计算方法中，确定寿命只考虑一个因素，即只限于本设备的单位使用时间的成本因素或者利润因素。如果超出本设备自身范围以外，在不同牌型号的设备之间作使用经济性的综合比较，那么就要同技术寿命相混淆，这一点要特别注意。

一般来说，机械设备在使用的初期，运行维持费总是比较低的。以后逐渐老化，费用就越来越高。机械设备使用到某个时期后，如果再继续使用，由于运行维持费用(人员工资、维修费用、能源消耗等)逐步提高而使年平均设备费用由下降转为上升趋势，形成一个U形曲线。因此，如果把年平均设备费最低的那个时间作为使用寿命的终点，那么由此而确定的折旧率正好届期可以把设备的原值(严格讲应该再减去残值)全部回收。用这笔折旧基金再购进一台新设备，开始下一个营运周期。如此循环下去，它的年平均设备费始终是最低的，从成本经济角度来说也是最合理的。所以也称为设备役期更新最佳周期。

经济寿命的计算方法有很多种，下面介绍六种繁简不同的计算方法。各种方法各有其优缺点，可以根据具体情况选用。

(1)简单面值法

所谓面值法，是以“账面数值”为依据。它根据同类型设备的统计资料，在不考虑利息及追加投资的前提下，以平均年度继续使用成本费确定设备的经济寿命。

设在某台设备原值为 P，假定使用 n 年后就把它处理掉，可回收残值 L_n 元(在设备未报废前，实质上指一种转让价格)。很明显，使用的时间越长，处理得越晚，也就越不值钱，所以 L_n 是随着使用年数 n 的增加而逐年减少的。而机械的年运行维持费用 C_n 则正好相反，它是随着 n 的增加而逐年增加的。至第 n 年后，这台设备的年平均成本费为

$$U_n = \frac{P - L_n + \sum_{i=1}^{n} C_n}{n} \tag{19-10}$$

式中：U_n——使用到第 n 年时对应于简单面值法的年平均成本费。

根据给定的历年数据，求得逐年的 U_n 值，当 U_n 为最小时，对应于此 U_n 的 n，即为所求经济寿命。

例 19-1 设有某设备，P=10 000 元，L_n 及 C_n 值如表 19-1 所示，试求其经济寿命。

解：经济寿命的计算过程一般采用表格方式，如表 19-2 所示。

若以年份为横坐标，将逐年计算结果绘成曲线，则得如图 19-1 中的曲线 A。

L_n 和 C_n 表 19-1

费用(元)	第 1 年	第 2 年	第 3 年	第 4 年	第 5 年	第 6 年	第 7 年	第 8 年
L_n	4 000	3 000	2 250	1 750	1 375	1 000	800	600
C_n	1 800	2 000	2 200	2 500	2 800	3 100	4 000	4 900

简单面值法平均成本费计算表 表 19-2

序号	数据或运算关系	年份 n							
		1	2	3	4	5	6	7	8
①	P	10 000	10 000	10 000	10 000	10 000	10 000	10 000	10 000
②	L_n	4 000	3 000	2 250	1 750	1 375	1 000	800	600
③	P—L_n	6 000	7 000	7 750	8 250	8 625	9 000	9 200	9 400
④	C_n	1 800	2 000	2 200	2 500	2 800	3 100	4 000	4 900
⑤	$\sum_{i=1}^{n} C_n$	1 800	3 800	6 000	8 500	11 300	14 400	18 400	23 300
⑥	③+⑤	7 800	10 800	13 750	16 750	19 925	23 400	27 600	32 700
⑦	U_n=⑥/n	7 800	5 400	4 583	4 188	3 985	3 900	3 943	4 088

由表 19-2 或图 19-1 均可看到，该设备的年平均成本费一开始逐年下降，到第 6 年降到最低点，以后就由下降转为上升，我们把这台设备的预期使用寿命定为 6 年，那么从成本角度看，这是最合理的。以后的年折旧费也按 6 年为期取，过了 6 年，所提取的折旧费总和加上残值，正好够又买回一同样的新设备，于是企业可以用最低的机械使用成本永远使用该设备，这就是经济寿命。

由图19-1明显可见，6年以后的年平均成本费虽有回升趋势，但在最初2～3年内变化不大，曲线非常平缓，因此，从充分利用设备的角度出发，将经济寿命定为8年左右也未尝不可。此外，例中所给各项数据，除P值外，其余都是资料统计数据或预测数据，其中尤其是L_n值，由于地区差别及供求形势变化较大的波动，即使在国外旧设备处理市场比较发达和普遍的条件下，也不易求得稳定可靠的L_n值。所以，不要求计算结果有高精确度，分析人员最后确定的经济寿命与计算结果稍有出入也是允许的，但不管怎样，经济寿命这个概念是确实存在的。

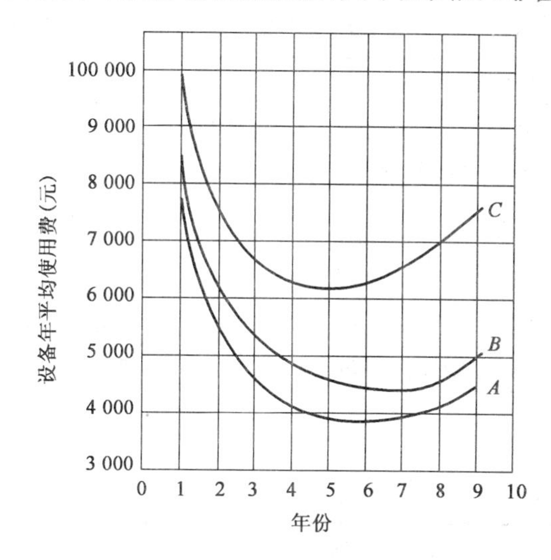

图19-1　机械设备使用年限与平均年成本费曲线

简单面值法的优点是简单明了，通用性强。它的缺点是没有考虑各项费用的时间因素。在普遍使用复利系数进行各种技术经济分析的时代，这种方法就显得不够完善。

(2)计息面值法

计息面值法，又称折现法，它与简单面值法在原则上无根本的不同，主要的差别在于计息面值法引进了时间因素，考虑了时间对各项费用的影响，在计算上也较为麻烦。

在计算中，利用现值法及年费用法，结果是一样的，还要以采用年费用法较为直接一些。根据“期末惯例”，所有的C_n值都看作是年末发生的费用，由于C_n值每年不同，且无规律，所以只有将逐年的C_n值乘以$[P/F,i,n]$系数，求其现值的累计数，然后再乘以$[A/P,i,n]$系数将其换算为等值等额年金，其他费用也按等值换算原理处理，于是得设备的等值等额年成本费为

$$U_n=(P-L_n)[A/P,i,n]+L_m+\{\sum_{i=1}^{n}C_n[P/F,i,n]\}[A/P,i,n]$$

$$=\{P-L_n+\sum_{i=1}^{n}C_n[P/F,i,n]\}[A/P,i,n]+L_m \tag{19-11}$$

式中：U_n——使用到年n年时对应于计息面值法的设备等值等额年成本费。

计算方法仍采取表格形式，以避免发生误算或漏算。由于考虑到时间因素，所以必须先假定一个i值，此i值一般采用企业所定的MARR值。若机械制造工厂向用户介绍本厂产品的经济寿命数据时，则可采用较高的银行利率。

例19-2　今仍以例19-1中所给的各项数据，并设$i=10\%$，试用计息面值法计算其经济寿命，并将其结果与简单面值法作一比较。

解：计算过程如表19-3所示。

表19-4的计算结果如图19-1中曲线B所示，由表19-3及曲线B可知，最佳役龄更新周期为7年。与简单面值法的计算结果相比较，时间多了一年，年平均成本费由3 900元提高到了4 475元，这就是考虑了时间因素而发生的变化，实践表明：利用年最小成本法计算经济寿命时，考虑或不考虑时间因素所引起的差异并不很大。若假设的i值较小及时间较短的情况下，两者的计算结果往往相同。所以，在没有特殊需要原情况下，用简单面值法所得结果就足以应用。

计息面值法等值等额年成本费计算表（$i=10\%$）　　表 19-3

序号	数据或运算关系	年份 n							
		1	2	3	4	5	6	7	8
①	P	10 000	10 000	10 000	10 000	10 000	10 000	10 000	10 000
②	L_n	4 000	3 000	2 250	1 750	1 375	1 000	800	600
③	C_n	1 800	2 000	2 200	2 500	2 800	3 100	4 000	4 900
④	$[P/F,10\%,n]$	0.909 1	0.826 4	0.751 3	0.683 0	0.620 9	0.564 5	0.513 2	0.466 5
⑤	$C_n[P/F,10\%,n]$	1 636	1 653	1 653	1 708	1 739	1 753	2 053	2 286
⑥	$\sum_i^n C_n[P/F,10\%,n]$	1 636	3 289	4 942	6 650	8 389	10 142	12 195	14 481
⑦	①－②＋⑥	7 636	10 289	12 692	14 900	17 014	19 142	21 395	23 881
⑧	$[A/P,10\%,n]$	1 100	0.576 2	0.402 1	0.315 5	0.263 8	0.229 6	0.205 4	0.187 4
⑨	⑦×⑧	8 400	5 929	5 103	4 701	4 488	4 395	4 395	4 475
⑩	$L_n \cdot i$	400	300	225	175	138	100	80	60
⑪	U_n＝⑨＋⑩	8 800	6 229	5 328	4 876	4 826	4 495	4 475	4 536

（3）全费用计算法

前述两种方法，实质上只考虑了资本分摊及年维持费用，即有形的实际支出费用，而对一些无形的损失则未考虑，这里再介绍一种考虑范围广泛的计算办法，由于它涉及的因素比较全面，所以称为全费用计算法。

与前述两种面值法相比较，全费用计算法的主要不同处在于：

①考虑了机械设备价格上涨的因素。从历年的市场资料来看，绝大部分产品的价格总是保持着上涨的趋势，施工机械设备当然也不例外。由于价格上涨，使得设备的重置价格越来越高，也就是说将来实际需要支出的设备重置费用，不是从原值中减去残值（$P-L_n$），而是从调价后的价格中减去残值，即（$P'-L_n$）。实质上也相当于增加了使用设备的成本费。

在具体计算中，一般是取历年的年涨价平均百分比，然后据此计算出以后逐年重置价格。

②考虑了与日后使用程度无关的由于拥有设备而必须承担的费用支出及损失，例如设备投资的利息、固定资产保险费、固定资产税等。其中投资的利息损失是按每年年初的设备实际价格计算的。设备第（$n+1$）年年初的实际价格，就是上一年（第 n 年）年末的转售处理价格，也就是 L_n。

一般都是把利息、税金、保险费三者合在一起，给出一个综合的百分比数值，作为计算的依据。

③在前述两种面值法中，虽然也考虑了由于设备使用日久逐渐老化而增加的年运行维持费，但它只考虑了有形的维持费、能耗费等的增加值，而没有考虑其他无形的损失。例如随着设备的老化，每年由于检查、调整、修理而未能参加工作的停机时间也会增加，从而使企业的收益减少，这就是所谓停机损失；由于性能逐渐劣化而使设备的实际生产能力逐年下降，其后果便是生产差别的上升，这就所谓性能劣化损失；由于原设备的技术逐渐陈旧过时，现在仍然使用原有设备等于企业不愿意用技术先进的设备来代替旧设备，也就是等于牺牲了本来可以获得的利益，也应该把它看成一种损失，这就是所谓技术陈旧损失。由于引进了技术陈旧因素，

因此利用全费法确定的设备寿命，实际上已包含了一部分技术寿命的因素，在某种程度上已多少超出了单纯经济寿命的概念范围。但由于这部分占的比重不大，所以我们还是把它列在经济寿命条目下予以介绍。

以上三种损失都各自用一个逐年累计的百分数表示，也不一定每年按等额递增，这要看资料的统计结果而定，这些百分数的基数便是设备在正常情况下的年收益。如果是出租机械，也可以是标准的年租收入。这种标准数据，在国外往往专门的协会每年出版一种小册子以供使用。我国目前还得由分析人员自己动手去确定这些费用。

下面我们使用例19-1的基本数据，并增加几点假设如下：

①设备的价格每年按5%的平均速度上涨。

②投资的利息、固定资产的保险费、税金等三者合在一起，每年按设备的年初实际价格的15%计算。

③停机损失按每年递增2%～3%计算；性能劣化损失按每年递增1%～2%计算；技术陈旧损失按每年递增5%计算。

以上三种损失的计算费基数定为6 000元。

全费用的计算如表19-4所示，计算结果如图19-1中的曲线C。由表及图可知，经济寿命应为5年，比前述两种面值法的结果要短。国外使用这种方法较为普遍，表19-5列举了美国对一些主要施工机械采用的经济寿命年限参考资料，从中可以看出以4～5年者居多，其原因就在于此。

全费用法经济寿命计算表　　表19-4

序号	费用项目及计算过程	年份 n							
		1	2	3	4	5	6	7	8
①	年末设备价格 $P_1=P(1+0.05n)$	10 500	11 000	11 500	12 000	12 500	13 000	13 500	14 000
②	年末设备处理转售价格$=L_n$	4 000	3 000	2 250	1 750	1 375	1 000	800	600
③	第n年末实耗重置费用=①－②	6 500	8 000	9 250	10 250	11 125	12 000	12 700	13 400
④	第n年年初设备实际净值$=L(n-1)$	1 000	4 000	3 000	2 250	1 750	1 375	1 000	800
⑤	第n年的投资利息、保金、保险费总和=④×15%	1 500	600	450	338	263	207	150	120
⑥	第n年累计第3项费用总和$=\sum_{i=1}^{n}$⑤	1 500	2 100	2 550	2 888	3 151	3 358	3 508	3 628
⑦	年运行维持费$=C_n$	1 800	2 000	2 200	2 500	2 800	3 100	4 000	4 900
⑧	第n年累计运行维持费$=\sum_{i=1}^{n}C_n$	1 800	3 800	6 000	8 500	11 300	14 400	18 400	23 300
⑨	年停机损失费用率	3%	6%	8%	10%	12%	14%	17%	20%
⑩	第n年的停机损失费=6 000×⑨	180	360	480	600	720	840	1 020	1 200
⑪	第n年累计损失费$=\sum_{i=1}^{n}$⑩	180	540	1 020	1 620	2 340	3 180	4 200	5 400
⑫	年性能劣化损失=6 000(1%～2%)	0	60	120	180	300	420	540	660
⑬	第n年累计性能劣化损失费$=\sum_{i=1}^{n}$⑫	0	60	180	360	660	1 080	1 620	2 280

续上表

序号	费用项目及计算过程	年份 n							
		1	2	3	4	5	6	7	8
⑭	年技术陈旧损失=6 000×[$(n-1)$×5%]	0	300	600	900	1 200	1 500	1 800	2 100
⑮	第 n 年累计技术陈旧损失费=$\sum_{i=1}^{n}$⑭	0	300	900	1 800	3 000	4 500	6 300	8 400
⑯	至第 n 年费用总和=③+⑥+⑧+⑪+⑬+⑮	9 980	1 480	19 900	25 418	31 576	38 518	46 728	56 408
⑰	全费用法年平均成本费 U_n=⑯/n	9 980	7 400	6 633	6 354	6 315	6 420	6 675	7 051

美国施工机械经济寿命年限参考资料　　表 19-5

序　号	设备名称及规格	年使用时间(h)	寿命(年)
1	柴油空压机,160ft^3/min(4.5m^3/min)	1 200	4
2	柴油空压机,300ft^3/min(8.5m^3/min)	1 200	5
3	风钻(各型)	1 200	4
4	风镐(各型)	1 200	3
5	柴油履带式起重机,8t	1 600	5
6	柴油履带式起重机,30t	1 600	6
7	柴油汽车式起重机,8t	1 600	5
8	柴油汽车式起重机,40t	1 600	6
9	三相电动机(2～15hP)	1 600	8
10	柴油打压锤	1 400	4
11	挖掘机,3/4yd^3(0.58m^3)	2 000	4
12	挖掘机,11/4yd^3(0.96m^3)	2 000	5
13	挖掘机,2yd^3(1.53m^3)	1 600	6
14	液压挖掘机,3/4yd^3(0.58m^3)	2 000	4
15	液压挖掘机,11/4yd^3(0.96m^3)	2 000	5
16	铲运机(各型)	2 000	5
17	拖拉机,75hP	2 000	4
18	拖拉机,105hP	2001	5

(4)简单解析法

在以往的计算中,明显可见,机械设备之所以具有经济寿命,主要是由于年运行维持费随着机械的老旧而逐年增加的缘故。我们把这种逐年递增的年运行维持费分为两部分。把第一年的维持费 C_1 看作是一个基数,这个基数的大小与经济寿命无关;以后逐年增加的维持费用实际上就在这个基数上每年再加一个增量 ΔC,ΔC 值的大小决定着经济寿命的长短。增长得越快,寿命就越短。如果每年的增量 ΔC 是等额的,或者说能够允许把它简化为等额的,从而形成一个均匀梯度系列,那么我们就不必采用表格形式逐年计算的方法,而可以利用数学解析法直接求得年费用为最小值的年份，并确定机械经济寿命。

由于这种解析法考虑的因素特别简单，只考虑了投资分摊费及年运行维持费增量两个因素的影响，所以称为简单解析法。

在简单解析法中：

①年运行维持费等额增量 ΔC 用 g 表示，并有

$$g=\frac{C_n-C_1}{n-1} \tag{19-12}$$

这个 g 值是由于机械操作性能逐年劣化而引起的，所以称为年操作劣化值，也可称为年综合老化损失。当机械使用到第 n 年时，则平均的年操作老化值应为

$$\frac{0+(n-1)g}{2}=\frac{g}{2}(n-1)$$

②设备的残值 L_n 本来是一个变量，是年份 n 的函数。但考虑到 L_n 在设备使用年限的后期实际上变化很小，而且 L_n 值的大小对计算的结果影响不大，为简化计算，假定残值不变并用 L 代替 L_n，则每年的平均投资分摊费应为$[P-L]/n$，至于资本费的利息损失按设备的平均净值计算应为$(P+L)/2\times i$，从表达式中可以看出它与 n 无关，所以在计算经济寿命时可以不考虑它的影响。由此，得第 n 年时设备的年投资分摊费与操作劣化值之和为

$$U_{\mathrm{n}}=\frac{(n-1)}{2}g+\frac{P-L}{n} \tag{19-13}$$

式中：U_{n}——使用到第 n 年时对应于简单解析法的年费用。

$$\frac{\mathrm{d}U_n}{\mathrm{d}n}=\frac{g}{2}-\frac{P-L}{n^2}$$

令 $\frac{\mathrm{d}U_n}{\mathrm{d}n}=0$，得

$$n=\sqrt{\frac{2(P-L)}{g}} \tag{19-14}$$

这就是所要求的经济寿命，将 $n=\sqrt{\frac{2(P-L)}{g}}$ 代入(19-14)式，得

$$(U_n)_{\min}=\sqrt{2g(P-L)}-\frac{g}{2}$$

或

$$(U_n)_{\min}=\frac{P-L}{n^2}(2n-1) \tag{19-15}$$

这就是设备的投资分摊费与操作劣化值在一定假设条件下的合计最小值。

例 19-3　仍以例 19-1 设备的数据为准，试用简单解析法求其经济寿命。

解：现在，我们就不必考虑 C_n 的年历变化，而把它简化为一个均匀梯度系列，得

$$g=\frac{C_{\mathrm{n}}-C_1}{n-1}=\frac{4\,900-1\,800}{8-1}\approx 443\ (\text{元/年})$$

代入 $n=\sqrt{\frac{2(P-L)}{g}}$，得

$$n=\sqrt{\frac{2\times(1\,000-600)}{443}}=\sqrt{42.4}\approx 6.5\ (\text{年})$$

计算结果与面值法列表计算的结果基本是一致的,所发生的少量差异是由于:

①对 C_n 值进行了均匀梯度系列简化。

②n 的取值由离散变为连续。

(5)考虑大修的经济寿命

在国外,由于大多数国家所执行的维修制度与我国不同,单纯以恢复原机性能为目标的定期大修是很少见的,所以对大修的概念是不明确的。我国自 20 世纪 50 年代以来,直到现在还基本上执行定期大修制度。由于大修的费用较高,即使据定额资料来计算(即不包括各种超项目、超标准的加价费用),一般占总值的 20%~30%,个别机械甚至超过 50%。因此,大修理费用实质上应视为一种追加投资而在整个大修期内予以摊销。引入大修后对经济寿命将发生很大的影响。结合我国的具体情况,下面以实例来研究大修的经济寿命的计算方法及其影响,并说明如下:

①按规定,新机到第一次大修的间隔期要比标准的大修间隔期延长 20%~30%,自第三次每次缩短 10%左右。在实例中,我们只考虑了前者的影响,而把第三次以后的大修间隔期看成是等同的。因为 4 次以上的大修实际上很少的。

②按规定,第一次大修的配件费用为定额的 85%左右,自第三次起则增加到 115%,在实例中,我们计入了这一影响。

③每个大修间隔期内的年运行维持费,由于大修的标准是恢复原机性能,所以我们假设在同一个周期内是等额的,但随着基础件技术状况的逐渐劣化,所以在不同的周期内,逐年作适当的增长。这样的假设基本上符合实际情况。

④在实例中,只给出每一个大修期期末的残值,每次计算只能考虑一个残值。

例 19-4 设 P_0 为设备原值(初始投资);P_{I}、P_{II}、P_{III}…为第Ⅰ次、第Ⅱ次、第Ⅲ次…大修费用(追加投资);C_{I}、C_{II}、C_{III}…为第Ⅰ个大修期、第Ⅱ个大修期、第Ⅲ个大修期…内的年运行维持费;L_{I}、L_{II}、L_{III}…为各大修期期末的设备残值。

具体数据如图 19-2 所示,并取 $i=10\%$。

很明显,设备每经过一次大修,它的年平均运行成本费一定猛烈上升一次,以后由于大修分摊费的缩小,逐渐下降,到经过再一次大修,又上升一次,所以,设备的平均年运行成本费的最小值一定发生在某次大修的前夕,或上一个大修间隔期的期末。由此,我们不必逐年计算,只要逐次计算一下每个大修期期末的等值等额年费用,就能够确定所要求的年成本费为最低的使用时间。设 A_{I}、A_{II}、A_{III}…为第Ⅰ次、第Ⅱ次、第Ⅲ次…大修前夕,或第Ⅰ个、第Ⅱ个、第Ⅲ个…大修期期末的等值等额年成本费,根据图 19-2,得

$$A_{\text{I}} = (20\,000-12\,000)[A/P,10\%,4]+6\,000+1\,200\times 0.1$$
$$=18\,800\times 0.3155+6\,000+120$$
$$\approx 12\,051(\text{元/年})$$

$$A_{\text{II}} = \{2\,000-800+6\,000[P/A,10\%,4]+(7\,000+6\,500[P/A,10\%,3])\times [P/F,10\%,4]\}[A/P,10\%,7]+800\times 0.1$$
$$=\{2\,0000-800+600\times 3.170+(7\,000+6\,500\times 2.487)\times 0.683\,0\}\times 0.205\,4+80$$
$$=54\,020\times 0.205\,4+80$$
$$\approx 1\,180(\text{元/年})$$

$$A_{Ⅲ}=\{54\,042+(8\,200+7\,500[P/A,10\%,3])[P/F,10\%,7]\}\times [A/P,10\%,10]+800\times 0.1$$

$$=67\,823\times 0.513\,2+80$$

$$\approx 1\,112(元/年)$$

$$A_{Ⅳ}=\{67\,823+(9\,500+8\,500[P/A,10\%,3])[P/F,10\%,10]\}[A/P,10\%,13]+800\times 0.1$$

$$=79\,635\times 0.140\,8+80$$

$$\approx 11\,293(元/年)$$

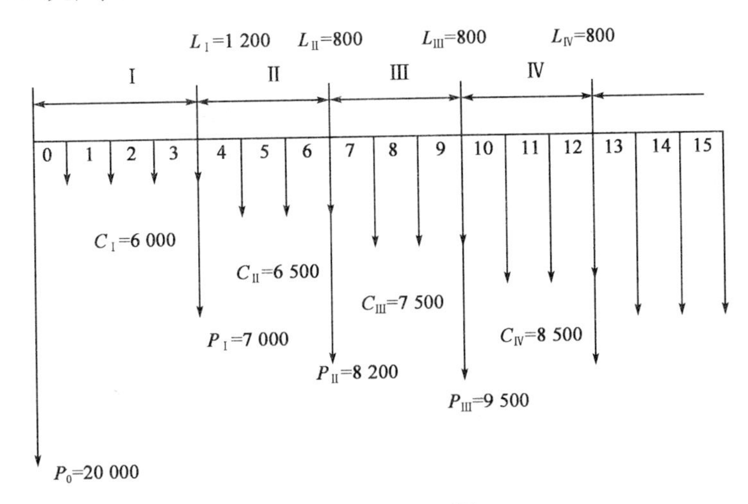

图19-2 现金流量图

以上计算表明:设备的经济寿命应使用到第Ⅲ个大修周期期末,即10年(大修2次,第Ⅲ次大修不修)。最低的等值等额年成本费为11 122元/年。我们试再提前一年及延后一年各计算一次,得

$$A_9=\{54\,042+(8\,200+7\,500[P/A,10\%,2])[P/F,10\%,7]\}[A/P,10\%,9]+800\times 0.164\,932\times 0.173+80$$

$$\approx 11\,353(元/年)>11\,122(元/年)$$

$$A_{10}=\{67\,823+(9\,500+8\,500[P/A,10\%,1])[P/F,10\%,10]\}[A/P,10\%,11]+800\times 0.174\,464\times 0.154\,0$$

$$\approx 1\,154(元/年)>11\,122(元/年)$$

所以,无论提前或延后,都将使年成本费升高。证明 $A_Ⅲ$ 其实是最低的年成本费。

在执行定期大修的情况下,机械设备的经济寿命一般要延长很多年。但是这种延长不一定是好事,这是因为:一方面定期大修的制度本身就是一种不经济的维修制度;另一方面重复多次的大修会延误技术的进步。

关于经济寿命,还有两个有趣的推论:

推论1:假设存在这样一种设备,这种设备在 T 时间内,即不需要维修,也不因使用而贬值,那么它的经济寿命就是 T。因为拥有人可以在使用 T 时间后将它按原价转让出去,然后以同价购进设备再使用一个 T 时间,如此周而复始,继续循环下去,拥有人可以在不承担任何

投资分摊及维修费的情况下无偿地使用该设备。这样的设备，在极其特殊的情况下，也不是没有的。

推论 2：假设设备的年运行维持费并不因使用而增长，或增长得极其缓慢，不足以抵消投资分摊费下降的影响，那么这种设备的经济寿命就等于它的自然寿命，就其本身来说，使用的时间越长也就越经济，一直到其自然寿命终了为止，凡是一些结构简单、技术状况特别稳定的机械设备（如小型电动卷扬机等），实际上很难计算它的经济寿命来。

在一般情况下，凡是制造工厂向用户使用寿命数据，大都是经济寿命。

以上介绍了施工机械设备的四种不同含义的使用寿命，它们之间有一个共同点必须予以注意的，那便是所谓寿命都是指在正常情况下（按照规定的要求加以使用、维修、保养等）而言的。假如对机械设备即不精心操作，也不注意维修保养，任意超载，带病运行，甚至发生重大机械事故，以致在很短的时间内使机械彻底损毁，纯属“夭折”，而根本不是以上介绍的寿命的含义了。

以上四种不同含义的寿命中，以自然寿命为最长，功能寿命为最短。至于经济寿命与技术寿命要看具体情况而定，在具体确定某一种或某一类机械设备的使用寿命时，往往要各种情况兼顾通盘考虑。一般来说，由于施工企业总是以追求经济效益为目的，所以经济寿命的影响较大。

19-5 施工机械折旧与大修理基金的提取

在机械设备的使用寿命确定后，接续的问题就是折旧的提取方法，除少数具有功能寿命的一次性设备应在服务的工程项目内直接核销外，其余绝大部分作为固定资产管理对象的机械设备都必须按期（年、月）提取折旧，以便将来在服务年限终了对能够积累起足够的设备重置基金。

一、折旧的意义

折旧最好是能够正确地反映设备实际价值的减少，但实际上要做到这一点非常困难，这是因为：

（1）设备的实际价值作为时间 t 的函数，很难以某种简单的方法表达出来。

（2）设备实际价值减少的规律因机械设备类型不同而各异，但折旧方法至少在一个企业内部（或者一个部门内部、甚至一个国家内部）应是统一的，否则在财务上无法处理折旧的提取问题。

现在通用的“折旧”一词的含义已背离了上述的含义而成为一种投资摊销费。这纯属从成本会计角度出发，根据惯常的规定、按比例分摊到设备服务年限内每一年的预付资金。必须强调的是：“摊销”是一个财务分配过程，而不是一个估价过程，摊销的是费用而不是数值（折旧额、净值等），是为了计算成本服务的，不是为经济分析服务的，所以这类数据在技术经济分析中不起多大的作用。

既然折旧制度已经与客观的设备贬值规律相脱节而成为一种预付资金的摊销方式，所以它是主观人为的。从理论上讲，只要能够达到将预付资金，在预定的年限内予以回收的目的，任何一种合理的方式都是可以成为可行的折旧制度。这样，折旧制度就可以有无限多个（快的、慢的、直线的、曲线的…），但实际上并非如此，这是因为设备的折旧制度，无论对企业，还是对国家，都是一个至关重要的大问题。对企业来说，它与产品的价格、市场竞争能力、企业的利润、技术装备的现代化程度以致企业的前途都有密切的关系；对国家来说，对社会物质的安排、制造业的生产及发展、国家的财务收入，甚至对整个国民经济的发展速度等都有直接或间接的影响。

上述各项因素中，有些是互相矛盾的。所以采用什么样的折旧制度，必须综合考虑各方面的因素后才能够确定，它不仅是企业管理的主要内容，而且是国家的一项主要经济政策。任何一个国家对本国的折旧制度均有统一的规定，所以实际上由国家批准的合法的折旧制度是极其有限的，只有少数的几种。

二、折旧制度介绍

当前为世界各国采用的折旧制度，根据每年的提取是否均等以及速度的快慢分为以下几种：

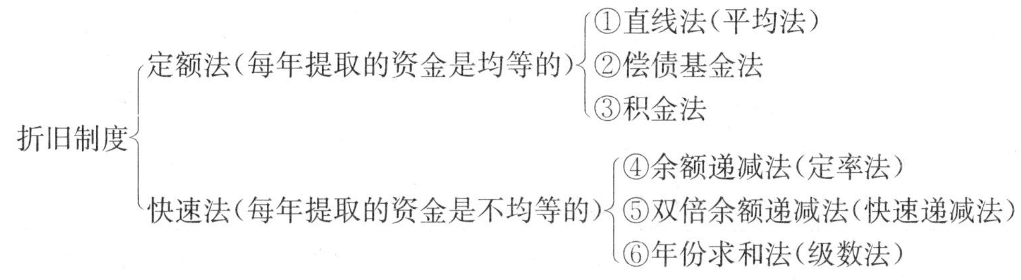

与计算折旧有关的几个参数：原值 P、残值 L 及年限 n。有几点需进一步说明：

(1)原值 P 不止是设备的出厂售价，还应包括运费、安装费、调试费及其他一切针对性的附加费用。总之，为使设备投产而发生的一切费用，除另有科目来源者外，都称为 P 的一部分。

(2)残值 L 原指设备报废后的残体售价。为使残值实现以货币形式回收，不少设备需要拆卸、解体、清洗，甚至切割分解后才能处理，这也需要相当大的一笔处理费用，这笔费用称为清理费，用 q 表示。当 $L>q$ 时，$(L-q)$ 才是企业真正回收的资金，有时，也会发生 $L\leqslant q$ 的情况，这时，从经济角度出发，企业宁可放弃残值回收而把它视为零，也就是以设备的原值 P 作为计算折旧的基数。也有把 $(L-q)$ 称为净残值以示区别。在本书中，我们不再引入新的代号而统一用 L 表示，但读者应了解，当 q 不为零时，L 是指净残值而言的。

关于残值的正确计算也不是一件容易的事，因为在一台准备报废的机器里，往往还有不少具有一定使用价值的零部件、总成、有色金属以及配套副机等，都应分别估价回收，只有最后的残存机体才可作为废钢铁处理，所以预先估计出一台机械设备的正确残值是很麻烦的，为简便计算，在定额资料中往往对不同的机种规定一个残值率（一般在 2%～5%）作为计算折旧的依据。即使这种简化与实际情况有出入，也无关大局。

(3)折旧的年限 n，一般是指设备的预期使用寿命。规定年限 n 也有一段演化过程：美国在 1934 年以前，在机器制造业中曾盛行不管机器的有效使用寿命是多少，一律在远短于设备使用寿命的头几年中将原值全部折旧完，抢先回收资金，然后该设备就作为“折旧完毕”的资产记入会计账目中继续使用，一直到1934年美国财政部才明令规定必须按全部预期的使用年限作为设备的折旧年限。现在我们则把设备的折旧年限与预期的使用寿命看成一回事，不存在任何差异了。

下面具体介绍各种折旧制度：

(1)直线法

这是一种最简单、使用极为广泛的方法。它是把折旧费看成是均等的，所以又称平均法。

直线法折旧的计算公式为

$$Z_K = \frac{P-L}{n} \tag{19-16}$$

$$B_K = P - \sum_{K=1}^{K} Z_K = P - K\left(\frac{P-L}{n}\right) \tag{19-17}$$

式中：Z_K——第 K 年的折旧额，元；

B_K——第 K 年年末的设备折余净值，元。

例 19-5 某设备，$P=10\,000$ 元，$L=650$ 元，$n=10$ 年，试用直线法计算其逐年的折旧费及年末设备净值。

解：根据式(19-21)，得等额的年折旧费为

$$Z_K = \frac{P-L}{n} = \frac{10\,000-650}{10} = 935(\text{元})$$

按照直线法的计算结果如表 19-6 所示。

用直线法计算的某设备逐年折旧额及年末设备净值 表 19-6

年末	年折旧额（元）	折旧额累计值（元）	年末设备净值（元）	年末	年折旧额（元）	折旧额累计值（元）	年末设备净值（元）
0	0	0	10 000	6	935	5 610	4 390
1	935	935	9 365	7	935	6 545	3 455
2	935	1 870	8 130	8	935	7 480	2 520
3	935	2 805	7 195	9	935	8 415	1 585
4	935	3 740	6 260	10	935	9 350	650
5	935	4 675	5 325				

(2)偿债基金法

这种方法是假设整个使用期间，设备每年年末提取定额的资金并按年复利利率 i 存储起来，到设备使用寿命终止时，这笔逐年提取并陆续存储的资金的本利总和正好等于设备折旧基数。很明显，每年定额提取的资金 A 应等于折旧基数与定额支付偿债基金系数 $[A/F,i,n]$ 的乘积，即 $(P-L)[A/F,i,n]$。第 K 年实际得到的折旧额应等于该年年末提取的资金加上已存储资金的当年利息，计算公式为

$$\begin{aligned} Z_K &= (P-L)[A/F,i,n] + (P-L)[A/F,i,n][F/A,i,(K-1)]i \\ &= (P-L)[A/F,i,n]\{1+[F/A,i,(K-1)]\}i \\ &= (P-L)[A/F,i,n]\left[1+\frac{(1+i)^{K-1}-1}{i}i\right] \end{aligned}$$

$$=(P-L)[A/F,i,n](1+i)^{K-1}$$

$$=(P-L)[A/F,i,n][F/P,i,(K-1)] \quad (19\text{-}18)$$

$$B_K=P-(P-L)[A/F,i,n][F/A,i,K] \quad (19\text{-}19)$$

例 19-6 仍用例 19-5 数据,取 $i=6\%$,试按偿债基金法计算逐年折旧费及年末设备净值。

解:查复利系数表,得$[A/F,6\%,10]=0.075\ 87$,故

$$Z_K=(P-L)[A/F,i,n]$$
$$=9\ 350\times0.075\ 87$$
$$=709.38(\text{元})$$

计算结果如表 19-7 所示。

用偿债基金法计算的某设备逐年折旧费及年末设备净值 表 19-7

年末	每年提取的等额资金 A(元)	复利系数 $[F/P,6\%,(K-1)]$	第 K 年实得折旧费 Z_K(元)	复利系数 $[F/A,6\%,K]$	折旧累计值(元)	第 K 年年末净值(元)
0	—	—	—	—	—	10 000
1	709.38	10 000	709.38	1	709.38	9 290.62
2	709.38	10 600	751.94	2.06	1 461.32	8 538.68
3	709.38	11 230	797.06	3.184	2 258.67	7 741.33
4	709.38	11 910	844.87	4.375	3 103.54	6 896.46
5	709.38	12 625	895.6	5.637	3 998.78	6 001.22
6	709.38	13 382	949.29	6.975	4 947.93	5 052.07
7	709.38	14 185	1 006.2	68.394	5 954.54	4 045.46
8	709.38	15 036	1 066.62	9.89	7 702.73	2 979.27
9	709.38	15 938	1 130.6	111.491	8 115.49	1 848.51
10	709.38	16 895	1 198.5	13.181 9	350.34	≈651

用偿债基金法计算的每年提取的等额资金为 709.38 元,比直线法的 935 元要少 225.62 元。但并不表明这种方法可使产品的成本降低,因为按此法提取的年等额资金连同利息将充抵设备的重置费用,其增值部分不得视为企业的收益,这与直线法中的情况是不一样的。

(3)积金法

积金法是假设设备的初始投资不是企业的产权资金,而是来源于银行贷款。企业每年提取的等额资金不仅要能积累设备的重置使用,而且还要能抵消初始投资的增值部分,其最终目标要能还清贷款。因此,若仍以 A 代表每年等额提取资金,则有:

$$A[F/A,i,n]+L=P[F/P,i,n]$$

$$A=\{P[F/P,i,n]-L\}\frac{1}{[F/A,i,n]}$$

$$=[P(1+i)^n-L]\frac{i}{(1+i)^n-1}$$

$$=\left[(P-L)\frac{1}{(1+i)^n}\right]\frac{(1+i)^n i}{(1+i)^n-1}$$

$$=(P-L)[P/F,i,n][A/P,i,n] \tag{19-20}$$

A 中包含分摊的设备价值及投资利息两个部分,从 A 中减去上一年年末设备净值的当年利息,才是实际的折旧额;故有

$$Z_K=A-B_{K-1}i \tag{19-21}$$

式(19-26)中包含两个未知数,但计算不会发生困难,因为当 $K=1$ 时

$$B_{K-1}=B_0=P_0$$

故得

$$Z_1=A-P_i$$

$$B_1=P-Z_1=P-(A-P_i)=P(1+i)-A \tag{19-22}$$

有了 B_1,就可以计算 Z_2;就可以计算 B_2…如此顺序计算下去,直至全部计算完毕。

计算 B_K 的通式为

$$B_K=P\sum_{K=1}^{K}Z_K \tag{19-23}$$

例 19-7 仍用例 19-5 数据,试按积金法计算某设备逐年折旧费及年末设备净值。

解:查复利系数表,得

$$[P/F,6\%,10]=0.5584$$

$$[A/P,6\%,10]=0.13587$$

故

$$A=(10\,000-650\times0.558\,4)\times0.135\,87=1\,309.38(\text{元/年})$$

计算结果如表 19-8 所示。

将积金法的计算结果与偿债基金法的计算结果互相比较,可以看到两者的出发点虽不同,但是 Z_K 和 B_K 两项是完全相同的,这是因为同样使用复利原理及采用相同的利率(i 都等于 6%)的缘故。

按照积金法,每年提取的定额资金要比直线法多出 1 309.38－935＝374.38 元,这是因为除了设备原值外,还要承担贷款利息的缘故。

在偿债基金法机积金法中,i 应看作是银行利率,而不是企业的 MARR 值,所以一般都取较小的值,如 $i=6\%\sim8\%$等。

以上三种方法,虽然计算方法不同,但每年提取的资金都是等额的,所以统称为等额法。

(4)余额递减法和双倍余额递减法

设备在其使用寿命的初期,经济效益总要高一些,因此,在折旧年限的前期负担较高的折旧费显然是较为合理的,余额递减法就是基于这一设想而提出的。按照这种方法,用一个固定的百分数来乘以当年年初(或上年年末)的设备净值,即为该年的折旧费。由于设备净值随着时间的增长而不断减少,而折旧率又是固定不变的,所以折旧费也不断减少。折旧的速度呈现一种先快后慢的趋势,所以这是一种快速折旧法。

用积金法计算的某设备逐年折旧额及年末净值(元) 表19-8

年末	每年提取的等额资金A	投资利息	年实折旧额	折旧累计值	年末设备净值
0	—	—	—	—	10 000.00
1	1 309.38	600.00	709.38	709.38	9 290.62
2	1 309.38	557.44	751.94	1 461.32	8 538.68
3	1 309.38	512.32	797.06	2 258.38	7 741.62
4	1 309.38	464.50	844.88	3 103.38	6 896.74
5	1 309.38	413.80	895.58	3 998.84	6 001.17
6	1 309.38	360.07	949.31	4 948.15	5 051.85
7	1 309.38	303.11	1 006.27	5 954.42	4 045.58
8	1 309.38	242.73	1 066.65	7 021.07	2 978.94
9	1 309.38	178.74	1 130.64	8 151.71	1 848.29
10	1 309.38	110.90	1 198.48	9 350.19	≈650

设折旧率为 r,则有

$$Z_K = B_{K-1}r$$

$$B_K = P(1-r)^K$$

当 $K=n$ 时,B_K 实际上就是设备的最终残值 L,所以

$$L = P(1-r)^n$$

由此得

$$r = 1-\sqrt[n]{\frac{L}{P}} \tag{19-24}$$

利用式(19-24)求得的固定折旧率 r 值,固然可以使最后的折旧余数正好等于残值,但残值 $L=0$ 时,公式(19-24)显然不能使用。而且对残值估计的大小对 r 值有很大的影响。所以实际使用的 r 的值不是从计算得来的,而是全面考虑选定的数值。一般是在直线折旧率的基础上乘以倍数(1.25倍、1.5倍、2倍…)而获得。这样得来的 r 值当然不能使最后的折旧余数正好等于残值,而且每次总有余数,永远也折不完。为了解决这一个矛盾,允许在最后2～3年里采用直线法将折旧余数全部摊完。这种方式实质上是一种综合的折旧方法。

折旧的多少对企业应交纳的当年税款有直接的关系,在新设备使用的最初几年里,如果允许企业以较高的折旧率折旧并计算成本,可以使名义上的利润(注意不是真实的成本)减少,于是允许根据利润而应交纳的税款也相应减少,这对企业十分有利。它可以减轻企业的负担,帮助新产品占有市场。所以快速折旧制度是一种鼓励设备投资,振兴经济的政策。美国财政部在1945年以前只允许采用直线法,1945年以后才采用余额递减法,但规定倍数仍限于直线法折旧率的1.5倍以内。后来发现这样的规定对企业的吸引力不大,于是1954年放宽了限制,允许使用直线法折旧率的2倍,于是余额递减法便逐步演变成为双倍余额递减法。

在双倍余额递减法中,规定把全部折旧年限分为两段:前期用直线法折旧率的2倍作为固定的折旧率,即 $r=2\frac{1}{n}$;后期则改用直线法直到余额全部折完。前后期原分界年限为双数或

单数而定;双数时为 $\frac{n}{2}+2$;单数时为 $\frac{n}{2}+1\frac{1}{2}$。

例 19-8 仍用例 19-5 数据,试按双倍余额递减法计算某设备逐年折旧费及年末设备净值。

解:因 $n=10$ 年,由双倍余额递减法改为直线法的年度为 $10/2+2=7$ 年。自第一年至第六年的折旧率为 $r=2\times\frac{1}{10}=20\%$;自第七年至第十年的直线折旧率为 $r=\frac{1}{10-(7-1)}=25\%$,余额递减法一开始不必考虑残值,一直到最后作调整。计算结果如表 19-9 所示。

用双倍余额递减法计算的某设备逐年折旧额及年末设备净值 表 19-9

年末	折旧率(%)	设备年末净值(元)	年折旧额(元)	年末	折旧率(%)	设备年末净值(元)	年折旧额(元)
0	—	10 000	—	6	20	2 622	655
1	20	8 000	2 000	7	25	1 967	655
2	20	6 400	1 600	8	25	1 312	655
3	20	5 120	1 280	9	25	657	655
4	20	4 096	1 024	10	25	650	7
5	20	327	7 819				

(5)年份求和法

年份求和法也是一种快速折旧法,这种折旧法是假设设备的价值按照递减的比率而减少,即每年的折旧率是不同的。每年折旧率的分母统一是年份顺序数之和,分子则是逆向的年份顺序数,因

$$\sum_{j=1}^{n} j=1+2+3+\cdots+(n-1)+n=\frac{n(n+1)}{2}$$

所以,第 K 年的折旧率应为

$$Z_K=(P-L)\frac{2(n-K+1)}{N(N+1)} \tag{19-25}$$

到了第 K 年,余下的年份顺序数为 1、2、…$(n-K)$,因

$$\sum_{j=1}^{n-K} j=1+2+3+\cdots+(n-K)+n=\frac{(n-K)(n-K+1)}{2}$$

所以,第 K 年设备净值为

$$B_K=\frac{\sum_{j=1}^{n-K} j}{\frac{n(n+1)}{2}}(P-L)+L=\frac{(n-K)(n-K+1)}{2}\frac{2}{n(n+1)}(P-L)+L$$

$$=\frac{(n-K)(n-K+1)}{n(n+1)(P-L)}+L \tag{19-26}$$

例 19-9 仍用例 1 数据,试用年份求和法计算某设备逐年折旧额及年末设备净值。

解:因 $\frac{n(n+1)}{2}=\frac{10\times11}{2}=55$,故第 1、第 2、…第 10 年的折旧率分别为 10/55、9/55…1/55。计算结果如表 19-10 所示。

用年份求和法计算的某设备逐年折旧额及年末净值　　表19-10

年　份	折旧基数(元)	折　旧　率	年折旧额(元)	累计折旧(元)	年末净值(元)
1	9 350	10/55	1 700	1 700	8 300
2	9 350	9/55	1 530	3 230	6 770
3	9 350	8/55	1 360	4 590	5 410
4	9 350	7/55	1 190	5 780	4 220
5	9 350	6/55	1 020	6 800	3 200
6	9 350	5/55	850	7 650	2 350
7	9 350	4/55	680	8 330	1 670
8	9 350	3/55	510	8 840	1 160
9	9 350	2/55	340	9 180	820
10	9 350	1/55	170	9 350	650

双倍余额递减法与年份求和法比起其他三种方法来，折旧速度要快得多，在设备使用的前半期就可以回收2/3～3/4的初始投资，所以都是属于快速折旧法类型。

当前，偿债基金法使用得已不多，积金法是一种特殊的情况。在其他三种方法中，日本普遍使用直线法及余额递减法，而以余额递减法为主；美国这三种方法都有使用，近年则以双倍余额递减法为主；法国大多采用余额递减为1.5倍，n为3～5年者为2倍，n为6～7年都为2.5倍；前苏联则以直线法为主，但在年限上亦趋于缩短，自1975年以来，按国家经济全部固定资产计算的折旧率，比旧时也提高了12.5%。

(6)工作量法

采用工作量法计算固定资产折旧额的公式为：

①按照行驶里程计算折旧的公式为

$$\text{单位里程折旧额}=\frac{\text{原值}\times(1-\text{预计净值残值率})}{\text{总行驶里程}} \tag{19-27}$$

②按照工作小时计算折旧的公式为

$$\text{每工作小时折旧额}=\frac{\text{原值}\times(1-\text{预计净值残值率})}{\text{总工作小时}} \tag{19-28}$$

西方国家的企业在折旧的方法上往往是两套做法，以上所介绍的都是为计算应交税款而对政府使用的，至于企业内部到底实行什么样的折旧方法，那是另外一回事，两者都不能混为一谈，但总的来说是提倡快速折旧。

在建筑业方面，以租赁公司的折旧速度为最快，这是因为租赁公司的机械设备全靠用户租用，而用户对设备的性能特别敏感，用户是有充分的权利来自由选择的，所以租赁公司对保持设备的技术先进性非常注意，预定的有效使用寿命也比较短，快速折旧可以保证以较快的步伐及时进行技术更新。好在租赁机械的利用率比企业自有机械的利用率要高得多，加速折旧对台班费的影响不致太大，为采用特别快速的折旧提供了条件。据报道，一些轻型建筑机械第一年的折旧率可高达50%，大部分机械在短短的几年也就折旧完毕。

三、我国现行的折旧制度

在我国，国家的规定与企业内部的折旧制度是一致的。我国的设备管理体制本来就是在20

世纪50年代以苏联为模式而建立起来的，所以在折旧方面，也仿苏联的方式，我国现行制度规定采用直线折旧法，年折旧率为4%～7%，换算为年限相当于大部分设备的使用年限都是20年左右，由于各种机械设备的使用年限各不相同，按照不同的折旧率分别计算每台机械的折旧额过于繁琐，为了简化手续，一般采用分类综合折旧率，即按固定资产的大类提取综合的折旧率。但是这样计算的结果只是一个平均数，不能正确、及时地反映每台机械的真实净值。

(1)分类综合折旧率，并不是每类中各种单项固定资产的耐用年限的划分标准，如某些单项固定资产由于长期多班作业或接触腐蚀性物质而缩短使用年限，可相应提高单项固定资产的折旧率，也就是说某些单项固定资产的折旧不受上述分类综合折旧幅度的限制。

(2)分类综合折旧率留有一定的幅度是考虑各企业的每一大类固定资产中，各种单项固定资产构成内容不同，分类综合耐用年限变化，以备在按单项固定资产耐用年限进行逐项计算并按大类综合的基础上，在上述幅度内酌情采用不同的折旧率。

(3)企业所有的固定资产除土地、未使用的固定资产(指新增不报的固定资产和调入尚未安装的机械)、不需要的固定资产(指不合适本企业需要，申报上级等待外调)和报经上级批准停用封存时间在半年以上的固定资产外，均应按月计提基本折旧和大修理基金。

机械设备折旧费是企业进行更新、革新，改造机械设备的专用资金，要加强管理，专款专用，不得作其他开支。

从1980年起，国家已计划要在增加盈利的前提下逐步提高折旧率，缩短机械设备的折旧年限，促使企业技术装备及时更新。

施工企业计提固定资产折旧一般采用平均年限法和工作量法。技术进步较快或使用寿命受工作环境影响较大的施工机械和运输设备，经财政部批准，可采用双倍余额递减法或年数总和法计提折旧。企业机械设备年限可参见表19-11。实行工作量法的，其总行驶里程、总工作小时可按同类固定资产折旧年限换算确定。

机械设备年限　　表19-11

类别	折旧年限(年)	类别	折旧年限(年)
一、施工机械		三、生产设备	
1.起重机械	10～14	1.木工加工机械	8～10
其中：单转电动起重机	5～7	2.金属切削机床	10～14
2.挖掘机械	10～14	3.锻压设备	10～14
3.土方铲运机械	10～14	4.焊接及切割设备	7～10
4.凿岩机械	10～14	其中：等离子切割机	4～5
其中：内燃凿岩机	4～5	磁力氧气切割机	4～5
风动凿岩机	4～5	5.锻造及热处理设备	10～14
电动凿岩机	4～5	6.动力设备	11～18
5.基础及凿井机械	10～14	其中：电动空压机	8～10
6.钢筋及混凝土机械	8～10	柴油空压机	8～10
其中：混凝土输送泵	4～5	柴油制氧机组	8～10
7.带式螺旋运输机	8～10	液化气循环压缩机	8～10
8.泵类	8～10	高压空压机	8～10
二、运输设备		轴流风机	8～10
1.汽车及拖挂	6～12	7.维修专用设备	8～10
2.小型车辆	6～12	8.其他加工设备	8～10

四、大修理基金

在按年、月提取的费用中，除了折旧费外，还有一项机械设备的大修理费。机械设备大修理的特点是：范围大、费用高、周期长、次数少。有时大型设备的一个大修间隔期往往可以跨越好几个工程项目。如果把大修理费用直接摊入当时的工程成本，必然要造成工程成本的不合理波动及丰欠不均的不合理现象，所以，为了摊销合理并保证大修理的资金来源，国家规定必须仿照固定资产提取折旧基金原办法，按月从成本中提取机械设备的大修理基金，作为实际发生的机械设备大修理费用的开支来源。

1. 大修理基金的提取

大修理基金提取方法分为三种：

(1)时间法

$$年大修理基金提存额=\frac{每次大修费用\times使用年限内大修次数}{使用年限}\times100\% \tag{19-29}$$

$$年大修理基金提存率=\frac{年大修理基金提存额}{原值}\times100\% \tag{19-30}$$

$$月大修理基金提存率=\frac{年大修理基金提存率}{12}\times100\% \tag{19-31}$$

(2)台班法

$$台班大修理费提存额=\frac{大修理一次费用\times使用年限内大修理次数}{规定的耐用总台班}\times100\% \tag{19-32}$$

(3)分类综合法

$$年大修理基金综合提存率=\frac{分类年大修理基金提存额之和}{分类原值之和}\times100\% \tag{19-33}$$

$$月大修理基金综合提存率=\frac{年大修理基金综合提存率}{12}\times100\% \tag{19-34}$$

一般情况下，年大修理基金综合提存率，按年综合折旧率的50%计算，运输设备按年综合折旧率的100%计算。

2. 大修理基金和折旧基金的使用管理

施工单位对机械的大修理基金和折旧费使用与管理的分工一般是：财务部门负责提存和管理；机务部门计划使用；审计部门负责监督。机械的折旧与大修理基金，作为设备更新改造和大修理的专用基金，具有准备金的性质，因此必须坚持先提后用，量入为出的原则。

使用大修理基金和折旧费，应按规定的程序审批，经批准后使用。如机械的大修理申请单，必须经过机务部门和财务部门审查签注意见后，才能送修，并凭批准的申请单作为报销大修理费的依据等。

机械的改造宜结合大修理进行。改造所需资金低于所改造机械大修理费用的30%时，可列入大修理费用开支；若超出时，应将改造内容列入技改计划，所需费用从折旧基金或企业的技术改造基金中安排解决。机械改造后新增的价值，属大修理基金开支的不办增值，属折旧基金等开支的应办理增值。在对折旧、大修理基金的使用管理上，要特别注意防止扩大这两项专用基金的规定使用范围，更要防止挪用。

第20章 施工机械统计工作

20-1 施工机械统计的性质与要求

统计是一个信息的收集、加工、利用的过程，所以统计管理也可以称为信息管理。

一、信息的作用

在生产活动的进行过程中，随时随地都产生着大量的反映生产活动诸要素及其成果的变化、进度、比例关系等信息。早年在生产规模比较小，生产方法非常简单的时代，生产活动所产生的信息，不仅数量少，而且内容单一，直观性强，生产者的经营活动只要依靠观察的少量信息，凭借自己的经验就能作出判断、并对生产进行必要的调节和指挥，信息虽有作用，但并不突出，而且也不需要专门的收集、筛选、加工、处理过程。但在现代化大生产中，情况就完全不同：生产过程日益复杂，劳动分工日益精细，劳动协作日益严密，技术日益发达。生产活动必须尊重科学，严格按照生产、技术、经济的客观规律办事，以适应技术统一性的要求，适应生产过程比例性和连续性的要求，适应经济核算的要求，适应外部环境的要求。生产者了解掌握全盘情况，作出正确的决策，指挥有次序的活动，进行有效的控制，必须依靠大量的信息，而且必须应用科学方法对大量的原始信息进行有目标的有选择的收集、加工和综合处理，以便最有效地发挥信息的作用。信息的重要作用主要有以下三方面：

(1)信息是企业决策的依据。企业领导者对生产经营决策是否正确，虽然关键并不在信息本身，而在企业领导的正确判断，但是，信息作为决策的依据，对帮助企业领导者作出正确判断具有先决性的重要作用。

(2)信息是对生产过程进行有效控制的工具。在企业生产过程中有两种流态在运动，一种是实物流，另一种是信息流。信息流对实物流起着控制作用。实现这种控制作用的方式也有两种：一种是信息流的指挥作用。在生产过程中，实物流是按照信息所规定的路线、任务、时间以及各项标准的要求而流动的，例如机械的使用、保养、进厂检修就是按照事先编制好的生产计划、保修计划、规程等而运动的。二是信息流的反馈作用。所谓反馈，就是信息向反方向输送。这样就可以使企业的计划目标，各种标准和实际情况进行对比，如有偏差，及时调整和改正，由于信息的这种控制作用，可以有效地保证计划目标的实现。

(3)信息是保证企业各个方面有秩序活动的组织手段。企业是一个大系统，它又可分为若干个子系统，每一个子系统中又可分为若干个部门或岗位。这些系统、部门、岗位之间是有联系的，是互相制约、有促进作用的，要使它们之间有机地联系起来并协调地进行活动，就要依据信息把它们组织起来，处理好它们之间的关系，使它们按照规定的要求有规律地运动。信息就是这种有秩序活动的组织手段。

二、统计的要求

施工企业的机械管理就是施工企业管理的一个子系统，以机械管理所涉及的问题为范围，进行必要的信息选择、收集、加工、分析、反馈，以便考察、研究、分析、提高机械管理工作，这是施工企业机械统计工作的性质与要求。

施工机械在管、用、养、修各方面的情况，必须依靠统计工作，用统计数字的变化反映机械变化的情况，它是机务工作中掌握情况、分析问题、制订计划、考核指标、定额等一切工作的主要依据，它对施工机械进行科学管理、充分发挥机械效率、促进施工机械化都具有重要意义。

三、统计的基本任务

统计的基本任务如下：

(1)统计企业拥有机械的数量、能力及其变动情况，反映企业的技术装备程度，对组织生产和提高机械配套水平提供依据。

(2)统计机械的使用情况，反映机械的利用程度，为分析研究机械的潜力、充分发挥每台机械的效能提供依据。

(3)统计机械的完好情况，反映机械的技术等级，为分析研究改善机械的技术状况，提高完好率，并为考核机务管理的成效提供依据。

(4)统计机械设备的运转、消耗记录、整理并积累使用中各项数据，为编制机械设备维修计划、考核各项技术经济定额、实行经济核算和奖励制度提供依据。

(5)统计机械设备的维修情况及其效果，为考核维修计划完成情况和维修单位各项定额指标完成情况提供依据。

20-2 施工机械统计工作

一、各项统计及计算方法

1.施工机械数量、能力统计

机械设备的数量和能力是机械设备统计的基本数据，它是计算和分析施工企业机械装备程度及完好利用程度的基础。

(1)机械设备实有台数　它是表示机械设备实物数量的主要依据，是统计施工企业在报告期内(通常指期末最后一天)列为国家固定资产的在册机械台数。

$$\text{期末实有机械数}=\text{期初实有机械数}+\text{本期增加数}-\text{本期减少数} \tag{20-1}$$

实有机械台数按技术状况可以分为完好、在修、待修、待报废等。

(2)机械设备实有能力　反映施工企业(通常是期末)所拥有的各类机械设备能力的总水平。它是指各种机械设备能够承担工程量的能力。

机械设备能力一般是根据机械的工作装置的容量或动力部分的功率来计算的。

$$某类机械设备能力=每种机械设备平均台数\times该种机械设备单台设计能力 \tag{20-2}$$

$$机械设备平均台数=\frac{报告期每日拥有的机械设备实有台数之和}{报告期日历日数} \tag{20-3}$$

(3)机械设备的总功率　它是报告期末最后一天机械设备的总功率。可以间接反映施工企业机械设备的装备程度。

机械设备总功率是按标定能力或查定能力计算的，单位是千瓦（1 千瓦按 1.36 马力计算）。但不计算变压器、锅炉的能力。

(4)机械设备的总价值　指本单位自有的全部筑路机械设备的总价值。为了计算方便，一般采用报告期末最后一天机械设备的总价值。

机械设备的价值按原值和净值计算。原值反映机械的重置价值。净值是反映全部机械设备实际的价值，从某种意义上说，它可以反映机械的新旧程度。现行制度规定采用净值来计算机械设备的技术装备率。

2.机械设备装备程度统计

在机务统计中，技术和动力装备率是反映施工企业技术装备程度的指标，而装备生产率是反映企业装备净值与产值的比值，是考核施工企业占有机械设备在施工生产中创造产值大小的指标。

(1)技术装备率

$$全员或工人技术装备率(万元/人)=\frac{报告期末自有机械设备净值(万元)}{报告期末全员或工人人数(人)} \tag{20-4}$$

从上式可以看出：技术装备率是指每人所分摊的机械设备价值的多少，用来说明技术装备程度的高低。也可以用下式计算：

$$全员或工人技术装备率(台/人)=\frac{报告期末自有机械设备总台数(台)}{报告期末全部职工数(人)} \tag{20-5}$$

$$全员或工人技术装备率(万元/km)=\frac{报告期末自有机械设备净值(万元)}{报告期末养护里程(km)} \tag{20-6}$$

(2)动力装备率

$$动力装备率(kW/人)=\frac{报告期末自有机械设备动力数(kW)}{报告期末全员或工人人数(人)} \tag{20-7}$$

从上式可以看出，动力装备率是指每个人所分摊的机械设备动力数多少，来说明装备程度的高低。也可以用下式计算：

$$动力装备率(kW/km)=\frac{报告期末自有机械设备动力数(kW)}{报告期末养护里程(km)} \tag{20-8}$$

3.机械设备完好情况统计

机械完好率是反映机械完好状况的主要目标。它可以按机械设备台数计算，也可按机械台日数计算。

(1)机械数量完好率

$$机械数量完好率=\frac{报告期末完好机械台数}{报告期末实有机械台数}\times100\% \tag{20-9}$$

(2)机械台日完好率

$$\text{机械台日完好率}=\frac{\text{报告期制度台日数内完好台日数}+\text{例假节日加班台日数}}{\text{报告期制度台日数}+\text{例假节日加班台日数}}\times 100\% \tag{20-10}$$

日历台日数：是指报告期内全部机械台数（不管机械技术、工作状况如何）乘日历日数之积。

例假、节日台日数：是指报告期内全部机械台数（不管机械的技术、工作状况如何）乘国家规定的例假、节日数之积。

制度台日数：是指报告期内全部机械台数（不管机械的技术、工作状况如何）乘制度日数（日历日数减例节假日数）之积；或用日历台日数减例节假日台日数求得。

完好台日数：是指报告期内日历（或制度）台日数内处于完好状况下的机械台日数。包括修理不满一日的机械。不包括在修一日以上、待修、送修在途的机械。

4. 机械设备利用情况统计

机械利用率指标用来反映和考核企业机械设备的实有利用情况，也是企业的主要技术经济指标之一。

（1）机械台日利用率

$$\text{机械台日利用率}=\frac{\text{报告期内制度台日中实作台日数}}{\text{报告期内制度台日数}}\times 100\% \tag{20-11}$$

实作台日数：不论该机械在一日内实际运行参加生产时间长短，均称为一个实作台日。机械台日利用率可理解为机械的出勤率。

（2）机械台时利用率

$$\text{机械台时利用率}=\frac{\text{报告期实作台时数}+\text{例假节日加班台时数}}{\text{报告期制度台时数}+\text{例假节日加班台时数}}\times 100\% \tag{20-12}$$

5. 机械设备效率统计

（1）机械效率：机械效率是指机械设备额定能力与完成产量之比值。它反映企业机械设备的工作效率，也就是实际干了多少活，这是机械设备各项指标中的一个主要目标。

$$\text{机械效率}=\frac{\text{报告期内机械实际完成总产量}}{\text{报告期内机械平均总能力}}\times 100\% \tag{20-13}$$

对不能按能力和产量计算效率的机械，可按台班计算，即

$$\text{机械效率}=\frac{\text{报告期内机械实作台班数}}{\text{报告期内机械平均总台数}}\times 100\% \tag{20-14}$$

（2）机械完成产量定额率

$$\text{机械完成产量定额率}=\frac{\text{报告期内某种机械平均台班实际产量}}{\text{某种机械台班定额产量}}\times 100\% \tag{20-15}$$

（3）装备生产率：是指施工企业机械设备的净值与机械年度完成总工作量之比，也就是企业占有机械设备净值一元能完成机械年度工作量若干元。这是反映企业的机械设备投资在施工生产中创造价值大小的指标。

$$\text{装备生产率（元/元）}=\frac{\text{机械年度完成的总工作量（元）}}{\text{机械设备的净值（元）}} \tag{20-16}$$

装备收入率（或利润率）是每元机械装备每年创造的收入（或利润），能更准确地反映机械

的经济效益。

$$\text{装备收入率（或利润率）（元/元）}=\frac{\text{年机械收入（或利润）（元）}}{\text{机械装备净值（元）}} \tag{20-17}$$

6. 施工机械化程度统计

施工机械化程度是反映施工企业机械化施工水平的重要指标。反映机械所完成的工程量（或工作量）占总工程量（或工作量）的比重大小，可按机械化程度和综合机械化程度分别统计。

$$\text{机械化程度}=\frac{\text{利用机械完成的实物工程量（或工作量）}}{\text{全部工程量（或工作量）}}\times 100\% \tag{20-18}$$

$$\text{综合机械化程度}=\frac{\sum\begin{matrix}\text{各项工程利用机械}\\\text{完成的实物工程量}\end{matrix}\times\text{各该项工程定额工日系数}}{\sum\begin{matrix}\text{各项工程已全部}\\\text{完成的实物工程量}\end{matrix}\times\text{各该项工程的定额工日系数}}\times 100\% \tag{20-19}$$

定额工日系数：完成某一个单位工程量的定额工日与选定的标准单位工程量的定额工日的比值。

二、施工机械统计的基础工作

机械设备统计的基础工作包括原始记录、统计台账和统计报表。

1. 原始记录

为了全面完成和超额完成各项技术经济定额和指标，必须加强对原始记录的统计与管理。原始记录的填写要求准确、及时、完整。原始记录是机务管理的工作基础，是用经济手段管理机械设备的依据、是统计质量的决定因素，是开展劳动竞赛的依据。在施工机械管理中有着重要的作用。

原始记录包括以下几个方面：

(1)属于机械设备固定资产的原始记录：新增机械设备验收单、机械设备调拨单和机械设备交接清单和机械设备报废申请单。

(2)属于机械设备使用的原始记录：交接班记录、技术试验记录、磨合期记录、机械设备评比检查记录和运转使用记录。

(3)属于机械设备维修的原始记录：保养修理记录、大修技术鉴定单、保养修理任务单和修竣验收单。

原始记录的管理方法：应由机务管理部门研究、审定，经主管领导批准后执行，防止各搞一套的混乱现象；同时要防止机械一动便记为 8h，这种运转记录大大超过实际，后果是完好率高，利用率高，效率低，维修间隔短，造成很大浪费，记录靠“回忆录”的办法更为有害。

2. 统计台账

统计台账是大量分散的原始记录的汇总，是编制报表及核算工作的综合性登记表，主要有以下几种：

机械设备台账、机械设备登记卡片、机械设备运转台账和机械设备保修台账。

3.统计报表

统计报表是机务统计中反映情况、积累资料的重要方法，主要报表有：

(1)机械设备车辆使用情况报表；

(2)主要施工机械设备实有、完好情况年报；

(3)技术装备情况(年报)；

(4)机械设备保修计划表；

(5)机械设备保修完成情况表；

(6)机械事故月报。

三、施工机械统计分析

通过施工机械统计，收集和整理企业有关机械设备经营活动的一切详细资料，这只是统计工作的第一步，更重要的是通过这些数字资料来说明企业机械设备经营活动的基本情况及其发展变化的规律性，作为指导施工机械管理工作的依据，为此就要进行统计分析。

施工机械统计分析的任务，主要是将统计中反映出来的各项技术经济指标的完成数与计划数进行比较，全面检查各项计划的执行情况，研究和分析机械设备在一切活动中的成绩和薄弱环节，摸清客观规律，揭露矛盾，找出差距，提出解决问题的办法，据以指导和改进企业工作。

施工机械统计分析的内容有：

(1)根据工作时间、完成产量来分析利用率、效率；

(2)根据使用情况来分析机械化程度；

(3)根据完好情况来分析不完好的因素的比例和原因；

(4)根据装备情况来分析机械设备技术状况变化情况；

(5)根据维修完成情况来分析机修单位生产能力和停修期、质量、费用等；

(6)根据机械事故情况来分析产生事故原因；

(7)根据机械使用情况来分析各种油料、材料消耗情况和装备构成；

(8)根据机械完成指标好坏来分析操作人员政治思想和技术能力的情况。

统计分析工作又可分为综合分析和专题分析。

综合分析：是对统计资料全面的分析研究，用以说明机械设备的经营活动的基本情况、发展趋势及规律性。如全面分析机械完好率、利用率、效率的完成情况，可研究挖掘机械潜力。这种分析的内容涉及范围宽、指标广、因素多，一般相隔一定时间搞一次。

专题分析：主要对某项专门问题进行集中而深入的分析。如可以把机务管理中存在的某个关键问题(如机械事故增多、修理质量下降等)、典型事例(先进事物、薄弱环节)或中心工作等作为分析内容。这种分析的内容涉及的面较窄，指标较少，它的特点是灵活多样，一事一议，简便易行，可根据需要经常进行。

参考文献

[1] 郭小宏等.高等级公路机械化施工技术[M].北京:人民交通出版社,2005.

[2] 郭小宏等.公路工程机械化施工与管理(第二版)[M].2版.北京:人民交通出版社,2009.

[3] 郭小宏,刘涛.沥青路面混凝土路面机群施工配置[M].北京:人民交通出版社,2005.

[4] 郭小宏.高速公路沥青混凝土路面施工工艺与路面机械性能(1)[J].建筑机械.2011.

[5] 郭小宏.高速公路沥青混凝土路面施工工艺与路面机械性能(2)[J].建筑机械.2011.

[6] 郭小宏.沥青混凝土路面机群施工配置技术的现状与发展[J].筑路机械与施工机械化.2004.

[7] 李自光.公路施工机械[M].北京:人民交通出版社,2008.

[8] 任征.公路施工机械化与管理[M].北京:人民交通出版社,2011.

[9] 傅智.水泥混凝土路面滑模施工技术[M].北京:人民交通出版社,2000.

[10] 郭小宏.西部高原地区沥青砼路面施工机群选型研究(1)—高原环境与工程机械使用性能[J].筑路机械与施工机械化.2005.

[11] 郭小宏.西部高原地区沥青砼路面施工机群选型研究(2)—高原环境与轮胎式装载机的使用性能[J].筑路机械与施工机械化.2005.

[12] 郭小宏.西部高原地区沥青砼路面施工机群选型研究(3)—高原环境与压实机械的使用性能[J].筑路机械与施工机械化.2005.

[13] 郭小宏.西部高原地区沥青砼路面施工机群选型研究(4)—高原环境与沥青混合料搅拌设备使用性能[J].筑路机械与施工机械化.2005.

[14] 郭小宏.西部高原地区沥青砼路面施工机群选型研究(5)—高原环境与沥青混合料摊铺机使用性能[J].筑路机械与施工机械化.2005.

[15] 郭小宏.西部高原地区沥青砼路面施工机群选型研究(8)—高原环境与沥青混凝土路面机群施工配置[J].筑路机械与施工机械化.2005.

[16] 郭小宏.沥青混合料搅拌站选址技术研究[J].中国公路.2005.

[17] 郭小宏.沥青混凝土路面施工工艺与铺层的均匀性[J].建筑机械化.2006.

[18] 郭小宏.沥青路面施工工艺与混合料铺层均匀性关系探讨[J].筑路机械与施工机械化.2007.